사회·문화편
교육정책(3)
일제강점기 학교 교육

사회·문화편

일제침탈사
자료총서 52

교육정책(3)
−일제강점기 학교 교육

동북아역사재단 일제침탈사 편찬위원회 기획
강명숙·이명실·이윤미·조문숙 편역

| 발간사

    일본이 한국을 침탈한 지 100년이 지나고 한국이 일본의 지배로부터 벗어난 지 70년이 넘었건만, 식민 지배에 대한 청산은 이루어지지 못하고 있다. 일본의 독도영유권 주장은 도를 넘어섰다. 일본은 일본군'위안부', 강제동원 등 인적 수탈의 강제성도 인정하지 않고 있다. 일본군'위안부'와 강제동원의 피해를 해결하는 방안을 놓고 한·일 간의 갈등은 최고조에 이르고 있다. 역사문제를 벗어나 무역분쟁, 안보위기 등 현실문제가 위기국면을 맞고 있다.

    한·일 간의 갈등은 식민 지배의 역사를 어떻게 볼 것인가 하는 역사인식에서 기인한다. 역사는 현재와 과거의 대화이며 이를 기반으로 미래로 나아갈 수 있다. 과거 침략의 역사를 미화하면서 평화로운 미래를 말하는 것은 불가능하다. 식민 지배와 전쟁발발의 책임을 인정하지 않고 반성하지 않으면 다시 군국주의가 부활할 수 있고 전쟁이 일어날 위험성도 배제할 수 없다. 미래지향적 한일관계를 형성하고 나아가 동아시아의 평화와 번영의 기틀을 조성하기 위해 일본은 식민 지배의 책임을 인정하고 그 청산을 위해 노력해야 할 것이다.

    식민 지배의 역사를 청산하기 위해서는 식민 지배는 어떻게 이루어졌는지 그 실상을 명확하게 규명하는 일이 긴요하다. 그동안 일본제국주의에 맞서 조국의 독립을 위해 헌신한 독립운동가들의 활동을 찾아내고 역사적으로 평가하는 일에는 상당한 성과를 거두었다. 반면 일제 식민침탈의 구체적인 실상을 규명하는 일에는 충분한 노력을 기울이지 못했다. 제국주의가 식민지를 침탈했다는 것은 너무나 당연한 사실로 여겨졌기 때문에, 굳이 식민 지배에서 비롯된 수탈과 억압, 인권유린을 낱낱이 확인할 필요가 없었는지도 모른다. 그러는 사이 일본은 식민 지배가 오히려 한국에 은혜를 베푼 것이라고 미화하고, 참혹한 인권유린을 부인하는 역사부정의 인식을 보이는 데까지 이르고 있다. 일제의 통치와 침탈, 그리고 그 피해를 종합적으로 조사하고 편찬할 필요성이 여기에 있다.

    일제침탈사를 체계적으로 정리하는 일은 개인이 감당하기 어렵다. 이에 우리 재단은 한국학계의 힘을 모아 일제침탈사 편찬위원회를 꾸렸다. 편찬위원회가 중심이 되어 일제의 식민지 침탈사를 정치·경제·사회·문화 모든 방면에 걸쳐 체계적으로 집대성하기로 했다. 일제 식민침탈의 실체를 파악하기 위해 2020년부터 세 가지 방면으로 사업을 추진하고 있다. 하나는 일제침탈의 실상을 구체적이고 생생한 자료를 통해서 제공하는 일로서 〈일제침탈사 자료총서〉로 편찬한다. 다른 하나는 이들 자료들을 바탕으로 연구한 결과물을 〈일제침탈사 연구총서〉로 간행한다. 그리고 연구의 결과를 대중들이 이해하기 쉽게 〈일제침탈사 교양총서〉를 바로알기 시리즈로 간행한다. 자료총서 100권, 연구총서 50권, 교양총서 70권을 기본목표로 삼아 진행하고 있다.

〈일제침탈사 자료총서〉에서는 정치·경제·사회·문화 모든 방면에 걸쳐 침탈의 역사를 자료적 차원에서 종합했다. 침략과 수탈의 역사를 또렷하게 직시할 수 있도록 생생한 자료를 제공하는데 목표를 두었다. 그동안 관련 자료집도 여러 방면에서 편찬되었지만 원자료를 그대로 간행한 경우가 많았다. 이번에 발간되는 자료총서는 해당 주제에 대한 침탈의 실상을 체계적으로 이해할 수 있는 구성방식을 취했으며, 지배자의 언어로 기록되어 있는 자료들을 독자들이 쉽게 읽을 수 있도록 모두 번역했다. 자료총서를 통해 일제 식민 지배의 실체와 침탈의 실상을 있는 그대로 이해할 수 있게 되기를 기대한다.

2023년
동북아역사재단 이사장

편찬사

　1945년 한국이 일제 지배로부터 해방된 지 78년의 세월이 지났다. 그럼에도 불구하고 일본 사회 일각에서는 여전히 일제의 한국 지배를 합리화하고 미화하는 주장이 나오고 있으며, 최근에는 한국 사회 일각에서도 일제 지배를 왜곡하고 옹호하는 주장이 나오고 있다. 이는 한국과 일본 사회, 한일 관계와 동아시아 국제관계의 미래를 위해서도 결코 바람직하지 않은 일이다.

　이에 동북아역사재단은 일제의 한국 침략과 식민 지배에 대한 학계의 연구 성과를 총정리한 〈일제침탈사 연구총서〉를 발간하기로 하였다. 이에 따라 2019년 9월 학계의 전문가를 중심으로 편찬위원회를 구성하였으며, 편찬위원회는 학계의 연구 성과를 토대로 정치·경제·사회·문화 부문에서 일제의 침탈이 어떻게 이루어졌는지 정리하여 연구총서 50권을 발간하기로 하였다.

　주지하듯이 1905년 일제는 러일전쟁에서 승리한 뒤, 한국에 군대를 주둔시키면서 한국의 외교권을 빼앗고 통감부를 두어 내정에 간섭하였다. 1910년 일제는 군사력으로 한국 정부를 강압하여 마침내 한국을 강제 병합하였다. 이후 35년간 한국은 일제의 식민 통치를 받았다.

　일제는 한국의 영토와 주권을 침탈하였을 뿐만 아니라, 군사력과 경찰력으로 한국을 지배하면서, 정치·경제·사회·문화의 모든 부문에서 한국인의 권리와 자유, 기회와 이익을 박탈하거나 제한하였다. 정치적으로는 군사력과 경찰력, 각종 악법을 동원하여 독립운동을 탄압하고, 한국인의 정치활동을 억압하고 참정권을 박탈하였으며, 집회와 결사의 자유를 억압하였다. 경제적으로는 일본자본이 경제의 주도권을 장악하고, 일본인 위주의 경제정책을 수행했으며, 식량과 공업원료, 지하자원 등을 헐값으로 빼앗아 갔고, 농민과 노동자 등 대다수 한국인의 경제생활을 어렵게 하였다. 사회적으로는 한국인들을 차별적으로 대우하고, 한국인의 교육의 기회를 제한하고, 한국인으로서의 정체성을 박탈하여 결국은 일본의 2등 국민으로 만들고자 하였다. 문화적으로는 표현과 창작의 자유, 종교와 사상의 자유를 억압하고,

한글 대신 일본어를 주로 가르치고, 언론과 대중문화를 통제하였다. 중일전쟁, 아시아태평양전쟁을 도발한 뒤에는 인적·물적 자원을 전쟁에 강제동원하고, 많은 이들을 전장에 징집하여 생명까지 희생시켰다.

〈일제침탈사 연구총서〉는 침탈, 억압, 차별, 동화, 수탈, 통제, 동원 등의 단어로 요약되는 일제의 침략과 식민 지배의 실상과 그 기제를 명확히 밝히고자 하였다. 이를 통해 일제의 강제 병합을 정당화하거나 식민 지배를 미화하는 논리들을 비판 극복하고, 더 나아가 일제 식민 지배의 특성이 무엇이었는지, 식민 통치의 부정적 유산이 해방 이후에 어떤 영향을 미쳤는지를 밝히고자 하였다.

편찬위원회는 연구총서와 함께 침탈사와 관련된 중요한 주제들에 관하여 각종 법령과 신문·잡지 기사 등 자료들을 정리하여 〈일제침탈사 자료총서〉도 발간하기로 하였다. 아울러 일반인과 학생들이 보다 쉽게 읽을 수 있는 〈일제침탈사 교양총서〉를 바로알기 시리즈로 발간하기로 하였다.

일제의 한국 침략과 식민 지배의 역사는 광복 후 서둘러 정리해냈어야 했지만, 학계의 연구가 미흡하여 엄두를 내기 어려웠다. 이제 학계의 연구가 어느 정도 축적되어 광복 80주년을 맞기 전에 이와 같은 작업을 할 수 있게 된 것을 다행으로 생각한다. 한일 양국 국민이 과거사에 대한 올바른 역사인식을 갖고 성찰을 통해 미래를 향해 함께 나아갈 수 있기를 기대하면서 삼가 이 책들을 펴낸다.

2023년
동북아역사재단 일제침탈사 편찬위원회

| 차례

발간사 ················ 4
편찬사 ················ 6
편역자 서문 ············· 13

자료 해제 ················ 15

I 식민지 조선 교육제도 운영의 실제

<자료 1> 조선교육행정 ················ 32
<자료 2> 조선총독부 시정30년사(15장 교육) ············· 208

II 초등교육 기회

<자료 3> 신설 공립보통학교의 상황 ············· 256
<자료 4> 공립보통학교 유지 방법에 대하여 ············· 265
<자료 5> 일반 국민의 교육보급 및 진흥에 관한 제1차 계획 ············· 274
<자료 6> 제2차 조선인 초등교육 보급 확충 계획 수립에 관하여 ············· 281
<자료 7> 국민학교 제도 실시에 대하여 ············· 285
<자료 8> 국민학교 제도 실시의 의문과 응답 ············· 289
<자료 9> 의무교육제도 실시계획 ············· 297
<자료 10> 의무교육제도 실시 준비에 대해 ············· 299

<자료 11> 의무교육제도 시행과 교육자의 책무	302
<자료 12> 간이학교 증설 방침	309
<자료 13> 간이학교 경영 지침	316
<자료 14> 간이학교 상황 통계	331

III 고등교육 제도 운영

<자료 15> 대학규정	336
<자료 16> 전문학교규칙	339
<자료 17> 공립사립전문학교규정	342
<자료 18> 조선총독부 전문학교 관제	346
<자료 19> 경성제국대학예과규정(1924)	348
<자료 20> 경성제국대학예과규정(1943)	354
<자료 21> 경성제국대학 관제	361
<자료 22> 경성제국대학 학부에 관한 건	362
<자료 23> 경성제국대학에 관한 건	363
<자료 24> 경성제국대학 통칙	364
<자료 25> 대학·전문학교장 회동: 충량한 국민을 연성, 일본적 교학체계를 확립하라	371
<자료 26> 반도에서의 이공과(理工科) 교육 및 사범교육의 획기적 확충에 관하여	379

<자료 27> 전시교육비상조치에 따른 전문학교 및 ············ 383
중등학교의 전환 정비에 관해

<자료 28> 사범교육제도 개선 실시에 관한 통첩 ············ 388

<자료 29> 입학자 선발법의 개정에 대하여 ············ 391

<자료 30> 학생 졸업시기 앞당김의 사정 ············ 396

<자료 31> 일본(도쿄, 오사카)유학생 출신 학교별(중등학교 이상) 상황표 ············ 397

Ⅳ 황민화 교육

<자료 32> 학교에서의 시국 선전 방책 ············ 412

<자료 33> 구 교육에 대한 반성에서 일본적 교육 확립으로 ············ 414

<자료 34> 조선교육 쇄신의 정신과 방법 ············ 423

<자료 35> 사변하의 조선교육 ············ 439

<자료 36> 황민연성의 교육 수행 ············ 444

<자료 37> 조선 학생의 내지화(內地化) 측정 ············ 460

<자료 38> 교육 방법 원리로서의 인고단련 ············ 466

<자료 39> 일본적 과학의 건설 ············ 472

<자료 40> 국체본의 투철에 관한 시책 ············ 478

<자료 41> 시국 즉응 학교 태세 정비 강화 요항 ············ 484

<자료 42> 시국 즉응 학교 태세 정비 강화에 관하여: ············ 487
　　　　　　국민학교 교사에게 고한다

<자료 43> 조선에서의 학원비상 사태에 관하여 ············ 495

V　학생운동, 기독교 선교계 학교에 대한 대응

<자료 44> 소요와 학교 ············ 532

<자료 45> 조선에서 동맹휴교의 고찰 ············ 552

<자료 46> 여러 학교의 동맹휴교와 그 외 사건의 원인과 귀결 ············ 634

<자료 47> 외국인 학교장 처분에 관한 전말서 ············ 636

<자료 48> 남선 및 평양의 외국인 사립중등학교장 ············ 641
　　　　　　신사 불참배 문제의 경위와 경과

<자료 49> 북장로파 외국전도본부에서 ············ 651
　　　　　　조선선교회 앞으로 보낸 통문 해석 요지

자료목록 ············ 654
참고문헌 ············ 658
찾아보기 ············ 661

일러두기

1. 일제침탈사 자료총서는 가급적 일반 시민들이 읽고 이해할 수 있는 현대적인 문장과 내용으로 구성했다.
2. 인명 및 지명 등 고유명사는 처음 등장할 때 원어를 병기하고 이후에는 한글만 표기했다. 한글 표기는 국립국어원 외래어표기법에 따랐다.
3. 연도는 서력 표기를 원칙으로 하고 관련 연호는 병기했다. 날짜는 원문 그대로 기재했다.
4. 숫자는 가급적 천 단위까지 아라비아 숫자로 표기하고 만 단위 이상은 '만'자를 넣어 표기했다. 그러나 문맥에 따라 필요한 경우 혹은 도표 안의 숫자는 그대로 표기했다.
5. 간단한 단어 설명은 괄호에 원문이나 편역자 주를 병기했고 낱말이나 문구에 대한 설명이 필요한 경우 혹은 편찬사업의 취지에 따라 자료 해설이 필요한 경우에는 각주를 활용했다.
6. 원자료에서 윗첨자, 홑낫표, 홑따옴표 등으로 강조 표시된 부분은 꼭 필요한 경우에만 그대로 살리거나 글자를 진하게 하기로 표시했고, 나머지는 과감하게 생략했다. 원자료에서 판독이 불가한 글자의 경우 ■로, 원자료에서 삭제된 것은 ×로 표시했다.
7. 한자 표기, 자료의 넘버링, 소목차 등은 원자료를 존중하되, 가독성을 위해 일관성과 통일성을 고려하여 수정·보완했다.
8. 책, 잡지, 자료집 제목은 『 』, 논문, 소책자, 신문기사, 잡지기사 제목은 「 」로 구분했다. 법령명, 정책명은 필요한 경우에만 〈 〉를 사용했다.
9. 법령은 조선총독부 『관보』에 실린 것을 원본으로 하고, 법제처 국가법령정보센터(www.law.go.kr)의 근대법령(번역) 본문 자료를 활용하였다. 원자료에 별표가 있는 경우가 있으나 별표의 내용은 싣지 않았다.

| 편역자 서문

 『교육정책』 3권은 학교 교육의 실태를 드러내는 한 방편으로 초등교육 기회 보급에 대한 자료와 고등교육 제도에 대한 자료를 중심으로 엮었다. 당초에는 학교 교육의 실제를 드러내기 위해 중등학교 입시와 실업학교의 보급에 대한 자료를 별도의 장으로 묶으려고 하였으나, 자료 분량이 많지 않고 또 자료의 체계성이나 맥락을 고려하여 황민화 교육에 대한 장을 별도로 만들어 포함하였다. 1938년 제3차 조선교육령 제정 이후 식민지 조선의 학교 현장에서 황민화 교육을 어떻게 실제로 구현하려고 했는지 식민 당국자, 교육계 인사, 교원들의 고민을 드러내 주는 자료를 골라 엮었다. 또 식민당국자의 의도대로 학교 교육정책이 제대로 관철되거나 수용되지 않는 면모를 보여 주는 대표적 사례인 동맹휴교와 기독교 학교의 신사 참배 불응 실태 및 이에 대한 정책 추진자의 시선을 읽을 수 있는 자료를 묶어 한 장으로 구성하였다.

 일제 식민 지배 교육정책과 제도의 운용 성과를 총결산하는 성격을 지닌 자료로 판단하고, 1940년 간행된 『조선교육행정』과 1940년 발행된 조선총독부 『시정30년사(施政30年史)』의 「교육」 부분을 자료집 앞부분에 배치하였다. 입문 수준의 총괄적인 이해를 도모하고자 한다면 『조선교육행정』과 「교육」을 먼저 살펴보는 것이 좋다.

 『교육정책』 1권, 2권 수록 자료와 연결하여 식민지 학교 교육 논리와 정책 실제를 전반적으로 파악할 수 있도록 각 영역이나 주제를 고르게 다루려다 보니 다소 산만한 구성이 되어 버린 감이 없지 않다. 나아가 정책 자료의 성격으로 인해 조선인들의 저항이나 교육 운동을 보여 주는 자료들을 적극적으로 싣지 못한 것은 아쉽다.

 일제강점기 교육에 대한 연구에서 이전과 비교할 수 없을 정도로 자료의 접근이 용이해짐에 따라 그 활용 범위가 넓어졌다. 또 교육사라는 분과 학문 영역을 넘어서 여러 학문 분야에서 교육사 연구가 시도되고 의미 있는 성과가 산출되는 것은 고무적이다. 하지만 여전히 산일된 자료를 체계적이고 종합적으로 수집 보존 활용하는 아카이브나 플랫폼이 부재하며, 교육을 정치와 경제, 징병이나 노동 문제 등과 연결하여 하나의 시야에 넣고 종합적 접근을 하는 연구도 부족하다.

이제 교육사 연구자들은 일제침탈사 자료총서, 연구총서 등의 발간을 계기로 그간의 연구 성과가 집대성된 데 힘입어 식민지교육사 연구의 새로운 장을 열 필요성이 있다. 다양하고 참신한 연구 주제를 설정하고 새로운 접근방법을 모색하며, 세계사적으로 보편성을 확보할 수 있는 논의를 통해 식민지 교육 연구가 하나의 학문적 성년이 되었으면 한다. 나아가 이 자료총서가 식민지 전후의 역사적 흐름 속에서 식민지 경험이 우리의 일상에서 무엇을 의미하는지 조용한 성찰을 제공하고, 일제 잔재 청산이나 극복을 위한 실질적인 기회를 제공했으면 한다.

『교육정책』 3권 일제강점기 학교 교육 편이 아무쪼록 도움이 되길 바란다.

편역자를 대표하여
강명숙

자료 해제

제1장 식민지 조선 교육제도 운용의 실제

1장에 수록된 『조선교육행정』은 식민지 관료들로부터 조선 교육제도와 운용의 전모를 정리하고 해설한 최초의 저작으로 평가받은 단행본이다. 『조선교육행정』은 조선총독부 학무국 사무관을 역임한 바 있는 오카 히사오(岡久雄)가 1938년 제3차 조선교육령 개정 공포 이후 조선총독부 지방관리양성소에서 약 30시간에 걸쳐 강의했던 자료에 기초하여 1940년 단행본으로 발간한 자료이다.

『조선공로자명감』에 따르면, 오카 히사오는 1905년생으로 히로시마현(廣島縣) 출신이다. 1930년 3월 규슈제국대학(九州帝國大學) 법과를 졸업하고 조선으로 와 함경남도 경무과에서 근무를 시작하였다. 1933년 말부터 충청북도 내무부 학무과에서 근무하며 교육행정에 종사하기 시작하여, 1937년에 조선총독부 학무국으로 옮겨 학무과에서 사무관으로 근무하였다. 이때 지방관리양성소에서 강의하였고, 중등교육조사위원회 간사를 맡기도 했다. 1939년 이후 경찰 업무 및 후생 업무로 옮겨 가면서 학무 관련 직을 떠났다. 『조선교육행정』은 오카 히사오의 5년여간의 교육행정 경험이 결집된 것으로, 당시 교육행정의 실제에 대한 종합적 개론서 성격을 띠어 식민지교육 연구에 널리 이용되어 왔다.

이 책은 총론을 비롯하여 총 12장으로 구성되어 있으며, 학제 개요(보통교육, 실업교육, 전문교육, 대학교육 및 예비교육, 사범교육, 사립학교, 특수교육 및 기타)와 함께 각종 시설, 교과서, 학교위생, 사회교육 등에 이르기까지 교육제도 전반을 다루고 있어, 당시 교육제도의 면모와 행정가들이 인지했던 쟁점들을 확인하는 데 도움을 준다. 특히 전시체제기 후반 임시조치, 전시긴급조치의 성격을 지닌 학무행정이 본격화되기 직전의 식민지 조선교육행정의 범위와 정점을 보여 준다는 점에서 일독해야 할 자료이다. 다만 시기적으로 국민학교 제도 시행 전에 작성된 것이라 국민학교 제도에 대한 언급이 없는 것이 아쉬운 점이다.

『조선교육행정』에서 저자 오카 히사오는 〔주〕와 【기】, 〔부〕의 형태로 자기 의견을 표현하고 〔참조〕 형식으로 근거 자료를 제시하고 있다. 〔주〕는 실무 관료로서 현안에 대한 견해를 표현한 것으로 행정 과정에서 발생하는 문제점을 정리하고 향후 해결 방향을 제언하는 성격을 지닌다. 그리고 쟁점에 따라 참고할 만한 자료를 〔참조〕로 제시한 것은 저자의 논지를 보완하는 의미도 있지만 업무 추진 시 근거가 될 만한 법령이나 명령 등의 자료를 모아 실무자에게 도움을 주고자 한 이유도 있었던 듯하다.

　조선총독부에서는 1935년과 1940년 각각 시정 25주년과 30주년을 기념하여 『시정25년사(施政二十五年史)』와 『시정30년사(施政三十年史)』를 편찬하였다. 경성제국대학 교수를 역임한 오다 쇼고(小田省吾)가 책임자로 조선총독부 문서과와 조사과의 자료를 활용하여 집필을 진행하였다. 시정사 편찬은 그야말로 눈부신 조선 통치의 성과를 정리하여 자랑하는 데 목적이 있었고, 총독 재임 기수별로 편제하고 시정방침, 지방제도, 치안, 산업 등의 주제영역별로 장을 구성하였다. 『시정25년사』는 6대 조선총독 우가키 가즈시게(宇垣一成)의 재임기까지 다뤘다. 『시정30년사』는 1936년 8월부터 시작된 7대 조선총독 미나미 지로(南次郎)의 재임기 업적을 추가하는 형태로 이루어졌고, 서술이 자세하여 분량이 가장 많다. 시정사에서 교육에 관한 부분은 각 총독 임기별로 「교육」 혹은 「제사와 교육」 장에서 짧게는 2~3쪽, 길게는 15쪽 내외의 분량으로 다루고 있는데, 미나미 총독 시기에는 15장 「교육」에서 다소 긴 분량으로 자세히 다루고 있다. 시정사의 교육 부분은 식민지 교육정책의 흐름을 관찬사의 입장에서 정리 서술한 것으로 비판적 독해가 필요하지만 식민지기 교육제도와 그 운용 전반에 대한 개론적 이해를 얻는 데 도움이 되므로 이 자료집에서는 『시정30년사』의 15장 「교육」 부분을 실었다. 조선총독별로 교육에 관한 서술 부분만 모아서 살펴보는 것도 의미가 있을 것이며, 이는 『식민지조선교육정책사료집성(植民地朝鮮敎育政策史料集成)』 제3권에 수록되어 있다.

　『시정25년사』와 『시정30년사』는 2018년 박찬승을 비롯한 연구자들이 한글로 번역하여 『국역 조선총독부 30년사』로 간행한 바 있어 후학들이 활용의 편의를 도모할 수 있다. 이 자료집도 『국역 조선총독부 30년사』를 저본으로 하였다.

　『시정30년사』 15장 「교육」의 내용을 보면 전시체제기 학무국의 업무 범위와 당시 업무 추진 성과를 알 수 있다. 특히 육군특별지원병제도를 교육 부분에 포함하여 언급한 것이 특징이다. 이는 제3차 조선교육령 제정 이후의 교육정책이 전시 병력 양성 및 전시인적동원과 밀접하게 연관되어 있었음을 시사하며, 학무국 업무 추진 시 지원병제도와 관련된 여러 업무와 사전 조정 및 협조가 이루어졌어야 함을 드러낸다.

제2장 초등교육 기회

1910년대에 조선총독부는 정책적으로 초등교육 기회를 확대 보급하는 데는 적극적이지 않았다. 다만 보통학교 교육비용을 효율적으로 사용하여 무리한 투자나 수업료 등의 민간 부담금 증가로 나아가지 않도록 하는 데 관심이 많았다. 신교육에 대한 민심의 동향이 점차 변화하고 있음을 가장 중요한 성과로 간주하였다. 식민지의 초등교육 보급 수준을 늘리거나 높이는 데에는 정책적으로 큰 관심을 두지 않았음을 엿볼 수 있다.

일제강점기 초등교육 기회 보급 정책은 3·1운동 이후 조선총독부가 조선교육령을 개정하고 3면(面) 1교(校) 정책을 추진하면서 시작되었다. 그리고 1928년 이른바 제1차 조선인 초등교육 확충 계획 수립부터 본격적으로 추진되었다. 이 계획은 1938년까지 10년 동안 각 면에 적어도 하나의 학교는 설립되도록 학교를 증설하는 것을 목표로 출발했으나 목표가 조기 달성되자, 1936년 제2차 조선인 초등교육 확충 계획 수립으로 이어졌다. 제2차 확충 계획은 1936년부터 취학률 증가에 주력하여 1946년까지 지원자 전원을 취학시켜 학령아동 수의 60%를 수용하는 것을 목표로 하였다. 그리고 조선총독부는 1943년에 1946년부터 6년제 의무교육제도를 실시한다고 천명하고 제3차 조선인 초등교육 확충 계획을 발표하였다.

1차 조선인 초등교육 확충 시기인 1934년부터 2년제 간이학교 제도를 만들어 주로 도서산간벽지에 설립하여 취학률을 높이고자 하였다. 1938년에는 제3차 조선교육령 개정에 근거하여 초등교육기관의 명칭을 보통학교에서 소학교로 바꾸었다. 일본 본국의 초등학교 제도와 동일한 제도를 운용하여 내선 간 연결이 가능하고 차별 없이 초등교육을 실시한다는 명분을 내세웠으나 이는 지원병제 실시 준비를 위한 것이었다. 1941년에는 소학교를 다시 국민학교로 개칭하고, 황국신민으로서의 자질 함양을 강조하여 식민지 조선인을 언제든 전쟁에 동원할 수 있는 인력으로 양성하고자 하였다.

2장에서는 이러한 초등교육정책 변화의 흐름이 잘 드러나는 초등교육 기회 보급과 국민학교 제도의 도입, 간이학교 운영에 관한 12편의 자료를 수록하였다.

『조선총독부월보』에 게재된 「신설 공립보통학교의 상황」과 「공립보통학교 유지 방법에 대하여」라는 자료에는 1910년대 관공립 보통학교체제를 정비하고 사립학교 일부를 공립학교로 전환하는 과정이 드러나 있으며, 초기 보통학교 운영 실태와 관련한 정책적 배경이 제시되어 있다. 1911년 10월에 게재된 「신설 공립보통학교의 상황」에서는 전국 11도에 신설된 학교 수와 그 배경 등을 제시하며 입학 지원자가 증가하는 한편 지방 인민의 긍정적인 평가가 나타나고 있음을 부각하였다. 한문 학습과 서당 선호 경향이 보이지만 지방민들이 새로운 체제에 적응하고 있다고 자평하였다. 1913년 12월에 게재된 「공립보통학교 유지 방법에 대하여」는 1912~1919년까지 조선총독부 내무부와 학무국 학무과에서 근무한 나카이시 요시마루(中石吉丸)가 작성한 글이다. 지방 공립학교의 기원 및 성격과 각 도 공립보통학교의 세입, 세출 예산에 대한 정보를 수록하고 있으며, 공립보통학교는 수입과 지출을 독립적으로 운영하기 때문에 재산과 수입의 증가를 꾀해야 한다는 점 등을 명시하고 있다.

일제의 초등교육 기회 확충 정책의 흐름은 제1차 조선인 초등교육 확충 계획인 「일반 국민의 교육보급 및 진흥에 관한 1차 계획」과 「제2차 조선인 초등교육 보급 확충 계획 수립에 관하여」, 「의무교육제도 실시계획」 등에 잘 드러나 있다.

「제2차 조선인 초등교육 보급 확충 계획 수립에 관하여」는 우가키 가즈시게 총독이 1936년 1월에 발표한 것으로, 1936년 1면 1교 완성 이후 도출된 계획안의 성격에 대해 다루고 있다. 이 글에서는 조선의 여러 시정 가운데 초등교육은 가장 중점을 둔 것이었다고 하면서 데라우치 총독 시기 기초 작업, 사이토 총독 시기 3면 1교제, 야마나시 총독 시기 1면 1교제를 거쳐 우가키 총독 시대에는 간이학교를 확충하여 벽지·농산어촌 자제에게까지 교육을 보급하기 위한 정책이 추진 중임을 강조하였다. 재학 아동은 병합 이래 30배 늘었지만, 학령아동의 취학률은 25% 내외로 저조한 점을 지적하고, 1936년 이후에는 추정 학령아동 수의 60%를 대상으로 확장하여 의무교육을 위한 사다리를 삼고자 한다고 밝히고 있다. 그 목적은 조선 제2국민의 산업적 도야와 반도 산업의 인적자원을 보육 함양하는 중책과 관련되어 있다고 하였다.

전시체제에서 1941년 이후 도입된 국민학교 제도와 1946년 도입 계획으로 추진된 의무교육제도에 대해서는 「국민학교 제도 실시에 대하여」, 「국민학교 제도 실시상의 의문과 응답」, 「의무교육제도 실시계획」, 「의무교육제도 실시준비에 대해」, 「의무교육제도 시행과 교육자의 책무」 등의 자료를 실었다.

「국민학교 제도 실시에 대하여」에서는 1941년 미나미 총독이 내린 훈령과 학무과장의 담화를 통해 국민학교 제도 실시의 취지를 밝히고 있다. 조선에서만 의무교육 6년제로 이루어지기 때문에 초등과만 둔 경우, 초등과와 고등과를 둔 경우, 고등과만 둔 경우 등 그 과정상의 차이에도 불구하고 모두 동일하게 '국민학교'라는 명칭을 사용하는 점을 다루고 있다. 또 '황국신민 연성의 대도(大道)로 하나된다'는 취지로 기존에 분리된 교과를 통합한 교육을 강조하였다. 각 과가 분립하여 지식 편중 경향으로 흐른 점을 경계하고, 황국신민으로서의 전인격적 발전을 기대하기 위해 국민과, 이수과, 체조과, 예능과, 직업과의 5개 교과를 만들어 분립의 폐단에 빠지지 않도록 해야 한다고 강조한 점은 당시 정치사회화교육과 지식교육 간의 관계를 드러내고 있어 주목된다. 「국민학교 제도 실시상의 의문과 응답」은 당시 학무국 교학관 다카하시 하마키치(高橋濱吉)가 학교 현장으로부터 제기될 수 있는 각종 의문에 대해 상세히 답변하는 형식으로 쓴 글이다. 이 응답에서는 제도 운영과 관련한 상세한 사항들, 즉 교육과정, 과정표, 방학 중 단축 수업, 수료와 졸업의 의미, 학급 인원, 교과서 해설서, 학적부 취급 등에 관한 변경된 제도의 특징을 설명하고 있다.

「의무교육제도 실시계획」, 「의무교육제도 시행과 교육자의 책무」 등은 총독부 학무국에서 1946년 시행 예정인 의무교육제도의 목표를 명료화하고, 이를 위한 교원 및 학교 학급 증설, 경비 지원 계획 등을 밝힌 글이다. 특히 「의무교육제도 실시준비에 대해」는 학무국장 오노 겐이치(大野謙一)가 1943년 4월 『문교의 조선』에 게재한 것으로, 의무교육 결정 배경과 제3차 조선인 초등교육 보급 확충 계획 및 교원 양성 계획에 대해 상세히 설명하고 있다. 제3차 계획은 제2차 계획과 달리 전체 취학률 증가만을 목적으로 하지 않고 인구 분포 상태에 따른 학교 분포를 고려하여 의무교육을 염두에 두고 지방 취학률을 평균화하는 것이 목표라고 밝히고 있다. 이를 위한 간이학교의 개조와 다수의 소규모 학교 설립, 사범학교 증설 계획 등을 제시하였다.

총독부 시학관 이치무라 히데시(市村秀志)의 글 「의무교육제도 시행과 교육자의 책무」에서는 교원들이 어떤 자세로 임해야 하는지를 강조하고 있다. 의무교육 실시를 권리로 인식하거나 국가가 의무를 지닌다고 생각하며 의존해서는 안 되고 국민의 의무라는 점을 강조하였다.

간이학교와 관련해서는 「간이학교 증설 방침」과 「간이학교 경영 지침」, 「간이학교 상황 통계」 등에서 상세히 다루고 있다. 「간이학교 상황 통계」는 1934년 학무국 학무과에서 작성한 글로 표를 통해 당시의 상황을 개관하고, 간이학교는 농촌진흥과 자력갱생을 위한 운동으로 인해 교육열이 높아지는 시점에서 지방민에게 환영받는 제도임을 부각하였다. 교육 연한이 짧고 유지비 일부를 부락에 부담시키는 점, 보통학교와의 제도적 연계가 이루어지지 않은 점 때문에 비판을 받는 부분도 있으나 더 많은 설치에 대한 요구가 있다고 보고하고 있다.

총독부 학무국 학무과장인 오노 겐이치가 쓴 「간이학교 증설 방침」에서는 1면 1교제 이후 보통학교 불취학률이 77%인 현실에서 농촌진흥을 위한 예비군(소년병)을 형성하기 위해서는 간이학교가 중요하다고 보고 있다. 이 글은 간이학교라는 명칭의 유래와 논란, 교원의 선발 방식 등에 대한 원칙 등을 밝히고 있으며, 당시 제도 개편과 관련한 사항 등을 기술하였다. 교원 부족 문제에 대해 여자사범학교를 설립하는 한편 사범학교 학급을 증설하고 갑종농업학교 졸업생을 수용하여 단기 양성하는 방안을 제시하고 있다. 현재 교원의 2/3가 조선인이지만 내지인과 조선인 비율을 반반으로 분포시키고자 한다고 밝히기도 하였다.

「간이학교 경영 지침」은 간이학교 교사들을 대상으로 작성된 글로, 일종의 가이드 성격을 띤다. 교사들이 지방 실정에 맞는 직업 도야를 수행한다는 간이학교의 목적을 제대로 알아야 한다고 보면서 '아동이 당신의 손에 의해 한 사람의 일본 국민이 된다'는 점을 명심하라고 주문한다. 간이학교가 왜 생겨났는지(부락 개학을 이상으로 하는 시설), 어떤 성격의 학교인지(수업연한, 교육과정), 어떤 각오로 소임을 다해야 하는지(교사이면서 아버지라는 소임, 최소한의 설비로 만족하고 검소할 것) 알아야 하며, 향토에서 교육재료를 구하며 체험을 중시하고 추상에 빠지지 말아야 하며 종합교육을 본체로 해야 한다고 강조한다. 가마니를 만들면서 산술을 하고 국어를 배우는 마음을 가져야 하며 스스로 학습하는 태도를 키우는 학습훈련을 하도록 해야 한다는 등 직업 및 생활 도야의 방법을 상세히 제시하고 있다.

제3장 고등교육 제도 운영

3장 고등교육 부분에서는 일제강점기의 고등교육정책 전반에 대한 법적, 제도적, 정책적 근거를 살펴볼 수 있는 자료들을 묶었다. 우선 고등교육, 즉 전문학교와 경성제국대학에 관한 기본적인 법률 규정을 정리하였다. 1915년 전문학교규칙 제정 이후 식민지 조선에서 전문학교 설립이 가능해졌고, 이어 조선총독부 전문학교 관제 제정을 통해 관립으로 경성전수학교, 경성의학전문학교, 경성공업전문학교가 설립되었다. 1922년 제2차 조선교육령 개정에 발맞추어 전문학교규칙은 폐기되고 공립사립전문학교규정이 제정되어 이후 공립뿐만 아니라 특히 사립전문학교에 관한 기본적인 법적 규정으로 자리매김하였다. 이 규정은 1940년 4월 "전문학교는 그 목적에 따라 고등 학술기예를 교수하고 특히 황국의 도에 의하여 국체관념 함양 및 인격 도야에 유의함으로써 국가에 필수적인 인재로서 부족함이 없는 충량유위한 황국신민을 육성하는 것에 힘을 다하여야 한다"라고 제1조의 목적 조항을 개정하여 황국신민교육기관으로서 전문학교의 성격을 강화하였다.

경성제국대학은 제국대학으로 설립되어 법적으로 일본의 제국대학령에 근거하고, 조선총독부는 조선총독에게 권한이 위임된 것에 대해서만 조선총독부령으로 규정을 제정하였다. 「경성제국대학에 관한 건」이나 「경성제국대학 학부에 관한 건」, 「경성제국대학예과규정」, 「경성제국대학 관제」, 「경성제국대학통칙」 등이 그 예이다. 경성제국대학 예과 운영에 관해서는 1924년에 「경성제국대학예과규정」을 제정하였고, 여러 차례의 개정을 거쳐 1943년에 전면 개정하였다. 여기서는 조선총독부령으로 제정된 경성제국대학 관련 규정 및 1924년에 제정된 예과 규정과 예과의 수업연한이 2년으로 축소되면서 1943년 전면 개정된 「경성제국대학예과규정」을 실었다. 「경성제국대학통칙」은 대학 운영 지침 성격을 띠며 입학, 졸업을 비롯하여 수업료, 복장, 장학 등에 대해서도 자세히 규정하고 있고, 선과생 및 대학원생 제도에 관한 부분도 포함하고 있어 경성제국대학 실제 운영의 기반이 되는 근거를 살펴볼 수 있다.

식민지 고등교육 법제와 관련하여 특히 주목해야 할 것은 1926년 4월 1일 제정된 「대학규정」이다. 「대학규정」은 일본의 대학령을 조선에 적용하지 않는다는 것을 분명히 하면서 조선에 한정하여 적용한다는 내용으로 조선총독부령 30호로 제정되었으나 내용을 보면 사실상 대학 설립 및 폐지 인가 규정이다. 공립 혹은 사립의 대학 설립을 예상하고 조선총독의 권한에 대해 명시한 것으로 조선에서 대학을 설립할 수 있는 법적 근거를 마련한 것이지만, 실제로 이 규정에 의한 대학 설립은 식민지 기간 내내 한 건도 이루어지지 않았다.

일제는 1943년 이후 전황이 불리해지자 전시 긴급 비상체제를 수립하면서, 법적 근거에 기반하기보다는 통첩이나 훈시 등의 형식으로 교육정책을 전개하고 학교의 재편을 추진하게 된다. 고이소(小磯) 조선총독은 대학·전문학교장 사무협의회에서 대학과 전문학교의 장에게 전시체제에 걸맞게 일본적 교학체계를 확립해야 한다는 요지의 연설을 하였다. 연설의 요지는 『매일신보』에 「대학·전문학교장 회동: 충량한 국민을 연성, 일본적 교학체계를 확립하라」라는 기사로 실렸는데, 제4차 조선교육령 제정 이후 도의 조선의 확립을 위해 학문, 과학, 교육 영역이 해야 할 방향을 제시하였다. 전시체제기에 구축하려 한 '일본적 교학체계'가 무엇인지 그 이념적 지향에 대한 논지를 잘 보여 주는 자료이다. 이어 오노 겐이치 학무국장은 '일본적 교학체계'를 식민지 조선에서 펼치기 위해 이공과계 전문학교를 신설하거나 그 정원을 확대하고, 문과계 전문학교를 폐지하거나 축소하여 이공과계로 전환하며, 사범학교를 전문학교로 승격하여 전시 인력 양성의 급선무에 부응하는 제도 개선을 발표하였다. 「반도에서의 이공과 교육 및 사범교육의 획기적 확충에 관하여」, 「전시교육비상조치에 따른 전문학교 및 중등학교의 전환 정비에 관해」, 「사범교육제도 개선 실시에 관한 통첩」이 이러한 제도 개선의 실제를 보여 준다. 일제침탈사 자료총서 『교육정책(1)-교육칙어와 조선교육령』에 실린 「교육에 대한 전시비상조치 방책」, 「조선에서의 전시교육비상조치 개요」 등과 연결하여 살펴볼 필요가 있다.

또 조선총독부는 1944년 근로동원 등으로 학과 수업이 정상적으로 이루어지지 못하자, 전문학교 및 경성제국대학의 입학 전형에서 학과 위주의 지필 시험을 금지하고 학교장 추천과 구두시문으로 대체하는 입시제도 개선을 추진하였는 데, 「입학자 선발법의 개정에 대하여」는 1945년부터 실시되었던 변화된 대학 전문학교 입학자 선발에 대해 살펴볼 수 있는 자료이다.

조선총독부는 이 외에도 전문학교 및 대학 재학 학령기 청년의 군사 및 노무동원을 위하여 1941년부터 전문학교 및 대학의 수업연한을 6개월 축소하여 졸업 시기를 앞당겼는데, 이 책에서는 대상 학교와 졸업대상자 수에 대한 자료인 「학생 졸업시기 앞당김의 사정」을 실었다. 또 「일본(도쿄, 오사카) 유학생 출신 학교별(중등학교 이상) 상황표」 자료도 함께 실었다. 전쟁동원을 위해, 다른 한편으로는 통제를 위해 교육받은 중견 인력에 대한 규모 조사가 어떻게 이루어지고 있었는지를 파악하는 자료로 활용할 수 있다.

제4장 황민화 교육

황민화 정책은 식민지 조선에서부터 시작되었다고 한다. 식민지 조선인을 황국신민으로 만들려는 전시기의 황민화 정책은 조선인이 황국신민이 아니었기 때문에 더욱 노골적인 형태로 추진되었다. 4장에서는 일제가 자신들의 기존 식민지 교육정책을 스스로 비판하고 일본적 교육, 일본적 교학체제의 정립을 주장하며 내세운 이른바 황민화 교육정책 담론이나 황민화 교육 실천 방안에 관한 자료들을 모았다. 황민화 교육정책 담론은 위정자와 협력자들 사이에서 공허한 동어반복으로 맴돌고 있었지만, 다른 한편으로 교육 현장의 제일선에서 다양한 의식이나 매개체들을 활용한 실천 방안으로 변주되면서 구체성을 담보해 나가고 있었다. 학교의 일상적 활동으로 황민화 교육을 실시할 것을 세세하게 기획한 자료들을 통해서 식민지 이후의 교육 경험과 비교할 수 있고 나아가 이것이 여전히 작동하고 있음을 실감할 수 있을 것이다.

「학교에서의 시국 선전 방책」은 조선총독부에서 학생뿐만 아니라 학부형 및 일반 민중을 대상으로 학교에서 전시 시국 선전을 실시하기 위한 여러 가지 구체적 방안을 학교에 시달한 지침이다. 황국신민 관념을 확산하기 위한 강당 조례 훈화, 교과 수업 운영, 글쓰기, 헌금, 위문봉사, 학예회나 운동회 등의 학교 행사, 동창회, 학부모회, 시국자료 전시, 교직원의 순회 방문 지도, 위문주머니, 애국일 행사, 국기 리본 달기 등의 실시 방안을 적시하고 있다.

「구(舊)교육에 대한 반성에서 일본적 교육 확립으로」는 학무국 편수관 출신인 가마쓰카 가스쿠(鎌塚扶)가 『문교의 조선』에 실은 글로, 만주사변 이전의 교육을 '구교육'이라 지칭하면서 전시체제에서 본래의 황국정신을 되찾는 교육을 하게 된 점을 긍정적으로 부각하였다. 가마쓰카 가스쿠는 1896년 북해도 태생으로 1925년 히로시마고등사범학교 덕육전공과(德育專攻科)를 졸업한 후 조선총독부 학무국 편집과 편수관을 지낸 경력이 있다. 경성사범학교 교유, 경성제국대학 조수를 지냈고 1930년부터 약 10년간 그는 청주사범학교 교장을 지냈다. 청주사범학교장으로서 일본 및 식민지 교육 전반의 문제점을 지적하며, 천황의 신하로서의 도리를 지키는 교육 방향을 제시하였다. 만주사변 이전의 국민정신은 우려할 정도로 문약(文弱)하고 구미 의존적이었다고 비판하면서 신교육으로 천황을 받들고 부모에게 효도하는 일본 특유의 사회정신 및 국가정신으로 돌아가게 되어 기쁘다고 강조하였다. 구미 의존적 근대화로 인해 교육이 외래사상의 번역과 지식 전달로 변질되었고, 근대 학력에 대한 집착과 이기적 입시 경쟁을 야기했으며, 이로 인해 학생들의 건강을 해치고 문약과 좌경사상을 초래하게 된 점을 비판하고 있다. 황국정신에 기반한 교육을 주창하는 논리가 당시 교육을 어떻게 전제하고 문제화하였는지 잘 보여 주는 글이다.

「조선교육 쇄신의 정신과 방법」은 충북 청주 공립심상고등소학교 훈도였던 다치가와 가즈오(立川一夫)가 1939년 12월 『문교의 조선』에 게재한 글이다. 이 글은 당시 중일전쟁 상황에서 중국의 국민정부 응징을 위한 특별지원병령과 함께 신교육령을 축하하는 메시지를 담고 있으며, 학교 현장에서 교육 기본 방침의 구체적 방법을 어떻게 인식하고 실천하고자 했는지를 드러낸다. 국체명징, 내선일체, 인고단련의 방향 아래 체육, 덕육, 지육 방면에서 어떠한 실천이 강화되어야 하는지를 교사 관점에서 제시하고 있다. 체육은 인고단련, 덕육은 국체명징과 내선일체, 지육은 국민 생활에 필요한 지능이라는 목표를 성취하기 위하여 주입적, 획일적 교수의 폐단에 빠지지 말고 자발 활동을 촉진하며 스스로 작업 노작하는 아동의 능력을 키워야 한다고 강조하였다. 교실은 학생들이 학교생활에서 가장 긴 시간을 보내는 곳이므로 액자, 국기, 황국신민서사, 초상화, 신문기사 스크랩, 방위표 등을 게시하여 정신을 강화하는 장소가 되도록 해야 한다고 보았고, 지식 위주의 입학시험과 수험 교육의 철폐도 주장하고 있다.

이러한 논리는 「사변하의 조선교육」에도 유사하게 나타난다. 학무국장 시오바라 도키사부로(鹽原時三郎)는 이 글에서 1940년 3월부터 황국신민교육을 철저히 하기 위해 새로운 입학고사 방법을 도입한다는 취지를 밝히며, 입학준비교육의 폐해를 지적하였다. 이 글에서는 황국신민 연성을 위해서는 '지덕체 교육'을 강화해야 한다고 강조한다. 이는 입시 위주의 지식교육을 극복하기 위한 학습자의 활동 중심 교육, 전인교육의 지표로 언급되는 지덕체의 균형적 발달 등등의 논리가 국가주의 이데올로기 교육에 의해 전유된 방식을 드러내고 있어 주목된다.

「황국연성의 교육행」은 광주 서석공립심상소학교 교사가 작성한 것으로 황국의 연원과 정신을 설명하고, 소학교에서 황국신민 연성 교육을 실시하는 학교 일상 운영을 자세하게 제안하고 있다. 개별 학교 차원에서 교육 방침이나 규칙을 새롭게 정하고 매일 아침 강당이나 운동장에서 조회를 거행할 때 따라야 하는 것을 예시하고 있다. 궁성요배(宮城遙拜)를 하고 이어서 황국신민서사 제창, 교기에 대한 경례, 분열 행진, 학교장 훈화나 묵념, 교가나 교훈 제창 등등을 실시하는 요령에 대한 소개는 마치 편역자가 학교에서 경험한 유신교육을 문서로 정리해 놓은 듯한 착각을 불러일으킨다.

「조선학동의 내지화 측정」은 경성제국대학 교수 아키바 다카시(秋葉隆)가 1936년 조선인들이 어떻게 황국신민화 과정을 따르고 있는지에 대해 4개 소학교 6학년 540명을 대상으로 실시한 질문지 조사 결과를 1940년 3월 『문교의 조선』에 발표한 글이다. 초등교육을 받은 사람들을 병력자원으로 동원하기 위해서는 식민지 교육의 성과를 양적으로 측정하여 "내지화 정도"로 수치화하고 싶은 유혹이 있었을 것이다. 아키바 다카시는 실증적 조사 통계 절차를 엄정하게 거쳐 조사가 이루어졌다고 설명하고 있다. 하지만 「조선학동의 내지화 측정」은 방법과 내용 모두가 매우 작위적이며, "내지화 정도"를 수치화하려는 아키바 다카시의 학문적 노력이 내선일체 정책을 지지하고 식민지 조선인들에게 지원병으로 나갈 것을 권하는 선동과 하나였음을 보여 주는 자료이다.

황민화 교육의 세 축인 국체명징, 내선일체, 인고단련 가운데 인고단련과 관련하여 흥미롭게 접할 수 있는 글이 「교육의 방법 원리로서 인고단련」이다. 광주사범학교 교유 겸 훈도인 하바 소우지(波場左右司)는 1940년 5월 『문교의 조선』에 게재한 이 글에서 근본이 확립된 후 구체적 방도가 생긴다는 이치를 강조하며 근본을 잃고 개인주의, 자유주의, 서양과학방법론 수입에 빠져 있는 세태를 비판한다. 그는 인고단련의 본래 의미를 불교와 유교에서 찾으면서, 이것이 협의로 이해되어 육체단련이나 의지단련이 추구되면서 봉사나 집단근로라는 전체주의적 외래 방법 원리로 잘못 연결되는 점을 지적하였다. 인고단련은 어린아이에 갇혀 있지 않고 뛰어난 경지를 닮으려는 일본 정신의 체득을 통해 이루어져야 하며, 그렇지 않고 외국에서 수입된 전체주의 논리를 따르면 노예 혹사의 노역이나 비천한 노동으로 전락한다고 지적한다. 즉, 인고단련의 근본원리를 제대로 알고 교학의 본지를 세워야 한다는 것이다. 이는 당시 교사가 쓴 글이라는 점에 비추어 볼 때, 현장에서 전시체제 이데올로기를 수행하는 교사들이 어떤 방식으로 인고단련과 같은 동원이데올로기를 내면화하고 있었는지 그 단면을 보여 준다.

「일본적 과학의 건설」은 1924년 대구보통학교 훈도가 되었다가 1939년 이후 학무국에서 교학관 및 시학관을 지낸 나카지마 신이치(中島信一)가 작성한 글이다. 서양 과학과 달리 일본의 과학은 도(道)의 본체를 철저히 하는 것으로, 일본적 과학은 구도(求道)의 수행임을 강조하며 일본적 교학체제 구축 과정에서 과학 혹은 과학적 학문이 이를 지향해야 한다고 주장하고 있다. 즉, 일본적 과학의 건설은 서구과학을 죽이고 새로이 황국의 도(道) 위에 새롭게 태어나는 것이라고 주장한다.

「국체본의 투철에 관한 시책」은 총독부 교학관 다카하시 하마키치(高橋濱吉)가 쓴 글로, 1944년 조선에서 징병제도 실시 준비를 완료하기 전에 준비해야 할 것들을 다루고 있다. 조선교육령이 일시동인의 철칙에 따라 일관성을 가지고 유지되었지만 시세의 긴요함에 따라 개정되었음을 언급하면서, 제도 개편, 교원 연성, 학도 연성, 교과서 편찬 검정, 환경 정리, 경영 시책 등에서 교육체제의 근본적 변화를 시급히 요청할 필요성이 있다고 이야기한다. 교육을 황국의 도에 귀일 통합하고 징병제에 대응하기 위해 학교 행사 등을 조직화하며 교원의 자기 연찬 및 교권 확립, 학교교련 진흥, 과학교육 진흥, 학교총력대 훈련 강화, 여생도 구호 간호법 훈련, 학교 연성 도장 시설 강화, 근로보국대 정비 강화, 교과의 중점적 취급 등의 방안을 시행해야 한다고 언급하고 있는데, 전세가 절박해지면서 징병제 실시를 염두에 두고 조선인 교육을 어떻게 할 것인가에 대한 조선총독부의 고민이 드러나 있다.

1943년 3월 8일 제4차 조선교육령 제정 이후 전황이 더욱 불리해지자 조선총독부는 1943년 10월 13일 「교육에 대한 전시비상조치 방책」을 발표하고 이에 근거하여 교육제도 운용에서 결전 태세를 강화하였다. 「시국 즉응 학교 태세 정비 강화 요항」, 「시국에 대응한 학교 태세 정비 강화에 대하여-국민학교 교사에게 고한다」는 이러한 상황에서 교직원, 학생 등의 마음가짐, 물자 절약을 강조하며 정신적 단속을 부르짖은 자료들이다. 그러나 2차 대전의 패색이 짙어지면서 비상사태임을 내세워 다시 한번 전력의 신속한 증강을 위해 교육보다는 동원에 중점을 둔 결전 교육조치를 취하게 된다. 「조선에서의 학원 비상사태에 대하여」는 이러한 결전 조치의 내용을 담은 자료로, 학교 정리와 수업 단축, 즉시 동원을 위한 군사교육 강화, 전시 학도동원체제의 확립 방안 등을 포함하고 있다. 국가 성쇠의 갈림길에 서 있음을 강조하며 학교를 폐쇄해서라도 군사 관련이나 생산 관련 사무에 임하여 전선의 요구에 부응하는 것이 교육의 임무임을 분명히 하고 있다.

제5장 학생운동, 기독교 선교계 학교에 대한 대응

식민지 교육정책에 대한 반응과 대항으로 중요하게 살펴봐야 할 필요가 있는 대표적인 것은 학생운동과 선교계 학교 관련자들의 신사 참배 거부 등이다. 먼저 학생운동 측면에서는 3·1운동 참여를 비롯하여 1920년대 이후 활발하게 이루어진 동맹휴교를 통해 식민지 교육정책을 비판하고 교육 현실 개선을 줄기차게 요구했다. 다음으로 기독교 선교계의 교육사업은 일제강점기에는 중등교육에 집중되어 있었는데 이들은 관공립 중등교육과 대항적 헤게모니를 구축할 가능성이 있었기에 조선총독부가 주시하고 있었다. 5장에서는 학생운동에 대해 시기별로 나누어 3·1운동, 1920년대 학생맹휴, 1940년대 동맹휴교에 대한 조선총독부 생산 자료를 하나씩 수록하였다. 또 외국인 선교사 학교장이나 선교계 학교의 종교 수업에 대한 조선총독부의 인식과 조처, 대응 방안 등에 관한 자료를 정리하였다.

「소요와 학교」는 조선총독부 학무국에서 3·1운동 발생 이후 1년간의 동향을 정리하여 1921년에 작성한 글이다. 3·1운동에서 학생들의 소요가 일어난 배경과 학교별 참가 상황 등을 정리하고, 그 이후 1년간 학생들의 동정을 조사한 것이다. 「조선에서 동맹휴교의 고찰」은 조선총독부 경무국에서 학생들의 동맹휴교에 나타나는 변화를 파악하기 위해 1921년부터 1928년까지의 동맹휴교 현황을 원인과 유형별로 정리한 자료이다. 동맹휴교에 대해 정리한 통계자료일 뿐만 아니라 학생들의 요구사항, 동맹휴교에 대한 사회적 지지와 반응 등을 보여 주는 조선어 자료를 일본어로 번역하여 함께 싣고 있어 활용도가 높은 자료이다. 1927년에 발표된 사립중앙고등보통학교의 맹휴 성명서와 이 맹휴에 대한 일본 도쿄 신흥과학연구회의 지지 성명서도 포함되어 있다. 그리고 맹휴에 대하여 1927년 2월『동아일보』에 연재된 조선인 김진국의 「조선보통교육의 결함」, 1926년 『중외일보』에 게재된 사설 「보통학교 교원은 조선인으로 채용할 이유」도 실려 있다.

「여러 학교 동맹휴교 기타 사건의 원인과 귀결」은 1941년도에 발생한 동맹휴교 사건을 정리한 것으로, 전시체제기 학생들의 동맹휴교 규모와 교육 요구를 파악하는 데 도움이 되는 자료이다.

「외인 학교장 처분에 관한 전말서」는 3·1운동 당시 기독교 선교계 학교 학생의 소요에 대해 외국인 선교사 교장이 학생을 처벌하는 것에 부정적이자, 학무국이 학교장 직위 취소 등의 조처를 실시하고 총독에게 보고한 자료이다. 3·1운동 당시 학교 폐쇄를 위협한 일제 당국의 조처, 기독교 선교계 학교 학생들의 '불온' 행위와 이를 방조한 학교 운영진의 입장을 살펴볼 수 있다.

「남선 및 평양의 외국인 사립중등학교장 신사 불참배 문제의 경위와 경과」는 조선신궁 건립 이후 조선총독부 학무국이 관공사립학교에 신사 참배를 요구하자, 평양의 북장로파계 학교를 중심으로 신사는 종교이므로 신사 참배는 기독교 교의에 반한다고 거부하면서 일어난 일련의 사건에 대한 조사와 조처 등을 다룬 자료이다. 신사 참배 거부를 계기로 폐쇄한 북장로파 및 남장로파의 학교 현황과 폐교 이후 교원 및 학생의 처분 등에 관한 내용을 포함하고 있다.

「북장로파 외국전도본부에서 조선선교회 앞으로 보낸 통문 해석 요지」는 학교 폐쇄와 선교사 인퇴에 대한 선교본부의 방침을 요약한 자료로, 외국인 선교사의 교육사업 정리와 조선인 기독교인에게 사업을 이양하고 재산을 처분하는 원칙 등이 제시되어 있다. 선교계 학교 폐쇄와 관련한 선교계 측 입장과 조선총독부 측의 입장을 비교해 볼 수 있다.

Ⅰ

식민지 조선 교육제도 운용의 실제

<자료 1> 朝鮮敎育行政(岡久雄, 帝國地方行政學會 朝鮮本部, 1940)

조선교육행정

조선총독부 학무국장 시오바라 도키사부로(鹽原時三郎)각하 서
조선총독부 전 학무국 사무관 오카 히사오(岡久雄) 저
경성: 제국지방행정학회 조선본부 발행. 1940

서

  교육의 지도 원리는 학리(學理)라는 면에서도 생각해야 하지만, 그러나 적어도 규범 기타의 형식으로 표시되고 있는 국가의 요구를 정확하게 파악하는 것이 무엇보다 선결 문제로, 그 취지에 맞지 않는 교육활동은 아무리 순수 이론적으로 아름답게 뒷받침되어도 그것은 필경 궤도 바깥의 수고가 되어 버린다.
  일본 교육의 일반원리가 타당함 속에 있으면서도, 조선의 교육에는 특수한 요청이 있다. 본서는 현재의 조선교육의 제도 및 그 운용에 관한 전모를 구체적으로, 또 가장 잘 정리된 형태로 해설한 최초의 저작이라고도 말해야 하며, 특히 저자가 일찍이 현행교육령 개정의 사무에 직접 종사하고 있었다는 점은 본서의 진가를 말하는데 큰 의의를 가지는 것이다. 교육실제가나 교육행정 관계자의 좌우(座右)의 지침으로 본서가 갖는 역할이 대단할 것으로 믿는다. 한마디 소감으로 서(序)를 대신한다.

1940년(昭和 15) 1월

시오바라 도키사부로(鹽原時三郎)

머리말

본서는 조선 통치에서 일신(一新)의 시기를 획책해야 하는 신 교육령의 공포시행 직후인 1938년(昭和 13) 5월부터 10월에 걸쳐, 조선총독부 지방관리양성소에서 약 30시간에 걸쳐 강술했던 교육행정의 요강에 증보 정정(訂定)을 더하여 만들었다. 따라서 이론 학설의 탐구는 피하고 실제 운용의 해설을 취지로 했지만, 공무 중의 여유를 이용하여 한 일이며, 연구와 퇴고가 불충분한 결과로 잘못을 바로잡을 기회를 놓쳐 버린 감도 없지 않으며, 동시에 기술의 형태 등에도 통일성이 부족하다고 생각하지만, 오로지 신 교육령과 함께 나란히 개정된 각 학교규정이 겨냥하고 있는 것에 대해서는 힘껏 구체적으로 언급하고자 했다.

이미 제도가 만들어지고, 그 취지도 누차 당국에 의해 설명되었지만, 그 취지를 실제화 하기 위해서는 실제교육에 종사하는 자는 근거하여 지도해야 하는 법령에 대해 확고하게 인식하고, 교육행정에 종사하는 자는 교육 지도의 취지에 대한 깊은 이해가 있어야 비로소 만전을 기할 수 있다고 생각한다.

이러한 뜻에 맞는 종류의 저술이 그다지 없으므로, 저자 자신도 교육행정의 제일선에서 상당히 불편함을 느낀 적도 있었다. 여하튼 여기에 하나의 돌을 놓으니, 여러분의 질정을 바라며 아울러 조선의 교육을 고찰하려는 사람의 손에서 이후에 완성되기를 희망하는 바이다.

제도의 운용에 맞게 그 취지를 실제화 하는데 중요한 역할을 하는 통첩 특히 예규 통첩 등은 관련 있는 본문의 말미에 주를 달아 두었으므로, 학교경영 담당자나 실제 교육가도 충분히 참조할 수 있을 것이라 본다.

끝으로 본서 출판에 즈음하여 교정과 기타 등에 대해 조선총독부 학무국 동료 여러분으로부터 많은 지원을 받았다. 여기에 심후한 감사의 뜻을 표한다.

1939년(昭和 13) 가을
저자

목차

제1장 총론
    제1절 교육행정의 개념
    제2절 교육행정 기관
    제3절 교육시설
    제4절 조선의 교육
제2장 보통교육
    제1절 초등보통교육
    제2절 고등보통교육
제3장 실업교육
    제1절 실업교육 개설
    제2절 실업교육
    제3절 실업보습학교
제4장 전문교육
제5장 대학교육 및 예비교육
제6장 사범교육
제7장 사립학교
제8장 특수교육, 기타 교육시설
    제1절 특수교육
    제2절 기타 교육시설
제9장 검정 및 학교의 지정과 인정
제10장 학교위생
제11장 육군 현역장교의 학교 배속
제12장 사회교육(청년훈련소, 청소년단체, 도서관)

제1장 총론

제1절 교육행정의 개념

근대의 국가는 단지 사회의 질서를 유지하고 해적의 침입을 막아내는 것에 그치지 않고, 나아가 국력을 증진하고 문화를 개발하여 국민의 행복을 꾀하는 등 사회적 보육 발달을 증대하는 것을 중요한 임무로 여기기에 이르렀다. 주로 보육행정이라고 일컫는 것으로, 명령 강제 등 권력의 행사를 본질로 하지 않고, 사업의 수행을 작용의 본체로 하는 것이다.

교육행정도 이 종류의 행정작용에 속한다. 국가가 학제를 정하고, 학교를 설립 유지하며 또한 공공단체를 설립 유지하고, 교원을 양성하며, 국가가 목적으로 하는 교육의 실시와 지도 감독 등의 작용을 통해 국가를 구성하는 각각의 지능을 계발하고, 덕성을 배양하여, 건강을 증진시켜 개인의 행복은 물론, 사회문화의 진전을 촉진함과 함께 충량하고 쓸모 있는 국민을 육성하여 국가의 발전을 도모하는 것에 있다.

행정작용에는 국가의 기관으로 스스로 실시하는 것과 공공단체로 하여금 국가의 감독 아래 단체의 사업(고유사무)으로써 실시하도록 하는 것이 있다. 전자를 관치행정조직이라고 부르며, 후자를 자치행정조직이라고 한다. 국가가 의도하는 것을 전면적으로 철저히 하도록 하는 것은 전자가 우월하고, 지방의 실정에 즉응하여 지방민에게 사업에 흥미와 관심을 두도록 하는 것은 후자가 낫다. 우리나라[1]의 교육행정은 1872년(明治 5) 학제를 반포하여 전국의 교육제도를 통일함과 동시에 교육행정상의 기능을 중앙정부에서 총괄하는 주의를 확립한 이래 나라의 사무로써 오로지 국가가 직접 실시하는 행정에 속한다.

따라서 공공단체가 교육행정 사무를 실시한다고 해도 이것은 국가의 특별한 위임에 기초하여 국가의 엄격한 감독 아래 실시하는 것으로, 단체 사무로 실시하는 것이 아니다. 생각건대 교육이란 단지 어느 지방의 이해 문제만으로 그치지 말아야 하며 실로 일국의 성쇠에 영향을 주는 매우 큰 것이라 하겠다.

---

1 편역자 주: 이하 '우리나라'는 일본을 지칭한다.

조선에서는 지방의 실정을 따르기 위해 학교비, 학교조합이라는 공법인을 설치하고, 전자는 군과 도서(島嶼) 지역에 두고 조선인 교육에 관한 비용을 담당할 목적으로(학교비령 제1조), 후자는 일정 구역 내에 주소를 두고 독립의 생계를 영위하는 내지인을 조합원으로 하여 내지인 교육에 관한 사무를 처리할 목적으로(학교조합령 제1조) 조직하여, 무엇보다도 이를 단체 사무로써 처리하는 자치행정조직을 많이 채용하고 있지만, 군과 도서의 학교비는 조선인 교육에 관한 비용을 지변할 것을 목적으로 하는 것에 있으며, 또한 학교조합은 단지 내지인 교육에 관한 사무를 처리하는 것을 목적으로 하는 법인에 지나지 않는다. 교육제도, 조직 목적 내용 등에 대해서는 어디까지나 국가가 정하고 이들 단체는 국가가 정한 바에 따라 경비를 지변하고, 또한 사무를 처리하는 것에 그치며, 단체가 임의로 경비를 지변하거나 교육에 관해 사무를 처리해서는 안 된다. 교육이 국가적 사무인 까닭이 여기에 존재한다.

일찍이 부(府)에서는 이 경제를 일반경제로부터 분리하여 내지인 교육 및 조선인 교육을 목적으로 하는 교육특별경제를 각각 설치하고 있지만(부제 제55조), 이는 내지의 시정촌과 달리, 소학교, 중학교, 고등여학교 또는 실업학교를 설치할 수 있는 권한을 인정하는 것에 지나지 않는(각 학교규정 중 설치에 관한 규정 참조) 것으로, 의무를 부담시키는 것이 아니다. 그리고 사무의 집행에 관해서는 많은 규준과 감독 규정을 두어 국가 사무의 수행에 유감이 되지 않도록 하고 있다.

〔주〕
세상 자칫하면, 문정의 국가통제가 오늘날 교육의 한 가지 결함으로 인식되는 교육의 획일을 초래했다고 간주하고 있다. 종래에 반드시 이런 유감이 없다고 할 수는 없지만, 문정의 중앙집권주의는 필연적으로 교육의 획일주의를 의미하는 것은 아니다. 중앙집권이라 해도 교육제도의 건설 방법 및 운용 여하에 따라 획일주의에 빠지는 폐단을 피할 수 있다. 교육 제반의 사정 중 반드시 획일을 타파해야 하는 것은 주로 교수, 훈련, 양호 등 소위 학교 내부 사항이며, 이는 결국 교사의 실력 여하에 따라 다르며, 획일 타파는 궁극적으로 교원의 소질 능력의 문제에 관련된 것이라 할 수 있다. 이 점에서 교원양성 제도와 관련하여 연구해야 할 점은 적지 않지만, 반드시 행정의 형식 체계 여하에 의한 것은 아니다.
[시모무라 주이치(下村壽一), 『교육행정촬요(教育行政撮要)』, 4쪽]

교육은 나라의 사업으로 국가가 직접 실시한다고 말하는 것은 교육사업이 국가에 전속하는 것을 의미하는 것이 아니다. 국가는 필요에 따라 또는 운용에 적절을 기하기 위해 적당한 것에 위임하여 그것을 실시하도록 하는 경우가 있다. 이 경우에 교육사업 설립 유지자에 속한다는 것은 말할 필요도 없다. 실제로 사인(私人)이 경영하는 것을 인정하고 있다(사립학교규칙, 각 학교규정 중 사인의 학교 설립을 인정하는 규정 등 참조). 단지 이 경우에도 사인이 임의의 방법으로 임의의 교육을 실시하는 것은 허락되지 않는다. 교육은 어디까지나 국가적 사업이며, 국가가 요구하거나 요구하지 않은 사항에 대해서 성실하게 이행하는 것을 조건으로 할 때만 그 경영을 허용한다.

〔주〕

그러므로 국가가 요구하는 교육방침에 따르지 않는 교직원을 파면하고, 학교를 폐쇄하는 것은 당연한 조치이며, 또한 내지의 사립학교령에서 벌칙 규정을 마련한 까닭이기도 하다.

1936년(昭和 11) 1월 우리나라 교육의 대본인 신사 참배를 본인뿐만 아니라 생도에게도 하지 않도록 하겠다는 취지를 표명해 온 전 숭실전문학교장 매큔씨를 마침내 파면하면서 발표한 조선총독부 학무국 담화 중 매큔씨에게 전달한 경고 요지 1절에는 "학교 교육에 관한 한 그 경영이 종교단체에서 실시하는가의 여부와 관계없이 법령을 준수하고 국민교육상의 목적에 합치할 필요가 있는 것은 번설을 필요로 하지 않는다. 그럼에도 불구하고 선교사 등이 학교장 또는 교원의 직을 겸할 때, 종종 학교 교육과 종교를 혼동하고 국가가 국민교육상의 필요에 기초하여 정한 제도 법령에 대한 이해가 부족하여 신사 참배를 주저하는 경향이 있는 것은 종래부터 본부가 자못 유감스럽게 여겨온 바이다 운운"이라고 하여 위의 취지를 매우 명료하게 하였다.

또 1937년(昭和 12) 9월 전라남도 남장로파계 사립학교에서도 똑같은 문제가 야기된 것에 대해서도 사립학교규칙 제15조의 규정에 따라 교육방침의 변경을 명령하였지만, 수긍하지 않아 동 규칙 16조의 규정을 발동하여 당해 학교의 폐쇄를 명령했다.

제2절 교육행정 기관

조선에서 교육행정의 최고 중앙 기관은 말할 필요도 없이 조선총독이다. 조선총독은 조선의 최고행정관청으로 외교, 군정 등 중앙정부에서 통일할 필요가 있는 것을 제외하고, 기타 조선 통치에 관한 모든 권한을 부여받았다. 따라서 내지에서 각 성의 대신의 권한에 속하는 사항도 조선에서는 조선총독이 그것을 관장한다.

> 〔주〕
> 교육에 관한 규정으로 내지에서 실행되는 법령에 따를 경우, 그 법령 가운데 문부대신의 직무는 조선총독이 그것을 행한다는 취지를 규정함을 통례로 하는데, 오직 조선, 대만, 관동주 및 남만주철도 부속지의 학위수여에 관한 건[1931년(昭和 6) 칙령 제268호]에 따라 이들 지역의 학위수여에 관해서는 학위령에 따르는 것으로 한다. 학위령 [1920년(大正 9) 칙령 제200호]에서는 동령 제2조에 "학위는 대학에서 문부대신의 인가를 거쳐 수여한다"라고 규정함으로써 학위 수여의 인가권은 조선총독에 없었다.

조선총독의 보조기관으로 친임관인 정무총감이 있다. "총독을 보좌하고 부(府)의 사무를 통치하며 각 부국(部局)의 사무를 감독"(조선총독부 관제 제8조)한다.

그 아래 교육에 관련하는 사항을 주요 업무로 하여 보조하는 학무국장이 있다. "학무국의 장(長)으로서 총독 및 정무총감의 명을 받들어 학무국의 사무를 관장하며 부서의 관리(官吏)를 지휘 감독"(조선총독부관제 제12조)한다.

그 외 사무관, 이사관, 교학관, 시학관, 편수관, 속(屬) 및 편수서기가 있는데, 학무과, 사회교육과, 편집과의 3과에 각각 분속(分屬)하여, 상관의 명령이나 지휘를 받들어 각각의 직분에 따라 총독을 보조한다.

〔참조〕

○ 조선총독부 사무분장 규정 초[1916년(大正 5) 총훈 제26호]

제10조 학무국에 학무과, 사회교육과, 편집과, 교학연수소 및 중견청년수련소를 둔다.

학무과에서 다음 사무를 관장한다.

1. 교육 학예에 관한 사항
2. 교원에 관한 사항
3. 학교 및 유치원에 관한 사항
4. 학무국 내의 다른 과에 속하지 않는 사항

사회교육과에서는 다음의 사무를 관장한다.

1. 사회교육 및 사회교화에 관한 사항
2. 청소년단 및 청년훈련소에 관한 사항
3. 도서관, 박물관 및 조선미술전람회에 관한 사항
4. 경학원 및 명륜학원에 관한 사항
5. 향교재산에 관한 사항
6. 종교 및 향사(享祀)에 관한 사항
7. 사원에 관한 사항
8. 보물, 고적, 명승, 천연기념물 등의 조사 및 보존에 관한 사항

편집과에서는 다음의 사무를 관장한다.

1. 교과용 도서에 관한 사항
2. 월력의 출판 및 반포에 관한 사항
(생략)

    교육행정 지방 관청으로는 각 도지사가 있고, 그 보조기관으로 내무부장, 도 학무과장, 도 시학관, 도 속(屬) 및 도시학이 있다.

    제국대학 총장, 관립 전문학교장, 사범학교장 및 실업학교장은 경성제국대학총장직무규정[1924년(大正 13) 총훈 제6호] 및 관립학교장직무규정[1911년(明治 44) 총훈 제83호]에 비추어 교육행정상의 특수관청으로 이해해야 한다.

교육행정상 특수한 지위를 갖는 것은 시학기관이다. 총독부에 시학관 4명 및 각 도에 도시학관 각 1명을 둔다. 도(道)에는 여기에 더해 약간 명의 도(道)시학을, 주요한 부(府)에는 부(府)시학 1명(현재는 경성, 대구, 부산 및 평양의 4개소에만 둔다)을 두고 있다.

모두 상관의 지휘를 받들어 학사에 관한 시찰 및 사무를 관장한다. 따라서 교육의 실제에서 탁월하게 그 지도적 임무를 다할 수 있는 자격을 갖춤과 동시에 교육행정에 관한 사무에도 정통함을 요구하는 등의 특별한 학식 경험이 필요하다. 그래서 특별히 광범위하게 선임할 수 있는 길을 열어 두었다. 즉 시학관은 문관임용령에 따르는 것 이외에 조선총독부 시학관은 특별임용령의 규정에 따라,

1. 문부성 독학관, 문부성 시학관 또는 대만총독부 시학관의 직에 있는 자
2. 2년 이상 문부성 직할의 제(諸) 학교장 또는 조선총독부 전문학교장의 직에 있는 자
3. 3년 이상 사범학교장, 관공립중학교장, 관공립고등여학교장, 관공립고등보통학교장, 관공립여자고등보통학교장 또는 관공립실업학교장의 직에 있는 자
4. 3년 이상 주임 교관(奏任 敎官)의 직에 있는 자

가운데 고등시험위원의 전형을 거쳐 임용할 수 있다. 그리고 위의 각호 가운데 동일 직의 재직연수는 통산할 수 있다[1911년(明治 44) 칙령 제138호 조선총독부 시학관 특별임용령].

도(道)시학관은

1. 2년 이상 주임관(奏任官) 또는 주임관 대우 이상의 학교장, 교관, 교원 및 교육 사무에 종사하는 직원의 직에 있는 자
2. 5년 이상 판임관(判任官) 또는 판임관 대우의 학교장, 교관, 교원 또는 교육 사무에 종사하는 직원의 직에 있고, 월액 85원 이상의 봉급을 받는 자

가운데 고등시험위원의 전형을 거쳐 특별히 그를 임용할 수 있다. 그리고 위 각 직의 재직연수는 통산(通算)한다. 단 요구되는 재직연수를 달리하는 직의 연수(年數)를 통산하는 경우에는, 갑직(甲職)의 재직연수와 그 직의 소요재직 연수에 대한 비율을 을직(乙職)의 소요재직

연수에 곱한다. 그리고 이렇게 얻은 연수를 갑직의 재직연수로 하여 그것을 을직의 재직연수로 통산[1930년(昭和 5) 칙령 제211호, 조선총독부 도시학관 특별임용령]한다. 그러나 조선총독부 시학관이나 도시학관의 경우 단지 위의 자격뿐 아니라, 그 직책에 비추어 식견과 안목을 갖춘 공평성실한 사람을 필요로 한다는 점은 말할 것도 없다. 이 때문에 선임과정에서 그 인물됨에 대해 깊이 유의할 필요가 있음은 물론이고, 도 시학, 부(府) 시학의 경우에도 동일하다.

〔주〕
내지에서는 시학도 특별 임용할 수 있는 규정[1928년(昭和 3) 칙령 제26호, 홋카이도청 시학관, 지방 시학관, 홋카이도청 시학 및 부현(府縣) 시학의 임용에 관한 건]이 있지만, 조선에서는 아직 이 같은 제도를 설치하지 않았다. 그래서 조선에서는 문관임용령 제7조의 특별전형에 따라 임용한다.

시학관은 이처럼 상당히 광범위한 범위에서 선임되어 학사에 관한 시찰 및 학무를 관장하였다. 그런데 현재와 같은 정원으로 학사에 관한 전반의 시찰 지도를 철저히 하는 것은 상당히 곤란한 실정이어서, 특정한 사항에 관해 전문적 시각에서 깊이 있는 시찰 지도를 하도록 본부(本府)에 시학위원 제도를 설치하여 주로 대학, 전문학교의 교관 중에서 임명하도록 하였다. 각 도에서도 동일한 취지에서 시학위원을 두어 시학 기능의 발달을 꾀하고 있다.

다만 이 시학위원 제도의 존치에 관해 별도의 법적 근거가 없어, 해당 관리(官吏)에 대한 것은 일종의 근무 명령으로, 관리(官吏)가 아닌 자에 대해서는 특정 사무의 위촉이라는 형식으로 한다.

시학기관이 '학사에 관한 시찰'을 할 경우에 조선총독부 시학관 및 조선총독부 시학위원 학사시학규정[1928년(昭和 3) 총훈 제29호] 제1조에 규정된 교육행정 상황 이하 11항목에 걸친 사항을 시찰하도록 명 받는다. 또한 시찰에 필요하다고 인정 될 때는 일과를 변경해 수업을 하거나, 또는 생도 아동의 학력을 시험할 수 있다(동 규정 제2조). 또한 (1)규정에 저촉되는 사항, (2)청의(廳議)의 결정에 반하는 사항, (3)교수 훈육에 관한 사항, (4)기타 특별히 지명을 받은 사항 등에 관해서는 관계자에게 주의를 주며, 주의 가운데 후일 참고로 해야 할 사항은 학교의 기록으로 하여 날인을 찍어야 한다(동 규정 제3조). 그 외 관계 도지사에 대해 가능한 한 시찰의 상황을 진술해야 하며, 기타 학사에 관한 시설에 관해 의견을 진술할 수도 있다(동 규정 제4조). 그리고 청(廳)으로 복귀 한 후 지체없이 복명(復命)하는 것은 물론이고, 시급을 요하는 사항은 출장 나간 곳에서 그 요령(要領)을 보고해야 한다(동 규정 제5조).

시학위원의 시찰사항은 명받은 사항에 한하고, 또 관계자에게 주의를 줄 수 없다는 점에서 시학관과 다른데, 그 외의 점에 대해서는 시학관의 시찰 규정에 준해 행해야 한다(동 규정 제6조).

또한 시학관 및 시학위원이 아닌 교육사무에 종사하는 행정관 등이 학사시찰을 명받은 경우에는 해당 학사시찰규정 제7조에 의해 시찰한다.

각 도의 시학관, 도 시학 및 도 시학위원의 학사시찰에 관해서는 각 도지사가 각각 정한다.

〔주〕
최근 교육시설의 확충에 따라 군(郡) 시학 제도의 설치를 바라는 경향이 적지 않다. 거기에는 상당한 이유가 있다. 즉 현재 각 도(道)에서 시학기관의 시찰 상황을 볼 때 벽지에 있는 학교까지 빠짐없이 시찰 지도하는 것은 도저히 어렵다. 설령 가능하다 해도 년 1회 정도에 그칠 뿐만 아니라, 진짜 군(郡)의 정세에 정통하는 것은 곤란하므로 학교가 있는 지방에 맞는 지도를 하는 것이 쉽지 않을 뿐 아니라, 군수가 관할하는 교육행정 사무를 관장하는데 군 속(郡屬)으로는 실제로 완전을 기할 수 없다는 등의 이유를 생각할 수 있다.

그러나 한편에서 국가, 도(道)의 교육에 관해 계획할 때, 또는 방침을 지도하고 혹은 통일적 지도가 필요한 경우는 도의 관리가 직접 그것을 지도함이 효과적일 뿐 아니라, 실제적인 문제로 도 시학은 인사(人事)에 당연히 관여하므로 도 내의 전체 교직원을 통일적인 눈으로 보며 공평하게 인사하도록 기대할 수 있으며, 또 적재적소에 잘 적용할 수 있다는 점에서 반대 이유를 들 수 있다. 물론 군(郡)시학의 존재로 인해 도(道)시학의 시찰이 방해받을 이유는 없고, 자유로운 눈으로 학교를 시찰하고 인물을 살필 수 있지만, 전체 직원에 걸쳐 상세히 인물을 아는 것은 현상에 비추어 도저히 불가능한 일이므로, 군(郡)시학의 의견에 따라야 한다는 점은 예상할 수 있다. 따라서 결과에 대해 인물의 견해가 다양해질 우려가 있다. 따라서 현재 정황에서는 오히려 도(道)시학을 증원하여 통일적인 지도 관찰 아래서, 도(道) 내 구석구석까지 전 직원을 알 수 있는 방도를 궁리하는 것이 필요할 것이다. 그래서 도(道) 내의 전반에 걸쳐 적재적소를 고려할 필요가 없을 때까지 학교 수 및 직원 수가 증가하거나 또는 특수한 발전에 의해 다른 군(郡)에 비해 제반의 취지를 달리하는 군(郡)이 만들어질 때, 군(郡)시학 제도를 고려해야 한다.

시학기관이 교육행정상 특별 지위를 갖고, 그 시찰지도가 학교 교육의 완벽한 운영상 중요한 의의가 있다는 점은 상술한 대로이지만 1938년(昭和 13)부터 조선총독부에 두었던 교학관도, 시학기관과는 별도로 각 도에서 특수한 지위에 있다.

즉 교학관은 "상관의 명을 받들어 교학의 쇄신진흥에 관한 조사 및 지도 감독을 관장한다"(조선총독부 관제 제17조의 2)라는 것으로, 단지 학교 교육에 머물지 않고 교육에 관한 시설 전반에 대해서 우리나라 교학(敎學)의 본의를 선창하고 유지하여 그것을 철저히 하도록 하는 데 필수적인 사무를 담당한다. 따라서 특히 사상관계의 사무가 중요한 담당 부분이 되어야 하는데, 그런 이유로 교학관에 관해서도 관제 발포와 동시에 교학관시찰규정[1938년(昭和 13) 총훈 제45호]이 제정되었다. 제1조 "교학의 쇄신진흥"에 관해 우리나라 교학의 본의 철저에 관한 것 이하 9항목에 걸쳐 시찰할 것을 명하고 있다. 그래서 시찰에 관해서는 학교뿐만 아니라 관계 행정청, 청년훈련소, 사회교육단체 등에 관해 시찰해야 할 취지를 규정하고 있다(동 규정 제2조). 시찰에서 필요하다고 인정될 때는 일과를 변경해 교수를 하도록 하고, 또 학생 생도 아동에 관해 고사(考査)를 행할 수 있다(동 규정 제5조)고 한 것은 시학관과 동일하다. 그런데 시학관이 단지 생도 아동 즉 전문학교 이하를 대상으로 하는 것에 비해, 교학관의 경우는 대학도 포함하고 있다는 점은 특히 주의를 해야 하는 점이다. 그 이외에는 대체로 시학관의 학사시찰규정과 대략 비슷하지만, "교학관은 시찰에서 항상 시학관과 긴밀한 연락을 취해야 한다"(동 규정 제3조)라고 규정되어 있다. 다만 시학관의 학사시찰의 경우 이처럼 시찰 상의 연락에 관한 규정을 두고 있지는 않지만, 그 역시 마찬가지로 교학관과 연락을 유지하는 것은 당연히 필요할 것이다.

제3절 교육시설

교육시설의 종류에는 여러 가지가 있지만, 그 안에서 학교는 가장 중요한 시설이다.

'학교'란 어떠한 곳인지 정해진 정의는 없지만, 일정한 사람에 대해 영속적이면서 조직적으로 소정의 과정, 편성을 갖춘 규율 절제 아래 교육하는 사람 및 사물로 이루어진 시설의 총칭이다. 즉

(1) 학교는 사람 및 사물을 구성요소로 하는 교육시설이다. '사람'은 교장, 교원 등의 직원이고, '사물'은 교지, 교사(校舍), 체조장, 교구 등의 물적 설비이다. 학생, 생도, 아동 등은 학교 존속의 요건이기는 하지만, 학교라는 교육시설의 구성요소가 될 수는 없다.
(2) 학교는 영속적 및 계속적인 교육시설일 것이 필요하다. 그러므로 강습소와 같이 기간을 정해 계속적으로 행하는 교육시설은 학교가 아니다. 동시에 영속적으로 이루어져도 다수 사람의 집합인 경우인 설교, 강화 등을 행하는 시설과 같은 것은 학교가 아니다.
(3) 학교는 일정의 사람에 대해 교육하는 시설이다. 여기서 일정의 사람은 불특정 다수에 해당하는 것이며, 영구히 고정된 사람을 의미하는 것은 아니다. 정해진 절차, 또는 방법에 따라 입학한 자에 대해서만 교육을 하는 시설이라는 점에서, 오는 자는 막지 않고 가는 자는 잡지 않는 식의 강연회, 강습회와 구별될 수 있다.
(4) 학교는 정해진 과정 편성을 갖춤과 동시에 어느 정도의 규율, 절제 아래서 행해져야 한다. 과정이나 편성이 없는 가숙(家塾)이나, 혹은 별도의 규율이나 절제 아래서 하지 않아도 되는 재봉교수소와 같은 곳은 학교라고 할 수 없다.

〔주〕
문부성은 일찍이 (1) 일정한 과정을 정해놓고 공적으로 교수하는 것을 목적으로 하는 것, (2) 영속적이면서 공(公)적인 목적으로 일정한 장소를 설치해 교수함을 목적으로 하는 것 가운데 어느 하나에 해당하는 것은 이름 여하를 불문하고 그것을 학교사업으로 인정해야 한다는 통첩을 지방청에 전달했다. 그렇지만 이 정의에 의하면 일정한 과정을 설치하고 공적으로 통신 교수를 실시하는 것과 같은 것도 학교라고 해야 한다는 것이 되어, 너무 광범위하다고 말하지 않을 수 없다. 이 점에서 본다면 조선에서는 1929년(昭和 4) 총령 제13호로 사립학교 규칙을 개정해 새로이 "감독관청에서 학교 사업으로 한다고 인정하면 그 취지를 관계자에게 통고하여 본 령의 규정에 따르도록 하거나, 아니면 금지한다"라는 학교 유사 사업의 단속 규정 신설에 즈음하여 각 도지사 앞으로 다음과 같은 통첩을 보내고 있는데, 이 정의는 문부성의 통첩보다도 약간 구체적이라고 할 수 있다.

〔참조〕

○ 사립학교규정 개정에 관한 건[1929(昭和 4). 2. 19. 학무국장 통첩]

이번 부령 제13호로 사립학교규칙이 개정되었는데, 이는 일반 국민의 향학심 증진에 따라, 혹은 어떤 수속을 밟지 않고, 혹은 이름을 학술강습으로 하여 학교사업을 하는 것이 점점 많아져서 그 영향이 크다는 점을 고려한 것이다. 이들 시설을 법규에 의거하도록 하여 적극적으로 지도 감독을 하도록 하는 취지에 관해 다음에 적은 사항을 이해하여 실시에 유감없기를 기대한다. 또 본 령의 시행에 관해서는 담당자가 충분히 개정 규정의 주지(主旨)를 철저히 하여 점차 본 령을 적용하도록 한다.

【기(記)】

영속적이면서 공적 목적으로 일정한 장소를 설치하고, 또 일정한 학과 과정을 정해 학과를 교수하는 것은 명칭 여하를 불문하고 개정 규정의 학교에 준하는 사업으로 인정해야 한다.

학교는 설립 유지 비용을 부담하는 자의 구별에 따라 국가 스스로 그것을 부담하는 것을 관립학교, 공공단체가 부담하는 것을 공립학교, 사인(私人)이 부담하는 것을 사립학교라 부른다. 다만 여기서 말하는 공공단체란 지방자치행정의 기능을 가진 것, 특히 법령에 따라 학교의 설치 경영을 위해 설치된 소위 특별공공단체를 가리키는 것으로, 내지에서는 홋카이도·부·현·시·정·촌 및 학교조합, 조선에서는 도·부·학교비 및 학교조합 등이 이에 해당한다. 상공회의소·농회·수리조합 등의 보통공공단체에서 설립한 것은 해당 단체의 존립 목적에 위반되지 않아 설립을 인정한 것에 불과한 것이므로 공립학교로 취급하지 않는다.

〔참조〕

실업학교령

제5조 상업회의소, 농회 그 이외 이에 준하는 공공단체는 실업학교를 설립 할 수 있다.

전항의 규정에 따라 설치하는 실업학교는 사립으로 한다.

> **실업학교규정**
> 제5조 도, 부, 학교비 또는 학교조합은 실업학교를 설립할 수 있다.
> 　　상공회의소 기타 이에 준하는 공공단체 또는 사인(私人)은 실업학교를 설립할 수 있다.
> 　　제1항의 규정에 따라 설립한 것을 공립 실업학교라 하고, 전항(前項)의 규정에 따라 설립한 것을 사립 실업학교라 한다.

　관립 또는 공립의 학교는 행정법상 영조물(營造物)의 일종으로 해석한다.
　학교에서 영리사업을 목적으로 할 수 있는가의 문제가 있다.
　영국에서와 같이 공공연히 학교의 사업에 따라 이익배당을 인정하는 예도 있지만, 우리나라에서는 국가적 사업으로 운영되고 있으므로, 물론 그 예도 없고 또 법령상으로도 분명하지 않지만, 교육사업은 영리사업이 아니라는 점이 사회통념이다.

제4절 조선의 교육

　조선의 교육에 관한 기초법령은 조선교육령이다. 그 서두에

　　제1조 조선의 교육은 본 령에 의한다.

라고 규정해 조선의 교육은 오직 조선교육령이 정하는 바에 따라야 함을 분명히 하고 있고, 조선에서 행해져야 할 교육은 초등교육이든 대학교육이든 불문하고, 또 학교 교육이나 단순한 교육시설이거나를 불문하고 모두 조선교육령에 근거를 두고 있다. 조선교육령이 종합교육령으로서 중요한 법령으로 열거되는 이유가 여기에 있다.

> 〔주〕
> 조선교육령은 추밀원 고문의 자문을 거쳐 공포되었으며 개정 때도 자문을 받는다.

조선교육령 제2조부터 제5조에서는 교육을 구분해 보통교육·실업교육·전문교육·대학교육 및 그 예비교육, 그리고 사범교육으로 나누고 각각에 대해 대강(大綱)을 규정하였다. 사범교육 및 실업보습교육을 제외한 각 교육은 모두 각각 내지의 그것에 상당하는 학교령에 의한 것임을 규정하고, 각 학교령 가운데 문부대신의 직무는 조선총독이 그것을 행하도록 하였다. 그러나 내지의 각 학교령 규정을 그대로 따르기 어려운 사항에 관해서는 조선총독이 정하는 바에 따르도록 하였다. 특히 보통교육에 관해서는 조선 특수의 사정에 따라 조선총독이 특례를 설치할 수 있음을 규정하도록 했다. 이 상세한 내용에 관해서는 나중에 서술하지만, 그렇게 한 이유는 말할 것도 없이 조선의 지역적 특수성, 혹은 지방단체의 실정, 기타 아직 내지와 완전히 동등하지 않으므로 법령의 규정 또는 시설 사항을 거기에 즉응하도록 한다는 취지에 따른 것으로, 교육 그 자체에 관해서는 거의 내지의 것과 완전히 동등하도록 할 것을 기대했다.

지금 이 학제 공포를 보기까지는 1911년(明治 44) 구(舊)교육령 제도 이후 여러 번 제도의 변천을 거쳐 왔는데, 이와 같은 거의 완전한 동등의 학제를 공포해, 신부속지의 동포에 대해 균등하게 동일한 기준에 따라 교육을 한다고 하는 것은 세계 각국에서 일찍이 아직 유례가 없는 바이다. 이는 필경 일시동인의 성지를 받들어 도의(道義)를 바탕으로 행하는 우리 조선 통치의 근본방침에 의한 것으로, 민중의 요망에 따라 이 학제를 반포하고 있는 것은 물론 아니다.

사범교육에 관해서는 제6조부터 제15조에 걸쳐 자세하게 규정되어 있다. 조선에서는 아직 고등사범교육을 하는 학교가 필요하지 않고, 초등보통교육 보급의 실정 등으로 인해 독자의 시설에 따라 교원을 양성할 필요가 있다. 따라서 여기서는 오로지 소학교 교원양성만을 목적으로 하여 정해진 조직, 설치 등에 관한 대강(大綱)을 규정하고 있다.

이상의 교육령 각 조항에 기초해 문부대신이 실시하는 직무 또는 조선총독에 대한 위임규정에 따라, 조선총독은 각 학교규정 기타 규정을 발포해 각각 필요한 사항을 규정하였다. 다음으로 제16조에서는 이상의 각 교육에 따르기 어려운 사립학교, 특수 교육을 하는 학교, 기타 교육시설에 관한 것은 모두 조선총독에게 위임하고, 그 정하는 바에 따를 것을 규정하였다. 제16조의 위임규정에 따라 조선총독이 정하는 것은 아주 광범위하게 걸쳐 있는데, 그에 기초하여 지금 발포한 것 가운데, 사립학교에 관해서는 사립학교규칙[1920년(大正 9) 총령 제21호], 사립학교 교원의 자격 및 정원에 관한 규정[1922년(大正 11) 총령 제28호], 기타 교육시설에 관해서는 유치원규정[1922년(大正 11) 총령 제11호], 청년훈련소규정[1938년(昭和 13) 총령 제54호], 서당규칙[1918년(大正 7) 총령 제18호], 사설학술강습회에 관한 건[1913년(大正 2) 총령 제3호] 등이 있다. 그런데 '특수교육을 하는 학교'에 관해서만은 아직 어떤 규정도 두고 있지 않다.

> 〔주〕
> '특수교육을 하는 학교'로는 특수인을 위한 맹아학교, 농아학교 등과 같은 것이 이에 해당한다. 내지에서는 이들 교육에 관해서도 별도의 단행 칙령을 공포하여 규정을 두고 있다.

이상 조선교육령 규정에 기초한 각 교육에 관해서는 각 장을 나누어 나중에 상세히 서술하는 것으로 하고, 과거의 조선교육에 관해 개설하기로 한다.

먼 과거의 것은 제쳐두고, 일단 연혁을 더듬어 보면 구시대의 조선에는 계통적이고 조직적인 교육시설은 볼 수 없었지만, 국가적 시설로 조선시대는 경성에 성균관 및 동서남중의 사학, 각 군에 향교가 있었다. 모두 유학을 주로 하였고 과거에 합격해 관리에 등용되는 것을 유일한 목적으로 하는 관리양성소의 모습을 노정하고 있었다. 이외에 동몽(童蒙)에게 한문 읽기를 가르치는 서당은 옛날 내지의 데라코야(寺子屋)와 비슷한 사설(私設)의 시설이었다. 유일한 서민교육시설로서 상당히 보급되어 지금도 역시 그 구태(舊態)를 남기고 있지만 국민교육기관으로서 보아야 할 가치가 있는 것은 아니었다.

근대교육 제도가 처음 들어왔던 것은 최근의 일로, 1895년(明治 28) 이후에 속한다. 즉 구(舊)한국 정부는 당시의 우리 이노우에(井上) 공사(公使)의 충언에 따라 서정쇄신을 단행함과 동시에 학제에 관해 종래 과거제도를 폐지하고 일대 개혁을 시행하였다. 소학교령을 제정함과 동시에 사범학교·중학교·외국어학교·성균관 관제 및 규칙 등을 발포하여, 소위 신교육제도를 수립하였다. 그런데 이들 제도는 거의 일본 내지의 것을 그대로 채용한 것으로, 당시 국정에 적합하지 않았고, 또 실행할 적당한 교육자가 없었으므로 실효를 거둘 수 없었다. 그 후 교육열 발흥에 따라 각지에 사학(私學)이 왕성히 일어났는데, 그 역시 내용이 빈약하고 조직의 난잡함이 극에 달했다. 이러한 정세를 거쳐 1904년(明治 37) 한일협약, 1905년

(明治 38) 한일신협약에 따라 고문이 파견되었고 이어 1906년(明治 39) 통감부가 설치되는 등, 우리나라에 의한 보호정치를 실시되기에 이르렀다. 그러자 교육제도에 관해서도 상당한 개혁을 한 바가 있었지만, 이 시기는 기간도 짧아 겨우 병합 후 신교육의 맹아를 이루는데 지나지 않았다. 이런 이유로 조선에서 조직적이고 계통적인 학제에 근거한 국민교육의 시설이 행해지게 된 것은 병합 다음 해에 공포되었던 구(舊)조선교육령 [1911년(明治 44) 8월 칙령 제229호로 공포, 1911년(明治 44) 10월 시행] 이후라고 할 수 있다.

이러한 변천을 거쳐 이루어졌던 조선의 교육이 병합 당시에 전적으로 간이실용을 취지로 하는 교육을 보급하는 데 노력했던 것은 당연한 일이었다. 이미 통치의 근본방침이 분명히 밝혀졌고, 조선교육의 본지(本旨)는 이에 근거하되, 교육에 관한 칙어의 취지를 존봉(尊奉)하여 충량한 황국신민을 육성하는 데 있음은 물론이었다. 이 점은 내지인이든 조선인이든 하등의 차이가 없었는데, 교육의 실제는 민도나 시세(時勢)를 잘 관찰해 이루어지지 않으면 실효를 거두기 곤란하다는 점은 말할 것도 없다. 그런 까닭에 병합 다음 해인 1911년(明治 44) 8월 칙령 제229호로 공포되었던 구(舊)조선교육령에서는 교육을 보통교육·실업교육·전문교육의 3종으로 구분하고, 각 교육에 관해 학교의 종류 계통을 분명히 하였다. 각각에 대해 그 목적, 수업연한, 입학 자격을 규정했지만, 조선교육령 제1조에 "조선에서 조선인 교육은 본 령에 의한다"라고 규정했듯이 조선인 교육에 관한 규정에 머물렀고, 또 각 교육의 내용 정도도 모두 간이 적절을 취지로 하여, 입학 자격, 수업연한 등 내지의 상당하는 학교에 비해 낮은 정도의 교육을 받도록 하였다. 따라서 내지의 학교로 연결되는 길이 없었고 졸업 후의 특전에 관해서도 일반적으로는 내지의 학교에 비해 동등한 대우를 받을 여지가 없었다. 이에 구(舊)조선교육령에서는 제1장에 강령을 두어 제2조 및 제3조에 다음과 같은 교육목적과 방침을 솔직 명쾌하게 제시했던 것은 실로 주목해야 할 일이다. 현행교육령에 이러한 조항을 두지는 않았지만, 이 사상은 현재에도 역시 엄연히 살아있는 것이고, 다만 교육령상에 명시하고 있지 않다는 것에 지나지 않는다.

제2조 교육은 교육에 관한 칙어의 취지에 기초해 충량한 국민의 육성을 본의로 한다.
제3조 교육은 시세와 민도에 적합하게 할 것을 기해야 한다.

구(舊)조선교육령은 당시의 정세에 비추어 아주 적절했기 때문에 초기의 교육 보급에서 커다란 효과를 거두었는데, 그 후 급격히 발흥한 향학심의 추세에 부응해 1920년(大正 9) 11월 보통학교 수업연한을 6년으로 연장함과 동시에 고등보통학교에 2년 이내의 보습과를 둘 수 있도록 하고, 해당 보습과 수료자는 내지 전문학교로 연결할 수 있도록 하는 등 일부를 개정했다.

시간이 흘러 1922년(大正 11) 2월 시세의 진운에 조응하여 1938년(昭和 13) 3월 31일까지 실시되었던 교육령[이하 편의상 구(舊)교육령으로 칭함]이 발포되어 그해 4월 1일부터 시행되기에 이르렀다. 이 교육령은 종래 내선인 교육에 관한 차이의 범위를 축소하고 조선인 교육의 정도를 향상해 내지인 교육과 동등하게 하였다. 그 외에 내지인 교육과 조선인 교육을 하나의 교육령으로 통일(구 교육령 제1조 참조)하여 제도 조직에서도, 시설의 실제에서도 내선동등의 정신을 철저히 하도록 하였다. 실업교육, 전문교육 외에 새로이 대학교육, 사범교육 제도도 설치하여 모두 내선인 공학 제도로 했지만, 보통교육에서만은 국어를 상용하는 자와 국어를 상용하지 않는 자에 따라 교육기관을 달리하는 제도를 채용했다(구 교육령 제2조부터 제10조 참조). 이는 보통교육이 언어, 문화, 역사 등을 배경으로 실시되는 부분이 많아 주로 교육상의 편의를 고려한 것에서 나온 것이지만, 한편 당시 소요 후에 민심의 귀추가 일정하지 않고 교육에서는 오히려 분리하여 공학으로 하지 않게 하라는 여론이 강했던 점도 고려했던 결과였다. 그러나 가정 사정·편의·기타 장래 생활상의 필요 등 특별한 사정이 있는 자에 대해서는 양자가 상호 입학할 수 있는 길을 두었다[구 교육령 제25조 및 1922년(大正 11) 총령 제15호 조선교육령 제25조에 따라 국어를 상용하는 자 또는 국어를 상용하지 않는 자의 입학에 관한 건 참조]. 그뿐만 아니라 교육의 내용에서도 양자가 거의 다름이 없었다. 이처럼 어느 교육기관에서나 내지의 상당하는 학교와 비교해서 같은 정도의 교육을 실시하게 되었다. 그래서 조선교육령에 따라 설립된 전문학교 이하 각 학교의 생도, 아동 및 졸업자가 다른 학교로 입학, 전학할 때 이제 내지에 상당하는 학교의 생도 아동 및 졸업자와 동일한 취급을 받게 되었다[1923년도(大正 12) 문령 제1호 조선교육령에 따라 설치된 학교의 생도 아동 및 졸업자가 다른 학교로 입학 전학하는 것에 관한 규정 참조]. 그 후 사범교육 개선에 관해서는 1929년(昭和 4) 및 1933년(昭和 8)의 두 번, 1935년(昭和 10) 실업학교령이 일부 개정되었지만, 대강(大綱)에는 변경이 없었고 이번 개정에 이르게 된 것이다.

조선교육사에서 기념할 만한 1938년(昭和 13) 3월 4일의 신(新)교육령은 칙령 제103호로 공포되었고, 같은 해 4월 1일부터 시행되었다. 그 요지는 16년 전에는 이상(理想)이었으나 어쩔 수 없이 과도기적 조치로서 두었던 보통교육에서 국어를 상용하는 자와 그렇지 않은 자에 따른 교육기관의 차별을 철폐하는 데 있었다. 따라서 구 교육령 제3조(국어를 상용하지 않는 자에게 보통교육을 하는 학교는 보통학교, 고등보통학교 및 여자고등보통학교로 한다) 이하 그와 관련된 17개 조가 삭제 또는 개정되었고, 보통교육에서도 내선인과 차별 없이 "소학교령, 중학교령 및 고등여학교령에 의하"도록 하였다. 그 결과 종래 보통학교, 고등보통학교, 여자고등보통학교는 각각 소학교, 중학교, 고등여학교가 되었고, 사범학교에서 소학교 교원과 보통학교 교원의 양성을 구분하는 것(구 교육령 제14조 참조)도 당연히 폐지되었다. 이 외에 교수상의 요지, 교과목, 교과과정 등에 관해서도 주로 내지인을 수용하는 것과 그렇지 않은 것에 따른 차이를 두지 않게 되는 등 내선일체의 이상 실현에 대해 큰 역할을 맡게 되었다.

시정(施政) 이래 28년 동안 조선의 문화, 산업, 교통, 경제 등의 발달은 완전히 놀랄만한 것이었다. 4반세기에 걸쳐 경영했던 반도건설의 기초는 점점 견고해 흔들림이 없고, 역대 당국의 시책과 조치를 적절히 시행하고 지도함에 따라 민심의 동향도 착실히 움직였으며 사상의 순화 역시 현저하게 나타났다. 만주사변 및 만주국의 성립을 계기로 세계에서 우리나라의 지위와 동양에서의 사명을 명확히 인식한 반도 민중은, 게다가 이번 지나사변(支那事變)에 즈음해 한층 그 정도를 깊이 하여 제국신민으로서의 자각과 긍지를 강화했다. 그리고 반도에서 풍속 습관의 차이를 초월해 후방의 참된 정성(赤誠)을 발휘하는데 있어 내선일체의 결실이 유감없이 드러나는 정황이다. 이 경향을 더욱 조장하고 한층 더 진전시킬 방도가 지금 우선 취해야 할 방책이며, 동시에 동아(東亞)에서 일본의 사명과 조선의 입장, 대륙에 대한 소위 '병참기지'로서의 반도의 지위를 고려했을 때, 일각이라도 빨리 그 지역 동포에게 진짜 황국신민이 되는 데 전력을 다해야 하는 시기임을 통감해야 할 것이다. 조선교육령 개정의 취지도 이 의미에서 이해해야 한다.

교육령의 개정에 따라 보통교육에 관한 시행규칙이라고도 해야 할 종래의 보통학교규정, 고등보통학교규정 및 여자고등보통학교규정은 폐지되었다. 이와 동시에 소학교규정, 중학교규정 및 고등여학교규정에 전면적인 개정이 더해져, 1938년(昭和 13) 3월 15일 총독부령 제24호, 제25호 및 26호가 각각 발포되었다. 그 정신으로 하는 바는 1937년(昭和 12) 10월 제정되었던 '황국신민서사'에 명료 간결하게 나타난 정신, 즉 조선교육의 강령이 되는 '국체명징·내선일체·인고단련'의 교육이 철저히 행해질 것을 기하는 데 있다. 따라서 각 학교규정의 조(條)와 장(章)은 이 정신의 구현에 철저함을 꾀하고, 또 촉진을 위하여 적절한 고려를 기울인다. 이와 동시에 실기실능(實技實能) 등 소위 실학(實學)을 중시해 장래의 실생활에 유용 적절한 지능을 계발 배양하는 것을 취지로 하고, 황국 무궁의 생성 발전에 기여 공헌할 수 있는 심신 모두 건전한 황국신민이 되는 데 필수적인 교양을 얻게 하여, 대(大)국민으로서의 자질을 연성하는데 유감이 없도록 하였다.

따라서 상술한 것과 같이, 개정 조선교육령의 시행에 따라 조선의 교육은 제도상으로는 이제 전면적인 내선공학도 가능하게 되기에 이르러, 양자 차별 없이 제국신민으로서 본래 기준으로 하는 과정에 따라 교육을 받을 수 있게 되었다. 그런데 제도 개정도 교육시설을 완벽하게 하여 교육의 기회균등을 하는 것이 아니라면 법령의 정신을 투철하게 하는 것은 지난(至難)한 일이므로, 이 방면에 관해서도 물론 충분한 고려를 기울여 교육기관의 정비 확충의 방도를 강구하고 있는 중이다.

〔참조〕

황국신민서사 (그 하나)
1. 우리들은 대일본 제국의 신민(臣民)입니다.
2. 우리들은 마음을 합하여 천황 폐하에게 충의를 다하겠습니다.
3. 우리들은 인고단련(忍苦鍛鍊)하여 훌륭하고 강한 국민이 되겠습니다.

황국신민서사 (그 둘)
1. 우리는 황국신민(皇國臣民)이니 충성으로 군국(君國)에 보답한다.
2. 우리 황국신민은 서로 신애협력(信愛協力)함으로서 단결을 굳게 한다.
3. 우리 황국신민은 인고단련(忍苦鍛鍊)의 힘을 길러 황도(皇道)를 선양한다.

〔주〕

　조선교육의 제도변천에 관한 개략을 서술하는데, 교육시설의 양적 충실에 관해 어떤 방도가 강구되어 왔는지 그 대략의 내용에 관해 역사적으로 조망하니 참고하기를 바란다.

　우선 국민교육의 기초교육으로 가장 중요한 초등교육기관에 관해서 보면, 병합 당시에는 조선인 초등교육기관인 보통학교는 불과 101교에 머물렀고 재학 아동 수도 1만 6천여 명을 헤아리는 데 불과했다. 그리고 병합 다음 해인 1911년(明治 44) 3월 말에는 학교 수 173교, 아동 수 18,797명이었는데, 이 재학 아동 수는 당시 취학 적령 아동 수 대략 177만 명에 대비하면 100명 가운데 1명이 취학하는 것으로 정말로 미미한 상황이었다. 따라서 정부에서는 오로지 초등교육기관의 보급에 관해 많은 고민을 하였다. 구주대전(歐洲大戰)[2] 말기쯤부터 급격히 발흥한 향학열의 추세에 부응해 1918년(大正 7)에 1919년(大正 8)부터 8개년 동안 적어도 3면 가운데 1교의 공립보통학교를 증설한다는 계획을 수립하였는데, 이 계획은, 실시 다음 연도인 1920년(大正 9)에 계획기간을 단축해 3개년 동안 완성하는 것으로 변경했고 1922년(大正 11)에 3면 1교의 보급이 완성되었다.

　3면 1교 계획이 완성된 후에는 정해진 보급계획에 따른 확충은 이루어지지 않았지만, 점차 학교를 증설해 1928년(昭和 3)에는 이미 대략 2면에 1교의 비율을 넘어서는 정도까지 보급되었다. 그런데 이를 아동취학이라는 커다란 흐름에서 보면 아직 추정 학령아동의 취학 비율은 겨우 100명 대비 17명 내외에 지나지 않아 국민교육의 보급상 매우 유감인 상태였다. 그래서 1929년도(昭和 4) 이후 8개년 계획으로 공립보통학교 1면 1교 보급계획을 실시하기에 이르렀다. 이 계획은 실시기간 동안 경제계의 불황 등으로 상당한 곤란에 봉착하였지만 1936년도(昭和 11)에 대략 예정한 대로의 보급을 이루었다. 그러나 내지의 촌(村)에 상당하는 조선의 면(面)은 그 구역이 아주 광대해 통학거리 관계상 벽지의 초등교육 보급이 아직 곤란한 사정에 있었으므로, 이들 지역의 초등교육 보급을 뒷받침해 주는 시설로서 1934년(昭和 9) 간이학교(수업연한은 2년으로 공립보통학교에 부설한다) 제도를 창설해 매년 그 증설을 행하였다.

　이렇게 1면 1교 계획이 완성됨에 따라 학교는 각 면에 보급되었고, 조선의 공립보통학교가 아울러 가졌던 사회교육기관이라는 특수성에서 보면, 교화망의 분포라는 관점에서 대강의 정비를 보게 되었다. 그런데 이를 본래 초등교육보급상의 양적 방면에서 본다면 추정 학령아동 100명에 대한 취학자의 비율은 아직 25명 내외[1935년(昭和 10)]에 도달하는 데 불과했다. 게다가 만주국의 건국 이후 즈음해 중요한 의의를 더해 왔던 조선에서, 인적

2　편역자 주: 제1차 세계대전을 지칭함.

자원의 보육 함양은 아주 긴급을 요하는 사무가 되었다. 따라서 1면 1교 계획의 완성에 이어 계속 행해야 할 조선인 초등교육기관의 확충에 관해 특별히 조사위원회를 두어 진중히 심의한 결과, 1937년도(昭和 12) 이후 10개년 계획으로 확충 계획을 수립하기에 이르렀다. 이 계획은 계획 수립 당시의 현황에 따라 입학지원자의 거의 전부를 수용할 수 있는 시설을 마련함으로써 적령아동의 취학 비율을 50% 이상에 도달하도록 하여, 의무교육 실시를 향한 사다리가 될 것을 목표로 했다. 종전의 3면 1교 계획 및 1면 1교 계획 등은 모두 우선 학교의 보급을 최우선 목표로 하여 당면한 급무에 응하여 계획되어 학교의 분포를 완성했으므로 이들 계획 모두를 제1차 계획이라 칭했고, 1937년도(昭和 12) 이후의 10개년 계획을 제2차 계획이라 칭했다. 이렇게 해서 제2차 계획의 수용력은 실제로 제1차의 것과 동일한 정도로 규모가 큰 내용이었는데, 조선은 이 계획을 급속히 완성해야 하는 사정이 있어 계획기간을 단축하여 이를 1942년도(昭和 17)까지 완성하는 것으로 변경하였다. 또한 내지인의 초등교육 취학상황은 새로이 말할 필요도 없이 내지의 교육취학상황과 거의 다름없었다.

중등교육기관 및 전문교육기관 등도 역시 병합 당시는 1910년(明治 43) 말에 불과 중학교 1교, 고등보통학교 3교, 고등여학교 3교, 여자고등보통학교 2교, 농업학교 11교, 산업학교 5교, 실업보습학교 3교, 전문학교 1교를 헤아리는데 머물러, 그 숫자에서나 규모에서나 정말로 빈약하기에 그지없었다. 이에 관해서는 별도로 정해진 보급계획을 수립하는 일 없이 향학의 추세와 필요에 응해 증설 확충되었다. 그러나 앞에서 언급한 제2차 조선인 초등교육보급 확충 계획의 실시와 재조선 내지인의 증가에 수반해 중등교육(실업중등교육을 포함) 기관에 관해서도 일정한 방침에 따라 확충을 꾀하는 것이 간절해졌으므로, 제2차 계획과 병행해 이 계획의 실시기간 중 국비 보조를 받아 중등학교 약 700(계획수립 당시 학급 수의 대략 70%)학급의 증설을 꾀하기로 하였다. 또한 1922년(大正 11) 공포된 조선교육령으로 비로소 설치되기에 이르렀던 대학교육은 1924년(大正 13) 우선 예비교육기관인 대학예과를 개설했고, 1926년(大正 15) 제1회 수료자 배출에 맞추어 대학 학부(법문, 의학)를 개설하였다. 또 마찬가지로 사범학교는 1922년(大正 11)부터 1924년(大正 14)사이에 각 도에 보급[원래 1921년(大正 10) 내지인 교육을 목적으로 하는 관립사범학교 1교가 설치됨]되었는데, 1929년(昭和 4)에 이르러 교원양성은 국가 직할 아래서 행해지도록 방침이 바뀌었다. 이에 1930년도(昭和 5) 말에 각 도의 사범학교는 전폐하였고 이후 사범학교는 국가에서 경영하게 되었고, 초등교육기관의 확충에 필요한 교원의 공급 면에서 점차 교원 양성 능력의 확충이 이루어졌다. 그리고 최근 지나사변의 발발을 계기로 기술자의 수요가 특별히 현저해졌으므로, 실업중등교육 및 광공업 관계의 전문교육 시설이 상당한 규모로 확충이 이루어졌다.

제2장 보통교육

조선교육령 2조에

> 보통교육은 소학교령, 중학교령 및 고등여학교령에 의한다. 단 이들 칙령 가운데 문부대신의 직무는 조선총독이 행한다.
> 전항(前項)의 경우 조선 특수 사정에 따라 특례를 둘 필요가 있는 것에 관해서는 조선총독이 특별히 정할 수 있다.

라고 규정하고 있다. 보통교육이란 직업교육, 전문교육에 대비되는 것으로 직업 연구 부분의 여하를 불문하고 공통적이고 일반적으로 배워야 할 기초적 교육이다. 그리고 정도의 차이에 따라 초등보통교육과 고등보통교육으로 구분할 수 있다. 전자는 국민으로서 누구라도 배울 필요가 있는 최소한도의 교육이고, 그 기관으로 소학교가 있다. 후자는 전자보다 더욱 높은 교육을 시행하는 것으로, 중학교 및 고등여학교가 있다. 또한 고등보통교육은 다시 고등보통교육과 최고등보통교육으로 구분할 수 있다. 최고등보통교육 기관으로는 내지의 고등학교가 이에 해당하는데, 조선교육령에서는 아직 고등학교 제도는 설치되어 있지 않다. 그러나 실질상으로는 대학교육의 예비교육으로서, 고등학교 교육에 준해서 행하는 대학예과 제도를 설치하고 있으므로 내지의 교육과 거의 완전하게 동일한 교육이 행해지고 있는 셈이다(제5장 대학교육 및 그 예비교육 참고).

소학교령, 중학교령 및 고등여학교령에서 세목(細目)에 관한 것은 문부대신에게 위임된 것이 적지 않고, 문부대신이 정하는 것은 앞에 제시한 조선교육령 제2조 제1항의 규정에 따라 조선총독이 정하게 된다. 따라서 제2항 "조선총독이 특별히 정할 수 있다"라는 규정을 바탕으로 조선의 특수 사정에 따라 특례의 설치가 필요한 사항에 관해 규정할 필요가 있었는데, 이들 사항을 종합해 규정했던 것이 소학교규정, 중학교규정 및 고등여학교규정이다. 이들 규정은 곧 조선교육령의 시행규칙으로서 취급되어야 하는 것이다. 그러나 이들 규정 가운데에는 칙령의 위임에 따라 정해진 규정 또는 소학교령, 중학교령 및 고등여학교령의 규정에 대한 예외규정이 있다. 이뿐 아니라 소학교령 등의 규정과 비슷한 규정이 중복열거된 조문도 상당히 있었다. 이는 조선의 학교규정으로서, 규정의 형식을 갖추어 취지부터 규정의 주지(主旨)를 두어 참조하도록 하였다.

제1절 초등보통교육

제1 소학교령에 대한 예외사항

소학교규정 제5조에는

> 소학교의 설치, 직원, 비용의 부담, 수업료, 관리 및 감독 그리고 아동의 취학에 관해서는 소학교령을 적용하지 않는다.

라고 규정하고 있다. 본 조항은 칙령인 교육령 제2조 제2항의 위임에 따라 칙령이 소학교령의 적용을 배제한 소학교령의 특례규정인데, 본 조항과 같은 규정을 두지 않아도 조선총독에게 위임한다는 규정에 따라 소학교령과 다른 규정을 부령(府令)에 의해 둘 수 있다. 그러므로 본 조항은 주의 규정으로 보아야 하는 것이다. 또 이외에 교과나 설비에 관해서도 부분적으로는 소학교령과 다른 규정이 설치될 수 있는데, 제5조의 각 사항은 내지와는 제도 또는 방침과 달리하고 있는 관계로 소학교령의 해당 조항 규정을 근본적으로 배제하도록 하는 사항이다. 그 결과 소학교의 설치에 관해, 내지에서 설립 주체는 시정촌(市町村)이지만, 조선에서는 그것을 대신할 수 있는 부읍면(府邑面)이 안되어 부(府) 또는 학교비, 혹은 학교조합에서 소학교를 설립 유지하도록 하였다. 또 의무교육제도의 당연한 결과로 설치되었던 소학교의 설치를 강제하는 규정, 정촌(町村) 학교조합의 설치를 강제하는 규정, 취학 학령을 정하여 보호자에게 취학의 의무를 부담시키는 규정, 또 비용부담을 강제하거나 수업료를 징수할 수 없게 만든 규정 등과 같은 것도, 의무교육을 시행하지 않는 관계로 이를 규정하고 있지 않았다. 부(府)는 별도로 하고, 읍면(邑面)의 경우 실질적 능력 혹은 초등교육보급의 실정 등 여러 사정에 비추어, 아직 내지와 동등한 제도를 두는 데까지 도달하지 못한 소위 '조선 특수의 사정'을 고려해, 조선에서는 근본적으로 이를 적용하지 않도록 하였다. 직원에 관해서도 대우 관리라는 신분, 본과(本科)정교원, 전과(專科)정교원, 준교원으로 구별해 면허장을 수여하는 제도에 따라 내지의 규정은 신분에 따라 관리가 되는 제도를 채택하여 문관임용령 적용에 의해 임용하는 것이다. 그러나 아직 면허제도를 설치하는 방법조차도 강구되지 않은 조선에는 적용할 수 없다. 다만 교원이 되기 위해서는 그 직무에 비추어 당연하게 정해진 학식 소양이 필요하므로 면허제도를 설치하는 것은 물론 필수적 사항에 속한다. 이에 장래 설치를 꾀하리라 생각한다. 그리고 또 관리 및 감독에 관해서도 마찬가지로 설립 주체를 달리하고 지방제도를 달리하는 등의 관계로 인해 소학교령의 규정을 그대로 적용하는 것은 곤란하다.

   이를 요약하면 소학교령 가운데 적용되는 부분은 소학교령 제1장 총칙(소학교의 목적, 종류에 관한 규정), 제3장의 교과 및 편제(부분적으로는 다름), 제4장의 설비(부분적으로는 다름)에 관한 규정이며, 그 이외의 부분에 관해서는 교육령 제2조 제2항의 위임규정에 따라 소학교령 규정의 적용을 배제하고 있다.

제2 목적

소학교령 제1조에는

> 소학교령은 아동 신체의 발전에 유의해 도덕교육 및 국민교육의 기초, 그리고 그 생활에 필수인 보통의 지식 기능을 가르치는 것을 본지로 한다.

라고 규정되어 있다. 구(舊)소학교규정에는 소학교령 제1조의 규정 그대로 제1조에 인용하여 게재되어 있다. 즉 구(舊)소학교규정 제1조는 소학교의 목적 규정인 동시에 주의 규정이었던 것인데, 신(新)규정에는 그 제1조에

> 소학교는 아동 신체의 건전한 발전에 유의해 국민도덕을 함양하고 국민생활에 필수인 보

통의 지능을 얻게 함으로써 충량한 황국신민을 육성하는 데 힘써야 한다.

라고 규정되어 있다. 그것은 소학교령 제1조의 취지를 부연하는 것임과 동시에 조선교육의 방침 따라 소학교 교육을 철저히 행하는데 특별히 노력을 기울여야 할 주안점을 나타낸 훈령 규정이었다. 이 제1조의 개정은 완전히 소학교규정 개정의 중추를 이루는 중요한 것이었고, 이 사상이 이하 제13조, 제14조, 제16조에서, 그리고 제17조부터 제32조에까지 명확하고 구체적인 실행에 관한 요지 혹은 주의로서 표현되었다.

  소학교령 제1조에 의한 소학교의 목적을 분석하면 1) 도덕교육의 기초, 2) 국민교육의 기초, 3) 아동의 생활에 필수적인 보통의 지식 기능, 이라는 3가지를 목적으로 하고, 4) 아동의 신체 발달에 유의하여 교육을 실시해야 한다고 되어 있는데, 특별히 조선의 소학교에서는 특히 1) 국민도덕의 함양, 2) 국민생활에 필수적인 보통의 지식과 기능을 얻도록 꾀하고, 이를 위해서는 3) 아동 신체의 건전한 발달에 유의하여, 이로써 4) 충량한 황국신민의 육성에 힘써야 한다고 귀결되어 있다.

  소학교령에 의한 목적인 '도덕교육'은 넓게는 도덕에 관한 교육이며, 국민도덕도 물론 그 안에 포함되어 있다. 즉 인류호애의 정신, 사회봉사의 정신, 근로심, 책임감, 종교적 정조, 도덕적 정조, 기타 사회인으로서 필수적인 일반적이고 보편적인 도덕교육을 제시할 것이라고 이해할 수 있다. 그러나 우리나라 신민으로서 따라야 할 도덕은 모두 국민도덕의 범주를 벗어날 수 없는데, 이런 까닭에 조선의 소학교에서는 그 가운데 특별히 국민도덕에 관한 교육을 농후히 할 필요를 인정하여 앞에서처럼 제시한 것이라고 이해된다. 또 소학교령의 "아동의 생활에 필수적인 보통의 지식 기능"은 아동이 현재 생활하는 데에도 필수적인 동시에, 또 장래 공민적 생활, 직업적 생활 등 일체의 생활에 필수적인 통상의 지식 기능을 의미한다. 그래서 신(新)규정에서는 그 내용을, 특히 우리나라 국민생활상 필요불가결한 보통의 지식 기능을 '얻도록'해야 하는 것으로 했다. 소학교의 목적 가운데 체육 및 지육에 조선에서 특히 노력해야 할 것으로 2가지를 덧붙여 자세히 설명했는데, 교육하는 데 있어 어디까지나 아동 신체의 '건전한' 발달에 유의하도록 했다. 즉 단지 신체의 발달에 유의하는 것일 뿐만 아니라, 건전한 발달에 유의해야 한다고 했던 것은 신체 발육을 왕성히 하고 기초가 되어야 할 소학교 교육의 시기에 적극적으로 체육에 힘을 기울여, 장래 국가를 짊어지기 충분한 건전한 신체의 연성에 유의해 국민 체위 향상의 근기(根基)를 배양하려는 취지를 엿볼 수 있다. 이렇게 국민교육은 모두 선량한 국민의 양성을 의도하고 있지만, 특히 "충량한 황국신민을 육성하는 데 힘써야 하는 것"이라고 했던 것은, 우리 일본 정신을 철저히 하여 정말로 작열한 국민적 신념에 불타는, 게다가 강건한 신체를 가진, 황운을 무궁하게 부익하는데 봉사해야 할 국민을 육성하는 데 힘써야 함을 강조하려는 취지에 따른 것이라고 해석할 수 있다.

제3 소학교의 종류 및 명칭

심상소학교의 교과만을 가르치는 학교가 심상소학교이며, 고등소학교만의 교과를 가르치는 학교가 고등소학교이고, 양자를 한 학교에 병치한 것을 심상고등소학교라고 하는 점은 내지와 같다. 따라서 심상소학교는 6년, 고등소학교는 2년 내지 3년의 교과과정이 되지만, 조선에서는 민도, 부담능력 기타 등으로 인해 종래 4년제 또는 5년제(5년제는 제도상 인정해도 실제로 1교도 없음)의 보통학교를 인정했던 관계로 개정교육령 부칙 제3항의 규정에 기초해 당분간은 토지의 정황에 따라 4년제 소학교를 인정하는 것으로 했다(소학교규정 제12조 제1항 단서) [이하 단지 조문(條文)을 가리키는 경우는 소학교규정]. 그리고 4년제와 6년제 소학교의 연결에 관해서는 개정교육령 부칙 제4항의 규정에 따라 4년제 소학교 "각 학년의 재학자 또는 졸업자는 전학 또는 입학 자격에 관해 수학 연한 6년의 심상소학교에 상당하는 학년의 재학자 또는 제4학년 수료자로 간주한다"라고 되어 있다.

조선 외의 학교와의 관계에 관해서는 앞(제1장 제4절)의 조선교육령에 따라 설치된 학교 생도 아동 및 졸업자의 다른 학교 입학 전학에 관한 규정(1923년 문령 제1호)에 따라 4년제 소학교 졸업자 외의 재학아동 및 졸업자는 입학 전학에서 소학교령에 따라 설치한 소학교의 아동 및 졸업자와 동일한 취급을 받도록 하였다.

고등소학교는 제76조에 규정되었듯이, 수업연한 6년의 심상소학교를 졸업한 자 또는 연령 12세 이상으로 동등 학력을 갖춘 자에게, 한층 자세하고 깊이 있는 적절한 초등보통교육을 실시하는 과정으로, 심상소학교의 연장이라고 보아야 한다. 따라서 심상소학교 졸업 후 똑같이 보통교육을 실시하는 기관이어도, 중학교 및 고등여학교와는 교과 및 정도를 달리하여 2년 내지 3년 동안 소학교 교육을 목적으로 완성교육을 실시하는 기관이다.

명칭에 관해 내지에서는 소학교의 교과에 기초한 학교가 심상소학교이고 고등소학교이기 때문에, 각각의 구체적 학교명은 어떻게 정해도 지장이 없다는 해석이 있다. 조선에서는 소학교규정 제4조(내지에는 이 조항에 해당하는 규정이 없음)에서 "본 령의 규정에 따르지 않는 학교는 소학교라고 칭하거나, 또 그 명칭 가운데 소학교임을 나타내는 문자를 사용할 수 없다"라고 규정하고 있다. 그런 까닭에 소학교는 소학교임을 나타내야 하는 명칭을 사용하는 것이 적당하며 이는 제3자에 대해서도 친절한 표시가 되는 것이다. 그래서 공립에서는 반드시 소학교라고 칭해도 사립에서는 반드시 소학교라는 명칭을 사용하지 않아도 좋다는 취지를 다음과 같이 통첩으로 내었다.

〔주〕
내지의 소학교에는 실제적 문제로 시정촌립 소학교라도 '＊＊＊ 심상소학 ＊교'와 같은 명칭이 붙은 학교가 적지 않은데, 조선에서는 공사립 모두 '＊＊심상소학교'로 통일되어 있다.

〔참조〕
○ 각 학교규정 실시에 관한 건 [1922(大正 11). 4. 6. 학무국장 통첩]
최근 각 도 학무과장 및 도(道)시학을 본부에 소집하여 신 교육령의 공포에 따라 제정될 각 학교규정의 실시상 주의해야 할 사항에 관해 지시를 내린 바, 각 지시 사항 가운데 중요한 것을 별도 제시하는데, 그 조항을 잘 숙지하여 한층 심혈을 기울이도록 이에 통첩한다.

〔별지〕
각 학교규정 시행상의 주의
　　　　소학교에 관한 사항(초안)
2. 본 규정에 의거하지 않는 학교는 소학교라고 칭할 수 없도록 함은 물론 '소학과', '소학부' 등의 명칭 사용도 허용치 않는다. 본 규정에 의한 소학교라 해도 반드시 소학교라는 명칭을 사용할 필요는 없다.
3. 공립의 학교에서는 반드시 ＊＊소학교라고 칭해야 한다.
4. 사립소학교의 소학교 명칭에는 반드시 '사립'의 문자를 붙일 필요는 없다.

> ○ 학교의 명칭에 관한 건 [1924(大正 13). 7. 22. 학무국장 통첩]
> 사립학교규칙 제2조에 따라 설치된 학교에서 학교의 명칭은 물론 내부 조직계통의 분류를 표시해야 하고, 명칭에 관해서도 대학, 고등보통학교, 여자고등보통학교, 중학교, 고등여학교, 보통학교 및 소학교 또는 그와 유사한 명칭(＊＊학원의 대학부, 고등보통부 혹은 중학부, 여자고등보통부 혹은 고등여학부, 보통부 혹은 소학부 등으로 칭하는 것처럼)을 사용하는 것은 일반에게 혼동을 주기 쉬움으로 피하도록 하고, 이들 혼동하기 쉬운 표시를 사용하는 것은 인가하지 않을 방침이라는 것에 관해 참고하도록 통첩한다.

제4 설립 및 폐지

(1) 학교 교육은 앞에서도 서술했듯이 국가의 사업이다. 그러나 소학교 교육은 지방민 자녀 일반의 교양에 관한 바이므로 부(府), 학교비 또는 학교조합으로 하여금 그 설치 유지를 할 수 있도록 했다(의무로 하지 않을 권능이다). 이는 지방민의 학교로서 관심을 두게 하고, 그것을 사랑할 뿐 아니라 지방의 실정에 적합한 시설을 이룰 수 있도록 고려하였다. 이외에 한편 조선의 소학교 보급의 정황, 민력(民力) 기타 사정으로 사인(私人)의 비용으로도 설치 유지할 수 있게 했다(제6조 제1항). 이렇게 부(府), 학교비 및 학교조합이 설치에 관여한 것을 공립소학교, 사인(私人)이 설립에 관여한 것을 사립소학교로 한다(제6조 제2항).

설립자가 자연인인 경우는 결격 사항이 정해져 있다(사립학교규칙 제12조 참조).

(2) 소학교를 설립할 때는 공립과 사립을 불문하고 소학교규정 제7조에 규정된 각호의 사항을 구비하여 도지사의 인가를 거쳐야만 한다. 사립소학교의 경우는 위의 것 이외에 설립자의 이력서(재단법인은 기부행위), 기본재산의 목록 및 기부금에 관한 증빙서류를 첨부해야 한다(사립학교규칙 제1조).

이 사항은 국가의 사업인 교육을 하는 데 있어 적당한가 아닌가의 여부를 감독 교정할 필요가 있기 때문이다. 원래 학교를 설치한다는 것은 인적, 물적 설비를 갖추어야 하는 것인데, 인적 설비는 공립학교에서는 교장 이하 직원 전부를 국가 기관인 도지사가 임명 결정한다. 그리고 설립자는 위의 제7조에 열거한 사항을 정하고, 또 정비하면 된다. 그런 까닭에 수

엄연한은 심상소학교의 경우 6년으로 할까 4년으로 할까, 고등소학교에 관해서는 2년으로 할까 연장하여 3년으로 할까, 또 보습과를 두는 경우에는 이에 관해 2년 한도 내에서(제58조) 어느 정도로 할까 등의 사항에 관해 기재하는 것이다. 교과목에 관해서는 필수과목은 당연히 부과되는 것이므로 기재할 필요가 없고, 오직 가설(加設)과목과 수의과목 문제만 기재하면 된다. 환언하면 심상소학교에서 조선어를 가설(加設)하는가의 여부, 가설하지 않는 경우 수의과목으로 하는가의 문제, 또 고등소학교에서 기타 토지의 정황에 따라, 예를 들면 영어 기타의 교과목을 가설하는 경우처럼, 전부 그것을 부과하는 경우에만 그 방법을 기재한다. 보습과의 교과목에 관해서는 수의과목으로 하는 것이 가능(제55조)하므로 그것을 필수과목으로 할까, 수의과목으로 할까에 관해서만 기재해야 한다. 또 고등소학교의 수공(手工)에 관해 공업을 학습하는 아동에게 그것을 부과시키지 않을 경우, 그 취지 및 그 아동에 관한 조치를 기재한다(제7조 제2호). 교지(校地) 교사(校舍)의 평면도에 관해서는 평수 및 부근의 정황을 기재하도록 하였다(제7조 제4호). 그런데 소학교에서 당연히 정비해야 하는 설비 가운데 인적 정비에 관련된 것 이외에 제70조로 규정된 설비는 당연히 갖추고 있어야 하는 중요한 사항이므로 함께 기재해야 한다. 부근의 정황에 관해서는 환경 여하가 학교의 위치 결정에 지대한 영향을 줄 뿐 아니라 일단 학교의 위치를 정해 교사(校舍) 등의 건축을 행한 후에는 쉽게 그것을 이전하는 것은 곤란하므로, 부근의 정황에 관해서는 토지의 발전 등도 예상하여 상세히 기재한다. 그와 동시에 위치의 선정에 관해서는 단지 현재의 이해관계만 파악하지 말고 장래의 전망에 관해서도 고려한 다음에 진중하게 결정해야 한다. 이렇게 하여 일단 인가된 후, 명칭 및 위치, 수업연한 및 교과목, 학교의 유지 방법 또는 학급 수를 변경하고자 할 때는 도지사의 인가를 받아야 하고, 개교 연월일을 변경 할 경우에는 도지사에게 신고해야 한다(제8조).

벽지(僻地)여서 본교에 통학할 수 없는 부락이나 기타 특별한 사정이 있는 경우에는 분교장(分敎場)을 설치할 수 있다. 설치 절차는 소학교 설립의 경우에 준하여 도지사의 인가를 받아야 한다. 인가 사항의 변경을 할 경우도 마찬가지이다(제10조).

분교장을 설치할 경우에는 제10조의 규정에 따라 수업연한, 교과목 등에서 본교(本校)와 다른 과정을 가르칠 수 있는지와 같은 의문이 제기될 수 있으나, 제10조의 규정은 설치의 절차를 규정한 것으로 분교장은 반드시 본교(本校)와 교육장소를 달리하는 것에 불과하므로 이런 종류의 사항 등은 완전히 본교와 동일해야 한다. 분교장에서 전 학년의 아동을 수용할 것인가, 또는 어떤 학년만 수용할 것인가는 설치의 필요에 응해 정해도 지장이 없는데, 이 경우에 관해서는 제7조 제5호의 학급 편성에서 명확히 밝혀야 한다. 그러나 분교장의 학급 수가 본교의 학급 수를 초과하는 것은 적절하지 않다.

소학교를 폐지하는 것은 국가적 사업의 방치로서, 단순히 경영 관계나 경영자의 사정에 따라 무책임하게 이것을 하도록 하는 것은 허용하지 않는다. 설립하는 권능을 부여받았다는 것은 이것을 유지 경영해 갈 의무를 져야 하는 것으로 사업의 성질상 당연하다. 고로 상당한 사유가 있으며 동시에 재학 아동의 처분법이 완전하지 않은 이상 학교의 폐지는 허용되어서는 안 된다. 분교장에 관해서도 마찬가지이다(제9조 및 제10조 제2항).

〔주〕
분교장 제도를 비로소 조선에 설치했던 것은 1932년(昭和 7)으로, 원래 분교장의 필요성에 관해서는 저학년 아동의 본교 통학이 곤란한 경우, 설비 관계에서 교육장소를 나누는 것이 부득이한 경우, 특히 경제적 상황에 따라 학교를 설치하기가 곤란한 경우 등이 제시될 수 있다. 그런데 경제적 이유로 본다면 독립된 학교냐 분교장이냐는 전임교장을 두지 않는다는 정도의 차이로, 분교장 설치의 절대성은 결여되어 있었다. 조선에서 처음 설치되게 된 이유는 주로 당시 채택하고 있던 교육기관 보급방책과 연관되어 나온 것으로, 따라서 어쩔 수 없는 사정이 있는 경우를 제외하고는 설치를 인정하지 않는다. 이러한 이유로 소학교 이외의 학교에서는 분교장 제도를 인정하지 않는 방책을 채택하였다.

(3) 제11조에 "유치원, 맹아학교 기타 소학교에 준하는 각종학교는 소학교에 부설할 수 있다"라고 규정하고 있다. 특히 주의를 요하는 것은 규정의 형식상 유치원, 맹아학교가 소학교에 준하는 각종학교의 예시처럼 나와 있지만, 맹아학교는 조선교육령 제16조에 제시한 소위 특수한 교육을 하는 학교이고, 유치원도 유아의 보육을 하는 시설로, 소학교에 준하는 각종학교라 할 수는 없다. 그러므로 이 조항에서 말하는 '기타' 이하는 다른 학교를 가리키는 것으로 유치원, 맹아학교는 "소학교에 준하는 각종학교"의 예시가 아니다.

소위 각종학교란 각 학교규정에 따르지 않으면서 각 학교와 유사한 교육을 하는 학교이다. '각종'이 의미하는 것은 어떤 특정한 학교를 말하는 것은 아니며, 각 학교규정에 따르지 않으면서 법령상 학과과정의 규정이 없는 제반의 학교를 총칭하는 것이다. 즉 사용상의 편의에 따른 명칭으로 이에 포함되는 학교의 종류는 아주 광범위하다. 즉 소학교규정에 따르지 않으나 소학교에 준하는 교육을 하는 것이 소위 소학교와 비슷한 각종학교이고, 소학교와 비슷한 정도의 보통교육을 전반적으로 또는 부분적으로 가르치지만, 목적과 교과과정 등 중요한 점에서 소학교와 다른 것을 일컫는 것이다. 이 점에서 소학교와 거의 완전히 같은 경우는 소학교규정에 의거해야 하지만, 실제로는 연혁적으로 그것을 각종학교로 다루고 있는 것도 있고, 또 소학교와 동일한 교과를 가르쳐도 '종교'를 부과하기 때문에 소학교가 될 수 없어 각종학교로 된 것도 상당히 존재한다.

유치원, 맹아학교, 소학교와 비슷한 각종학교는 본 조항의 규정에 따라 소학교에 부설할 수가 있는데, 부설한 경우에도 유치원의 경우는 유치원규정, 사립학교 경우는 사립학교규칙이 적용된다.

〔주〕
소학교 교육을 국민교육의 최저기준으로 하는 우리나라 교육제도의 방침에서 보면, 논리상 초등교육과 비슷한 각종학교라는 것은 본래 존재할 수 없어야 한다. 그런 까닭에 내지에서는 지금의 취학률을 얻게 되기까지의 과정에서 과도기적으로 초등교육의 보급을 보완하는 시설로서 그 설치를 인정할 필요가 있었다고 생각한다. 그런데 현재는 이를 위한 필요성이 부족하므로, 소학교령 제5조 및 제17조의 규정은 위와 같은 시설에서 연혁적으로 잔존하고 있는 것, 혹은 소학교의 교과를 부분적으로 가르치기 때문에 소학교가 될 수 없는 학교 등처럼, 완전히 특수한 사정에 따라 소학교로 설치될 수 없어서 설치하는 학교에 대한 규정이며 예외 규정으로 다루어야 하는 것처럼 생각할 수 있다. 그런데 조선에서 소학교와 유사한 각종학교는 아직 의무교육제도가 보급되어 있지 않다는 것과, 초등교육 보급이 지금도 역시 아주 낮은 수준에 있으므로 아직 그 존재의 가치는 크다고 할 수 있다.

각종학교를 공립소학교에 부속하는 가장 두드러진 예시가 간이학교라고 불리는 학교이다. 간이학교는 "조선교육령 제4조 및 보통학교규정에 준해 국민으로서의 성격을 함양하고 국어를 습득하도록 힘씀과 동시에 지방의 실정에 가장 적절한 직업 도야에 중점을 둘 것"[1934년(昭和 9) 1월 12일 학비(學祕) 제2호 정무총감 통첩 참조]을 목적으로 하고 있으며, 이전의 보통학교에 준(準)하는 것으로, 수업연한도 2년, 교과목도 수신, 국어 및 조선어, 산술, 직업의 4과목(창가 및 체조는 수신에서 적당히 부과하는 것으로 됨)이므로, 소학교와 유사한 각종학교라고 볼 수 있다.

11조의 규정에 따라 부설하는 경우 어떠한 절차에 따를지를 유치원의 경우에는 유치원 규정이 적용되었고, 사립학교의 경우에는 사립학교규칙이 적용되었다는 것은 이미 언급한 바이다. 그런데 맹아학교나 공립의 각종학교를 부설하려는 경우는 어떠한 절차에 따를지에 관해서는 법규상 명확히 되어 있지 않다. 원칙적으로라면 앞에 언급한 간이학교에 관해서도 간이학교가 무엇인지를 제시하는 규정이 있어야 하고(실제로는 통첩으로 움직여지고 있다), 이에 기반해 설치 절차를 행해야 하는 것이다. 그런데 각종학교는 다종다양한 학교로 나누어질 수 있으므로 그것을 일률적으로 규정하는 것은 곤란하다. 그런 까닭에 설치 및 폐지에 관한 정도를 총괄한 공립 각종학교에 관한 규정은 필요하다고 할 수 있다. 이것은 맹아학교(현재는 맹아학교가 없다)에 관해서도 마찬가지이다. 그러나 현재 이러한 규정을 아직 구비 하지 않아 실제에 직면해서는 대부분 통첩으로 제시하여 이 결함을 보완하고 있다. 단 이것은 일시적 편의에 의한 취급이고, 이것을 통례로 하는 것은 적법이라고 할 수는 없다.

따라서 설치 및 폐지에 관한 절차 규정이 없으므로, 통첩으로 제시하는 경우의 절차 내용은 대강 부설되는 본교의 예에 준하도록 한다. 맹아학교를 소학교에 부설하는 경우에 관해서는 다음과 같은 통첩을 내고 있지만, 그 인가를 도지사의 당연한 권한(본부의 승인은 받는다)으로 했던 것은 제11조의 규정에 따라 설치할 수 있다는 것과, 이것이 초등교육 정도에 가까운 관계 때문이다. 부설(附設)은 원래 인적, 물적 설비의 공용(共用)을 특징으로 하는 것으로, 학교장의 직무는 본교의 학교장이 관장하는 것을 통례로 한다.

[참조]
○ **각 학교규정 실시에 관한 건 [1922(大正 11). 4. 6. 학무국장 통첩]**
(본문생략)
각 학교규정 실시상의 주의
소학교에 관한 사항

> 5. 소학교에 부설하는 유치원의 원장 직무는 해당 소학교장이 행하고 유아의 보육은 보모가 담임한다.
> 6. 소학교에 맹아학교의 부설을 인가할 때는 그 명칭, 교과과정, 생도 정원, 교원의 이력서 및 교사(校舍) 기타의 설비 등에 관한 사항을 구비해 미리 본부의 승인을 받아야 한다.

(4) 관공립 학교는 법률상 성문화된 것은 아니지만 행정법상 영조물(營造物)의 일종이라는 점에 관해서는 이론이 없다. 다만 소학교는 국가의 영조물인가 지방공공단체의 영조물인가의 논쟁은 존재한다. 이것은 반드시 영조물이라는 관념의 차이에 기인한 것이다. 우리 법률상 영조물이라는 말은 적어도 두 가지 의미로 사용되고 있다. 하나는 행정권의 주체에 의해 권력 행사를 본질로 하는 특정한 공적 사업을 하기 위해 공용(供用)되는 인적 및 물적 설비 전체를 지칭하는 경우이다. 또 다른 하나는 특정한 공적 목적으로 공용(供用)되는 건설물 기타 물적 설비를 지칭하는 경우이다. 그런 까닭에 영조물이라는 말을 전자의 의미로 이해하여 소학교육을 위한 인적 및 물적 설비의 전체를 단일체로 사고하고, 그것을 하나의 영조물이라고 한다면 소학교는 국가의 영조물이라는 점은 의심할 여지가 없다. 왜냐하면 소학교육 사업 그 자체는 국가의 사업으로 공공단체의 사업은 아닐 뿐만 아니라, 교장 교원의 임면 등과 같은 종류의 관리 행위는 국가 기관에 의해 행해지기 때문이다. 그러나 후자의 의미로 이해하여, 소학교의 교사(校舍) 기타 유체물(有體物)이 영조물이라고 한다면 그것은 공공단체의 영조물이라는 말이 된다. 왜냐하면 교육은 국가의 사업이기는 하지만 교사(校舍) 기타의 물적 설비를 설립 유지하는 것은 공공단체의 부담이기 때문이다. 그러나 인적, 물적 두 설비가 모두 중요하며, 동시에 일체(一體)가 되지 않는다면 성립하기 못하는 학교와 같은 것을 영조물이라고 지칭하는 경우는 전자의 의미로 이해하는 것이 타당할 것이다.

제5 교과 및 편제

(1) 심상소학교의 수업연한은 6년을 원칙으로 하고, 토지의 정황에 따라 당분간은 4년으로 할 수 있다(제12조 제1항)고 한 것은 앞에서 언급한 대로인데, 6년 또는 4년 동안에 수신,

국어, 산술, 국사, 지리, 이과, 직업, 도화(圖畫), 수공, 창가, 체조의 11과목, 여아에게는 여기에 가사 및 재봉의 1과목을 반드시 부과해야 한다. 이들은 필설(必設)과목임과 동시에 필수과목이다. 이 외에 가설(加設)할 수 있는 과목(가설과목)으로는 아동의 뜻에 따라 이수할 수 있는 수의(隨意)과목으로 조선어가 있다(제13조). 가설(加設)과목은 도지사의 인가를 거쳐 설치할 수 있는데, 일단 가설된 경우는 반드시 이수해야 한다. 따라서 그것을 폐지할 경우는 제8조의 규정에 따라 변경의 절차가 필요하다. 또 수의과목으로 할 경우에는 이수를 시작할 때 아동이 이수할 것인가의 여부를 결정하고, 한번 학습을 시작하면 중도에 임의로 그 학습을 그만두는 것은 허용하지 않는다.

  심상소학교 각 학년의 교수 정도 및 매주 교수시수는, 6년제인 경우 제1호 표에 따라, 4년제인 경우 2호 표에 따라, 교과목마다 매주 부과해야 할 시간 수가 정해져 있다(제30조 제1항). 이처럼 각 교과목을 시간으로 배당하고 한 시간 내에 하나의 독립교과를 가르치는 주의를 분과(分科)주의라고 말하고, 교과목을 독립된 시간에 배당하지 않고 한 과목처럼 합병해 가르치는 주의를 합과(合科)주의라고 한다. 아동의 생활은 분과적이지 않고, 각 교과목은 서로 연결되어 있으므로 합과교수가 자연적인 교육이라는 것이 합과주의의 교육사상이다. 이에 대해 분과교수를 행해도 가르치는 데 각 교과목의 연결성을 존중하고, 각 교과목을 서로 연결 보충하여 고립되지 않도록 함이 타당하다고 하는 것을 종합교육주의 또는 분과적 종합교육주의라고 부른다. 우리나라의 소학교육은 분과적 종합교육주의를 채용하고 있다. 조선에서도 앞서 언급한 것처럼 교과목마다 매주 교수 시간 수를 정해 분과(分科)하고 있지만 이 외에, 제16조에서 항상 유의하여 교양해야 할 사항을 9항목으로 열거하였다. 이들은 항상 유의해 교양하는 것이므로 어떤 교과목을 교수하든지 간에 지켜야 하는 점으로 종합화되었을 뿐만 아니라, 그 마지막에 "각 교과목의 교수는 그 목적 및 방법을 그르치는 일 없이 서로 연락해 보익(補益)하도록 힘써야 한다"(제16조 제9호)라고 규정했다. 또 각 교과목의 수업 상 주의에도 특히 관련있는 다른 교과목과의 연결에 관해 유의해야 할 취지를 규정하고 있다는 점에서 본다면 분과적 종합교육주의를 채택하고 있는 것은 분명하다.

<제1호 표>

교과목 \ 학년	제1학년	제2학년	제3학년	제4학년	제5학년	제6학년
수신	국민도덕 요지	국민도덕 요지	국민도덕 요지	국민도덕 요지	국민도덕 요지	국민도덕 요지
(매주 교수시수)	2	2	2	2	1	2
국어	발음, 가나, 일상필수 문자 및 쉬운 보통문 읽기, 쓰기, 글짓기, 말하기	가나, 일상 필수 문자 및 쉬운 보통문 읽기, 쓰기, 글짓기, 말하기	일상 필수 문자 및 쉬운 보통문 읽기, 쓰기, 글짓기, 말하기	일상 필수 문자 및 쉬운 보통문 읽기, 쓰기, 글짓기, 말하기	일상 필수 문자 및 쉬운 보통문 읽기, 쓰기, 글짓기, 말하기	일상 필수 문자 및 쉬운 보통문 읽기, 쓰기, 글짓기, 말하기
(매주 교수시수)	10	12	12	12	9	9
조선어	발음, 언문, 일상 필수 문자 및 쉬운 보통문 읽기, 쓰기, 글짓기, 말하기	언문, 일상 필수 문자 및 쉬운 보통문 읽기, 쓰기, 글짓기, 말하기	일상 필수 문자 및 쉬운 보통문 읽기, 쓰기, 글짓기, 말하기	일상 필수 문자 및 쉬운 보통문 읽기, 쓰기, 글짓기, 말하기	일상 필수 문자 및 쉬운 보통문 읽기, 쓰기, 글짓기, 말하기	일상 필수 문자 및 쉬운 보통문 읽기, 쓰기, 글짓기, 말하기
(매주 교수시수)	4	3	3	2	2	2
산술	백 이하 수 세는 법, 쓰기 및 쉬운 계산	천 이하 수 세는 법, 쓰기 및 쉬운 계산	정수 계산	정수 계산, 소수 읽기, 쓰기 및 쉬운 계산	정수 계산, 소수 계산, 분수 계산	비례 보합산
(매주 교수시수)	5	5	6	6	4	4
국사					국사의 대요	이전 학년 계속
(매주 교수시수)					2	2
지리					일본지리의 대요	이전 학년 계속
(매주 교수시수)					2	2
이과				식물, 동물, 광물 및 자연현상, 일반 물리 화학 상의 현상	식물, 동물, 광물 및 자연현상, 일반 물리 화학 상의 현상	식물, 동물, 광물 및 자연현상, 일반 물리 화학 상의 현상, 인체 생리 위생의 초보
(매주 교수시수)				2	2	2

직업				농업, 공업, 상업 또는 수산 등에 관한 사항의 대요	농업, 공업, 상업 또는 수산 등에 관한 사항의 대요	농업, 공업, 상업 또는 수산 등에 관한 사항의 대요
(매주 교수시수)				남2, 여1	남3, 여1	남3, 여1
도화	단형, 간단한 형체	단형, 간단한 형체	단형, 간단한 형체	간단한 형체	간단한 형체	간단한 형체
(매주 교수시수)			1	1	남2, 여1	남2, 여1
수공	간이한 세공	간이한 세공	간이한 세공	간이한 세공	간이한 세공	간이한 세공
(매주 교수시수)	1	1	1	1	1	1
창가	평이한 단음창가	평이한 단음창가	평이한 단음창가	평이한 단음창가	평이한 단음창가(쉬운 중음창가)	평이한 단음창가(쉬운 중음창가)
(매주 교수시수)			1	1	2	2
체조	체조, 교련, 유희 및 경기	체조, 교련, 유희 및 경기	체조, 교련, 유희 및 경기	체조, 교련, 유희 및 경기	체조, 교련, 유희 및 경기	체조, 교련, 유희 및 경기
(매주 교수시수)	4	4	3	3	남3, 여2	남3, 여2
가사 및 재봉				의식주, 간병, 바늘 사용법, 일반 의류재단법, 재봉법, 수선법	의식주, 간병, 가정경제 대요, 일반 의류재단법, 재봉법, 수선법(간이한 수예)	의식주, 간병, 가정 경제 대요, 일반 의류재단법, 재봉법, 수선법(간이한 수예)
(매주 교수시수)				3	4	4
계	26	27	29	남32, 여34	남34, 여34	남34, 여34

도화는 제1학년 및 제2학년에 매주 1시간 부과할 수 있다.

제4학년 이상의 수공에서는 직업에서 공업을 학습하는 아동에게는 부과하지 않을 수 있다. 매주 교수시수는 학교장이 다른 적당한 교과목으로 배당할 수 있다.

실습은 규정한 교수시수 외로 하여 부과할 수 있다.

<제2호 표>

교과목 \ 학년	제1학년	제2학년	제3학년	제4학년
수신	국민도덕 요지	국민도덕 요지	국민도덕 요지	국민도덕 요지
(매주 교수시수)	2	2	2	2
국어	발음, 가나, 일상 필수 문자 및 쉬운 보통문 읽기, 쓰기, 글짓기, 말하기	가나, 일상 필수 문자 및 쉬운 보통문 읽기, 쓰기, 글짓기, 말하기	일상 필수 문자 및 쉬운 보통문 읽기, 쓰기, 글짓기, 말하기	일상 필수 문자 및 쉬운 보통문 읽기, 쓰기, 글짓기, 말하기
(매주 교수시수)	12	12	12	11
조선어	발음, 언문, 일상 필수 문자 및 쉬운 보통문 읽기, 쓰기, 글짓기, 말하기	언문, 일상 필수 문자 및 쉬운 보통문 읽기, 쓰기, 글짓기, 말하기	일상 필수 문자 및 쉬운 보통문 읽기, 쓰기, 글짓기, 말하기	일상 필수 문자 및 쉬운 보통문 읽기, 쓰기, 글짓기, 말하기
(매주 교수시수)	3	3	3	2
산술	백 이하의 수 세는 법, 쓰기 및 쉬운 계산	백 이하의 수 세는 법, 쓰기 및 쉬운 계산	정수 계산	정수 계산, 소수 읽기, 쓰기 및 쉬운 계산
(매주 교수시수)	5	6	6	5
국사/지리				국사, 일본지리의 대요, 만몽 및 지나 기타 제 외국의 지리 대요
(매주 교수시수)				2
이과				자연계의 사물 현상 및 그 이용 인체 생리 위생의 초보
(매주 교수시수)				3
직업			농업, 공업, 산업 또는 수산 등에 관한 사항의 대요	농업, 공업, 상업 또는 수산 등에 관한 사항의 대요
(매주 교수시수)			남3, 여1	남3, 여1
도화	(단형, 간단한 형체)	단형, 간단한 형체	단형, 간단한 형체	간단한 형체
(매주 교수시수)	1	1	1	1
수공	간이한 세공	간이한 세공	간이한 세공	간이한 세공
(매주 교수시수)	1	1	1	1

창가	평이한 단음창가	평이한 단음창가	평이한 단음창가	평이한 단음창가
(매주 교수시수)			1	1
체조	체조, 교련, 유희 및 경기	체조, 교련, 유희 및 경기	체조, 교련, 유희 및 경기	체조, 교련, 유희 및 경기
(매주 교수시수)	3	3	남3, 여2	남3, 여2
가사 및 재봉			의식주, 간병, 바늘사용법, 일반 의류재단법, 재봉법, 수선법	의식주, 간병, 가정 경제의 대요, 일반 의류재단법, 재봉법, 수선법
(매주 교수시수)			3	3
계	26	28	32	34

도화는 제1학년에서 매주 1시간 부과할 수 있다.

제4학년 이상의 수공에서는 직업에서 공업을 학습하는 아동에게 그것을 부과하지 않을 수 있다. 매주 교수시수는 학교장이 다른 적당한 교과목으로 배당할 수 있다.

실습은 규정한 교수시수 외로 하여 부과할 수 있다.

도화는 6년제 소학교의 경우 제1학년 및 제2학년, 4년제 소학교의 경우 제1학년에서는 일단 부과하지 않도록 했다. 그런데 만약 부과할 때는 매주 1시간 학교장이 다른 교과목의 교수 시간을 감하여 그에 배당할 수 있다(제30조 제2항). 또 6년제 소학교의 경우 제1학년에는 부과하지 않고 제2학년부터 부과해도 무방하다. 또한 가설과목이라는 성질에 비추어 본다면 조선어는 규정 제정에서 제1호 표 및 제2호 표 안에 매주 교수시수를 열거하지 않아도 좋지만, 넣은 것은 가설(加設)하는 경우의 시수를 나타내려는 취지이다. 수의과목도 이에 준해 부과함이 적당하다. 제2호 표에서 직업은 제3학년 이상이지만, 제2호 표의 경우와 같이 제4학년 이상에서 수공의 경우, 직업에서 공업을 학습한 아동에게 그것을 부과하지 않도록 한 것은 수공을 필수과목으로 했던 취지를 고려하여 적어도 제3학년까지는 독립해 부과함이 적당하다고 보았기 때문이다.

심상소학교의 매주 교수시수는 토지의 정황에 따라 필요할 때는 학교장이 도지사의 인가를 받아 34시간을 초과하거나 또는 18시간에 미달하지 않는 범위 내에서 증감할 수 있다(제34조). 여기서 "토지의 정황에 따라"라고 한 것은 통학구역의 관계, 통학의 편의 여부 등에 따라 교과목에 대해, 또는 도시와 시골의 차이에 따라 특정한 교과목에 대해 그 매주 교수시수를 증감할 필요가 있는 경우 등을 고려한 것이다. 또 토지의 정황에 따라 심상소학교의 전부 또는 일부 아동을 전후 2부로 나누어 교수할 수 있다(제50조). 그런데 이 경우 교과목의 매주 교수시수는 각 부 18시간 이상으로 학교장이 그것을 정하고, 동시에 도지사의 인가를 받아야 한다. 나이가 어린 아동의 경우에는 특별히 12시간까지 줄일 수 있다(제33조 및 제34조 제2항). 또한 이러한 제한에도 불구하고 심상소학교 제3학년 이하의 경우는 학교장이 필요하다고 인정한 아동에 대해 각 학년 2시간 이내 국어 교수시수를 특별히 증가해 보충교수를 할 수 있다(제32조). 이것은 주로 내선인(內鮮人) 공학의 경우를 예상해 이번에 새로이 설치한 규정이다.

(2) 고등소학교의 수업연한은 2년 또는 연장해 3년으로 할 수 있다(제22조 제2항). 이 동안에 수신, 국어, 산술, 국사, 지리, 이과, 직업, 도화, 수공, 창가, 체조의 11과목, 여아에게는 가사, 재봉의 2과목을 더하여 부과해야 한다. 이것은 필설과목(必設科目)이다. 조선어는 심상소학교의 경우와 마찬가지로 가설과목으로 부과할 수 있음과 동시에 수의과목이 될 수 있다. 고등소학교에서는 이외에 토지의 정황에 따라 필요한 과목을 가설하고 또 그것을 수의과목으로 할 수 있다(제14조 제2항 및 제3항). 수공은 필설과목이어도 직업에서 공업을 학습하는 아동에게는 부과하지 않을 수 있다. 이 경우 매주 교수시수는 학교장이 그것을 다른 교과목에 배당할 수 있다는 것은 심상소학교의 경우와 마찬가지이다(제14조 제4항 및 제31조 제4항).

〔주〕
심상소학교 제4학년 이상 및 고등의 직업에서 공업을 학습하는 아동에게 수공을 부과하지 않을 수 있다는 규정에 대해, 심상소학교의 경우 그것을 교과과정표의 비고(備考)로 규정하고, 고등소학교의 경우에는 제14조로 규정하고 있어 규정의 방법이 다르다. 이것은 심상소학교의 직업과는 제3학년 또는 제4학년부터이지만 제1학년부터 제3학년의 아동에게는 수공을 부과하므로 졸업까지 과목이 결락되는 것이 아니다. 그래서 규정에서 비고(備考)로 취급하고 있지만, 고등소학교의 직업과는 매 학년 부과됨으로 공업을 학습하는 아동에게는 과목이 누락된다는 차이가 있는 점에 따른 것이다.

고등소학교 각 학년의 교수 정도 및 매주 교수시수는, 수업연한 2년의 경우 제3호 표로, 년의 경우 제4호 표에 따라야 한다. 이렇게 가설과목의 매주 교수시수에 관해, 조선어를 가설하는 경우는 각호 표의 규정에 따라 2시간을 부과해야 한다. 그런데 토지의 정황에 따라 필요한 교과목으로 가설하는 교과목에 대해서는 총계 매주 2시간 이내로 학교장이 정해야 한다(제31조 제2항). 이 외에 각호 표의 각 교과목 매주 교수시수는 합계 34시간을 넘지 않는 범위에서 학교장은 증가할 수 있다(제31조 제3항 및 제34조 제1항 제2호). 또한 고등소학교의 최저 매주 교수시수는 27시간으로 되어 심상소학교에 비해 훨씬 신축성이 제한되어 있다.

(3) 소학교의 필수과목 및 아동이 이수하도록 정해진 교과목 가운데 아동의 특별한 사정에 따라 학습할 수 없는 교과목은 학교장이 아동에게 부과하지 않을 수 있다(제15조). 여기서 말하는 면제 과목은 일시적인 것이 아니라 상당히 영속적인 것이다. 예를 들면 신체상의 결함에 따라 체조과를 부과할 수 없는 경우 등을 예상한 것으로, 아동 개개인에 대한 문제이지만, 의무교육이 아니더라도 국민교육인 이상, 또 다른 아동에게 곤란 주지 않는 이상 이러한 아동의 취학을 거부하는 것은 적당하지 않다는 취지에서 설치되었던 규정이다. 그러나 이러한 학습 면제는 한 과목 또는 몇 과목으로 제한되어야 하고 대부분의 교과목에 걸쳐 행하는 것은 허용하지 않는다. 학습 면제의 원인이 소멸되었을 때는 물론 부과해야 한다. 면제과목은 있어도 소학교 졸업 인정에 예외를 두는 것은 안된다.

학교장은 한 학년을 통틀어 50일 이내로 하계 또는 동계 휴업일 전후에 일일 교수시수를 줄일 수 있다(제35조 제1항). 이 경우에 법정 최저 교수시수 이하가 되어도 무방하다. 시수를 감소할 때는 학교장이 편의상 각 교과목의 매주 교수시수를 참작해 정해야 한다.

여러 학년의 아동을 한 학급으로 편제할 때는 각 학년의 정도에 관계없이 전부 또는 일부 아동에게 동일한 정도에 따라 교수할 수 있다(제36조). 그러나 각 아동에게 졸업할 때까지는 전 교과과정을 빠짐없이 이수할 수 있도록 해야 하는 것은 당연하다.

(4) 소학교 교육의 목적에 관해서는 앞에서 언급했듯이 소학교령 제1조 이외에 조선에서는 특별히 소학교규정 제1조의 규정을 두어 부연하여 명료히 하고 있지만, 더욱 그 목적 달성에 유감없도록 하기 위한 방법으로 제16조의 규정을 두어, 소학교육의 방침을 9항목에 걸

쳐 열거하였다. 즉,

> 소학교에서는 항상 다음 사항에 유의해 아동을 교양해야 한다.
> 1. 교육에 관한 칙어의 취지에 근거하여 국민도덕의 함양에 힘써 국체의 본의를 명료히 하며 아동에게 황국신민으로서의 자각을 일으켜 황운부익(皇運扶翼)의 길에 철저히 하도록 힘써야 한다.
> 2. 아동의 덕성을 함양하여 순량한 인격의 도야를 꾀하며 건전한 황국신민으로서의 자질을 갖추고 나아가 국가 사회에 봉사하는 마음을 두터이 하여 내선일체, 동포화목의 미풍을 양성하는데 힘써야 한다.
> 3. 근로 애호의 정신을 키우고 흥업치산의 지조를 견고히 할 것에 힘써야 한다.
> 4. 지식 기능은 항상 생활에 필수적 사항을 선택하고 산업에 관한 사항에 특히 유의하며, 그것을 전수해 반복 연습하여 자유롭게 응용하도록 힘써야 한다.
> 5. 아동의 신체를 건전하게 발달시킬 수 있도록 하며 어떤 교과목이라도 교수는 아동의 심신 발달의 정도에 부응하도록 힘써야 한다.
> 6. 남녀의 구별은 물론 개인의 환경, 특성 및 장래 생활에 주의하여 각각 적당한 교육을 실시하도록 힘써야 한다.
> 7. 국어를 습득시켜 사용을 정확하게 하고 응용을 자유로이 할 수 있도록 국어교육의 철저를 꾀함으로써 황국신민으로서의 성격을 함양하는 데 힘써야 한다.
> 8. 교수 용어는 국어를 사용해야 한다.
> 9. 각 교과목의 교수는 그 목적 및 방법을 그르치는 일 없이 서로 연관지어 보익(補益)하도록 힘써야 한다.

이들 사항은 각 교과목의 지도에만 머물지 않고 소학교육의 전반에 걸쳐 아동교양 상 언제나 유의하여 철저를 꾀해야 하는 중요한 사항이다. 특히 제1호는 구(舊)규정에서 "국민교육에 관련하는 사항은 어떤 교과목이라도 항상 깊이 유의할 필요가 있다"라고 아주 포괄적이고 추상적으로 막연히 규정되었던 것을 근본적으로 고친 것으로, 소학교육의 목적에 비추어 따라야 할 근본방침을 구체적으로 명료하게 제시한 것이다. 삼가 우리나라 교학의 근본은 국민도덕을 함양하고, 국체의 본의를 명징하게 함으로써 황운부익의 도(道)에 철저한 황국신민을 육성하는 데 있음은 여러 말이 필요하지 않다. 더구나 이는 영원히 닳지 않는, 대 조칙인 교육에 관한 칙어에서 분명하게 말씀하신 바이다. 우리나라 교육은 모두 이 성스러운 칙어의 취지를 충실히 실천하여 국민의 본질에 철저한 황국신민을 육성하는 것을 궁극의 목표로 한다. 그래서 소학교의 목적에서 아동을 교양하는 근본방침으로 교육에 관한 칙어의 취지에 근거해야 하는 뜻을 명시했던 셈이다. 제2호는 구(舊)규정과 취지에서는 특별한 차이가 없지만, '공민'이라는 말을 배제하고 '건전한 황국신민'으로 바꿈과 동시에 '내선일체'를 덧붙였던 것은 이념상으로도 목표를 명확히 하려는 취지에서 나온 것이다. 제3호부터 제7호 및 제9호는 구(舊)규정과 큰 차이가 없지만, 제8호의 "교수용어는 국어를 사용해야 한다"라는 것은 새로이 덧붙여진 것이다. 교수용어를 국어로 하는 것은 국어의 습숙(習熟), 국어교육의 철저를 꾀하는 방법상의 문제에 머물지 않고, 우리나라 학교로서 원래 당연한 것에 속하여 규정할 것까지도 없지만, 그러한 당연한 것에 유감이 생기는 일이 있어서는 안 되므로, 평상시 염두에 두어 철저히 한다는 취지에 따라 특히 그렇게 규정된 것이라고 이해해야 한다.

제17조에서 제29조까지 13개 조에 걸쳐 각 교과목의 교수요지 및 요항 또는 주의사항이 규정되어 있으나, 모두 앞에 언급한 소학교육의 목적과 방침에 순응하도록 각 교과목에 관해 상세히 명시하고 있다. 이 취지에 관해서는 제1조 및 제16조에 관한 설명에서 깊이 음미해 보면 분명한 바이지만, 대체로 국체명징·내선일체·인고단련의 사상이 명료하게 되기를 당사자에게 깊이 기대된다. 뿐만 아니라 각 교과목의 특질에 따라 우리나라 현재 정세 및 장래를 고려해 국민 교양에서 필수적인 사항에 관해 각각 교수 상의 중요 사항 또는 주의로서 특별히 고려함과 동시에, 조선교육령의 취지에 비추어 내선인 공학의 경우도 예상하여 배려하였다. 이렇게 위의 제17조부터 제29조의 규정은, 대체로 제1항에서 교과목의 요지 즉 교수해야 할 목적 목표를 제시하고, 제2항에서 교수해야 할 내용을 나타내며, 제3항 이하에서 교수하는 데 주의해야 할 것을 아주 상세히 열거하는 데 힘을 다했다. 이는 형식에서는 내지의 소학교령 시행규칙과 같지만, 특별히 그 교육의 중요성을 고려해 본래 교수요목으로 훈령해야 할 사항에 관한 것도 교수요목으로서 별도로 정하도록 하지 않고, 규정에 명문화하여 당사자의 정진을 요망하는 취지에서 나온 것으로 이해된다(제37조 참조).

또한 참고로 종전의 해당 조항의 규정에 비추어 과정의 내용에서 상이함이 있는 중요한 사항에 관해 열거하면, 다음 주와 같이 제시할 수 있다. 즉 위에서 산술(제9조)에 관한 것을 제외한 것은 분명히 내지의 소학교 과정과 상이한 것이다.

〔주〕
심상소학교

- 수신　가정에 대한 책무 일반을 가르침과 동시에 준법의 정신과 공존공영의 본의를 이해시킨다.
- 국어　아동의 정황에 따라서는 처음은 말하기부터 가르친다.
　　　내선인 공학의 경우를 고려한 것이다.
- 산술　계산은 암산, 필산 및 주산을 본체(本體)로 한다.
　　　주산은 수업연한 4년의 학교인 경우 제3학년부터, 수업연한 6년의 학교인 경우 제4학년부터 부과하는 것을 적당하다는 취지를 별도로 지시한다.
- 역사　건국 이전으로 거슬러 올라가 건국의 체제부터 가르치는 것을 분명히 한다. 국민정신의 국사를 일관된 사실로 이해시켜야 한다.
- 지리　지나(支那)지리의 대요를 가르친다. 재외 일본인(邦人)의 활동 상황을 알려야 한다.
- 이과　인체(人身)의 생리뿐만 아니라 위생의 초보도 가르친다.
- 직업　적절한 직업지도를 해야 한다.
　　　각자 장래의 생활에 필요한 기초적 지식 기능을 얻도록 해야 하는 것은 제1조에 규정된 바이다. 아동의 개성을 관찰해 가정환경에 따라 장래의 직업에 관한 지침을 부여하고 적절한 지도를 가하는 것은 교육 즉 생활에서 가장 우선하는 의의이다. 그러나 어디까지나 적절히 해야 한다. 주도면밀한 준비가 없다면 도리어 결함을 초래하지 않을 수 없다고 단언할 수 없다. 틀림없이 당사자의 세심한 궁리를 필요로 하는 바이다.
- 수공　수공은 필수과목이 되었다.
- 창가　조금 더 나아가 중음창가를 가르쳐도 무방하다.
- 체조　특히 확고불발(確固不拔)의 정신과 인고지구(忍苦持久)의 체력 양성을 기해야 하는 것을 분명히 하였다. 검도의 기본 동작도 가르친다. 학교 교육에서는 덕육 지육 체육의 세 가지를 병진(竝進)하여 서로 어울리게 행하는 것을 완전한 교육

> 으로 한다. 체육은 단지 본과에만 의존해서는 안되지만, 본과를 통해 이루어지는 것이 많으므로 본과에 기대하는 것이 많음은 물론이다. 검도의 기본동작에 관한 것은 일반적으로 1937년(昭和 12) 10월 8일 제정(통첩)된 황국신민체조를 부과하는 것을 의미하는데, 적당한 지도자를 얻는 것은 당연하고 정규의 것으로 하는 것이 적당하다. [1937년(昭和 12) 총훈 제36호 학교체조교수요목 참조]
>
> **고등소학교**
> 각 교과목 모두 심상소학교의 정도보다 더 나아가 가르치게 되므로 당연히 과정도 변경할 수 있지만, 특히 종전과 다른 점을 들면 다음과 같다.
>   이과   인체의 생리뿐 아니라 위생의 대요도 가르친다.
>   가사   재봉 수예는 본과에서 교수하는 것으로 통일시킨다.

(5) 각 교과목의 교수요지 및 그에 관한 사항, 그리고 주의사항 등은 앞서 언급한 대로인데, 나아가 제37조에는 "학교장은 소학교에서 교수해야 할 각 교과목의 교수세목을 정해야 한다"라고 규정되어 있다. 교수세목이란 앞에서 언급한 교육방침, 교수상의 요지 등에 기초하여 한 교수 단위 시수 내에서 실제로 어떻게 교수해야 할지를 분명하고 자세히 제시한 계획서이다.

교수의 한 단위 시간을 몇 분으로 정할지에 관해서는 별도의 규정은 없다. 학교규정에서 한 시간이라고 칭하는 것은 휴식시간을 포함해 한 시간이라는 의미이지만, 휴식시간을 몇 분으로 정할지는 교수의 효과, 아동의 피로도, 주의집중력 등을 감안해 학교장이 적당히 결정해야 한다고 본다. 또한 그에 관해서는 다음 (참조)와 같은 지시도 있다.

매일의 수업 시작 시간과 끝나는 시간은 학교장이 정하는 것으로 되어 있다(제42조).

〔참조〕

○**학교 교과에 대한 질의 건** [1928(昭和 3). 11. 21. 학무국장 통첩]

경상북도 지사로부터 학교의 교과에 관해 갑과 같은 조회 있어 을과 같이 회답한 것에 관해 참고하도록 통첩한다.

(갑)

초등학교 및 중등학교의 교과에 관해 다음과 같은 질의가 있어 회답한다.

【기(記)】
1. 초등 및 중등학교의 규정 가운데 매주 교수시수 몇 시(何時)라고 한 것은 시간(時間)으로 이해해야 하는가, 아니면 시한(時限)으로 이해해야 하는가
2. 각 중등학교에서 하계 및 동계휴업 전후에 교수 시간을 단축할 수 있는가.

(을)

1928년(昭和 3) 8월 22일부로 조회(照會)한 학교의 교과에 관한 질의의 건에 대해 이번에 다음과 같이 알린다.

【기(記)】
1. 몇 시(何時)는 시간을 가리킴. 단 휴식시간은 한 시수(60분) 내에서 적절히 정할 것
2. 해당 학교규정에서 정한 각 학년의 최저한도 교수일수를 초과하는 일수의 범위 내에서 무방함

(6) 제38조에 "소학교에서 각 학년의 과정 종료 또는 전체 교과의 졸업을 인정하는 것은 별도의 시험을 실시할 필요 없이 아동 평소의 성적을 고사(考査)하여 결정한다"라고 규정되어 있다. 시험은 기한을 정해 과제를 부과하여 성적을 고사하는 방법이다. 그런데 심신의 발육이 아직 충분하지 않은 아동이 경쟁심에 사로잡혀 시험 직전에 단번에 과도하게 공부하여 때때로 심신 발육에 장애를 미칠 뿐만 아니라, 시험 때문에 공부하는 나쁜 습관을 들이는 것을 우려했기 때문이다. 따라서 시험을 실시하지 않고 평소의 성적에 따라 하면, 각 학년의 과정 수료 또는 전체 교과의 졸업을 인정하는 고사 방법은 교육당사자에게 일임되는 셈이

다. 그리하여 학교장은 심상소학교 또는 고등소학교의 전체 교과를 수료했다고 인정한 자에게 수업연한이 끝나는 때에 졸업증서를 수여해야 한다(제39조 제1항).

4년제 소학교에서 수여하는 졸업증서에는 6년제 소학교 졸업증서와 구별하기 위해, 특별히 학교의 수업연한을 기재해야 한다. 기재방법에 관해서는 정하지 않았지만, 요컨대 수업연한 4년의 심상소학교를 졸업한 자임이 명료하게 표시되어야 한다(제39조 제2항).

각 학년의 과정을 수료했다고 인정한 자에게는 수업증서를, 제36조의 규정에 따라 한 학년 동안 학습한 자에게는 학습증서를 학년말에 모두에게 수여할 수 있다. 하지만 수여하지 않아도 무방하다(제39조 제2항).

제40조에는 "학교장은 가정 또는 기타의 곳에서 심상소학교의 교과를 배운 자에 대해 부형 또는 대리하는 자의 청구에 따라 시험을 거쳐 상당하는 학년을 수료하거나 또는 전체 교과를 졸업한 자와 동등한 학력이 있음을 증명할 수 있다"라고 규정되어 있다. 이것은 조선의 소학교 보급의 정황, 교통의 정황 기타 특수한 사정을 고려하여 설치된 규정인데, 실제적인 면에서는 실익이 적다.

(7) 소학교의 학년은 4월 1일 시작해 다음 해 3월 31일 종료한다. 4월 1일부터 8월 31일까지의 기간을 제1학기, 9월 1일부터 12월 31일까지를 제2학기, 1월 1일부터 3월 31일까지를 제3학기로 정한다(제41조).

〔주〕
문부성령의 소학교령 시행규칙에서는 토지의 정황에 따라 9월1일 시작해 다음 해 8월 31일 끝나는 학년을 두는 것을 인정하고 있고, 또 학기도 부·현지사(府·県知事)가 정하도록 하고 있다.

소학교의 휴업일에 관해서는 제44조에 열거되어 있는데, 이 가운데 일요일을 제외하고, 매년 합계 90일을 넘을 수 없다(후술하는 보습과에 관해서는 제한 없음). 그러나 농번기, 학교 기념일 등 특별한 사정이 있을 때는 도지사의 인가를 받아 제한 일수를 늘릴 수 있다(제43조 제1항, 제2항).

제43조 제3항에서는 "전염병 예방을 위해 필요할 때나 기타 비상재해가 있을 때는 부윤, 군수 또는 도사(島司)에게 임시로 소학교 폐쇄를 명해야 한다. 급박한 사정이 있을 경우 학교조합의 부담으로 설립한 공립소학교는 학교조합 관리자, 사립소학교는 설립자가 그것을 폐쇄할 수 있다. 이 경우에는 곧바로 부윤, 군수 또는 도사(島司)에게 신고해야 한다"라고 규정하고 있다. 물론 이 경우에는 제한 일수에서 예외가 된다. 학교를 폐쇄하는 것은 관리행위이므로 앞의 명령은 감독관청인 부윤, 군수, 도사가, 학교관리자인 부윤, 군수 및 도사 혹은 학교조합관리자에게 하는 것이라고 보아야 한다. 급박한 사정이 있는 경우에 부, 학교비, 학교조합, 사립 등의 설립을 불문하고 모두 마찬가지로 관리자 또는 설립자로서 폐쇄하고, 곧바로 부윤, 군수, 도사(島司)에게 신고하는 것을 방침으로 하고 있다. 그런데 실제로는 부 또는 학교비로 설립한 소학교는 관리자여야 할 자가 부윤 또는 학교비 담당자인 군수이므로, 이런 종류의 학교에 관해서는 본 항목 후반부의 경우 그것을 제외하고 있다.

소학교의 휴업일 가운데 하계, 동계 및 학년말의 휴업일은 도지사가 도내의 기후풍토 기타 사정에 따라 정해야 한다(제44조 제2항).

축제일 가운데 4대 절기는 제45조에 규정된 방식에 따라 의식을 행해야 한다. 따라서 제45조에서 열거한 거행 행사는 생략해서는 안 되는 것을 열거한 것으로, 의식에서 자연스럽게 황국신민으로서의 참된 정성(赤誠)을 피력해야 한다는 표시여야 하며, 경건한 다른 의례 행사를 삽입할 여지는 있다. 다만 이 경우 단지 학교장이 홀로 스스로만의 생각에 따라 인정하여 행하는 것은, 성격상 온당하지 않으므로 감독관청의 지시를 기다려야 함이 적당할 것이다.

(8) 제47조에 "한 한급의 아동 수는 심상소학교의 경우 70명 이하, 고등소학교의 경우 60명 이하로 한다"라고 규정되어 있다. 학급이란 생도 아동을 원칙적으로는 한 명의 교사가 동시에 교수할 수 있도록 조합한 생도 아동의 집단 단위를 말하는 것이다. 어떤 교과목만을 몇조로 나누거나, 또는 전교 생도를 한 개의 조로 병합해 교수 훈련을 하는 일이 있지만 원칙적으로 교수를 하는 보통의 조합이 아닌 경우는 학급이라 할 수 없다. 학급 정원은 교수 훈련의 효과, 인적 물적 설비, 경비 등을 참작해 정한 최고 한도이므로, 사정이 허락한다면 40명에서 50명 정도 수용함이 적당할 것이다. 심상소학교의 학급 편제에서 동일 학년의 여

아의 수가 한 학급을 편성하기에 충분할 경우는 남녀를 구분해 학년의 학급을 편성해야 한다. 고등소학교의 경우는 전교 여아의 수가 한 학급을 편성하기에 충분하다고 판단되면 분리해 학급으로 해야 한다. 즉 원칙적으로 남녀공학은 인정하지 않는 주의이지만, 심상소학교의 제1학년 및 제2학년과 특별한 사정이 있는 경우는 허용하고 있다(제48조). 한 학급을 편성하기에 충분한 인원이란 행정상의 선례에 의하면, 대략 30명인데 물론 이 이하의 인원이라도 분리하는 것이 가능하다.

몇 개의 학급을 합쳐 교수할 수 있는 교과목은 수신, 직업, 체조, 창가, 가사 및 재봉, 수공 및 제14조 제2항의 규정에 따라 가설한 교과목에 한정된다. 이들 교과목은 몇 개의 학급 전부 또는 일부의 아동을 합쳐 동시에 교수할 수 있다. 이 가운데 오직 직업, 가사 및 재봉, 가사, 재봉, 수공은 그 성격으로 보아 70명을 넘으면 허용하지 않는다(제49조).

교수 방법에는 단식 교수편제와 복식 교수편제가 있다. 전자를 원칙으로 하지만 심상소학교에서만 토지의 정황에 따라 후자 가운데 2부 교수 편성이 인정된다. 즉 전부 또는 일부의 아동을 전후 2부로 나누어 교수할 수 있다(제50조). 여기서 말하는 토지의 정황에 의한다는 것은 교원 또는 설비의 부족, 재정 형편 등의 사정이 있는 경우를 지칭한다. 그런데 학교 관리, 위생 등의 점에서나 아동의 교수, 훈련, 양호라는 점에서 보면 2부 교수 편성은 극력 피해야 한다. 2부 교수를 하는 경우의 교수시수, 그 절차 등은 앞에서 언급한 대로이다.

소학교의 규모에 관해서는 제46조의 규정에 따라 특별한 사정이 있거나 부윤, 군수, 도사 또는 설립자가 도지사의 인가를 얻은 경우 외에는 24학급 이하, 분교장은 4학급 이하를 원칙으로 한다. 분교장의 학급 수는 본교의 제한 학급 수 외로 할 수 있다.

한 학교의 학급 수를 이처럼 제한하는 이유는 학교의 경영에서, 관리에서, 교육에서 철저함 등을 고려한 결과이다. 그 최소한에 관해서는 별도의 제한은 없고, 한 학급으로 된 소학교도 있을 수 있다(제52조). 사실 학교조합 설립의 소학교의 경우 이 단급 소학교가 다수 있다. 단급 소학교와 대비해 두 학급 이상으로 편제하는 학교를 다학급 소학교라 부른다.

소학교의 학급 수를 제한했던 이유는 앞에 언급한 의미에서이므로, 보습과를 두는 경우에도 그 교수 시간을 정교과(正敎科) 시간 내에 정할 때는 정교과의 학급과 마찬가지로 제한되어야 할 학급으로 해야 한다(제51조 단서).

(9) 보습과에는 심상소학교를 졸업한 자 및 그와 동등 이상의 학력이 있는 자에게 심상소학교 교과목 보습을 목적으로 하는 심상소학교 보습과와, 고등소학교를 졸업한 자 및 그와 동등 이상의 학력이 있는 자에게 고등소학교 교과목 보습을 목적으로 하는 고등소학교 보습과가 있다(제54조). 심상소학교 수업연한은 토지의 정황에 따라 당분간 4년으로 할 수 있으므로, 보습과는 4년제의 심상소학교에도 둘 수 있다. 소학교에서 보습과를 둘(제53조) 경우의 절차에 관해서는, 신설학교의 경우 앞에서 언급한 제4의 설치 및 폐지 항목에 열거한 대로이다. 이미 설립된 소학교에 두는 경우라도 이 역시 마음대로 설치할 수는 없고, 결국 소학교의 수업연한 및 교과목 변경을 하는 것이므로 당연히 도지사의 인가를 받아야 한다(제7조 및 제8조).

보습과를 설치하고 교과목을 필수과목으로 할지 수의과목으로 할지는 설립자가 도지사의 인가를 받아 정하면 되는데, 교과목, 교수 시간 및 매주 교수시수에 관해서는 학교장이 도지사의 인가를 받아야 한다(제60조).

〔주〕
내지에서는 이들 학교장이 행하는 사무를 설립자가 행하게 되어 있는데, 조선에서는 개정 소학교규정에서 처음으로 학교장에게 옮겼다. 이는 원래 시설을 적절히 하는 데 이바지하기 위한 것이다. 따라서 설립자가 행하는 사무와 학교장이 행하는 사무는 상호 연결하여 완벽하도록 한다.

보습과는 본래 가정에 있거나, 또는 직업에 종사하는 자에게 학력을 보충하여 면학 수양을 이루도록 하는 시설이므로, 수업연한은 2년 이하로 지방의 정황에 따라 임의로 정한다. 교과를 가르치는 데 있어서 해당 지방의 업무에 적절한 사항을 집어넣을 것이 필요하며, 교수의 날짜 시수를 정하는데도 일요일, 야간, 또는 농번기 등을 고려해 아동 취학의 편의를 도모해야 한다. 보습과는 이러한 목적과 취지로 행해지는 시설이므로 정교과(正敎科)를 가르치는 교사(校舍) 이외에 교육장(敎育場)을 설치해도 무방하다. 그런데 교원은 교과목의 정도나 성격에 비추어 정교과(正敎科)를 담임하는 교원이 담당하도록 해야 하는데, 교수 시간을 정교과(正敎科)의 교수 시간 내에서 정하는 경우는 사실상 불가능하므로, 다른 교원에게 담임하도록 해도 무방하다(제55조 내지 제63조).

(10) 소학교 교과용도서는 문부성이 저작권을 가진 것으로 함을 원칙으로 한다(제64조 제1항). 교과용도서란 직접 교수용으로 제공하는 것으로, 생도 아동 또는 교사가 사용할 도서(문서, 도화) 또는 그 목적으로 간행된 도서를 말하는 것이다. 그래서 교사가 임시로 생도 아동에게 배부하는 교재는 교과용도서가 아니다. 교과용도서는 보통 교과서라는 명칭으로 불린다. 우리나라에서 소학교 교과서는 국정주의를 채택해, 원칙적으로 전국적으로 통일된 것을 사용하도록 하고 있다. 소학교령 제24조에 의하면 문부대신은 "수신, 국사, 지리 교과용도서 및 국어 독본을 제외한 기타 교과용도서에 한해 문부성이 저작권을 갖는 것, 또는 문부대신이 검정한 것 가운데 부·현지사가 그것을 채택하여 정할 수 있다"라고 되어 있다. 소학교 교과서는 문부성이 저작권을 가져야 한다는 원칙에 대해 예외규정을 두고 있지만, 소학교령시행규칙 제53조에 따라 문부대신의 권한으로 이 외에 국어, 산술, 이과, 가사, 도화 교과서도 국정으로 했는데, 조선도 그것과 완전히 동일한 방침을 취하고 있다. 즉 제64조 제3항에 "소학교 교과용도서 가운데 수신, 국어, 산술, 국사, 지리, 이과, 가사, 도화를 제외한 기타 도서에 한해, 제1항 규정에 관계없이 문부성이 저작권을 갖는 것 및 조선총독부 또는 문부대신의 검정을 거친 것 가운데 도지사가 채택하여 정할 수 있다"라고 소학교령시행규칙 제53조와 같은 취지로 규정하고 있다. 따라서 국정교과서 사용에서 자유로운 교과목은, 조선의 소학교 필수교과목의 경우 직업, 수공, 창가, 체조, 가사 및 재봉, 재봉의 각 교과목을 들 수 있다. 그런데 제64조 제5항에 따라 체조, 가사 및 재봉, 재봉, 수공 및 심상소학교 제4학년 이하의 창가는 아동에게 교과서를 사용하도록 하는 것을 금할 수 있다. 따라서 직업 및 심상소학교 제5학년, 제6학년, 고등소학교의 창가와 가설과목인 조선어 그리고 기타 교과서만이 문부성이 저작권을 갖는 것 및 조선총독 또는 문부대신의 검정을 거친, 소위 검정본 가운데에서 도지사가 채택하여 선정해야 한다. 그러나 이것도 제64조 제4항의 규정에 따라 조선총독부가 편찬한 교과서가 있는 경우는 우선적으로 그것을 사용해야 한다. 결국 조선총독부 편찬의 교과서가 없는 교과목에 관해서만 문부성이 저작권을 갖는 교과서를 원칙으로 하게 되며, 또 도지사의 채택 선정이라는 여지가 남아 있는 것이다. 그런데 다시 여기서 위의 교과서 사용에 관한 규정을 완전히 제외하고 특별히 교과서를 사용할 수 있는, 문

제가 될 만한 규정을 두고 있다. 즉 제65조의 규정이 그것이다. 위의 제65조 규정에 의하면 특별한 사정이 있는 경우 도지사는 조선총독의 인가를 얻어, 상술한 교과서에 관한 주의와 전혀 관계없이 사용할 수 있도록 한 것이다. 그러나 본 조항의 규정은 전적으로 개정 조선교육령의 실시에 따라 과도기적으로 교과서 사용의 편법을 두는 여지를 열어 둔 것으로, 원래 보통학교규정 가운데 해당 조항을 그대로 옮겨 넣은 것이다. 개정조선교육령 부칙 제2항의 규정에 의해 소학교 교과서는 제64조의 본칙(本則)에 따른다는 것을 원칙으로 한다는 새 방침에 따라, 금후 소학교 교과서 가운데 특수한 것은, 총독부가 편찬을 완료하기까지는 역시 상당하는 기간을 필요할 것이 예상되므로, 본래라면 경과규정으로 부칙에서 규정해야 할 성질에 속하는 사항이지만 임시 기간으로 한정하는 것이 곤란하므로 특별히 본문으로 규정했던 것이다. 따라서 제65조는 장래 조선의 소학교에서 사용해야 할 원칙 및 예외 교과서의 그림이 완성된 경우는 당연히 폐지되어야 할 규정이다. 또한 소학교규정 부칙 제4항에서 보통학교나 소학교에서 당분간 종전의 교과서를 사용할 수 있도록 그 취지를 규정했던 것은 과정의 진도, 교과서 배급 등의 관계를 고려한 결과이다.

문부성이 저작권을 갖는 것으로 동일한 교과목이 여러 종류 있을 때는 그중에서 도지사가 채택 선정해야 한다(제64조 제2항). 채택 선정에서 검정본의 경우 정가 증액이 있을 때는 효력을 잃게 된다(제68조). 이는 아동 보호자의 부담 경중을 검정의 조건으로 한다는 필요에 따라 설치된 규정이다. 국정교과서에 대해서는 항상 국가 부담의 가중을 고려해 정가를 정하므로 그럴 필요가 없다.

소학교 교과서를 변경한 경우, 특별한 사정이 있어서 조선총독의 인가를 받지 않는 이상 그 도서는 최하 학년의 아동부터 사용토록 하고 기타 아동에게는 종래의 도서를 그대로 사용하도록 해야 한다(제69조).

보습과 교과서는 도지사의 인가를 얻어 학교장이 정한다(제56조). 게다가 국정제도나 검정제도가 없으므로, 학교장은 보습과의 교육목적에 부합하는 한 어떤 도서를 선정해도 상관없다.

제66조에 "창가용으로 제공하는 가사 및 악보는 조선총독부 또는 문부성이 선정에 관계한 것, 도지사가 채택 선정하거나 사용하게 한 교과용도서 중에 있는 것, 또 채택 선정한 소학교와 특히 관계있는 것으로서, 도지사가 조선총독의 인가를 받은 것 이외에는 사용할 수 없다"라고 규정되어 있다. 그런데 이는 창가가 정조 도야에 중요한 임무를 가지며, 아동의

품성에 영향을 주는 바 적지 않음을 고려하여, 창가용으로 제공하는 가사 및 악보에 대해 특히 엄중한 감독을 하기 위해서이다.

제6 설비

소학교의 설비는 넓은 의미로 인적 물적 설비 모두를 의미하지만, 법규에서는 협의의 의미로 사용해 오직 물적 설비만을 지칭하고 있다. 그래서 설비 유지는 설립단체 또는 설립자 부담으로 하는 것을 원칙으로 한다.

소학교에서는 학교 규모에 상당하는 교사(校舍), 교지, 교구, 체조장 및 실습장을 구비하고 있어야 한다(제70조 제1항). 교사란 법령에 따라 학교에서 생도 아동의 교육에 필요한 설비인 건물 및 그와 일체가 되는 것을 말한다. 교사(校舍)는 학교의 규모에 적합하고 교수, 관리, 위생의 측면에서 적당하며 견고질박해야 한다(제70조 제3항).

교지(校地)란 넓은 의미로 학교가 사용하는 토지 전체를 의미한다. 따라서 옥외 체조장과 실습지도 포함된다. 그러나 제70조 제1항과 같이 체조장, 실습장이라고 나란히 제시한 경우는 이를 제외한 기타 학교에서 사용하는 토지, 즉 교사(校舍)의 건물, 부지, 통로, 빈터, 녹지, 건조장 등을 의미하는 협의의 의미의 교지이다. 이에 대해 제70조 제2항의 교지는 광의의 의미로 사용된 것이다. 즉 사방의 환경이 교육하는 데 악영향을 미치는 일 없이, 통풍, 채광, 수질, 기타 위생의 측면에서 피해를 주지 않는 동시에 아동 모두가 통학하는데 편리한 장소를 선정해야 한다(제70조 제2항).

체조장 및 실습장은 실내, 옥외 양쪽 모두가 필요한지, 혹은 어느 한쪽만으로 충분한지는 명료하지 않다. 물론 양쪽의 설비가 있으면 아주 좋지만, 교육상의 통념이나 제도 운용의 정신에서 보면 적어도 체조장은 옥외 체조장이 필요하며, 실습장은 어느 한쪽에 설비를 갖추는 것으로 충분하다고 이해해도 좋다.

소학교의 설비는 소학교 교육을 행할 목적으로 설치된 것이므로, 일반적으로 널리 개방하는 것은 본래 목적을 해치는 것이 된다. 그러나 목적 수행에 지장을 주지 않는 범위 내에서 국가 사회를 위한 용도로 제공하는 것은 무방할 뿐만 아니라 의미있는 일이다. 따라서 제71조에 "교사, 교지, 교구, 체조장 및 실습장은 비상재해 이외에 소학교 교수에 지장을 주지 않는 한 교육, 병역, 산업, 위생, 자선 등의 목적으로 사용할 수 있다"라고 규정되어 있다. 비상재해의 경우에는 제43조의 규정에 따라 학교의 폐쇄 여부와 관계없이, 또 교육목적의 지장 유무와 관계없이 이들 설비를 사용할 수 있다.

이 경우 학교를 관리하는 설립자가 사용하는 것뿐만 아니라 제3자도 사용할 수 있다고 보아야 한다. 그러나 정해진 범위에서만 사용할 수 있는 것이므로, 사용 목적의 범위 한정은 설립자가 하는 것이 당연하다. 따라서 설립자는 허락 여부를 정할 수 있으며 동시에 일정한 조건을 붙이는 것도 가능하다. 그리고 사용을 허가하는 경우 학교장의 의견을 고려해 교육이나 교수의 측면에서 지장이 없는 한도 내에서 허가해야 한다.

공립학교의 교사(校舍) 사용에 관해 다음과 같은 통첩이 있다. 위의 취지를 명료히 하는 것이므로 참고로 제시한다.

〔참조〕
○ 부회(府會) 의원 선거 관련 공립학교 교사 사용에 관한 건[1931(昭和 6).5.16, 학무국장 통첩]
본월 12일부로 학(學) 제270호의 공문서 제목과 같이 질의하는 건에 관해 공립학교 교사는 부회 의원 선거의 경우 직접 생도 아동의 교육에 지장을 가져오지 않는 한 사용 희망을 허용함은 무방하다. 단 사용허가의 경우 특히 다음 사항에 관해 실수 없이 처리할 수 있도록 관계 부윤에 시달하도록 하는 바이다.

【기(記)】
1. 공립학교 교사 사용에 관해서는 중의원의원선거법시행령 제77조부터 제81조의 규정에 준하여 취급할 것
2. 공립학교 교사 사용을 요청하는 자에 대해서는 중의원의원선거법시행령 제85조, 제86조에 규정된 사항을 사용 허가조건으로 하고 따라야 함을 승인할 것

○ 동건[1931(昭和 6).6.5, 학무국장 통첩]
본월 1일부로 조회한 공문서 제목과 같은 질의 건에 관해서 지난달 16일 부학제62호로 아뢴바, 선거운동을 위해 공립학교 교사 사용을 허가하는 것은 부회(府會) 의원선거에 한한다. 다만 읍회(邑會)의원 및 면(面)협의회 회원 선거의 경우에는 허가하지 않는다.

소학교가 구비해야 할 표부(表簿)의 종류에 관해서는 제72조에 규정되어 있다. 그 보존은 도지사가 정하는 바에 따라야 한다. 그 가운데 아동 학적부에 관해서는 다음 표와 같이 정한다.

〈그림 1〉 학적부 양식

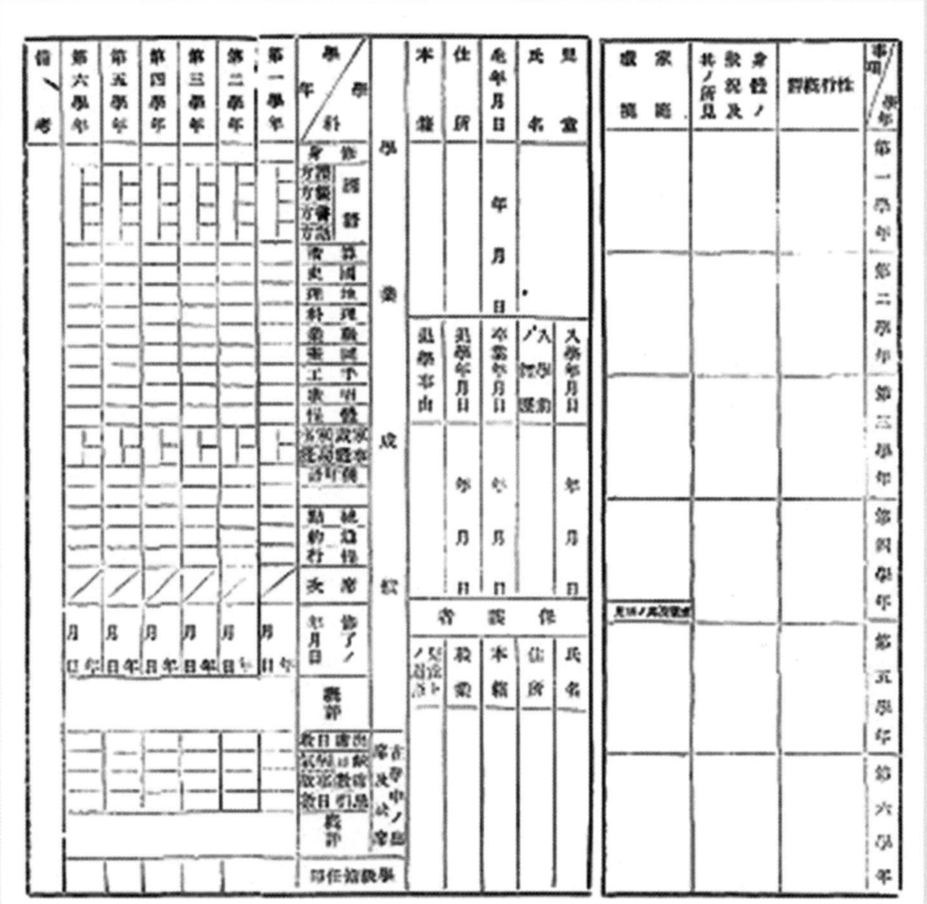

학적부 기재 주의사항

1. 학업성적 가운데, 교과목 성적은 10점 만점으로, 품행은 우·양·가로 구별하여 기입할 것.
2. 학업성적 평정, 재학 중의 출석 및 결석의 평정은 학업성적 및 출·결석에 나타난 뚜렷한 경향 및 그 사유를 기입할 것.

3. 성행(性行) 평가는 주로 성격, 재주, 나쁜 습관, 장애, 특이사항, 취미, 기호, 언어, 동작 및 용태에 관해 평소의 학습 및 행실을 종합 평정하여 특기할 만한 것을 가능한 한 구체적으로 매 학년의 마지막에 기입할 것.

    가. 성격에 관해서는 기질 및 성정 등에 관해 학교 내외의 일상생활 상황을 통틀어 관찰한 것.

    나. 재주에 관해서는 기억, 이해, 관찰, 공부, 근성, 인내, 실행 및 통솔 등 뛰어난 것에 관해 관찰한 것.

    다. 나쁜 습관(惡癖)에 관해서는 도벽, 낭비벽, 방랑벽, 허언벽 및 특이한 편집증 등에 관해 관찰한 것.

    라. 장애 및 특이점에 관해서는 주위의 상황 변화 등에 따른 흥분, 긴장 및 억압 등 두드러지는 것에 관해 관찰한 것.

    마. 취미 및 기호에 관해서는 평소의 상황을 성격 및 재주과 함께 고찰한 것.

    바. 언어, 동작 및 용모와 태도에 관해서는 외면적 고찰에 그치지 말고 정의적 방면과 함께 고찰한 것.

4. 신체의 상황 및 소견은 학업성적, 재학 중의 출결 사항, 성행 평가, 가정, 환경 및 신체검사표와 평소의 관찰에 따른 신체 상황 등을 종합 평정해, 아동의 심신발달 상황 및 그 원인에 관해 특기해야 할 것을 구체적으로 소견을 기입할 것.

5. 가정환경은 가정 상황, 가족의 성행 및 환경 일반에 관해 특기해야 할 것은 제1학년 말에 기입하며, 기재사항에 변동이 생길 경우에는 그때마다 기입할 것.

    가. 가정 상황은 특히 부모, 조부모, 형제, 자매 및 동거자 등을 분명히 하는 동시에 직업, 보호자 등의 교육에 대한 관심 및 형제자매의 교육정도 등 아동의 지도에 필요하다고 인정되는 것을 조사한 것.

    나. 가족의 성행은 부모, 형제자매 및 비복(僕婢) 등의 기질, 성정 및 행실 등에 관해 아동에게 미치는 영향이 현저하다고 인정되는 것에 관해 조사한 것.

    다. 환경 일반은 앞 2호 이외에 아동의 학업, 성행 및 신체의 발달 상황 등에 현저하게 영향을 미친다고 인정되는 것에 관해 조사한 것.

6. 지망 및 소견은 제5학년 및 제6학년 아동에 대해, 아동 졸업 후의 진학 및 직업 선택에 관한 지망 등을 청취하여 기입하는 동시에 그에 대한 소견을 기입할 것.

이 학적부 양식은 내지의 것과 비교하면, 기재란의 구분이 상당히 자세히 되어 있어 기재하기에 편리하게 되어 있다. 이 양식은 반드시 기재할 필요가 있는 사항에 관해 정한 것으로, 고등과 제1학년, 제2학년을 추가하여, 혹은 도지사가 기재할 필요가 있다고 인정하는 사항이 있을 때는 적절히 난을 신설해 삽입해도 무방하지만, 양식을 문란하게 변경할 수는 없다.

아동에게 변동이 생길 때는 빠짐없이 그때마다 추가하거나 삭제하는 등의 정정(訂正)을 해야 한다.

학교를 폐지하거나 또는 감독관청의 명령에 따라 폐쇄(감염병 예방 또는 비상재해의 경우와 같은 임시폐쇄가 아닌 학교의 소멸을 의미하는 폐쇄)할 때의 학적부 처리에 관해서는 아무런 적극적 규정을 두고 있지 않다. 이것은 학적부 보존에 관해 도지사가 정한 곳에 당연히 포괄하도록 하는 것이라고 해석해야 한다.

소학교 설립단체 또는 설립자는 토지의 정황에 따라 가능한 한 교원의 주택을 설치해야 한다(제73조).

소학교 교사를 신축, 증축, 개축하거나 교지를 확장하고 축소할 때는 부윤, 군수, 도사 혹은 학교조합 관리자 또는 설립자가 도지사의 인가를 받아야 한다. 여기서 말하는 교지는 넓은 의미로 해석해야 한다(제74조).

제7 입학, 재학, 퇴학 및 징계

초등국민교육에 취학시키는 연령에 대해서는 나라에 따라 각기 다르지만, 그 시기는 대체로 6세 전후가 많다. 우리나라 소학교령 제32조 제1항에는 "아동이 만 6세에 도달하는 다음 날부터 만 14세에 이르는 8개년을 학령으로 한다"라고 규정하여 취학강제 대상의 연령 범위를 정하고 있다. 같은 조 제2항에는 "학령아동이 학령에 도달한 날 이후의 최초 학년 시작을 취학 시작기로 하며, 심상소학교 교과를 수료했을 때를 취학의 종료하기로 한다"라고 규정되어 있다.

조선에서 취학강제(소위 의무교육) 제도는 시행되고 있지 않다. 따라서 학령기는 정해져 있지 않지만, 제75조에는 "심상소학교에 입학할 수 있는 자는 연령 6세 이하로 하며 3월 31일까지 연령 6세에 도달하지 않은 자는 그해 4월에 시작하는 학년으로 입학할 수 없다"라고 규정되어 있다. 입학할 수 있는 시작기는 내지와 마찬가지로 만 6세에 도달한 날 이후에 최초의 학년이 시작된다. 연령 계산에 관해서는 소학교규정에 별도로 정해져 있지 않으므로, 당연히 연령 계산에 관한 법률[1902년(明治 35) 법률 50호]에 따라야 한다. 즉 출생한 날부터 계산해 다음 해 해당 날의 전날까지를 만 1세로 하는 계산에 따르는 것으로, 4월 1일에 출생한 자는 다음 해 3월 31일이 만 6세가 되는 셈이다. 따라서 4월 2일 이후에 태어난 자는 그해 4월 1일부터 시작하는 학년으로 입학할 수 없으므로, 다음 해 보내게 되는 것이다.

〔주〕
조선에서는 학령이 정해져 있지 않으므로 학령아동의 취학률이라고 말할 것도 없다. 그러나 심상소학교에 입학할 수 있는 자는 만 6세부터이므로, 심상소학교의 제1학년부터 제6학년까지 재학해야 하는 해당 연령, 즉 재학 적령에 도달한 아동이 어느 정도 재학하고 있는가로 추정할 수 있다. 조선에서 조선인 추정 학령아동의 취학률이라는 것은 편의상 이 비율을 가리키는 것이다. 산출방법은 인구 천 명당 추정 학령아동 수(즉 재학해야 할 적령 아동의 추정 수)를 135명(내지에서 학령은 만 6세부터 만 14세에 이르는 8개년으로, 이 8개년의 학령에 있는 아동은 인구의 약 18%에서 19% 내외에 상당하며 매년 바뀌고 있다. 따라서 이를 18%로 계산해 취학의무연한이 6개년이므로 인구 18%의 6/8을 취해, 편의상 앞에서 언급한 대로 추정 학령아동수라고 간주하고 있다)이라고 추산하고, 여기서 재학아동수를 제외한 것을 취학률로 하여 일단 참고로 하고 있다. 연령별 인구 통계가 국세조사에 의한 것 밖에 없는 현재로서는 추정은 어쩔 수 없는 일이지만, 대체로 이 산출방법의 비율은 재학해야 할 자에 대한 수용력으로 하는 경우 타당하다고 생각한다. 소학교령 제32조 제1항에 학령은 "만 6세에 도달하는 다음 날부터 만 14세에 이르는 8개년"으로 규정하여(만 6세부터 만 14세까지의 자가 아니다) 이 연령에 있는 아동을 학령아동이라고 칭하는 것이다. 그런데 학령에 도달하면 곧바로 취학하도록 하는 것은 학년 개시와의 관계에서 불가능하므로 다시 소학교령 제32조 제2항으로 취학의 시작기 및 종료기를 규정하고 있다.
이에 따르면 취학의무연한은 6년인 까닭에 그해의 학령아동은 3월 31일을 기준으로 취학시기에 도달한 자와 도달하지 않은 자가 있는 것이다. 그러나 학령은 8개년이므로 취학 시작기에 도달한 자는 다시 심상소학교 교과를 배우는 자와 배워야 할 자로 나누어진다. 그런데 내지에서 말하는 소위 학령아동의 취학률이라는 것은 엄밀히 말하면 취학 시작기에 도달한 자의 취학률이며, 취학 시작기에 도달한 자 100명 당 심상소학교 교과를 배우는 자와 배워야 할 자가 어느 정도인가의 비율이다.

고등소학교의 입학 자격에 관해서는 앞에서 언급한 대로 제76조의 규정에 따라, 수업연한 6년의 심상소학교를 졸업한 자 또는 연령 12세 이상으로 그와 동등 이상의 학력을 갖춘 자여야 한다. 학력의 인정은 제40조의 규정에 따라 학교장의 증명 기타 적당한 방법으로 학교장이 인정하면 된다. 심상소학교나 심상고등소학교를 불문하고, 제2학년 이상의 입학을 허가할 자는 입학하려는 학년에 해당하는 연령에 도달하고, 이전 각 학년의 과정을 마친 자와 동등한 학력을 가진 자여야만 한다. 위의 학력은 이전 각 학년의 과정에서 각 교과목마다의 시험 방법에 따라 검정해야 한다(제77조). 기타 재입학 및 전학에 관해서는 제78조 및 제79조의 규정이 있다. 전학이나 4년제 소학교와의 연결에 관해서는 조선교육령 부칙 제4항의 설명에서 서술한 대로이다.

소학교뿐만 아니라 학과과정이 정해져 있는 학교에 외국인을 입학시킬 수 있는가의 문제가 있다. 우리나라 각 학교령은 제국신민의 교육에 관해 만들어진 것이라는 점은 말할 필요도 없다. 그런데 외국인이지만 이 법령에 따른 교육을 희망하여 받으려고 할 경우는 수용의 여력이 있고, 제국신민의 교육에 지장을 주지 않는 한에서 허용하는 것은 종래와 차이가 없다.

〔참조〕
○ **외국인 아동의 초등학교 입학에 관한 건** [1930(昭和 5). 2. 12 학무국장 회답]
(회답)
위 제목의 건에 관해서는 귀관(貴官)이 편의 처리할 것
그리고 수업료 기타 필요한 사항에 관해서도 귀관(貴官)이 적절히 결정할 것
(조회)
위 제목의 건에 관해 종래 지나인 아동이 공립초등학교로의 입학 희망을 신청하는 일이 있는데 거절하였다. 위의 입학 허가 여부와 관련한 의문이 있으면 처분 지시할 것

소학교에서 아동이 자발적으로 퇴학을 신청하여 학교가 허가하는 경우는 별개로 하고, 아동이 정당한 사유 없이 계속 3개월 이상 결석한 자에 대해 학교장이 제명할 수 있는 것 이외에 퇴학 처분을 할 수는 없다. 오직 학교장 및 교원은 교육상 필요하다고 인정할 때 체벌 이외의 징계를 가할 수 있으며, 성행불량으로 다른 아동의 교육에 지장을 준다고 학교장이

인정하면 해당 아동에 대해 출석을 정지할 수 있을 뿐이다. 또한 이 외에 학교장은 전염병에 걸리거나 또는 그런 염려가 있는 아동에 대해 출석을 정지할 수 있다(제80조부터 제83조).

제8 수업료

관공립학교의 수업료는 영조물의 사용료로 강제적으로 징수되는 공법상의 보상금이고, 사립학교의 수업료는 민법상의 계약에 따른 부담이다.

내지의 심상소학교 과정은 의무교육으로 취학하게 되어 있으므로, 특별한 사정이 있어 부·현지사의 인가를 얻은 경우 이외에는 시정촌립 심상소학교에서 수업료를 징수할 수 없는 것(소학교령 제57조)은 당연하지만, 조선의 심상소학교 과정은 아직 의무교육으로 이수하는 것이 아니라 희망자만 취학하는 것이므로, 경비 지불단체의 재정상황에 따라 무제한으로 징수해도 무방하다는 성질을 가진다. 그러나 한편으로는 역시 국민교육 과정이므로 취학자의 부담을 가볍게 하여 그 증가를 꾀하는 것은 당연히 고려되어야 할 문제이다. 그러므로 제84조 제1항에서는 "공립소학교에서는 도지사의 인가를 받아 한 달에 1원 이내의 수업료를 징수할 수 있다"라고 규정했다. 징수 여부는 임의이지만, 징수할 경우 한 달에 1원을 초과할 수 없도록 하였다. 여기에 고등소학교도 포함됨은 물론이다. 수업료 액수의 최고 한도에 대한 하나의 예외로, 특별한 사정이 있는 경우 학교유지단체의 단체원이 아닌 자의 아동에 관해서는 도지사의 인가를 얻어 1원이라는 제한을 초과하여 징수할 수 있다고 인정하였다(제84조 제2항). 이것은 주로 부담의 균형과 단체 재정의 정황을 예상하여 규정된 것이다.

소학교 수업료는 동일학교에서 균등하게 취급하는 것을 원칙으로 하며, 아동 개개인의 사정에 따라 또는 학년에 따라 별도의 취급을 해야 하는 것은 아니지만, 앞에서 언급했듯이 학교유지단체의 단체원이 아닌 자의 아동에 대해서는 별도의 취급을 할 수 있다. 이 외에 제85조에 규정된 전시사변에 즈음해 공무로 종군하는 경우 전상병사자 및 전시와 평시를 불문하고 하사관 이하 군인의 공병상사자(公病傷死者)의 유가족인 아동, 소집응소자 가족의 아동, 제87조에 규정된 빈곤자 아동 및 한 가정에서 2명 이상이 동시에 취학하는 아동 등에 대해서는 국가에 대한 공로자 유가족 대우라는 견지에서, 혹은 사회정책적 견지에서 아동 개개인의 사정에 따라 별도 취급할 것을 명하고, 또 그렇게 할 수 있다는 것을 인정했다.

〔주〕
사변(事變)에 관해서는 별도로 정한 바가 있으므로 내용상 의문이 생기지 않지만, 종군(從軍)의 범위에 관해서는 한계를 정한 것이 아직 없다. 따라서 다음과 같은 해석을 제시해 취급을 일정하게 하도록 한다.

〔참조〕
○ 소학교규정 및 보통학교규정 중 개정에 관한 건 [1937(昭和 12). 7. 10 학무국장 통첩]
최근 공포된 소학교규정 및 보통학교규정 중 개정 규정의 용어상 의문이 있어 그에 관한 의견을 다음과 같이 통첩한다.

【기(記)】
소학교규정 제84조 및 보통학교규정 제84조 가운데 종군한 자라고 함은 다음 각호의 하나에 해당하는 자를 지칭한다.
1. 전지(戰地) 또는 사변지(事變地)에서 군무(軍務)에 종사하는 육해군 군인 군속 또는 문관
2. 전지(戰地) 또는 사변지(事變地)에 없었으나 소집을 받아 동원부대 혹은 사변(事變) 때문에 임시편성한 부대에 편입된 육해군 군인 군속
3. 전지(戰地) 또는 사변지(事變地)에서 육해군 관헌(官憲)의 감독을 받아 전쟁 또는 사변에 관한 상병자(傷病者) 구호에 종사한 자

또한 위의 각호 가운데 군속이라 함은 일시적 잡역 인부를 제외한 육해군 문관 및 그 대우인 자는 물론이고 선서를 하고 계속적으로 군무에 복무하는 자 모두를 포함하는 의미라는 점을 덧붙인다.

이상과 같이 수업료 징수에서 별도의 취급을 할 수 있도록 하는 것은 주로 교육을 받는 자의 상태를 관찰해서, 부담을 경감시키고 교육의 기회균등을 얻을 수 있도록 하는데 바탕을 둔 것이다. 단, 86조에 규정된 것처럼 제4학년 이하의 아동 수업료 액수를 균등하게 낮은 금액으로 하는 것, 또는 2부 교수를 하는 경우에 한정하여 학년에 따라 별도의 취급을 할 수 있게 예외를

인정한 것은, 주로 교육을 행하는데 있어 특별한 필요를 인정한 것에 기인한다.

〔주〕
제86조 단서(但書) 앞부분(前段)의 제도는 1934년(昭和 9)부터 마련된 것으로, 당시 공립보통학교 수업료가 민도(民度)에 비해 지나치게 고액이어서 취학 장벽이 되는 것을 고려해, 국고에서 대략 100만 원을 매년 교부하여 수업료 저감(低減)을 꾀하게 되었다. 그런데 저감의 방법으로 제5학년 이상에게는 아동의 직업과 실습 수익 등을 학자금의 일부로 충당하도록 하는 방식에 따라 한편으로는 실업 존중의 기풍을 격려하고, 다른 한편으로는 수업료의 보전을 꾀하려는 취지에 따라 제4학년 이하의 아동 몫을 국고보조금으로 충당하여 수업료 저감을 꾀하도록 한 것에 근거한 것이었다. 또한 단서 뒷부분(後段)의 규정은 1938년(昭和 13)부터 실시되었던 교육보급 및 방책으로, 상당히 널리 2부 교수가 행해지게 되었다. 2부 교수를 하는 자와 그렇지 않은 자 사이에는 교수 시간 면에서 약간의 혜택 차이가 어쩔 수 없이 생기므로, 양자의 부담에 얼마간의 차이를 두었다. 그러나 2부 교수의 경우에는 설립단체의 공식 과정에 영향을 미치지 않는 경우에 실시하도록 다음과 같은 통첩을 내리고 있다(교육보급의 방책으로 채택된 2부제 교수 실시에서 전반부의 아동에 관해서는 원칙적으로 통상의 교수시수에 따라야 함을 표시했다).

〔참조〕
○ 2부 교수 실시에 따른 수업료의 취급에 관한 건 [1938(昭和 13). 3. 26 내무학무국장 통첩]
위 제목의 건에 관해 경기도지사로부터 별지 갑호(甲號)와 같은 질의가 있으므로 을호(乙號)와 같이 회답한다.

(갑)
1938년(昭和 13) 3월 4일부터 실시될 2부 교수에 관해, 2부 교수에 따른 후반부 아동과 2부 교수에 해당하지 않는 아동 사이에서 전자는 후자에 비해 여러 가지 불리한 조건 아래 놓이게 되므로 해당 아동의 수업료를 당연히 감액하는 것이 타당하다고 인정하는 바, 이에 관해 각 부군(府郡)의 실정에 따라 적당히 처리해 지장이 없도록 할 것
(을)
1938년(昭和 13) 10월 4일부로 조회된 위 제목의 건은 부세(府稅) 또는 학교비 부과금의 증액 징수가 필요하지 않은 경우에 한해 귀 의견대로 처리해도 무방함

제9 소학교 직원

공립소학교 직원에 관해 조선공립학교관제 제3조에서

　공립의 소학교에 다음과 같은 직원을 둔다.
　　학교장
　　훈　도　판임

이라고 규정되어 있어 소학교장 및 훈도는 내지와 달리 관리로 되어 있다. 그러므로 이들에 관한 특별 규정이 있는 것 이외에 신분, 대우 등에 관해서도 일반관리와 완전히 동일하다. 따라서 임용할 때는 문관임용령, 직위에 관해서는 문관분한령(文官分限令), 복무에 관해서는 관리복무기율, 징계에 관해서는 문관징계령의 적용을 받으며, 봉급을 판임관봉급령에 따라 지급받는 것은 일반문관과 같다. 복무에 관해서는 특히 직책에 따른 근무 명령으로 별도의 교원심득[敎員心得, 1916년(大正 5) 총훈 제2호]이 제정되었다.

　소학교장은 훈도 가운데에서 도지사가 보직(공립학교관제 제10조)하는 것으로 판임관을 원칙으로 하는데, 직무의 중요성을 고려해 조선, 대만, 관동주 및 남양군도 관공립소학교장 등의 우대령[1932년(昭和 7) 칙령 제261호]을 공포하였다. 이 법령에

　학교장으로서 공적이 있는 자는 특별히 주임관 대우를 받을 수 있도록 한다.
　전 항의 규정에 따라 주임관 대우를 받는 자의 대우 관등은 고등관 5등 이하로 한다.

라고 규정하여 대우의 조치를 강구하고 있다. 이것은 훈도인 관리에 대해 부여하는 것은 아니라, 학교장의 직책에 부여하는 것이므로, 학교장이라는 보직을 그만둔다면 당연히 이 대우는 소멸된다.

〔주〕
　주임관대우 부여에 따른 소학교장대우라는 조치는 내지에서는 이미 1911년(明治 44)부터 열려 있었는데, 조선에서는 1929년(昭和 4) 비로소 창설되었고, 인원도 전체 조선을 통틀어 40명으로 제한되어 있었다. 그런데 1932년(昭和 7) 내지에서 그 범위를 확대한 것에 부응해 외지를 일괄하여 이 우대령을 제정하였고 내지와 동일한 취급을 받도록 했다. 내규에 의하면 주임관대우를 부여하기 위해서는 훈도 재직 15년 이상(내지 외지의 재직 연수는 통산한다) 또는 일정의 자격을 가지고 훈도 재직 5년 이상일 것을 요하며, 성적이 우량해야 하는 것으로 되어 있다.

　공립소학교장의 직무는 "부윤, 군수 또는 도사의 지휘를 받아 교무를 관장하고 소속 직원을 감독"(공립학교관제 제10조)하는데 있다. 훈도는 소학교 "아동의 교육에 종사"함을 직무로 한다(공립학교관제 제11조). 학교장은 동시에 훈도이므로 양쪽의 직무를 담당해야 한다. 여기서 특히 주의해야 할 것은 훈도의 직무로, 훈도는 직무상 학교장의 감독을 받으며, 관리의 신분이므로 상관의 지휘명령에 복종해야 하는 것은 물론이지만, 아동의 교육 그 자체에 관해서는 관제상 일반 문관의 경우처럼 상사의 지휘를 받는 것이 방침으로 되어 있지는 않다. 이 점은 중등학교 교유 등에 대해서도 마찬가지인데, 이 관제의 정신은 오로지 교권의 존엄을 확립하고 교육자 스스로 긍지를 높임으로써 아동의 교양에 전념할 수 있도록 한다는 원대한 취지에 근거한 것으로 이해해야 한다.

　공립소학교 직원의 정원에 관해서는 조선공립학교직원정원규정[1922년(大正 11) 총령 제54호]에 따라 훈도 정원은 한 학급마다 전임 1명으로 하고, 6학급 이상의 학교는 그 이외에 1명을 더할 수 있다(동 제4조). 단기현역 복역 중인 훈도는 이 정원 외에 해당(동 제6조)하는데, 정원 외이기는 해도 휴직과는 다른 것으로 완전히 현직인체 복역한다. 특별한 사정이 있는 경우에는 도지사가 훈도의 정원을 증감할 수 있도록 하고 있다(동 제7조). 그런데 한 학급 1명에서 줄이는 것은 불가능하므로 이것은 주로 늘리는 경우를 예상한 규정이다.

　공립소학교에는 훈도 외에 촉탁교원 또는 강사를 둘 수 있다[1917년(大正 6) 총령 제49호 관립 및 공립학교의 촉탁교원 및 강사에 관한 건]. 촉탁교원이란 훈도와 동일한 근무를 하는 자로, 학급수의 1/2까지는 훈도의 정원을 대신하여 둘 수 있다. 또 경비만 허락한다면 정원 이외에 몇 명을 더 두더라도 무방하다. 훈도 정원을 대신하는 촉탁교원의 수당은 훈도의 봉급 예산에서, 기타의 경우에는 특별히 정한 예산(촉탁급)에서 지출해야 한다. 강사란 일정 시간에 한해 특정 학과의 교수에 종사하는 자로, 아동 훈육상 소학교에는 그다지 사례가 없지만 그 수당은 특별히 정해진 예산(강사급)에서 지급해야 한다.

앞에서 언급한 단기 현역에 복무하는 훈도에 대해서는 현역 중 봉급의 1/3을 받으며, 이는 국고에서 봉급지급단체에 보조한다. 이 보조를 받으려는 단체는 성명, 봉급, 근무하는 학교, 기타 필요한 사항을 구비해 조선총독에게 신청해야 한다[1921년(大正 10) 칙령 제89호 및 1923년(大正 12) 총령 제86호].

〔주〕
단기 현역병 제도는 1939년(昭和 14) 법률 제1호의 병역법 개정에 따라 폐지되었다. 사범학교 졸업자라 하더라도 1940년(昭和 15) 징집자부터는 모두 일반 현역병으로 복무하게 되었는데, 위의 병역법 개정과 관련하여 개정하게 된 단기 현역 소학교 교원 봉급 국고부담법 개정 법률안을 검토한 제74회 제국의회에서 문부대신은 병제(兵制) 개정 이후에도 종래의 대우와 동일한 대우를 한다는 뜻을 언명했으므로, 내지의 취급에 조응해 조선에서도 사범학교 졸업자로서 훈도인 현역병에 관해 신분, 봉급 등의 취급은 종전과 동일의 방법을 유지하는 것이라고 사료된다.

공립소학교 훈도로 1주 32시간을 넘게 교수를 담임하는 자에 대해서는 근무 시간 수에 따라 월별로 5원부터 15원의 수당을 봉급 지급하는 예에 따라 지급할 수 있다[1922년(大正 11) 칙령 제379호 및 1924년(大正 13) 총령 제68호 사감(舍監) 사무에 종사하는 자 등에게 지급해야 할 수당 액수 및 지급방법에 관한 건 참조].

〔주〕
소학교는 원칙으로 한 학급당 훈도 1명을 방침으로 하고 있으므로, 소학교규정 제30조 및 제31조 규정에 따른 제1호 표부터 제4호 표의 교과과정에 의하면, 조선어를 가설(加設)하는 학교의 경우 심상소학교 제3학년 이상을 담임하는 훈도는 총 1주 32시간(4년제의 경우 제4학년만)을 넘게 되는데, 이 경우 이들 훈도에 대한 수당 지급에 관해 다음과 같은 예규 통첩이 발포되었다.

〔참조〕
○ 공립소학교 교원에 대한 수당 지급에 관한 건 [1938(昭和 13). 7. 27 학무국장 통첩]
5월 10일부로 조회된 위 제목의 건은 다음에 의거 조치하도록 회답한다.

【기(記)】
1. 이번 소학교규정 개정에 따라 소학교 매주 교수시수의 최고시수는 34시간으로 된다. 그렇지만 하급 학년의 학급을 담임하는 훈도가 상급학교의 적당한 교과목 일부를 분담하는 것과 같은 방법을 강구함으로써 각 훈도의 매주 교수시수 부담은 32시간 이내로 정할 수 있도록 한다. 매주 교수시수 부담의 형평을 꾀한다는 점에서도 위의 방법을 살펴보아야 한다. 위와 같은 조치를 강구해도 역시 매주 32시간을 넘는 시수를 교수하는 훈도에 대해서는 가능한 수당을 지급하는 것으로 한다. 그래도 어쩔 수 없는 경우에는 특별히 그것을 지급하지 않는 것으로 해도 무방하다는 점을 인정한다.
2. 생략
3. 생략

또한 아동의 위생상 특히 고려해야 할 필요가 있는 질병에 걸려 관으로부터 면직이나 휴직을 명받은 훈도 또는 퇴직을 명받은 촉탁교원에 대해서는, 근속연수 기타 사정을 참작해 질병치료를 받을 수 있는 길이 마련되고 있다[1937년(昭和 12) 칙령 제713호, 1937년(昭和 12) 총령 제200호 및 동 제201호 참조]. 역시 관공립소학교 훈도로 교원양성을 목적으로 하는 관공립학교에 입학한 자에게는 휴직을 명할 수 있을 뿐만 아니라, 그 휴직기간 중에 봉급의 1/3 이하를 지급하거나 전혀 지급하지 않을 수 있다[1915년(昭和 4) 칙령 제72호].

위와 같은 여러 급여에 관한 규정은 특히 소학교 훈도인 까닭에 그 중책을 고려해 특별히 마련된 제도이다.

소학교교원의 자격에 관해 내지에서는 소학교령 제39조에 "소학교 교과를 교수하는 자를 본과 정교원으로 하고, 교과목 가운데 수신, 국어, 산술, 국사, 지리, 이과, 기타 교과목으로 문부대신이 정한 한 과목 또는 여러 과목에 한해 교수하는 자를 전과(專科) 정교원으로 한다"라고 규정하고 같은 조 제2항에는 "본과 교원을 보조하는 자를 준교원으로 한다"라고 규정하여, 구별을 두고 있다. 그런데 소학교령 시행령에서 교원 검정에 관한 자격의 종류로

소학교 본과 정교원(심상소학교 및 고등소학교에서 본과 정교원이 될 수 있는 자), 소학교 준교원(심상소학교 및 고등소학교에서 준교원이 될 수 있는 자), 소학교 전과 정교원(심상소학교 및 고등소학교에서 전과 정교원이 될 수 있는 자), 심상소학교 본과 정교원, 심상소학교 준교원의 구별이 있다. 그리고 이들에 대해서는 모두 소학교령 규정에 따라 전국적으로 유효한 면허장을 수여하도록 하여 면허장이 없으면 교원이 될 수 없게 되어 있다. 따라서 소학교 교원으로 면허받은 자의 자격 종류에도 위의 5종류가 있는 셈이다. 조선은 아직 교원면허 제도가 마련되어 있지 않으므로 면허장도 수여되고 있지 않다. 또 이처럼 자격 구별을 두지 않고 관공립소학교에서는 판임 문관인 훈도가 문관임용령에 따라 임용되는 것이다. 단 소학교교원시험규칙[1916년(大正 5) 총령 제88호]에서는 시험의 종류를 제1종, 제2종 및 제3종으로 나누고 있다. 제1종은 사범학교(보통과 및 연습과) 생도에게 부과하는 학과목 및 그 정도로(합격자는 자격으로 보면 조선 내에서는 소학교 본과 정교원 면허장 소지자와 동일하게 취급), 제2종은 사범학교 심상과 생도에게 부과하는 학과목 및 그 정도로(합격자는 마찬가지로 심상소학교 본과 정교원 면허장 소지자와 동일하게 취급, 단 제1종 및 제2종 모두 시험과목으로 외국어 및 조선어는 제외), 제3종은 이상의 각 시험 정도보다 낮은 정도로 위의 시험규정에서 정하는 시험(합격자는 심상소학교 준교원 면허장 소지자와 동일하게 취급)이 행해지는 관계로, 취급의 편의상 내지 면허장 소지자와 같은 정도의 훈도를 각각 제1종 훈도, 제2종 훈도 및 제3종 훈도라고 지칭하는 데 불과하다.

〔주〕
소학교교원시험 합격자는 내지에서 일반적으로 조선과 동일한 취급을 받지 않는다. 즉 내지에서는 일반적으로 무시험검정으로, 이에 상당하는 면허장을 교부받은 것과 동일한 취급을 받고 있지 않다(부현에 따라 다름). 그러나 문부성의 사범학교, 중학교 및 고등여학교 교원검정에서 시험검정을 받은 경우, 제1종 시험합격자는 소학교 본과 정교원 면허증소지자, 제2종 시험합격자는 심상소학교 본과 정교원 면허증소지자와 동등한 수험자격을 인정받는다(제3종 시험합격자의 위 시험 수험자격은 인정되지 않는다).

또한 제3종 훈도는 자격으로는 내지의 심상소학교 준교원 면허장소지자와 동일하게 취급되지만, 내지의 준훈도는 어떠한 대우를 받지 않는 데 비해 조선의 소위 제3종 훈도는 훈도이기 때문에 당연히 판임관이다.

〔주〕
　그러나 제3종 훈도라고 칭하는 훈도는 원래 1922년(大正 11) 현행 조선공립학교관제가 제정됨에 따라 종전에 부훈도(副訓導)라 칭하고 준교원에 상당하는 자격으로 임용되던 것을 훈도로 통일해 일률적으로 판임관으로 했던 관계도 있어, 실제 취급에서는 다음과 같이 제4학년 이하를 담임하도록 했다. 이러한 취급은 사립학교에서도 마찬가지이다[(사립학교 교원 자격 및 정원에 관한 규정 제3조 제3항) 참조].

〔참조〕
○ **공립보통학교훈도의 직무에 관한 건** [1922(大正 11). 3. 31 정무총감 통첩]
　조선공립학교관제를 새로이 정함에 따라 종래 공립보통학교 부훈도의 직에 있는 자 모두를 훈도로 임명하도록 하였는 바, 종전 규정에 따라 부훈도로서 소학교교원시험규칙에 의해 제3종시험에 합격한 자 가운데 학력 기능이 신 교육령에 의한 보통학교 제5학년 이상의 교수를 담당하는데 충분하지 않은 자가 적지 않음을 인정해, 이들에 대해서는 당분간 다음 각 항에 따라 처리하도록 이에 통첩한다.

【기(記)】
1. 조선공립학교관제 시행 이전에 부훈도의 직에 있는 자와 소학교 및 보통학교 교원시험규칙에 따른 제3종 시험에 급제한 자(조선공립학교관제 시행 이전에 훈도의 직에 있는 자는 제외)는 보통학교 제5학년 이상의 교수를 담당할 수 없다. 단 학교장이 제5학년 이상의 교수를 보조하도록 하는 것은 무방하다.
2. 전항(前項)의 교원으로 3년 이상 부훈도 혹은 훈도의 직에 있는 자, 또는 있어야 할 자로 도지사가 성적이 우량하다고 인정한 자는 보통학교 제5학년 이상의 교수를 담당하도록 할 수 있다.
3. 제1항의 교원으로 본부 또는 도가 개설한 강습기간 4개월 이상의 강습회에서 보통학교 및 보통학교 고등과의 교과목에 관해 강습하고, 성적 우량하다고 인정하는 자 역시 전항(前項)에 준한다.

사립학교의 교원은 형식상 민법상 고용계약으로 교원은 생도 아동의 교육을 약속하고, 설립자는 그에 대한 보수를 지급하거나 지급하지 않을 것을 약속함에 따라 성립한다. 그러나 그 사업의 내용이 교육인 이상 모든 점에서 국가의 감독을 받는 것은 당연하다. 그러므로 조선교육령, 각 학교규정 등에 의한 것 외에 사립학교규칙, 사립학교교원의 자격 및 정원에 관한 규정 등 사립학교에도 관련되거나 사립학교에만 관련되는 모든 규정의 감독을 받는다.

사립학교규칙 제8조에는

> 사립학교에는 학교장을 두어야 한다.
> 학교장은 학교를 대표하는 교무를 관리할 것을 요한다.

라고 규정되어 있는데, 교원을 두는 것에 관해서는 학교성립의 요건으로 당연하므로 규정하고 있지는 않다. 오로지 그 자격 및 정원에 관한 조건을 둘 뿐이다.

사립소학교 또는 심상소학교 교원은 사립학교교원 자격 및 정원에 관한 규정 제2조 또는 제3조에 열거한 각호의 하나에 해당하는 자여야 한다. 이들은 자격으로 보면 대체로 공립소학교 훈도로 임용될 자와 동등한 소양이 있는 자를 교원 적격자로 요구하고 있다. 그런데 위의 제2조 및 제3조에 특별히 조선총독이 지정한 자라는 1호가 설치되어, 이에 기초해 학력 소양의 정도가 약간 낮은 수준에 있는 자라도 사립소학교 교원의 자격을 갖춘 자라고 별도로 지정했던[1922년(大正 11) 총고 제105호 사립학교 교원의 자격 및 정원에 관한 규정에 따라 사립학교 교원의 자격을 갖춘 자. 지정 제1조, 제2조 참조] 것이다. 그런데 소학교 교원에게 면허제도가 설치되어 있지 않은 현재에서 본다면, 본래 준교원 취급해야만 할 정도의 자라고 해도 학력 소양이 일정한 범위에 있는 자에 대해 교원이 될 수 있다고 취급하는 것은 어쩔 도리가 없는 일일 것이다(전술 제3종 훈도의 경우, 주 참조). 이 외에 학교장 또는 교원에 관한 소극적 조건으로, 사립학교규칙 제12조에는 결격인 경우의 상황이 열거되어 있다. 민법상 고용계약은 공서양속(公序良俗)에 위배 되지 않는 한 자유이지만, 국가의 사업인 교육사업을 경영하는 것에 관해서는 이처럼 많은 제한을 두어 국가가 감독을 하는 것이다. 더욱이 교장 및 교원의 채용과 해직에 관해서는 감독관청의 인가를 받아야 할 것을 설립자에게 명하며(사립학교규칙 제13조 참조) 부적당하다고 인정된 경우는 해직을 명하여 부여된 인가를 취소할 수 있고, 이를 위반한 경우는 결국 학교 폐쇄를 명하는 데까지 이를 수 있다(사립학교규칙 제14조부터 제16조 참조).

사립소학교에서 특별한 사정이 있어 도지사의 인가를 받은 경우 외에는 한 학급마다 겸직 또는 전직의 전임교원 1명 이상을 두어야 한다. 그러나 이들 교원 전부가 사립소학교 교원의 자격을 가진 자일 필요는 없다. 유자격자로만 하기 어려운 경우에는 학급 수의 1/2을 넘지 않는 범위 내에서 무자격자를 채용하는 것은 허용된다. 그러나 무자격교원이라 할지라도 상당하는 학력을 가지는 동시에 국어에 통달할 것이 필요하다(사립학교교원의 자격 및 정원에 관한 규정 제4조 및 제5조 참조). 또한 특별한 사정이 있는 경우에는 일정한 기한을 한정하여 앞의 1/2의 제한을 초과하여 무자격교원을 채용할 수 있다(동 규정 제11조).

제2절 고등보통교육

제1 중학교령 및 고등여학교령의 예외

중학교규정 및 고등여학교규정에서도 소학교규정과 마찬가지로, 중학교령 또는 고등여학교령에 따르지만 이들 규정의 어떤 조항의 적용을 배제하는 규정을 마련해 두었다. 해당 학교규정의 제3조가 그것이다. 조선교육령 제2조 제2항의 위임규정에 따라 반드시 제3조의 규정을 두지 않아도 지장이 없는데, 소학교의 경우와 마찬가지로 주의 규정에 불과하다. 적용에서 배제되는 사항을 들면 학교의 설치를 강제하는 규정, 학교의 설립주체에 관한 규정, 교과서에 관한 규정, 교원의 자격에 관한 규정 등이 있다.

그러나 이들 사항도 실제 운용에서는 학교 설치에 관해, 혹은 교과서에 관해 중학교령의 해당 조항 규정과 거의 동일한 취지로 실시된다. 또 교원 자격의 경우 공립학교 교원은 문관임용령의 적용을 받으며, 사립학교 교원은 다소 완화된 것이지만 사립학교교원의 자격 및 정원에 관한 규정[1922년(大正 11) 총령 제28호]에 따른다. 대체로 중학교령 및 고등여학교령의 취지 달성을 꾀하고 있으므로 중학교령 및 고등여학교령의 예외로 보아야 하는 것은 소학교령 적용의 경우와 비교해 아주 범위가 좁다고 할 수 있다.

제2 중학교 및 고등여학교의 목적

조선교육령 제2조의 규정에 따라 중학교 및 고등여학교도 소학교의 경우도 마찬가지로 그 목적은 중학교령, 고등여학교령에 바탕을 둔 것이다. 그런데 취지를 부연 설명하여 중학교 및 고등여학교의 교육을 함에 있어, 특히 중요한 점을 분명히 그리고 강조하기 위해, 개정 중학교규정[1938년(昭和 13) 총령 제25호], 개정 고등여학교규정[1938년(昭和 13) 총령 제26호] 제1조에서 양쪽 다 힘주어 명시하였다. 즉 이전의 중학교규정 제1조에는 중학교령 제1조의 규정을 그대로 인용해

> 중학교는 남자에게 꼭 필요한 고등보통교육을 실시함을 목적으로 하며 특히 국민도덕을 함양에 힘쓰도록 한다.

라고 되어 있는 것을 개정하여 새롭게

> 중학교는 남자에게 꼭 필요한 고등보통교육을 실시하며 특히 국민도덕을 함양함으로써 충량한 황국신민을 양성하는데 힘쓰도록 한다.

라고 규정되어 있다. 또 고등여학교에는 마찬가지로 고등여학교령 제1조의 규정 그대로를 인용해 고등여학교규정 제1조에

> 고등여학교는 여자에게 꼭 필요한 고등보통교육을 실시함을 목적으로 하며 특히 국민도덕의 양성에 힘쓰고 부덕의 함양에 유의하도록 한다.

라고 되어 있는 것을 개정하여 새롭게

> 고등여학교는 여자에게 꼭 필요한 고등보통교육을 실시하며 특히 국민도덕의 함양, 부덕의 양성에 주의해 양처현모의 자질을 얻도록 함으로써 충량지순(忠良至醇)한 황국여성을

양성하는 데 힘쓰도록 한다.

라고 규정해 각각 조선교육의 근본방침을 명시하였다. 제1조의 개정은 소학교의 경우와 마찬가지로 중학교규정 및 고등여학교규정 개정의 중핵을 이루는 점이다. 이 사상이 중학교의 경우 중학교규정 제10조 및 제11조 혹은 제12조부터 제24조에서, 고등여학교의 경우 고등여학교규정 제11조 및 제12조 혹은 제13조부터 제29조 및 제35조 등에서 필수과목 규정 혹은 교수요지, 요항, 주의로 표현된 것은, 역시 소학교규정의 경우와 완전히 궤를 같이하는 바이다. 그래서 규정 제1조의 목적을 수행하는데 요구되는 각 조항의 규정은 종전의 해당 조항의 규정에 비해 아주 극도로 세밀한데, 결국 원래 중학교 및 고등여학교는 중학교령 및 고등여학교령 제1조의 규정에도 밝힌 것처럼 국가의 중견이 될 인물 양성을 목적으로 하는 것으로, 완성교육과 다름없다. 그렇지만 사회 전반에 공통이 되는 것으로, 장래 어느 직업에서나 응용할 수 있는 기초적인 도야를 고등 정도에서 하는 것을 방침으로 하고, 직접 직업교육을 실시하는 것을 목표로 하지 않으므로, 자칫 그 본질에서 벗어나거나 혹은 고등, 전문학교로의 입학준비교육(고등, 전문학교가 대체로 중학교 또는 고등여학교에서 연결되는 관계도 있어)기관이라는 모습을 보이며, 더욱이 실생활과 거리가 먼 개념적 지식의 전달로 흘러 체험적 훈련에 부족함이 보이는 것에 유감을 나타내는 자도 많다. 그러므로 이러한 교육의 본질에 비추어 투철하려는 안목에 관해 어디까지나 반복해서 강조해 두려는 취지에서 이렇게 규정했다.

제3 설립 및 폐지

이미 언급했듯이 교육은 국가의 사업인데, 국가가 직접 모든 학교를 경영하는 것은 지방의 실정에 알맞은 것도 아니고, 또 도저히 불가능한 것이다. 그래서 어떤 종류의 학교는 지방공공단체 또는 사인(私人)에게 경영을 위임하고 국가는 필요한 감독을 하는 데 그친다. 즉 중학교규정 또는 고등여학교규정 제4조에 중학교 또는 고등여학교는 "도, 부, 학교비 혹은 학교조합의 부담 또는 사인(私人)의 비용으로 설립할 수 있다"라고 규정해, 이들 공공단체에 수의사무(隨意事務)로 그 설립을 위임하고 있는 것이다. 이 점은 내지의 지방공공단체에 설치 의무를 부담시켜 필요사무(必要事務)로서 위임하는 것과는 다른 것이다.

도, 부, 학교비 및 학교조합의 부담으로 설립하는 것을 공립중학교 또는 고등여학교라 칭하고, 사인(私人)의 비용으로 설립하는 것을 사립 중학교 또는 고등여학교라고 칭한다(중, 여 제4조 제11항- 이하 간단히 '중' 또는 '여'는 중학교규정 또는 고등여학교규정을 나타냄).

사립의 중학교 또는 고등여학교 설립자는 그 학교를 설립 유지하는데 충분한 자산을 가진 재단법인이어야 한다(사립학교규칙 제4조)). 이 재단법인은 직접 해당 학교의 설립 유지만을 목적으로 하지 않고, 실제로 다른 공익사업을 한다고 해도 무방하지만, 이 경우에 기부행위로 교육사업을 영위할 수 있음을 정하고 있어야 함과 동시에 자산은 해당 학교를 유지 경영할 정도로 있어야 한다. 이는 다른 학교의 설립 유지의 경우에도 동일하다.

중학교 또는 고등여학교를 설립하려고 할 때는 각 해당 학교규정 제5조에 열거한 사항을 갖추어 조선총독의 인가를 받아야 한다.

사립학교의 경우는 위의 인가신청서에 더해 재단법인의 기부행위, 기본재산의 목록 및 기부금에 관한 증빙서류를 첨부해야 한다(사립학교규칙 제1조).

비용의 부담자를 교체한다고 해도, 학교의 동일성은 없어지지 않으므로 설립자 변경은 당연히 인정하는 것이 마땅하다. 사립의 학교는 사립학교규칙(제2조의 2)으로 그것을 정하고 있지만, 공립의 경우, 내지 중학교 및 고등여학교는 명문 규정이 있지만, 조선은 법규상 명문 규정이 없이(실업학교에 대해서는 인정하고 있다. 실업학교규정 제7의 2참조) 그 절차를 정하고 있다. 그래서 설립자 변경이 필요한 경우는 일단 학교폐지의 절차를 밟고, 변경될 설립자가 학교 신설 인가신청을 하는 처리방식에 따라, 이 두 가지 절차를 동시에 집행함으로써 학교의 승계가 이루어진다.

중학교 또는 고등여학교를 폐지하려고 할 때는 그 사유, 생도의 처분방법 및 폐지기일을 갖추어 조선총독의 인가를 받지 않으면 폐지를 허가하지 않음은 사업의 성질상 당연하다고 해야 한다(중·여 제8조 및 사립학교규칙 제5조). 또한 학교를 폐지한 경우는 30일 이내에 학적부를 감독관청에 제출해야 한다(중 제43조, 여 제52조). 여기서 말하는 학적부 제출처인 감독관청이란 공립 및 사립학교의 경우는 물론 일차적으로 해당 학교를 감독하는 도지사를 가리킨다. 또 "감독관청의 명령에 따른다"에서 말하는 감독관청이란 꼭 도지사를 가리키는 것만은 아니다(사립학교규칙 제16조 및 제18조의 2 참조). 공립학교의 비용부담자 변경을 의미하는 학교 폐지의 경우 종래 보존하도록 한 학적부에 대해 감독관청은 새로 설립한 형식에 따라 새로운 설립자에게 인계된 학교에 보관을 명해야 한다.

제4 수업연한, 학과 및 그 정도

중학교 수업연한은 일률적으로 5년이지만, 고등여학교는 5년 또는 4년으로 하고 토지의 정황에 따라 3년으로 할 수 있다. 이들 과정 외에 중학교는 수업연한 1년 이하의 보습과 및 특별히 필요한 경우 수업연한 2년의 예과를 둘 수 있고, 고등여학교는 수업연한 2년 혹은 3년의 고등과, 전공과 또는 2년 이하의 보습과를 둘 수 있다(중 제9조, 여 제9조 및 제10조).

학과목은 중학교의 경우 수신, 공민과, 국어한문, 역사, 지리, 외국어, 수학, 이과, 실업, 도화, 음악, 체조의 12과목이 필설인 동시에 필수과목으로 한다. 고등여학교의 경우는 위 과목 외에 교육, 가사, 재봉을 추가하고 국어한문은 국어만으로 하도록 한다. 이외에 외국어는 빼거나 혹은 수의과목으로 할 수 있다. 외국어는 중학교의 경우 지나어, 독어, 불어, 영어 가운데 하나를, 고등여학교의 경우는 지나어, 불어, 영어 가운데 하나를 부과한다. 이상의 학과목 이외에 중학교는 조선어를 가설(加設)과목으로 부과함과 동시에 수의과목으로 할 수 있다. 고등여학교의 경우는 토지의 정황에 따라 조선어 또는 수예를 가설(加設)하고 또 그 이외에 필요한 학과목이 있으면 조선총독의 인가를 받아 가설(加設)할 수 있다. 고등여학교가 가설할 수 있는 학과목은 수의과목으로도 할 수 있고, 또 이들 학과목을 번갈아 선택과목으로 할 수도 있다.

수의과목이란 생도의 희망에 따라 부과하는 것인데, 선택과목이란 선택과목이 될 수 있는 학과목만을 대상으로 어느 것을 이수할 것인가 생도가 선택하는 것이다.

학과목에 관해 내지의 학교와 다른 것은 중학교의 경우 작업과(作業科)를 두지 않고 실업을 필수로 함과 동시에 농업, 상업, 공업으로 구분하지 않고, 그 모두에 걸친 사항을 가르치는 점이다. 그런데 작업과를 부과하지 않는 것은 실업을 필수로 하고 있어 작업과의 취지를 달성하도록 하는 것이 반드시 불가능하지 않을 뿐만 아니라, 실업이 조선 특수의 사정으로 불가결한 사항에 속하기 때문이다. 또 이외에 내지와 다른 점은, 가설과목으로 조선어를 부과할 수 있는 것, 그리고 제3학년의 음악을 삭제할 수 없는 것 등이 있다.

고등여학교의 경우 교육 및 실업을 필설과목으로 하였으며, 도화 및 음악을 삭제할 수 없게 하여 필수과목으로 하였고, 이와 함께 외국어로 지나어를 부과할 수 있는 것이 내지의 고등여학교와 다른 주된 점이다. 또 중학교 및 고등여학교 모두 외국어로 가르칠 수 있는 학과목 배열에서 지나어를 맨 먼저 둔 것은, 종전의 영어 만능주의 교육에 대해서 이후 외국어 선정 방향에 시사하는 바 있다는 점에서 중요하다.

생도 교양의 요지는 중학교규정 제11조 및 고등여학교규정 제12조에 각각 규정되어 있다. 이 조의 각호 규정은 모두 제1조의 취지를 부연해 설명하는 것으로, 충량한 황국신민 또는 충량지순한 황국여성을 양성하기 위해, 학교 내외를 불문하고 항상 유의하여 유익하게 지도해야 하는 중요한 사항이다. 각 학과목의 교수요지 및 교수 주의사항에 관해서는 중학교규정 제12조부터 제24조, 또는 고등여학교규정 제13조부터 제29조 및 제36조로 규정되어 있다.

이렇게 교양의 요지는 물론 교수요지 및 주의사항을 통해, 조선교육의 3대 강령인 국체명징, 내선일체, 인고단련이라는 주의(主義)의 교육사상이 진하게 표현되었고, 실제로 가정에 대해 기대하는 바를 강조했다. 다른 한편 이 3대 강령에 대한 한결같은 노력이 실학의 존중, 정조적(情操的)교양의 중시 등을 가져왔고, 비로소 이 강령의 목적인 대국민(大國民)의 자질을 완성하고 황국신민 육성의 이상에 도달해야 할 이유를 분명히 했으며, 이들 사항을 철저히 하려는 방도에 관한 충분한 주의가 기울여지고 있다. 그뿐만 아니라 여자에 대해 우리나라 가족제도의 건전한 유지 발전은 여자에 기대하는 바가 많기 때문에 당연히 요구되는 양처현모의 자질을 얻을 수 있도록 특단의 고려가 이루어져야 한다.

그리고 중학교규정 제12조부터 제24조 및 고등여학교규정 제13조부터 제29조에 규정된 각 학과목의 교수요지 및 교육 주의사항을 어떠한 내용에 근거해 가르쳐야 하는가에 관해서는, 그 교육이 특별한 직업교육을 목적으로 하지 않는 이상 각 학교의 수업 기준에 현저한 차이가 있는 것은 타당하지 않으므로, 각 학과목 개별적으로 일정하게 가르쳐야 할 내용의 기준을 제시할 필요가 반드시 생긴다. 따라서 내지의 해당 학교는 각각 교수요목이 정해져 있는데, 조선은 독자적 입장으로 특별히 필요하다고 인정되는 것에만 교수요목을 정하고, 다른 것은 문부성의 교수요목에 준거해야 함을 제시하고 있다.

〔참조〕

○ 중학교, 고등보통학교, 고등여학교 및 여자고등보통학교 교수요목에 관한 건

[1937(昭和 12).7, 학 제146호 각 도지사 앞 학무국장 통첩]

올해 3월 27일부로 문부성령 제9호 및 동 제10호로 중학교 및 고등여학교 교수요목이 개정되었는데, 이는 지금 교육상의 폐단을 고려해 교과내용을 검토하고, 쇄신 충실을 꾀하여, 새로이 교수방침을 더해 각 학과목 교수상의 목표를 명시하며 한층 국민의 실생활에 적절토록 함과 동시에 특히 국체관념을 명징하고 국민정신을 작흥함으로써 능히 우리나라 교학의 본의를 철저히 하려는 취지에 다름 아니다. 그 철저는 교육쇄신 진작에 아주 긴요함을 인정해 다음의 내용에 따라 각 학교에서 지방의 정황에 맞게 적절한 구체적 세부안을 작성해 실시함으로써 실적을 올리는데 유감이 없기를 이에 명한다.

【기(記)】

1. 중학교 및 고등보통학교 교수요목은 위의 문부성 훈령 제9호, 고등여학교 및 여자고등보통학교 교수요목은 동 제10호에 따를 것.
2. 위는 1938년도(昭和 13)부터 실시해야 하더라도 1937년도(昭和 12)에도 가능한 한 본 교수요목에 준하여 교수를 실시함으로써 하루빨리 그 취지의 철저를 꾀할 것.
3. 공민과, 역사과 및 지리는 특히 조선에 필요한 사항에 관하여 추가로 보충하여 교수요목을 정할 수 있으므로 이에 교수상 적당한 고려를 더할 것.

중학교 매주 교수시수는 중학교규정 제25조에 규정되어 있는데, 특별한 사정이 있어 조선총독의 인가를 받은 경우는 수신, 실업, 체조 이외의 각 학과목 매주 교수 시간을 서로 증감해 부과할 수 있다. 단 증가하는 시수는 한 과목당 1시간으로 제한한다.

조선어를 부과하지 않는 학교는 조선총독의 인가를 받아 그에 상당하는 시수를 다른 학과목에 더해도 무방한 것으로 되어 있다.

또 실업 및 체조 시수는 증가할 수 있으며, 실업은 정규의 교수시수 이외에 실습을 부과할 수도 있다. 또한 학교장은 해당 학교의 각 학과목에 대해 한 학년 동안의 교수시수 총계를 증감하지 않는 범위 내에서, 계절에 따라 매주 교수시수를 변경할 수 있다(중 제25조 제3항 이하 참조).

〔주〕
내지에서는 1931년(昭和 6) 중학교령시행규정을 개정하여 학과목을 기본과목과 증과과목(增課科目)으로 나누고, 과정을 제1종, 제2종으로 편제하여 상급학교로 진학하는 자와 그렇지 않은 자에 따라 제2학년 또는 제3학년부터 다른 과정으로 교육하도록 했다. 그런데 조선은 독자의 교육방침에 따라 실학(實學)을 중시한다는 취지로 각 학과목의 내용 및 매주 교수시수를 검토하여 본래 고등보통교육의 취지를 철저히 한다는 것을 목표로 1931년(昭和 6) 실업의 매주 교수시수를 늘리고, 각 학과목의 시수에서 상호 증감의 범위를 확장해 각 학년으로 파급시키는 등의 개정을 실시해, 특별히 내지의 제도는 채용하지 않았다. 이어 1932년(昭和 7) 더욱 위의 근본 취지를 변경하는 일 없이 내지와의 연결 관계상 과정의 일부에 변경을 더하는데 그치고, 1938년(昭和 8) 3월까지 실시되었다.

고등여학교의 매주 교수시수는 고등여학교규정 제30조 수업연한의 구별에 따라 갑호 표, 을호 표, 병호 표로 구분해 규정하고 있는데, 특별한 사정이 있어 조선총독의 인가를 받은 경우는 위의 각 학과목 시수를 증감할 수 있다. 또 제11조 제4항의 규정에 따라 가설(加設)하여 조선어 이외의 학과목으로 충당하기 위해 각 학년의 매주 교수시수를 증가할 수도 있다. 그러나 이런 경우일지라도 실업 또는 가사 실습 또는 악기사용법 교수를 위한 시수 이외는 매주 교수시수의 총계가 각 학년 모두 34시간을 초과할 수 없다.

고등여학교는 특별한 사정이 있어 조선총독의 인가를 받은 경우, 5년제 및 4년제의 학교 제2학년 이하를 제외하고는 생도의 전부 또는 일부에 대해 제30조 각호 표에 의하지 않을 수 있다(여 제31조). 이처럼 고등여학교는 필설학과목 이외에 적당한 학과목을 가설할 수 있을 뿐만 아니라, 매주 교수시수의 증감, 과정의 예외 등 중학교의 경우와 약간 뜻을 달리해 중학교에 비해 어느 정도 자유롭게 교육할 수 있도록 하여 획일화를 배제하고 지방의 실정에 맞도록 고려하였다.

〔주〕
과정상 내지의 고등여학교와 다른 점은 교육 및 실업을 필설과목으로 하는 관계에 따라 학과목 매주 교수시수 배당 이외에, 가사를 소학교에 이어서 제1학년부터 부과하도록 하고 도화 및 음악은 각 학년에 부과한 것이다.

고등여학교는 고등과 및 전공과 이외에 주로 가정에 관한 학과목을 이수하려는 자를 위해 실과를 두거나, 혹은 실과만을 둘 수 있다. 이에 관해서는 고등여학교규정 제32조부터 제37조에 규정되어 있다.

중학교 또는 고등여학교에서도 저학년 국어의 보충 교수를 인정했던 것은 소학교의 경우와 마찬가지로 내선인 공학의 경우를 예상해 필요에 따라 갖추어진 것이다(중 제32조, 여 제38조).

중학교에서 사용하는 교과서는 소학교의 경우처럼 국정 교과서주의를 채택하지 않는다. 따라서

> 조선총독은 문부대신의 검정을 거친 것 또는 조선총독부가 편찬한 것에 대해 조선총독의 인가를 받아 학교장이 정한다.

라는 것을 원칙으로 하고 있는데, 특별한 사정이 있는 경우에 학교장은 조선총독의 인가를 받아 다른 교과서를 사용할 수 있다. 조선총독부가 편찬한 것을 다시 조선총독의 인가를 받아 사용하는 것은 표면적으로는 모순되는 경향이 없는 것도 아니지만, 해당 학교의 사용 목적을 위해 편찬되지 않은 교과서도 있으므로 이 점은 어쩔 수 없는 것이라고 해야 한다.

교수일수에 관해 소학교는 원칙적으로 일요일을 제외한 기타 휴업일수 90일을 초과할 수 없게 되어 있다. 그렇지만 중학교는 오히려 수업 일수의 최소한도를, 제3학년 이하는 220일, 제4학년 이상은 200일로 규정하였고, 고등여학교는 학년에 관계없이 200일 이상으로 규정하였다. 단 전염병 예방이나 기타 비상재해 때문에 휴업하는 경우 및 특별한 사정이 있어 조선총독의 인가를 받은 경우는 예외이다.

제5 편제 및 설비

중학교 또는 고등여학교의 생도 수는 특별한 사정이 있어 조선총독의 인가를 받는 경우 외에는 800명 이하로 하고, 한 학급의 생도 수는 50명 이하(고등여학교의 고등과 및 전공과는 40명 이하)로 한다.

〔참조〕

○ 중등학교의 생도 수 등에 관한 건 [1933(昭和 8). 3. 학 제41호 각 도지사 앞 학무국장 통첩]

각종 중등학교의 생도 수용 수에 관해 조사하는데 학급 당 수용 인원은 해당 규정 또는 학칙의 제한을 현저히 초과하는 것이 적지 않아, 생도의 교양 감호에 많은 폐해가 인정되므로 이후 생도 수에 관해서는 다음 표준에 따르도록 한다. 또 과다한 생도를 수용해 마음대로 학급편성을 변경하거나 학급 증가를 하는 경우에 이것은 도리에 맞지 않는 조치가 되므로 하루빨리 이미 정한 학급편성으로 복귀하도록 귀 관할의 각 관계자에게 위의 뜻을 엄중히 시달하고, 동시에 금후 감독 시찰을 한층 엄중히 하여 학교경영 및 생도훈육에 유감이 없도록 한다.

아울러 본부의 요령은 신년도부터 실시하도록 한다. 입학허가 마감 등의 관계로 곧바로 실시하기 곤란한 경우는 1934년도(昭和 9)부터 실시하여도 무방하지만, 연도 중간의 편입·전입에 관해서는 학년 여하를 불문하고 충분히 단속할 것

【기(記)】

1. 한 학급의 생도 수는 50명 이하(실업학교는 설립 신청사항으로 규정된 정원 이하)를 원칙으로 할 것
2. 새로이 편성하는 제1학년 생도 수는 특별한 사정이 있는 경우는 원래 학급에 머무는 자를 합해서 공립학교는 정원의 10% 이내, 사립학교는 20% 이내로 증가해 수용할 수 있다. 단 이 경우 설립자 또는 학교장은 사유를 갖추어 사전에 도지사의 승인을 받을 것
3. 생도모집 정원 수로 공시하는 정원은 제1항의 정원을 초과하지 않을 것

고등여학교 고등과, 전공과 및 보습과 생도 수는 총 생도 수의 정원 외로 하고, 고등과 생도 정원을 480명 이하로 정한 것 외는 정원이 정해져 있지 않으므로 무제한으로 재학시킬 수 있다. 그런데 고등과는 전문학교를 대신하는 시설이기 때문에 정원 규정을 필요로 하지만, 전공과 및 보습과는 해당 학과에서 가르치는 내용으로 보면 주로 해당 학교 졸업자로 희망하는 자만 들어가는 것을 예상했으므로 정원 규정이 없는 것이다. 따라서 학교관리, 훈육 등에서 지장이 없도록 한도를 고려해 해당 학과를 설치할 때 사전에 정원을 정해야 한다.

고등여학교 실과를 제외하고 중학교 및 고등여학교 모두 소위 복식수업은 허용하지 않는다. 즉 학급은 같은 학과 같은 학년의 생도로 편제한다. 단 중학교는 실업, 음악, 체조를, 고등여학교는 실업, 음악, 창가, 체조 또는 수의과목 혹은 선택과목의 학과목에 대해 교수에 지장이 없는 경우에 한해 학과, 학년, 학급이 다른 생도의 합동 교수를 인정한다(중 제39조, 여 제48조).

중학교 또는 고등여학교는 학교 규모에 알맞으면서 교육 및 위생에 해가 없는 교지, 또 학교 규모에 알맞으면서 교수 및 관리와 위생에 적당하고 견고한 교사(校舍), 학교 규모에 알맞은 체조장 및 특별한 사정이 없는 한 기숙사 또는 실습장을 마련해야 한다. 덧붙여 도서, 기계, 기구, 표본, 모형, 장부 등의 교구를 갖추어야 한다.

교구로 갖추어야 할 장부의 종류는 중학교의 경우 규정 제43조 제1항에, 고등여학교의 경우 규정 제52조 제1항에 각각 정해져 있다. 장부 가운데 학적부는 중학교의 경우 기재 사항을 구체적으로 제시하고 있지만, 고등여학교의 경우 규정되어 있지 않다. 그러나 여자에게 특히 필요한 것을 제외하고는 중학교에 준해 기재하는 것을 적당한 것으로 한다.

학적부는 중학교의 경우 15년 이상, 고등여학교의 경우 10년 이상 보존해야 한다. 다른 장부의 보존기간은 5년 이상으로 한다.

중학교 및 고등여학교는 토지의 정황에 따라서는 학교장, 사감 및 교원의 주택을 마련해야 한다.

교사 또는 기숙사의 신축, 증축, 개축 및 교지의 확장 또는 축소의 경우, 도립의 중학교 또는 고등여학교는 조선총독에게 신고하고, 기타 학교는 도지사의 인가를 받아야 한다. 이 경우 도지사는 도면을 구비해 조선총독에게 신고해야 한다.

제6 입학, 재학, 휴학, 퇴학 및 징계

입학 시기는 보습과를 제외하고 학년의 시작부터 30일 이내, 즉 4월 중의 기간이어야 한다. 그러나 결원이 있는 경우에 한 해 제2학기의 시작부터 10일 이내에 임시 입학할 수 있다. 넓은 의미의 입학은 제1학년의 신입학, 학력 검정시험에 따른 제2학년 이상으로의 편입, 전학, 중도퇴학자의 재입학이 있는데, 여기서 말하는 입학은 전학을 제외한 신입학, 편입 및 재입학의 경우로 전학은 결원이 있으면 언제라도 상관없다. 또 중학교 제5학년으로 편입은 허용하지 않는다. 이들 입학의 허·불허에 관해서는 물론 학교장의 권한에 속하지만, 중학교 및 고등여학교 본과 제1학년으로 입학할 수 있는 자는 중학교의 경우 중학교규정 제47조, 고등여학교의 경우 고등여학교규정 제56조에 규정되어 있는 조건을 갖춘 자여야 한다. 고등여학교 고등과 또는 실과에 입학할 수 있는 자는 고등여학교규정 제57조 또는 제59조에 열거되어 있다. 또 보습과에 입학할 수 있는 자는 중학교 또는 고등여학교 모두 그 졸업자여야 한다. 중학교 및 고등여학교 본과 혹은 실과 제1학년 입학지원자가 입학 정원을 초과할 때는, 원칙적으로 시험에 따라 입학자를 선발해야 한다. 내지의 경우 시험에 따라 입학자를 선발하는 제도는 1927년(昭和 2)부터 폐지되었고, 현재는 법규에 명문화되어 있지 않지만, 지금까지 사실상 시험과 큰 차이 없는 고사(考査)라는 방법에 따라 선발하는 것은 주지의 사실이다. 그래서 선발시험 방법으로 수험 준비교육의 폐해를 가급적 방지하기 위해, 내지의 경우 1940년도(昭和 15) 입학 고사부터 학과 고사를 완전히 폐지하였다. 조선의 경우는 1924년(大正 13) 이후 여러 차례 통첩을 발포해 지금까지 필답시문(筆答試問)으로 국어, 산술 2과목에 한정하여 행해졌는데, 문부성의 새로운 방침 결정과 개정 조선교육령의 취지를 고려하여 교육받을 자질을 갖춘 자의 선발을 신중히 하기 위해, 새로이 선발법 요령을 정해 다음의 참조대로 통첩을 발포하였다.

〔참조〕

○ **중등학교 입학자 선발에 관한 건** [1939(昭和 14). 10. 12 학비 제61호 학무국장 통첩]

최근 반도 학제의 획기적 개정을 보았고, 국체명징·내선일체·인고단련의 3대 강령을 본받아 학교규정의 내용에 일대 쇄신을 가한 이후 실적을 착착 거두고 있다. 그러나 중등학교 입학자 선발에 따른 폐해는 아직 반드시 해소되기에 이르지 못했다. 입학시험 준비를 위해 생기는 폐해를 제거하고 한층 더 황국신민교육의 실적을 거두기 위해서는 더욱 중등학교 입학자 선발방법에 관해 아주 깊이 고려할 필요가 있음을 인정한다. 본부에서 그에 관해 진중히 고구(考究)한 결과 그 요항을 별지 중등학교 제1학년 입학자 선발 시험으로 입학자를 선발하는 경우 이후 본 요항에 따르는 것으로 한다. 실시에 즈음해 교육령 개정의 취지를 체현하고 아동 신체의 건전한 발달에 유의하여 심신 모두 국가가 부여한 것을 감당하며 진충보국, 황운부익의 길로 매진할 수 있는 충량한 황국신민의 자질을 구비한 자를 목표로, 입학자 선발을 하여 지금까지와 같은 학과시험 편중을 교정하여, 신체 인물 학력 및 초등학교장의 소견에 기초해 통일적 견지에서 그것을 종합적으로 판정하도록 함으로써 황국신민연성의 교육을 신장시키는데 유감이 없기를 바라면서 통첩한다.

  아울러 본 건 실시에 관하여 초등학교 및 중등학교의 직원은 본 통첩의 정신이 깃든 바를 철저히 주지함과 동시에 초등학교 직원은 부모형제자매의 충분한 이해를 촉구하는 등의 적당한 배려를 하기 바란다. 또한 본 요항 제2 신체검사의 항목 가운데 제2항 체격의 채점에 관한 별표(別表)를 함께 송부하고, 제4항 체능 가운데 제3호 던지기 검사는 당분간 반드시 수류탄 종류를 사용할 필요는 없다는 점에 관해 부언해 둔다.

중등학교 제1학년 입학자 선발법 요강

제1 총칙

1. 중등학교 입학자 선발은 황국신민교육의 본의(本義)를 체득하고 엄정공평하고 참으로 도의에 어긋나지 않도록 조선교육령 개정의 취지에 기초해 시행에 유감이 없도록 할 것
2. 중등학교 입학자 선발은 신체검사, 구술시문(口述試問), 필답시문(筆答試問) 및 초등학교장 소견의 성적을 종합 판정할 것. 단 자격시험 합격에 따라 입학 자격을 얻은 입학지원자 선발은 신체검사, 구술시문 및 필답시문의 성적을 종합 판정할 것

제2 신체검사

1. 신체검사는 체격·체질·체능(體能)에 관해 엄밀하고 주도면밀하게 할 것
2. 체격은 신장·체중·가슴둘레를 측정하고 채점은 별표에 기초해 산정할 것
3. 체질은 전신상태·척추·흉곽·눈·귀·코·인후·피부·치아·호흡기·순환기 기타 질환 및 이상 유무를 진단하여 그 정도를 판정할 것. 단 신체검사의 결과 다음 각 항에 해당하는 자는 입학을 허가하지 않을 것
    (1) 결핵성 증상 및 기타 결핵의 여러 조짐이 있는 자
    (2) 수학하는 데 지장이 있는 지구성(持久性) 질환 또는 정신이상이 있는 자

(3) 기타 감염의 우려가 있는 질환이 있는 자. 단 신속한 치료 가망이 있는 자는 이에 해당하지 않는다

(4) 중증 과립성 결막염(트라코마)을 앓고 있는 자 또는 교정시력 0.1 이상으로 시력장애가 있는 자

4. 체능은 달리기, 뛰기, 던지기, 팔굽혀 매달리기, 체조로 판정할 것

 (1) 달리기   남자 100미터, 여자 50미터로 검정할 것

 (2) 뛰기   제자리멀리뛰기로 할 것

 (3) 던지기   수류탄 류를 사용해 잘 쓰는 팔로 서서 던지는 자세에서 할 것

 (4) 팔굽혀 매달리기 철봉 또는 가로막대기를 사용하여 정면 팔굽혀 매달리기. 단 여자는 바닥에 엎드려 팔굽혀 펴기를 할 수 있을 것

 (5) 체조   학교체조 교수요목 제1표 소학교 교재 가운데서 적절히 할 것

 (6) 앞의 것 외에 실시 가능하면 폐활량, 배근력 등의 항목을 추가할 것

5. 제3항 단서조항에 해당하는 자 이외로서, 구두시문·필답시문·초등학교장의 소견 성적이 특히 우수한 자에 한해서는 신체검사에서 특별 심의를 할 수 있음. 특별 심의를 추가한 자는 그 사유를 상세히 갖추어 감독관청에 보고할 것

제3 구두시문

1. 구두시문은 언어·상식·지조(志操)·성행(性行)에 관해 주도면밀하게 할 것
2. 언어는 언어의 분명함·발음의 정확함·사투리·어눌함·난해함 등에 관해 판정할 것
3. 상식은 초등학교 교재 가운데 간단하고 근이한 사항에 관해 시문하여 판정할 것
4. 지조는 평소 황국신민으로서의 각오 및 실천 상황을 검사할 것
5. 성행은 언어·행동·태도 등을 통해 발현하는 일반 심의(心意) 경향·소질·성향 등을 검사할 것

제4 필답시문

1. 필답시문은 국어 읽기, 쓰기, 듣기에 관해 할 것

2. 읽기는 심상소학교 제6학년 현행 문부성 편찬의 국어독본 가운데 있는 교재에서 선정할 것. 단 필요에 따라 당분간 1939년(昭和 14) 3월 이전에 심상소학교 또는 보통학교를 졸업한 지원자는 위 사항에 따라 선정한 것이나, 해당 지원자 제6학년 재학 중에 사용한 국어독본 중의 교재 가운데서 선정한 것 중에서 입학지원자가 선택 수험할 수 있게 할 것

    아동학습상의 부담을 고려해 교재의 응용 출제는 삼갈 것

3. 듣기는 소리 내어 읽는 문장의 의미를 파악함과 동시에 요점을 기술토록 할 것

    시문(試問)은 아주 평이하면서 상식적인 것을 선정하며, 국어독본 이외의 교재를 사용해도 무방하지만, 평소의 학습에 따른 보통 수준의 학력으로 쉽게 대답할 수 있는 것으로 할 것

    소리 내어 읽는 자는 가능한 한 동일인으로 하고, 소리 내어 읽는 시간을 일정하게 하여 오독이나 빠트리는 것이 없도록 충분히 주의할 것

    소리 내어 읽기는 2회로 할 것

제5 소견표 및 학급성적 일람표

1. 초등학교장은 입학지원자에 대한 소견표 및 학급성적 일람표를 지원 중등학교장에게 제출할 것

2. 소견표는 개정 학적부 취지에 기초하여 별지 제1호 양식에 따라 작성할 것

    소견표를 기입할 때는 원부(原簿)인 학적부 기재사항과 다름이 없도록 할 것. 단 학적부 등재사항 이외의 필요사항을 기입할 때는 이 제한을 적용하지 않아도 됨.

    소견표에 기입해야 할 사항은 최근 2학년 동안에 한할 것.

    소견표에는 교장이 직접 기명 날인할 것

3. 학교성적 일람표는 별지 제2호 양식에 따라 입학지원자가 재적한 최종 학년의 성적(재학 중인 자는 제1학기, 제2학기의 평균 성적)에 대해 작성하고 아울러 아동의 신체, 학업, 성행 및 가정 상황 등을 종합 고찰해 해당 학교에 지원하는 아동에 관해 학년을 통틀어 추천 순위를 부여할 것

4. 자격시험합격에 따라 입학 자격을 취득한 지원자에 대해서는 소견표 및 학급성적 일람표 제출을 요구하지 않을 것
5. 소견표 및 학급성적 일람표를 작성할 때는 공정하고 정확하게 해야 함은 물론 그 취급에서도 중등학교, 초등학교 모두 진중을 기하고 비밀을 엄중히 지킬 것
6. 각 중등학교는 소견표 및 학급성적 일람표를 정밀 심사하기 위해 위원을 두고 기재 사항에 관해 심사할 것

제6 채점

채점은 다음의 표준에 따를 것

(1) 신체검사	300점	체격	100점
		체질	100점
		체능	100점
(2) 구두시문	200점	언어	50
		상식	50
		지조	50
		성행	50
(3) 필답시문	300점	읽기	100
		쓰기	100
		듣기	100
(4) 초등학교장의 소견	200점	건강	50
		근태	50
		학력	50
		인물	50

제7 적용

1. 본 요항은 중학교, 고등여학교, 실업학교 및 전문학교 입학자검정규정에 따라 지정을 받은 학교의 입학자 선발에 적용할 것
2. 사범학교는 본 요항의 취지를 참작하여 적당히 실시할 것

<그림 2> 제1호 양식 소견표

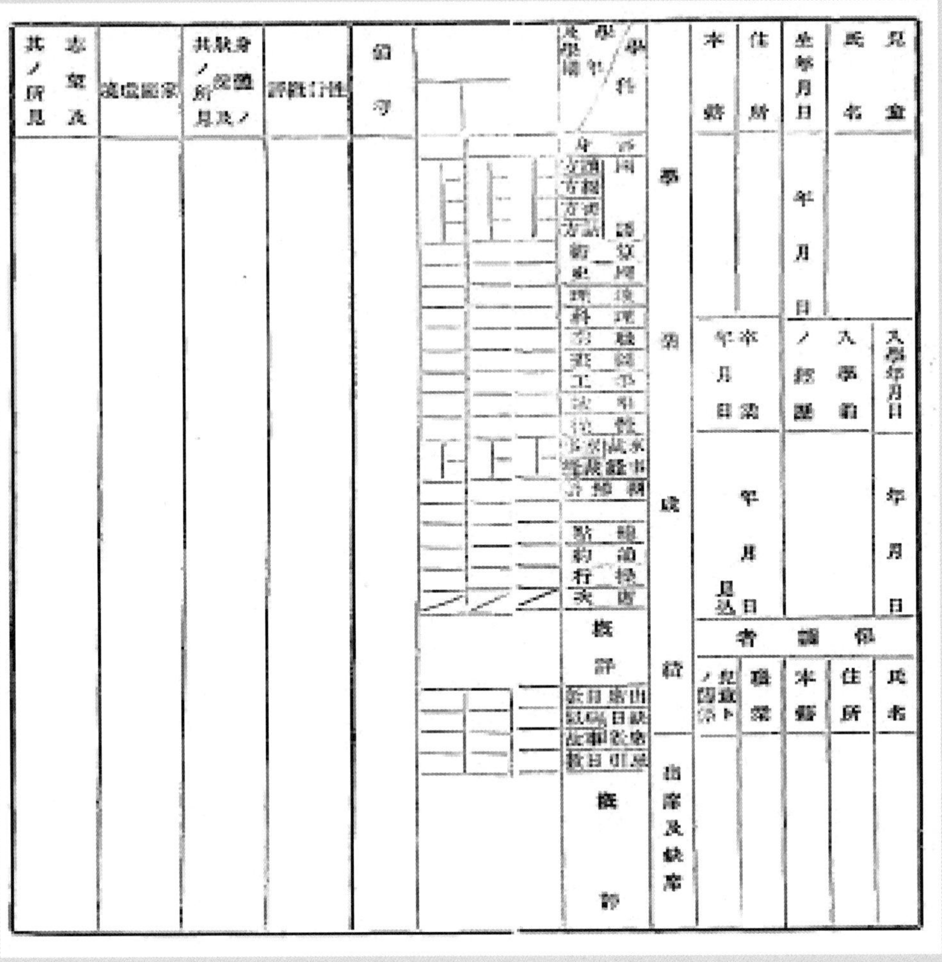

이상 다름이 없음

쇼와(昭和) 년 월 일

도, 부, 현, 부, 군, 도(島), 시 소학교장 성명 (인)

작성상의 주의

본 표는 1938년(昭和 13) 부령 제24호 소학교규정 제5호 표의 주의사항에 준해 기재할 것.

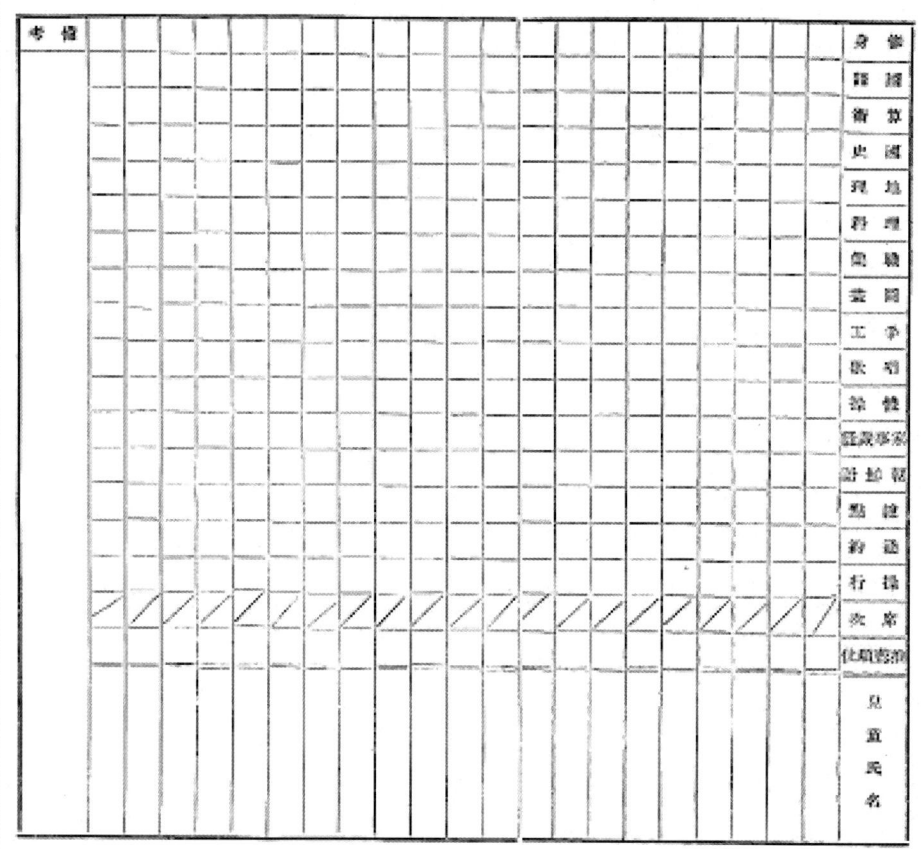

〈그림 3〉 제2호 양식 학교성적 일람표

작성상의 주의

(1) 본 표는 학급별로 작성할 것.

(2) 남녀 혼성 학급은 필요에 따라 남아 또는 여아만으로 작성할 것.

(3) 지원자가 없는 학급의 성적표도 참고를 위해 첨부할 것.

(4) 각 교과목 성적은 10점 표기법에 따를 것.

(5) 석차 및 추천순위는 동점자를 만들지 말 것
(6) 남녀 혼성 학급이라도 석차는 해당 학급 전체 아동의 성적 서열에 따라 정할 것
(7) 아동 이름은 성적순으로 기입할 것
(8) 해당 중등학교의 지원자는 해당란에 붉은 동그라미 표시를 할 것
(9) 지원 인원은 그 학급의 중등학교 입학지원자 총인원을 기입할 것
(10) 본 표에는 교장이 직접 기명날인 할 것

그러나 수업연한 6년의 심상소학교 혹은 그에 준하는 학교(소학교령에 따른 소학교, 재외지정 학교인 소학교, 종전 제도의 보통학교 등이 있다) 졸업자 이외에, 중학교는 예과 수료자, 고등여학교 수업연한 3년의 본과 또는 수업연한 2년 혹은 3년의 실과 학교, 고등소학교 또는 그에 준하는 학교 졸업자로 재학 중 성적이 우수하다고 인정될 때는 시험에 의하지 않고 입학시켜도 무방하다.

제2학년 이상으로 편입하는 경우는 상당한 연령에 도달할 것을 필요로 함과 동시에 이전 각 학년의 정도에 도달했는지 아닌지 학력 검정을 필요로 하지만, 전학 및 재입학의 경우는 반드시 시험을 필요로 하지 않는다. 그러나 다른 학교에 재입학 하는 경우이거나 고등여학교 전학의 경우는 과정에서 차이가 있으면 시험을 쳐야 한다. 또한 전학은 정당한 이유가 있는 경우에만 인정한다. 중학교 보습과는 고등여학교와 달리 중학교규정 제56조에서 재학기간을 정하여 중학교를 졸업한 날부터 헤아려(起算) 2년 이내로 한다. 즉 보습과의 과정을 반복하거나 혹은 원래 학년에 머물러 무기한으로 재학할 수 없게 한 것이다. 이것은 중학교 재학생도에게 부여되었던 병역법의 징집유예 관계에 따른 제한이다.

휴학은 중학교의 경우 병역에 복무하는 생도에게는 그 기간을 허용해야 하는 취지를 규정하였으나, 이외에 법규상 명문(明文)이 없지만, 해당 학교의 학칙에서 상당하는 규정이 있는 경우 1년 이내의 휴학은 인정할 수 있다.

한 학년 동안의 과정을 수료하지 않은 생도를 진급시킬 수는 없다. 학교장은 졸업을 인정하는 자에게 졸업증서를, 중학교에서 예과를 수료했다고 인정하는 자에게는 수료증서를 수여한다. 또한 중학교에서 보습과를 수료했다고 인정하는 자에게는 수업증서를 수여할 수 있다.

고등여학교에서 학교장이 생도에게 퇴학을 명해야 하는 경우는 (1)성행불량으로 개선의 전망이 없다고 인정되는 경우 (2)학업을 마칠 전망이 없다고 인정되는 경우 (3)출결이 일정하지 않은 경우이지만 중학교는 이 이외에 계속해서 1년 이상 결석 한 경우 및 정당한 사유 없이 계속해서 1달 이상 결석 한 경우도 퇴학을 명해야 한다. 학업을 마칠 전망의 유무는 중학교의 경우 학력이 열등해서 학업을 마칠 전망이 없다고 인정한 경우에만 한정된 것이다.

생도를 퇴학시킬 때는 학교장의 허가를 받아야 하는 것은 물론이다(중 제59조 및 여 제70조). 중학교 또는 고등여학교의 학교장은 교육상 필요하다고 인정될 때 생도에게 징계를 가할 수 있다. 징계의 종류는 규정에 규정되어 있지 않아 학칙이 정하는 바에 위임하고 있지만, 여기서 말하는 징계는 학교의 처분인 징계를 의미하는 것으로 통상 근신, 정학, 퇴학의 방법을 사용한다. 이외의 처분에 해당하지 않는 징계는 학교장 및 교원이 일상적으로 개개인에게 할 수 있는 것은 당연한 일이다.

제7 수업료, 입학료

수업료는 이미 소학교 부분에서 언급했던 것처럼, 공립학교의 경우는 영조물(營造物)의 사용료로 징수하는 공(公)의 보상금이고, 학교 설립은 공립단체의 임의사업에 속하므로 적극적으로 징수하는 것을 방침으로 하는데, 특별한 경우에 감면할 수 있다.

입학료는 일종의 수수료인데, 공립학교의 수업료 및 입학료는 물론 학칙 가운데 정해야 할 것을 규정하고 있으므로 당연히 학칙 가운데 징수방법, 기일, 금액 등을 규정해야 한다. 그러나 공립중학교, 고등여학교의 설립단체 가운데 도(道)는 사용료나 수수료의 신설 및 변경은 도회(道會)의 의결을 거쳐 조선총독의 인가를 받아야 한다(도제[道制]시행규칙 제56조 참조)고 되어 있다. 그러므로 학칙 가운데 세세하게 규정하는 것은 결국 2종의 인가를 받아야 하는 것이 되므로, 도립학교의 경우는 징수액 또는 방법에 관해 포괄적으로 규정하는 것이 편리하다.

사립학교의 수업료는 민법상의 계약에 따른 부담이기 때문에, 학교와 생도 사이에 협정을 한다면 일정 정도로 징수해도 관계없는 셈이다. 그렇지만 교육사업의 성격을 고려해 금액의 결정은 학교, 생도 상호 간의 자유로운 계약에 따라서만 정하는 것은 허용하지 않는다.

제8 직원

　공립중학교 또는 고등여학교 직원은 공립학교관제 제1조 2에 따라 학교장, 교유(教諭), 사감 및 서기를 둔다. 학교장은 주임(실과고등여학교의 교장은 주임 또는 판임), 교유는 주임 또는 판임, 서기는 판임으로 한다. 교유 가운데 주임의 정원은 학급 수 8학급 이하의 경우 3명 이내로 하며, 3학급씩 증가할 때마다 1명을 추가할 수 있다. 학교장을 겸임하는 교유는 그 정원 외로 한다. 직원의 직무는 공립학교관제(관제 제4조, 제5조, 제6조 및 제7조)에 규정되어 있다.
　직원의 정원은 조선공립학교직원정원규정[1922년(大正 11) 총령 제54호]에 따라 5학급 이하의 학교는 한 학급당 2명 이상으로 하고, 5학급 이상은 한 학급 늘어날 때마다 1.5명 이상의 비율로 증가토록 한다. 이 경우 한 학급당 1명은 직무를 겸하거나 직위를 겸하지 않는 전임의 직원이어야 한다.
　서기의 정원은 전임 2명 이내로 한다. 촉탁교원 및 강사는 소학교와 마찬가지이며, 다른 각 학교의 경우도 역시 마찬가지이다.
　공립중학교 또는 고등여학교의 직원도 소학교의 경우와 마찬가지로 임용은 문관임용령에 따라 전형 임용되고, 또 봉급, 분한(分限), 징계 등은 일반 문관의 예에 따른다. 그리고 교원자격에 관해 면허제도가 마련되어 있지 않은 것은 소학교의 경우와 마찬가지인데, 실제 운용에서는 문부대신이 수여하는 사범학교, 중학교, 고등여학교 교원면허장 취득 여하에 따라 임용을 고려하는 것은 그 직무의 성질에 비추어 당연한 것이다.
　사립학교 직원은 소학교 부분에서 이미 자세히 서술했는데, 학교장의 채용 및 해직은 조선총독, 교원의 채용 또는 해직은 도지사의 인가가 필요하다. 채용인가를 받으려면 이력서 및 담임 학과목을 기재한 서류를, 해직의 인가를 받으려면 그 이유서를 첨부해야 한다. 기타 채용의 경우 일정한 기간에 한정하여, 무자격자를 제한 정원보다 초과하여 채용하려면, 채용기간 및 현재 교원의 이름 및 자격을 기재한 서류를 첨부해야 한다.
　사립학교 교원의 자격 및 정원은 사립학교 교원 자격 및 정원에 관한 규정으로 정하고 있는데, 자격에 관해서는 동 규정 제6조,

　　(가) 사범학교, 중학교, 고등여학교 또는 고등학교 고등과의 교원면허장을 가진 자

(나) 조선총독이 지정한 자

가운데 하나에 해당하는 자여야 한다고 되어 있다. 위의 사범학교, 중학교, 고등여학교 또는 고등학교 고등과의 교원면허장은 물론 조선에서 특별히 정한 것이 아니기 때문에, 교원면허령에 따라 문부대신이 수여하는 교원면허장을 가리키는 것이다. 이 면허장을 얻기 위해서는 시험검정에 의한 것과 무시험검정에 의한 것 두 가지 길이 있다.

조선총독이 지정한 자란 1922년(大正 11) 조선총독부고시 제105호에서 제시하고 있는데, 이에 따르면

(1) 소정의 학교를 졸업 수료 혹은 마친 자 또는 소정의 대학에서 시험에 합격해 학사라고 칭할 수 있는 자
(2) 소정의 학교에서 3년 이상 재학하고 그 학교를 졸업, 수료 또는 마친 자 또는 소정의 대학에서 시험에 합격하여 학사라고 칭할 수 있음과 동시에 그 지정의 효력을 가진 자

〔주〕
여기서 말하는 소정의 학교 또는 대학이란 해당 고시 가운데 지정된 학교 또는 대학을 가리킴

(3) 외국 대학 또는 그에 준하는 학교에서 담임하려는 학과목을 배우고 졸업증서를 수령한 자 가운데 국어를 상용하는 자는 문부성의 사범학교, 중학교, 고등여학교 교원시험검정에 출원할 자격을 갖춘 자(단 일부분을 제외), 국어를 상용하지 않는 자는 국어에 통달한 것을 증명할 수 있는 자
(4) 전문학교, 사범학교, 중학교, 고등보통학교, 고등여학교 또는 여자고등보통학교에서 5년 이상 담임하려는 학과목을 교수하고, 조선총독으로부터 받은 사범학교, 중학교, 고등여학교 또는 고등학교 고등과 교원면허장을 가진 자에 준하는 자로 인정을 받은 자

이상의 (1)에서 (4)에 해당하는 자여야만 한다고 되어 있다. 그런데 위의 (4)에서 제시한 조선총독의 인정에 관해서는 1923년(大正 12) 총령 제128호(사립학교교원자격인정에 관한 건)로

정해졌고, 인정은 출원자의 학력, 성행 및 신체에 관해 하도록 하였다. 인정해야 할 학과목은

> 수신, 공민과, 교육, 국어, 한문, 조선어, 영어, 역사, 지리, 수학, 물리, 박물, 이과, 습자, 도화, 가사, 재봉, 체조, 음악, 부기, 농업, 상업, 수예

의 각 학과목으로, 위 가운데 역사는 일본사 및 동양사, 서양사의 2부로, 박물은 동물, 식물, 광물, 생리 및 위생의 4부로, 도화는 일본화 용기화(日本畵 容器畵), 서양화 용기화의 2부로, 수예는 자수, 조화, 편물, 주머니 모양 일용품의 4부로 나누어 원서를 낼 수 있다. 인정을 출원할 경우에는 소정의 원서 외에 이력서 및 1922년(大正 11) 고시 제105호 제3조 제4호에 규정하고 있는 경력, 근무한 학교장의 증명서, 신체검사서 및 호적등본 등을 첨부해 도지사에게 제출해야 한다. 도지사는 이에 대해 사립학교규칙 제12조에서 정하는 교원의 결격 유무를 조사하고, 출원자의 성행에 관해 조선총독에게 보고하는데, 출원 수수료는 한 과목당 5원이다. 또한 자격을 인정받은 자에게는 인증서를 교부하는데, 금고 이상의 형에 처하거나, 파산 또는 가산 처분 선고 또는 강제집행 처분을 받았을 때는 인정의 효력은 잃게 된다. 또 부정 혹은 교원의 체면을 욕되게 하는 것과 같은 소행의 여하에 따라서는 증서를 박탈한다. 자격인정에 관한 사무를 행하기 위해 조선총독부에 사립학교교원자격인정위원회를 두고 있다.

사립의 중학교 및 고등여학교 교원의 정원은 사립학교 교원의 자격 및 정원에 관한 규정 제8조에 따라, 정원은 공립학교의 경우와 같은 정원을 필요로 한다. 그런데 위 (가) 및 (나)의 조건에 해당하는 자, 즉 유자격자를 얻기 어려운 경우는 유자격자 수의 1/2까지는 무자격자로 대용할 수 있고, 특별한 사정이 있는 경우는 일정한 기한에 한해 1/2 제한을 넘는 것을 인정하고 있다. 그리고 이 무자격교원으로 대용하는 경우는 조선어, 한문, 외국어 또는 특수한 기술을 교수하는 자가 아니라면 그 학교 정도에 적합한 학력이고 동시에 국어에 통달한 자여야 한다.

제3장 실업교육

제1절 실업교육 개설

조선교육령 제3조에

> 실업교육은 실업학교령에 의한다. 단 실업보습교육에 관해서는 조선총독이 정하는 바에 의한다. 실업학교령 중 문부대신의 직무는 조선총독이 행한다.

라고 규정되어 있다. 즉 실업교육은 원칙적으로 내지의 학교령인 실업학교령에 따라, 다른 교육의 경우와 마찬가지로 위 칙령 가운데서 문부대신의 직무는 조선총독이 그것을 행하도록 했다. 실업학교령 제2조의 2에

> 실업학교로 고등의 교육을 하는 것을 실업전문학교라고 한다. 실업전문학교는 전문학교령에 따른다.

라고 규정되어 있으므로 "실업교육은 실업학교령에 따른다"에 의해 학교를 분류할 때, 위 교육령 제3조 제2항 이하는 실업보습학교 및 실업전문학교를 제외한 실업학교에 관한 것이 된다.

그래서 실업학교는 보통교육을 하는 학교와는 달리, 오로지 설립 및 교과서에 관해 조선총독이 정하는 바에 따르도록 한 것은 공립학교 설립을 해야 하는 상황(실업학교령 제3조 제4조 참조)이 반드시 내지와 동일하지 않고, 교과서도 내지처럼 학교장 또는 설립자가 지방장관의 인가를 거쳐 정하는(실업학교령 제9조) 것이 조선 실정에 적합하지 않기 때문이었다. 그래서 조선의 특수 사정으로 인해 예외 사항으로 규정되어야 하는 기타 사항은 "문부대신의 직무는 조선총독이 행"해도 무방하다는 것과, 실업교육의 성질상 보통교육의 경우처럼 특별히 "조선의 특수한 사정에 따라 특례를 두는" 여지를 남겨둘 필요가 없어, 설립 및 교과서에 관한 것만 실업학교령에 따르지 않아도 되도록 했던 것으로 해석할 수 있다.

실업보습교육이라는 말은 1935년(昭和 10) 조선교육령 가운데 일부 개정으로 생긴 것이다. 즉 종전에 실업학교령 중에 규정된 실업보습학교라고 칭하는 실업학교 제도가, 1935년(昭和 10)의 실업학교령 개정으로 폐지되고 실업보습학교 제도와 청년훈련소 제도를 통합해 새로이 청년학교 제도가 설치되기에 이르렀다. 그런데 조선에서는 실업보습학교와 청년훈련소의 양자는 그 설치의 필요성(須要性)과 발달 형식이 내지의 사정과 취지를 달리하는 것이 뚜렷해, 양자를 통합하는 것은 조선의 실정에 적합하지 않았다. 그뿐만 아니라 동시에 실업보습학교의 설치 운영에 관해서는 별도로 독자의 방침으로 그 발달을 꾀하는 길이 모색되는 중이기도 하여, 실업보습학교 제도는 여전히 존치할 필요가 있었다. 그래서 실업학교령 중 실업보습학교 제도를 삭제함에 따라 조선교육령에서는 새로이 "실업보습교육에 관해서는 조선총독이 정하는 바"에 의하는 것으로 되어 오늘에 이르렀다.

그래서 이상 서술했던 교육령의 위임규정에 의해 설치되었던 것이 실업학교규정 및 실업보습학교규정이다. 그런데 조선에서는 이 두 규정 외에 내지와 같은 실업교육을 하는 학교의 종류로 공업학교규정, 농업학교규정, 상업학교규정, 수산학교규정, 상선학교규정, 직업학교규정 등의 각 학교규정을 단독으로 제정하고 있지 않다. 따라서 이들 실업학교의 종류에 따라 필요한 규정은 실업학교규정 가운데 문부성령의 해당 학교규정 조항을 준용하는 것으로 그쳤다. 즉 실업교육은 직업교육의 하나이고, 교육의 목표가 구체적이면서 명확하며 학교 성질에서 보아도 수업연한, 입학 자격, 학과, 학과목 및 그 정도, 입학, 전학, 교수시수, 편제 및 설비 등은 원칙적으로 내지에서 정했던 원칙에 준해도 특별히 지장이 없었기 때문이다.

제2절 실업학교

제1 실업학교의 목적 및 종류

실업학교의 목적은 실업학교령 제1조에

실업학교는 실업에 종사하는 자에 필수적인 지식 기능을 전수함을 목적으로 하고, 아울러 덕성의 함양에 힘쓰는 것으로 한다.

라고 규정되어 있었는데, 실업학교규정에서는 제1조에서

실업학교는 실업에 종사하는 자에게 필수적인 지식 기능을 얻게 하며, 특히 국민도덕을 함양함으로써 충량한 황국신민의 양성에 힘써야 한다.

라고 정하여, 실업학교령 제1조의 취지를 덧붙였다.

실업학교의 종류에는 공업학교, 농업학교, 상업학교, 상선학교, 수산학교, 직업학교 기타의 실업교육을 하는 학교가 있고, 또 수의학교는 농업학교로 간주한다[실업학교규정(이하 규정으로 함) 제2조]. 역시 공업학교, 농업학교, 상업학교, 수산학교 및 직업학교에 관해서는 이 가운데 두 종류 이상 학교의 학과를 한 학교에 두거나, 혹은 그것을 병합한 학과를 두는 학교를 설치해도 무방하다(규정 제4조).

또한 실업전문학교는 고등 정도의 교육을 하는 실업학교인데, 실업전문학교에 관해서는 전문학교령에 따르도록 한 것은 기술한 대로이다.

〔주〕
실업보습교육도 역시 실업교육의 일부인 것은 조선교육령에서 "단 실업보습교육은 조선총독이 정하는 바에 의한다"라는 규정의 취지에서 보아도 분명하므로, 실업보습학교도 실업학교의 일종임이 틀림없다. 그런데 실업보습학교는 특히 위의 단서 규정에 따라 해당 학교규정을 정한 바가 있으므로, 실업보습학교는 실업학교규정의 적용을 받지 않는다. 그래서 여기서 말하는 "기타 실업교육을 하는 학교"에 실업보습학교는 포함되지 않는 것으로 이해해야 할 것이다. 그러나 이렇게 하면 공립학교관제 제1조의 2 및 제4조 그리고 조선공립학교직원정원규정 제2조의 규정 등과 모순이 생기게 되므로, 연혁에도 분명히 한 바, "기타 실업교육을 하는 학교"에는 실업보습학교가 일단 포함되어야 한다. 그러나 실업보습학교는 실업보습교육을 하는 학교이기 때문에 특히 "조선총독이 정하는" 실업보습학교규정에 따른 별종의 실업학교로 다루어져야 함이 적당하다. [사립학교규칙 및 사립학교교원의 자격 및 정원(員數)에 관한 규정 참조]

제2 실업학교 설립 및 폐지

공립실업학교는 중학교 및 고등여학교와 마찬가지로 도, 부, 학교조합 또는 학교비가 설립하는 것인데, 사립의 실업학교는 사인(私人) 외에 상공회의소 기타 그게 준하는 공공단체에서 설립하는 것을 인정한다는 점에서 중학교 및 고등여학교의 경우와 취지를 달리한다. 사인(私人)은 직업학교를 제외하고는 재단법인이어야 한다(사립학교규칙 제4조).

실업학교를 설립하고자 할 때는 실업학교규정 제6조에 열거되었던 사항을 구비하여 조선총독의 인가를 받아야 한다. 공립실업학교의 설립자를 변경하고자 할 때도 역시 마찬가지이다(규정 제7조의 2).

실업학교는 공업에 관한 지식 기능을 전수하든지, 농업에 관한 지식 기능을 전수하든지, 혹은 상업에 관한 지식 기능을 전수하든지 하는데, 각각의 학교에서 전수해야 하는 목적을 학칙에 규정해야 한다. 수업연한, 입학 자격도 일률적이지 않으므로 그 역시 학칙에 규정함을 요한다(규정 제9조).

실업학교를 폐지하려고 할 때는 그 사유, 생도의 처분 방법 및 폐지 기일을 갖추어 조선총독의 인가를 받아야 한다.

제3 수업연한, 입학 자격, 학과, 학과목 및 그 정도, 입학, 전학, 교수시수, 편제 및 설비

실업학교 가운데 공업학교, 농업학교, 상업학교, 수산학교 및 직업학교의 수업연한, 입학 자격, 학과, 학과목 및 그 정도, 입학, 전학, 교수일수, 교수시수, 편제 및 설비는 원칙으로는 각각 문부성령의 공업학교규정, 농업학교규정, 상업학교규정, 수산학교규정 및 직업학교규정이 정하는 바에 의하는(규정 제12조) 것으로 되어 있다. 그래서 이들 학교는 교육의 내용 실질상 내지의 학교와 어떤 차이도 없다. 단지 농업학교의 수의과에 관해서 내지에서는 수업연한은 4년을 원칙으로 하고 고등소학교 졸업 정도를 입학 자격으로 함에 비해, 조선에서는 수업연한 6년의 심상소학교 졸업 정도부터 연결하도록 하여 수업연한을 5년으로 한 점, 직업학교에 관해 내지에서는 심상소학교 졸업 정도 이상으로 입학 자격을 정한 데 비해, 조선에서는 연령 10세 이상으로 심상소학교의 제4학년 수료 정도부터 연결하도록 한 점이 다르

다(규정 제12조 제3항 및 제15조 참조).

또한 "기타 실업교육을 하는 학교"에 관해서는 수업연한, 입학 자격, 학과, 학과목 등의 규정이 정해져 있지 않으므로 그것은 학칙으로 규정되어야 한다. 또한 문부성령의 해당 학교 규정에 의하면 공업학교, 농업학교, 상업학교 및 수산학교의 본과는 전부 심상소학교 졸업 정도를 입학 자격으로 하는 경우에는 수업연한을 2년 내지 5년으로, 고등소학교 졸업 정도를 입학 자격으로 하는 경우에는 2년 내지 3년으로 할 것을 원칙으로 한다. 통상 전자의 경우 수업연한 5년, 후자의 경우 수업연한 3년(여자는 2년) 이상이면 갑종, 기타의 것은 을종 실업학교로 칭한다. 역시 공업학교, 농업학교, 상업학교 및 수산학교에 관해서는 특별한 필요가 있는 경우 위의 수업연한을 1년 이내(수산학교의 원양어업과는 2년 이내) 연장할 수 있고, 또 토지의 정황에 따라 필요한 경우는 위의 입학 자격에 해당하지 않는 자에 한하여 입학 자격을 수업연한을 2년 이상 6년 이내로 적당히 정할 수도 있다.

제4 생도 교양의 요지 및 학과목의 교수요지 및 교과서

실업학교에 관해서도 중학교 및 고등여학교와 동일한 취지에 따라 새로이 실업학교규정 제11조에서 생도 교양의 요지를 제시해, 제1조의 취지를 철저히 할 것을 요구하고 있다.

학과목에 관해서는 문부성령의 해당 학교규정에서도 교수의 요지 및 주의를 정한 바가 없었으므로 실업학교규정에도 종전에는 근거해야 할 어떤 규정을 두지 않았다. 그런데 실업학교이지만 보통학과목을 가르치도록 하는 취지에 비추어 유감인 점이 있으므로, 제1조 및 제11조의 개정 규정에 조응하여, 새로이 실업학교규정 제14조로 남자에게는 중학교규정, 여자에게는 고등여학교규정의 해당 학과목 교수요지에 준해 가르쳐야 할 취지를 규정하기에 이르렀다.

실업학교의 교과서는 조선총독부 편찬의 실업학교 교과서를 사용하도록 했는데, 해당 교과서가 없는 경우는 학교장이 간단히 조선총독의 인가를 받는 것만으로 충분해, 반드시 조선총독 또는 문부대신의 검정을 거칠 것을 요하지 않는다(규정 제16조)는 것은 중학교 및 고등여학교의 경우와는 취지를 달리한다.

제5 직원

　공립실업학교 교원은 조선공립학교관제 제1조의 2에 따라 학교장, 교유, 사감 및 서기가 있고, 학교장은 주임(여자실업학교장은 주임 또는 판임), 교유는 주임 또는 판임으로 한다. 교유로서 주임인 자의 정원은 학급 수 6학급 이하의 학교에서는 3명 이내로 하고, 이상 3학급을 늘릴 때마다 1명을 증원할 수 있다. 학교장을 겸임하는 교유는 정원에서 예외이다(공립학교관제 제2조).

　직원의 정원에 관해서는 조선공립학교직원정원규정에 따라 중학교 및 고등여학교의 경우와 마찬가지로 한다. 임용, 봉급 등과 더불어 촉탁 및 강사에 관해서도 동일하다.

　사립실업학교 직원에 관해서도 채용 및 해직 그리고 직원의 정원은 중학교 및 고등여학교의 경우와 마찬가지인데, 직원의 자격에 관해서는 사립학교교원의 자격 및 정원에 관한 규정 제7조에

　　(가) 문부성령 공립사립실업학교원자격에 관한 규정 제1조에 해당하는 자
　　(나) 조선총독이 지정한 자

의 하나에 해당할 것을 요구받았는데, 거기에 해당하는 자를 얻기 어려운 경우에는 다른 자가 대용할 수 있다. 이 경우의 조건 및 정원, 제한 등은 모두 중학교 및 고등여학교의 경우와 동일하다. 단 직업학교에서의 대용교원의 정원 제한에 관해서는 도지사가 정하는 바에 의하도록 하여, 다소 규격을 완화할 수 있는 여지를 남기고 있는 것은 학교의 성질상 당연하다고 말해야 한다[사립학교교원의 자격 및 정원에 관한 규정 제9조 내지 제12조 참조].

　앞의 (나)에서 제시한 조선총독이 지정한 자로는 1922년(大正 11) 고시 제5호 제4조에 나타나 있는데, 그것에 의하면 사립 중학교 및 고등여학교의 교원 자격을 가진 자 이외에 구(舊) 조선교육령[1911년(明治 44) 칙령 제229조]에 의한 관립전문학교, 전 사립경성고등상업학교, 전 사립동양협회식민전문학교 경성분교, 전 사립동양협회전문학교 경성분교, 사립연희전문학교, 사립세브란스연합 의학전문학교 각 졸업자가 그 자격을 인정받게 된다.

제3절 실업보습학교

제1 실업보습학교의 목적

실업보습교육을 하는 학교로 설치되었던 것이 실업보습학교이다. 그 목적은 실업보습학교규정[1935년(昭和 10) 총령 제52호] 제1조에

> 실업보습학교는 국민생활에 필요한 직업에 관한 지식 기능을 얻도록 하며, 특히 국민도덕의 함양에 힘씀으로써 충량 유위한 황국신민을 양성함 목적으로 한다.

라고 규정되어 있다. 실업보습학교는 그 발달의 경로로 보면, 초등학교 졸업자에 대한 보습적 교육을 전수할 취지에서 직업에 관한 지식 기능을 얻도록 하는 것을 표명한 것인데, 위의 목적 규정은 반드시 보습적 교육의 의미를 최우선으로 하고 있지는 않다. 오히려 이 관념을 타파해 생업에 종사하는 자를 위해 곧바로 일상생활에 필요한 직업에 관한 지식 기능을 얻도록 함을 주안으로 한다는 취지에 따라 이렇게 규정했다고 이해해야 한다. 제1조의 규정, 즉 실업보습교육이 의도하는 바가 이점에 있다는 것을 나타낸 것이다. 따라서 실업보습학교의 정도는 입학 자격, 수업연한, 학과목 및 그 정도, 수업실시의 방법 등이 어떤가에 따라 정해지는 것일 뿐 아니라, 나아가 그 교육은 "조선총독이 정하는 바"에 의한 것이므로 위의 제1조 규정이 조선교육령에서 말하는 실업보습교육과 조금도 모순 대립되는 것은 아니다 [제1조는 1938년(昭和 13) 소학교규정, 중학교규정이 개정됨에 따라 다시 만들어진 규정이다].

제2 실업보습학교의 설립 및 폐지

실업보습학교도 도, 부, 학교비 또는 학교조합에 그 임의사무로서 설립을 인정하고, 상공회의소 기타 그에 준하는 공공단체 및 사인(私人)에게 설립을 인정하는 것 역시 실업학교의 경우와 다르지 않다. 전자를 공립실업보습학교로 하고, 후자를 사립실업보습학교로 하는 것 역시 마찬가지이다[실업보습학교규정(이하 규정이라 칭함) 제2조]. 여기서 말하는 사인(私人)은

재단법인이 아니어도 무관하다(사립학교규칙 제4조 참조).

실업보습학교를 설립하려고 할 때는 실업보습학교규정 제3조에 열거된 사항을 구비해 인가를 받아야 한다. 공립실업보습학교의 설립자를 변경할 때도 마찬가지이다(규정 제5조). 또 그것을 폐지할 때는 그 사유, 생도의 처분방법 및 폐지기일을 갖추어 인가를 받아야 한다. 위의 설립 폐지, 설립자 변경의 경우 및 실업보습학교에 관한 인가사항에 관해서는 도립학교의 경우는 조선총독, 기타 학교의 경우는 도지사의 인가를 받아야 한다(규정 제25조).

제3 수업연한 및 입학 자격

실업보습학교의 수업연한은 2년 내지 3년을 표준으로 하지만, 농업을 가르치는 실업보습학교는 입학 자격, 교수시수에 따라 1년 이내로 단축할 수 있다. 즉 수업연한 1년의 학교를 설치할 수 있다(규정 제9조).

수업연한 3년의 실업보습학교는 설립 수속 및 설비의 간편 그리고 교수내용의 신축성 등에서 본다면 설립의 필요성이 다분히 있지만, 수업연한은 소위 을종의 실업학교에 상당하므로 현실적 문제로 입학 희망자라는 면에서 존재의 여지가 부족하다.

농업보습학교의 수업연한을 1년 이내로 할 수 있도록 한 것은 조선의 산업이 농업을 주류로 하며, 전 인구의 80%가 농민이라는 실정에 따른 것이다. 농촌진흥개발을 장려하기 위해 농촌중견인물의 양성이 긴급하다는 특수한 필요성에 바탕을 둔 것이므로 입학하는 자는 반드시 초등학교 졸업 후 농업에 종사하여 상당한 연령에 도달한 자를 적격자로 정하며, 수업내용이 그에 적당할 경우에 한 해 수업연한을 1년 이내로 할 수 있다.

실업보습학교에 입학할 수 있는 자는 연령 12세 이상으로 심상소학교를 졸업한 자 또는 그와 동등 이상의 학력을 가진 자여야 하는데, 토지의 정황에 따라 필요할 때는 인가를 받아 별도로 정할 수 있다(규정 제10조).

제4 생도 교양의 요지, 학과목 및 그 교수 요지, 그리고 교과서 등

실업보습학교에 관해서도 새로이 실업보습학교규정 제12조에 생도 교양의 요지를 제시하여, 실업보습학교의 목적에 비추어 황국신민으로서의 본분에 따라야 할 교양을 충분히 갖추도록 기대했던 역시 실업학교와 마찬가지이다. 특히 제12조 제3호에 규정되었던 사항은 이미 서술했던 제1조의 실업보습학교의 목적 규정을 이해하는데 중대한 관련을 가지므로 정리해 보면 다음과 같다.

> 교재는 모두 향토적 사상(事象) 가운데서 구하고, 교수는 힘써 생활의 실태에 맞추어 실습을 중시하며, 근로 애호의 양풍을 순치(馴致)할 것을 힘씀과 함께 농업, 공업, 상업, 수산 등에 관해 실제 경영상 필요한 기능을 체득할 것을 취지로 한다.

실업보습학교의 학과목은 남자는 수신 및 공민과, 국어, 직업의 3과목, 여자는 가사 및 재봉을 더해 4과목을 필설(必設)학과목으로 한다. 필요에 따라 역사, 지리, 수학, 이과, 체조, 기타 과목 가운데에서 적절히 선택해 가설할 수 있다. 필설(必設)학과목 이외의 가설과목은 적절히 종합해 더할 수 있었다. 필설(必設)학과목 가운데 국어에 관해서는 생도의 정황에 따라 조선어로 대신할 수 있었는데(규정 제13조), 여기서 말하는 "생도의 정황에 의해 운운"이란 국어를 일상생활의 용어로 하는 자에게는 조선어를 더할 수 있음을 의미하는 것이다. 각 과목의 교수 요지에 관해서는 실업학교와 마찬가지로 종전에는 근거해야 할 규정을 두지 않았지만, 새로이 직업과목을 제외하고는 실업학교의 경우에 준해 중학교 또는 고등여학교의 상당 학과목의 요지에 따라 가르쳐야 하는 것으로 되었다(규정 제13조의 2).

실업보습학교의 과정을 마치고 더 학습하려는 자를 위해, 별도로 적절한 과정을 설치해 일정 기간 재학할 수 있도록 한다. 동시에 학년, 학기 및 교수의 계절을 토지의 정황, 또는 학교의 종류에 따라 적절히 정할 수 있는 것(규정 제15조 및 제16조)은 실업보습학교의 소위 보습교육이라는 특장(特長)에 의한 것인바, 실업보습학교에서는 단기간 수시강습을 열며, 그 장소는 다른 학교, 시험장, 강습소 등에 병설할 수도 있다(규정 제23조 및 제24조).

제5 직원

공립의 실업보습학교 교원은 조선공립학교관제 제1조의 2의 규정에 따라 공립실업학교

직원으로 간주하며, 학교장(주임 또는 판임) 이외에 교유, 사감, 서기를 둔다. 따라서 교유로서 주임관인 자의 정원도 실업학교의 경우와 동일하다. 그러나 교유의 정원은 반드시 실업학교와 같은 비율로 배치하지 않아도 무관하다(조선공립학교직원정원규정 제2조 제3항).

사립 실업보습학교의 학교장 또는 교원의 채용 및 해직은 도지사가 인가하는데, 교원의 자격은 다음과 같다.

(가) 실업학교교원 자격을 가진 자
(나) 실업보습학교 교원양성소 졸업자
(다) 사립 심상소학교 교원 자격을 가진 자
(라) 실업에 관한 특별한 지식 기능을 가지고 도지사의 인가를 받은 자(인가를 받은 경우에는 종사하려는 학교의 종류, 정도, 학과 및 담임 학과목을 기재한 원서에 이력서를 첨부해 신청하도록 한다)

위의 조건에 해당할 것이 필요하지만, 교원의 정원 및 무자격 교원으로 대용하는 경우의 교원 제한에 관해서는 도지사가 정하는 바에 따르지만, 일반 실업학교에 비해 아주 완화된 것이다(사립학교교원의 자격 및 정원에 관한 규정 제7조 제2항, 제8조 제2항 및 제12조).

제4장 전문교육

제1 전문학교의 목적 및 종류

조선교육령 제4조에서 전문교육은 전문학교령에 따른다는 취지를 규정했다. 전문학교령 중 문부대신의 직무는 조선총독이 그것을 행하며, 또 전문학교 설립은 조선총독이 정한 바에 따르도록 했다.

전문학교령 제1조에는

고등의 학술 기예를 교수하는 학교는 전문학교로 한다.
전문학교는 인격의 도야 및 국체 관념의 양성에 유의(留意)한다.
전문학교는 특별한 규정이 있는 경우를 제외하고는 본 령의 규정에 따른다.

라고 규정되어 있고, 아울러 제12조에는 "제1조에 해당하지 않는 학교는 전문학교라고 칭할 수 없다"라고 했다. 또 조선교육령은 전문학교에 관해 조선총독이 정하는 것으로 위임했던 것은 전문학교 설립에만 해당하는 것이므로, 조선의 전문학교 설립에 관한 것을 제외한 모든 것은 전문학교령에 따라야 한다. 그렇지 않을 경우 전문학교라고 말할 수 없다. 그러나 전문학교령은 수업연한, 학과, 학과목 및 그 정도, 그리고 예과, 연구과 및 별과에 관한 규정에 대해, 관립학교에 관한 것은 문부대신이 정하고, 공립 또는 사립 전문학교에 관한 것은 관리자 또는 설립자가 문부대신의 인가를 거쳐 정하는 것으로 했다. 조선총독은 "문부대신의 직무를 행한다"라는 규정에 따라 이들 관립학교에 관한 규정을 정하고, 공립 또는 사립학교의 경우는 신청에 따라 그것을 인가하게 된다. 따라서 내지 및 조선 모두 학과의 종류, 학과목 및 수업연한에 따라 동일하게 "고등의 학술 기예를 교수한다"라고 해도, 내용상 각각의 특색을 가진 전문학교가 설치될 수 있다. "문부대신의 직무를 행한다"라는 조항에 따라 조선총독의 직무가 되는 사항은 위의 사항 이외에도 전문학교의 인가, 검정에 따른 입학 자격 부여, 교원 자격에 관한 규정 제정 및 감독에 관한 사항이 있는데, 위에서 언급한 조선총독의 직권 및 교육령의 위임규정에 따라 제정된 것으로, 관립학교의 해당 학교규정(경성법학전문학교규정, 경성의학전문학교규정, 경성고등공업학교규정, 수원고등농림학교규정, 경성고등상업학교규정 및 경성광산전문학교규정) 및 공립사립전문학교규정과 아울러 전문학교입학자검정규정 등이 있다.

제2 수업연한, 입학 자격 및 학과

전문학교 수업연한은 3년 이상으로 한다(전문학교령 제6조). 입학 자격은 중학교 혹은 수업연한 4년 이상의 고등여학교를 졸업한 자, 또는 이와 동등 이상의 학력을 가진 자로 검정받은 자 이상의 정도로 설립자가 정해야 한다. 위의 검정에 관한 규정은 조선총독이 정하는 것으로 되어 있다. 그에 따라 제정된 전문학교입학자검정규정은 별도의 장에서 서술하고자 한다.

그러나 미술, 음악 등의 학술 기예를 가르치는 전문학교 입학 자격은 별도로 조선총독이 정할 수 있다(전문학교령 제5조). 그에 따라 미술학교, 음악학교는 모두 중학교 또는 고등여학교 또는 그에 준하는 학교의 제3학년 수업 정도 이상으로 설립자가 정하도록 되어 있다[공립사립전문학교규정(이하 간단히 규정으로 함) 제10조].

전문학교는 본과 이외에 예과, 연구과 및 특별과를 둘 수 있다. 수업연한 및 입학 자격은 공사립전문학교의 경우 조선총독의 인가를 받아 적당히 정해도 무방하다.

제3 전문학교의 설립 및 폐지

관립전문학교는 필요에 따라 뜻대로(隨意)로 설립할 수 있지만, 공립전문학교는 도비(道費)에 한하여 그리고 토지의 정황에 따라 필요한 경우에 한 해 설립을 인정할 수 있다. 또 사인(私人)은 재단법인에 한 해 사립전문학교를 설립 할 수 있다(규정 제1조, 사립학교규칙 제4조).

공립 또는 사립 전문학교를 설립할 때는 공립사립전문학교규정 제2조의 기재사항을 갖추어 조선총독의 인가를 받아야 한다. 앞에서 언급한 입학 자격, 수업연한, 학과, 학과목, 학과의 정도 등은 학칙으로 정하여 인가를 받는다(규정 제13조).

공립 또는 사립의 전문학교를 폐지할 때는 그 사유, 생도의 처분 방법 및 폐지 일시를 갖추어 조선총독의 인가를 받아야 함은 다른 학교의 경우와 동일하다.

전문학교 본과 생도의 입학은 학과 과정이 같은 전문학교 간의 전학을 제외하고는 매년 1회로 하고 그 기간 30일 이내로 한다.

전문학교는 교지(校地), 교사(校舍), 교구(校具), 기타 해당 학교의 목적에 알맞은 설비를 갖추어야 함은 당연하다. 그 가운데 교사(校舍)에 관해 특히 목적에 맞게 필요에 따라 설비해야 할 여러 교실을 공립사립전문학교규정 제5조에 열거한 것은 중등학교 등의 경우와 현저히 그 취지를 달리하는 것이다.

제4 직원

관립전문학교 직원의 경우, 관리(官吏)인 자에 대해서는 조선총독부제학교관제에서 각 학교마다 학교장, 교수, 조교수, 기타 소요 직원을 배치하고 정원을 정하고 있다.

공립전문학교 직원의 경우 조선공립학교관제 제1조로 규정하여 학교장, 교수, 생도감(生徒監), 조교수, 서기를 두고 있다. 도립의학전문학교장은 그 지역(地) 도립의원의 원장인 의관(醫官)이 하도록 했다. 이외에 학교장 대우에 관해 어떤 규정도 없는 것은 다른 공립학교 설립이 현실적으로 예상할 수 없기 때문이다. 교수는 주임으로 하고, 조교수 및 서기는 판임으로 한다. 생도감은 교수 중에서 보직으로 한다. 직원의 정원은 조선공립학교직원정원규정 제1조로 규정하고 있으며, 현존하는 대구 및 평양의학전문학교에 각각 교수 7명, 조교수 3명, 서기 1명의 전임 직원이 배치되어 있다. 그런데 경비 사정이 허락된다면 촉탁교원, 강사 등을 몇 명 배치해도 무방하다는 것은 다른 공립학교와 동일하다.

관공립 모두 관리인 직원의 임용은 일반 공립학교의 경우와 마찬가지로 문관임용령에 따라 전형 임용된다.

사립전문학교는 교원 이외에 학교장을 두어야 하는데, 그 채용 및 해직은 모두 조선총독의 인가를 받아야 한다.

공사립전문학교 교원자격에 관해서는 공립사립전문학교규정 제8조에

1. 학위를 가진 자
2. 대학을 졸업한 자, 대학에서 시험에 합격하여 학사라고 칭할 수 있는 자, 또는 관립학교

졸업자로 학사라고 칭할 수 있는 자
 3. 조선총독이 지정한 자
 4. 조선총독이 인가한 자

로 규정되어 있다(위의 제3호는 아직 지정된 자가 없다). 위에 해당하는 자를 얻기 어려운 경우, 조선총독의 인가를 얻어 일시적으로 다른 사람을 교원으로 대용할 수 있다. 위에서 열거한 4호 및 임시대용교원으로 인가를 받으려면 공립학교는 도지사가, 사립학교는 설립자가 본인의 이력서를 구비해 신청한다. 단, 주천(奏薦)에 따라 임명된 자, 즉 공립학교 교수는 인가가 필요하지 않다. 따라서 공립학교에서 판임관인 조교수라도 앞의 1호부터 3호에 해당하지 않는 자를 임용할 때는 임용 전에 조선총독의 인가를 받아야 한다. 이러한 인가 신청이 있을 때, 조선총독이 필요하다고 인정하면 학술 검정을 하게 된다. 또한 인가 효력은 해당 학교에 재직하는 동안에 한한다.

제5 감독

공사립전문학교는 조선총독의 감독에 속한다(규정 제15조 및 조선공립학교관제 제3조 2부터 제3조 4 참조). 감독에 관하여 조선총독은 보고받고 검열하고 기타 필요한 명령을 내릴 수 있다. 직원도 역시 당연히 감독받는다. 따라서 공립전문학교 직원 가운데 판임관 이하의 경우 임면(任免)은 도지사가 행하므로 이들은 신분상 역시 도지사의 감독에 복종해야 한다.

제5장 대학교육 및 예비교육

제1 대학의 목적

조선교육령 제4조는 대학교육 및 그 예비교육은 대학령에 따른다는 취지를 규정하고 있고, 이 가운데 문부대신의 직무는 조선총독이 그것을 행하도록 했다. 그래서 다른 각 교육령, 예를 들면 보통교육의 경우는 소학교령, 중학교령 및 고등여학교령에 따르는 원칙에 대해 특례를 두었고, 실업교육의 경우는 실업학교의 설립 및 교과서에 관해, 또 전문교육의 경우는 전문학교 설립에 관해 조선총독에게 위임한다는 규정을 마련했다. 그러나 대학교육 및 예비교육의 경우는 예비교육인 대학예과의 교원 자격에 대해서만 조선총독이 정하는 바에 따른다고 한 것 이외는 전혀 조선총독에게 위임한다는 규정을 두지 않았다. 그런 까닭에 조선의 대학교육 및 예비교육은 대학예과의 교원자격을 제외하고는 완전히 예외없이 대학령 조항의 적용을 받는다.

다만 대학령 가운데 문부대신의 직무로 되어 있는 사항은 조선총독이 하게 되어 있는데, 문부대신의 직무를 조선총독이 행하는데 반드시 문부대신이 정한 것과 동일한 내용으로 정할 필요는 없으므로 이 점에서 다소의 차이가 있다. 대학령 제1조는

> 대학은 국가에 꼭 필요한 학술 이론 및 응용을 교수하고, 그 온오함(蘊奧)을 깊이 연구(攻究)하는 것을 목적으로 하며, 아울러 인격 도야 및 국가사상의 함양에 유의해야 한다.

라고 규정하고 있다. 교육이 국가적 사업에 속하는 까닭은 이미 여러 번 설명한 바인데, 대학교육 역시 이 범주를 벗어날 수 없음은 물론이다. 대학령 제1조에 특히 "국가에 꼭 필요한 학술 이론 및 응용을 교수"하고 그 온오함을 깊이 연구하는 것을 목적으로 한다는 취지를 명시하면서, 아울러 인격 도야 및 국가사상의 함양에 유의해야 한다는 취지를 규정했던 것은 필경 대학이 국가 최고의 학부(學府)로서 직접 개인의 온오한 학식 연마, 인격 도야를 꾀하는 것에만 중요한 목표가 있을 뿐만 아니라, 대학교육 시설 그 자체가 국가 발달에 기여하도

록 만들어진 시설이라는 점을 분명히 한 것이라고 말해야 한다. 따라서 대학은 학술의 온오함을 깊이 연구함에 있어서 어디까지나 국가의 이익을 수반해야 함을 바라 마지않으면 안된다.

제2 대학의 조직

대학은 여러 개의 학부(學部)를 두는 것을 보통으로 하는데, 특별히 필요할 경우는 오로지 한 개의 학부로 대학을 될 수도 있다(대학령 제2조 제1항). 전자를 종합대학이라 부르고, 후자를 단과대학이라 부른다.

조선의 대학교육 시설로는 경성제국대학이 있다. 경성제국대학은 법문, 의학 및 이학의 3학부로 구성되어 있으므로 전자에 속한다. 특히 경성제국대학에 관한 건[1924년(大正 13) 칙령 제105호]을 공포해 "경성제국대학은 제국대학령에 따른다"라고 하였다. 이 가운데 "문부대신의 직무는 조선총독이 행한다"라고 한 것은 경성제국대학이 종합대학으로 설치되었으므로 "대학교육 및 그 예비교육은 대학령"에 따른다는 취지였다. 이는 관립의 종합대학에 관한 공통 법규로서 정해졌던 제국대학령에 따르는 것이 당연하기 때문이다. "제국대학은 여러 개의 학부로서 구성된다"는 것이므로 종합대학이 아니면 제국대학이라 말할 수 없다.

학부는 법학, 공학, 문학, 이학, 농학 경제학 및 상학의 각 부로 되는데, 특별히 필요한 경우는 실질 및 규모가 한 개의 학부를 구성하는데 적당하면 위의 학부를 나누거나 합해 학부를 둘 수가 있다(대학령 제2조 제3항). 법문학부가 바로 그것이다. 학부에는 연구과를 두어야 한다. 종합대학은 연구과 간에 연결 협조를 꾀하기 위해 이를 종합해 대학원을 둘 수 있다.

제3 대학의 설립 및 폐지

대학은 제국대학, 관립, 공립 또는 사립으로 할 수 있다. 그러나 공립대학은 대학령에서 특별히 필요한 경우 홋카이도(北海道), 부현(府縣) 및 시(市)에 한해 설립할 수 있었는데, 조선은 부현을 대신할 수 있는 도(道), 시(市)를 대신할 수 있는 부(府)가 있지만, 조선교육령은 앞에서 서술했던 대로 대학령의 예외로서, 조선에만 별개의 제도로 둘 수 있는 것은 예비교육인 대학예과의 교원자격뿐이므로, 공립대학을 설치할 여지는 인정되지 않았다.

사립대학은 재단법인이어야만 하는데, 직접 해당 대학의 설립 유지를 목적으로 하는 재단법인이 아니어도 학교경영만을 목적으로 하는 것이라면 다른 재단법인이어도 무방하다. 그러나 이들 재단법인은 대학에 필요한 설비 또는 그에 필요한 자금 및 적어도 대학을 유지하기에 족한 수입을 만들어 내는 기본재산을 가지고 있어야 한다(대학령 제6조 및 제7조 제1항). 따라서 다른 곳의 기부금을 재단법인의 수입(收入)으로 하는 경우는 사립대학의 경영자가 될 수 없다. 위의 기본재산은 현금 또는 국채증권, 기타 조선총독이 정한 유가증권으로 공탁해야 한다.

사립대학의 설립은 대학규정[1926년(大正 15) 총령 제30호] 제1조에 열거된 사항을 구비하여 조선총독의 인가를 받아야 한다. 폐지 및 학부 폐지의 경우는 그 사유 및 재학자 처리방법을 구비해 조선총독의 인가를 받아야 한다. 조선총독은 위의 설립 및 폐지 인가에 대해 칙재(勅裁)를 청(請)해야 한다.

제4 대학교육의 예비교육

조선교육령에 따라 대학교육의 예비교육은 대학령에 따르도록 했으므로, 대학에는 반드시 예비교육 기관인 대학예과를 두어야 한다. 대학예과의 수업연한은 3년 또는 2년이다. 입학 자격은 수업연한 3년의 경우는 중학교 제4학년 수료자 및 조선총독이 정하는 바에 따라 동등 이상의 학력을 가진 자로 인정된 자여야 한다(대학령 제 13조 제2항). 이에 따라 고등보통학교 제4학년 수료자, 조선총독이 대학예과 입학에 관해 지정한 자, 고등학교 고등과 입학할 자격을 가진 자가 각각 중학교 제4학년 수료자와 동등 학력을 가진 자로 된다(대학규정 제5조). 또 수업연한 2년의 경우는 중학교 졸업자 또는 조선총독이 정한 바에 따라 그와 동등 이상의 학력을 가진 자여야 한다(대학령 제13조 제3항). 이에 따라 전문학교입학자검정규정에 의해 시험 검정에 합격한 자, 조선총독이 일반 전문학교 입학에 관하여 중학교 졸업자와 동등 이상의 학력이 있다고 지정한 자 및 조선총독이 특수 전문학교 입학에 관해 중학교 졸업자와 동등 이상의 학력이 있다고 지정한 자(단 이에 해당하는 자가 진입해야 할 대학의 학부 또는 학과는 조선총독의 인가를 받아야 한다)가 각각 중학교 졸업자와 동등 이상의 학력을 가진 자로 된다(대학규정 제6조).

경성제국대학예과(수업연한 3년)의 입학 자격은 별도로 경성제국대학예과규정[1924년(大正 13) 총령 제21호]으로 정하고 있다.

대학예과의 생도 정원은 매년 예과 수료자가 그해 대학이 수용할 수 있는 인원을 넘지 않는 정도여야 한다.

제5 학부의 입학 자격 수업연한 및 정원

학부에 입학할 수 있는 자는 해당 대학예과를 수료한 자, 고등학교 고등과를 졸업한 자, 이 외에 해당 대학에서 조선총독의 인가를 받아 대학예과를 수료한 자와 동등 이상의 학력이 있다고 인정된 자로 한다. 학부 입학은 입학 자격자에 대해 대학이 조선총독의 인가를 받아 순위를 정할 수 있다. 같은 순위에 있는 학부 지원자의 수가 수용 정원을 초과하는 경우의 선발방법에 관해서는 조선총독의 인가를 받아 정해야 한다.

학부의 수업연한은 별도로 정해져 있지 않다. 학부에 3년 이상(단 의학을 이수하는 자는 4년 이상) 재학해 정해진 시험을 보고 합격한 자는 학사로 칭할 수 있는데, 대학규정으로 학칙에 학부 재학 연한을 규정하도록 요구할 수 있다.

제6 설비, 직원 및 감독

대학은 그 목적 및 규모에 맞게 교수(敎授) 및 연구에 필요한 설비를 갖추어야 한다.

제국대학 및 관립대학의 직원은 관제로 규정되어 있는데, 사립의 경우는 상당하는 정원의 전임교원을 두어야 한다는 취지를 규정하는 것 이외에 정원은 정해져 있지 않다.

사립대학 교원의 채용은 조선총독의 인가를 받아야 하는데, 그 신청서에 담임 학과목을 기재하고 이력서 및 호적초본을 첨부해야 한다.

대학의 감독은 전문학교의 경우와 동일하다.

〔부(附)〕

학위수여는 1931년(昭和 6) 칙령 제268호에 의해 "조선, 대만 및 남만주철도 부속지의 학위수여는 학위령에 따르는"것으로 했다. 학위령에 따르면 학위는 박사로 하고 "대학에서 문부대신의 인가를 받아 수여한다"라고 되어 있다. 따라서 학위수여에 관해 조선총독은 어떠한 권한이 없다. 이 교육행정 부분은 조선총독의 권한에 비추어 보면 아주 이례적이다. 학위가 영전(榮典)이 아니고 일종의 칭호라고 본다면 학위령 조문의 규정(條規)에서 적으나마 대학의 감독권을 가진 조선총독에게도 당연히 학위수여 권한을 부여해야 한다고 생각하는데, 그렇지 않은 제도로 한 것은 박사 종류의 통일, 학위가 학문상 최고의 지위를 표시하는 영예로서, 그것을 수여할 때까지의 절차가 지역에 따라 다르므로, 일반 사회가 학위에 대해 만에 하나라도 차별 관념을 갖게 하는 듯한 일은 없도록 해야 한다는 취지에서 나온 것은 아닐까 생각한다.

제6장 사범교육

제1 조선의 사범교육 특수성과 사범교육의 목적

조선교육령 제5조 1항은

사범교육을 위한 학교는 사범학교로 한다.

라고 했고, 또 제2항은

사범학교는 특별히 덕성의 함양에 힘써 소학교 교원이 될 자의 양성을 목적으로 한다.

라고 규정하고 있다. 즉 조선에서 사범교육을 하는 학교인 사범학교는 소학교교원의 양성에 머무르고, 사범학교, 중학교 및 고등여학교의 교원 양성을 목적으로 하지 않는다.

조선교육령에서 내지에 상당하는 정도의 교육을 하는 것에 관해 내지의 학교령에 따르지 않는 것은 사범교육과 실업보습교육뿐이다. 그런데 실업보습교육은 제3장에서 서술한 것처럼 연혁으로 보면 틀림없이 실업학교령에서 온 것이지만, 사범교육은 전혀 그렇지 않다. 조선의 특수한 사정에서 오는 부담을 견뎌내어야 할 교원을 양성한다는 절실함에 비추어 준거법(準據法)이 되어야 할 사범교육령에 의거하지 않고, 처음부터 독특한 제도로 설치해 경영되었던 것이다. 즉 내지의 사범교육령은 사범학교, 중학교 및 고등여학교 교원을 양성하는 고등사범학교, 사범학교 여자부 및 고등여학교 교원을 양성하는 여자고등사범학교, 소학교 교원을 양성하는 사범학교의 3개 제도로 이루어진다. 그런데 사범학교, 중학교 및 고등여학교 교원의 수요로 보면 남자 또는 여자 고등사범학교를 설치하는 것은 아직 그 수준에 도달해 있지 않을 뿐만 아니라, 사범학교의 설치 및 비용 부담과 같이 내지와 동일한 제도를 곧바로 적용하는 것은 실정에 맞지 않은 점이 있기 때문이다.

그리고 사범학교는 조선교육령에서 소학교 교원 양성을 목적으로 하는데 "특별히 덕성의 함양에 힘"써야 함을 제시하였다. 그런데 이미 소학교의 인적 설비로서 그 목적을 달성해야 할 "교원이 될 자"의 양성에서 사범학교는 교육 전 분야에 만전을 꾀해야 함은 굳이 부언할 필요도 없는 것이므로, 스스로 훈염감화(薰染感化)에 부족함이 없도록 "덕성의 함양"에 특별히 힘써야 함을 요구하여 이렇게 규정했던 것이라고 볼 수 있다.

제2 학과, 수업연한 및 입학 자격

보통과·연습과·심상과

사범학교 수업연한은 보통과 5년, 연습과 2년으로 하고, 여자는 보통과 1년을 단축해 6년으로 할 수 있다. 이것이 소위 사범학교 본과에 해당한다. 특별한 사정이 있는 경우 별과로 심상과를 두거나 또는 심상과만을 두는 사범학교를 설치할 수 있다[조선교육령 이하 간단히 령(令)이라 칭한다. 제8조].

여기서 말하는 특별한 사정이란 교원 보충에서 꼭 필요한, 그리고 재정상 필요 등을 의미한다. 심상과 수업연한은 남자 5년, 여자 4년이다(령 제9조 1항).

보통과 및 심상과는 모두 심상소학교 졸업자(6년제) 또는 조선총독이 정하는 바에 따라 동등 이상의 학력이 있다고 인정된 자를 입학시킨다. 그리고 연습과는 보통과 수료자, 중학교 졸업자 혹은 수업연한 4년 이상의 고등여학교 졸업자 또는 조선총독이 정하는 바에 따라 동등 이상의 학력이 있다고 인정되는 자를 입학 시킨다(령 제7조 및 제9조 2항).

보통과는 보통교육을 주로 하는 사범학교 기초교육의 전수를 방침으로 하며, 연습과는 직접 교원에게 꼭 필요한 교육을 전수하고 실습을 부과해 사범학교의 완성교육이 되게 한다.

그러므로 보통과를 수료해도 그것만으로는 어떤 자격도 부여받지 못하지만, 이에 비해 연습과는 그 자체가 완성교육이므로 그것만으로 일정한 자격을 부여받는다.

심상과도 연습과와 마찬가지로 완성교육이므로, 보통과와 달리 연습과로 직접 연결되지 않는다. 또 심상과는 사범학교의 소위 본과와 비교해, 심상소학교 졸업 후의 교육 연한이 2년 단축되므로 교원양성의 수준은 낮다.

〔주〕
　사범학교의 소위 본과라고 칭해야 할 보통과 및 연습과(보통과와 연결되는 수업연한은 남자 7년, 여자 6년으로 심상소학교와 연결된다)는 흡사 내지의 사범학교 제1부(2년제 고등소학교 졸업 정도를 입학 자격으로 하고 수업연한은 5년)에 상당하고, 연습과는 또 제2부(중학교 또는 고등여학교 졸업 정도를 입학 자격으로 하고 수업연한은 2년)에도 상당한다. 즉 심상소학교 졸업 후의 교육 연한으로 보면, 내지 사범학교 본과 졸업자와 조선 사범학교 졸업자는 완전히 동일(여자는 조선의 경우 1년 단축)하다. 그러나 이처럼 내지의 제도에 비해 입학 자격을 낮추고, 대신 수업연한을 연장하는 제도를 채용했던 것은, 긴 교육기간으로 농후(濃厚)한 사범교육을 하는 한편, 고등소학교와 연결하면 이런 종류의 학교가 부족한 조선에서 입학 자격자를 얻기 어렵다는 특수한 사정에 기초한 것이다.

　심상과는 심상과만 편성함으로서 사범학교가 될 수 있다. 특별한 사정이 있을 때는 이들 사범학교에도 연습과를 둘 수 있다(령 제8조 및 제10조). 그러나 연습과는 연습과만으로 하나의 학교를 편성할 수 없다.

〔주〕
　연습과의 수업연한은 종전에 1년이었으나, 내지에서 사범학교 본과 제2부의 수업연한을 연장해 2년으로 함에 따라, 1933년(昭和 8)부터 2년제로 변경했다. 또 심상과는 1929년(昭和 4) 특과라고 칭하고 수업연한 2년 또는 3년으로, 수업연한 2년의 고등소학교 졸업자를 입학시키던 학과를 고쳐, 본 제도의 학과로 하여 오늘에 이르렀다.

연구과·강습과

　사범학교는 연구과 또는 강습과를 둘 수 있다. 그러나 연습과를 두지 않은 학교는 연구과를 설치할 수 없다(령 제11조)

　연구과는 사범학교를 졸업한 자 또는 이와 동등 이상의 학력을 가진 자를 입학시켜 사범학교 졸업 이상의 정도에서 더욱 정심(情深)한 학수(學修)를 이루도록 했다. 수업연한은 1년 또는 2년이다[사범학교규정(이하 간단히 규정이라 칭함) 제89조]. 여기서 말하는 사범학교 졸업자란 연구과를 설치할 수 있는 학교 제한을 고려해, 소위 본과 즉 연습과 졸업자를 지칭함은 물론이다.

강습과는 소학교 교원의 학력 보충에 필요한 강습을 하는데, 특별한 사정이 있을 경우 소학교 교원이 될 자에게 필요한 강습을 하는 교원양성 목적의 강습과를 둘 수 있다.

교원양성 목적의 강습과는 소학교 교원양성하는 것과 심상소학교 교원양성 하는 것으로 구별되며, 강습기간은 전자의 경우 1년 이상, 후자의 경우 6개월 이상으로 한다. 강습과에서 양성하는 소학교 교원은, 입학 자격을 중등학교 졸업자 정도 이외로 한 특별한 경우를 제외하고는, 원칙적으로 보조교원이 될 자를 양성한다는 의미로봐야 한다. 그렇지 않으면 사범학교의 소위 본과 또는 심상과와 상반되는 결과가 되어, 이들 양성 계통과 마찰을 일으키게 된다(규정 제87조).

강습과 입학 자격은 교원양성의 경우 수업연한 2년의 고등소학교 졸업자 또는 그와 동등 이상의 학력을 가진 자를 기본으로 한다. 그러나 특별히 필요할 때는 조선총독의 인가를 받아 중학교 혹은 수업연한 4년 이상의 고등여학교 졸업자 또는 그와 동등 이상의 학력을 가진 자를 입학시킬 수 있다(규정 제88조).

여기서 말하는 특별한 필요란 주로 단기 속성의 교원양성이 꼭 필요한 경우를 의미한다.

이처럼 사범학교 학과는 본과에 해당하는 것으로 보통과 및 연습과가 있고, 이외에 별과로 심상과 제도를 두어 소학교 교원이 될 자를 양성한다. 또한 강습과 및 연구과 제도를 두어, 꼭 필요한 학력을 보충하거나 혹은 정심(精深)한 학수(學修)을 이루도록 하였다. 강습과의 경우 보조 교원을 양성할 수 있는 등 그 조직이 아주 복잡하므로 편의상 학과를 일람표(〈그림 4〉)로 만들어 참고한다.

<그림 4> 학과 일람표

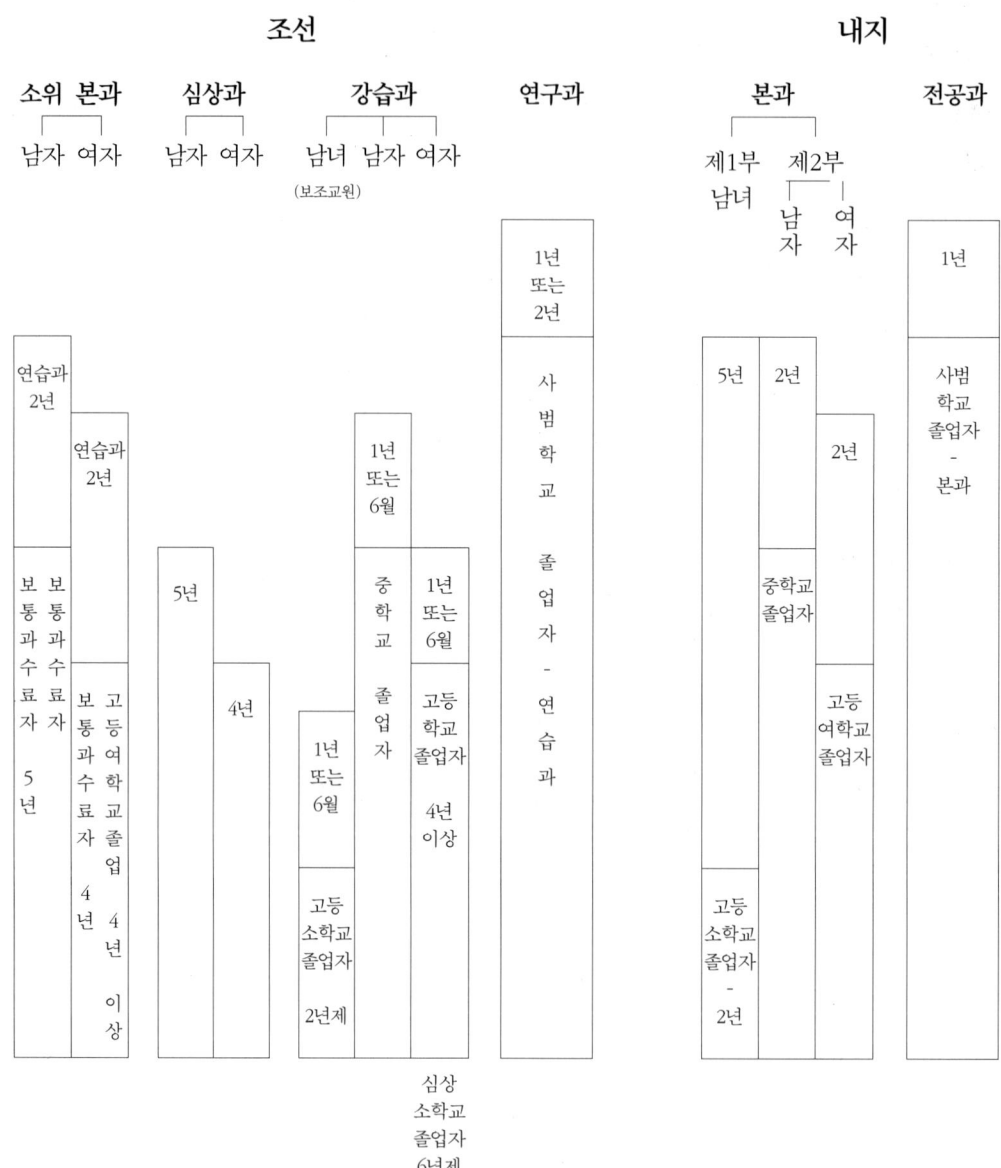

제3 설립 및 폐지

사범학교는 관립 또는 공립이 있다. 공립 사범학교는 도(道)가 설립한 것만을 인정한다(령 제13조). 즉 사범학교는 국민교육의 기초인 소학교 교육의 중책을 담당하는 교원 양성을 목적으로 한다는 중요성을 고려해, 국가가 직접 설립 경영하는 것 이외는 도(道)가 설립한 것만을 인정하는 것이다.

〔주〕
조선의 교원양성은 병합 이후 관립학교에 부설된 단기 학과로 충당하는데 머물렀고, 교육령으로 사범학교라 칭하는 것을 두지 않았다. 그러나 1921년(大正 10) 비로소 관립 경성사범학교(관제에 따라 설치)를 설치했고, 이어 1922년(大正 11) 공포된 조선교육령에 따라 사범교육 제도가 설치되기에 이르렀다. 이에 1922년(大正 11)부터 1924년(大正 13)까지 특과[이 제도는 1929년(昭和 4) 현재 심상과로 바뀌었는데, 당시 수업연한은 2년 또는 3년으로, 2년제 고등소학교 졸업 정도를 입학 자격으로 했다]를 둔 공립 사범학교가 각 도에 보급되었다. 그렇지만 입학 자격으로 고등소학교에 상당하는 보통학교 고등과는 당시 전 조선에 걸쳐 아주 적어서 자격을 갖춘 입학자를 구하기가 어려웠다. 그뿐만 아니라 각 도의 교원 수요 상황을 보면 사범학교 규모가 협소한 것은 어쩔 수 없는 것이었고, 또 설립단체인 도(道)의 재정도 빈약해 설비의 충실을 꾀하기가 어려운 실정이었다. 그래서 1929년(昭和 4) 위의 특과 제도를 현재의 심상과 제도로 고쳤고, 이와 동시에 1931년(昭和 6) 3월 말 각 도립의 사범학교를 모두 없애고, 이후 사범학교는 국비로 설치 경영한다는 방침을 채택해 오늘에 이르렀다.

사범학교 설립은 관립의 경우 관제로 정한다. 그 관제로 다른 관립학교에 동일하게 적용되는 관제인 조선총독부제학교관제[朝鮮總督府諸學校官制, 1922년(大正 11) 칙령 제151호]가 있다.

공립의 설립 및 폐지는 조선총독의 인가를 필요로 한다(령 제15조). 설립 절차는 사범학교규정 제1조에 열거된 사항을 갖추어 신청해야 한다. 설립 사항 가운데 학칙으로 규정해야 할 사항은 사범학교규정 제3조로 규정하고 있다. 그런데 중학교 등의 경우와 비교하면 학자(學資) 및 수업비, 강습과, 연구과, 부속소학교 및 부속유치원 등에 관한 사항을 규정해야 하는 점이 다르다.

사범학교는 부속소학교를 설치해야 한다. 단, 특별한 사정이 있는 경우 공립소학교로 그것을 대용(代用)할 수 있다(령 제12조). 또한 사범학교규정 제1조의 설립사항 가운데는 "부속유치원을 설치할 때 유아의 정원 및 학급(組) 편제"도 신청이 필요했고, 사범학교규정 제4조는 "여생도를 수용하는 사범학교에 가능한 한 유치원을 설치해야 한다. 단, 공립 또는 사립 유치원으로 이를 대용할 수 있다"라고 규정하고 있다. 부속유치원 설치의 경우 조선교육령에는 적극적인 규정이 없지만, 교육실습에 관한 설비로 그 설치를 명(命)하고 있다.

공립 사범학교의 폐지는 간단히 인가를 거치면 된다. 그런데 폐지 인가신청을 할 경우 생도의 처분방법을 정할 필요가 있음은 다른 학교와 마찬가지이다. 폐지의 경우 학적부의 관리(處置)도 역시 마찬가지로 해야 한다.

제4 생도 교양의 요지

사범학교의 목적은 이 장(章)의 앞부분에서 기술한 바로, 그 목적은 단지 "소학교 교원될 자"에게 꼭 필요한 지식 기능을 얻도록 함을 요의(要義)로 하는 데 그치지 않고, "충량한 황국신민을 육성하는" 자질을 갖춘 "교원 될 자"를 양성하는 데 있다. 그러므로 사범학교 교육에서 특히 이 점에 관해 많은 준비(用意)와 세심한 주의를 필요로 함은 말할 필요도 없다. 이에 특별히 사범학교규정 제1장의 제5조에서 10항으로 된 생도교육에서 유의해야 할 점을 분명히 하였고 그것을 철저히 해야 할 방법을 강조했다. 그리고 이런 사상에서 또 학과의 정도와 관련해, 제8조부터 제15조, 제27조부터 제39조, 제43조부터 제49조에서 각 학과목의 교수요지와 교수 상의 주의를 구체적으로 제시한 것은 중학교 및 고등여학교의 경우와 같다.

제5 보통과·연습과·심상과

(1) 학과의 정도
가) 보통과
학과목은 남자의 경우 수신, 공민과, 교육, 국어 한문, 조선어, 역사, 지리, 외국어, 수학, 이과, 직업, 도화, 수공, 음악, 체조의 15과목을 필수로 개설한다. 이와 동시에 여자의 경우는 위의 과목 이외에 가사, 재봉을 추가하고 국어한문은 국어로만 한다. 외국어는 지나어(支那語), 독어, 불어, 또는 영어 가운데 하나를 부과하는데, 여자의 외국어는 빼거나 또는 수의과목으로 할 수 있다.

〔주〕
외국어는 종전에 영어를 부과하였으나, 1938년(昭和 13) 3월 발포된 개정 규정에 따라 위와 같이 개정되었다.

이들 각 학과목의 교수 요지 및 교수상의 주의점은 사범학교규정 제8조에서 제25조로 규정되어 있다. 그런데 보통과는 사범교육의 기초교육을 하는 것이므로 주로 보통교육을 실시하며, 소학교의 각 학과목 교수에 꼭 필요한 교수법은 가르치지 않는다. 이상의 각 학과목 매주 교수시수는 사범학교규정 제26조의 규정에 따라 남자는 제1호 표, 여자는 제2호 표에 따라야 한다. 그런데 직업 또는 가사의 실습 및 음악의 악기 사용법은 위의 각호 표 교수시수 이외로 부과할 수 있다. 계절에 따라서는 각 학과목의 1년간 매주 교수시수를 증감시키지 않는 범위 내에서 매주 교수시수를 변경할 수도 있다. 또 학교장은 필요에 따라 조선총독의 인가를 받아 매주 교수시수 36시간의 범위에서, 각 학과목의 매주 교수시수를 증가할 수 있다. 다만 남자 체조의 매주 교수시수는 위의 사항에도 불구하고 증가해도 무방하다. 또 여자의 경우 외국어를 뺄 경우 그 매주 교수시수는 다른 학과목에 배당한다.

나) 연습과

학과목은 남자의 경우 보통과의 남자, 여자의 경우 보통과의 여자 학과목 가운데 각각 외국어를 제외한 다른 학과목과 동일한 학과목을 부과한다. 단 남자 실업학교 졸업자인 생도에게는 직업과목 가운데 실업학교에서 학습하는 사항을 부과하지 않아도 무방하다. 또 여자의 경우 보통과는 국어를 부과하지만, 연습과는 국어 및 한문을 부과하도록 한다.

각 학과목의 교수 요지 및 교수상 주의점은 각각 사범학교규정 제29조에서 제39조로 규정하고 있다. 각 학과목마다 교수법을 부과하고, 또 교육은 교육실습 이외에 남자의 경우 외국어 교수법, 여자의 경우 보육실습을 부과하도록 했다. 교육과에서 외국어 교수법을 부과하는 것은, 연습과의 필수 학과목 가운데 외국어를 생략하고 있지만 고등소학교에서 이런 종류의 과목을 부과하는 경우를 고려해 교수법을 가르쳐 두는 것이다.

매주 교수시수는 사범학교규정 제40조 규정에 따라 남자는 제3호 표, 여자는 제4호 표에 따르도록 한다. 위의 각호 표 예외규정으로 보통과의 경우와 대략 동일한 규정을 마련한 것 외에, 교육실습은 위의 제3호 표 내지 제4호 표에도 불구하고 제2학년에서 약 10주간 부과하도록 했다.

다) 심상과

학과목은 남녀 모두, 보통과 남자 또는 여자 학과목 가운데서 각각 뺀 학과목을 필수과목으로 한다. 연습과로 비교하면, 필수과목의 경우 남자는 연습과와 완전히 동일하지만 여자의 경우는 연습과에서 국어한문을 가르치는데 비해, 심상과는 국어를 가르치는 점만 다르다. 그리고 심상과의 경우 학교장은 필요에 따라 조선총독의 인가를 받아 위의 필수과목 이외에 수의과목으로 필요한 학과목을 더 할 수 있다. 따라서 외국어 등을 부과할 수 있는 여지도 남아 있다.

각 학과목의 교수요지 및 교수 상의 주의점은 사범학교규정 제43조에서 제49조로 규정되어 있다. 연습과의 경우와 마찬가지로 각 학과목마다 교수법을 제시함과 동시에, 교육과는 교육실습을 부과하고 또 여자에게는 보육실습을 부과한다.

매주 교수시수는 사범학교규정 제50조의 규정에 따라, 남자는 제5호 표, 여자는 제6호 표에 따라야 한다. 또 위의 각호 표에 대한 예외규정으로 연습과와 거의 동일한 규정을 두고 있는데, 교육실습은 최종 학년의 적당한 시기에 약 8주간 부과한다. 또 수의과목으로 필요한 학과목을 부과하는 경우 매주 교수시수는 1과목당 2시간 이내로 하되, 다른 학과목의 매주 교수시수를 줄이거나 또는 매주 교수시수의 최고 한도(36시간) 범위에서 교수시수를 증가해 충당하도록 했다. 이 경우 수신, 공민과, 국어한문(남자), 국어(여자), 직업, 체조의 교수시수를 줄이는 것은 허용되지 않을 뿐만 아니라, 수의과목이라는 이유로 학습하지 않는 생도에 대해 다른 학과목의 매주 교수시수를 줄이는 것은 허용하지 않는다.

(2) 학년, 학기, 교수일수, 교과서 및 편제

학년은 4월 1일 시작해 다음 해 3월 31일 끝나는데, 조선총독의 인가를 받아 9월 1일 시작해 다음 해 8월 31일 마치는 학년을 둘 수 있다. 교원 수요는 소학교 학년 시작에만 한정되지 않는 것이므로, 교원 보충의 필요 등 특별한 사정이 있는 경우를 고려한다. 학년을 3학기로 하는 것은 중학교 등과 동일하다. 교수일수는 수학여행에 해당하는 일수를 제외하고 200일 이상으로 한다. 그리고 전염병 예방, 기타 비상재해 때문에 임시휴업하는 경우 위의 교수일수를 줄일 수 있지만, 중학교 또는 고등여학교의 경우 평상시에 특별한 사정에 따라 조선총독의 인가를 받아 휴업할 수 있는 제도는 두고 있지 않다. 따라서 사범학교의 경우 전염병 예방, 기타 비상재해를 위해서가 아닌 한 수업일수 200일을 내려가는 휴업은 허용하지 않는 것이다(규정 제52조 및 제53조). 200일의 수업일수를 내려가지 않는 경우 학칙 가운데 상당하는 규정이 있으면 임시휴업을 해도 상관없다.

학급은 같은 학과 같은 학년의 생도로 편제해야 한다. 특별한 학과목의 합동교수는 같은 학과 같은 학년의 경우만을 인정하고, 중학교처럼 전 학년의 합동교수는 인정하지 않는다. 한 학급의 수용 인원은 중학교 등과 마찬가지로 50명이지만, 내지의 사범학교가 40명 이내인 것에 비하면 얼마간 수용과다(收容過多)라는 경향이 없지는 않지만, 소학교 보급을 급속히 해야 하는 조선의 사정으로 보면, 실행에서 감원해 수용을 할 수 있으므로, 현재 사정으로는 제도상 어쩔 수 없다고 말해야 할 것이다.

교과서는 조선총독 또는 문부대신의 검정을 거친 사범학교, 중학교, 고등학교의 교과용 도서에 대해 조선총독의 인가를 받아 학교장이 정하는 것을 원칙으로 하고 있다. 사용목적의 범위가 사범학교, 중학교 또는 고등여학교용으로 한정되어 있지 않는 것은, 가령 검정을 거친 교과서라 하더라도, 사용할 수 없는 것은 중학교 등의 경우와 그 취지를 달리한다. 다만 특별한 사정이 있을 경우 조선총독의 인가를 받으면 일시적으로 다른 교과서를 사용해도 무방하다. 조선총독부에서 편찬한 사범학교 교과서가 있다면 이와 관계없이 사용해야 한다(규정 제57조).

(3) 입학, 퇴학, 휴학 및 징계

생도가 입학하는 시기는 학년 초부터 30일 이내인데, 결원이 있으면 입학할 해당 학과 제

1학년으로 입학할 자격을 가지며, 학력(學力) 및 연령이 해당 학년에 상당하는 자로 보결할 수 있다. 그러나 실제로 보결 입학은 시행하고 있지 않다.

제1학년으로 입학할 자격은 조선교육령 제7조 및 제9조 제2항에 규정되어 있다. 동 규정 가운데 조선총독에게 위임하는 규정에 기초하여 보통과 및 심상과는 사범학교규정 제60조에서, 연습과는 동 규정 제61조에서 각각 입학 자격을 정하고 있다.

보통과 수료자는 당연히 보습과로 진입하는 것이므로, 이것을 제외하고 입학지원자 수가 입학시킬 수 있는 인원을 초과할 때는 입학 자격의 정도에 따라 선발시험을 행해야 한다. 선발시험은 학업성적 심사에 따른 무시험검정으로 대신할 수 있다(규정 제62조). 그리고 입학하는 자는 선발시험에 합격하고 체격검사를 받아 합격한 자로 품행방정한 자로 한다(규정 제64조)라고 되어 있다. 이처럼 체격 및 품행에 관해 법규로 명문화해 둔 것은 사범학교에 관해서뿐이다. 또 이상의 요건에 합치하는 지원자로 아버지가 소학교 훈도 등 현직에 있거나 직(職)에 있었던 자일 경우, 사범학교규정 제65조에서 규정하는 조건을 구비한 경우에 한해 다른 지원자보다 우선 입학시킬 수 있다.

과정 수료 또는 모든 학과의 졸업, 휴학 제도는 중학교 경우와 마찬가지인데, 학교장이 생도에게 퇴학을 명해야 하는 경우는 1) 성행(性行) 불량으로 교원 되기에 부적당하다고 인정한 경우, 2) 학력 열등 또는 신체 허약으로 학업 완수의 가능성이 없다고 인정한 경우여야 한다. 그리고 생도의 임의 퇴학도 어쩔 수 없는 사정이 있어 학교장의 허가를 받지 않았다면, 자기의 편의에 따라 퇴학하는 것은 허용되지 않는다. 그런 까닭에 사범학교는 생도의 입학 허가에서 엄밀한 심사를 거쳐 입학자를 면밀히 선택(精選)함과 아울러 입학 허가자로부터는 소정의 조건 실행 서약서를 받는 것이 통례이다.

(4) 학자금 및 졸업 후의 복무

사범학교는 국가가 필요로 하는 직무에 종사하도록, 거기에 필요한 조건에 직접 합치하는 자를 양성하는 것이기 때문에 사용료인 수업료 징수의 여지는 전혀 발생하지 않는다. 그리고 이 취지에 따라 생도에게는 학자금을 지급하는 것을 원칙으로 하고 있다(규정 제73조 내지 제86조 참조). 따라서 생도에게 퇴학을 명하거나 자기의 편의에 따라 퇴학하는 경우, 관비생은 수업료 및 재학 중에 지급받은 학자금을, 사비생은 수업료를 상환토록 한다. 단 사정과 형편에 따라 그 전부 또는 일부를 면제할 수 있다(규정 제75조). 학자금 지급은 전부 지급과 일부 지급의 구별이 있는데, 여기서 말하는 관비생은 물론 학자금의 일부 지급을 받는 자도 포함된다.

이어 졸업자는 일정기간 복무의 의무를 진다. 복무의무는 소학교 교원의 직에 종사해야 할 의무와 위의 의무연한 내에 일정기간은 지정된 직무에 종사해야 하는 의무가 있다. 전자를 통상복무 의무연한, 후자를 취직지정 의무연한이라고 칭한다.

이 복무 의무연한, 취직지정 의무연한 등은 학자금 전부지급, 일부지급, 또는 사비 졸업의 구별에 따라 각 학과 졸업자에 대해 사범학교규정 제76조 내지 82조 및 86조로 규정하고 있다. 그러나 이 의무연한 내에 있을 경우 멋대로 임의 퇴진하는 것은 허용되지 않으므로, 복무의무를 이행할 수 없는 사유가 생기거나 외국 정부에 초빙으로 교원의 직에 종사할 때는 의무이행의 구속에서 벗어나 복무의무의 유예 또는 면제 처분을 한다. 이외에 복무의무의 유예 또는 면제는 후술하는 교원양성을 목적으로 하는 관공립학교에 입학하는 경우가 있다. 정당한 사유 없이 복무의무를 이행하지 않는 자, 징계받아 면관(免官) 면직(免職)의 처분에 처하거나 사립학교규칙 제14조 교원채용인가취소처분을 받은 자 등에 대해 관비졸업자의 경우는 수업료 및 재학 중에 지급받은 학자금을, 사비(私費) 졸업자의 경우는 수업료 상환을 명령한다. 다만 사정과 형편에 따라 전부 또는 일부를 면제할 수 있다(규정 제82조부터 제86조 참조).

제6 강습과 및 연구과

강습과 및 연구과의 목적, 수업연한, 입학 자격은 이미 기술한 대로이다. 그리고 강습과 가운데 교원 양성을 목적으로 하는 자와 연구과 수료자에게는 반드시 수료증을 수여해야 한다.

교원양성의 강습과 및 연구과 생도에 대한 학자금 급여와 수업료 및 학자금 상환 또는 면제는 관립사범학교의 경우 보통과, 연습과, 심상과를 동일하게 다룬다(규정 제91조). 또 복무의무의 경우, 학자금을 받은 자는 전부인가 아닌가에 상관없이 규정된 수업기한에 1년을 더한 기간을, 사비 수료자는 규정된 수업기간과 동일한 기간을 조선에서 학사에 관한 직무에 종사해야 할 의무를 진다. 더불어 학자금 급여를 받은 자는 복무의무기간에 일정기간 조선총독이 지정한 복무에 종사할 의무를 진다(규정 제92조). 의무기간 중에 의무이행에 필요한 사항 및 의무복무의 유예 또는 면제 혹은 학자금 및 수업료 상환 또는 면제 등도 연습과 및 심상과 졸업자와 동일하게 취급한다(규정 제93조 참조). 다만 연습과 또는 심상과 졸업자가 복무의무기간 중에 교원양성을 목적으로 하는 관공립학교에 입학하려 할 경우 사정에 따라 허가하고, 거기에 입학한 경우는 재학 중 복무의무 이행을 유예한다. 아울러 졸업 후 그 학교에 관한 법령에 따라 복무의무를 다해야 할 경우 유예 중의 복무의무는 면제된다(규정 제83조 참조). 그런데 강습과 및 연구과 수료자의 경우, 교원양성강습과는 설치의 의의가 교원 수요에서 긴급을 요하는 것이고, 또 연구과는 사범학교 졸업자에 대한 특별한 교양시설이기 때문에, 이들 학과 수료자는 복무의무기간 중에는 관공립학교로의 입학을 허용하지 않는 것으로 되어 있다.

학력 보충을 위한 강습과는 그 성격상 이상과 같은 학자금의 급여, 복무의무, 학자금 면제, 복무의무유예 등의 제도를 적극적으로 두지 않는다. 공립사범학교 강습과 또는 연구과도 관립사범학교의 경우와 동일한 방침에 따르지만, 오직 수료자 복무의무기간 및 취직지정은 도립(道立)이므로 도지사가 정하는 것은 공립사범학교 여타 학과의 경우와 동일하다(규정 제94조).

강습과 및 연구과는 앞서 서술한 바와 같이 수업 기간도 동일하지 않고, 또 강습과의 경우 그 내용이 제각각이므로 학과목 및 그 정도뿐만 아니라 학년, 학기, 수업시수, 기념식일, 편제, 입학, 퇴학, 휴학 및 징계 등은 법령상 명문화해 규정하고 있지 않다. 그러므로 이들 사항 및 기타 필요한 사항은 관립사범학교의 경우 학교장이, 공립사범학교의 경우 도지사가 조선총독의 인가를 받아 정하는 것으로 하여 융통성을 주고 있다(규정 제95조).

제7 부속소학교 및 부속유치원

부속소학교는 조선교육령 제2조 제1항의 소학교령에 의한 이른바 소학교가 아니다. 그런데 부속소학교는 사범학교 조직 내에 포괄되어 소학교 교육의 방법을 연구하고 교육실습을 하는 사범학교의 한 시설이라고 하더라도, 부속소학교 아동교육의 관점에서 보면 명칭에서도 나타나듯이 일종의 소학교임에는 틀림이 없다. 따라서 사범학교규정 제96조는 소학교규정 제1조 외의 소학교의 종류, 수업연한, 교과목 및 교칙 대부분과 아울러 휴업일, 기념식일,

보습과 및 교과서 등 소학교규정 조항을 각각 부속소학교에 준용하도록 했다.

부속소학교에는 심상소학교 교과와 고등소학교 교과를 병치(併置)해야 할 뿐만 아니라(규정 제97조), 학급 편제도 어쩔 수 없는 사정이 있는 경우를 제외하고는 소위 단급, 복식 및 단식 학급, 혹은 2부교수를 하는 학급 등 소학교에서 편제된 학급과 동일한 것을 모두 설치하도록 했다(규정 제98조).

부속유치원도 목적, 보육의 요지, 정도 및 항목 등은 유치원규정의 해당 조항을 준용한다(규정 제99조). 그러나 부속소학교 및 부속유치원은 연구를 위해 특별히 필요하다고 인정되는 경우 조선총독의 인가를 받아 일부 아동 또는 유아에 대해, 준용되는 소학교규정 또는 유치원규정의 해당 조항 규정에 따르지 않는 시설을 할 수 있다(규정 제100조).

부속소학교 및 부속유치원은 수업료 및 보육료 징수를 원칙으로 한다. 관립의 경우는 관립학교 수업료규칙[1914년(大正 3) 총령 제17호]의 규정이 있지만(관립사범학교에는 아직 부속유치원이 설치되어 있지 않으므로 보육료 규정은 제외), 공립사범학교의 경우는 도지사가 정해야 한다.

제8 설비

설비는 교지(校地), 교사(校舍), 기숙사, 체조장, 실습장을 구비해야 하는 것 외에, 토지의 사정과 형편에 따라 학교장, 사감 및 교원의 주택을 설치해야 한다. 체조장은 실내 및 실외 설비가 필요하다. 교지(校地), 교사(校舍) 및 교구에 관한 요건은 중학교의 경우와 동일하다.

비치해야 할 장부의 종류 및 장부 가운데 학적부에 기재해야 할 사항 및 보존은 사범학교규정 제107조로 규정되어 있다.

공립사범학교 교사(校舍) 또는 기숙사를 신축, 증축 혹은 개축해 교지를 확장하거나 축소할 때는 도면을 갖추어 조선총독의 인가를 받아야 한다. 실습지에 대해서도 역시 동일하다.

제9 직원

직원은 관립의 경우 조선총독부제학교관제[1912년(大正 11) 칙령 제151호], 공립의 경우 조선공립학교관제[1912년(大正 11) 칙령 제152호]로 규정되어 있고, 학교장(주임), 교유(주임 또는 판임), 주사, 사감, 훈도(판임) 및 서기를 둔다. 주사(主事) 및 사감은 교유 중에서 임명한다.

학교장은 관제 규정에 따라 교무를 처리하고 소속 직원을 감독할 뿐만 아니라, 관립의 경우 조선 내에서 초등보통교육에 속하는 학사를, 공립의 경우 그 도(道)의 초등보통교육에 속하는 학사를 시찰해야 한다.

주사는 부속소학교 또는 부속유치원의 사무를 처리하고, 훈도는 부속소학교의 아동교육 이외에 사범학교 생도의 실지(實地) 수업을 지도한다.

그리고 직원 정원은 관립의 경우 조선총독부제학교관제 별표에서 각 학교마다 정하고 있는데, 전임 교유로 주임인 자의 정원은 학급 수 8학급 이하의 학교에 대해 3명 이내로 하고, 3학급 증가할 때마다 1명을 늘릴 수 있다. 공립의 경우 전임교유로 주임인 자의 정원은 조선공립학교관제로 규정하여 관립의 경우와 동일하다. 또 전임교유 및 훈도의 정원은 조선공립학교직원정원규정[1911년(大正 10) 총령 제54호]에 따라 교유는 4학급 학교의 경우 11명 이상으로 하고, 1학급 증가할 때마다 1명 반 이상의 비율로 늘릴 수 있다. 단, 훈도는 1학급 마다 1명씩으로 하고, 6학급 이상의 학교는 위에서 말한 이외에 1명을 더할 수 있다.

직원의 봉급, 임용, 자격, 분담권한, 징계 등에 관해서는 다른 공립중등학교 등의 경우와 동일하다.

제7장 사립학교

제1 사립학교의 종류

조선교육령 제16조에는

> 본 령에 규정한 것을 제외한 사립학교, 특수교육을 위한 학교, 그 외 교육시설에 관해서는 조선총독이 정하는 바에 의한다.

라고 규정되어 있다. 이에 기초해 사립학교에 관한 통칙으로 사립학교규칙[1920년(大正 9) 총령 제21호]이 있고, 교원 자격 및 정원에 관한 사립학교교원의 자격 및 정원에 관한 규정 [1922년(大正 11) 총령 제28호]을 제정했다.

사인(私人)은 해당 학교에 관한 법령규정에 따라 소학교, 중학교, 고등여학교, 실업학교, 실업보습학교, 전문학교를 설립하는 것이 가능하지만, 이들 사립학교는 모두 각각의 목적, 수업연한, 입학 자격 및 학과 과정 등 해당 학교에 관한 법령이 정한 바에 따라야 한다. 따라서 이러한 법령상 입학 자격, 학과과정 등의 규정이 있는 학교는 해당 학교규정을 따라야 함과 동시에 사립학교규칙에도 따라야 한다(사립대학의 경우는 현행 사립학교규칙에는 어떤 규정도 없으므로, 대학령 및 대학규정에 따르도록 한다). 그래서 사인(私人)은 사립학교규칙에만 따라 사립학교를 설립할 수 있다(사립학교규칙 제1조 및 제2조 참조). 이 사립학교규칙만을 적용해 설립된 것을 소위 사립 각종학교라고 칭한다. 각종학교는 그 목적, 수업연한, 입학 자격, 교과목 및 그 정도의 여하에 따라 소학교, 중학교, 고등여학교, 실업학교, 실업보습학교 또는 전문학교 등 각 학교규정에 준하는 것과, 그렇지 않은 잡종의 것으로 구별할 수 있다.

제2 사립학교의 설립 및 폐지

법령상 입학 자격, 학과과정 등의 규정이 있는 학교, 즉 소학교, 중학교, 고등여학교, 실업학교, 실업보습학교 및 전문학교 설립의 경우 해당 학교규정에 정해진 사항을 갖추어 설립인가 신청을 하는데, 이때 신청서에는 설립자의 이력서(재단법인의 경우는 그 기부행위), 기본재산목록, 기부금에 관한 증빙서류를 첨부해야 한다. 따라서 이들 학교 중 전문학교, 중학교, 고등여학교 또는 직업학교 이외의 실업학교(이 실업학교 중에는 실업보습학교는 포함되지 않음) 설립자는 학교를 설립, 유지하기에 충분한 자산을 지닌 재단법인일 것을 요한다(사립학교규칙 제4조).

〔주〕
1. 사립학교 설립자인 재단법인은 설립 유지하려는 해당 학교의 설립 유지만을 목적으로 하는 재단법인에 한하지 않고, 다른 사업을 영위하는 재단법인이어도 무방하다. 그러나 이 경우에 그 기부행위 중의 사업 목적이 학교의 설립 유지를 위한 것이어야만 함과 동시에 설립 유지에 꼭 필요한 경비를 변통할 수 있는 자산 능력이 있어야만 한다.
2. 재단법인은 민법 제34조의 규정에 따라 조선총독의 허가를 받아 설립할 수 있다. 재단법인의 설립 및 감독에 관해서는 법인의 설립 및 감독에 관한 규정 [1912년(明治 45) 총령 제71호]이 있으나, 새롭게 재단법인을 설립할 경우 법정 사항 외에 부속서류로서 최소한 자산 기부 증빙서류, 기부 자산 소유권 증명서, 사업계획서, 설립자의 신원에 관한 해당 관서의 증명서 및 설립자의 이력서는 필수로 첨부해야 한다. 직접 새로운 학교의 설립 유지를 목적 사업으로 하는 재단법인이라면 해당 학교의 설립인가신청서를 동시에 제출해야 한다. 기설(旣設)의 학교 승계유지를 목적 사업으로 한다면 해당 학교의 설립자와 재단법인 설립자 간의 승계에 관한 계약서를 첨부함과 동시에 해당 학교설립자 변경 인가 신청서를 동시에 제출할 것을 요한다.

소위 각종학교를 설립할 때는 사립학교규칙 제2조에 열거한 사항을 구비하여, 소학교에 준하는 각종학교의 경우는 도지사에게, 기타 학교의 경우는 조선총독에게 인가를 신청해야 한다.

사립학교의 설립자를 변경하려고 할 때는 각각 그 설립의 인가를 받은 도지사 혹은 조선총독의 인가를 받아야 한다. 그런데 위의 인가신청 경우 신구(新舊) 두 설립자의 연서(連署)로 하든가, 아니면 승계에 관한 계약서를 첨부해야 하지만, 새로이 설립자가 되는 자는 물론 해당 학교를 유지 경영할 수 있는 능력을 지닌 자여야 한다.

사립학교를 폐지하려고 할 때는 그 사유, 생도의 처분방법 및 폐지 일시를 갖추어 설립인가를 받았던 도지사 혹은 조선총독의 인가를 받아야 한다.

제3 교과목, 교과목의 정도 및 교수요지와 교과서

각종학교의 교과목, 교과목의 정도는 학칙으로 정하고 있지만, 보통교육을 하는 학교 즉 소학교, 중학교 또는 고등여학교에 준하는 각종학교는, 그 정도에 맞게 소학교규정, 중학교규정 또는 고등여학교규정이 정하는 각 교과목의 요지와 함께 교수 상의 주의에 따라 교수할 것을 요한다. 그리고 이들 학교에서는 교과목에 반드시 수신 및 국어를 더해야 한다(사립학교규칙 제6조).

사립학교의 성서(聖書) 교수는 사립의 소학교, 중학교, 고등여학교, 실업학교 및 실업보습학교에 관한 각 해당 학교규정에서 교과목 및 학과과정을 규정했기 때문에, 물론 이를 부과할 여지는 전혀 없다. 각종학교의 경우는 교과목에 이를 추가해 교수해도 법령상 거부할 수 있는 조문(明文)을 두고 있지 않으므로 가르쳐도 무방하다. 그러나 이를 교수할 경우 단지 교과목으로 가르치는데 머물러야 하므로, 학교 사업으로 종교상의 예배의식 등을 행하여 종교적 신앙(信敎)을 강조하는 것은 물론 허용되지 말아야 한다.

교과서는 소학교, 중학교, 고등여학교 및 실업학교 등과 마찬가지로 해당 학교에 관한 법령에 따라 별도로 규정하고 있는 것을 제외하고는, 조선총독부가 편찬한 것, 조선총독의 검정을 거친 것, 또는 조선총독의 인가를 받은 것을 사용해야 한다. 교과서 사용에 관해 조선총독의 인가를 받을 경우는 도서의 명칭, 권 책의 기호, 사용할 학년, 저역자 및 발행자의 이름, 발행 일시를 구비해 신청한다.

제4 사립학교의 직원

사립학교는 교원 외에 학교장을 두어야 한다. 학교장은 학교를 대표하고 교무를 맡아 처리(掌理)한다. 학교의 교무, 서무에 관한 사무를 담당하는 서기의 배치 여부는 학교의 사정에 따라 적절히 정해도 무방하므로, 이러한 자를 두도록 법규상 적극적으로 강제하지는 않는다. 소학교, 중학교, 고등여학교, 실업학교 및 실업보습학교 교원의 정원 및 자격은 사립학교 교원의 자격 및 정원에 관한 규정[1922년(大正 11) 총령 제28호]으로 정하고 있으나, 이에 관해서는 해당 학교에 관해 다룬 장절(章節)의 기술대로 이다. 이들 외에 소위 각종학교의 교원 자격 및 정원에 관해서는 법규로 정하고 있지 않다. 오직 교원의 학력(學力) 정도에 해 사립학교 규칙 제11조에 "보통교육, 실업교육 혹은 전문교육을 위한 학교에 준하는 사립 각종학교 교원은 해당 학교의 정도에 알맞은 학력을 지니고 또 국어에 통달할 것을 증명할 수 있는 자"일 필요가 있으며, "오로지 조선어 및 한문, 외국어, 전문학교 혹은 특종의 기술을 가르치는 자에 한해서는 국어를 통달하지 않아도" 무방하다고 되어 있다. 물론 해당 학교의 정도에 따라 사립학교 교원의 자격 및 정원에 관한 규정이 정하는 바에 준해 그에 상당하는 자격을 지닌자를 적절한 수로 배치해야 한다. 이에 사립학교규칙 제12조에 사립학교의 설립자, 학교장 혹은 교원은 다음 각호에 해당되지 않는 자여야 한다는 것을 지침으로 규정하고 있다.

1. 금고 이상의 형에 처해진 자. 단 특사, 복권된 자는 이 범위에 해당되지 않는다
2. 파산 혹은 가산분산 선고를 받고 복권되지 않은 자 혹은 재산 강제처분을 받고 채무 변상을 끝내지 않은 자
3. 징계에 따라 면직 처분된 지 2년을 경과하지 않은 자. 단 징계를 면제받은 자는 이 범위에 해당되지 않는다
4. 교원면허장 박탈 처분을 받거나 혹은 제14조 규정에 따라 해직을 명받았거나 혹은 인가를 취소 받은 지 2년을 경과하지 않은 자
5. 성행불량으로 인정된 자

학교장을 채용 또는 해직할 경우 전문학교, 중학교, 고등여학교 및 직업학교 이외의 실업학교는 조선총독, 그 이외의 학교는 도지사 인가를 받아야 한다.

교원을 채용 혹은 해직시킬 경우, 전문학교는 조선총독, 그 이외 학교는 도지사의 인가를 받아야 한다. 채용 인가신청서에는 소학교 및 그에 준하는 각종학교의 경우 본인의 이력서를, 기타 학교의 경우 위의 것 이외에 본인의 담당 학과목을 기재한 서류를 첨부해야 한다. 또 해직 인가신청서에는 해직 이유서를 첨부토록 하며, 학교설립자의 자유 의지에 따라 학

교장 및 교원을 함부로 해직하는 일이 없도록 한다. 즉 사립학교의 교장 및 교원은, 학교 설립자와의 관계에서 설립자가 그들을 임면하는 것은 민법상의 고용계약에 근거한 것이므로, 직무 집행에 있어 고용주인 설립자에게 충실해야 한다. 그렇지만 생도, 아동의 교육은 학교장 및 교원이 행하는 것으로, 설립자는 학교를 유지 경영하고 법령이 요구하는 바를 받들어 해당 학교의 목적 달성에 필요한 시설을 제공하는 것으로 충분하다. 그리고 학교장 또는 교원이 황국신민육성의 길에 전념해 직무에 충실한 것은 해당 학교의 목적을 따르는 것이자 국가에 충절하는 바이므로, 설립자의 감정 혹은 형편 등 그 자유의지에 따라 이들을 파면하는 것과 같은 일이 없도록 하여 신분 보장을 기하려는 것이다.

사립학교의 학교장 혹은 교원을 부적당하다고 인정할 경우 그 채용을 인가했던 관청은 해직을 명령하거나 인가를 취소할 수 있다(사립학교규칙 제14조).

제5 사립학교의 설비

사립학교 가운데 소위 각종학교의 설비에 관해서는 법규상 별도의 규정을 두고 있지 않으나, 이 역시 해당 학교의 정도와 규모에 맞는 교지(校地), 교사(校舍) 외 교구(校具), 기타 필요 설비를 정비해야 마땅하므로, 이러한 학교 설비의 경우에 엄밀히 실태를 조사하여 인가 여부를 고려한다. 갖추어야 할 교구 가운데 표부(表簿)는 특별히 그 종류를 규정한 학교를 제외하고는 일반적으로 학적부, 출석부, 직원 이력서, 졸업자의 명부를 반드시 갖추도록 한다.

제6 사립학교의 감독

사립학교규칙 제18조 제1항은 "사립학교는 특별한 규정이 있는 경우를 제외하고 도지사의 감독에 속한다"라고 되어 있다. 사립학교규칙은 대학교육에 관해 규정하고 있지 않다. 또 전문학교에 관해서는 공립사립전문학교규정을 별도로 두고 있으므로, 사립학교는 전문학교 이상을 제외하고 모두 도지사의 감독에 따르게 된다.

우리나라 사립학교의 본질에 관해서는 이미 제1장 총론에서 서술한 것처럼, 사인(私人)은 법령의 위임에 따라 사립학교를 설립할 수 있으나, 그 사업의 성질은 국가적 사업에 속하기 때문에 만에 하나라도 사립학교 교육이 소기의 목적에 부합하지 않을 경우는 허용할 수 없다. 따라서 이미 서술한 것과 같이, 학교장 또는 교원의 채용을 인가한 관청은 학교장 또는 교원이 부적당하다고 인정했을 때는 그 해직을 명하거나 부여했던 인가를 취소할 수 있을 뿐만 아니라, 사립학교의 설비, 수업 기타의 사항으로 교육상 유해하다고 인정되는 경우 감독관청은 변경을 명할 수 있다(사립학교규칙 15조). 따라서 다음 각호의 하나에 해당하는 경우, 조선총독(사립학교규칙 제18조 2의 규정에 따라 소학교에 준하는 사립 각종학교는 도지사)은 사립학교의 폐쇄를 명할 수 있다(사립학교규칙 제16조).

1. 법령 규정을 위반했을 때
2. 안녕질서를 문란하게 하거나 풍속을 무너뜨리고 어지럽힐 우려가 있을 때
3. 6개월 이상 소정의 수업을 하지 않았을 때
4. 사립학교규칙 제14조, 제15조 명령을 위반했을 때

학교의 소멸에는 설립 근거 법령의 폐지, 설립자의 상실(喪失)(해당 학교의 설립 유지를 목적으로 하는 재단법인의 해산 및 설립 허가 취소의 경우도 포함), 학교 폐지의 인가 등에 기인한 경우가 있는데, 폐쇄 명령을 받을 때도 위의 경우와 동일하게 사립학교는 소멸한다. 따라서 중학교 및 고등여학교의 경우 폐쇄 명령을 받아 학교를 폐쇄할 때 30일 이내에 감독관청에 학적부를 제출해야 한다.

감독관청은 학교 사업을 한다고 인정할 경우 그 취지를 관계자에게 통고해 사립학교규칙에 따르게 하고, 정규 절차에 따라 인가를 받도록 하거나 이를 금지하여야 한다(사립학교규칙 제16조의 2). 여기서 말하는 "학교의 사업을 하는 것"을 어떤 범위로 해야 하는가에 관해서는 제1장 제3절에서 서술한 바인데, 동 절에서 인용한 그 해석에 관한 통첩(通牒)을 편의상 여기에 거듭 게재해 참고로 삼고자 한다.

〔참조〕
○ **사립학교규칙 개정에 관한 건** [1929(昭和 4).2, 각 도지사 앞(宛) 학무국장]
이번(今般)에 부령 제13호로 사립학교규칙을 개정하는 것은 일반 국민의 향학심 증진에

따라, 때로는 하등의 수속을 밟지 않거나 때로는 이름을 학술강습소로 등록하고 학교사업을 하는 자가 점점 많아져 그 영향이 크므로 이를 고려해 이들 시설들을 법규에 준하도록 해 적극적으로 지도감독하려는 취지이다. 이에 다음(左記) 사항을 숙지하여 실시하는데 유감(遺憾)이 없도록 하고, 또 본 령 시행에 관해 당사자에게 충분히 개정 규정의 취지(主旨)를 철저히 하여 점차 본 령을 적용하도록 바란다.

> 【기(記)】
> 지속적이고 공적인 목적으로, 일정한 장소를 갖추고, 일정한 학과과정을 정해서 학과를 교수하는 것은 명칭의 여하를 불문하고 개정 규정의 학교에 준하는 사업으로 인정해야 한다.

앞에서 다루었듯이 전문학교 이상의 학교를 제외한 사립학교는 일반적으로 가장 먼저 도지사의 감독을 받지만, 도지사가 관할하는 광범한 행정 구역에 소재한 사립학교 전부에 대해 직접 감독 사무를 맡는 것은 당연히 곤란하다. 그러므로 사립학교규칙 제18조 2항에서 부윤, 군수 또는 도사(島司)는 사립의 소학교 또는 이에 준하는 각종학교에 대해 필요하다고 인정될 때 실지 조사를 하거나 보고 하도록 함과 동시에 의견을 감독관청에 알리도록 하여 감독상의 빈틈이 없도록 기한다.

제7 외국인학교

외국인을 교육하는 학교는 종래 사립학교규칙을 적용받지 않았으나, 점차 각지에 임의로 이런 종류의 학교가 설치되기에 이르렀다. 이런 학교 가운데는 우리나라 국체에 배치(背馳)되는 듯한 사상으로 교육하는 것도 있어 그것을 방치하기 어려운 지경에 이르렀으므로, 1932년(昭和 7) 4월 사립학교규칙을 개정해 원칙적으로 동 규칙을 적용하여 국가의 감독이 미치도록 했다. 그렇지만 이는 단속 감독상의 필요에서 나온 것이기 때문에 소위 일반 각종학교에 비해 적용 조항의 범위를 축소하고, 교과목 및 그 요지와 교수상의 주의, 교과서, 교원의 학력 정도는 임의로 정할 수 있게 하였다(사립학교규칙 제19조).

제8장 특수교육, 기타 교육시설

제1절 특수교육

조선교육령 제16조에 "특수한 교육을 하는 학교"는 조선총독이 정하는 바에 따를 것을 규정하고 있다.

보통교육, 실업교육, 전문교육 등은 보통사람을 대상으로 하는 것인데, 이들 보통사람이 아닌 신체적으로 혹은 정신적으로 특이 상태에 있는 자, 즉 불구, 신체장애(廢疾), 이상 아동(異常兒), 불량소년 등의 특수인을 대상으로 하는 교육 역시 완전히 하지 않으면, 그들도 사회의 구성분자인 이상 사회의 건전한 발달은 기대하기 어렵다. 그런 까닭에 이들 "특수한 교육을 하는 학교"에 관해 조직, 편제 등을 정하여 그 교육을 완전히 하도록 기대할 필요가 있다. 내지의 경우 특수인을 위해 맹학교 및 농아(聾啞)학교령이 발포되었고, 불량청소년의 교육 감화를 위해 소년교호법(少年敎護法)이 있는 것인데, 조선의 경우는 아직 유감스럽지만 이런 종류의 시설로 학교다운 조직 체계 아래 설치되어 있는 것은 없다. 법규상에서도 "조선총독이 정한"것으로 소학교규정 제11조의 맹아학교는 "소학교에 부설할 수 있다"라는 규정을 두는데 머물러, 아직 해당 학교에 관한 규정이 없는 실정이다. 단지 관(官)의 시설로 조선총독부 제생원 관제[1912년(明治 45) 칙령 제43호]에 따른 조선총독부 제생원의 맹아부, 조선총독부감화원관제[1923년(大正 12) 칙령 제382호]에 따른 조선총독부감화원이 있을 뿐이다.

조선총독부 제생원 맹아부는 시각 및 청각 장애인에게 보통교육을 실시하여 생활에 적당한 기능을 가르치는 것을 목적으로 하며, 교과목은 시각장애생(盲生)의 경우 수신, 국어, 조선어, 산술, 음악, 침안(鍼按) 및 체조를, 청각장애생(瘖瘂生)의 경우 위의 교과목에서 음악, 침안을 빼고 대신에 수예를 가르친다. 수업연한은 시각장애과의 경우 3년, 청각장애과의 경우 5년, 시각장애 속성과의 경우 1년으로 한다. 과정, 교수 일수 및 매주 교수시수는 제생원장이 이를 정하도록 했으나, 이들 사항과 입학, 퇴학, 징계 기타 사항에 관해서는 조선총독부 제생원규칙[1913년(大正 2) 총령 제41호]에 규정되어 있다.

조선총독부감화원은 조선감화령[1923년(大正 12) 제령 제12호] 제1조의 규정에 해당하는 자의 감화를 담당한다. 행정청 혹은 친권자 혹은 후견인에게서 제1조 규정에 해당하는 자를 입원시킬 때는 본인의 건강 진단서 및 호적등본을 첨부하여 조선총독에게 갖추어 상신(具申)하거나 신청(願出)해야 하고, 동 조 제3호에 해당하는 자의 경우는 재판소의 결정서를 첨부해야 하는 것으로 되어 있다.

> 〔참조〕
> ○ **조선감화령 초 [1923년(大正 12) 제령 제12호]**
> 제1조 조선총독은 다음 각호의 1에 해당하는 자를 감화원에 입원시킬 수 있다.
> 1. 연령 8세 이상 18세 미만의 자로, 불량행위를 했거나 불량행위를 행할 우려가 있음과 동시에 적당한 친권을 행사할 자가 없는 자
> 2. 18세 미만의 자로, 친권자 혹은 후견인으로부터 그 입원을 신청(出願)받은 자
> 3. 재판소의 허가를 거쳐 징계장(懲戒場)에 들어가야 할 자
>
> 그런 다음 입원할 때는 입원명령서를 교부하고 그 취지를 감화원장에게 통지한다. 재원자(在院者)의 성적이 우량해 재원의 필요가 없다고 인정될 때는 감화원장의 상신(具申)에 따라 조선총독은 이를 퇴원시키는데, 재원자는 소학교규정에 규정된 교과과정에 준해 교육을 하여 감화하고 이끌어 도와준다. 또 감화원장은 조선총독의 인가를 받아 공사(公私)의 시설 혹은 사인(私人)에 위탁해 교육받도록 하거나 노무(勞務)를 시킬 수도 있다. 그러므로 이들 사항, 재원자의 제적, 휴업일, 징계, 급식 기타 필요한 사항은 조선총독부감화원규칙[1923년(大正 12) 총령 제112호]에 규정되어 있다.

제2절 기타 교육시설

조선교육령 제16조는 학교 교육이 아닌 "기타 교육시설"에 관해 그 일체를 조선총독이 정하는 바에 따르도록 규정하고 있다.

보통교육, 실업교육, 전문교육, 대학교육 및 그 예비교육, 사범교육, 사립학교와 특수교육을 하는 학교 가운데 포함되지 않은 곳의, 소위 학교계통 부문에 속하지 않은 교육시설은 모두 "기타 교육시설"이어야 한다. 그런데 이 범위는 대단히 광범위하여 사회교육에 속한 부

문의 교육시설도 물론 거기에 포함시키는 것이 되는데, 사회교육에 속하지 않는 교육시설로는 동 조의 규정에 따라 조선총독이 정한 것으로 유치원규정[1922년(大正 11) 총령 제11호], 서당규칙[1918년(大正 7) 총령 제18호] 및 사설학술강습회에 관한 건[1922년(大正 11) 총령 제3호]이 있다[청년훈련소는 사회교육에 속하는 것이므로 사회 교육의 장(章)에서 서술한다].

〔주〕
원래 사립학교, 특수교육을 하는 학교, 기타 교육시설에 관하여 일괄해 조선총독이 정하는 바로 위임했던 조선교육령 제16조 규정은 내지의 문부대신 위임의 범위와 비교해 약간 광범한 경향이 없지 않다. 그러나 동 조의 규정을 만들었던 1922년(大正 11) 조선교육령 공포 당시는 내지에도 맹학교 및 농아학교령[1923년(大正 12) 공포], 유치원령[1926년(大正 15) 공포], 청년훈련소령[1926년(大正 15) 공포, 1935년(昭和 10) 청년학교령 시행에 따라 폐지] 등은 아직 제정되어 있지 않았으므로, 그것을 제외하면 사립학교 및 기타 교육시설에만 관련한 것이 된다.

제1 유치원

(1) 유치원의 목적 및 보육 항목

유치원은 유치원규정[1922년(大正 11) 총령 제11호] 제1조 규정에 따라 "연령 3년 이상에서 7년에 이르기까지의 유아를 보육하는 것"을 목적으로 하며, 유아를 보육한다는 것은 "그 심신을 건전하게 발달시키고 선량한 습관을 갖게 하여 가정교육을 보완하는 것"으로 되어 있다(유치원규정 제5조 제1항 이하 간단히 규정이라 함). 원래 이 시기의 유아 교육은 가정에서 부모 스스로가 담당해야 하며 그것이 가장 자연스러운 것이지만, 부모의 교양 정도, 직업 및 가정환경, 기타 가정의 여러 사정은 반드시 그것이 이상적으로 이루어지기 어려운 바이므로, 가정교육을 보완하는 가정교육의 연장으로 유치원 시설이 인정되는 것이다. 그런 까닭에 유치원은 탁아소처럼 단지 유아를 보호하는 시설과 달리, 유아의 보육은

그 심신발달의 정도에 따라 이해하기(會得) 어려운 사항을 가르치거나 과도한 심신활동(業)을 하지 않도록 함

과 동시에

> 항상 유아의 심정 및 행동거지(行儀)에 주의해 그것을 바르게 하도록 하고 또 항상 선량한 사례를 보여 그를 모방하도록 할 것

에 힘써야 한다고 되어 있다(규정 제5조 제2항 및 제3항). 유아보육의 항목은 유희, 창가, 담화 및 손 기술(手技)로 한다.

(2) 유치원의 설립 및 폐지

유치원은 부(府), 학교조합, 학교비 또는 사인(私人)의 비용으로 설립할 수 있다. 부, 학교조합 또는 학교비로 설립하는 것을 공립유치원, 사인(私人)이 설립하는 것을 사립유치원이라 한다.

유치원을 설립하는 경우 유치원규정 제3조에 열거된 사항을 갖추어 도지사의 인가를 받아야 한다. 폐지의 경우는 폐지의 사유, 유아 처분방법 및 폐지기일을 갖추어 지체없이 도지사에게 신고해야 한다.

(3) 유치원의 수용인원, 설비 및 보육과 등

유아 수는 120명 이하여야 하지만, 특별한 사정이 있을 때는 약 200명까지 늘릴 수 있다. 보모 1명이 담당하는 유아 수는 약 40명 이하여야 한다. 유아가 정당한 사유없이 장기간 결석하는 경우 제명할 수 있고, 또 전염성 질환에 걸리거나 혹은 그 우려가 있는 유아 또는 성행불량자로 다른 유아의 보육에 방해가 된다고 인정할 경우는 원장이 이에 대해 출석 정지를 명할 수 있다. 전염병 예방을 위해 필요한 경우, 기타 비상재해가 있을 경우 유치원은 임시휴업을 해야 한다. 이러한 사유가 있을 때 감독관청은 임시휴업을 명할 수 있다.

설비는 유치원규정 제9조에 규정된 표준에 따라야 한다. 유치원은 보육료를 징수할 수 있다.

(4) 유치원의 직원 및 감독

공립유치원은 원장 및 보모를 둔다. 원장은 보모 중에서 도지사가 직접 보직을 임명하며

부윤, 군수 혹은 도사의 지휘를 받아 유치원의 업무를 담당(掌理)하고 소속 직원을 감독한다. 보모는 유아의 보육에 종사하는 자로 판임관으로 대우한다(조선공립학교관제 제12조). 보모의 자격, 봉급은 1922년(大正 11) 조선총독부령 제110호로 정해져 있는데, 사립의 심상소학교 교원 자격을 지닌 자를 요구하며, 봉급 기타 제 급여와 복무에 관해서는 조선공립학교 훈도에 관한 규정을 준용한다.

사립유치원은 사립학교규칙 제20조 규정에 따라 원장의 설치, 보모의 자격과 설립자 및 원장 또는 보모 될 자의 결격 사항, 원장 및 보모의 채용과 해직 절차, 기타 유치원에 대한 감독권의 행사 등 소학교에 준하는 각종학교의 경우와 동일한 규정을 준용한다.

제2 서당

서당은 흡사 과거 내지의 데라코야(寺子屋)를 방불케 하는 시설로, 주로 동몽(童蒙)에게 한문 읽기(素讀)을 가르치는 곳인데, 옛날(舊時)에는 유일한 서민교육기관인 듯한 모습을 지니고 있었다. 서당은 그 성질로 보아 소위 신교육 보급에 따라 점차 그 존재가 없어져야 하는 것이지만, 여전히 교육시설이 널리 보급되지 못하고 민도가 천박한 사정으로 오늘날 여전히 구태를 지니며 남아 있는 것이다. 그런데 이름을 서당으로 등록(籍)해 학교와 유사한 사업을 하는 실정에 있었으므로, 1918년(大正 7) 서당규칙을 만들어 그것이 따라야 하는 바를 제시함과 동시에 훈령[1918년(大正 7) 제9호]을 발하여 서당을 정의(定義)하고, 그 지도계발의 방도를 제시하였다. 다음 훈령에 따르면 서당은 그 유래가 학교와 같지 않으므로,

(1) 학년, 학기에 따라 반을 조직해 각종 사항을 교수하는 것은 서당의 사업으로 하지 않는다. 고로 학동 수는 많아도 30명을 넘지 않는 범위에서 이를 정해야 한다.

(2) 서당 교육은 종래 주로 오직 한문 읽기에 그쳤지만, 토지의 정황과 서당의 실정에 따라 점차 장려하여 국어 및 산술을 교수하도록 할 필요가 있지만, 이름을 서당으로 등록하여 사립학교규칙의 적용을 벗어나려고 하는 것은 특히 유의하여 단속의 실효를 거두도록 해야 한다.

(3) 서당교사 중에는 종종 편견 고루하고 시세(時勢)를 이해하지 못하는 자가 있어, 평소

그 사상의 계발에 힘씀과 동시에 언동에 주의하고 단속을 게을리하지 않도록 한다. 또 **보통학교장**은 수시 시찰을 행하고, 또 때때로 교사강습, 기타 방법으로 필요한 사항을 훈유(訓諭)하는 등 지도하고 이끌어 도와주는데 힘써야 한다.

(4) 교과서는 천자문, 유합(類合), 계몽편, 격몽요결, 소학, 효경, 사서, 삼경, 통감, 고문진보, 명심보감, 문장궤범, 당송팔가문독본, 동시법첩(東詩法帖), 조선총독부 편찬 교과서 중에서 선택해야 한다.

이와 같이 요령을 열거하고 있다. 고로 서당은 반드시 (가)한문을 가르치고, (나)거기에 국어 및 산술 등을 더할 수 있는데, (다)학동 수는 30명을 넘지 않도록 해야 한다는 것이다.

개설 및 폐지	서당을 개설할 때는 서당규칙 제1조에 열거된 사항을 구비하여 도지사의 인가를 받아야 한다. 이를 폐지할 때는 개설자가 도지사에게 신고해야 한다.
교과서	국어, 조선어, 산술 등을 교수하는 경우 그 교수용도서는 반드시 조선총독부 편찬 교과서를 사용해야 한다.
명칭	서당의 명칭은 학교에 준하는 문자를 사용할 수 없을 뿐 아니라, 명칭을 드러내는 표찰(標札)을 보기 쉬운 장소에 걸어야 한다.
개설자, 교사	금고 이상의 형에 처해진 자 또는 성행불량한 자는 개설자 또는 교사가 될 수 없다.
서당의 감독	서당은 도지사의 감독에 속하고 법령 규정에 위반될 때 또는 공공의 안전을 해치거나 교육상 유해하다고 인정될 때에 도지사는 서당의 폐쇄 또는 교사의 변경 기타 필요한 조치를 명할 수 있다(서당규칙 제5조 및 제6조)

사립학교규칙 제16조 2의 규정에는 학교 사업을 한다고 인정할 경우 사립학교규칙에 따르도록 하거나 그것을 금지할 수 있는데, 서당은 이 점에 대해 어떤 규정도 없으므로 서당의 인가를 받지 않고 서당 사업을 하는 경우 서당규칙으로 단속할 수 없다. 따라서 이러한 경우는 보안집회에 관한 경찰처분의 발동에 따르게 된다.

〔주〕
　서당규칙에서 종전은 그 개설이 부윤, 군수 또는 도사에게 신고하면 충분했고, 그 감독도 부윤, 군수 또는 도사의 직무로 했었다. 그런데 단속 감독상 지장이 적지 않아 1929년(昭和 4) 이를 도지사 인가제로 바꾸었고, 감독권도 도지사에게로 옮겼다. 당시 훈령(제25호)은 규칙 개정의 취지를 천명하고 있는데, 동 훈령에 다음 같은 사항을 열거하여 담당자가 유의하도록 하였다.

　　(1) 개설 인가신청의 경우 신고한 사항의 조사를 주도면밀히 할 것
　　(2) 학교와 강습회 등과의 구별에 유의할 것
　　(3) 설비 및 교육 내용에 유의할 것
　　(4) 적절한 방법에 따라 국민도덕에 관한 사항을 가르칠 것
　　(5) 학동에게 비용을 거두는 것은 무방하나 이 때문에 부형의 부담을 무겁게 하지 않도록 유의할 것

제3 사설학술강습회

　1913년(大正 2) 조선총독부령 제3호 사설학술강습회에 관한 건의 규정에 의해, 사인(私人)은 도지사의 인가를 받아 학술연구를 위한 강습회를 개최할 수 있다. 위의 인가신청서에는 강습 목적, 강습 기간 및 장소, 강습 사항, 강습원 자격 및 정원, 강사의 주소, 성명 및 경력과 경비 지불(支辨) 방법을 기재해야 한다.
　도지사는 특히 강사의 선정 또는 파견에 관해 편의를 제공해야 하지만, 강습회 방법이 부적당하거나 유해하다고 인정될 때는 그 변경을 명하거나 개최 인가를 취소할 수 있다. 그뿐만 아니라 인가를 받지 않고 강습회를 개최한 경우 폐쇄를 명할 수 있다.

〔주〕

　본 사설학술강습회에 관한 규정에 따라 개최할 수 있는 것은 학술 연구를 목적으로 해야만 하는데, 어느 정도의 연구를 할 수 있는가에 관해서는 법령상 분명하지 않다. 그러나 국어보급을 목적으로 부, 군, 경찰서, 관립학교 등에서 관리, 교관 등의 주최로 이루어지는 국어강습회로서, 이들이 강사인 경우는 관(官) 또는 학교의 사업이라고 인정해, 동령을 적용하지 않는 것으로 하고 있다[1913년(大正 2) 3월 학 제341호 각 도장관 앞 통첩]. 그런데 단속의 실제를 보면 연구의 내용은 강습으로 가르치는것이라고 해석될 여지가 있다. 이러한 점에서 교육기관의 보급이 널리 미치지 못한 사정으로 인해, 사립학교규칙에 의한 사립학교로 되는 조건에 도달하지 못한 시설로서 서당의 범주에도 포함되기 어려운 것을 현재 사설학술강습회로 인가하고 있는 실정이다. 그러므로 이들 시설은 강습 기간 및 장소, 강습의 사항 등에서 학교와 경계(限界)를 명확히 하여 근거 법령의 적용에 착오가 없도록 할 필요가 있다.

제9장 검정 및 학교의 지정과 인정

제1 전문학교 입학자 검정

전문학교령 제5조에 전문학교 입학 자격은

> 전문학교 입학 자격은 중학교 혹은 수업연한 4개년 이상의 고등여학교를 졸업한 자 또는 그와 동등 이상의 학력을 가진 자로 검정받은 자 이상의 정도에서 그것을 정한다. 단, 미술 음악에 관한 학술 기예를 교수하는 전문학교는 문부대신이 별도로 그 입학 자격을 정할 수 있다.
> 앞의 검정에 관한 규정은 문부대신이 그것을 정한다.

라고 규정되어 있다. 그리고 조선교육령 제4조 1항은 전문학교령 적용에 관해

> 전문학교는 전문학교령에, 대학교육 및 예비교육은 대학령에 따른다. 단 그 칙령 가운데 문부대신의 직무는 조선총독이 행한다.

라고 되어 있다. 이에 따라 1925년(大正 14) 조선총독부령 제49호로 전문학교입학자검정규정을 발포했고, 그 제1조에

> 본 령에 따라 검정을 받는 자는 전문학교 입학에 관해 중학교 또는 수업연한 4년의 고등여학교를 졸업한 자와 동등 이상의 학력을 갖는 것으로 한다.

라고 규정되어 있다. 본 령에 따라 검정을 받은 자는 전문학교 입학에 관해서는 중학교 또는 수업연한 4년의 고등여학교 졸업자와 동등 이상의 학력을 인정받는 것이므로, 다른 제도들에서도 원칙적으로는 중학교 또는 수업연한 4년의 고등여학교 졸업자와 동등한 자격을 인

정받는다. 그러나 그중에 가령 남자의 병역법에서와 같이 동일한 자격을 부여받지 못하는 경우도 있다.

    검정은 시험검정과 무시험검정으로 나누어진다. 시험검정은 적어도 매년 1회 행하는 것인데, 시험검정의 신청기한, 기일 및 장소는 사전에 조선총독부 관보에 고지된다. 시험검정 학과목 및 그 정도는 중학교 또는 수업연한 4년의 고등여학교 각 학과목 및 그 졸업정도에 따르지만, 이 가운데 중학교 학과목 중 실업, 음악 및 체조, 고등여학교 학과목 중 외국어, 도화, 음악 및 체조는 제외하며, 한편으로 중학교 학과목 중 국어한문은 국어 및 한문의 2과로, 이과는 박물, 물리 및 화학의 3과로 나누어 검정한다. 시험검정을 받으려는 자는 수험원서에 전문학교입학자검정규정 제3조에 열거된 서류를 갖추어 수험지(受驗地) 관할의 도지사를 경유해 조선총독에 출원해야 한다. 또 시험검정의 수수료는 5원으로 수입인지를 원서에 부착해 납부해야 한다. 시험검정에 합격한 자에게는 합격증서를 교부하지만, 합격하지 못해도 수험학과목 중 합격점을 얻은 자에게는 증명서를 수여한다. 위의 증명서를 가진 자, 시험검정 학과목 중 한 과목 또는 여러 과목에 대해 중학교 또는 수업연한 4년 이상의 고등여학교 졸업자와 동등 이상의 학력을 갖는 자로 인정되는 자, 문부대신이 전문학교입학자검정규정에 따라 시험검정 학과목 중 한 과목 또는 여러 과목의 시험을 면제한 자에 대해서는 해당 학과목의 시험을 면제받는다.

〔주〕

    시험검정 학과목 가운데 중학교 또는 수업연한 4년의 고등여학교 졸업자와 동등 이상의 학력이 있는 자로 인정받아 한 과목 또는 여러 과목의 시험을 면제받는 자는 1925년(大正 14) 조선총독부고시 제86호로 다음과 같이 정해져 있다.

자격	시험 면제 학과목
소학교교원시험규칙 또는 소학교 및 보통학교 교원시험규칙에 따른 제1종 시험합격자	외국어를 제외한 이외의 학과목
사립학교교원자격인정에 관한 규정에 따라 인정을 받은 자	인정증서에 기재된 학과목
중학교 또는 고등보통학교 제4학년 수료자	박물
대학예과 입학에 관해 지정받은 자	박물
사범학교 심상과 졸업자	외국어를 제외한 이외의 학과목

시험에서 부정행위를 한 자는 그 시험을 정지당하고, 시험 후 발각되었을 경우 교부된 합격증서 또는 증명서의 효력을 잃게 되는 것은 당연하다.

무시험검정은 해당 전문학교 입학의 경우 행해진다. 무시험검정을 받을 수 있는 자는 조선총독이 전문학교 입학에 관해 중학교 또는 수업연한 4년의 고등여학교 졸업자와 동등 이상의 학력을 갖는 자로 지정한 자에 한한다. 위의 지정에 관한 규정으로 1928년(昭和 3) 조선총독부령 제26호에 따라 전문학교입학자검정규정 제11조의 규정에 따른 지정에 관한 규정이 제정되었다.

전문학교입학자검정규정 제13조는 1924년(大正 13) 문부성령 제22호(문부대신이 정한 전문학교입학자검정규정)에 따라 시험검정 또는 문부대신이 그와 동일한 효력을 인정받은 시험검정은 본 령에 따른 시험과 동일한 효력을 가진다는 취지를 규정한 것이다. 그런데 조선의 시험검정 및 무시험검정 효력에 관해서도 문부대신은 1926년(大正 15) 문부성령 제5호로, 시험검정의 경우는 문부대신이 정한 전문학교입학자검정규정에 따라 행하는 시험검정과 동일한 효력을 갖는 것으로 규정했고, 무시험검정의 경우는 1925년(大正 14) 문부성고시 제289호로 역시 동일한 자격을 인정하여 그 효력을 상호공통으로 인정했다.

〔참조〕
○ 전문학교입학자검정규정에 따른 시험검정과 동일 효력을 갖는 시험검정에 관한 건
[1926년(大正 15) 문령 제5호]
조선총독, 대만총독, 사할린청 장관 그리고 만주국 주재 특명전권대사가 정한 전문학교입학자검정에 관한 규정에 따라 행하는 시험검정은 1924년(大正 13) 문부성령 제22호에 따른 시험검정과 동일한 효력을 가진다. 조선, 만주, 사할린 또는 관동주의 관립공립의 중학교, 고등보통학교, 수업연한 4년 이상의 고등여학교 혹은 여자고등보통학교는 전문학교입학자검정에 관한 규정에 의해 행하는 시험검정과 역시 동일하다.

부칙
본 령은 공포일부터 그것을 시행한다.

> ○ 전문학교입학자검정규정 지정에 관한 규칙에 따라 지정한 전문학교입학자무시험검정 수험자(초) [1925년(大正 14) 문고 제289호]
> 전문학교입학자검정규정에 따라 다음의 사람은 전문학교 입학에 관해 중학교 또는 수업연한 4년의 고등여학교 졸업자와 동등 이상의 학력을 갖는 자로 지정한다.
>
> 1. 조선총독, 대만총독 또는 만주국 주재 특명전권대사가 정한 전문학교입학자검정에 관한 규정에 따라 일반 전문학교입학에서 무시험검정을 받을 자격 있는 자

제2 전문학교 입학자에 관한 지정

전문학교입학자검정규정 제11조 제2항 및 제3항에는

> 무시험검정을 받을 수 있는 자는 조선총독이 전문학교 입학에 관해 중학교 또는 수업연한 4년의 고등여학교 졸업자와 동등 이상의 학력을 갖는 자로 지정된 자에 한한다
> 전항(前項)의 지정에 관한 규정은 별도로 정한다.

라고 규정되어 있다. 이에 따라 전문학교입학자검정규정 제11조의 규정에 따른 지정에 관한 규정[1928년(昭和 3) 총령 제26호]을 발포한 것에 관해서는 이미 언급한 바인데, 지정받은 학교는 위의 규정 제3조에

> 1. 남자학교는 수업연한 6년의 심상소학교 졸업정도를 입학 자격으로 하는 수업연한 5년, 고등소학교 졸업정도를 입학 자격으로 하는 수업연한 3년 또는 그와 동등 이상의 학교
> 2. 여자학교는 수업연한 6년의 심상소학교 정도를 입학 자격으로 하는 수업연한 4년, 고등소학교 졸업정도를 입학 자격으로 수업연한 2년 또는 그와 동등 이상의 학교

의 각호 하나에 해당하며, 관리 및 유지 방법이 확실하고, 상당하는 교원 및 설비를 갖추어 성적 우량한 것에 한정한다는 것을 규정하고 있다. 그러므로 성적 우량할 것이 조건의 하나

인 이상 지정을 받아야 할 학교는 설립 후 상당한 연월(年月)을 경과하거나, 혹은 졸업자를 배출한 학교여야 한다. 지정을 받으려 할 때는 위의 전문학교입학자검정규정 제11조의 규정에 따른 지정에 관한 규정 제1조에 열거된 사항을 구비해 조선총독에게 신청해야 한다. 지정을 받은 학교의 목적, 명칭, 위치, 학칙, 생도 정원 또는 유지 방법을 변경할 때는 설립자가 조선총독의 인가를 받아야 한다. 단 특별한 규정에 따라 조선총독의 인가를 받아야 할 사항은 이 규정에 따르도록 되어 있다. 그러므로 사립학교는 사립학교규칙에 따르고 이들 사항의 변경은 조선총독의 인가를 받는 것이기 때문에, 다시 별도로 인가를 받지 않아도 된다. 조선총독 또는 도지사는 필요하다고 인정하면 소속 관리에게 지정받은 학교 생도의 학력시험을 행하게 하고, 혹은 학교 시험에 입회토록 하거나 시험문제 및 그 답안을 조사 검열시킬 수 있다. 또 이 경우 해당 관리는 시험문제 또는 시험 방법이 부적당하다고 인정되는 것 있을 때는 그 변경을 명할 수 있다. 지정받은 학교의 폐지, 설치해야 할 표부(表簿), 과정의 수료 및 졸업 규정, 생도에게 퇴학을 명하는 경우는 각각 중학교규정 또는 고등여학교규정의 해당 조항을 준용하고, 또 교원의 자격 및 정원은 사립 중학교 또는 고등여학교의 경우와 동일한 자격 및 정원 규정을 준용한다. 조선총독은 지정받은 학교에서 본 지정에 관한 규정을 위반하거나 성적이 불량하다고 인정될 때는 지정을 취소할 수 있다. 그리고 본 지정 규정에 따라 지정된 자는 1921년(大正 10) 조선총독부고시 제105호로 제시하고 있지만, 그중 각각의 학교 졸업자에 관한 것을 제외한 일반적인 것을 열거하면 다음과 같다. 그리고 그 지정의 효력은 본 장(章)의 제1에서 서술한 대로이다.

(1) 문부대신이 전문학교입학에 관해 중학교 졸업자 혹은 수업연한 4년의 고등여학교 졸업자와 동등 이상의 학력을 갖는 자라고 지정한 자. 단 입학해야 할 전문학교에 제한을 붙여 지정할 경우는 그 학교와 같은 종류의 학과로 입학하는 자에 한함
(2) 남자실업학교졸업자 단, 심상소학교 또는 수업연한 6년의 보통학교 졸업 정도를 입학 자격으로 하는 수업연한 5년의 고등소학교 또는 보통학교 고등과 졸업 정도를 입학 자격으로 하는 수업연한 3년 혹은 이와 동등 이상의 실업학교 졸업자에 한함
(3) 여자실업학교졸업자 단, 심상소학교 혹은 수업연한 6년의 보통학교 졸업정도를 입학 자격으로 하는 수업연한 4년의 고등소학교 혹은 보통학교 고등과 졸업정도를 입학 자

격격으로 하는 수업연한 2년 또는 이와 동등 이상의 실업학교 졸업자에 한함
(4) 여자사범학교 심상과 졸업자

제3 문관임용령에 따른 인정

문관임용령[1913년(大正 2) 칙령 제261호] 제6조에는

판임 문관은 다음 자격의 하나를 가진 자 중에서 임용한다.
1. 중학교 또는 문부대신이 그와 동등 이상이라고 인정한 학교를 졸업한 자
2. 고등시험령 제7조의 규정에 따라 고등시험 예비시험을 받을 수 있는 자
3. 전문학교령에 따라 법률학, 정치학, 행정학 또는 경제학을 교수하는 학교에서 3년의 과정을 이수하고 그 학교를 졸업한 자
4. 보통시험에 합격한 자
5. 고등시험에 합격한 자
6. 2년 이상 문관 직(職)에 있던 자
7. 4년 이상 고용직원(雇員)인 자

라고 규정하고 있다. 위의 제1호에 게재된 중학교와 동등 이상이라는 인정에 관해 문부대신은 1899년(明治 32) 문부성령 제34호에 공립사립학교 인정에 관한 규정을 발포하여 인정의 신청, 인정해야 할 학교의 요건, 인정학교의 감독 등 필요한 사항을 규정하였다. 이에 따르면 문부대신이 인정해야 할 학교는 관리 및 유지 방법이 확실하고 소정의 학과를 교수하는 데 충분한 상당한 교원 및 시설을 갖추어 다음 각호의 하나에 해당하는 것에 한한다.

1. 전문학교(별과를 제외함) 및 실업전문학교(별과를 제외함)는 입학자가 중학교를 졸업한 자, 전문학교령 제5조의 검정에 합격한 자 또는 해당 학교의 예과를 수료한 자일 것(본 호의 예과는 제3호 괄호 안의 요건과 같을 것을 요한다.)
2. 실업학교는 심상소학교 졸업정도를 입학 자격으로 하는 수업연한 5년의 것, 고등소학

교 졸업정도를 입학 자격으로 하는 수업연한 3년의 것, 또는 이와 동등 이상의 학과과정을 갖추고 수업연한 3년 이상의 것

3. 기타 학교는 학과과정, 입학규칙, 편제 및 설비 등 중학교규칙에 준하는 것(모든 교원의 1/3 이상은 전임이며 동시에 중학교 정도에 준해서 중학교와 같은 종류의 학과목을 교수하는 교원은 중학교 교원면허장을 갖지 않은 자의 수가 가진 자의 수를 초과할 수 없다.)

물론 이 인정에 관한 규칙은 원칙적으로 내지의 각 학교에 적용되어야 하는 것이므로, 외지의 학교로서 본 규정에 따라 인정을 받아야 할 경우의 취급에 관해서는 어떤 규정도 마련되어 있지 않다. 따라서 조선의 학교로 인정을 받을 필요가 있는 경우는 조선총독이 문부대신과 협의하는 절차에 따를 필요가 있다. 실제로 문부대신이 인정한 것 가운데 각각의 학교를 제외한 일반적인 것으로 다음의 참조와 같이 1923년(大正 12) 문부성고시 제34호가 있다.

〔참조〕
○ 조선교육령에 따른 중학교, 고등보통학교, 사범학교, 전문학교를 문관임용령에 따라 인정 [1923년(大正 12) 문고 제34호]

1922년(大正 11) 칙령 제19호 조선교육령에 따른	중학교
	고등보통학교
	사범학교
	전문학교

위는 문관임용령 제6조 제1호에 따라 인정한다. 단 인정의 효력은 사범학교 특과 및 강습과, 전문학교 특과 및 구령(舊令)에 따라 졸업하는 고등보통학교생에게는 미치지 않는다.

〔주〕
앞의 참조와 같이 중학교 및 전문학교를 인정하고 있는 것은 조선의 중학교 또는 전문학교가 중학교령에 의한 이른바 중학교, 전문학교령에 의한 이른바 전문학교는 아니어서, 조선교육령에 따르는 중학교 또는 전문학교로 한 것이라고 해석된다. 더욱이 전문학교 가운데 조선인 교육을 하는 곳은 1922년(大正 11) 조선교육령 공포 이전까지는 입학 자격이 낮은 수준이어서 내지의 전문학교와 동등하지 않았던 관계상 일괄하여 인정할 필요도 있었다고 생각된다.

그리고 위에서 참조한 인정학교 가운데 실업학교가 누락 된 것은, 실업학교는 입학 자격, 수업연한 등이 일정하지 않기 때문에 해당 학교 각각에서 인정한다고 취급했기 때문이다. 1922년(大正 11) 조선교육령 공포 이전에 앞에서 언급한 문부성령의 공립사립학교 인정에 관한 규정에 따라 인정된 학교와 동등 이상 정도에 있던 실업학교 가운데는 개별적으로 인정을 받았던 학교도 있었다. 그런데 지금 신설하는 학교 또는 수업연한 연장으로 학교의 정도가 향상된 곳(실업학교는 소위 갑종 정도의 곳) 등은 인정의 요건을 갖춘 학교라도 특별히 인정받고 있지 않다. 생각건대 이들 학교 졸업자는 전문학교입학자검정규정에 따라 일반 전문학교로 입학하는데 무시험검정을 받을 자격을 보유하고 있으므로, 문관임용령의 측면에서 본다면 제6조 제2호에 제시한 "고등시험령 제7조의 규정에 따라 고등시험예비시험을 칠 수 있는 자"에 해당하게 되어, 반드시 문관임용령에 제시한 중학교와 동등 이상의 학교로 인정받지 않아도 판임문관임용의 자격을 보유해 임용에서 어떤 지장이 없기 때문일 것이다.

〔참조〕
○ **고등시험령**[1929년(昭和 4) 칙령 제15호] 초(抄)
제7조 예비시험을 치려는 자는 중학교를 졸업한 자, 문부대신이 보통교육에 관해 그와 동등 이상의 학력을 가졌다고 인정한 자 및 고등시험위원이 보통교육에 관해 중학교와 동등 이상이라고 인정한 외국 학교를 졸업한 자를 제외하고 문부대신이 인정한 바에 따라 국어 및 한문, 역사, 지리, 수학과 물리 화학에 대해 중학교 졸업정도로 행하는 시험에 합격한 자일 것을 요한다.

○ 고등시험령 제7조 및 제8조에 따른 수험자격에 관한 건[1918년(大正 7) 문령 제3호]
제1조 다음 각호의 하나에 해당하는 자는 고등시험령 제7조에 따라 보통교육에 관해 중학교졸업자와 동등 이상의 학력을 가진 자로 한다.

1. 전문학교입학자검정규정에 따라 시험검정에 합격하거나 일반 전문학교 입학에 관해 무시험검정을 받을 자격이 있는 자
2. 전문학교입학자검정규정에 따라 국어, 한문, 역사, 지리, 수학, 물리, 화학에 대해 시험검정에 합격하거나 혹은 시험을 면제받는 자. 또는 조선총독, 대만총독, 사할린청 장관, 혹은 만주국 주재 특명전권대사가 정하는 전문학교입학자검정에 관한 규정에 따라 국어, 한문, 역사, 지리, 수학, 물리, 화학에 대해 시험검정에 합격하거나 혹은 시험을 면제받은 자
3. 전문학교입학자검정규정에 따라 특정한 전문학교 입학에 관해 중학교 졸업자와 동등 이상의 학력이 있다고 지정받은 자로서 보통교육에 관한 시험을 치거나 혹은 성적 우수하여 무시험검정으로 중학교 졸업 이상의 학력을 입학 정도로 하는 대학예과 또는 전문학교에 입학한 자
4. 고등학교 고등과 제2학년 이상 또는 수업연한 3년의 대학예과 제2학년 이상에 입학한 자
5. 앞의 각호 이외에 중등학교 졸업 이상의 학력을 입학 정도로 하고 동시에 문부대신의 지정을 받은 학교에 입학한 자

또한 조선인 관리에 관한 특별임용 제도로 1910년(明治 43) 칙령 제396호 조선인 관리의 특별임용에 관한 건이 있는데, 그 제5조에

조선인으로 조선총독이 인정하는 시험에 합격한 자 또는 경성전수학교, 관립고등보통학교 혹은 조선총독이 그와 동등 이상이라고 인정하는 학교를 졸업한 자는 특별히 조선총독부 및 소속관서의 판임 문관으로 임용할 수 있다.

라고 정하여, 조선총독은 1912년(明治 45) 고시 제242호로 경성전수학교 또는 관립고등보통학교와 동등 이상이라고 판단한 학교를 인정하고 있다.

제4 병역법의 인정

(1) 징집유예

병역법 제41조 제1항은

> 중학교 또는 중학교의 학과 정도와 동등 이상이라고 인정하는 학교에 재학하는 자에 대해 본인의 희망에 따라 연령 27세에 이르기까지 징집을 연기한다.

라고 규정했고, 제2항은

> 전항(前項)에서 규정하는 인정 및 연령의 구분에 관해서는 칙령으로 정한다.

라고 했다. 이러하여 병역법시행령 제100조에

> 다음에 열거하는 학교에 재학하는 자에 대해 본인의 희망을 바탕으로 병역법 제41조 제1항의 규정에 따라 징집을 연기한다.
>
> 1. 중학교, 사범학교, 실업학교(심상소학교 졸업을 입학 정도로 하는 수업연한 5년 또는 그와 동등 이상에 한함), 고등학교, 대학령에 따른 대학예과, 전문학교, 고등사범학교, 대학령에 따른 대학학부, 임시교원양성소, 실업학교교원양성소 및 청년학교 교원양성소. 단 연구과, 선과(選科) 등의 별과는 제외함
> 2. 궁내대신, 문부대신 이외의 각성(各省) 대신, 조선총독, 대만총독, 만주국 주둔 특명전권대사 또는 사할린청 장관의 관할학교는 전 호(前號)에서 열거하는 학교에 준함. 단, 연구과, 선과(選科) 등의 별과는 제외함
> 3. 앞의 2호에 열거한 학교의 별과로 육군대신 및 문부대신이 인정한 것

으로 규정했고, 동 제101조에서 다음과 같이 징집을 연기할 수 있는 기간을 정했다.

전조(前條) 제1호에 열거한 학교에 재학하는 자에 대해 징집을 연기할 수 있고, 기간은 다음 구분에 따르는 것으로 한다.

학교의 구분	징집을 연기할 수 있는 기간	
	1월 2일부터 4월 1일까지의 기간에 출생한 자	4월 1일부터 1월 1일까지의 기간에 출생한 자
중학교, 고등학교 심상과, 실업학교		연령 21세까지
사범학교, 고등학교 고등과, 대학령에 의거한 대학예과, 임시교원양성소, 청년학교 교원양성소	연령 22세까지	연령 23세까지
실업학교 교원양성소, 고등학교 전공과, 수업연한 3년 또는 4년의 전문학교, 고등사범학교(전공과를 제외)	연령 23세까지	연령 24세까지
수업연한 5년 이상의 전문학교, 고등사범학교 전공과, 대학령에 따른 대학학부(의학부를 제외)	연령 24세까지	연령 25세까지
대학령에 따른 대학 의학부	연령 25세까지	연령 26세까지

전시 또는 사변으로 필요한 경우 전항의 기간은 육군대신 및 문부대신이 정하는 바에 따라 그것을 단축할 수 있다.

전조 제2호 또는 제3호에 열거한 학교에 재학하는 자에 대해 징집을 연기할 수 있는 기한은 입학 자격 및 수업연한에 따라 제1항에 열거한 학교에 재학하는 자의 예에 준해 육군대신이 정한다.

이에 따라 조선 학교에 재학하는 자의 징집유예 기간은 육군대신이 정하는 것인데, 육군대신은 그에 따라 병역법시행규칙[1927년(昭和 2) 육령 제24호] 제314조로 다음과 같이 규정하여, 앞의 표에 제시한 기간과 동일하게 했다.

령 제100조 제2호에 규정하는 학교로 중학교령, 사범학교령, 실업학교령, 고등학교령, 전문학교령 또는 대학령에 따르는 것으로 된 학교의 수업연한과 징집을 연기할 수 있는 기간의 관계에 대해서는 령 제101조 제1항에 규정하는 것과 같다.

전항에 규정한 학교 이외의 학교에서 징집을 연기할 수 있는 최고 연령은 별도로 공시한다.

> 〔주〕
> 조선의 사범학교는 사범교육령에 따르지 않으므로, 사범학교(보통과 및 연습과), 사범학교 심상과 및 강습과 재학자의 징집연기 기간은 위의 "별도 공시"하도록 된 것 가운데 포함된다. 즉 육군대신은 1928년(昭和 3) 육군성고시 제12호에 따라 공시하고, 보통과 및 연습과 재학자는 앞의 표에서 사범학교 재학자와 동일한 기간, 심상과 및 강습과 재학자는 앞의 표에서 중학교 재학자와 동일한 기간으로 한다.

따라서 앞에서 언급한 병역법시행령 제100조 제3호 육군대신 및 문부대신의 인정에 관해서는 1928년(昭和 3) 육군·문부성령으로 병역법시행령 제100조 제3호의 규정에 따른 인정에 관한 건을 발포해, 인정을 받으려는 자는 육군대신 및 문부대신 앞의 신청서를 문부성에 제출해야 한다. 또 인정에 관한 사항은 공립사립학교 인정에 관한 규칙[1899년(明治 43) 문령 제34호]을 준용한다.

(2) 재영(在營) 연한의 단축

병역법 제14조에는

> 현역병으로 재영(在營) 중 다음 각호의 하나에 해당하는 자의 재영기간을 단축할 수 있다.
> 1. 청년학교 과정 또는 그와 동등 이상이라고 인정하는 과정을 이수한 자로 품행방정하고 학술 근무의 성적이 우수한 자
> 2. 정원(定員)에서 과잉이 되는 자
> 전항 제1호로 규정하는 과정의 이수 정도 및 인정에 관한 사항은 칙령으로 정한다.

라고 되어 있다. 이에 따라 병역법시행령 제34조에

> 병역법 제14조 규정에 따라 재영기간을 단축하는 자에 대해서는 주무대신의 재가(上裁)를 거쳐 정한다.

병역법 제14조 제2항에서 규정하는 과정의 이수 정도는 육군대신, 동 항에 규정하는 인정은 육군대신 및 문부대신이 정한다.

라고 규정했다. 육군대신은 과정 이수 정도에 관해 병역법시행규칙 제51로 그것을 정하며, 육군대신 및 문부대신은 인정에 관해 1938년(昭和 13) 육군·문부성령 제1호 병역법시행령 제34조 제2항의 규정에 따른 인정에 관한 건을 발포하였다. 그리고 1938년(昭和 13) 조선총독부령 제54호 청년훈련소규정에 따른 청년훈련소의 과정 및 동 규정 제21조에 따라 조선총독은 그와 동등 이상이라고 인정되는 과정(조선총독이 학교소재지 소관의 사단장과 인정에 관해 협의한 것) 및 육군현역장교를 배속한 학교의 과정 등을 각각 인정했다.

제5 기타 인정, 지정

(1) 고등시험의 예비시험 면제

고등시험령 제8조의 규정에 따라 고등학교 고등과를 졸업하거나 대학예과를 수료한 자 또는 문부대신이 정한 바에 따라 그와 동등 이상의 학력을 가졌다고 인정된 자는 고등시험 예비시험을 면제받는다. 이에 따라 문부대신은 1918년(大正 7) 문부성령 제3호로 고등시험령 제7조 및 제8조에 관한 건을 발포하였고, 그 제2조에서 "대학부의 학생으로 입학해 현재 재학하는 자 또는 졸업하거나 혹은 학사 시험에 합격한 자" 및 "문부대신이 고등학교 고등과 혹은 대학예과 또는 동등 이상이라고 인정된 학교를 졸업한 자"는 고등학교 고등과를 졸업하거나 혹은 대학예과를 수료한 자와 동등 이상이라고 인정했다. 여기서 말하는 대학예과, 대학 학부 등등은 대학령에 따른 것에만 한정하고 있지 않으므로, 당연히 조선교육령에 따른 대학예과 및 대학도 포함한다. 따라서 문부대신은 조선총독부 전문학교(본과 졸업자에 한함) 이외의 사립전문학교만을 대상으로 고시를 발포하여 고등학교 고등과 졸업자 또는 대학예과 수료자와 동등 이상의 자격을 인정하여 "지정"하고 있다.

(2) 의사법, 수의사법, 약제사법, 치과의사법에 따른 지정

대학령에 따른 대학에서 의학, 수의학 또는 약학을 이수해 학사라고 칭할 수 있는 자 및 관립공립의 전문학교에서 이들 학과를 이수한 자 및 관립공립의 치과의학전문학교 등을 졸업한 자는 각각 해당 의사법, 수의사법, 약제사법, 치과의사법이 정하는 바에 따라 면허를 얻으며, 의사, 수의사, 약제사 또는 치과의사 자격을 부여받는다. 그런데 사립으로 이들 학과를 둔 전문학교 졸업자는 해당 법령에서 문부대신이 지정한 것에 한 해 자격을 부여받게 되어 있다. 그러므로 문부대신은 각각 해당 사립전문학교의 지정 규칙을 발포하여 지정에 필요한 사항을 정하고 있다. 아울러 사립전문학교로 이들 지정을 받을 경우, 해당 지정규칙이 정하는 바에 따라 설립자가 문부대신에게 신청할 필요가 있다.

제10장 학교위생

학교가 생도 아동의 건강을 보전하고 체위 체력의 향상증진을 도모하기 위해, 학교는 각 교과목의 교수를 생도 아동의 심신발달 정도에 맞게 함을 취지로 해야 함은 물론, 더 나아가 적극적으로 신체의 건전한 발달과 함께 체력을 증진하도록 다양한 시설을 강구해 그 강화를 도모할 필요가 있음은 말할 것도 없는 일이다. 더욱이 생도 아동의 생활환경을 심신 장애가 일어나지 않도록 미연에 방지하고 예방 경계의 조치를 항상 강구함과 동시에 이미 걸린 질병을 치료하는 등 소극적 방면에서 제반 위생시설을 완비하는 것이 긴요하다. 따라서 각 학교규정은 생도 아동 교양의 요지에서, 혹은 설비에서 유의해야 할 특단의 사항을 규정함과 동시에 학교 청결 방법의 준칙을 마련하고, 그 위에 직접 생도 아동의 신체검사를 실시하거나 혹은 학교의(學校醫) 설치 등 학교 위생시설의 완비를 서두르고 있다.

제1 학교의 설비

학교 설비 가운데 교지(校地), 교사(校舍)는 각 학교규정에서 각각 "교지는 교육 및 위생에 해가 없을"것을 요하며, "교사(校舍)는 교수, 관리 및 위생에서 적절하며 소박하고 견고할 것을 요한다"라는 취지를 규정한 바 있다. 교지의 면적에서 교사 및 부속 건물의 부지와 부속지는 규모에 필요한 견적을 내야 한다. 옥외 운동장의 면적은 수용해야 할 생도 아동 수에 상응할 필요가 있으며, 적어도 초등학교의 경우 1명당 3평에서 5평 이상, 중등학교 이상의 경우 1명당 10평 이상 정도는 필요하다고 생각된다. 그리고 교지의 지질, 환경도 충분히 배려해야 할 필요가 있음은 물론이다. 교사 등의 건물 가운데 교실은 사용 목적에 따라 배치 및 방향을 고려해야 한다. 또 보통 교실은 대개 일반적으로 20평을 표준으로 하는데, 각 교실은 모두 길이, 폭, 높이를 적당히 하는 동시에 채광, 환기, 보온을 고려해야 한다. 교구(教具) 특히 책상, 의자는 생도 아동의 신체에 맞는 것이어야 하지만, 이외의 것도 구조, 사용법에 충분히 유의해야 한다. 기타 위생에 관한 설비로 의무실, 휴양실, 세면대 등의 설비를 갖추어야 하지만, 변소도 특별히 고려할 필요가 있음은 물론이다.

제2 학교 청결 방법

학교 청결을 유지하는 것은 위생상 소홀히 할 수 없는 것이므로, 1919년(大正 8) 훈령 제11호로 특별히 학교 청결 방법의 표준을 정했다. 이에 따르면 학교청결방법을 일상청결방법과 정기청결방법 2가지로 구분하고, 전자의 경우로 매일의 청결방법 이외에도 위생시설에서 유의해야 할 사항을 13항목에 걸쳐 각각 열거하였다. 후자의 경우는 매년 2번 여름 또는 기타 휴업일 가운데 하는 것으로 이 역시 7항목에 걸쳐 상세히 제시하였다. 또 침수 등으로 교사(校舍), 기숙사, 교구 등이 오염되었을 때의 정기청결방법 예시를 참조해 적당한 청결방법을 실시하도록 하였다.

제3 학교 신체검사

생도 아동의 심신의 건전한 발달을 위해 학교는 교수훈련의 내용 방법에 항상 광범위한 준비와 세심한 고려를 기울일 필요가 있음과 동시에, 학교 설비의 완비를 기하는 것 역시 중요한 것임은 말할 것도 없다. 한편, 생도 아동 및 각자의 체질, 건강상태를 자세히 알아 신체의 상황에 따라 맞게 적정한 시설을 강구 할 필요가 있다. 그래서 1921년(大正 10) 조선총독부령 제86호로 학교생도아동신체검사규정을 발포했고, 내지의 학생생도아동신체검사의 방법에 준해 생도 아동의 신체검사를 하고 그 성적을 조선총독에게 보고토록 하여 학교위생 개선에 이바지해 왔다. 그리고 내지의 신체검사규정 개정에 따라 1937년(昭和 12) 새롭게 조선총독부령 제45호로 학교신체검사규정을 제정하였다. 그 제1조에

> 학교는 학생·생도·아동 신체의 양호 단련을 적절히 하고, 체격 향상과 건강 증진을 도모하기 위해 본 령에 따라 신체검사를 시행해야 한다.

라고 규정하여, 학생 생도 아동의 정기적 신체검사는 원칙적으로 학교의(學校醫)가 매년 4월에 그것을 시행하는 것으로 했다. 임시 신체검사는 감독관청 또는 학교장, 학교의(學校醫)가 필요에 따라 시행할 수 있다. 신체검사의 항목 및 방법 그리고 성적의 기록 등은 학교

신체검사규정 제4조부터 제6조까지 규정되어 있는데, 정기적으로 시행하는 신체검사 결과는 그것을 본인 및 보호자에게 통지하고 정황에 따라서는 본인 또는 보호자에게 주의를 주어 적절한 처치를 강구하도록 했다. 그리고 학교가 필요할 경우는 건강상담, 예방처치, 기타 적당한 보건양호의 시설을 강구하도록 했다.

신체검사 성적은 도지사 및 조선총독에 보고토록 하여 각종 시설의 참고에 이바지하도록 했다.

학교직원의 신체검사는 종래 법령상 어떤 규정도 없지만, 학교직원의 건강 여하는 생도 아동의 보건에 미치는 영향이 큰 것이므로 도지사, 관립학교장, 공사립전문학교장이 학교직원 및 고용인 등의 신체검사에 관해 필요한 사항을 정할 수 있도록 했다. 이와 같은 정도로는 생도 아동 및 직원 상호 간의 보건도 역시 불충분함을 면하기 어려우므로, 한층 더 강력한 제도로 신체검사를 할 수 있는 방도를 강구하는 것이 절실하다고 생각한다.

제4 학교 위생 직원

관공립학교는 학교의규칙(學校醫規則)[1919년(大正 8) 총령 제59호]에 따라 학교의를 두고 있는데, 공립의 경우 아직 의사 보급이 불충분하다는 관계로 의사 없는 지방은 당분간 두지 않는 것도 가능하게 했다. 학교의는 의사규칙에 따라 의사 면허를 가지고 있어야 한다. 직무는 학교의규칙 제5조부터 제9조에 각각 규정되었다. 학교에서 위생에 관한 실행자로 학교 간호인 또는 간호부를 두는 것은 아주 바람직한 것이므로 1925년(大正 14) 11월 각 도지사에 통첩이 발포되어 그 설치를 장려하였다.

제5 기타

조선에서 학교위생 시설은 일반 위생시설의 불충분, 위생관념의 결여에 비추어 특별히 더욱 정비를 기해야 할 필요가 있는데 종래와 비교하면 해마다 점차 모습이 개선되고 있다. 그렇지만 아직 초기의 단계에 있다는 느낌이 없는 것도 아닌 실정이라는 점은 정말로 유감스러운 바이다. 이에 특히 조선총독부 및 도(道)를 통해 학교위생의 지도감독 책임을 맡아야 할 전임 위생기술직원 등의 신속한 보급을 촉구하여 학교위생시설의 개선 충실을 도모해야 한다. 그러면서 학교는 일상의 교수는 물론 생도 아동의 건강 관찰, 양호, 체육운동, 기타 사소한 사항이라도 만일 생도 아동 및 직원의 보건 위생상 관련된 사항이라면 학교위생상 그에 대응해야 할 시설을 강구해야 함은 물론이다. 이에 관해 조선에서는 법령상의 규정도 직원의 정비도 아직 불충분한 상황인데, 이들 정비를 기다릴 것까지도 없이 감독관청 및 학교는 변함없이 일체가 되어 일상의 학교경영에서 개선향상을 위해 노력할 필요가 있는 바이다. 특히 일반적인 전염병은 물론 전염성 만성 결막염(트라코마), 근시, 결핵 등의 예방 박멸에 관한 시설 등에 이르기까지, 단지 학교 내부에서만 해결해야 할 문제가 아니지만 항상 유의하며 관심을 게을리하지 않는 주도면밀한 준비와 대책으로 그 처치에 유감이 없도록 한다.

제11장 육군현역장교의 학교 배속

육군현역장교를 학교에 배속하는 제도는 내지의 경우 1925년(大正 14)부터 실시되었다. 당시 문부대신이 발포한 훈령에 따르면

> 학교가 교련을 부과하는 목적은 학생생도의 심신을 단련하여 자질을 향상하는 데 있다. 환언하면 국가적 관념을 분명하게 하고, 헌신봉사의 정신을 고취하고, 자주자립의 습관을 순치(馴致)하며, 책임을 다하고 규율을 중시하며, 절제를 지켜 협동을 숭상하고, 또 명령에 복종하는 기풍을 일으키고, 신체를 강건하게 하며 의지를 고무하여, 한층 더 견인감위(堅忍敢爲)하는 정신을 함양하는 데 있다. 그리하여 힘써 행 함으로서 국방 능력을 증진하는 결과를 가져옴을 논할 필요도 없다.

라고 했다. 따라서 교련 교수능력을 증대하고 그 실시를 한층 유효적절하게 하여 교련의 진작을 꾀하는 것은 아주 긴급을 요한다는 취지에서, 중등학교 이상의 여러 학교에서 현역장교를 배속하는 제도를 설치하게 되었다. 조선은 1926년(大正 15)부터 실시되었고, 처음에는 중학교 및 경성사범학교에 한해 배속했지만, 순차적으로 실업학교, 고등보통학교, 전문학교 및 대학까지 미쳐 오늘에 이르렀다.

육군현역장교의 배속은 육군대신과 조선총독의 협의로 이루어진다[1925년(大正 14) 칙령 제246호]. 이 경우 육군현역장교학교배속령[1925년(大正 14) 칙령 제135호]을 준용한다. 그리고 육군현역장교학교배속령 제1조 제1항에서

> 관립 또는 공립의 사범학교, 중학교, 실업학교, 고등학교, 대학예과, 전문학교, 고등사범학교, 임시교원양성소, 실업학교 교원양성소 또는 청년학교 교원양성소는 남성 생도의 교련을 담당할 육군현역장교를 해당 학교에 배속한다. 단 전시 사변 및 기타 어쩔 수 없는 경우에는 이에 한하지 않는다.

라고 했고, 또 제3항에

> 배속장교는 교련에 관해 해당 학교장의 지휘 감독을 받는다.

라고 규정되어 있다. 사립학교는 동령 제2조 규정에 따라 해당 학교의 신청으로 이루어진다. 그러나 심상소학교 졸업정도를 입학 자격으로 하는 수업연한 5년의 실업학교 또는 그와 동등 이상의 실업학교 이외의 실업학교, 야간에 수업하는 학교에는 배속하지 않는다(배속령 제5조). 특별한 사유가 있을 때는 현역장교의 배속을 중지할 수 있다.

〔주〕
1923년(大正 12) 칙령 제411호에서 앞의 배속령 특례에 관한 규정을 공포하여, 배속하는 육군현역장교는 당분간 보충상의 필요에 의해 충원 고용된 육군 예비역 또는 후비역(後備役)의 보좌(佐), 위관(尉官)이 그를 대신할 수 있도록 한다.

장교를 배속받은 학교의 교련 실시에 관해서는 1926년(大正 15) 훈령 제15호로 교수요목을 제정해 교재, 교재의 배당, 매주 교수시수 및 매년 야외 연습일수를 정하고 있는데, 감독의 임무를 맡은 자는 그것에 기초해 토지의 상황과 학생생도의 심신 발달을 고려해 각각 적절히 가르치는 과정을 정해 교련실시의 취지 관철을 기하도록 했다.

육군대신은 명받은 교련사열관은 매년 각 학교에서 적어도 1회 배속학교의 교련실시 상황을 사열하도록 했다[배속령 제4조, 1926년(大正 15) 육령 제19호 육군현역장교학교교련사열규정].

배속장교는 원칙적으로 해당 학교의 최종학년으로서 졸업시기에 가까워 졸업해야 하는 자(대학 학부는 교련을 받은 자에 한함)에 대해 교련 성적을 검정하여 졸업할 때 합격 여부를 결정해야 한다. 합격 여부는 본인에게 통고하고 신청하면 증명서를 교부해야 한다[1935년(昭和 10) 육군성령 제22호 학교교련시행규정 제1조 제1항 및 제5조 제1항]. 배속장교를 둔 학교의 본과를 졸업한 자 및 대학예과 제1학년 과정을 수료한 자로 배속장교가 행하는 위의 교련 검정 합격자는 육군보충령[1927년(昭和 2) 칙령 제331호] 규정에 따라 각 병과간부후보생을 지원할 수 있다(보충령 제53조).

Ⅰ. 식민지 조선 교육제도 운용의 실제 **193**

또한 배속장교의 봉급, 여비 등의 경비 부담 및 지급방법은 다음과 같이 정하고 있다.

〔참조〕
○ **학교배속장교의 여비 등에 관한 건** [1927(昭和 2).3, 학 제63호 각 도지사 앞 학무국장]
학교배속장교의 여비지급 기타 위의 교련실시에 관해 다음 각 항을 확인한 후에 가능한 조치를 취하도록 명하며 이에 통첩한다.

【기(記)】
1. 육군현역장교배속령의 규정에 따라 학교에 배속된 현역장교의 여비 및 기타 경비는 다음 내용에 따라 적절히 처리할 것
   (1) 봉급, 부임, 전임의 여비 등 비용은 육군성 부담으로 함
   (2) 공립학교 배속장교의 출장여비 및 각 학교의 탄약비 등은 당분간 설립자가 부담할 것
      공립학교 배속장교를 출장시킬 경우, 해당 사무를 위탁하여 여비를 지급할 것
   (3) 공립학교 배속장교의 여비 액수 및 지급방법은 설립자가 현재 학교직원여비에 관한 사항을 참작해 정할 것
2. 공립학교의 야외 연습일수는 매년 교수일수에 포함할 것

제12장 사회교육(청년훈련소, 청소년단체, 도서관)

제1 사회교육의 개념

사회교육이란 통상, 학교 교육·가정교육과 상대하여 사용하는 말이고, 이들과 나란히 독자적인 교육부문을 담당하고 있다.

국민의 교양을 높이고 품성을 연마하여 생활의 내용을 풍부히 하고 생활의 정도를 향상하는 것은 국가의 번영 상 필요한 바이고, 또 국민 각자는 사회생활에서 연대적 책임을 분담함으로써 사회의 질서는 보존 유지되는 것이다. 그래서 사회가 복잡하게 됨에 따라 사회생활의 현실에 근거해서 국민의 교양을 높이기 위한 노력이 더욱 필요해지는 것이다. 이를 위한 노력, 즉 이미 학교 교육을 수료한 자에게 사회생활에 알맞게 국민교육을 보완하고, 혹은 교양의 확충을 꾀하려는 공(公)의 목적으로 학교 교육의 체계에 포함되지 않는 시설에서 행해지는 교육은 모두 사회교육의 범주에 있다고 할 수 있다. 그런 까닭에 사회교육이 담당하는 부문은 아주 광범위하게 걸쳐 있을 뿐 아니라 그 대상은 청소년층부터 성인층까지이며, 동시에 각 층에 맞는 시설을 갖는 것이다. 따라서 학교 교육과 같이 체계적 조직적으로 운영하는 것은 상당히 곤란할 뿐 아니라, 항상 시대에 따라 사회의 실정에 알맞게 적절히 해야 하는 점에 특색이 있으므로, 일률적으로 정의를 내리거나 또 법문화할 수 없는 바에 그 본질이 있다. 그리고 이미 학교 교육을 수료한 자에 대한 교양을 보완하는 것에만 머물지 않고, 학생 생도 아동도 사회생활의 면이 있으므로 그 생활부문에서 사회를 통한 일반적 교양, 도야의 견지에서 본다면 넓게는 학생 생도 아동도 사회교육활동 대상에 들어가게 된다.

제2 사회교육시설과 조선 사회교육의 특수성

이상과 같이 사회교육 부문에 속하는 시설은 아주 광범하고, 또 제각각이므로 그것을 계통적으로 분별하는 것은 아주 곤란한데, 아주 개괄적으로 그것을 보면,

(1) 실무에 종사하고 있는 청년에 대해 여가를 이용해 행하고 있는 청년훈련소와 같은 것

(2) 단체 조직 아래서 행해지는 남녀청소년단과 같은 것

(3) 널리 일반 사회인을 대상으로 공개되었던 도서관, 박물관과 같이 상설로 된 것과, 일시적인 강습회, 강연회 같은 것

(4) 사회 각층에 침투하는 가장 대중적인 신문, 라디오, 잡지, 도서와 같은 것

등이 현재 통상 생각할 수 있는 주된 것인데, 이 외에 영화, 연예와 같이 민중 오락에 있어서 그 지도 여하에 따라서는 사회교육시설의 기능을 충분히 발휘할 수 있는 본질을 가지고 있다.

그래서 앞에 제시했던 것처럼 사회교육은 각자의 사회생활에 꼭 필요한 국민교육을 보완하고, 학교 교육에 살을 붙이는 것을 목표로 행해지는 것이다. 하지만 이를 조선의 현실에서 고찰한다면, 병합 이래 학교시설이 상당한 속도로 확충하고 있기는 하지만, 아직 학교 교육의 보급이 불충분하기 때문에 아주 일부분을 제외하고는 대중에 대한 국민적 기초교육은 달성되어 있지 않다. 그런 까닭에 조선의 사회교육은 우선 이러한 대중에 대한 국민적 교양을 부여하기 위한 노력이 필요할 뿐만 아니라, 황도(皇道)에 근거한 숭고한 통치 정신을 투철하게 이해시켜 황국신민으로서의 자각을 일으키고 마음속에 깊이 새기도록 하기 위해 별도의 시설이 필요한 것이다. 그래서 그 시설해야 하는 내용은 오로지 계몽교화를 우선으로 해서 사회교화의 성질을 다분히 띠며, 시설의 대상도 학교 교육을 수료하지 않은 청년층 및 성인층에 중점을 두는 바는 내지와 현저히 취지를 달리하는 점이다.

따라서 보통 사회교육 시설로서 생각되는 것의 보급은 일반적으로 내지와 비교해 상당히 손색이 있고, 오히려 이후 개척시켜야 할 것이 많은 현상이므로, 조선에서 학교는 유력한 사회교육 내지 교화의 기관으로서의 사명을 가지고 대중 계몽교화에 임함과 동시에, 이미 병합 이래 한발 뒤늦은 조선의 재래 문화를 내지의 문화 수준으로 올리는 근대문화의 중요한 수문(水門)이 되고 있다. 그러므로 사회교육의 중요한 한 부문을 담당하는 것으로서, 앞에 제시했던 (1)에서 (4) 이외에 특히 조선에서는 학교를 들 수 있다. 이렇게 사회교육은 현실의 일상생활에 적절해야 함을 요지로 할 뿐만 아니라, 특히 조선은 아직 개발, 창의를 더 해야 하는 것이 많으므로, 시설에 관해 일괄해서 법규로 규율하는 것은 오히려 운영상 불편하고, 대부분은 훈령, 통첩 등으로서 따라야 할 기준을 제시하고 지도하도록 하는 정황이다.

제3 사회교육의 연혁

조선의 사회교육은 병합 이래 주로 학교를 중심으로 운영되어 민심의 개발, 선도를 도모했으나, 조선의 사정은 학교 교육의 보급을 촉진하는 것이 초미의 급무에 속해, 전적으로 시세 및 민도에 맞도록 학교 교육의 제도 및 시설 시책이 강구되었다. 이에 1922년(大正 11) 공포한 조선교육령으로 아래로는 초등교육부터 위로는 대학교육에 이르기까지 크고 작은 각종의 교육기관이 정비되기에 이르렀다. 그러나 사회교육은 반드시 이에 병행하지 못하고, 진전을 보이지 못했다. 1918년(大正 7) 도지사회의에서 사회교육에 관해 주의를 환기하였으나, 그 뒤 1921년(大正 10) 총독의 지시가 있어, 1922년(大正 11)에 겨우 사회교육 시설보조비를 국고예산에 계상하여 조장 발달을 꾀하게 되었다. 이에 따라 한편에서는 조선총독부에서 1923년(大正 12) 관립도서관을 개설하고, 1926년(大正 15)에 사회교화사업장려를 생각하여 하사한 자금을 기초로 하여, 조선교육회로 하여금 과학관을 설치토록 하는 등 점차 사회교육교화 시설을 강구하기에 이르렀다. 그 후 1927년(昭和 2) 실무에 종사할 청년에 대한 교육기관으로서 청년훈련소 시설이 창설되었고, 나아가 조선총독부 행정기구에서도 1932년(昭和 7)에 이전 내무국 소속이었던 사회과를 학무국으로 옮기고 사회교육교화에 관한 사무를 모두 이 과의 주관으로 하였다. 또 1936년(昭和 11) 사회사업에 속하는 사무를 분리하여 사회교육과를 신설토록 하는 등 순차적으로 통일 정비되기에 이르렀다. 청년훈련소의 확충, 교화단체의 지도 통제, 청년단의 지도 방침 확립 기타 정부의 시설도 사회의 진전에 발맞추어 적절한 시책이 강구되었고, 그 교육은 종전에 비해 훨씬 활발한 활동을 보이기에 이르렀다.

이렇게 조선의 사회교육환경은 이미 서술했듯이 본래의 사회교육이 행해지기에는 아직 기초적인 정리를 요하는 것 적지 않고, 오히려 앞으로 고려되어야 할 시설이 많아, 이하 서술하는 바도 그 주요 시설에 한정하기로 한다.

제4 청년훈련소

청년훈련소는 사회교육기관으로서 가장 조직인 것으로, 대표적인 기관 가운데 하나이다.

내지에서는 실무에 종사할 청년에 대한 국민교육 보조기관의 하나로 1926년(大正 15) 청년훈련소제도가 창설되었는데, 조선에서는 1927년(昭和 2) 경부터 재향군인회 등에서 내지에 준해, 임의로 설치하기에 이르렀다. 이들 임의 청년훈련소로서 조선총독이 인정한 경우, 그 수료자는 내지의 청년훈련소와 동등 이상의 훈련을 수료한 자로써, 문부·육군 양성(兩省)의 인정을 받은 내지 청년훈련소 수료자와 동일한 병역상의 특전을 부여받게 했다. 이러한 정세를 고려해 조선에서도 통일적인 보급을 꾀하는 것이 긴요하다는 점을 인정해 1929년(昭和 4) 새로이 청년훈련소규정(총령 제89호)을 제정하기에 이르렀다. 청년훈련소규정의 제정 근거가 조선교육령 제16조에서 말하는 "기타 교육시설" 가운데 포함되는 것이라는 점은 이미 앞에서 언급한 대로이다.

동 규정은 내지의 청년훈련소제도에 준해 정해졌는데, 내지에서는 1935년(昭和 10) 청년훈련소와 실업보습학교를 통합해 새로이 청년학교 제도를 창설하였다. 이와 함께 또 1938년(昭和 13) 조선교육령개정의 취지에 비추어 동년 3월 청년훈련소규정이 전면적으로 개정되었고, 개정(총령 제54호)은 정도 및 과정의 내용 등에서 대략 청년학교제도에 가까운 것이 되었다. 생각건대 조선에서 실업보습학교는 발달의 형식이 다를 뿐 아니라, 양자 각각 독자의 존립 의의를 가지고 있어(제3장 실업교육 참조) 갑자기 내지의 제도에 따라가기 어려운 점이 있다고 해도, 청년훈련소만 보면 실무 청년에 대한 여가교육 시설이라는 점에서, 청년학교제도의 취지를 받아들이는 것이 시세의 진운(進運)에 비추어 적절하며, 조금이라도 청년훈련소 존립 의의를 해치는 것이 아니기 때문이다.

(1) 목적

청년훈련소의 목적은 청년훈련소규정[1938년(昭和 13) 총령 제54호, 이하 규정으로 함] 제1조에서

> 청년에 대해 국체관념을 분명히 하고 황국신민으로서의 자질을 향상해 서로 신애협력으로써 단결을 확고히 함과 동시에 심신을 단련하고 직업 및 실제 생활에 꼭 필요한 지식 기능을 전수할 것을 목적으로 한다.

라고 명확히 규정되어 있는데, 여기에서 말하는 청년이란 지금 실무에 종사하고 있는 대중 청년을 가리키는 것은 물론이다.

(2) 교수 및 훈련 기간, 그리고 입소자격

청년훈련소에는 보통과 및 본과를 두어야 하는데, 토지의 정황에 따라서는 보통과만을, 또는 본과만을 둘 수 있다. 교수 및 훈련 기간은 보통과 2년, 본과 4년이 되는데, 별도로 1년 이상의 연구과를 둘 수도 있다. 입소자격은 보통과의 경우 심상소학교 졸업자 또는 그에 상당하는 소양이 있는 자이고, 연구과에 입소할 수 있는 자는 본과 졸업자 또는 그에 상당하는 소양 있는 자여야만 한다(규정 제4조). 여기에 보통과의 입소자격인 심상소학교 졸업자란 본과 입소자격 및 1938년(昭和 13) 칙령 제103호 개정조선교육령 부칙 제4항 규정의 취지에 비추어 수업연한 6년이어야 한다고 본다.

(3) 설립 및 폐지

부, 읍면은 위임, 수의(隨意)사무로서 청년훈련소를 설립할 수 있고, 사인(私人)도 공장, 상점 등에서 청년훈련을 받을 수 있는 자를 다수 고용하는 경우에 한해 설립을 인정할 수 있다. 또 재향군인분회 기타 조선총독이 적당하다고 인정하는 단체도 당분간은 설립을 인정받고 있다(규정 제9조 및 부칙 제3항). 부, 읍면이 설립하는 것은 소위 공립에 해당하지만, 규정에서는 청년훈련소의 명칭에 관해 엄격한 구별을 두고 있지 않다.

또 공립은 부(일반경제의 비용으로 하는 것을 통례로 한다), 읍면이 설립 주체로 되는 것이지만, 학교의 경우와는 취지를 달리하고 있다. 이는 지방의 실정에 따라는 것과 함께 내선인의 구별 없이 실무 대중청년에게 교양을 보완하고 해당 지방의 사회 환경을 정리 향상하는 데에 이바지하는 것이라면, 오히려 공공사무로서 이들 공공단체를 취급하는 것이 이론상 타당하기 때문이다.

청년훈련소를 설립하려고 할 때는 규정 제10조에 열거되었던 사항을 구비해, 조선총독의 인가를 받아야 한다. 또 설립자를 변경하려고 할 때도 조선총독의 인가가 필요한데 명칭 및 위치의 변경은 신고로 충분하다.

청년훈련소를 폐지하려고 할 때는 그 사유 및 생도의 처분 방법을 갖추어, 조선총독의 인가를 받아야 한다.

(4) 교수 및 훈련과목, 그리고 그 시수

보통과의 교수 및 훈련과목은 수신 및 공민과, 체조과, 보통학과 그리고 직업과인데, 본과의 경우는 위 가운데 체조과를 제외하고 교련과를 부과해야 한다. 연구과의 경우는 본과의 교과 및 훈련과목을 적절히 정해야 하는데, 수신 및 공민과를 뺄 수는 없다.

이들 교과 및 훈련과목의 요지 및 정도는 규정 제13조 내지 18조에 각각 규정되어 있다.

교수 및 훈련은 토지의 정황에 따라 적당한 시각 및 계절에 행해야 한다(규정 제22조)는 것은 청년훈련소가 특색으로 하는 바인데, 그 시수는 아래 시수 이상으로 토지의 정황에 따라 적절히 그것을 정해야 한다.

수신 및 공민과	보통과	50시간	본과	100시간
체조과	보통과	100시간	-	
교련과	-		본과	350시간
보통학과 직업과	보통과	300시간	본과	250시간
계	보통과	450시간	본과	700시간

연구과의 시수는 최저시수의 제한 없이, 토지의 정황에 따라 적절히 정해도 무방하다.

또 지금 학교에 재학하는 자, 혹은 상당한 학력이 있다고 인정받은 자, 또는 특별한 사유 있는 자에 대해서는 일부의 교수 및 훈련과목을 면제할 수 있다(규정 제20조).

그래서 지금 학교에 재학하고, 조선총독에게 청년훈련소 과정과 동등 이상으로 인정하는 과정을 이수한 자는 청년훈련소의 교수 및 훈련을 받은 자로 간주한다(규정 21조). 이러한 제도를 둔 것은 청년훈련소 과정과 동등 이상의 과정을 이수한 자에 대해 주로 병역 상의 특전 수혜와 관련되는데, 아직 이에 따라 학교졸업자로서 인정을 받은 자는 없다.

(5) 입소, 전소(轉所) 그리고 수료 및 졸업

입소 시기는 매년 4월인데 사정에 따라서는 중도 입소를 인정할 수 있다. 또 특별한 사정이 있는 자는 연령 및 소양에 맞게 보통과 제2년 또는 본과 혹은 연구과 제2년 이상으로 입소할 수 있다.

또한 청년훈련소 상호 간에 해당 과(科)의 해당 학년으로의 전소는 가능하고, 또 특별한 사유에 따라 1시간 한도로 다른 청년훈련소에서 교수 및 훈련받기를 지망하는 자에 대해서는 지망하는 청년훈련소에 교수 및 훈련을 위탁하는 것도 가능하게 했다. 과정의 이수에 관해 편의적 조치를 강구할 수 있는 길을 둔 것은 실무청년에게 본 시설에서 교육의 기회균등을 가급적 누릴 수 있도록 한다는 취지에 바탕을 둔 것이다(규정 제5조 내지 제8조).

청년훈련소 보통과 과정을 수료한 자에게는 수료증을, 본과 과정을 졸업한 자에게는 졸업증을 수여하는데, 본과에서 대략 4년의 훈련을 받고, (4)에 제시한 본과 최저제한시수의 훈련을 받은 후 입영한 자에게는 졸업자와 마찬가지로 졸업증을 수여해야 하는 것으로 되어 있다.

(6) 직원

청년훈련소에는 주사 및 지도원을 두어야 한다. 주사는 도지사의 감독을 받아 주어진 업무를 처리하고, 지도원은 주사의 지휘를 받아 교련 및 훈련을 담당한다. 그리고 공립청년훈련소 주사는 실업보습학교장 또는 소학교장에게, 지도원은 이들 학교 교원, 재향군인 기타 적당하다고 인정되는 자를 도지사가 촉탁하는데, 사립은 설립자가 도지사의 인가를 받아 정해야 하며, 공립 및 사립 모두 별도의 자격 상 제한은 두지 않았다.

(7) 병역 상의 특전과 교련과의 사열

병역법 제14조 제1항에는

현역병으로서 입영 중에 다음 각호의 1에 해당하는 자는 입소기간을 단축할 수 있다.
1. 청년학교 과정 또는 그와 동등 이상이라고 인정하는 과정을 이수한 자로서 품행방정하고 학술 근무의 성적이 우수한 자
2. 생략

이라고 규정되어 있는데, 그에 근거해 위의 "동등 이상으로 인정하는 과정을 이수한 자"로

서 조선의 청년훈련소 졸업자 등이 있는 것은 이미 제9장 제4의 (2)에서 기술한 대로이다. 따라서 청년훈련소의 경우 청년학교 교련과 등 사열령 [1935년(昭和 10) 칙령 제249호]의 규정에 근거해, 육군현역장교가 교련과 사열을 한다. 그래서 사열은 청년학교교련과 등 사열규정[1935년(昭和 10) 육령 제8호]에 따라 2년 이내로 적어도 1회는 행할 것을 관례로 하고 있다.

제5 청소년단체 등

남녀청년단체, 소년단체 및 부인단체 등은 단체조직으로 행하는 유력한 사회교육시설이다. 그러나 이들 단체는 원래 임의단체이고 단체원의 자치적 수양기관에 불과하다는 성질을 가지고 있어, 단체의 중심이 되어야 할 자로 뛰어난 식견을 가진 자를 얻지 못하면 단체조직의 목적과 괴리되는 바가 다분히 있다. 따라서 이들 단체 지도의 요체는 우선 단체의 지도자여야 할 자의 양성에 있으므로 조선에서는 종래보다 이 점에 관해 각별한 노력을 기울여 왔다.

그리고 이들 단체 중에서도 특히 청년단의 지도는 조선에서 특히 중시된 바이며, 종전의 조선청년단은 그 발달의 경로에 불순한 것이 있어, 한때 설립을 억제했던 적도 있다. 그러나 1931년(昭和 6) 만주사변 발발 이후 일반의 국민적 자각을 환기하는 흐름은 청년단의 조직에 기대를 걸어, 오히려 적극적인 지도를 하는 것이 적절하고 긴요하게 되었다. 1932년(昭和 7) 새로운 각도에서 청년층 지도의 근본방침을 제시하였고, 조직 내용을 건실히 하는 것에 대해 적극적으로 선도 권유하여 청년 자체의 수양과 동시에 국가 사회에 대한 봉사의 관념을 키워 지방의 개량 및 농산어촌 진흥의 중견인물 내지는 지도자로 활동하도록 하고, 그 외의 자들도 점차 그를 모방토록 하는 방책을 강구하기에 이르렀다. 또한 이미 설치된 청년단의 개선이 긴요하게 되어 견실한 단체 성립의 필요를 한층 더 통감하게 되었고, 1936년(昭和 11) 참조와 같은 지도요강이 제시되었다. 현재 이에 따라 청년단 본래의 사명 수행에 만전을 꾀하도록 지도하고 있다.

〔참조〕

○ **청년단의 보급 및 지도에 관한 것** [1936(昭和 11).5.4, 사 제77호 학무, 내무, 농림, 경무국장 통첩]

청년단의 설치는 지금 서서히 전 조선에 퍼져나가 그 활발함이 국운의 신장과 지방의 개발에 영향을 주는 바가 날로 커지고 있어, 지도 권유에서 그 본지 및 전례에 따라 시행해야 할 요항을 갖추어 1932년(昭和 7) 9월 9일부로 정무총감 통첩과 동시에 학무국장이 상세 통첩하여 두었다. 이후 시세의 진전과 시국의 추이는 더욱 진흥을 촉구하여 경영 및 지도 역시 점차 진전하고 있음은 일반이 인정하는 바이다. 최근 사회의 정세는 지도 강화에 더욱 적절한 기운을 초래해야 한다는 생각이 들 뿐만 아니라, 새로운 사반세기에는 이전보다 한층 국민자질의 향상에 힘을 기울일 필요가 있다. 즉 이때 청년단의 보급 및 지도 권유에 한층 고려하여 농산어촌의 진흥 및 교화에 관한 일반 시설의 효과를 높임은 물론, 국제 경쟁의 무대에 제국의 기초를 더욱 견실하고 의연하게 하여 그 중함을 국내외에 떨치도록 하는 것 역시 국가 활력의 원천인 청년의 수양 노력에 기대하는 바 많음을 자각시킨다. 또 청년단 지도의 임무에 있는 자는 국체의 본의와 세계의 대세를 잘 고려해 그 순응하는 바를 간명히 하고 청년의 심리를 잘 파악하여, 이치를 가르쳐 인도하고 정성스럽게 몸으로 모범을 보여 적어도 귀추(歸趨)가 잘못되지 않도록 할 것을 기대한다. 만약 우리 청년들이 작은 성취에 안주하여 경제계가 서서히 호조를 보이자 퇴폐방자한 풍조를 이루게 된다면 국가의 건전한 진운을 저해하는 바가 막대하다. 따라서 특히 이 점에 유의해 그 지조를 확고히 하여 더욱 강건질실한 기풍을 진흥시키도록 노력함은 가장 긴급한 임무이다. 따라서 청년단지도통제에 종래의 경험을 고려하고 최근의 사회정세에 비추어 국가의 지도기준, 조직의 범위, 임원의 선임 등에 특단의 고려를 기울여, 새로이 따라야 할 방침을 제시한다. 즉 청년단의 지도통제는 아래의 요항에 따라 행해야 한다. 또 도시의 청년단에 관해서는 이에 따르는 것 외에, 특수한 사정을 헤아려 더욱 적당한 방법을 가미하여 소기의 효과를 거둘 수 있도록 노력해야 함을 명한다.

청년단 지도요항

1. 지도기준

청년단은 청년 상호의 수양 권면 기관으로서 건전한 국민, 선량한 공민으로서의 자질을 함양함을 목적으로 한다. 아울러 사회봉사의 훈련을 쌓아 일면 향토 문화 경제의 발달에 공헌하는 단체로 나가도록 함으로써 그 본의를 천명하며, 지도에 관해서는 토지의 정황, 단원의

연령, 환경 등을 참작해 다음의 사항에 유의할 것
  가) 단체 관념의 분명히 하는 것에 노력할 것
  나) 경신숭조(敬神崇祖) 및 보은감사의 관념을 함양하고 지덕병진(智德倂進), 온건중정(穩健中正)의 사상을 체득하도록 할 것
  다) 근로애호의 기풍을 양성하고 직업에 정려하는 습관을 조장하여 자주자립의 바른 마음을 고취함과 동시에 농산어촌의 진흥에 힘을 다할 것
  라) 신앙생활에 대하여 관심을 유도해 정조의 도야, 인격의 향상으로 이끌 것
  마) 심신의 단련에 노력하고 강건질실의 풍조를 키워 건강의 증진을 꾀하도록 할 것
  바) 향토애의 함양 조장에 노력할 것
  사) 단원에게 항상 단체적 훈련에 익숙하게 하여 체조 및 가능하다면 간단한 교련 등으로 행동거지에 규율 절제 있도록 지도할 것
  아) 단원의 지도강습회는 산업적 훈련과 공민적 훈련을 주안점으로 할 것
  자) 해당 지방에 존재하는 교화기관의 시설과 연결하여 서로 도움이 되도록 할 것
  차) 강연, 강습, 영화, 독서, 공동작업 등에 의해 정신적 교화에 이바지할 것
  카) 지방 전래의 미풍을 조장함과 동시에 폐풍을 교정하고 생활의 개선을 꾀하도록 할 것
  타) 지방 전래의 오락으로서 폐해 없는 것은 조장 장려를 꾀함과 동시에 새로이 해당 지방에 적절하다고 인정하는 오락을 제공하는 길을 강구 할 것
  파) 단체에는 반드시 단칙(團則)을 두도록 할 것
  하) 지방 당국은 도에서 읍면에 이르기까지 각 담당의 연락 외에 경찰관청과도 협조해 모든 각 도에서 지도를 더할 것

2. 조직
  가) 청년단 조직의 근저는 청년 상호의 우정과 애향의 정신을 기초로 하여, 공립초등학교를 중심으로 그 졸업자 가운데 지조 견실한 자를 단원 수용의 범위로 하여 단의 기초를 확립하고 지도 방법을 정비한 후, 다른 졸업자도 수용한다.
  나) 졸업자 이외의 청년으로서 특히 우수한 자가 있으면 그를 수용해도 단(團)의 통제 및 지도상의 지장이 없다고 인정하는 때에만 수용해도 무방하다.
  다) 학교 관하의 부락에 해당 학교의 우량한 졸업자가 상당수 있는 경우는 분단(分團)을 조직할 수 있다.
  라) 이미 설치된 단(團)으로서 기초가 확립되고 지도 방법이 정련되어 성적 우량한 것은

당분간 종래의 조직으로 대신 할 수 있으나 서서히 앞의 각 항에 따라 조직을 고치도록 한다.

마) 지도 적임자 및 우수한 졸업자가 없는 경우 함부로 청년단을 설립하지 않는다.

바) 연합청년단의 조직은 개개의 단체가 각각 견실한 발달을 이룬 후에 하도록 하되, 당분간 그 결성을 서두르지 않는다.

3. 연령

단원(團員)의 연령은 15세 이상으로 하고 최고연령은 25세를 상례로 해도, 토지의 상황에 따라 반드시 여기에 구속될 필요는 없다. 또 단원은 연령의 차이나 기타 사정으로 여러 반이나 부로 나눌 수 있다.

4. 임원

청년단은 자주자립의 단체여야 한다. 단 자주자립의 의의는 지도에 의한 자주자립임을 잊지 말아야 한다. 따라서 단장은 당분간 공립초등학교장이 담당하고 기타 임원은 관계 학교 교원 및 단원 중에서 선임한다. 부군도읍면의 장, 경찰서장, 기타 명망 있는 자, 청년단지도에 관계있는 위 기관의 직원, 종교가, 재향군인, 독지가 등에서 적당하다고 인정되는 자로서 적절하게 단(團)에 관계하도록 하여 협력 지도에 노력하도록 한다. 단원으로서 단원의 연령을 초과한 자도 명예단원 기타의 명칭으로 단(團)의 원조자로서 힘을 다하도록 한다.

5. 사업

청년단 본래의 사명은 사업의 경영에 있지 않지만, 조선의 현상을 고려해 수양 권면의 한 방법으로서 상당한 사업을 함은 오히려 바람직한 바이다. 단 사업의 선택에 관해서는 특히 토지의 실정을 헤아려 정신생활면은 물론 경제생활면에도 충분한 관심을 가지고 유효적절하고 간이하게 수행할 수 있는 것을 선택하여 농산어촌의 진흥에 기여하도록 하고, 헛되이 계획을 크게 하여 일의 공력을 자만하는 것과 같은 폐단에 빠지지 않도록 엄격하게 경계한다.

6. 유지 방법

경비는 가능한 한 단원의 근로 등으로 얻는 수입으로 지불한다.

7. 기타

1932년(昭和 7) 9월 27일부의 경무국장 통첩의 취지를 강조하여 청년단의 설립 및 지도상 악분자(惡分子)가 개입하여 교란하는 일이 없도록 한층 더 단속을 엄격히 한다.

소년단은 국민교육의 보충 교양인 관점에서 본다면 그 대상이 생도 아동을 주로 하는 것이므로 청년단 및 부인단체와는 약간 취지를 달리하며, 학교 교육과 가정교육의 중간에 서는 것으로 오히려 학교 교육의 연장으로 생각할 수도 있다. 그렇지만 건전한 황국신민의 연성을 자치적 단체적 훈련으로 그 사회생활면에 따라 교양을 가르친다는 점에서 사회교육시설로서의 본질을 가진다. 따라서 이들 단체의 지도에 관해서는 앞에 제시한 것과 같은 지도자의 양성 외에 관련 학교와 긴밀히 연결하여 학교의 훈육 시설과 함께 적절히 지도할 것을 기대하고 있다. 그러나 최근 경향은 생도 아동의 교외 원호시설이 일반적으로 보급되는 정세이므로, 소년단 지도방책은 금후 더욱 새로운 구상으로 한층 더 궁리할 필요가 있다고 생각한다.

제6 도서관

도서관은 설립 유지 면에서 관립, 공립, 사립으로 나눌 수 있고, 또 이용 면에서 학교 부속처럼 특정인을 위한 것과 일반대중을 위한 것으로 구별된다. 여기서 말하는 도서관은 물론 위의 일반대중을 위한 것으로, 이 보통 도서관에 관해서는 내지의 도서관령[1933년(昭和 8) 칙령 제175호]이 있고 그 제1조에는

> 도서관은 도서기록의 부류를 모집 보존해서 공중의 열람과 함께 교양 및 학술연구에 이바지함을 목적으로 하며 도서관은 사회교육에 관한 부대시설이 될 수 있다.

라고 규정되어 도서관의 목적을 분명히 하고 있다. 즉 도서기록이라는 부류는 문화의 창조 전달을 기록하고 발표하는 중요한 수단이다. 그러므로 인격의 수양, 지식의 향상 연구에 관해 도서기록이라는 부류는 일상생활에서 필요한 것이고, 특히 직접 교사에게 교수 받을 기회가 없는 일반대중에게 서적은 교사를 대신하는 것이다. 또 경제적 측면에서 필요한 것 모두를 각자가 구독하는 것은 물론 곤란한 일이므로 도서관 시설이 필요하다.

게다가 사회의 진보는 개인의 교양과 관계되는 것으로 도서관의 효용은 필연적으로 대중 교육시설로서의 의의를 크게 더하는 것이므로, 도서관은 가능한 한 많은 도서기록류를 모

집하여 각 계층의 사회인에 대해 그 필요에 응할 수 있도록 고려해야 한다.

조선의 도서관은 국가시설에 관한 관제[1923년(大正 12) 칙령 제493호 조선총독부도서관관제]에 의한 것으로 조선총독부도서관이 있는데, 관제 제1조에 "도서를 모집 보존하여 공중의 열람 참고 용도로 제공하는 곳"으로 정한 것 외에 아직 일반적인 도서관 존립에 관한 법규상의 근거를 마련하지 않았다. 지방의 주요 지역에 현재 공립도서관 및 사립도서관이라고 칭하는 것이 설치되어 있지만, 이들 공립 또는 사립도서관은 법령상 근거로 본다면 공공단체의 공공사무로서, 또는 사인(私人)의 독지사업으로 설치된 임의의 시설이라는 점은 피할 수 없는 사실이다. 동시에 그 실질 목적으로 본다면 원래 도서관령에 따른 도서관 또는 조선총독부도서관과 목적을 같이하는 것이고, 사회교육의 중추가 되는 기관임은 물론이다.

끝.

1940년(昭和 15) 3월 11일 인쇄, 1940년(昭和 15) 3월 15일 발행

정가 2원 20전(송료 30전)

저자 오카 히사오(岡久雄)

발행자 제국지방행정학회 조선본부 취체역 사장 오오야 진베에(大谷仁兵衛)

발행소 제국지방행정학회 조선본부

<자료 2> 『施政三十年史(15章 敎育)』(朝鮮總督府 編, 1940)

조선총독부 시정30년사 「15장 교육」[3]

목차

1. 개설
2. 교학쇄신
3. 교육기관의 확장과 충실
4. 육군특별지원병제도
5. 사회교육의 충실과 현상
6. 교과서 편찬의 충실과 현황
7. 기타 중요 사항

---

[3] 박찬승 외, 2018, 『국역 조선총독부 30년사』, 민속원에 수록된 「15장 교육」 부분을 거의 전재하되 약간의 수정을 했다. 이 자리를 빌어 감사드린다.

1. 개설

서설

총독부 시정 후에 조선교육의 주안점은 내선인 구별 없이 동일하게 교육칙어를 받들어 충량한 국민을 육성하는 것에 있었던 점은 다시 말할 필요가 없다. 다만 당시 내선인의 생활양상의 차이를 고려하여 시의적절한 잠정적 방도로서, 학제는 내지인과 조선인 교육의 체계를 달리해서 실제 생활에 적합한 제도를 강구하였다. 특히 조선인 교육과 관련해서는 시세(時勢)와 민도(民度)의 실정에 비추어, 먼저 간이 실용을 근본으로 한 교육의 보급에 중점을 두고, 차츰 학교 증설, 학과과정 개선 등에 정진해 온 것은 앞서 설명하였다. 이렇게 10여 년 지나 실적과 시세의 진운(進運)에 따라 조선인 일반의 향학심은 비상하게 진전하였으며, 여론의 귀추로 1922년(大正 11)에 교육제도의 혁신이 이어졌다.

이후 교육기관의 충실과 그 실질 및 내용의 향상에 더욱 노력, 경주하였다. 특히 제6기 우가키(宇垣) 총독시대에는 종래의 교육을 재검토한 결과 국민성의 도야와 민력의 충실에 중점을 두고, '부락개학(部落皆學)'의 기치를 높이 들고 새롭게 간이학교 제도를 장려하였다. 다른 한편으로는 농산어촌의 중심인물을 양성할 필요성을 제창하여 종래의 보습교육기관을 쇄신하였다. 또한 이에 대응하여 사범교육의 확충을 시도하는 등 실적을 높이기 위해 노력하였다.

1) 조선교육령의 개정

제7기에서 교육의 전개는 위와 같이 제6기의 방침에 기인하고 있는 것은 물론이지만, 교육 자체의 신장과 사회 환경의 커다란 변화는 각별히 특이하여 자연스레 새로운 획을 긋게 되었다. 즉 1922년(大正 11) 개정한 제2차 조선교육령 실시 후 16년의 세월이 흘러, 반도의 시정은 산업 경제 및 그 밖의 일반 문화사업에서 전대미문의 성적을 가져와, 이를 교육 분야에 반영하는 것은 구태의연한 방법으로는 도저히 만족할 수 없는 사정에 봉착하였다. 게다가 만주사변과 만주국 건설, 또 거의 예측할 수 없는 국세정세의 변화는 교육의 모체인 일반사회에 비상한 충격을 주었다. 또 지나사변 발발 이후 동아 신질서 건설에 매진하는 제국의 처지에서 전진 병참기지로서의 사명을 짊어진 조선교육에 일대 혁신이 필요한 시기를 맞았다는 것은 다시 부언할 필요가 없다.

이에 1938년(昭和 13) 2월 22일 자 칙령 제95호로 육군지원병제도가 확립되고, 바로 다음 달인 3월 4일 칙령 제103호로 새로운 조선교육령이 공포되었다. 이날 조선총독은 아래와 같은 유고를 발표하였다.

유고

앞서 육군특별지원병령이 공포되고 이번 다시 개정 조선교육령의 공포를 보게 된 즈음해 영토 내 관민에 고해 그 생각을 환기하려 한다.

원래 조선 통치의 목표는 그 강토의 동포로 하여 참된 황국신민으로서의 본질에 철저하게 하고, 내선일체와 함께 치평(治平)의 경사에 의해 동아의 일을 대처하게 하는 데 있다. 즉 역대 당국의 고심을 계승해 일시동인의 성지를 봉체하고 시정의 창달, 민복의 증진을 꾀하고, 특히 교육에서는 우리 국민이 당연히 지켜야 할 도리의 규범인 교육에 관한 칙어에 따라 일본 정신의 배양에 노력함으로써 오늘날의 성과를 보기에 이르렀다.

그러나 신동아건설을 향한 우리 제국의 중책은 더욱 국민 자질의 순화와 향상을 필수의 시무(時務)로 하는 데 그치지 않는다. 즉 이 국세에 따라 이 세운에 부응하는 길은 국체명징, 내선 일체, 인고단련의 3대 교육방침을 철저히 하고 대국민으로서의 지조, 신념의 연성을 기간(基幹)으로 해야 한다. 그 교육시설의 확충과 강화를 부단히 기도함과 동시에, 여기에 새로이 조선교육령의 개정에 따라 보통교육에서 국어를 상용하는 자와 그렇지 않은 자와의 구별을 철폐하고, 내선인과 다름없이 동일 법규 아래 교육을 받을 수 있는 길을 여는 소이이다. 때마침 사변에 이르러 반도에 넘쳐나는 애국의 지극 정성은 사람과 하늘 모두가 감응하는 바, 결국 국민의 중임을 나누어 담당하는 지원병제도의 실현을 맞이해 황국신민으로서 명실상부함을 한층 갖추고, 인심이 스스로 일어남도 있음은 진실로 다함께 경축에 마지않는다. 생각건대 그 새로운 정점을 더한 학제와 형영상반(形影相伴)하고, 피차 서로 의지해 통치의 새로운 시기를 기획함을 믿어 의심치 않는다.

영토 내 관민은 마땅히 위에서 말한 2개 신제도 정신을 올바로 이해하고, 서로 힘을 합쳐 그것이 잘못 운행되지 않게, 시설의 적정 시책에 만전을 기함으로써 국가의 기대에 대응할 것을 힘써야 한다.

1938년(昭和 13) 3월 4일
조선총독 미나미 지로

다음으로 개정 교육령의 요지는 1938년(昭和 13) 3월 16일 각 도 내무부장 회의에서 시오바라(鹽原)학무국장의 연설이 가장 적절하게 핵심을 설명하고 있어, 아래에 이를 발췌하여 게재한다.

각 도 내무부장 회의에서 학무국장의 연설 발췌

1922년(大正 11) 2월 현행 조선교육령이 공포되어 학제의 획기적인 대개정이 이루어졌습니다. 이 조선교육령은 그해 4월 1일부터 시행되었는데, 이미 여러분들도 알고 계시는 것처럼 골자는 조선인의 교육 수준을 향상하고, 내선인 교육의 차별을 철폐하여 양자 공통의 정신에 따라 사업을 완전히 정돈하는 것에 근본 취지를 두었습니다. 이에 초등교육부터 대학 교육에 이르기까지 각 교육이 갖추어지지 않은 것이 없게 되어 내지의 교육과 동등한 수준으로까지 향상되었습니다.

여러 각종의 교육이 내선인 양자가 전적으로 동일한 요지에 따라 공학(共學)을 본 체로 함에도, 특히 보통교육에서는 양자의 교육기관을 나누는 제도를 취했던 것은 풍속 습관의 차이, 시세와 민도의 현격한 차이 등이 있다는 것을 고려한 것으로, 보통 교육이 이를 배경으로 이루어지는 것이 많아 교육상의 편의를 고려한 것에 기인합니다.

그런데 이 조선교육령이 시행된 지 이미 16년이 지나, 반도의 실정이 예전 풍광의 변화에 그치지 않고 시세의 진운이 현저해졌습니다. 게다가 최근 일본 국세의 발전은 건국 이후 가장 왕성하여, 황국신민의 육성과 관련하여 반드시 이에 대응하는 조치가 있어야 하게 되었습니다. 그러므로 총독 각하의 훈시에서 말씀하신 취지에 따라 이번에 개정하게 된 것입니다. 이에 새로 소학교규정, 중학교규정, 고등여학교규정 및 사범학교규정을 발포하고, 부칙으로 종래의 보통학교규정, 고등보통학교규정 및 여자고등보통학교규정은 모두 폐지하였습니다. 과거 20여 년 동안 답습되어 온 보통학교, 고등보통학교 및 여자고등보통학교의 명칭은 오는 4월 1일부터 영구적으로 폐기되는 셈이어서 제도상으로 내선일체의 취지가 전면적으로 구현된 것입니다.

개정 조선교육령을 비롯한 이번에 발포된 각 학교규정은 모두 전 조항을 개정하는 형식을 취하였으며, 특히 각 학교규정에서는 교육 본래의 사명을 강조하고, 교양의 주안점을 구체적으로 게재한 점에서 종래의 규정과 크게 취지를 달리하고 있습니다. 그뿐 아니라 학과목, 학과목의 요지 및 학과과정 등에서는 황국신민으로서의 단련을 깊게 하여 대국민으로서의 자질을 육성함과 동시에 실제 기술과 능력을 익히게 하여 능히 국가의 필수적인 인재가 될 수 있도록 한다는 취지를 널리 알리고, 내지 각 학교의 기준과 비교하여 각별한 조치를 시행한 것이 적지 않았습니다. 이와 관련한 상세한 내용은 실무자 회합에서 취지를 철저하게 알려 그 핵심을 이해시킬 것입니다만, 각 법령의 대강과 실시 요령을 설명하고자 합니다.

먼저 개정 조선교육령에 대해 설명하면,

1) 개정 규정 제2조에 따라 종래의 보통학교, 고등보통학교 및 여자고등보통학교의 제도는 폐지되며, 국어를 상용하는 자와 그렇지 않은 자를 구별하지 않고, 보통교육은 본 규칙으로 소학교령, 중학교령 및 고등여학교령에 따르도록 되어 있기 때문에, 보통교육을 하는 학교는 소학교, 중학교 및 고등여학교로 통일됩니다.
2) 현존하는 보통학교, 고등보통학교 또는 여자고등보통학교는 모두 부칙 제2항에 따라 소학교, 중학교 또는 고등여학교가 되며, 현재 재학중인 생도 아동도 당연히 해당 소학교의 아동 또는 중학교 또는 고등여학교의 생도가 됩니다.

단, 소학교는 현재 수업연한 4년의 보통학교가 상당히 있어 바로 소학교령의 수업연한을 적용하는 것이 재정과 기타 사정으로 지장이 있음을 고려하여, 부칙 제3항으로 심상소학교의 수업연한은 4년으로 할 수 있도록 하였습니다. 현존하는 수업연한 4년의 보통학교는 부칙 제2항에 의해 4년제의 심상소학교로서 유지됩니다. 이들은 이후 초등교육 확충 계획에 의해 점차 수업연한을 연장하려고 생각하고 있습니다. 또 그 졸업자는 부칙 제4항에 의해 수업연한 6년의 심상소학교 제4학년 수료자와 동등하게 취급됩니다.

3) 기존의 보통학교, 고등보통학교 및 여자고등보통학교 졸업자에게 주어졌던 입학 전학에 대한 자격은 부칙 제5항에 의해 종전과 같이 보유하게 됩니다.
4) 사범학교는 종래 그 목적에서 소학교 교원 양성 및 보통학교 교원 양성이라는 2종으로 나누어져 그 편제에서 1부와 2부의 구별이 있었는데, 이 또한 합쳐져서 구분이 없어지게 되었습니다.

그리고 개정 조선교육령의 시행에 따라 학교의 설립 주체를 어떻게 해야 할지, 내선공학(內鮮共學)은 어떤 형식으로 행해져야 할지, 또는 교과서는 어떻게 해야 할지 등과 관련하여 당연히 관련된 여러 문제들이 남아 있습니다. 그 실시 요령에 대해서는 대체로 다음의 방침에 의거하고, 구체적 세목은 별도로 협의할 때 자세하게 설명하려고 생각하고 있습니다.

실시 요령에 대한 방침을 설명하면,

1) 공립학교의 설립 주체 및 경비의 부담과 관련해서는 현재 상태 그대로 하여 급속한 변경을 하지 않았습니다. 따라서 현존 학교는 현재의 형태로 설립이 유지됩니다. 이후에 설립되는 것도 주로 내지인을 수용하는 경우에는 도와 부(제2부 특별경비) 또는 학교조합에, 주로 조선인을 수용하는 경우 도, 부 또는 학교비의 부담에 의하도록 하였습니다.
2) 위 방침에 따른 생도 아동의 수용은 도립 이외의 것은 주로 내지인을 수용하는 것과 그렇지 않은 것으로 구분합니다. 따라서 대체로 양자의 수용과 관련하여 아래와 같이 조치하여 교육상 유감이 없도록 했습니다.
   가) 기존에 설립된 학교는 대체로 연혁에 따라 현 상태를 답습하게 했습니다.
   나) 신설 학교로 설립 주체의 차이에 따라 양자를 구분 수용하던 것은 특별한 지장이 없는 한 상호 입학을 고려하도록 했습니다.
   다) 신설 학교로 도립으로 세워진 것은 해당 지방 생도 아동의 취학 환경과 그 외 주변 형세에 따라 각각 실정에 맞는 방침을 찾도록 합니다. 상호 입학하는 경우 인원 비율 및 신설 도립 중등학교의 경우 등에서 파생될 각각의 조건에 대해서는 별도의 협의에서 다룰 것입니다.

라) 교과서는 소학교에서는 문부성이 편찬한 것을, 중학교와 고등여학교에서는 조선총독 또는 문부대신의 검정을 통과한 것으로서 조선총독의 인가를 받아서 사용하도록 하는 것을 원칙으로 합니다. 그러나 조선 실정에 비추어 특별히 필요가 있을 때 총독부에서 편찬한 것을 사용할 수 있습니다. 그런데 이 새로운 방침에 따른 교과서 편찬은 상당한 시일이 필요하므로 과도기적인 조치로서 당분간 종전의 것을 사용할 수 있습니다.

다음으로 각 학교규정 개정 취지를 설명하면, 교육 그 자체의 목적에 관해서는 내지의 각 학교령에 따르는 것은 물론이고 그 정신에서도 하등의 차이가 없습니다. 그렇지만 그 방법에서는 내지의 교육 현황과 반도의 실정을 고려하여 조치를 시행해야 할 것이 많습니다. 특별히 일본 국체의 본의를 천명하고, 이념과 실행에서 황국신민으로서의 본분을 철저히 하도록 하는 것이 교육의 근본 취지이므로 이러한 근본에 기초하여 철저히 할 것을 촉구하는 의미에서 소학교, 중학교 및 고등여학교의 각 학교규정의 처음 제1조에서는 모두 이러한 취지를 선명히 밝혔습니다. 각 학과목의 요지 및 학과과정 등에서 내선인이 모두 같은 요지에 따르는 것을 원칙으로 하는 방침에 따라, 공학의 경우에 생도 아동의 정황에 따라 다소의 참작을 할 수 있도록 한 것, 이외에 양자에 대해 전혀 차이를 두지 않기로 했습니다. 이는 이번 학제 개정의 정신에 따라 황국신민으로서의 처우를 균등하게 하려는 조치에서 나온 것입니다. 규정의 각 항목에서 정한 남성에 대한 것, 여성에 대한 것, 또 각자 장래 짊어져야 할 사명의 본질 등에 의거하여, 유용하고 적절한 지능의 계발을 힘써 도모하는 것을 목적으로 해야 할 것입니다.

2) 육군현역장교배속령 시행 15주년 기념 행사

조선에서 육군 현역 장교의 배속을 받아 학교 교련을 실시 한 것은 1925년(大正 14) 7월 칙령 제246호(육군현역장교학교배속령은 1925년 4월 칙령 제35호로 공포)에 기초하여, 1926년(昭和 1)에 경성사범학교 외 공립중학교 10개교와 내지인만 수용하는 실업학교에서 실시한 것을 효시로 한다. 이후 성적이 현저하여 순차적으로 이 제도를 확장하여 내선공학의 학교에서 조선인 수용 학교까지 확대되었다. 그리고 제7기인 1939년(昭和 14) 4월 현재는 경성제국대학 및 경성제국대학예과를 비롯하여 관립전문학교 5개교, 공립전문학교 2개교, 사범학교 6개교, 공립중학교 27개교, 실업학교 27개교로 총 71개교에 이르고 있으며, 그 성적이 모두 매우 우수하다.

마침 1939년(昭和 14)은 육군 현역 장교의 학교 배속 제도가 시행된 지 15주년이다. 문부성에서는 육·해군성 공동 주최로 육군현역장교학교배속령 시행 15주년을 기념하고, 장기 건설의 단계에 들어간 지나사변 아래서 학교교련의 진작 및 학생 생도의 시국 인식을 고조시키기 위한 기념사업으로써 그해 5월 22일을 기해 전국의 학교교련 실시 학교 대표 학생 생도를 참가하게 하여 천황의 친열을 받기로 했다. 총독부에서는 이러한 계획에 부응하여 같은 방식의 기념사업을 계획하여, 우선 조선 내 학교교련 실시 학교의 학생 생도를 도쿄로 파견하여 친열을 삼가 받음과 동시에, 당일 같은 시각에 조선 내 남녀 중등 이상의 학교에서도 시범 사열을 하기로 하였다. 즉 경성제국대학, 경성제국대학예과, 남자 전문학교, 남자 중등학교 직원 770명, 학생 생도 약 1만 9천명이 참가하여 조선총독의 시범 사열(총독이 도쿄로 가 부재중이었으므로 정무총감이 대신함)을 받고, 멀리 도쿄의 성대한 의식을 연모하여 현 시국에서 봉공의 각오를 새로이 했다.

한편 도쿄로 파견한 일 대대는 학교교련 실시 학교 71개교의 직원 대표 2명, 학생 생도 대표 2명씩 하여 직원 대표 142명, 학교 생도 대표 142명, 총 284명으로 조직하여 5월 18일 부산에 집결하여 결단식을 거행하고 20일 도쿄에 도착하여 21일 궁성 앞 광장에 설치된 식장의 예행연습에 참가하고, 마침내 당일 성대한 의식에 참가한 전국 직원 생도 대표 3만여 명과 함께 황공하게도 영광스러운 역사적인 친열을 삼가 받았다. 그리하여 충만한 국민적 감격에 젖어, 제국의 번영을 기원함과 동시에 다음 세대 국가의 유능한 인재로서의 사명을 깊이 자임하였다.

또 육군특별지원병 훈련소에서도 현역 장교의 배속은 없지만, 이 제도의 특수성에 비추어 특별히 친열을 삼가 받기로 하였고, 훈련소 생도 총원 200명(인솔 교관 5명을 파견하여 앞서 서술한 단체와는 별도로 행동하여 도쿄로 감)도 당일 전국 대표 학도와 함께 이 영광을 입었다.

3) 청소년 학도에게 내려주신 칙어

앞서 서술한 성대한 의식을 마친 후, 오후 4시 황공하게도 폐하께서는 문부대신을 궁중으로 불러 칙어를 하사하시어 청소년 학도가 나아가야 할 바를 밝히셨다. 아래에 그 성지(聖旨)를 삼가 기재한다.

청소년 학도에게 내린 칙어

나라의 근본을 배양하고 국력을 길러 국가 번영의 기운을 영원하게 유지하도록 하는 임무는 매우 무겁고, 그 길은 매우 멀다. 그 소임은 실로 너희들 청소년 학도의 두 어깨에 달려있다. 너희들은 그 기개와 절조를 숭상하고, 염치를 중시하고, 고금의 역사에 비추어 안팎의 시세를 헤아려서 사색을 정밀하게 하고 식견을 높이며, 취하는 것은 중(中)을 잃지 말며, 향하는 바는 정(正)에서 벗어나지 않도록, 각자의 본분을 지켜 문무를 연마하고 질실강건의 기풍을 북돋아 짊어진 큰 임무를 온전히 할 것을 기대한다.

조선총독부는 이 칙어를 삼가 받들어, 5월 29일 조선총독부 훈령 제29호를 내리고, 황은에 보답해야 한다는 뜻을 일반에 알렸다. 또 6월 1일의 애국일을 맞아 조선 전역의 여러 학교에서 일제히 칙어 봉독식을 거행하게 하여 성지(聖旨)를 널리 알리고 체득하도록 하였다.

조선총독부 훈령 제29호

5월 22일 천황폐하께서 궁성 앞에 나오셔서, 황공하게도 전국 학생 생도 대표를 친히 보신 후, 특별히 문부대신을 궁중으로 불러 다음과 같이 칙어를 내리셨다.
본 총독은 은혜로운 성지를 받고 매우 감격하여 삼가 이를 강역 내 일반에게 고지한다.
삼가 생각건대 천황폐하께서는 하늘로부터 타고난 덕과 지혜로 일찍이 교육을 깊이 걱정하시어, 여러 차례 교육의 진흥과 관련한 은혜로운 조서를 내리셨는데, 지금 또 황공하게도 전례없이 청소년 학도에 대한 은혜로운 칙어를 내리셨다. 그 성지가 심원하여 참으로 황공하고 감격함이 이를 데 없다.
생각하건대 지금 일본은 미증유의 어려운 시국을 만나, 국가의 총력을 모두 천업(天業)을 돕는 데 매진해도 앞날은 요원하다. 장래 국민의 후비대로서 대성해야 할 청소년 학도는 짊어진 무거운 책임을 생각해, 스스로 분발하고 힘써 기개와 도량을 크게 넓히고 식견을 고상하게 하여 마침내 덕으로 나아가는 업(業)을 닦고 황국신민으로서의 품성과 재능의 연마에 힘을 기울여야 한다. 또 이 시국에 대처하여 각자 분수에 맞게 봉공의 정성을 다할 각오를 견고히 하여, 잠자는 동안에도 일의 급함에 부응할 준비를 게을리하지 말아야 한다. 이러한 계도 훈화를 담당하는 자는 성칙에서 가리키는 바를 받들어 밤낮으로 노력하여 후진 자제들의 지도에 힘써 서로 이끌며 무궁한 황은에 보답할 것을 기약해야 할 것이다.

1939년(昭和 14) 5월 29일 조선총독 미나미 지로

또한 총독부는 매년 경성 부근에서 대학, 대학예과, 전문학교 연합 연습을 해왔는데, 이번에 이 성지(聖旨)를 따르는 의미로 항상 해 오던 연습을 더욱 성대하게 거행하였다. 아울러 육군현역장교학교배속령 시행 15주년 기념행사였기에, 그해 10월 13일부터 이틀에 걸쳐 연습하여, 학생 생도의 의지와 기개를 고무해서 국가 관념을 진작시켰다.

지나사변 하에서 반도의 적성은 이후 각 방면에서 나타났고, 일반 인심은 갑자기 모습을 바꾸어 마침내 국가총동원체제의 강화를 나타내기에 이르렀다. 특히 대학, 전문학교 학도들은 성지에 감분흥기하여, 마침내 조선 학생정신연맹을 결성하였다. 그 강령을 보면 청소년 학도에게 하사한 칙어의 성지를 받들어 일치 협력해서 학도의 본분을 다할 것을 목적으로 한다는 깃발을 치켜들고 있다. 이로써 각 학교의 유지들에게 호소하며 실천 운동에 적극 나서고 있다.

2. 교학쇄신

1) 서설

국체명징(國體明徵), 선만일여(鮮滿一如), 교학진작(敎學振作), 농공병진(農工竝進), 서정쇄신(庶政刷新)은 이른바 미나미 총독 정치의 5대 정강으로, 반도에서 행한 사업의 초점이 항상 여기에 집중된 것은 제7기 시정방침의 조항에서 이미 서술한 것과 같다. 그 가운데에서도 교학진작 사업은 여러 사업의 원천인 사람과 직접 관련되고, 나아가 현재 미증유의 어려운 시국을 돌아볼 때 현재 매우 중요한 사업이라는 것은 굳이 다시 말할 필요가 없는 문제이다. 즉 안으로 강건한 국민정신을 계발 배양하여 치열한 국민적 신념을 확립하게 하고, 빛나는 국체정신 아래 국민의 단결을 공고히 하여 서로 이끌며 어려운 시국을 극복할 각오를 가져야 한다. 나아가 불퇴의 강인한 정신력을 견지해서 제국 신민으로서의 자질 육성을 강화하는 것은 오늘날 시국에서 교학쇄신의 요체가 되지 않으면 안 된다.

그리하고 이를 솔직 간명하게 표현한 것이 앞서 서술한 미나미 총독이 유고에서 명시한 조선교육의 세 강령인 국체명징, 내선일체, 인고단련임은 다시 말할 필요가 없다. 교육의 세 강령은 현 조선교육령 개정 당시 천명된 것인데, 선구가 되는 것은 1937년(昭和 12) 10월에 제정된 황국신민서사이고, 마찬가지로 10월에 창설된 황국신민체조는 동적(動的)인 체인(體認)의 실천 부분임을 말하지 않으면 안 된다.

이리하여 지금 반도의 교육은 교학쇄신의 3대 방침에 따라 민도의 현격한 차이와 풍습의 다름을 초월하여 내선인을 한 덩어리로 만드는 것을 비상시국의 중핵으로 삼았는데, 실제 교육은 고금의 학리를 깊이 살펴서 동아신질서 건설의 성업(聖業)에 기여하고 있다. 아래에 이와 관련한 중요한 사항을 들어 개요를 서술하고자 한다.

2) 황국신민서사

1937년(昭和 12) 10월 2일 제정한 것으로, 두 종류의 황국신민서사를 규정하였다.

황국신민서사(1)

1. 우리는 대일본 제국의 신민입니다.
2. 우리는 마음을 합하여 천황폐하에게 충의(忠義)를 다하겠습니다.
3. 우리는 인고단련(忍苦鍛鍊)하여 훌륭하고 강한 국민이 되겠습니다.

황국신민서사(2)

1. 우리는 황국신민이다. 충성으로 군국(君國)에 보답하자.
2. 우리 황국신민은 서로 신애협력(信愛協力)하여 굳게 단결하자.
3. 우리 황국신민은 인고단련(忍苦鍛鍊)하여 힘을 길러 황도(皇道)를 선양하자.

전자는 초등학교 아동, 후자는 중등학교 이상의 생도 및 일반인을 대상으로 한 것이다. 그리고 본문의 취지는 황국신민 육성의 근본 취지, 즉 교육의 3대 강령을 일상생활의 실천 부분에서 풀어내어 이를 제국신민으로서 열정으로 녹여냈다. 특히 간결 솔직하게 맹세하는 모습으로, 조회나 각종 의식 및 기타 여러 기회에 이를 반복 낭송하는 것을 통해 아동 생도 등의 가슴 속에 차세대 국민으로서의 신조를 각인시키려 하였다.

또 서사(誓詞)의 근본은 앞서 기술한 5대 정강에서 나온 것이고, 나아가 교학쇄신의 근본 취지는 단지 학교 교육에 국한되지 않고 널리 일반 국민의 일상생활을 규제하는 근본 신조임은 말할 것도 없다. 따라서 서사는 단순히 학교 교육 부분에 그치지 않고 사회교육 일반에도 채용하여, 일반 민중 모임 등의 적절한 기회에 이를 낭송해서 제국 신민으로서의 각오를 새롭게 하도록 했다.

이와 관련하여 조선교육회 주최로 전 조선의 140만 학생 생도 아동의 모금을 받아 조선신궁 신역에 황국신민서사지주를 건설하여 영원히 반도 학도의 적성(赤誠)을 기념하게 되었는데, 1939년 11월 3일 준공하고 24일 제막식을 거행하였다. 다음은 현 정무총감 오노 로쿠

이치로(大野綠一郎) 조선교육회 회장이 만든 황국신민서사지주 기념사이다.

황국신민서사지주 기(皇國臣民誓詞之柱 記)

삼가 생각하건대 조선교육의 본의는 칙어의 성지를 받들어 일시동인의 깊은 뜻을 삼가 받들어 반도 백성들이 널리 천황의 은택을 입게 하여 충량한 황국신민이 되도록 하는 데 있다. 시정 이후 통치의 임무를 맡은 자는 자기 이익을 돌보지 않고 오로지 군주를 위하는 마음으로 문교의 발양에 항상 노력하되 다만 미치지 못할 것을 걱정하였다.

최근 동아(東亞)의 시국에 많은 일이 더해져 돌연 급박하게 지나사변을 맞이했다. 이후 성전(聖戰) 3년에 걸쳐 황군은 의(義)로 돌아가 덕화(德化)를 경모하고 천자의 위광을 전 중국에 비추었고, 이로써 팔굉일우(八紘一宇)의 원대한 계획과 황도를 널리 베푸는 대업이 점차 궤도에 오르게 되었다. 이에 조선의 사명과 임무 또한 더욱 중요하게 된 시국을 맞이한 것을 감안하여 특히 국체명징, 내선일체, 인고단련의 3대 강령을 세우고 현 목표를 제시하며 힘써 행하게 하였다. 즉 황국신민서사를 알려 노소와 장청년을 불문하고 모두 언제나 한결같이 흠송(欽誦)하여 잠시도 잊지 않고 충성을 다하고 신명을 바쳐 신하된 자의 본분을 다할 것을 맹세하는 황국신민서사지주는 실로 이러한 진심이 발로되어 구체화한 것이다.

조선교육회는 이를 계획하여 전 조선의 5,000여 학교의 학생 생도 아동 및 관계 유지자의 헌금에 의해 남산의 신역에 이를 건립하고, 그 안에 각자 근서(謹書)한 서사 140여 만 통을 넣었다. 1939년(昭和 14) 11월 준공한 두터운 주춧돌 위에 큰 기둥이 높이 솟아 구름 위로 솟구쳐서, 관민이 모두 밤낮으로 우러러보며 분발하여 흥기하고 일치 협력하여 황도를 선양할 것을 바라며, 여기에 그 유래를 적어 비석에 새겨 영원히 남긴다.

1939년(大正 14) 11월 3일
조선교육회장 종3위 훈2등 오노 로쿠이치로 쓰다.

3) 황국신민체조

취지

총독부는 황국신민체조를 제정함과 동시에 1937년(昭和 12) 10월 8일 황국신민체조 취의서를 발표하였다.

예로부터의 무도(武道)의 모양 형태를 본떠서 체조화하고, 이를 엮어 황국신민체조를 제정하여 일반에 보급하기로 하였다. 이는 예로부터 지금까지 일본 정신의 근본이 무도에 의해 배양된 무사도(武士道)에 있다고 생각하여, 그 정신을 취하여 검에 친숙한 자와 그렇지 않은 자를 불문하고 일상 무도의 모양에 친숙해지게 해서 심신을 단련하여 황국신민으로서의 신념을 체득하는 데 도움이 되도록 한 것이다.

즉 황국신민으로서의 신념을 체득하도록 종래 학교 체조 중에 검도의 요소를 도입하여 그 모양 형태에 친숙하게 해서 심신을 단련하는 것이 바로 황국신민체조로서, 다양한 기회나 장소에서 자유자재로 실시할 수 있는 것이 이 체조의 장점이다.

목적

취의서에서는 목적을 다음과 같이 제시하고 있다.

교육 체조의 근본방침은 황국신민의 조성을 목적으로 하는 것에 있다. 각 학년 과목을 통해 하나로 귀일(歸一)하게 하는 데 있음은 말할 필요도 없고, 학교 체조 교수요목을 개정한 주된 의미 또한 이 정신에서 나오는 것이다. 황국신민체조의 실시에 따라, 한낱 기교의 말단에 얽매이지 않고 신체의 연마와 정신의 통일을 취지로 하여 일본의 전통 무도 정신의 체득을 통해 황국신민으로서의 정신 함양에 힘쓰는 동시에 자세 단정, 신체 강건을 도모하여 쾌활강의, 확고부동의 정신과 인고지구의 체력을 양성하도록 한다.

조직과 운용

종래 초등학교 저학년 지도는 종합적인 방향에서 체육 지도를 하고, 심상 3학년부터 제조의 지도 훈련에 들어간다. 따라서 이러한 상황을 감안하여 가능한 한 많은 아동이 할 수 있는 것을 기본으로 해서 동작을 선택해 14종을 확정하였다. 그리고 이를 일련의 연속과정으로 실시할 수 있도록 조직체계를 정비하고, 다시 6종의 자세를 추가하여 때와 장소, 상대에 따라 다른 자세의 참뜻도 아울러 전수하도록 했다. 이 체조에 사용할 목검은 중등학교 이상, 초등학교 하급용, 상급용 3종으로 구별하여 그 중량 및 길이를 정해 적절히 운용하게 하여 효과를 거두기에 편리하게 했다.

4) 교학연수소의 설치

교육 성적의 실질 여하는 전적으로 교육자의 인격 여하에 달려있음은 말할 필요도 없다. 따라서 총독부는 특별히 이 점에 중점을 두어, 종래 사범교육을 확충하여 진흥을 도모하는 동시에 다른 한편으로 현직 교원에 대한 강습, 연구, 시찰 등의 다양한 방책을 찾아왔다. 그리고 이번 개정교육령 시행에 따라 더욱 이 사업을 충실히 하고 철저하게 할 필요를 통감하여, 먼저 현직 교원에 대한 재교육을 주된 목적으로 하여, 사표가 될 만한 인물의 육성을 위한 상설 수련장을 설치하기로 했다. 1939년(昭和 14) 4월 20일 총독부령 제60호로 조선총독부 교학연수소규정을 발포하고, 경성부에 조선총독부 교학연수소(敎學硏修所)를 설치하였다. 이후 수차례에 걸쳐 연수원을 육성하여, 수료자를 교학쇄신의 제일선으로 내보내고 있다. 연수소의 요점을 제시하면 다음과 같다.

목적

연수소는 학교 교원에게 국체의 본의에 기초한 황국신민교육의 진수를 터득시켜, 사도(師道)의 진흥과 교학의 쇄신을 도모하는 데 있다.

직원과 연구소

소장, 학감, 사감 각 1명과 강사, 서기 각 약간 명을 둔다. 연수원은 현직 학교 교원으로서 도지사 또는 관립학교장이 추천한 자에 한해 1기 50명을 전형하여 수용한다.

연수과목 및 연수기간

연수과목은 국민과, 사도과, 수련과로 하고, 연수기간을 1개월로 하되, 1년에 대략 10기로 나누어 행한다.

연수과목의 요점

국민과는 교육에 관한 칙어의 취지에 기초하여 국체의 본의를 천명함은 말할 것도 없고, 일본 정신, 국민도덕, 국사, 국제정세, 국방 등 특별히 국체관념을 명징하게 하는데 필요한 사항에 대해 연수한다.

사도과는 교육 정신, 교육 및 교수법, 교육 사조 등으로 교육보국의 신념을 기르고 사도의 진흥에 필수적인 사항에 대해 연수한다.

수련과는 무도, 체조, 교련, 행사, 작업 등 일본 정신과 교육 정신의 앙양에 필요한 사항을 실천하도록 하는 것에 요점이 있다.

5) 중등학교 입학자 선발법의 개정

중등학교 입학자를 시험으로 선발하는 것은 일찍부터 식자층에서 논의되었다. 총독부는 이러한 실정을 감안하여, 교육 전 분야에서의 폐해를 가급적 방지하는 방침을 찾아, 특별히 1937년(昭和 12)부터는 필답시험(국어, 산술) 외에 구두시험과 신체검사를 추가하여 이 세 가지를 골고루 중시하였다.

그런데 1940년(昭和 15)부터 내지에서는 입학고사 과목에서 학과 고사를 일체 배제하기로 결정되었다. 따라서 총독부에서는 이에 발맞추어 바로 신중하게 심의를 거듭한 결과, 조선의 특수사정을 고려하여 필답시험에서 전 교과의 종합 성적을 대표한다고 볼 수 있는 국어 한 과목만을 부과하기로 했다. 이에 종래의 구두시험, 신체검사 및 초등학교장의 소견을 추가하여 4개의 표준을 세우고, 각각 평점을 배분하여 그 종합 성적을 살펴 입학자 선발의 표준으로 삼았다.

6) 고등전문학교 입학시험에서 영어 폐지

중등 이상의 여러 학교 입학시험 준비가 초래한 결과, 관내 중등학교 생도의 영어 학습 태도의 실제는 학과 본래의 사명에서 벗어나 과도한 정력 소모가 되어 심신에 미치는 바가 심대하였다. 그뿐만 아니라 자연스럽게 다른 일반 학과를 경시하여 국민교육의 체계를 파괴할 우려가 있었다. 따라서 교학쇄신의 정신에 비추어 관내 대학예과, 고등전문학교의 입학시험 과목에서 영어 과목을 없애 1940년(昭和 15)부터 실시하였다.

3. 교육기관의 확장과 충실

1) 초등교육의 확충·배가 계획

초등교육의 확충은 교육 전 분야의 기초 부분으로서, 각 시기에 걸쳐 각별히 노력하여 1928년(昭和 3) 5월 말에는 관립 2개교 17학급, 공립 1,423개교 7,804학급, 사립 80개교 434학급에 달하였다. 보통 2개 면에 1개교의 비율을 초과하는 상태였는데, 아직 설치되지 않은 면은 전 조선을 통틀어 1,000여 곳에 이르는 상황이었다. 이에 1928년 6월 다시 증설계획을 수립해 1929년(昭和 4) 이후 향후 8년을 기한으로 1면 1개교의 비율에 도달하도록 하였다. 이후 해마다 예정된 증설을 진행하여 제7기 초엽에 들어서면서 그 계획이 달성되어, 1936년 5월 현재 관립 2개교 70학급, 공립 2,411개교 1만 823학급, 사립 85개교 519학급, 총 2,498개교 1만 412학급에 이르렀다.

일반 조선인 아동의 취학 상황 실태에 비추어 살펴보면, 추정 학령아동 총수에 대한 취학아동 비율은 25% 내외에 지나지 않아, 그 전도가 아직 요원하다. 또 최근 반도 문운의 현저한 진전으로 향학심이 비상하게 발흥되어 산촌벽지에도 취학 기관이 부족한 것을 탄식하고 있는데, 이것이 일반 민심에 미치는 영향은 확실히 상당히 우려할 만한 것이었다.

이러한 사실은 5대 정강에 담긴 교학쇄신의 주요한 원인이 된다는 것은 말할 필요도 없다. 이에 총독부는 초등교육조사위원회를 만들어 이러한 실정을 상세하게 조사하고, 민심의 향배와 민도의 실제, 일반 문운의 발달과 사회의 추세, 극동정세의 변화와 반도의 사명 등 여러 방면에 걸쳐 신중한 심의를 거듭하였다. 그리하여 마침내 초등교육 확충 및 배가 계획을 수립하게 되었다.

이 계획은 당초 기간을 1937년(昭和 12) 이후부터 1946년(昭和 21)까지의 10년으로 정하였다. 하지만 시세의 진운에 따라 더욱 국민 연성의 촉진을 요망하고 있음을 고려하여, 다시 1937년(昭和 12) 이후부터 1942년(昭和 17)까지의 6년으로 단축해서 시급히 완성을 꾀하게 되었다.

이 계획의 내용을 한마디로 요약하면 과거 시정25년의 실적으로 이룩된 아동 수용력을 불과 6년이라는 단기간에 그 몇 배의 숫자를 확보하려는 것이었다. 따라서 조선교육계에서는 미증유의 획기적인 계획이라고 할 수 있다. 더구나 종래의 계획은 모두 학교분포의 수적 증가를 위주로 한 것에 비해, 이 계획은 단지 통학구역의 넓고 좁음이나 기타 특수한 사정에 따른 학교의 신설만으로 그치지 않고, 학급의 증가를 도모하거나 2부제 학급을 개설하는 등 여러 적절한 방도를 적소에 찾아 그 실질적 증가에 중점을 둔 것에 특색이 있다.

이리하여 이 계획의 목표는 1936년(昭和 11) 당초 학령아동 중 입학지원자 수를 일단 기준으로 정하고, 1942년(昭和 17)에 이 기준 수에 상응하는 아동을 전부 취학시키는 것이었다. 이 계획이 완성되면 추정 학력아동의 약 60%가 넘는 수가 수용된다. 그리고 이 계획의 기초는 정규 학급 1만 323학급을 증설하여 아동 약 143만 명을 수용하고, 2부제 학급의 개설을 통해 약 9만 5,000명, 또 간이학교를 매년 220개교 증설하여 약 15만 명의 아동 수를 확보하려는 것으로, 이렇게 하면 총 168만 명이 된다.

덧붙이면 종래의 계획을 총칭해서 편의상 제1차 계획이라 부르고, 이 계획을 제2차 조선인 초등교육기관 보급 및 확충 계획이라 하여, 줄여서 초등교육 확충 및 배가계획이라고 칭한다.

2) 초등교원 보충 대책

사범학교의 증설

초등교육 확충 및 배가계획에 대응해 다수의 교원을 보급할 필요를 느껴, 위 계획의 진행과 병행하여 1937년(昭和 12) 이후 매년 사범학교를 증설하는 동시에 이미 설립된 학교의 규모를 확대해서 이 요구에 부응하고 있다. 1936년(昭和 11) 이후에 신설된 사범학교는 전주사범학교(1936년 5월 개교), 함흥사범학교(1937년 4월 개교), 광주사범학교(1938년 4월 개교), 공주사범학교(1938년 4월 개교), 춘천사범학교(1939년 4월 개교), 진주사범학교(1940년 4월 개교)등이다.

교원 보충 시설 - 특설 강습과 설치와 기타

최근 시국을 반영한 일반 산업의 번성은 자연히 청년들의 지망에 변화를 가져왔다. 그 결과 기존의 사범학교 연습과 및 강습과 생도 지원자가 격감하는 추세를 보였다. 이에 앞서 언급한 초등학교 확충 계획 수행에 지장이 적지 않음을 감안하여, 우선 잠정적 대책으로 1940년(昭和 15)에 각 남자 사범학교에 1) 총정원 1,300명, 2) 입학 자격은 수업연한 2년의 고등소학교 졸업 정도 3) 연령은 14세 이상 4) 수업연한은 1년의 특설 강습과를 설치했다. 또한 교원시험을 시행하여 합격자를 채용하는 동시에, 매년 내지에서 약 600명의 교원을 초빙하여 보충하기로 하였다.

3) 중등교육기관의 확충

중등교육 방면에서도 초등학교 배가 계획에 발맞추어 확장을 도모할 필요가 있었을 뿐만 아니라 재조선 내지인이 증가하는 추세와 조선인 일반의 향상심은 이를 더욱 촉진시켰다. 따라서 1936년(昭和 11) 총독부는 중등교육조사위원회를 설치하고, 1937년(昭和 12) 이후 초등교육기관 확충 계획 실시 기간 중에 중등교육기관의 확충과 관련하여 신중하게 심의를 거듭하였다. 그 결과 이에 대응할 개략적인 계획을 수립했다. 1936년(昭和 11) 현재의 학급 수 962개를 기준으로 해서, 초등교육이 배가 확충이 완성되는 날까지 이 기준의 약 60%에 해당하는 700학급을 증설(학교 신설에 따른 것도 포함)하기로 했다. 그 내용은 종전의 보통교육 편중의 경향을 시정하고, 나아가 시국에 대응하는 반도의 산업 경제 등의 사정을 고려하여 특별히 실업교육의 진흥에 중점을 두기로 했다. 그리고 확충 계획 학급 수 할당은 일반 중등 4대 실업 6의 비율을 목표로 삼았다. 이 계획에 기초하여 1937년(昭和 12) 이후 신설 학교 수는 다음과 같다.

〈표 1〉 1937년 이후의 신설 학교 수

연도별	공립중학교	공립고등여학교	공립실업학교				
			농업	상업	공업	수산	직업
1937년	1	3	3	1	0	0	1
1938년	5	3	3	1	1	0	0

1939년	3	4	0	1	1	1	2
1940년	4	4	3	1	3	0	1
계	13	14	9	4	5	1	4

4) 실업교육의 진흥

최근 반도의 산업 경제 방면의 발전은 괄목할 만하다. 특히 지나사변 전후를 계기로 공업 광업 방면에 속한 기업은 비상한 진전을 이루어, 이에 필요한 기술자의 수요가 갑자기 급격하게 증가하게 되었다. 따라서 이에 상응하는 실업교육의 진흥이 참으로 중요한 임무라는 사실은 굳이 말할 필요가 없는 것이며, 중등교육 확충 가운데 실업교육 중시 또한 여기에 순응하는 대책이었다. 또한 총독부는 관립 공업학교가 경성공업학교 1개교에 지나지 않는 현실이 매우 적절하지 못함을 통감하여 1940년(昭和 15)에 일시에 3개교를 신설해서 시대의 요구에 부응하고자 진용을 새롭게 하였다. 부언하면 위의 관립 경성공업학교는 학교의 분포, 교수의 편익 등을 고려하여 1940년(昭和 15)에 경성공립공업학교로 이관되었다.

5) 전문교육기관의 확충

전문교육은 1922년(大正 11) 신 교육령의 실시와 함께 체계를 갖추어, 1926년(昭和 1)에 이르러 관공사립 모두 형식과 내용에서 신 교육령에 준거하게 된 것은 앞서 설명한 대로이다. 제7기인 1938년(昭和 13) 5월 현재 관립은 경성법학전문학교, 경성의학전문학교, 경성고등공업학교, 수원고등농림학교, 경성고등상업학교의 5개교, 공립은 대구의학전문학교, 평양의학전문학교의 2개교, 사립은 세브란스연합의학전문학교, 보성전문학교, 연희전문학교, 이화여자전문학교, 경성치과의학전문학교, 경성약학전문학교, 중앙불교전문학교, 경성의학여자전문학교로 총 15개교를 헤아린다. 또 이후 대동공업전문학교[사립, 1939년(昭和 14) 5월 개교], 경성광산전문학교[관립, 1939년(昭和 14) 4월 개교], 숙명여자전문학교[사립, 1939년(昭

和 14) 4월 개교]의 3개교가 추가되었다.

이중 경성광산전문학교는 말할 것도 없고, 대동공업전문학교 역시 채광, 야금을 전공하는 학교로 시대의 요구를 반영한 것이었다. 특히 총독부는 1938년(昭和 13) 경성고등공업학교에 새로 기계공학과, 전기공학과를 신설하였다. 그리하여 공업학교, 광산전문학교 및 대학 이공학부의 설치에 대응해서 전시체제하 광업 개발에 한층 더 노력하고 있다.

6) 제국대학의 확충

총독부는 동아 신질서 건설의 전진 기지인 조선에서 경성제국대학의 사명을 고려하여 1938년(昭和 13) 4월 이공학부를 개설하기로 하고, 이공학부로 진학할 예과 생도 40명을 수용하여 1941년(昭和 16) 4월부터 해당 학부를 개강하기로 했다.

종래 이 대학에서는 조선의 특용약물을 연구해 왔는데, 1939년(昭和 14)에 이를 더욱 강화하여 생약, 특히 한약의 약학적 연구를 더욱 철저히 하기 위해 경성제국대학 부속 생약연구소[1939년(昭和 14) 12월 27일 칙령 890호]를 개설하였다.

4. 육군특별지원병제도

1) 육군특별지원병제도 실현의 배경

만주사변 발발은 일반 조선인의 국가 관념에 하나의 전기를 가져왔고, 이어 지나사변을 계기로 국민적 사고는 점차 명징하게 되었다. 즉 여론은 "포악한 중국을 응징한다(暴支膺懲)"라고 제창하고, 동아 신질서 건설의 전진기지인 반도의 사명을 자부하여, 진실로 내선일체가 되어 후방의 여러 임무를 담당해서 제국의 국책 수행에 매진하기에 이르렀다. 이러한 사례는 너무 많아서 일일이 셀 수도 없지만 일반적인 것을 제시하면 다음과 같다.

- 종래 불온사상을 품었던 일부 민족주의자가 잇달아 전향한 점
- 종래 반국가적이라고 지목되었던 종교 또는 종교 유사단체가 갑자기 애국적인 여러 행사에 참가하게 된 점
- 조선어 언론기관이 모두 국책 지지의 태도를 취한 점
- 조선인의 국방헌금, 불우이웃돕기 헌금 등이 현저하게 많은 액수에 이르렀고, 그 열성은 내지의 상태와 거의 차이가 없는 점
- 애국 비행기, 고사포 등의 헌납 운동이 조선인 유지 가운데서 솔선해서 크게 일어난 점
- 조선인 신사 참배자가 격증한 점
- 기타 조선인 주최의 황군 무운장구 기원제, 전승기원제 등을 잇달아 시행한 점

조선인이 천진, 상해에서 의용대로서 충성 용감하게 분투한 점, 사변 초에 어느 조선인 유지가 조선인만으로 구성된 의용대 조직을 제창하자 청년들의 가입이 금방 200여 명에 이른 점, 사변 직후 한 달 만에 100여 명의 종군 희망자가 쇄도한 점, 사변에서 조선인이 통역이나 운전수 또는 군 인부 등이 되어 눈부시게 활동한 점 등의 사례를 위의 사실들과 비추어 보거나, 나아가 조선인 경찰관 철도종업원 선박직원 등이 이번 사변에 헌신적으로 일하며 정성을 다하고 있는 사실 또는 학교 교련 등에서 조선인 학생 생도의 현저한 성적 향상 등을 고

려해 보면, 반도 동포 일반이 현재 제국의 전쟁 사명을 어떻게 이해하고, 또 제국신민으로서 자각에 얼마나 눈뜨고 있는가를 충분히 알 수 있다.

이보다 앞서 1936년(昭和 11) 말부터 조선인 유식자 사이에서 병역에 대한 의무를 부담해야 한다는 주장이 대두하여, 점차 이를 주제로 한 의견 교환회 또는 간담회 등이 개최되었다. 그 자연스런 결과로 마침내 조선인 유식자를 중심으로 한 각종 단체 등에 의한 진정 및 요구 운동이 표면화되었다. 하지만 병역 문제는 국가의 가장 중요한 사항에 속하고, 핵심은 일반 민중의 국가 관념이 어떠한가에 달려있으며, 또 인민의 직접적 이해와 매우 깊은 관계가 있다. 따라서 총독부는 이후 조용히 살피는 가운데 일반 민심의 추이를 조사 검토하는 한편, 이들 선구적 단체를 특별히 신중하게 지도해 왔다. 이번 사변의 발발에 따라 발로된 조선인 일반의 심정은 위정자의 기대를 뚜렷하게 뒷받침하고 있어, 이에 육군특별지원병제도를 제정할 기초가 만들어졌다고 판단되었다.

2) 지원병제도 공포의 경위

1938년(昭和 13) 1월 15일 조선인에 대한 지원병제도 계획의 취지가 조선총독 담화로 발표되었고, 2월 22일 자로 칙령 2095호 육군특별지원병령을 공포되었다. 이날 미나미 총독은 각 도지사를 소집하여 다음과 같이 훈시하였다.

> 통치의 목표는 반도의 일본화, 즉 내선일체의 구현에 있다. 일시동인의 성지를 받들어 시행해 온 조선 통치는 근본부터 구미 여러 나라들의 식민지 지배와는 이념이나 실적 면에서 출발점을 절대적으로 달리하고 있다. 그리하여 숭고무비의 황도정신을 원리로 하는 통치의 임무는 하루라도 빨리 혼융일체의 경지에 도달하는 것을 이상과 목적으로 하는 것이다. 이와 같은 이상과 목적을 달성하기 위해 2가지 중요 사업을 하고자 한다. 그 하나는 조선인 지원병제도 실시이고, 다른 하나는 교학쇄신 확충이다.
>
> 지원병 제도 실시는 천황의 끝없는 자애로 다함께 감격하지 않을 수 없는 일이다. 그리고 이 제도는 결코 일부 인사의 요망이나 운동에 기초해서 만들어진 것이 아니다. 역대 천

황의 위세와 선인(先人)의 노력, 반도민의 자각·수양에 의해 지금의 가운데 도달한 것이다. 특히 이번 사변을 맞아 반도에서 샘이 솟는 것처럼 자연스러운 동기와 모습으로 열렬한 애국심이 솟아 나왔다. 정성은 사람을 움직이고 하늘을 움직인다. 즉 지원병제도를 실시하게 된 기운은 정성에서 나온 것으로 보아야 한다. 그래서 이 제도의 효과를 촉진 확충하기 위해 표리형영(表裏形影)의 관계에 있는 조선교육령을 개정하여, 내선일체의 심화를 꾀한 것이다.

이들은 모두 통치 역사에서 획기적인 사업으로 장차 도래할 시대를 예상해 그 효과를 상당히 기대하고 있다. 그 핵심이 형(形)의 말(末)이 아닌 정신에 있는 까닭을 잘 이해해서, 관민이 서로 호응하여 그 참된 의의를 완전하게 하도록 노력하고 싶은 것이다.

육군특별지원병령이 공포되었으나, 당시 법령에 대한 세칙이 아직 발표되지 않아 지원 수속 등이 명확하지 않음에도 불구하고 소재 경찰서, 헌병대 등에 지원서를 제출하거나 총독부, 조선군사령부에 지원서를 직송하여 그 채용을 갈망하는 자들이 속출하고 있다. 그 가운데에는 혈서를 보내 탄원하는 자들도 잇달아 쇄도하는 상황이었다.

마침 총독부는 이 제도 기획을 전후하여 훈시에서 언급한바 "이 제도의 효과를 촉진 확충하기 위해 이와 표리형영의 관계에 있는 반도 교육제도의 전면적 개정"에 착수하고 있었는데, 같은 해 3월 4일 개정 조선교육령의 공포와 동시에 교육제도를 정리하였다. 그리고 같은 해 3월 30일에 개정 조선교육령에 기초한 시행규칙이 발표되고, 4월 2일에는 조선총독부육군병지원자훈련소 규정 및 생도채용규칙이 발포되어, 모두 그해 4월 3일부터 시행되었다. 그리고 이날은 마침 진무천황의 제삿날에 해당하여, 반도는 환희로 가득 차 전 조선에서 감사 및 축하 행사가 일제히 전개되어 곳곳의 신사, 신사(神祠)의 봉고제, 축하, 행진 등이 성대하게 행해졌다.

3) 육군특별지원병제도의 요지

(1) 육군특별지원병령

육군특별지원병령 제1조에 호적법의 적용을 받지 않는 연령 17세 이상의 제국신민 남자로, "육군병역에 복무할 것을 지원하는 자는 육군대신이 정한 전형을 통해 현역 또는 제1보충병역에 편입할 수 있다"라고 되어 있다.

예로부터 일본의 병역의무자는 호적법의 적용을 받는 자로 한정되어 있었는데, 이 조문의 규정으로 호적법의 적용을 받지 않는 자도 지원에 따라 병역에 복무할 수 있는 길이 열린 것이다. 그리고 호적법의 적용을 받지 않는 법 구역은 조선과 대만이 같았는데, 육군특별지원병령 시행규칙 제2조, 육군특별지원병령 제1조의 규정에 의해 육군 현역 또는 제1보충병역에 편입될 수 있는 자는 체격 등위 신장 1.6m 이상으로, 현역병으로 입영하거나 제1보충병으로 교육을 위해 소집될 때까지, 조선총독부 육군병지원자훈련소 과정을 수료하거나, 수료할 예정인 자에 한한다는 규정에 의해, 호적의 적용을 받지 않는 자도 병역에 편입될 수 있는 조건이 제시되어 있다. 이를 요약하면 호적법 적용을 받지 않는 자도 조선총독부 육군병지원자훈련소의 과정 수료를 통해 병역에 복무하는 것이 가능하게 된 것이다. 또한 이 훈련소의 입소자격은 후술하는 것처럼 일정한 요건을 구비하는 것이 필요한데, 그 전형 조건으로 본적지 관할 도지사의 추천이 필요해서, 실제 취급에서는 조선에 본적을 둔 자로 제한하였다.

(2) 조선총독부 육군병지원자훈련소

설립 목적

육군특별지원병령에 따라 현역 또는 제1보충병에 편입되는 자는 일정한 신체적 조건을 가지며, 또 조선총독부 육군지원자훈련소를 수료한 자로 제한한 것은 앞서 서술한 대로이다. 그리고 훈련소 관제 제1조에서 훈련소는 조선총독의 관리 아래에 있고, "육군특별지원병령 제1조의 규정에 따라 육군병역에 복무할 것을 지원한 자에게 심신 단련 및 기타 훈련을 시행하는 곳으로 한다"라고 목적이 명시되었다.

대체로 조선인의 적성(赤誠)은 지나사변을 계기로 갑자기 치열해져, 제국신민으로서의 자각이 내지인과 비교해 손색이 없는 정도에 이르고 있었던 것은 이미 서술하였다. 그런데 한 발 물러나 이를 사회상태, 가정생활 또는 교육 수준 등에 비춰볼 때 반드시 내지와 동일하지 않다는 것 또한 부정하기 쉽지 않다. 따라서 병역을 지원한 조선인이 입영 후 바로 내지인 장정과 함께 군대 생활을 하는 것은 지원자에게 상당한 어려움이 따르는 것은 당연하고, 군대교육의 사명을 완수할 수 없다는 것 역시 자명하다. 조선총독부 육군병지원자훈련소는 이점을 고려하여 규정에 준거하여 군대생활의 기초교육을 시행하는 기관으로 설치되었다.

교육방침과 기타

훈련소에 수용될 육군병 지원자는 소정의 수속을 거쳐 도지사의 추천으로, 또 군부 전형위원의 전형에 따라 결정된다. 훈련소의 훈련은 훈육, 보통학과, 술과(術科)로 나누어 부과하고, 훈련 강령은 1938년(昭和 13) 6월 18일 총독부 훈령 제30호로 명시되었다. 현재 이 제도의 창설 이래의 지원 상황을 보면 다음과 같다.

〈표 2〉 육군특별지원병 지원자 현황 (단위 : 명)

도명	1938년			1939년		
	지원자 수	적격자 수	추천 할당 수	지원자 수	적격자 수	추천 할당 수
경기도	250	79	28	1,078	601	75
충청북도	220	167	58	1,663	1,004	125
충청남도	140	71	24	657	237	30
전라북도	303	87	30	788	346	43
전라남도	518	312	108	1,536	758	95
경상북도	252	113	40	838	391	49
경상남도	292	124	44	1,266	579	72
황해도	147	47	16	872	464	58
평안남도	122	51	18	859	478	60

평안북도	97	58	20	411	264	33
강원도	363	183	64	1,137	644	80
함경남도	63	41	14	334	154	19
함경북도	179	48	16	1,089	327	41
합계	2,946	1,381	480	12,348	6,247	780

비고: 1938년 400명, 1939년 600명, 1940년 3,000명[이 중 1,000명은 1941년(昭和 16) 제1기]을 수용했다.

훈련소 수료 후의 입영 구분

1938년(昭和 13)과 1939년(昭和 14) 훈련소 입소 시기는 6월과 12월 2기로 나누어, 6월 입소자를 전기생, 12월 입소자를 후기생이라 칭하고, 전기 수료생은 현역 보병으로, 후기 수료생은 제1보충병역으로 편입되었으며, 제1보충병은 적당한 때에 특과부대에서 교육 소집되는 것으로 되었다. 1940년(昭和 15)부터 1년 3기로 수용하는 것으로 변경되어, 전기 후기 구별을 폐지하고, 동시에 입영 구분도 위의 기별에 따르지 않는다.

입영 후 성적

훈련소를 수료하고 지원병으로 입영한 자의 성적은 일반 내지인 장정과 비교하면, 정신에서는 물론이고 근무 성적에서도 그다지 손색이 없었다. 이러한 사실은 1938년(昭和 13) 전기를 종료하고 보병 부대에 입영한 192명 중 상등병 후보자와 하사관 후보자가 60%에 이르렀던 실적에 비추어 보아도 명확하다. 또 현역 보병으로 입영한 자 가운데 일부는 출동을 명령받아 모두 전선에서 용감하게 전투하였는데, 이중 호국영령이 된 자가 2명이고, 명예 전상자도 십 수명에 달한다.

5. 사회교육의 충실과 현상

1) 서설

　최근에 사회 일반의 정세는 학교 교육과 사회교육의 밀접한 관계가 필요하다. 현재의 비상시국에서 국가체제의 강화는 더욱 사회교육에 의지하고 있다. 총독부는 만주 건국 후 산업 경제 및 기타 관내 일반 사회의 실상을 고려하여 특별히 사회교육기구를 충실히 하는 것이 필요하여, 1936년(昭和 11) 10월 조선총독부 사무분장규정을 개정하여 사회교육과를 신설하였다. 이를 통해 사회교화 일반, 지방 개량, 체육, 종교, 문화 방면 등을 일괄하여 소기의 목적을 수행하고 있는데, 특히 지나사변이 장기화하면서 지금은 여기에 대처할 제반 사업을 강구하여 동아 신질서 건설의 전진기지로서 유감이 없도록 하고 있다.

2) 사회교화

(1) 국민정신 작흥

　국민정신의 작흥은 조선의 특수 사정을 고려해 사회교화의 근본 기초로 삼고, 제반 사업을 모두 이러한 내용으로 귀결시켜, 강연·강습·인쇄물·영화·운동경기 및 기타 각종 행사를 통해 목적을 달성하고 있다. 그 지도 정신은 다음과 같다.

- 존엄한 국체관념, 원대한 건국이상, 빛나는 국헌의 정신, 3천 년 전통의 국민도덕과 내선일여(內鮮一如)의 신념을 천명해서, 황실을 중심으로 국민의 일치단결을 더욱 공고히 한다.
- 내선일여의 사실은 역사가 증명하는 양자의 동근동조의 관계에서 나온다. 즉 내선융화에서 내선일체로 나아가, 다시 이를 먼 옛날 본연의 모습으로 돌아가, 양자 일여의 이상

을 참으로 실현하는 한편, 상호 혈맥적 연결을 견고하게 한다.
- 무릇 난국을 타개하고 국운의 융성을 도모하는 방법은 존엄하고 숭고한 국체에 기초한 진충보국의 정신을 더욱 진작하여 이를 일상생활에 실천 구현하는 것에 있다는 것을 주지시키고 철저히 한다.
- 지위와 직업의 여하를 불문하고, 국민 각자가 지위에 따라 대의명분을 인식하고 관민일도(官民一途), 노자협력(勞資協力)의 절개와 의리를 다해 황운을 도와 천업을 넓히고 크게 하겠다는 관념을 배양시키고, 동시에 국헌을 중시하여 국법을 따르는 정신을 강화해서 국가질서의 안정과 강화를 꾀하고, 국민 각자의 직무에 힘쓰는 기풍을 진작시켜 견실한 국력의 충실에 기여한다.
- 국민의 지조를 고결하게 해서 일반교양의 향상, 종래의 폐습 개선, 질실강건의 순치, 극기인고와 견인지구의 정신 함양 등에 유의한다. 또 제국 전통의 미풍양속 유지에 힘써 국가생활을 진지하게 하는 동시에 이를 명랑화하여 제국 발전의 실현에 기여한다.

(2) 황국신민서사의 보급

이는 교학쇄신이라는 별도의 항목에서 서술한 사항인데, 사회교화 방면에서의 실제는 관공서, 학교, 은행, 회사, 공장, 상점 및 기타 각종 단체 등의 여러 회합에서 이를 암송하게 하는 것은 물론이고, 상설 영화관이나 라디오, 신문 잡지 등을 이용하여 극력 보급하고 철저히 한 결과 현재 전 조선의 각지에 보급되었다.

(3) 흥아봉공일(애국일)의 제정과 실시

바야흐로 지금의 내외 정세에 비추어 가장 중요한 임무는 진심으로 황국신민으로서의 신념과 긍지를 가슴에 새기고 각자 그 본분에 따라 어떠한 어려움이라도 참고 잘 이겨내는 것이다. 또 지덕을 연마하고 신체를 단련하여 강건불요의 국민성과 명단감행의 저력을 길러 황도를 전 세계에 떨치고, 국위를 세계에 발양하기 위한 기초를 축성 수립하여 일상의 한순간도 이완되지 않고, 부단히 일상의 업무와 생활에 실천 구현하도록 하여, 이에 상응하는 행사를, 때와 장소에 따라 반복 실행해서 지도를 엄밀하게 하는 것이다.

따라서 이러한 사업의 하나로 학교에 대해서는 애국일을 정하여 실시하도록 하였는데, 이는 단순히 학생 생도 및 아동에게만 국한할 것이 아니었다. 다시 이를 더욱 강화해 일반 민중에게도 보급하고, 황국 정신의 선양에 이바지하도록 해야 할 중요한 사항임을 고려하여 일반 민중을 대상으로 애국일을 제정했다. 그리고 실시는 매월 1일 또는 15일에 신사(神社)와 신사(神祠)참배, 국기 게양 등의 행사를 해왔는데, 실시 기일과 관련해서는 지방의 사정을 고려해 위의 양일 중 하나를 선택하도록 했다. 대체로 생업에 지장을 초래하지 않도록 부락의 월례회 모임 등에 이를 시행하는 실정이었는데, 1939년(昭和 14) 9월부터 내지에서 제정된 흥아봉공일에 맞추어 조선에서도 종래의 실시 일을 매월 1일로 정했다.

(4) 교화단체연합회

민간에서 교화사업을 진흥하여 관의 사업과 연락 제휴하게 하고, 다시 각 교화단체의 협동 단결을 도모하기 위해 일찍부터 전 조선적 연합기관의 설립이 필요한 기운이 대두하고 있었다. 그런데 마침 1933년(昭和 8) 11월 10일 황궁에서 교화사업 장려의 취지로 내탕금 하사가 있었기 때문에, 이 기회에 연합기관의 설립을 실현하기로 했다. 이에 계획을 신중히 정비하여 먼저 각 도 단위의 교화단체연합회를 설립하게 하고, 다시 하사금을 기금으로 경상비 전부를 국고에서 보조하는 조선교화단체연합회를 설립하여 1935년(昭和 10) 10월 3일 발회식을 거행했다. 이에 따라 이후 조선에서의 교화사업은 중앙과 지방이 서로 호응하여 관의 사업과 제휴해서 동일한 보조 아래 상당한 효과를 거두고 있다. 또 각 도의 연합회에도 각각 보조금을 교부하여 사업을 돕고 있다.

(5) 도서관

도서관은 사회교육에서 중요한 기관임을 고려하여 총독부에서는 도서관의 보급 발달에 노력하여 1923년(大正 12) 11월 관립도서관을 설립했다. 이후 시설의 강화에 힘써 1931년(昭和 6)에는 대중문고를 창시하는 등 점차 발달하여 1937년(昭和 12)까지 관공사립 도서관

23관(관립 1, 공립 19, 사립 8)이 설립되어 민중교화에 상당히 공헌하였다. 조선에서 이 사업의 보급·발달은 여러 사정으로 내지에 비해 지체된 점이 있기에 앞으로 더욱 조장 장려할 방침이다.

(6) 경학원과 명륜전문학원

조선은 예로부터 유학을 존중하고 공맹의 가르침을 치국평천하의 대도로 삼았던 관계로, 일반 민중은 유교 사상에 깊이 훈화되어 있어, 최근 신사상의 침윤에 따라 그 형세가 다소 쇠락했다고 해도, 여전히 다수의 민중은 이를 일상생활의 규범으로 하고 있다. 총독부는 이러한 실정을 고려하여 한국병합 당시 하사된 25만 원을 기금으로 해서 경학(經學) 연구, 풍교덕화(風敎德化)의 보조를 목적으로 총독부령으로 경학원을 설치하고, 그 후 명륜학원을 부설하였다. 1933년(昭和 8)에는 종래의 수업연한 2년을 3년으로 개정하였고, 1936년(昭和 11) 3월 본과를 설치하였다. 1939년(昭和 14) 2월에는 명칭을 명륜전문학원으로 개칭하여 내용의 충실을 꾀하고 있다.

(7) 근로보국대

1938년(昭和 13) 6월 26일 정무총감은 각 도지사에게 통첩을 내려 후방의 국민운동의 하나로 멸사봉공의 적성을 함양하고 인보단결(隣保團結)의 정신을 진작하고, 그리고 내선인의 결합을 한층 강화하여 시국의 어떠한 어려움도 이겨낼 수 있는 국방의 근본을 확립하기 위해, 국가관념의 함양, 내선일체의 심화, 근로애호 인고단련 희생봉공의 정신 함양, 공동일치의 훈련, 체력 증진, 지방의 개발 및 비상시국 인식의 철저를 목적으로, 아울러 조선 전래의 풍습인 부역제도에 따른 공역(公役)의 습관을 봉사관념으로 전환하기 위해 근로보국대를 조직하도록 종용하였다. 그 결과 조직된 보국대가 7만 4,864개 부락에 달하였고, 활동 범위는 농산어촌의 개선에 관한 사항은 말할 것도 없고, 황무지 개간, 식목, 식수, 도로와 하천 등의 개수, 연못과 늪 또는 용수로 및 배수로의 준설, 신성한 곳의 청소 등 여러 사항에 이르렀다. 그리고 모두 매월 실시 중인 애국일 행사에서 해당 지방의 상황에 맞는 작업을 가미하도록 해서 도, 부, 군, 도, 읍, 면의 지도로 착실하게 전개하고 있어 그 실적이 상당하다.

그리고 동아 신질서의 건설은 청년의 치열한 봉공(奉公)정신과 대륙에 대한 깊은 인식에 근거하는 바가 크다. 따라서 지금의 시국을 기회로 청년을 대륙에 파견하여 현지에서 집단 근로훈련을 시행하고, 시국에 대한 인식을 심화할 목적으로 1939년(昭和 14) 7월 각 도에서 10명씩 총 130명을 7월 중순부터 9월 중순까지 약 2개월간 만주국 간도와 연길로 파견하여 엄격한 정신훈련을 실시하였다. 동시에 공공적 집단 작업을 시행하게 했다. 그 주된 사업은 군용도로의 건설, 일반도로의 개수, 시내 미화작업 등이었는데, 현지의 군과 관민으로부터 상당한 호평을 받았고, 특히 현지 군 당국으로부터는 감사장을 받았다. 또 매년 계속해서 파견하기로 하고, 대원의 수도 상당히 증가시킬 계획이다.

(8) 청년단 지도

조선 각 도의 청년단체의 대부분은 1919년(大正 8) 소요 직후 준동한 일부 불온 분자의 사주에 의해 설립된 것이 많았다. 따라서 표방하는 바가 지덕체의 증진, 학술연구, 문화 촉진 등이라고 해도 활동은 대체로 상도(常道)를 벗어나, 쓸데없이 거친 언동을 지껄이고 불온한 연설을 감행하는 등 청년단 본래의 목적에 부합하지 않는 것이 많았기 때문에, 그 설립을 억제하는 방침으로 대응해 왔다. 하지만 만주사변을 계기로 일반 조선인들의 국가 관념의 견실과 농산어촌진흥계획의 수립은 청년층의 사조에 변화를 가져와, 이후 더욱 튼실해졌다. 이에 1932년 정무총감 및 학무국장은 각 도지사에게 청년 지도의 근본방침을 지시하여 이러한 움직임을 한층 선도하고 지원해 사회봉사, 지방개선 등의 방향으로 유도하고, 아울러 불량단체의 도태를 모색하는 길로 나아갔다. 성적이 양호하여 1936년 국장, 내무국장, 경무국장, 농림국장의 연명 통첩으로 청년단의 보급 및 지도 기준을 제시하고 적극적으로 보급 발달을 꾀하였다.

이에따라 청년단 운동은 최근 급속한 발전을 가져와, 청년단 수는 약 4,000개, 단원 수는 약 17만에 이르렀으며, 단원 각자의 수양은 말할 것도 없고 마을의 개발, 농촌의 진흥 등 상당한 성적을 나타내고 있다. 특히 지나사변 발생 이후 청년의 활동은 물심양면으로 동원에 공헌하는 바가 매우 컸다. 따라서 이러한 때에 전면적으로 지도하여 한층 운동의 강화 및 확충을 도모할 필요를 통감하고, 1937년(昭和 14) 9월 조선연합청년단을 결성하게 하였다. 이로써 전 조선의 청년이 대동단결을 견고히 하여 앞날에 더욱 큰 기대를 짊어지게 되었다.

(9) 청년훈련소

조선에서 청년단훈련소는 1929년(昭和 4) 청년훈련소규정에 의해 개설되었는데, 그 후 순조로운 발달을 이루어 1940년(昭和 15) 1월 말 현재 공립 126개소, 사립 14개소에 달하는 성황을 보인다. 이에 앞서 시국의 진전에 따라 해당 시설을 더욱 강화 신장할 필요가 있었기에 1938년(昭和 13) 3월 전면적으로 개정을 단행하여 훈련소의 조직과 내용의 충실을 도모하여 지금의 사태에 부응하게 되었다. 청년훈련소는 종래의 내용에서 한 걸음 더 나아가 흥아 대업의 건설에서 일익을 담당할 사명을 짊어지고, 이와 관련한 제반 사업을 강구하게 되었다. 한편 현재 청년학교 의무제도를 실시하고 있는 내지에서 조선으로 이주하는 청년학교 생도의 수용 문제를 감안하여, 1940년과 1941년 2년 동안 소학교 소재지 1,569개소에 각각 1개의 훈련소를 설치할 계획을 추진하기로 해, 1940년 초에는 이미 그 약 반수인 785개소를 개설했다.

(10) 지방 공려사업 조성 시설

지방에서 정신적 공려(共勵) 공조(共助)에 필요한 기구를 정비하여 효과를 잘 발휘하도록, 이를 조장하는 방책을 강구하는 것은 현 시국에 비추어 매우 중요한 사항에 속한다. 이에 1938년(昭和 13)부터 지방의 각 부락 가운데 업적이 양호한 100개소에 주로 정신적 공려에 필요한 기구를 조성 정비하도록 하여 각종 부락 개량 사업의 실행, 특히 이러한 사업에 빠져서는 안 되는 집회소 설치, 관혼상제의 의례 준칙 엄수를 촉진하기 위한 부락 공용의 관혼상제 용구의 설비, 국기 게양대의 설치, 마을 종의 설비, 라디오 시설 등에 대한 조성 보조금 교부를 통해 그 목적을 수행하기 위해 힘써왔다. 그리고 1939년(昭和 14)에 이 사업의 근본 취지를 한층 강화하기 위해 국민정신총동원부락연맹과 농촌진흥회를 사업의 공동주체로 함으로서, 그 아래에서 부락의 종합 계획을 수립하여 자치의 향상 진전을 도모하도록 했다.

(11) 조선총독부 중견청년수련소 설치

반도의 특수한 사정을 감안하여 사회의 지도적 지위에 서야 할 중견층의 청년 남녀에게 견실한 국가관념과 공고한 국민적 신념을 함양하고 제국신민으로서의 긍지를 가지게 하여, 내선일체의 통치 계획을 체현할 확고부동의 정신력을 육성하고, 마을에서는 동료들을 거느리고 청년 본래의 사명을 완수하며 사회적으로는 각종 사회교화의 지도를 담당할 유용한 인물이 되도록 하기 위해, 내선일체의 역사적 사실과 관계가 깊은 백제의 옛 도읍인 충청남도 부여의 명승지를 수련도장으로 삼아, 매년 각 도지사의 추천에 따라 청년 남녀 500명을 5기로 나누어 교대로 입소시켜, 필요한 교양 훈련을 실시하고 일반 청년의 자질 향상에 이바지하는 동시에 각종 사회교화 시책의 강화와 철저를 꾀하기 위해 1939년(昭和 14) 8월 1일 조선총독부 중견청년수련소를 개설하였다.

현재 청년수련소의 과정을 수료하여 사회에서 활동하고 있는 자가 101명, 지금 수련 중인 자는 50명에 불과하지만, 수련소의 장래는 사회 일반으로부터 큰 기대를 받고 있다.

3) 체육

체육 운동을 통해 일반 국민의 체격과 건강의 향상을 꾀하고, 아울러 청소년의 심신을 단련하여 진취적이고 강건한 제국신민으로서의 자질을 확보하게 하는 것은 시국의 중요한 임무이다. 총독부는 일찍이 이 점을 고려하여 종래 체육 기관의 장려와 조장에 힘써 강구하여 이들 단체에 보조금을 주어 보급 발달을 꾀하고 있다. 현재 조선에서 체육 운동의 지도 장려 기관으로는 조선체육협회[1919년(大正 8) 창립]가 있는데, 사무소를 총독부 학무국 내에 두고 조선신궁 봉찬 체육대회, 라디오 체조, 강습회와 강연회 등을 개최하고 있다. 또 각 도 체육협회, 각 가맹 운동경기 단체 약 30곳에 사업 조성 보조금을 교부하여, 진전 향상에 도움을 주는 동시에 전 조선에 걸쳐 각종 운동경기의 총괄 지도를 담당하게 하고 있다.

1939년(昭和 14)부터 조선체육협회와 만주제국체육총연맹이 협의하여 선만(鮮滿) 대항 종합경기대회를 개최하기로 하여, 제1회는 경성에서 개최하였는데 각종 운동경기를 열어 상호 체육 향상에 상당한 효과를 거두는 동시에 양 청년의 결합을 견고하게 하여 선만일여의 실적 향상에 기여한 바가 크다.

4) 지나사변 대처 시설

위에서 서술한 모든 시책은 지금 지나사변 대처라는 기조에서 나온 것임은 말할 것도 없다. 이 주제 아래 진행된 사업들을 일괄해서 개괄하는 것으로 한다. 단, 이 사업 중 별도의 항목에서 특별히 설명한 것은 여기서 다시 다루지 않는다.

(1) 시국 순회강연

이번 사변이 발발하자 일반 민중에게 시국에 대한 정확한 인식을 주어 후방에서의 책무를 담당할 각오를 환기하고 내선일체의 실질을 거두기 위해 1937년(昭和 12) 7월 20일과 21일의 양일간 경성부 내 여러 곳에서 시국 강연회를 개최하였다. 또 경성의 명사 20명을 각지로 파견하여 8월 6일부터 17일까지 51곳에서 100여 회에 걸쳐 시국 강연회를 개최하여 상당한 효과를 거두었다. 그 후 사변이 진전되면서 다시 전 조선 각지에서 명망 높은 인사들을 망라하여 제2차 지방순회강연반을 조직하여 9월 6일부터 17일까지 순회강연을 했는데, 2회에 걸쳐 강사 57명, 순회지 350여 곳, 청중 무려 17만여 명에 달하여 일반 민중에게 상당한 감동을 주었다. 그 결과 지금 전 조선에서 넘쳐흐르는 총후의 적성에 적지 않은 공헌을 하고 있다는 점은 부언할 필요가 없다.

(2) 라디오 방송

1937년(昭和 12) 이후 라디오에 의한 교화사업의 일단으로 상식, 수양, 부인의 세 강좌를 개설하여 매주 1회 이 분야의 권위자에게 위탁하여 강연해 왔는데, 시국이 긴박해지면서 시국강좌를 신설하고 주로 시국인식, 국민의 각오에 대해 관민 각 방면의 지도계급 인사들에게 부탁하여 매주 여러 차례 방송하였다. 다시 1938년(昭和 13)에는 장기 건설에 관한 각오를 라디오 및 그 밖의 방법으로 민중에게 호소하고, 또 특별히 주지시킬 필요가 있는 것에 대해서는 소책자로 만들거나 잡지 등에 게재하여 널리 일반에 배부하였다. 이 밖에 애국가, 전승가 등과 같이 일반에게 선전할 필요가 있는 것은 항상 라디오를 이용하고 있다.

(3) 청소년단체 지도의 강화와 철저

조선연합청년단의 결성

시국 대처의 중요 사업으로 청년단의 강화와 보급을 꾀한 것은 앞에서 언급했다. 그런데 다시 이 사업에 박차를 가해 전 조선의 청년단 통제를 목적으로, 각 도 연합청년단의 조직 완성을 계기로 조선연합청년단을 결성하기로 하고, 1938년(昭和 13) 9월 24일 추계황령제의 경사스러운 날을 택해 발단식을 거행했다. 당일은 각 도 연합청년단원 대표 약 2천 명이 참가하였는데, 그 자리에서 총독 훈시에 이어 군사령관, 내각 총리대신 및 문부성 척무성 육군성 각 대신의 축사가 있었다. 내선일체가 되어 시국의 곤란을 극복하고, 황운의 신장에 매진하겠다는 선언, 황군 위문 등의 결의를 하고, 식후 강연회를 개최, 군대와 그 밖의 총독부 내 각 시설 견학 등 매우 의미있는 진행 이후 해산했다.

지방 중견 청년 강습회

매년 중견 청년 양성을 위해 각 도에서 약 80명의 청년을 선발하여 봄, 가을 2회로 나누어 시국대처에 관한 사항을 주제로 강습을 받게 해서, 시국 인식의 올바른 이해를 도모하는 동시에 난국에 대처할 각오를 촉진하고 있다.

소년단 지도자 실수소

매년 8월 1일부터 소년단 지도자 실수소(實修所)를 개설하고, 비상시국하에서의 제2국민에 대한 사회적 훈련 방법 등을 전수하여 상당한 효과를 거두고 있다.

(4) 시국 간담회 개최

사변이 발생하자 경성부에 거주하는 조선인 가운데 종교가, 사회단체 대표, 민간 교육가, 사상가 및 기타 유력자 26명을 소집하여 7월 16일과 8월 10월 2회에 걸쳐 사변의 경위와 일본 정부의 조치에 관해 설명하고, 협력을 지시하는 간담회를 하였다. 다시 경성의 조선귀족 및 이에 준하는 민간유력자 125명을 소집하여 마찬가지로 당국의 방침을 철저하게 주지시키는 의미있는 간담을 가졌다.

(5) 각종 단체의 활동

사변 발생 이후 민간 각종 단체는 당국의 사업과 서로 호응하여 오로지 후방의 임무를 부여받아 각각의 분야에서 활동하고 있다. 주요한 사업은 다음과 같다.

조선교화단체연합회

조선교화단체연합회는 사변 발발과 함께 전 조선의 각종 교화단체와 연대하여 민중에게 시국의 인식과 진충보국의 적성 환기를 주장하고, 주된 사업으로서 강연회를 개최하는 동시에 인쇄물을 배부하였는데, 그 수는 현재 9종, 14만 7천 부에 이르고 있다.

조선문예회

민중의 정조(情操) 도야에 중점을 두고, 문예를 통해 내선일가(內鮮一家) 결성의 이상에 도달할 목적으로 조선에 있는 내선 문예가들을 망라한 조선문예회는 일찍이 총독부의 후원으로 창립되었다. 조선문예회는 사변을 맞이하여 회원들이 경쟁적으로 흥아성전과 관련한 시가(詩歌)를 지어, 이를 책자, 레코드, 공연 등을 통해 발표하여 후방 국민의 정신 진작에 노력하고 있다.

유림단체

전 조선에서 수십만의 유림은 사변 발발과 동시에 점차 종래의 편견에서 벗어나 시국 인식을 자각하고, 1937년(昭和 12) 8월 이후 경학원을 비롯하여 각 지방의 문묘에서 매월 1일과 15일 양일에 관계 유림이 참여한 가운데 맹세문을 읽거나 황군의 무운장구와 국위선양을 기원하였다. 또 지방에서는 맹세식 거행 후 강연회나 좌담회 등을 개최하거나 국방헌금을 하거나 황군 위문과 관련한 시가를 작성하는 등 괄목할 만한 활동을 하고 있다.

애국금채회

사변 하에서 조선 부녀자의 활동으로 주목할 만한 것은 1937년(昭和 12) 8월 결성된 애국금채회(愛國金釵會)이다. 이 모임은 경성의 조선 상류 부인들로 구성되어, 각자가 애장한 금비녀를 국가에 헌납하여 후방의 적성을 나타낼 목적으로 결성되었다. 회 결성 당일에는 즉시 금비녀를 헌납하는 자가 십여 명을 헤아렸고, 또 현금을 낸 자도 100여 명에 2천여 원이나 되었다. 이 모임 행동이 조선 부인계에 상당한 충격을 주었던 것은 말할 필요도 없고, 이를 통해 종래 방안에 갇혀 있던 조선 부인의 귀에 시대의 새벽 종소리가 높이 울려 퍼져, 솔선해 시국의 한 길로 진출하여 출정장병의 환송, 출정 가정 위문, 상이병 위문 등 그 활약이 대단하다. 이 운동에 이왕대비 전하의 기부금이 있었고, 이희공과 이준공 양비전하와 이강공 전하도 금비녀와 금액 등을 기부하여 애국금채회의 장래를 격려한 바가 있었다.

부인문제연구회

부인문제연구회는 조선 부인의 수양 향상을 도모하고, 아울러 사회교화에 기여하는 것을 목적으로 경성의 신진 조선 여성에 의해 결성된 것인데, 비상시국에서 생활의 쇄신, 자녀 교양 등에 관한 부인 교화 자료의 간행과 반포 및 순회강연 실시 등으로 사명 달성에 힘쓰고 있다.

기타 단체

이 외에도 시중회(時中會), 대동동지회(大同同志會), 대동민우회(大同民友會), 녹기연맹(綠旗聯盟) 등은 모두 시국 활동에서 크게 기대할 만하다.

(6) 고적애호일의 활용

1935년(昭和 10)부터 실시된 고적애호일(古蹟愛護日)을 지금의 시국을 고려하여 더욱 의미 있게 활용하고, 국민정신의 진작에 도움을 주도록 특별히 고대 내선관계의 역사적 사실에 대한 전람회 또는 강연회를 개최해서 내선일여의 역사적 사실을 밝혔다.

(7) 국민정신 진작 사업

존엄하고 숭고한 국체에 기초하여 내선일여의 신념으로 민심을 더욱 진흥하여 국민총동원, 총노력을 통해 일본 정신의 앙양에 힘쓰는 것은 현 시국에서 가장 중요한 일이다. 따라서 총독부는 내지의 국민정신총동원 운동과 호응하여 종래 11월 10일을 전후로 시행된 국민정신작흥주간을 한층 강화하여 실시하였다. 시국 재인식의 철저와 생활 쇄신의 두 가지로 나누어, 오로지 주간 행사에 그치지 않고 나아가 평상시의 국민정신 지도 기준으로 삼도록 하여 늘 염두에 두고 계속 실행했다. 이를 통해 어려움의 극복과 국운의 융성에 기여하게 되었다. 또 10월 13일 무신조서(戊申詔書) 공포 기념일에는 각 관공서에서 조서 봉독식을 거행하고, 당일 아침 일찍 전 조선의 각지에서 일제히 관민, 학생 생도 아동들이 신사 참배를 하고 황군 전승을 기원하는 동시에 더욱 거국일치, 각고면려(刻苦勉勵)해서 시국에 대처하는 견인불발의 각오를 새롭게 하고 있다.

(8) 인쇄물의 배부

사변 발발 이후 일반 민중에게 시국을 바로 보고 난국을 돌파하기 위해 총독부에서 소책자를 발간 반포하고 있는데, 약 185종 41만여 부에 이르고 있다.

6. 교과서 편찬의 충실과 현황

1) 편찬과 개정

병합 이후 총독부는 교과용 도서의 편찬을 해왔는데, 1928년(昭和 3)에 이르러 시세의 진운과 조선의 실정을 고려해 기존 교과서를 일대 개정할 필요가 있었다. 그리하여 같은 해 8월 임시교과서조사위원회를 설치하여 주의(主義)와 강령을 심의하고, 이에 기초해 각종 교과서의 개정 편찬에 착수하여, 새로 편찬한 교과서가 보통학교용 수신서 외 52종, 172책에 이르렀다. 하지만 1937년(昭和 12) 7월 지나사변이 발발하고 전쟁이 더욱 확대되자, 조선은 병참기지로서의 중대 임무를 맡게 되었다. 따라서 아동 생도의 물심양면에 걸친 도야 단련에 더욱 박차를 가해서 시급하게 진정한 제국 신민으로 육성할 필요가 있었다. 따라서 이러한 교화의 근본 규범이 될 교과용 도서에도 국체명징, 내선일체, 인고단련의 세 강령을 구현하고, 조선의 특수사정을 깊이 고려하는 한편 내선 두 요소의 일원화를 도모하는 취지에 따라 소학교에서 내선 아동이 사용할 교과서는 아래와 같이 종류와 수준을 결정했다. 이에 따라 새로 내선인 아동이 같이 사용하게 된 수신, 국어(제4학년 이상), 서도, 산술(제4학년 이상), 도화 및 국사 교과서는 1939년(昭和 14) 이후 순서대로 고학년부터 실시하고, 창가는 1939년(昭和 14)에 1·2학년용을, 1940년(昭和 15)에 3·4학년용을, 1941년(昭和 16)에 5·6학년용을 실시하게 되었다.

특별히 덧붙일 것은 소학교의 국사 교과서이다. 이는 종래 여러 경로를 거쳐 왔는데, 1935년(昭和 10) 역사교과용도서조사위원회를 설치하여 여러 가지를 검토한 결과, 초·중등 교육에서 내선 공용의 국사, 동양사 교과서를 총독부에서 편찬할 필요가 있다고 의결하였다. 그런데 1938년(昭和 13) 신조선교육령이 발포되면서 내선 동일의 교과서 편찬주의는 순조롭게 실행되었다.

제6기부터 실시된 간이학교용 교과서도 점차 완비되었다. 또 중등용 교과서도 초등교육과 같이 기획을 추진하여, 현재 수신과의 경우는 일부를 간행했고, 나머지는 현재 편찬 중이다.

<표 3> 심상소학교용 교과서의 종류

교과\학년별	심상 1		심상 2		심상 3		심상 4		심상 5		심상 6	
수신	내선	총독부	내선	총독부	내선	총독부	내선	총독부	내선	총독부	내선	총독부
국어	내	문부성	내	문부성	내	문부성	내선	문부성	내선	문부성	내선	문부성
	선	총독부	선	총독부	선	총독부						
서도	내선	문부성	내선	문부성	내선	문부성	내선	문부성	내선	문부성	내선	문부성
산술	내	문부성	내	문부성	내	문부성	내선	문부성	내선	문부성	내선	문부성
	선	총독부	선	총독부	선	총독부						
도화	내선	문부성	내선	문무성	내선	문부성	내선	문부성	내선	문부성	내선	문부성
국사									내선	총독부	내선	총독부
지리									내선	총독부	내선	총독부
리과							내선	총독부	내선	총독부	내선	총독부
창가	내선	(교사용 총독부)	내선	(교사용 총독부)	내선	(교사용 총독부)	내선	(교사용 총독부)	내선	총독부	내선	총독부
조선어	내선	총독부	내선	총독부	내선	총독부	내선	총독부	내선	총독부	내선	총독부

* 내는 내지인만, 선은 조선인만, 내선은 내지인과 조선인 모두 동일 교과서 사용

2) 교과서 반포 상황

조선교육 자체의 진전은 교육제도의 정비와 취학 아동 생도의 충실을 점차 가져왔다. 특히 제7기 초에 초등교육 확충 및 배가 계획에 따른 취학 아동의 격증은 앞서 설명한 바이다. 따라서 이에 상응하는 교과서 편찬사업 또한 획기적인 발전을 가져왔음은 물론이다. 1936년(昭和 11) 이후의 교과서 반포 부수를 보면, 1939년(昭和 14)에는 1936년의 거의 2배에 달하고 있다.

- 1936년(昭和 11): 7,778,382부
- 1937년(昭和 12): 13,817,071부
- 1938년(昭和 13): 14,265,066부
- 1939년(昭和 14): 16,465,914부

또한 다량의 교과서를 원활하게 배급하기 위해 전 조선의 주요 도시와 기타 적당한 장소에 624개의 조선총독부 편찬 교과서 판매점을 설치하여, 각 학교와의 연락을 긴밀하게 해서 공급에 차질이 없도록 하였다.

7. 기타 중요 사항

1) 국어 보급 현황

국어 지식의 결핍은 황국신민으로서의 신념 향상, 통치 정신의 파악, 시국에 대한 바른 인식 및 내선일체의 결실을 거두는 데 많은 장애가 되기 때문에, 종래 각 도에서 각자의 계획에 기초해 보급에 힘쓰도록 해서 매년 증가 추세를 보여 온 것은 앞 시기에서 누차 설명하였다. 실적을 보면, 1936년(昭和 11) 말 현재 국어보급은 간신히 총인구의 8% 정도이다. 게다가 최근 10년간의 평균을 보면 1년에 겨우 1.2% 정도 자연 증가한 상황이었다.

따라서 총독부는 급속한 보급을 철저하게 할 필요를 느끼고, 1938년(昭和 13)부터 국비 7만 원을 들여 소학교(이전의 공립보통학교)와 간이학교를 중심으로 국어강습회를 개최하게 하여 경비 보조, 교과서 무상 배부 등을 해 오고 있다. 지방에서도 이 계획에 순응하여 국비 보조에 의한 강습회 외에 도비 지출에 의한 강습회를 개설하거나 부락의 자발적인 강습회 개설 등이 속출하여, 실시 첫해에 강습회 총 3,660개소, 강습자 수 21만 373명의 성황을 보였다. 게다가 개인 독학 자습을 목적으로 교과서를 구입한 9만 9,302명을 합하면 총 30만 9,675명에 이르렀다. 1939년(昭和 14)에도 전년과 같은 실적을 거두었음은 물론이고, 여기에 특기할 사항은 사상관찰소와 각 종교단체 등에서 이 사업에 적극적인 찬성을 표하고 각자 사업보급에 노력하게 되었다는 점이다. 이리하여 지금 국어에 대한 반도 민중들의 동향은 바야흐로 괄목할 만한 현상을 보인다. 최근 10년간의 국어를 이해하는 조선인의 수는 다음과 같다.

⟨표 4⟩ 국어를 이해하는 조선인의 수 (단위: 명)

	1929	1930	1931	1932	1933	1934	1935	1936	1937	1938
조금 이해하는 자	900,157	997,423	1,026,498	825,506	817,984	857,268	962,982	1,052,903	1,201,048	1,326,269
보통 회화 가능한 자	540,466	629,713	697,711	716,937	760,137	833,612	915,722	1,051,059	1,196,350	1,391,538

또한 최근 총독부 조사로 알려진 바에 따르면, 1939년(昭和 14) 12월 현재 반도인 2,209만 8,310명 가운데 국어를 이해하는 자 또는 다소 이해할 수 있는 자가 149만 1,120명이고 일상의 회화에 지장이 없는 자가 157만 7,912명으로, 총 306만 9,312명에 달한다. 이를 전 인구와 비교하면 이미 23.8%에 해당하고, 도별로 보면 다음과 같다. 즉 1913년(大正 2) 말 현재의 0.61%에 비교하면 실로 경이로운 숫자를 보인다.

〈표 5〉 도별 국어를 이해하는 조선인의 수 (1939년, 단위: 명)

도명	인구수	국어를 이해하는 자의 실제 수
경기도	2,590,002	501,904
충청북도	900,111	109,156
충청남도	1,525,379	166,210
전라북도	1,543,426	170,801
전라남도	2,491,213	260,623
경상북도	2,431,675	284,605
경상남도	2,209,135	377,280
황해도	1,721,527	206,105
평안남도	1,538,197	231,445
평안북도	1,655,739	211,252
강원도	1,591,918	165,252,
함경남도	1,667,531	206,726
함경북도	934,795	177,671

2) 조선어 장려 사업

조선에서 내지인 관공리가 조선어를 이해하는 것은 각종 사업의 수행을 위해 필요할 뿐만 아니라 내선일체의 강화를 위해서도 중요한 사항이다. 따라서 총독부는 총독부와 소속 관서에서 근무하는 내지인 직원, 특히 항상 민중과 직접 접하는 지방청 직원에게 특별히 조선어 학습을 장려할 필요를 느끼고, 1921년(大正 10) 5월 이에 관한 법 규정을 만들어 그 실적 향상에 진력해온 것은 앞의 각 시기에서 나누어 설명하였다. 그 결과 해를 거듭하면서 합격자가 증가하여, 1938년(昭和 13) 말 실로 연인원 5,769명을 헤아리게 되었다. 또 장래 시국체제하에서 한층 충실해질 것을 기대하고 있다.

3) 조선교육회

조선교육회는 이전에 경성교육회라 칭하였고, 1902년(明治 35) 5월 창립되어, 회원은 겨우 200여 명에 불과했다. 하지만 1910년(明治 43) 12월 조직을 변경해서 조선교육회로 개칭하였으며, 조선 각 도에 걸쳐 1,400여 명의 회원을 가지게 되었다. 이어서 1915년(大正 4) 9월에 다시 조직을 변경하여 모임명을 조선교육연구회로 고쳤으며, 회원은 3,105명 정도로 성황을 이루었다. 이에 그해 10월 30일 기관지『조선교육연구회 잡지』제1호를 간행(중간에 잡지명을『조선교육』으로 개칭)하여, 명실공히 조선의 유일하게 교육기관다운 면목을 갖추게 되었다. 이후 1922년(大正 11) 2월, 새로 조선교육령이 발표되자 조선교육회는 각 도 교육회를 지회로 하고, 각 도 교육회는 각 부, 군, 도 교육회를 분회로 하는 방침에 따라 조직을 개편해서 지금에 이르고 있다. 1940년(昭和 15) 5월 말 현재 2만 3,912명의 회원을 거느리고 있다. 또 앞서 기술한『조선교육』은 1922년(大正 11)의 조직 개편을 계기로 5월호로 종간하고, 1922년 11월부터『조선교육시보』를 발행하다 폐간하였다. 1925년(大正 14) 9월부터 매월『문교의 조선』으로 간행하여 회원에게 무료 배포해서 오늘에 이르고 있다. 조선교육회의 주된 사업은 잡지『문교의 조선』발행 외에 교육 학예에 관한 조사 강습회, 교육상 유익한 도서의 발행, 강습회와 강연회 개최, 은사기념과학관 운영, 내지에 있는 조선 학생의 지도와 장려 등이다.

Ⅱ

초등교육 기회

<자료 3> 新設公立普通學校ノ狀況(『朝鮮總督府 月報』 2권 10호[1912.10.20])

신설 공립보통학교의 상황

1. 신설 학교 수

올해 새로 설립된 공립보통학교는 다음 표와 같이 전남, 함북을 제외한 11개 도(道)에 걸쳐 모두 102개교이다. 1910년(明治 43) 이전에 설립된 100개교, 작년에 설립된 134개교를 더해 합계 336개교를 헤아리기에 이르렀음은 학교의 수에서 보면 각 도(道)의 전체 부군(府郡) 수 대비 7개교를 초과한다. 더욱이 경성, 부산, 기타 두세 부군(府郡)에 2개교 이상 설치한 곳도 있다. 충남의 진잠(鎭岑) 외에 12군(郡), 경남 영산(靈山) 외에 2군을 남겨 놓았을 뿐이다. 그리고 충남에는 지금 신설 수속 중인 5개교가 있어, 결국 올해 안으로 총수 341개교를 헤아리기에 이를 것이다.

〈표 1〉 1912년(明治 45) 신설 공립보통학교 현황

*교과목의 약자는 리-리과, 창-창가, 체-체조, 화-도화, 농-농업, 수-산술, 재-재봉, 상-상업임

지역	학교	설치 방법	필설과목 이외의 교과목	아동 정수	1912년도 세출예산		
					경상비	임시비	계
경기도	통진공립보통학교	사립통진보통학교 변경	리,창,체,화,농	240	1,817.150	696.000	2,513.150
	과천공립보통학교	사립과천보통학교 변경	창,체,화,수,농,리	240	1,633.150	326.080	1,959.230
	안산공립보통학교	사립안산보통학교 변경	리,창,체,화,농	240	1,778.310	-	1,778.310
	용인공립보통학교	사립용인보통학교 변경	리,창,체,화,농	300	2,565.090	-	2,565.090
	양천공립보통학교	사립양천보통학교 변경	리,창,체,화,농	240	1,997.020	-	1,997.020
	양성공립보통학교	사립양성보통학교 변경	리,창,체,화,농	240	1,656.700	795.000	2,451.700
	죽산공립보통학교	사립죽산보통학교 변경	리,창,체,화,농	240	1,920.110	802.500	2,722.610

지역	학교	설치 방법	필설과목 이외의 교과목	아동 정수	1912년도 세출예산 경상비	1912년도 세출예산 임시비	1912년도 세출예산 계
경기도	이천공립보통학교	사립이천보통학교 변경	리,창,체,화,농	240	2,027.700	-	2,027.700
	적성공립보통학교	사립적성보통학교 변경	리,창,체,화,농	240	1,863.396	-	1,863.396
	마전공립보통학교	사립마전보통학교 변경	리,창,체,화,수,농	240	2,035.120	-	2,035.120
	영평공립보통학교	사립영평보통학교 변경	리,창,체,화,농	240	1,695.000	60.000	1,755.000
	가평공립보통학교	사립가평보통학교 변경	리,창,체,화,농	240	2,105.560	1,047.600	3,153.160
	삭녕공립보통학교	사립삭녕보통학교 변경	리,창,체,화,농	240	1,845.450	545.000	2,390.450
	교동공립보통학교	사립교동보통학교 변경	리,창,체,화,농	240	1,709.580	200.000	1,909.580
	고양공립보통학교	사립고양보통학교 변경	리,창,체,화,수,농	240	1,711.840	241.170	1,953.010
	부평공립고등학교	사립부평보통학교 변경	리,창,체,화,농	240	1,646.980	-	1,646.980
	풍덕공립보통학교	사립풍덕보통학교 변경	리,창,체,화,농	240	2,328.340	-	2,328.340
	교하공립보통학교	사립교하보통학교 변경	리,창,체,화,농	240	1,888.490	-	1,888.490
	개성제2공립보통학교	사립삼인,숭명의 양교 변경	리,창,체,화,농	240	3,559.275	-	3,559.275
	경성여자공립보통학교	사립여자보통학원 변경	리,창,체,화,수,농	240	2,937.460	80.000	3,017.460
	합계	20		4,860	40,721.721	4,793.350	45,515.071

지역	학교	설치 방법	필설과목 이외의 교과목	아동 정수	1912년도 세출예산 경상비	1912년도 세출예산 임시비	1912년도 세출예산 계
충청남도	서천공립보통학교	신설	리,창,체,화	240	1,776.723	-	1,776.723
	홍산공립보통학교	신설	리,창,체,화	240	2,027.576	-	2,027.576
	연산공립보통학교	신설	리,창,체,화	240	2,103.000	-	2,103.000
	연기공립보통학교	신설	리,창,체,화	240	2,260.840	100.000	2,360.840
	예산공립보통학교	신설	리,창,체,화	240	1,845.000	-	1,845.000
	해미공립보통학교	신설	리,창,체,화	240	2,170.600	-	2,170.600
	합계	6		1,440	12,183.739	100.000	12,283.739

지역	학교	설치 방법	필설과목 이외의 교과목	아동 정수	1912년도 세출예산		
					경상비	임시비	계
충청북도	청풍공립보통학교	사립청풍보통학교 변경	리,창,체,화,농	240	1,616,565	-	1,616,565
	문의공립보통학교	사립문의보통학교 변경	리,창,체,화,농	240	1,541,000	-	1,541,000
	청산공립보통학교	사립청산보통학교 변경	리,창,체,화,농	240	1,535,500	-	1,535,500
	단양공립보통학교	사립단양보통학교 변경	리,창,체,화,농	240	1,582,812	-	1,582,812
	영춘공립보통학교	사립영춘보통학교 변경	리,창,체,화,농	240	1,730,010	-	1,730,010
	회인공립보통학교	사립회인보통학교 변경	리,창,체,화,농	240	1,665,755	-	1,665,755
	연풍공립보통학교	사립연풍보통학교 변경	리,창,체,화,농	240	1,618,250	-	1,618,250
	합계	7		1,680	11,289,892	-	11,289,892

지역	학교	설치 방법	필설과목 이외의 교과목	아동 정수	1912년도 세출예산		
					경상비	임시비	계
전라북도	금구공립보통학교	사립금구보통학교 변경	리,창,체,화	200	2,461,000	-	2,461,000
	용안공립보통학교	사립용안보통학교 변경	리,창,체,화,농	80	1,903,500	100,000	2,003,500
	장수공립보통학교	사립장수보통학교 변경	리,체,화,농	120	2,014,110	40,000	2,054,110
	고창공립보통학교	사립고창보통학교 변경	리,창,체,화,농	150	2,049,900	-	2,049,900
	운봉공립보통학교	사립운봉보통학교 변경	리,창,체,화	120	2,388,500	170,000	2,558,500
	부안공립보통학교	사립부안보통학교 변경	리,창,체,화,수,농	240	1,759,000	180,000	1,939,000
	임피공립보통학교	사립임피보통학교 변경	리,창,체,화,농	120	2,035,500	-	2,035,500
	정읍공립보통학교	사립정읍보통학교 변경	리,창,체,화,농	120	2,053,000	-	2,053,000
	용담공립보통학교	사립용담보통학교 변경	리,창,체,화,농	120	2,026,000	300,000	2,326,000
	진산공립보통학교	신설	체,창,농	100	2,056,500	-	2,056,500
	무주공립보통학교	사립무주보통학교 변경	리,창,체,화,농	120	1,761,500	250,000	2,011,500
	흥덕공립보통학교	사립흥덕보통학교 변경	리,창,체,화,농	160	2,181,200	-	2,181,200
	여산공립보통학교	사립여산보통학교 변경	리,창,체,화,농	120	2,373,500	130,000	2,503,500
	합계	13		1,770	27,063,210	1,170,000	28,233,210

지역	학교	설치 방법	필설과목이외의 교과목	아동 정수	1912년도 세출예산		
					경상비	임시비	계
경상북도	신녕공립보통학교	사립신녕보통학교 변경	리,창,체,화	200	2,169.000	-	2,169.000
	진보공립보통학교	사립광덕학교 변경	리,창,체,화	120	1,988.060	-	1,988.060
	홍해공립보통학교	사립의창학교 변경	리,체,화	160	2,289.000	-	2,289.000
	지례공립보통학교	사립일신보통학교 변경	리,창,체,화	150	2,135.998	-	2,135.998
	풍기공립보통학교	사립안정보통학교 변경	리,창,체,화	150	2,259.000	-	2,259.000
	예안공립보통학교	사립선명학교 변경	리,창,체,화	120	2,416.220	-	2,416.220
	용궁공립보통학교	사립용범학교 변경	리,창,체,화	120	2,567.000	-	2,567.000
	영양공립보통학교	사립영흥학교 변경	리,창,체	100	2,253.000	-	2,253.000
	문경공립보통학교	사립경민(?)학교 변경	리,창,체,화	200	2,399.000	-	2,399.000
	인동공립보통학교	사립인명학교 변경	리,창,체,화	100	2,109.000	-	2,109.000
	청송공립보통학교	사립낙일소학교 변경	리,창,체,화	150	2,159.000	-	2,159.000
	성창공립보통학교	사립창명학교 변경	리,창,체,화	100	2,149.000	-	2,149.000
	비안공립보통학교	사립병산학교 변경	리,창,체,화	160	2,185.000	-	2,185.000
	칠곡공립보통학교	사립거양학교 변경	리,창,체,화,농	80	2,159.000	-	2,159.000
	청하공립보통학교	사립천일학교 변경	리,창,체,화,농	120	2,134.000	-	2,134.000
	개령공립보통학교	사립개진학교 변경	리,창,체,화	160	2,111.000	-	2,111.000
	영덕공립보통학교	사립영신보통학교 변경	리,창,체,화	125	2,335.000	-	2,335.000
	봉화공립보통학교	사립광성학교 변경	리,창,체,화,농	150	2,121.000	-	2,121.000
	영천공립보통학교	사립강명학교 변경	창,체,화	160	2,154.000	-	2,154.000
	합계	19		2,625	42,092.278	-	42,092.278

지역	학교	설치 방법	필설과목 이외의 교과목	아동 정수	1912년도 세출예산		
					경상비	임시비	계
경상남도	삼가공립보통학교	사립삼가보통학교 변경	리,창,체,화	150	2,150.000	75.400	2,225.400
	기장공립보통학교	사립기장보통학교 변경	리,창,체,화	150	2,237.550	-	2,237.550
	양산공립보통학교	사립양산보통학교 변경	리,창,체,화	150	1,798.000	872.000	2,670.000

지역	학교	설치 방법	필설과목 이외의 교과목	아동 정수	경상비	임시비	계
경상남도	단성공립보통학교	사립단성보통학교 변경	리,창,체,화	120	1,898.777	-	1,898.777
	산청공립보통학교	사립산청보통학교 변경	리,창,체,화	150	1,911.165	-	1,911.165
	안의공립보통학교	사립안의보통학교 변경	리,창,체,화	150	2,125.672	-	2,125.672
	초계공립보통학교	사립초계보통학교 변경	리,창,체,화	150	1,960.053	892.000	2,852.053
	의령공립보통학교	사립의령보통학교 변경	리,창,체,화	150	1,841.200	360.000	2,201.200
	합천공립보통학교	사립합천보통학교 변경	리,창,체,화	150	2,009.600	1,500.000	3,509.600
	남해공립보통학교	사립남해보통학교 변경	리,창,체,화,농	200	2,043.897	120.000	2,163.897
	합 계	10		1,520	19,975.914	3,819.400	23,795.314

| 지역 | 학교 | 설치 방법 | 필설과목 이외의 교과목 | 아동 정수 | 1912년도 세출예산 | | |
					경상비	임시비	계
황해도	토산공립보통학교	사립화양학교 변경	창,체,화,농	180	1,446.000	-	1,446.000
	신천공립보통학교	사립신천보통학교 변경	창,체,화,농	240	2,113.000	-	2,113.000
	신계공립보통학교	사립신흥학교 변경	리,창,체,화,농	180	2,070.250	50.000	2,120.250
	수안공립보통학교	신설	리,창,체,화,농	240	1,971.000	-	1,971.000
	금천공립보통학교	사립금흥학교 변경	리,창,체,화,농	180	1,675.490	-	1,675.490
	송화공립보통학교	사립창동학교 변경	리,창,체,화,농	240	2,147.900	-	2,147.900
	합 계	6		1,260	11,423.640	50.000	11,473.640

| 지역 | 학교 | 설치 방법 | 필설과목 이외의 교과목 | 아동 정수 | 1912년도 세출예산 | | |
					경상비	임시비	계
강원도	평강공립보통학교	신설	리,체,화,농	180	1,881.000	578.500	2,459.500
	안협공립보통학교	신설	리,체,화,농	180	1,831.763	790.000	2,621.763
	평해공립보통학교	사립평명학교 변경	리,체,화,농	180	2,235.300	474.880	2,710.180
	간성공립보통학교	사립수성학교 변경	리,체,화,농	180	2,131.780	450.470	2,582.250
	영월공립보통학교	신설	리,체,화,농	180	1,713.300	568.700	2,290.000
	울진공립보통학교	신설	리,체,화,농	180	1,931.220	579.980	2,511.200
	정선공립보통학교	신설	리,체,화,농	180	1,722.730	650.000	2,372.730
	인제공립보통학교	사립영조학교 변경	리,체,화,농	180	2,154.230	588.670	2,742.900

지역	학교	설치 방법	필설과목 이외의 교과목	아동 정수	1912년도 세출예산		
					경상비	임시비	계
강원도	고성공립보통학교	신설	리,체,화,농	180	1,823.780	555.800	2,379.580
	평창공립보통학교	신설	리,체,화,농	180	1,710.100	576.050	2,286.150
	화천공립보통학교	사립화동학교 변경	리,체,화,농	180	2,308.618	609.745	2,918.363
	합계	11		1,980	21,443.821	6,430.795	27,874.616

지역	학교	설치 방법	필설과목 이외의 교과목	아동 정수	1912년도 세출예산		
					경상비	임시비	계
평안남도	평양제2공립보통학교	신설	리,창,체,화,농	400	2,250.500	1,215.670	3,466.170
	순천군자산공립보통학교	사립문흥학교 변경	리,창,체,화,농	200	1,509.000	550.000	2,059.000
	강동군삼등공립보통학교	사립보성학교 변경	리,창,체,화,농	200	1,124.000	1,050.000	2,174.000
	철산군성종공립보통학교	신설	리,창,체,화,농	200	1,265.000	2,100.000	3,365.000
	순안군석암리공립보통학교	신설	리,창,체,화,농	200	1,540.000	2,595.000	4,135.000
	합계	5		1,200	7,688.500	7,510.670	15,199.170

지역	학교	설치 방법	필설과목이외의 교과목	아동 정수	1912년도 세출예산		
					경상비	임시비	계
평안북도	선천군삼봉공립보통학교	사립조양의숙 변경	리,창,체,화,수,재,농	200	2,318.000	700.000	3,018.000
	정주군청정공립보통학교	신설	리,창,체,화,수,재,농,상	200	2,447.000	636.000	3,083.000
	용천군양시공립보통학교	신설	리,창,체,화,수,농	200	2,145.000	1,200.000	3,345.000
	합계	3		600	6,910.000	2,536.000	9,446.000

지역	학교	설치 방법	필설과목 이외의 교과목	아동 정수	1912년도 세출예산		
					경상비	임시비	계
함경남도	이원공립보통학교	사립보명학교 변경	리,창,체	120	2,512.000	250.000	2,762.000
	삼수공립보통학교	사립육흥학교 변경	리,창,체	120	2,082.360	536.640	2,619.000
	합계	2		240	4,594.360	786.640	5,381.000
전국	총합계	102		19,175	205,387.075	27,196.855	232,583.930

2. 설치 방법

설치 방법은 임시 은사금사업(臨時恩賜金事業)의 일부로, 작년에 이미 계획을 정해 놓아, 각 도는 각각 이미 정한 방침에 따라 계획을 수행하였다. 전북의 진산, 무주, 흥덕, 여산의 4교가 약간 늦은 것 이외에는 올해 3월 이전에 설치 인가를 받아, 4월 1일에 일제히 개교하였다. 설치 방법은 작년과 큰 차이가 없이, 대부분은 이미 설립된 학교의 조직변경에 해당했다. 즉 사립학교 변경이 52교, 일반 사립학교 변경이 31교로, 새로이 설치된 곳은 불과 19교에 지나지 않았다. 그런데 새로이 설치된 곳 가운데에서도 한 면(面)에 있는 사립학교를 폐지하고 다시 공립보통학교를 설치하여 표면상 조직 변경이라는 절차를 취한 것도 있어, 완전히 새로이 창설한 학교는 소수였다. 이같이 지방에서 다소의 연혁이 있지만 사인(私人)의 경영에 속하는 학교를 계승하여 그 조직을 변경시킨 경우에도 설립자는 대개 변경을 흔쾌히 승낙하여 교수(敎授)는 아주 원만하게 이루어졌다, 교사(校舍), 교구는 물론 모든 재산을 신설 학교에 기부하여, 그사이에 조금의 지장이 없도록 했을 뿐 아니라, 나아가 모든 일의 중재에 노력한 자가 적지 않았다. 이는 필경 시세(時勢)의 진보에 따라 신교육의 가치를 일반에게 인식하도록 하기 위한 것이었어도, 동시에 직접적으로 그 해당 부처(局)의 부군(府郡) 관헌(官憲)은 절충이라는 고심을 많이 하지 않을 수 없었다.

3. 교원의 배치

이렇게 신설된 이들 보통학교에 배치해야 할 교원 특히 교장이 되어야 할 내지인 교원의 임용에 관해서는 관련 도(道) 장관의 추천으로, 내지(內地) 각 부현에서 소학교 본과 정교원의 자격을 가진 현임 소학교장으로 다년간 그 도(道)에 종사하고 성적이 우수한 자, 또는 조선의 공립소학교장 혹은 훈도나 사립보통학교장으로 종래의 성적 우량하면서 조선사정에 통달한 자를 선택 채용토록 하였다. 그리고 이들 신임교장에 대해서는 보통학교의 시설경영에 관한 필요한 지식을 전수하기 위해 부임 이전에 경성에 소집하여 올 4월 1일부터 공립보통학교장 강습회를 개설하여, 조선교육의 방침 및 실시상의 주의부터 조선교육법규, 교과서 취급법, 조선역사, 조선지리, 조선어, 국어 교수상의 주의 및 실제 등 당면 초미의 사항을 학습시켰다. 이와 함께 각 부(部)의 이름 있는 관헌에게 과외 강연을 위촉하여 널리 교육에서, 일상생활에서 긴요한 사항을 청강토록 한 것은 작년과 동일하다(작년 8월 공립보통학교 교감강습회에서 경기도 사립보통학교장으로 출석 수강한 20명은 제외). 더하여 같은 달 30일에는 총독이 강습원 일동을 관저로 불러 조선공립보통학교장으로서 복무해야 할 사항에 관해 지극히 주도면밀한 훈시를 하였고, 같은 날 강습을 종료하고 각자 곧바로 임지(任地)로 떠났다. 이보다 먼저 경성고등보통학교 부설 임시교원양성소 각 과, 평양고등보통학교 교원속성과, 함흥임시교원강습회 등의 졸업생으로 신설 공립보통학교 훈도 또는 부훈도로 채용될 자는 4월 1일로 임명되었다. 경성에서는 당일, 평양으로는 특히 학무국원을 급파하여 각각 사령을 교부하여 곧바로 부임하도록 하였다. 이들 신임 조선인 교원은 해당 학교장보다 먼저 부임하여 아동을 모집하고 수업을 시작하며 교장의 취임을 기다리고 있다. 그 후 지금 7개월에 약간 못 미친다 해도, 교원 각자 노력의 효과가 쓸데없지 않았고, 본부 시학관, 시학의 복명 및 여러 종류의 보고를 보건대 모두 성적이 뛰어난 듯하다.

4. 신입학 아동

신설 공립보통학교 개교 당시 입학 아동은 약 7천 명으로, 그 후 계속 입학자가 적지 않았고, 지금에 이르러 현저히 증가하는 것은 인정하는 바이다. 최근 신교육의 필요가 점차 일반에게 인식되는 동시에 각지의 입학지원자가 많이 증가했어도, 교사(校舍)의 설비가 완비되지 않아 이들 지원자를 수용할 수 없는 곳 적지 않다. 경기도 죽산에서 현재 신축 중인 교사(校舍) 낙성 후 입학을 예약한 자가 약 40명에 달했다고 하는 것에서 일반적 인식을 알 수 있다. 지방 중류 이상의 자제 입학은 훨씬 많고, 사립학교 서당으로부터의 전학(轉校)은 작년도에 비해 많이 늘어난 것처럼, 서당의 교사도 자가(自家) 자제를 입학시키는 자가 있고, 옛날에 군인이었던 자도 입학하고 있으며, 강원도 인제군에서는 한 집에서 3명의 취학자를 낸 경우도 여럿이었다. 이처럼 특별히 입학 권유를 시도하지 않아도, 이미 일찍이 예정자 혹은 그 이상에 달한 것이 아주 많았다. 특히 임시 은사금의 혜택을 널리 받도록 하는 취지에 나온 당국

관헌의 훈시 전달은 일반에게 잘 관철되었다. 멀리 떨어진 지역에서 와서 친척, 오랜 친구 또는 교사의 집에 기거하거나 객주에서 하숙하며 통학하는 자도 있었으므로, 이를 위해 각지에서 기숙사 설비를 계획하는 곳 역시 적지 않았다. 요컨대 규정이나 일반에게 능히 신교육의 취지와 가치를 깨우쳐 자제를 취학시켜야 할 학교의 선택을 그르치지 않기에 이르렀다.

5. 신설 보통학교에 대한 지방 인민의 감상

공립보통학교 시설에 대해 수업 시간이 짧은 것, 한문과(漢文科)가 적은 점, (농업실습과 같이) 작업을 부과한 점 등에 관해서는 아직도 다소 공평하지 않은 점이 있다. 그래도 26시간 중 한문 읽기를 이처럼 하는 서당 교육법이 좋은 방법이라 생각하는 자에게는 또 무리하지 않게 당분간 용인하지 않을 수 없다. 머지않아 의심을 풀 시기가 있음은 논의의 여지가 없지만, 이런 잘못된 생각을 품고 있는 자는 비교적 적고, 일반 인민은 대개 공립보통학교의 신설을 환영하여 안심하고 자제를 맡기는 현황이다. 개교식 참석자로 소재지의 관헌을 비롯하여 지방 조선인 유력자를 망라하는 것은 작년과 다르지 않지만, 일면 아동의 부모형제자매 등 기타 일반 유지자의 참석이 작년에 비해 한층 많아졌음은 일반 인민이 보통학교에 접근해 왔음을 알기에 족하다. 금품 기부 신청은 전년에 비해 몇 배에 달하고, 통학 도로의 개보수, 운동장의 땅 고르기 등은 노력 기부로 이루어지고 있다. 한번 학교를 참관하면 곧바로 기계기구의 기부를 신청하는 자가 적지 않았다. 이는 그들이 얼마나 학교에 호의를 가지는가를 말하는 것으로, 만약 크고 작은 분쟁이 생기면 그 해결로서 형벌 경감의 중재를 학교에 호소하는 자가 있다고 하기에 이르렀다. 이는 우스꽝스러움이 극에 달해 차라리 웃어버리고 말 일인 것과 비슷하다. 그래도 다른 한편에서는 이 역시 신뢰가 두터움을 입증하는 것이라고 인정해야 한다. 요컨대 일반에게 공립보통학교의 신설을 깊이 환영받아 안심하고 자제를 위탁하기에 이르렀음은 개교 이래 각 학교가 순조롭게 발달하는 징조라고 하기에 의심의 여지가 없다.

<자료 4> 公立普通學校の維持方法に就て(中石吉丸,『朝鮮總督府 月報』3권 12호 [1913.12.20])

공립보통학교 유지 방법에 관하여

조선총독부 소속 나카이시 요시마루(中石吉丸)

1. 유지 방법의 연혁

공립보통학교 창설은 지난 1906년(明治 39) 구(舊) 한국정부가 사업을 새로 일으키기 위한 자금으로 일본은행에서 5백만 원의 차관을 빌리고, 그 가운데 50만 원을 교육사업 확장비로 충당하여, 같은 해 9월 경성에 10개교, 각 관찰 도(道) 소재지에 1개교씩 설립한 것으로 시작한다. 당시 경성에 있던 것을 관립이라 칭하고 지방에 산재해 있던 것을 공립이라 칭했으나, 지방은 경영을 맡아 해야 할 공공단체가 없으므로 학부가 스스로 교사(校舍)를 건축하고 교사(教師)를 파견했으며, 교과용도서·기구·기기는 물론 여러 장부의 용지에 이르기까지 일체를 관에서 지급하였다. 특히 교과용 도서는 학부에 편집국을 두고 편찬했으며 이를 모든 생도에게 지급했다. 이는 이름은 공립이라 했어도 경비의 대부분을 국고로 지불한 것으로, 실제로는 학부 직할로서 거의 완전히 관립의 상태였음을 의미한다. 그렇다 해도 당시 학부가 이들 공립학교에 대한 국고지출의 형식은 전적으로 보조라는 명목으로, 1909년(明治 42)의 지방비법 시행에 따라 각 도(道)에서도 역시 지방비로 이들 학교에 보조하였다. 그리고 이들 공립학교는 앞에서 말한 국고보조와 지방비보조 이외에 지방의 학전(學田)·양사전(養士田) 등의 수입, 시장세, 도선세(渡船稅) 등 소위 잡종세(雜種稅)의 일부를 학교에 납부하도록 하였다. 또 향교재산 수입의 일부를 학교경비로 충당토록 하였을 뿐만 아니라, 사실상 스스로 재산을 소유해 그 수입을 사용하도록 하는 경향도 있었다. 이후 해마다 요충지에 해당 학교를 설립하고 경비를 점차 늘려가면서 다수의 공립보통학교를 설립하는 것은 당시 한국 정부의 재정 상태로, 도저히 국고로 감당할 수 있는 바가 아니었다. 1909년(明治 42)에 이르러 학교의 증설에 관한 종래의 방법을 완전히 바꿔, 지방의 공·사립학교 가운데 비교적 기초가 확실하고 경영 방법이 다소 갖추어진 곳을 선택하여 그 조직을 변경해 보통학교라 했다. 학부에서 임명해 봉급을 지급하는 일본인 교감 및 통역을 담당하는 조선인 부훈도 1인씩을 배치하고, 기타 교수용 비품 및 교과용 도서를 교부한 것 이외에 다른 경비는 모두 해당 학교 부담으로 하여, 정부 및 지방 인민의 협력으로 경영하는 일종(一種)의 형태를 바꾼(變態) 학교를 만들어 소위 보조지정보통학교라 하였다. 즉, 이렇게 되면 당시의 공립보통학교 및 보조지정보통학교의 경제 관계는 어떤 법규에 따르는 것이 아니어서 다소 명료함이 부족하지만, 앞에서 말한 것처럼 스스로 재산을 소유하거나 부담을 맡도록 하고 있던 사실에 비추어 보면, 이는 일종의 재단이라고 암묵적으로 용인되었다고 보는 것이 적절할 것이다. 따라서 1911년(明治 44) 제령(制令) 제20호 공립보통학교비용령의 규정은 필경 이미 있던 내용(實)에 이름(名)을 부여한 것으로, 이후 공립보통학교는 법규상 분명히 재산권의 주체로 인정되었고 스스로 재산을 소유하고 차입금(借入金)을 가지고 부담을 지거나 소송의 당사자도 될 수 있기에 이르렀다.

2. 유지 방법의 현상

공립보통학교비용령은 1911년(明治 44) 11월 1일부터 시행되어, 해당 학교의 예산·결산·재산관리 등 기타 모든 회계 사무를 부윤(府尹) 군수(郡守)가 관장하도록 하였다. 종래 오랫동안 학교장에 손에 있었던 해당 사무를 이어서 법규가 정하는 바에 따라 집행하였고 오늘에 이르렀다. 1913년도(大正 2) 각 도(道)의 공립보통학교 363개교(최근 설립인가를 받은 경기 경북 함북의 3개 도에 각 1교씩 있어, 현재는 366개교) 세입·세출 예산을 집계하면 다음과 같다. 총액 1백만 3천 96원 37전 9리(1,003,096.379원)로, 이를 한 학교 평균으로 하면 2,763원 35전(2,763.35원)이 된다. 또 이를 학급 수(1,222개)로 할당하면 820원 86전 4리(820.864원)에 해당하는 계산이다.

〈표 1〉 1913년(大正 2)도 각 도 공립 보통학교 세입 세출 예산

			세입
경상부		기본재산수입	58,807.283
		기타 재산수입	6,109.145
		수업료	17,174.940
		은사금 이자	262,848.000
		향교재산 수입	106,973.837
		잡수입	4,104.250
	부담금	호세(戶稅)부가	13,847.830
		가옥세 부가	2,473.000
		지세 부가	14,009.960
	경상부 합계		486,348.245
임시부	작년도 조월금		61,314.515
	지방비 보조금(국고보조금 포함)		416,974.549
	기부금		38,459.070
	임시부 합계		516,748.134
	세입 총계		1,003,096.379
			세출
경상부		봉급	531,402.000
		여비	35,473.060
		잡급	86,875.160
		비품비	70,680.695
		소모품비	48,049.830
		통신운반비	7,998.410
		국고납금	4,273.860
		잡비	28,620.365
		기본재산비	6,558.441
		수선비	33,463.685
		예비비	32,732.023
	경상부 합계		886,127.529
임시부		교사(校舍) 건축비	107,189.350
		기타	9,779.500
	임시부 합계		116,968.850
	세출 총계		1,003,096.379

(1) 세입

　기본 재산 및 기타 재산 수입은 위에서 제시했듯이, 6만 4천 916원 42전 8리(64,916.428원)로, 작년도 6만 5천 742원 38전(65,742.38원)에 비해 조금 감소했다. 또 작년도 학교 수는 336개교였던 것이 올해는 증가해 363개교로 되었으므로, 한 학교당 수입액은 다소 많이 감소한 셈이다. 이처럼 학교 수의 증가로 재산 수입액의 감소를 수반하는 일은 일견 이상하게 보이지만, 오늘날의 경우 정말로 어쩔 수 없는 이유가 있다. 아마도 학교 재산 수입 가운데 전답 산림 등에서 오는 것은 대개 증가하고 있지만, 현금에 속하는 것은 종래 20~30% 혹은 그 이상의 높은 이자로 지방 인민에게 빌려주어, 표면상 이자 금액이 많았음과 동시에 결손 또한 적지 않았다. 재산 관리상 극히 우려해야 할 상태에 있는 경우도 많지만, 최근 각 부군(府郡)에서 열심히(銳意) 그 회수에 노력했고 그 위에 확실한 이자 증식(利殖)의 방법을 강구하였다. 그래서 재산관리의 방법이 현저하게 공고해짐과 동시에 일면 그 수입을 줄어들게 하는 경향이 적지 않다고 한다면, 학교 재산 수입의 증가는 당분간 바라기 어렵다.

　수업료는 작년도 경기도의 일부분과 황해도에서만 징수하여, 예산액이 겨우 2천 112원 50전(2,112.50원)에 불과했는데, 올해에 이르러서는 경상남도, 강원도를 제외한 각 도에서 수업료를 징수하게 되어 1만 7천 174원 94전(17,174.94원)에 이르렀다. 그리고 이 징수액은 1개월 5전 정도의 경우가 많아 대체로 저렴한데, 이는 장래 다소 증액 징수의 여지가 있다.

　임시 은사금 이자는 26만 2천 848원(262,848원)으로 세입 총액의 1/4 이상에 달하여 학교 유지상 가장 유력한 재원이다. 1910년(明治 43) 병합 당시 공립보통학교는 총 100개교로 이후 3년간 해당 학교가 신설된 것 266개교로, 지금 조선 전역 부군(府郡)에 걸쳐 각 1개교 이상의 보급을 보기에 이르렀다. 이는 완전히 이 임시 은사금이 하사되었음에 다름없다. 그리고 여기서 주의해야 할 것은 장래 해당 학교가 증설될 때마다 다시 그것을 분배해 은사금으로 균등히 한다면 한 학교당 분배액은 점차 감소될 것이라는 점이다. 향교재산 수입 및 부담금의 분배액에 관해서도 역시 대략 마찬가지이다.

　향교재산 수입을 일반적으로 소재지 부군 내의 공립학교, 주로 공립보통학교에 사용한 것은 지난 1910년(明治 43) 구(舊) 한국정부 학부에서 향교재산관리규정을 제정 발표한 데서 시작했고, 이래 각 도의 부군에서 예의 조사하였다. 소위 은토(隱土) 또는 은결(隱結)이라 칭하는 것을 발견해 소작료를 개정하여 수입의 증가를 꾀함과 동시에 향교 경비를 절약하여 가능한 한 학교 사용 금액의 증가에 노력했다. 그 결과 1911년도(明治 44)의 해당 사용액 예산은 6만 673원 85전 8리(60,673,858원)였는데, 1912년도(明治 45)는 2만여 원이 증가해 8만 1천 699원 22전 4리(81,699,224원)로 올랐다. 올해 이르러서는 다시 2만여 원 증가해 10만 6천973원 83전 7리(106,973,837원)에 달해 학교유지상 아주 유력한 재원이 되었다. 생각건대 각 도 부·군에서 계속하여 그 정리에 노력하고 있어 장래에도 역시 적지 않은 증액 징수를 할 것이라 예상된다.

부담금은 아직 징수되지 않은 곳이 많아, 올해 예산액은 3만 330원 79전(30,330.79원)에 불과했다. 또 많다고 말하기 어렵지만 지금 가령 조선 전역에 걸쳐 법정 최고율을 징수하는 것으로 하면 대략 평균 13~14만원을 넘을 것이다. 현재 공립보통학교의 세액 총계 평균 2천 700여 원과 비교하면, 이것만으로도 능히 50개교를 유지하기에 만족한 셈으로 장래 아주 유력한 재원이 될 것이다.

지방보조금(대부분은 국고보조금이다)은 41만 6천 974원 54전 9리(416,974,549원)로 세입 총액의 4/10 이상에 달해, 세입 가운데 제1위를 점하고 있다. 그런데 각 도청은 교원의 승급 및 상여, 기타 임시로 필요한 경우의 보조로 충당하기 위해, 역시 상당하는 것을 유치한다면 점차 연도 말에 이르면 다소의 증가를 보게 될 것이다.

세입 현황의 대강은 앞에서 말한대로, 경상 세입은 아직 세입 총액의 반에 이르지 않아 양호하다. 장래 학교재산 및 향교재산 수입, 수업료 등에서 적지 않은 증액 징수를 예상할 수 있다. 게다가 새롭게 학교를 설립하게 된다면 국고 및 지방비의 보조금은 매해 점차 증가하지 않을 수 없다.

(2) 세출

봉급은 53만 1천 402원(531,402원)을 편성해, 전년도 48만 1천 10원(481,010원)에 비해 5만 300여 원(50,300여 원)이 증가했다. 이것은 원래 당연한 증가로서 학교의 신설과 함께, 한편으로 이미 설립된 학교의 학급 증가에 수반하는 교원의 배치 기타 교원의 승급 등에 근거한 것이다. 여비는 3만 5천 473여 원(35,473여 원)으로 전년도에 비해 약간 감소한 것은 올해 창설한 학교가 적어 다수의 부임 여비가 필요하지 않았음은 확실히 한 원인이 되었다. 그렇지만 그 감소액의 존재 이외에 관해 잠깐 관찰해보면 학교장의 소재 부군 내 학사시찰 여비,

교원의 강습회 출석 여비 등 아주 유익한 방면에 사용되고 있다는 것을 알 수 있다. 잡급(雜給)에서 8천 191여 원의 증가는 봉급 증가와 그 이유가 같다. 비품비가 전년도에 비해 약간 감소한 것은 올해 신설된 학교가 적었던 것에 기인하는 것으로, 여비의 감소와 대략 그 원인이 같다. 소모품비로 7천 415여 원이 증가한 것은 학교의 신설과 이미 설립된 학교의 팽창에 수반하는 당연한 결과이다. 통신운반비가 약간 감소한 것은 비품비의 감소와 다르지 않다. 오직 통신의 비용이 학교의 수에 비례해 증가한 것은 오히려 의심해야 할 바는 아니다. 잡비가 전년도의 3만 110여 원이었음에 비해 올해는 2만 8천 620여 원이 되어, 그 사이 약 1천 500원의 차이가 있음은 신설 학교가 적었던 만큼 시업식 개교식 등에 드는 경비가 적어졌던 것에 기인한다.

재산의 유지에 관한 비용 가운데 기본 재산비가 현저히 증가해 6천 558여 원으로, 전년도에 비해 2배 이상이 되었다. 이는 오히려 종래 지세(地稅)를 소작인에게 부담시키는 습관을 고쳐 직접 학교 부담으로 한 것에 적지 않은 영향을 받았던 한편, 해당 재산의 유지에 관해 점차 주도면밀하게 주의를 더하기에 이르렀던 점 때문이기도 했다. 수선비는 여러 가지 사정으로 증감이 있어 한마디로 말하기 어렵다. 임시부에 속하는 올해 교사(校舍) 건축비는 10만 7천 189여 원을 편성해 전년도에 비해 4만 6천 953여 원이 증가하였다. 학급의 증가에 수반하는 교실의 증축 또는 학교 부속 건물의 신축 등 부분적인 것이 다수를 점했고, 교사(校舍) 전체의 신축 개축에 속하는 것은 아주 적었다.

세출의 현황은 대개 위와 같은데, 임시비는 현재 비교적 적고 세출총액에 비해 1/10 이상을 넘지 않는다. 그렇지만 최근 지방 인민의 교육에 대한 감상이 아주 양호해 입학 지망자가 현저히 증가하고 있는 실황이므로, 그 수용에 상당한 설비를 요함에 따라 이런 종류의 경비는 매년 적지 않게 팽창을 보게 될 것이다.

3. 유지상의 주의점

여기서 더 나아가 유지에서 일반적으로 주의해야 할 사항을 말하면, 공립보통학교는 경제 관계에서 일종의 인격자로서 특별한 법규(공립보통학교비용령 및 동 시행규칙) 하에서 스스로 수입하고 스스로 지출하는 일개 독립 경영을 이루는 것으로, 이런 점에서 다른 일반 관공립학교의 경제와 밑바탕에서부터 그 취지를 달리한다. 이에 그 예산 편제, 수입 지출의 방법 및 장래 계획에 관해서는 특히 주도면밀한 주의를 기울여야 한다.

세입 세출 예산은 말할 것도 없이, 장래 한 회계연도 동안의 수입 지출 예산을 계산한 것으로, 가장 정확하게 예측해 그것을 조제(調製)할 필요가 있다. 그 형식은 1912년(明治 45) 2월 통첩(官通牒) 제56호로 정해졌다. 그런데 종래 해당 학교의 예산서를 보면, 왕왕 계산된 수치가 잘못된 것, 경비 예산의 기초가 분명하지 않은 것, 비고란 가운데 부기(附記)가 타당하지 않은 것, 혹은 때때로 경상부, 임시부의 구별이 적당하지 않은 것 등이 있었다. 특히 경상, 임시의 구별은 아주 긴요한 사항으로, 후일 여러 해의 경상을 통계로 장래 계획을 정하도록 하는 경우에, 만약 이 구별이 적당하지 않다고 하면 기대하는 바의 결과에 도달할 수밖에 없음은 아주 유감스러운 바이므로, 아주 주의해 두어야 할 것이다.

다음으로 수입에 관해, 당국자가 항상 노력해야 하는 바는 기본재산 및 그 수입 증가를 꾀하는 것이다. 아마도 오늘날의 공립보통학교는 앞에서 서술했듯이, 그 비용의 대부분을 다른 곳으로부터 교부받아 경영하고 있을 뿐 아니라, 임시 은사금 이자와 향교재산 수입 부담금과 같은 유력한 재원은 장래 해당 학교의 증설에 따라 점차 그 배분액이 줄어들 수밖에 없다. 그렇다고 해도 현재 학교기본재산은 대부분 정리 중에 있고, 그 토지 산림에 속하는 것은 어쨌든 간에, 현금으로 지방 인민에게 대부한 것은 열심히 그것을 회수해, 은행 또는 우편국에 예입하여 확실한 이자 증식의 방법을 강구할 방침이다. 종래에 비해 적지 않게 수익이 감소하는 이러한 상태에서 기본재산 및 그 수입의 증가를 도모하는 것은 무엇보다 쉽지 않지만, 그래도 공립보통학교가 경제 관계에서 일종의 인격자인 결과, 한 해 회계연도 세입·세출 총계(歲計)의 잉여금은 다른 관공립학교 잉여금과 같지 않다. 말했듯이 그 금액이 아주 근소하다 해도 완전히 학교의 재산이라면 상당하는 절차를 거쳐 해마다 그 전부 또는 일부를 축적하여 후일 반드시 한몫의 재산을 만들어야 한다. 요는 오직 확고부동한 방침을 세우는 데 있을 뿐 아니라 연도 말에 즈음해 세입·세출의 총계 잉여를 예측하여 이유 없이 급하지 않은 공사를 하고 물품을 구입하는 등은 정말로 해서는 안 되고, 또 기본재산 수입의 증가에 관해서는 다양한 방법이 있다. 한 예를 들면 대부금을 회수해 전답을 구입하고 미개간지를 개간하기도 한다. 시기, 장소, 가격, 수익 등 다양한 사항을 종합해 헤아리고 따져 정해야 할 문제로, 일반적으로 그 가부를 논하기 어려워도 금리가 점차 낮아지고 지대가 차차 앙등함은 큰 흐름상 면할 수 없는 바이므로 대체로 유리한 방법이 될 것이다. 또 학교림의 시설은 기본재산 조성상 소위 백년대계로, 아동에게 삼림 보호라는 생각을 불러 일으키고, 한편에서는 여러 해 황폐해 있던 조선의 산야를 회복하는 데 일조해, 그야말로 일거삼득의 좋은 법이다. 특히 그 시설에 관해서는 당국자도 법규가 허락하는 한 편의를 주어야 할 것이며, 각 학교는 모두 부근에 적당한 땅을 찾아 그에 맞는 계획을 세우고, 후일 자원을 만들어야 한다. 수업료 징수에 관해서는 종래 다소의 논의가 있었지만, 작년 경기도 황해도의 실시 성적은 아주 양호해, 그를 위해 취학 수를 줄이는 일이 없었고, 도리어 조선교육의 연혁을 더듬어 예부터 오랫동안 그에 준하는 습관이 있음을 볼 수 있다. 즉 현재 널리 지방에 있는 서당은 생도 각자가 스승에게 감사의 뜻으로 금전 또는 현품을 증정하는 예가 있었다. 즉 수업료로서 단지 그 명칭을 달리 할 뿐이다. 이렇게 매년 실제로 행해지는 바가 있었을 뿐 아니라 보통학교 창설 당시 빈민학교가 있었음은 이외에 여러 종류의 원인이 있었지만 수업료를 징수하지 않는 것이 적어도 그 한 원인이 되었음은 확실한 사실이다. 그 징수는 충분하지 않고, 또 빈부의 정도를 참작해 등차를 부여해, 한 집안에 몇 명의 취학자가 있는 경우 그 일부를 감면했던 것은 실제상 필요하다 해도, 완전히 그것을 면제하는 것 등은 생각도 하지 않았다.

부담금의 징수에 관해 특히 주의해야 할 것은 덧붙여야 할 과목의 선택이다. 즉 지세는 동일하게 적용되는 것이지만, 호세와 가옥세는 장소를 달리해 징수되는 것으로, 그 어느 것 한 가지를 채택하는 경우에는 잘 고려해 부담 구역 전체의 균형을 잃지 않도록 주의를 요한다.

향교재산 수입에 관해서는 앞에서도 말했듯이, 각 도의 정리 결과 매년 대단히 증가해, 올해 수입 총액은 18만 원에 달했다. 이 가운데 공립보통학교 경비로 사용한 것이 10만 원 이상으로 올라, 이 추세로 하면 장래 역시 적지 않은 증액 징수가 있을 것이다. 이에 열심히 그 정리에 노력해 수입의 증가를 꾀함과 동시에 가능한 한 향교 경비를 절약해 학교 경비 사용액을 증가할 필요가 있다.

다음으로 지출 관련하여 우선 크게 주의를 요하는 것은 학급의 정리이다. 현재 공립보통학교의 총 학급 수는 1천 222개 학급으로, 그것을 적당하게 정리하면 적지 않게 감소시킬 여지가 있다. 아무튼 오늘날의 보통학교 교사(校舍)는 부군(府郡)의 향교 객사 기타 관(官) 소유의 건물 또는 해당 학교의 전신으로, 사립학교 교사(校舍) 등으로 당장 응급 수선하여 임시로 사용하고 있는 곳이 많아, 적당한 교실이 부족하다. 따라서 수용할 수 있는 인원이 한정되어 평소 교수상 적지 않은 불편을 느낌과 동시에 비교적 학급을 많게 하지 않을 수 없었다. 그렇지만 이러한 상태가 앞으로 계속된다면 학교유지상 경제적이지 못하여, 비용을 효과적으로 사용할 수 없다는 유감이 있다. 장래 교사(校舍)의 수선 증축 개선 등에 즈음해서는 이 점을 깊이 주의해, 가능한 한 다수의 아동을 수용할 수 있도록 설비하고 가능한 만큼 학급 수를 줄여 교사를 우대하고, 기타 필요한 방면에 비교적 많은 경비를 사용해야 한다.

비품은 끊임없이 파손되고, 또 파손되기까지 점점 사용을 감당할 수 없기에 이르는 것이 보통이지만, 대체로 보면 나날이 그 수와 양이 증가하는 것은 흡사 한 가정의 집기와 같다. 그러므로 창업 당시는 어쨌든 간에, 학교의 완성에 가까워짐에 따라 이들 비용은 완전히 경상적인 것이 되어 매년 현저한 증감이 없다. 동시에 절약의 방도가 있다고 하면 그 지출에 특히 주의할 필요가 있다. 예를 들면 간단한 기계 표본 등은 교사의 평소 노력 여하에 따라 반드시 그것을 상점에서 구할 필요가 없다. 마침 가지고 있는 재료로 그것을 만들 수 있는 것이 적지 않고, 또 신문의 삽화나 잡지의 머릿그림 등을 수집해 적당히 배열하여, 특별한 비용을 들이지 않고도 교수하는 데 부족하지 않게 준비할 수 있다. 이처럼 크게 경비를 절약할 수 있는 방법을 강구함과 동시에 일면 교사의 수양 연찬에 들어가야 할 신간 도서나 학술상의 잡지 구매 등에 관해서는 결코 비용을 아끼지 말아야 한다. 특히 토지가 외진 데 위치해 문화가 개발되지 못하고 일상 주위의 자극이 적어 날로 새로워지는 풍조에 뒤처지는 바가 있어서는 한층 더 이 부분에 주의를 게을리하지 말아야 한다.

마지막으로 특히 한마디 덧붙여야 할 것은 교사(校舍)를 짓거나 수리하기 위한 설계 방법에 관한 것이다. 허식을 피하고 검소함을 기본으로 하여 그 비용을 절약해야 함은 물론이지만, 지나치게 임시방편으로 흐름은 그것이 도리어 장래 부담을 무겁게 하는 결과를 가져와, 비용 절약의 의의를 없애 버리기에 이를 것이다. 원래 정도의 문제로서 적확하게 말할 수 있는 것은 아니지만, 매일 매년 진보하고 발전한다는 전망이 확실한 사업에 대한 설비에 관해서는 나중에 반드시 그 시기에 조금 힘을 내었더라면 하는 유감을 밥 먹듯 해서는 안 된다. 직접 해당 국의 담당자는 이 부분에 유의해 과거에 비추어 장래를 헤아려 무모한 경거망동을 경계함과 동시에 적어도 임시방편이라는 실책에 빠지지 않도록 할 책임이 있다.

<자료 5> 朝鮮總督府ニ於ケル一般國民の敎育普及振興ニ關スル第一次計劃

(朝鮮總督府, 1928)

일반 국민의 교육보급 및 진흥에 관한 제1차 계획

조선총독부는 1922년(大正 11)의 학제개혁에 따라 아래로는 초등교육부터 위로는 대학교육에 이르기까지 각종학교 교육에 걸쳐 그 체계를 정비한다고 했지만, 그에 대한 국민 취학의 실상은 전 조선의 면 수 2,503면 가운데 보통학교를 설치한 곳은 1,353면에 지나지 않는다. 학교 수는 1,395교, 전 조선의 추정 학령아동 수 약 260만 명 가운데 취학하고 있는 자는 불과 45만 명으로 그 비율은 전체 아동의 10.9%에 그치고 있다. 여기에 사립보통학교의 아동 수 1만 9천 명, 서당에 다니는 아동 수 20만 명, 사설 각종학교의 아동 수 5만 5천 명을 더해도, 전체 아동 수의 30%에 불과하다. 대다수의 소년은 아직도 어떤 교육도 받지 못하는 상태에 있다. 반도의 영원한 행복을 향상하는 데 아주 유감스러운 일로, 그 대응책으로 다음처럼 초등교육 및 사회교육 보급진흥의 방법을 입안 중에 있다.

1. 일반방침

- 초등교육의 근본 요지에 관해서는 종래 내지에서와 같이, 독서교육의 폐단을 배제하고 조선의 실정을 고려해 국가사회인으로서 필요한 자질을 향상하고 근로 애호의 정신을 진흥시켜 흥업치산(興業治産)을 지향하도록 교육하는 데 노력한다.
- 교육의 실제 시설에 관해서는 기회균등주의에 따라 이 기회에 소수자에 대한 교육 향상을 도모하기보다는, 오히려 다수 민중에 대한 교육의 보급을 꾀하는 것으로 한다. 아무튼 1면 1교주의의 실현을 기하고, 이에 따라 각 면에 장래 보통학교 발전의 중핵이 되어야 할 설비를 이식하고, 또 그것을 기초로 사회교육 시설의 진전을 도모한다.

- 초등교육 및 사회교육의 시설은 대체로 그 비용을 지방 단체가 부담한다는 주의에 따라, 교육에 대한 민중의 의무감을 환기해야 할 것은 말할 필요도 없는 바이지만, 현재 반도의 민도를 고려하여 본 계획에 따라 새로이 각 면에 교육기관의 중핵을 이식하기까지의 비용은 당분간 보조 정책을 주로 하며, 장래 민도의 증진과 함께 점차 지방의 부담으로 교육시설의 유지 발전을 도모하는 방침으로 나아가야 한다.

위의 방침에 따라 교육의 보급 발전에 관한 계획의 대요는 다음과 같다.

1) 보통학교 보급에 관한 사항

- 보통학교는 전 조선의 면마다 각 1교를 설치하는 것으로 하며, 또 수업연한은 현 제도의 6개년을 이상(理想)으로 해서, 점차 실현하도록 해야 하지만 지금의 실정을 고려해 종래 4개년의 학교는 특별한 사정이 없으면 그대로 두며, 이후 본 계획에 따라 증설하는 곳에서는 우선 수업연한 4개년을 상례(常例)로 한다.
- 전항에 따라 신설하는 학교 수는 전 조선의 면 총수 2,503개 가운데 보통학교가 아직 설치되지 않은 1,150개의 면에 각 1개교 2학급 이상의 학교를 신설하는 것으로 계산한다. 그에 필요한 임시비 가운데 매년 약 75만 원은 도지방비의 보조비 중에서 전용토록 하고, 경상비 16만 원(초년도) 내지 180만 원(완성연도)은 국비에서 보조받는 길을 강구한다. 그렇다 해도 만일 본부의 재정상 그것을 용인할 수 없는 경우는 내지의 의무교육비 국고부담의 예에 준하여, 별도로 국고에서 지출하도록 중앙정부에 협의 요청한다.

> 비고
> 1. 본 임시비의 계산은 1학급 25평(복도 포함), 1교 2학급으로 하며, 교원실, 용구실, 고용인실, 변소 등에 필요한 평수 25평, 총계 1교 75평으로 견적한다. 1평의 건축비 약 80원 가운데 50원을 보조하는 것으로 한다.
> 2. 경상비에 관해서는 현재 보통학교의 1학급 평균 경상비는 1,300원이고, 현재 1학급 70명의 아동을 수용하는 것으로, 아동 1명의 수업료를 월 60전(전 조선의 평균액)을 징수한다고 하면, 1년에 1명당 6원 60전(11개월분)이 되고, 학급의 연 액수로는 462원이 된다. 이를 앞에서 제시한 1학급 경상비 1,300원에서 공제하면 그 잔액이 곧 학교비의

> 부담이 되므로 1학급 경상비는 838원이 된다. 이에 보조액은 800원을 교부하는 것으로 계산한다.

- 소학교규정 및 보통학교규정 중 개정을 더하여 실업에 관한 과목은 필설(必設) 필수과목으로 한다. 이에 따라 이후 한층 더 근로주의를 철저하게 한다는 취지를 명확히 함과 동시에 교칙, 과정표 등에 필요한 개정을 하고, 덧붙여 입학자의 연령 제한을 청년기 이전의 연령 즉 소년기에 이르기까지로 하여, 연령 범위를 현재보다 다소 완화한다.

> **비고**
> 앞의 각 항 계획으로 현재의 공립보통학교 아동에다 16만여 명이 더 증가할 전망이다.

2) 총독부령과 내지의 실업보습학교 등의 예에 준하여 새롭게 설치될 간이국민학교에 관한 사항
- 이상과 같이 보통학교의 1면 1교주의가 완성된다고 해도, 60% 이상의 아동은 당분간 불취학(不就學)의 실정을 벗어날 수 없다. 이에 구제책으로 이 기회에 잠정적으로 위 제목처럼, 학교 설치의 길을 열고 그 설립을 장려하여, 보통학교에 입학할 수 없는 자에 대하여 가능한 한 쉽고 간단한 방법으로 나아가 입학자의 생업을 방해하지 않으면서, 국민 될 자질을 향상하고 공민적 훈련 및 직업의식의 계발 배양과 근로 애호의 습성 등의 교육에 노력한다.
- 간이국민학교의 연한은 2년 이하로 하지는 않는다.
- 간이국민학교의 교과목은 수신, 국어, 조선어, 산술, 실업(남자), 재봉 및 수예, 원예(여자), 체조(남자에게는 주로 교련을 부과)로 하며 매주 12시간, 1일 2시간을 한도로 하고, 지방의 상황에 따라 적당하게 수업의 시작시간과 끝나는 시간을 정한다.
- 체조과에서는 형편에 따라 창가를 가르칠 수 있으며, 또 별도로 한문을 가르쳐도 무방하다.
- 간이국민학교의 수업은 토지의 사정과 형편에 따라 계절제로 해도 무방하다.
- 간이국민학교는 보통학교에 병치하는 것을 상례(常例)로 한다.
- 농회나 산업조합 등에 사립간이국민학교의 설립을 장려한다.

- 면의 상황에 따라 간이국민학교의 분교장을 설치할 수 있다.
- 간이국민학교의 학교장 및 직원은 병치한 보통학교의 학교장 및 직원을 겸하는 것이 상례라 해도, 직원의 경우는 기타의 적임자에게 위촉해도 무방하다.
- 공립간이국민학교의 학교장 및 직원에게 수당을 지급한다.
- 서당 등의 발달 개선을 꾀하는 취지로, 간이국민학교의 교과과정에 준하는 교과과정을 가르치는 서당 및 각종학교 등은 지방 장관의 인가를 받아 지정간이국민학교라고 칭할 수 있다.
- 간이국민학교 및 지정서당, 각종학교 등의 수료자 또는 졸업자는 시험을 거쳐 보통학교의 상당 학년 또는 실업보습학교의 전기(前期)에 편입할 수 있는 길을 열어 둔다.
- 공립간이국민학교의 생도에게는 비용을 징수하지 않는다. 단 지방장관의 인가를 얻은 경우에는 이에 제한되지 않는다.
- 앞의 각 항목 이외에, 각 교과목의 과정(課程), 교수요지, 설치 폐지 등의 수속, 기타 건축물(營造物)로서 필요한 규정 등은 부령(府令)안에 이를 규정한다.
- 간이국민학교의 보급은 앞에서 제시한 보통학교의 1면 1교주의의 완성 연도에 따라, 이후 6개년의 계속사업이다. 이에 필요한 임시비 매년 2만 1천 원은 앞에서 제시한 보통학교의 예에 준해, 도지방비 보조금 가운데서 전용토록 한다. 또 경상비 매년 6만 8천 원(초년도) 내지 81만원(완성연도)은 국비에서 보조한다. 그러나 만일 본부예산상 수용할 수 없을 경우는 국고에서 별도로 지출하도록 중앙정부에 협의 요청한다.

> 비고
> 1. 보조비 중 임시비는 보통학교 병치(併置)라는 관계에서 많은 비용이 필요하지 않으므로 1학급 50원으로 계산한다.
> 2. 경상비는 1학급 1주 3원 60전, 1년 45주 수당 총액 165원으로 하여 계산한다.
> 3. 본 계획에 따라 간이국민학교가 완성되었을 때 약 35만 명에게 교육이 보급될 것이라 예상한다.

3) 사범학교 개선에 관한 사항

- 초등교육을 진흥시키는 것은 우선 우량한 교사의 양성을 급무로 한다. 이 의미에서 1922년(大正 11) 조선교육령의 개정에 즈음하여 이 점에 관해 특별히 주의를 기울였지만, 그 실시 결과와 시세의 진운(進運)을 고려하면 더욱 개선이 필요하는 바 적지 않다. 이에 다음의 요강(要綱)에 따라 현행 조선교육령 중 사범교육에 관한 규정을 개선한다.

    (1) 사범학교의 수업연한을 보통과 5년 고등과 2년의 7년으로 하며, 여자는 보통과에서 1년을 단축하여 수업연한을 6년으로 한다.
    (2) 연습과를 고등과로 바꾼다.
    (3) 사범학교는 특별한 사정이 있는 경우, 보통과 또는 고등과만을 둘 수 있다.
    (4) 특과(特科) 제도는 폐지한다.
    (5) 사범학교에 강습과 또는 연구과를 둘 수 있다. 단, 연구과는 보통과 또는 고등과만을 둔 사범학교에는 둘 수 없다.
    (6) 사범학교는 관립으로 한다.
    (7) 기타 부속학교, 강습과 등에 관해서도 현행 제도를 적절히 바꾼다.

- 전항(前項)의 개정에 따라 현행 사범학교규정 중에도 적당히 개정을 한다.
- 이전 각 항의 개정에 따른 시설은 보통학교 1면 1교주의의 실현연도와 대응해 6개년 계속사업으로 하고(임시비 매년 30만 원 5개년 계속사업) 예산의 범위는 사실상 국비에서 지불(支辨)하는 방도를 세운다. 경상비 증액(초년도부터 3년도까지는 증액을 요하지 않음) 9만 원(4년도 및 5년도)은 국비에서 지불하는 방도를 강구하며, 만일 그것이 불가능할 때는 별도로 국고에서 지출하도록 중앙정부에 협의 요청한다.

4) 현재 설치하는 실업학교 가운데 을종 정도의 실업학교에 관한 사항

현재 설치한 실업보습학교 중에는 보습교육의 취지와 다르게, 수업연한, 학과과정 등에서 완전히 실업학교에 준하는 것이 적지 않다. 이러한 것들은 오히려 을종 정도의 실업학교로 취급하는 것이 편리하므로 그에 적절한 규정을 새로이 설치하거나 현행 실업학교규정 가운데 적당한 개정을 하여 그 발전을 장려한다.

5) 청년훈련소 제도를 조선에도 실시하는 것에 관한 사항
- 1926년(大正 15) 4월 칙령 제70호 청년훈련소령을 조선에도 실시한다는 취지를 별도의 칙령 공포로 할 것을 협의 요청한다.
- 위의 칙령이 공포되어도 실시는 당분간 내지인에게만 해당하는 것으로 한다.

6) 학교 교육 외에 한층 더 견실한 청소년 수양을 장려하기 위해 사회교육의 한 시설로 청년수양 단체의 시설 진흥을 도모할 사항
- 본 수양단체는 보통학교, 간이국민학교, 지정 서당 등의 졸업자 등을 그 단체원으로 하여, 국민정신을 함양하고 근로를 애호하는 습성을 기르고 더불어 동네 화목(鄕黨輯睦)의 미풍을 순치(馴致)함을 목적으로 한다.
- 전항(前項) 외에 본 단체의 조직, 사업, 설치 폐지 등에 관한 사항은 적절히 부령(府令)으로 규정한다.
- 본 단체의 설치 보급에 관해 앞서 말한 보통학교 1면 1교주의의 완성 연도와 대응해, 이후 6개년 동안 각 면(面)에 1개 단체를 조직하도록 하고, 매년 각 단체에 100원, 1년 총액 4만 2천 원(초년도) 내지 25만 원(완성연도)을 국비에서 보조하는 방도를 강구하며, 만일 그것이 불가할 경우는 별도로 국고로부터 그것을 지출하도록 중앙정부에 협의 요청한다.

7) 도 및 부군도의 시학 증원 및 신설에 관한 사항
교육은 조장행정(助長行政) 가운데 가장 현저한 것이라는 점은 말할 필요도 없다. 따라서 지도자의 충실은 가장 중요한 것이다. 특히 반도와 같이 교육의 창업시대에 시설을 개혁하는 것은 아주 긴급하고 중요한 일이므로, 예산에서 필요한 비용의 지출을 강구하고, 가능한 한 다음과 같은 시학제도를 개혁한다.

(1) 본부 시학관은 2개 도에 1명의 비율로 증원한다.
(2) 각 도에 전임 시학관 1명을 증원하고, 도 시학 1명을 증원한다.

(3) 각 부군도(府郡島) 등에 각 1명의 시학을 신설한다.

 반도의 교육진흥에 관해 학교 교육은 물론 사회교육에 대해서도 시설해야 할 사업이 심히 적지 않다고 하더라도, 우선적으로 앞의 각 항에 관한 사업의 실현을 꾀하도록 한다. 또한 제도 개정 등은 총독부에서 이 기회에 조선교육심의기관을 설치해 조선 내의 적절한 인재를 위원으로 위촉하고 순차적으로 필요한 사항을 총독이 자문하도록 할 예정이다.

1928년(昭和 3) 4월

<자료 6> 第二次朝鮮人初等教育普及擴充計劃樹立に就て(朝鮮總督府, 1936)

제2차 조선인 초등교육 보급 확충 계획 수립에 관하여

1936년(昭和 11) 1월 8일

총독 우가키 가즈시게(宇垣一成)

반도 동포의 초등교육은 제도상에서, 또 시설 면에서 역대(歷代) 당국의 제반 시정(施政) 가운데 가장 무게를 두었다. 이 제도는 대체로 내지의 소학교 제도에 준하면서 약간의 특례를 두어 반도의 민도 실정에 적합하도록 하는 한편, 교육기관의 배치는 시세의 발달 상황에 따랐다. 즉, 초대 데라우치(寺內)총독시대의 기초적 작업, 사이토(齋藤)총독시대의 공립보통학교 3면 1교 계획, 야마나시(山梨)총독시대의 1면 1교 계획, 그리고 현재 우가키(宇垣)총독 시대에 들어 벽지 농산어촌의 자제를 위한 간이학교제도의 창설 등, 항상 적절하면서도 적극적인 조치가 취해졌다. 참으로 견실하고 질서 있는 발달을 이루어 지금은 보통학교 및 그 재학아동은 병합 당시에 비해 30여 배에 달했고, 간이학교를 합하면 학교 수 약 3천 개교, 아동 수 약 75만 명을 헤아리기에 이르렀다. 오는 1936년(昭和 11)에 계획했던 1면 1교 계획이 완성되어 어떤 산간벽지에서라도 공립보통학교를 설치하지 않은 면이 없게 되어, 반도의 산업 및 문화 발전을 꾀하는 데에 경축해 마지않는 일이다.

하지만 위에서 서술한 사실은 반도 초등교육의 진전이 병합 당시에 비해 아주 빠르고 약진적이었다고 말하는 데 그칠 뿐, 현재 학령기에 있는 아동의 보통학교 재학생 비율, 즉 학령아동의 취학률은 겨우 25% 내외의 낮은 수준이어서, 모든 반도 민중의 국민적 자질 향상을 꾀하기 위한 현상으로는 도저히 만족할 수 없음은 물론이다. 따라서 조선총독부는 이미 특별하게 초등교육조사위원회를 설치하여 공립보통학교 1면 1교 계획 완성 연도인 1936년(昭和 11) 이후 조선인 초등교육 보급 확충 계획에 관해 신중한 심의를 거듭해 최근 겨우 안을 만들기에 이르렀다. 그래서 실시에 앞서 준비할 필요가 있는 교원양성기관 확충에 관한 경비를 오는 1936년(昭和 11)도 예산에 계산해 요구할 참이다. 본 계획은 앞에서도 언급한 대로 1936년(昭和 11)도 현재 실시 중인 공립보통학교 1면 1교 계획의 완성과 더불어, 1937년(昭和 12)도를 기점으로 실행에 들어갈 것이다. 그래서 조선인 초등교육의 보급 확충에 관한 본부의 장래 대책은 각 지방청은 물론 민간도 큰 관심이 있는 한편, 그 실시는 관민(官民)이 사전에 주도면밀한 준비를 해 두는 것이 아주 필요하다고 여겨진다. 이에 아래에 계획의 개요를 제시해 일반 사람이 참고하도록 한다. 따라서 본 계획을 제2차 조선인 초등교육 보급 확충 계획이라고 칭하는 것은, 종래 계획이 모두 학교 증설만을 직접적 목표로 한 것에 비해, 이번 계획은 학교 증설과 함께 학령아동 취학률 향상에 관해서도 상당히 구체적인 목표를 정하고 있음에 연유한다. 그리고 계획의 규모도 과거 25년 동안 수차례에 걸쳐 계획되고 실행된 것에 비해 역시 컸으므로 편의상 이렇게 칭한 것에 불과하다.

1. 계획의 목표

최근 5년 동안의 입학지원자 상황과 인구 증가에 따른 학령아동 증가를 감안해, 주로 현황에 따른 입학지원자의 대략 전부를 취학시키는 것을 목표로 한다. 계획 완성연도에는 현재 추정 학령아동수의 60% 이상, 즉 대략 168만 명을 수용하여, 머지않아 실시될 의무교육 제도를 위한 계단으로 삼으려 한다.

2. 계획의 규모

1) 공립보통학교

1937년도(昭和 12) 이후 10여년 동안 매년 약 아동 7만 명, 총 76만 3천여 명으로 늘려 수용하기로 했다. 시설로는 1929년(昭和 4) 1면 1교 계획에 따라 수업연한 4년의 2학급 규모 면 소재 보통학교 대략 1천 개교의 학급이 증가하였다. 또 지리적 정황에 따라 1면 2교의 배치가 적당하다고 한 곳에 대해서는 1929년(昭和 4) 1면 1교 계획과 거의 같은 규모로 학교를 늘리면서, 아울러 기타 이미 설립된 보통학교의 학급 증설을 하는 것이다. 그리고 이미 설립된 보통학교 수업연한의 연장은 해당 군도(郡島) 내의 초등교육 보급 상황에 따라 필요하다고 인정하는 경우에만 이를 점차 실시한다.

2) 간이학교

1937년도(昭和 12) 이후 10여 년 동안 매년 220교[1군·도(郡·島) 당 1교씩] 총 2천 200개교를 증설하여, 대략 매년 아동 1만 5천여 명, 총 15만 4천 명을 증가 수용한다. 그리고 본 시설은 각 지방 면의 넓이와 취락의 형식, 여러 섬 지역의 교통 관계 등을 감안해, 그 배당을 지방의 실정에 맞도록 하고, 오로지 산간벽지의 초등보통학교 보급을 사명으로 한다.

3) 계획 수행에 필요한 경비 및 재원

경상비 약 1,600만 원(계획완성연도 소요 경상비), 임시비 약 3,300만 원(계획완성연도까지 필요한 소요 임시비), 총 약 4,900만 원 가운데, 경상비는 내지(內地)의 의무교육비국고부담법의 예에 준해서 인건비의 50%에 해당하는 액수, 즉 약 600만 원을 국고에서 보조할 예정이다. 그 나머지는 수업료와 부세(府稅) 및 학교비 부과금으로 지불한다. 이 경상비 지불을 위한 학교비 부과금은 1가구당 평균 매년 15전 넘게 올려 징수하고, 완성연도인 1946년도(昭和 21)에는 1가구당 평균 약 1원 54전 넘게 증가 징수하게 된다. 그 부담은 현재의 약 2.5배에 달할 전망이다. 그리고 임시비는 1929년(昭和 4) 수립된 1면 1교 계획의 예에 따라 일부 도비(道費)의 조성을 기다리고, 이 외에 대부분 부(府)제2부특별경제와 군(郡)·도(島) 학교비 부담 및 그 지방의 기부금으로 충당할 계획이다.

본 계획의 개요는 대체로 이상과 같다. 그 내용이 상당히 대규모이면서 동시에 얼마나 적극적인가는 여기서 부언할 필요가 없다. 그러나 조선총독부가 굳이 이와 같은 대규모이면서 적극적인 계획을 수립한 이유는 1932년(昭和 7) 수립된 반도의 갱생과 번영을 위한 농산어촌 진흥의 획기적 대운동과 서로 맞물려 있다. 즉 반도 일반민중의 국민적 자질을 향상하여 산업 및 문화의 기초를 보편적으로 배양함으로써 일한병합의 성지(聖旨)를 받드는 것이다. 본 계획의 실행은 더욱 관민이 힘을 모아 실시에 만전을 꾀하여 적어도 중도에 사업 진행에 차질을 일으키는 것과 같은 일이 있어서는 안 될 것이다.

지금 이 계획 실시에서 마음가짐이라고도 해야 할 것에 관해 약간의 의견을 적어 보면, 생업 장려와 교육의 병진주의는 총독부 시정(始政) 이래 통치의 근간으로 삼아 온 확고부동한 전통이라 할 수 있다. 이 정신을 장래 더욱 철저히 도모하는 것은 무엇보다도 중요하다. 교육의 내용 및 수업연한 등에서 헛되이 형식에 빠지거나 혹은 도시와 농촌이 획일적으로 되는 것과 같은 폐단은 엄격히 경계해야 함은 물론, 간이학교 제도를 활용해 벽지 농산어촌의 아동에 대해서도 널리 교육의 혜택을 미치도록 하는 방도를 강구한다. 보통학교 졸업생지도사업을 확대 보편화하여 지방의 모범농가를 육성하고, 보통학교, 간이학교의 직업과 교육을 충실히 향상하여 제2국민의 산업적 도야에 부단한 노력을 다해야 한다. 이로써 장차 개척해야 할 반도산업의 인적 자원을 보육 함양해야 하는 중책을 맡아, 해마다 늘어나게 될 교육비 부담의 원천이 되게 하려는 일대 결심이 참으로 중요하다고 믿는다.

<자료 7> 國民學校制度實施につき(南次郞, 1941)

국민학교 제도 실시에 대하여

훈령

우리나라 교학이 목적으로 하는 바는 우리 존엄한 국체의 본의를 바탕으로 교육에 관한 칙어의 취지를 받들어 황운부익(皇運扶翼)의 한길에 매진할 수 있는 충량유위(忠良有爲)한 황국신민의 자질을 연성하는 데 있다.

우리 반도교육의 대본 역시 이 근원에 기초해, 널리 이 지역 동포로 하여 내선이 하나 되어(內鮮一體) 진정으로 개개인이 황국신민으로서의 본질에 철저히 하도록 하는 것임은 말할 것도 없다. 이를 위해 앞서 조선교육령을 개정하고 보통교육에서 내선교육기관의 구별을 철폐하였으며, 내선인과 균등하게 동일 법규 아래 교육을 받는 길을 열었다. 국체명징, 내선일체, 인고단련의 3대 교육강령에 따라 몸과 마음 모두 국가가 부여한 책임을 감당할 수 있는 차세대 대국민 연성에 노력하여 오늘날의 실적을 이룩하기에 이르렀다. 그렇지만 지금의 국제 정세는 잠시의 안락함도 허용하지 않고, 대동아공영권의 확립과 세계의 신질서 건설은 더욱 능력 있고 쓸모 있는 인재를 요구해 마지않는 중요한 때에, 신민의 도를 실천하기 위한 기초를 배양해야 할 교육에서도 역시 국가 신체제에 대응하여, 참으로 팔굉일우(八紘一宇)라는 건국 정신을 드높이고, 황국신민이 될 자질 연성의 필요가 한층 더 절박하고 긴요하다는 것은 말할 필요도 없는 것으로, 이번 우리 반도에서 국민학교 제도를 실시하는 이유도 역시 이에 있다.

본 제도가 근본 취지로 하는 바는 우리나라 고유의 국체에 연원을 둔 교학의 본의에 따라 일체의 것을 받들어 황국의 도로 귀일(歸一)시키는 것이다. 즉, 종래 자칫 분리의 경향을 지녔던 교과를 통합해 교육을 철저히 하고 국민정신의 앙양, 지능의 계발과 배양, 정조(情操)의 도야, 체격의 향상을 꾀하여 산업 및 국방의 바탕을 배양함으로써, 안으로 국력을 충실히 하고 밖으로 팔굉일우(八紘一宇)의 황도를 선포해야 할 다음 세대의 대국민을 연성하는 데 있다. 그리고 그 방법으로 지식과 실행, 정신과 신체를 하나(一體)로 단련하고, 학교를 일으켜 전일적(全一的)인 인격을 도야하고 국민연성의 도장이 되도록 하는 것으로, 이로부터 비로소 우리나라 고유의 교육방침과 내용을 확립하고 겉과 속 모두 국민교육의 본질을 철저히 할 것을 도모해야 한다. 직무로 교육을 담당하는 자들은 신제도의 정신을 바르게 이해해 화합하여 이것이 적정하게 실시되도록 도모함으로써 국가의 기대에 따르도록 힘써야 할 것이다.

1941년(昭和 16)

조선총독 미나미 지로(南次郎)

국민학교 제도 실시에 즈음해

학무국장 담화

조선에도 국민학교 제도가 오늘부터 실시되었으므로, 이 기회에 소회(所懷)의 일단을 말씀드리고자 한다.

일찍이 1938년(昭和 13) 4월 조선교육령을 개정하여 교육의 전반(全野)에 걸쳐 일대 혁신을 행하고, 일시동인의 성지를 받들어 내선일체로 더욱 빛나는 국체를 분명히 실현하는 데 노력해, 황운(皇運)의 발전에 기여하는 교육의 목적을 확립했습니다. 그리하여 소학교 교육에도 국체명징, 내선일체, 인고단련이라는 3대 강령에 따라, 이것이 한층 철저히 구현되도록 내용을 정비하고 모든 것을 다해 충량한 황국신민의 연성에 다가가는 바를 명확히 했던 것입니다. 이후 학무국은 이 신 교육령의 정신을 철저히 보급하기 위해 온갖 노력을 기울이고, 그 성과를 높이는 데 유감이 없도록 해 왔던 참입니다. 그런데 교육이라는 것이 거의 전부가 신념에 불타는 교육자, 그 사람에 있음을 생각하고, 사범학교의 확충으로 더욱 우수한 교원을 양성하는 데 노력했습니다. 이와 함께 1939년(昭和 14) 4월 교학연수소를 설립해 사표(師表)가 될 인물 연성의 도장으로 하여, 국체의 본의에 근거한 황국신민교육의 진수를 이해시키고, 이미 1천 명이 넘는 수료생을 골고루 전 조선에 보내어 교학 쇄신의 추진력이 되도록 하는 한편, 일반의 취학열에 대응해 황국신민교육의 보급 강화를 촉진하기 위한 초등교육확충 계획을 1935년(昭和 10)부터 6년으로 단축해 1942년도(昭和 17)에 완성을 보기에 이르렀던 것입니다. 그래서 오늘날 어떤 산간벽지 도서 어디서나 소학교를 설치하지 않은 곳을 볼 수 없고, 교원은 불굴의 기개와 열의로 차세대 국민의 연성에 헌신하며, 순진한 아동은 황국신민이라는 자각과 자부심을 확실히 지녀 더욱 나라에 충성하겠다는 생각에 불타고 있음을 볼 때, 대륙전진기지로서 반도의 앞길이 참으로 양양함을 느끼지 않을 수 없습니다. 그리고 이번 실시되는 국민학교의 본질과 조선 교학쇄신의 정신 사이에는 어떤 차이도 없습니다. 요컨대 국민학교는 반도의 소학교 교육이 과거 3년 동안 걸어온 교학쇄신의 길을, 시세의 진운에 응하고 일반의 국가의식 앙양에 수반하여, 한층 발전 강화하고 분명히 하려는 것입니다. 결코 새로운 교육원리 위에 선 제도의 개혁은 아닙니다.

따라서 반도 교학쇄신의 독특한 성격도 국민학교규정 대부분 항목에 포함되어 있습니다.

소학교를 국민학교로 개칭한 이유는 종래의 명칭이 상급학교보다 아래 단계에 있어, 그 준비교육과 같은 느낌을 주어 왔던 것을 피하고, 황국신민연성의 도장이라는 내실을 분명히 표현하기 위한 것입니다.

숭고 존엄한 우리 국체를 철저히 하며, 충성을 다해 국가의 은혜에 보답하려는 의지와 뜻에 불타는 황국신민을 연성하는 것이 국민학교의 근본정신임은 말할 것도 없습니다만, 이것의 구체적 실천 방법으로 제시되어 온 것이 교과의 통합 정리 연결입니다. 종래 소학교 교과목은 대부분 시대의 요구나 국운의 진전에 수반해 차례차례 덧붙여져 온 것이기 때문에, 통일적 이념이 결여되었고, 그 결과 각 과(各科) 분립의 폐단에 빠지고 지식편중의 경향으로 흘러, 황국신민으로서의 전인적 인격 발전을 기대하기 어려웠다는 아쉬움이 있었습니다.

황국신민의 인격은

1. 확고한 국체 관념의 파악과 황국의 사명 자각
2. 날로 새로워지는 과학에 대한 대강의 인식과 생활을 수리적 과학적으로 처리하고 창조하는 능력
3. 활달 강건한 심신과 헌신 봉공하는 실천력
4. 고아(高雅)한 정조(情操)와 예술적 기술적 표현력
5. 근로를 좋아하고 직업을 통해 나라에 보답하려는 열의

등의 자질이 유기적 통일을 유지함에 따라 형성되는 것입니다. 그러므로 국민학교는 이들 자질을 계발 배양하고 연성하기 위해 국민과(國民科), 이수과(理數科), 체련과(體鍊科), 예능과(藝能科), 직업과(職業科)의 5개 교과를 만들고, 각 교과 및 내용이 각 과목의 특색을 발휘하면서 분립의 폐단에 빠지지 않고 서로 긴밀한 연관을 유지하여 황국신민연성이라는 한 길로 귀일(歸一)하도록 통합하려는 것입니다.

이리하여 동아시아 맹주로 약진하는 황국의 문화가 요구하는 내용을 교과에 담아 지육(知育) 편중을 탈피하고, 심신을 하나로 하여 그 발달에 상응하는 적절한 교육을 하는 데에는 당연히 교육 연한 연장의 문제가 제기되고 있습니다. 그런데 가까운 장래에 맞이하게 될 의무교육제도 실시에 필요한 제반 준비 조사를 조정하고 있는 오늘날, 종적으로의 연한 연장 이상으로 횡적으로의 보급이 아주 중요한 일입니다. 동시에 4년제 소학교도 역시 다수 존재하는 현 상황에서 모든 소학교를, 초등과 및 고등과를 둔 국민학교로 하는 것은 실정에 맞지 않으므로, 수업연한 6년의 국민학교를 설치하도록 했던 것입니다.

다음으로 4년제 심상소학교는 수업연한 6년의 국민학교가 되었습니다만, 경과적 조치로 현재 재학하는 아동이 졸업에 이르기까지 수업연한 4년의 과정을 두도록 하였습니다.

6년제 심상소학교는 현지 사정 등을 감안하여, 각각 초등과만을 둔 국민학교 또는 수업연한 6년의 국민학교로, 심상고등소학교는 초등과 및 고등과를 둔 국민학교로, 고등소학교는 고등과만 둔 국민학교로 하여, 모두 똑같이 국민학교라고 칭했던 것입니다. 또한 사인(私人)의 국민학교 설치를 인정하지 않는 것은 앞서 발표한 그대로입니다.

지금 온 나라가 동아신질서의 건설과 고도 국방국가체제 확립에 몸과 마음을 총동원하고 있는 중요한 이때, 다음 세대 국민의 연성을 담당하는 교육은 국방의 가장 기초적인 임무를 수행한다고 해도 과언이 아닙니다. 자신의 직분을 교육에 두는 자는 그 책무의 중대함을 통감하여 더욱 연찬을 멈추지 말고 절대 물러서지 않는 기개로 자신의 직무 봉공(奉公)에 정성을 다할 것을 간절히 바랍니다. 이와 함께 일반에게도 국민학교의 취지를 충분히 이해시켜 자제교육에 완벽을 꾀하도록 하고자 합니다.

<자료 8> 國民學校制度實施上の疑問と應答(高橋濱吉, 1941)

국민학교 제도 실시의 의문과 응답

교학관 다카하시 하마키치(高橋濱吉)

획기적인 제도가 실시되어 규정은 공포하였지만, 그 운영에서는 여러 의문이 있습니다. 오늘날까지 모인 질문 가운데 공통적인 것만 들어 답하고자 합니다.

문1. 국민학교규정 제1조 제6항에 '직업과(職業科)는 이를 나누어 농업·공업·상업 또는 수산의 과목으로 한다'라고 했고, 동 규정 제21조 제2항에서 '초등과는 농업, 공업, 상업 및 수산에 관한 사항 중에서 현지의 정황에 적절한 것을 선택 운운'이라고 했습니다. 이 조문 중 '또는'과 '및'의 의미 차이나 전후(前後)의 관계를 설명해 주기 바랍니다.

답. 내지 국민학교의 실업과에 해당하는 것이 조선에서는 직업과입니다만, 실업과와 직업과는 표면적 방침이 다릅니다. 직업과는 소학교 시대에도 심상소학교 필수과목 가운데 하나였던 것은 아시는 바와 같습니다. 심상소학교 직업과는 농, 공, 상, 수산에 관한 사항 가운데 현지의 상황에 적절한 것을 선택해 부과하는 것입니다. 그래서 교재는 농·공·상·수산의 어느 것이나 다 관련하는 사항을 선택해도 좋고, 농업만으로도, 혹은 농·공에 걸쳐 있어도 좋고, 선택이 자유롭습니다. 즉 '및'은 4개 분과를 한 줄로 늘어놓고는 있지만, 꼭 분과에 구애받는 일 없이 적절히 교재로서 취급하는 것입니다. '또는'이라고 하면 그 하나하나의 과(科)가 모여 하나의 교과(敎科)를 구성하는 것입니다. 부과하는 경우는 4개 과(科) 가운데 어느 한 과목, 혹은 몇 개의 과목을 선택하게 됩니다. 국민학교 초등과의 직업과는 연혁적으로 신제도에 그대로 남아 있는데, 그런 이유로 '및'이 되는 것입니다. 고등과에서는 제21조 제3항에 '고등과는 현지의 정황에 따라 농업·공업·상업·수산의 한 과목 또는 몇 과목을 설치해야 하고, 몇 과목을 설치하는 경우는 그 하나를 선택 이수해야 한다'라고 되어 있습니다. 이는 농·공·상·수산 가운데 한 과목을, 혹은 몇 과목을 선정하는 것으로, 분과적으로 취급하는 셈입니다. 요컨대 농업을 선택하면 농업만, 공업을 선택하면 공업만을 부과하는 것입니다. 이에 농·공·상·수산의 4분과 가운데 어느 것이 되므로 '또는'이 사용되는 것입니다. 직업과를 초등과와 고등과에서 다르게 취급하지만, 제1조에서 이렇게 두 가지 표현을 하게 된 것은 조문(條文)을 만드는 기술상의 곤란함으로, 내지의 실업학교와 형식을 맞추어, 제1조 제6항처럼 표현하고, 제21조에서 다른 점을 제시했다고 보아야 할 것입니다.

문2. 여아에게 무도(武道)의 간이(簡易)한 기초 동작을 가르쳐도 좋겠습니까?
답. 이것은 제13조를 잘 읽어보면 판단할 수 있다고 생각합니다만, 모처럼의 질문이므로 답하고자 합니다. 여아에게 부과할 수 있는 무도는 일본 장도(薙刀)뿐입니다. 요컨대 무도는 검도와 유도와 일본 장도로, 남아에게는 검도와 유도를 부과해야 하는 것입니다만, 여아에게는 일본 장도를 부과할 수 있게 되었습니다. 그러나 황국신민체조는, 체조이므로 여아에게 부과해도 무방합니다. 무방하기는 커녕 도리어 총독부가 제정한 당초부터 부과할 방침이었던 것입니다.
또 무도를 부과하는 경우 무도를 지도하는 교사는 해당 학교의 교사여야 한다는 점에 주의해야 합니다.

문3. 종래에는 여름과 겨울의 휴업 전후에는 단축 수업을 할 수 있는데, 이번에는 그 조문이 없습니다. 그러면 단축 수업은 할 수 없게 되는 것입니까?
답. 제30조의 규정에 따라 도지사의 인가를 받아 실시하도록 하고 있습니다.

문4. 제32조에 명시된 '행사(行事)'란 어떠한 것을 말하는 것입니까?
답. 조례, 신사 참배, 합동체조, 음악연습 등으로, 매주 계속 실시하는 성질의 것을 말합니다. 따라서 계속적이 아니거나, 어떤 시기에 특별히 실시하는 사안으로, 보통 행사라고 불리는 것도 있지만, 이것은 행사이기는 해도, 제32조에서 정한 행사는 아닙니다.

문5. 제33조 가운데 제시된 '과정표(課程表)'란 어떠한 것입니까? 또 '과정표'의 기준이 되어야 할 것을 본부에서 제시해 줍니까?

답. '과정표'를 학교장이 정하도록 한 것은 국민학교규정 제정의 결과로, 새로운 의미가 있습니다. 제28조에서 제32조까지의 조문을 보면 학교장이 시수(時數)와 행사를 감안해 1년간의 계획을 수립하게 되어 있으므로, 이것을 다 포함해 계획하는 것이 과정표입니다. 과정표가 확실하지 않으면 수업의 세목(細目)이 완성되지 못할 뿐 아니라, 제2조 7호가 제시한 바도 불가능해지는 셈입니다. 조선총독부에서는 기준이나 범례를 제시할 수 없게 됩니다.

문6. 제35조에 '수료'와 '졸업'이라는 두 가지 용어가 사용되고 있는데 어떻게 구별합니까?

답. 국민학교에는 초등과와 고등과가 있습니다. 초등과 수업연한은 6년, 고등과 수업연한은 2년으로, 국민학교 과정은 2단계로 되어 있습니다. 종래는 심상소학교라는 온전(全)한 과정과 고등소학교라는 온전(全)한 과정이 있어, 이 온전한 과정을 이수한다는 개념이 확실했습니다. 국민학교는 8개년이 온전한 과정이기도 하지만, 초등과와 고등과로 나누어져 있는 까닭에, 초등과도 고등과도 다 같이 수료라고 하지 않는다면 적당하지 않게 됩니다. 조선에는 6년을 수업연한으로 하는 국민학교도 있으므로, 이것은 6개년으로 전 과정을 완전히 마치는 것이기 때문에 졸업이라 말해도 지장이 없습니다. '수료'라는 말을 쓰는 것은 내지와 공통이지만, '졸업'이라는 말이 남아있는 것은, 수업연한 6년의 국민학교가 조선에만 있기 때문입니다.

문7. 제30조의 규정에 따라 학교장은 각 교과 및 과목의 매주 수업시수를 도지사의 인가를 받아 변경할 수 있습니다만, 변경할 수 있는 한도가 별도로 제시되지 않았으므로 짐작이 가지 않습니다. 특별한 필요가 있을 때는 어떻게 해서라도 변경의 절차를 취해도 좋을까요?

답. 변경할 수 있는 한도가 제시되어 있지 않으므로 아무렇게나 입안할 수 있다고 생각하고 있습니다만, 이미 1년 동안의 교재(教材)가 정해진 이상, 어떤 한도가 있는 것은 상식으로도 일단 수긍해야 할 것입니다. 조선총독부는 다음의 표준에 따르도록 하고 있습니다. 이것은 문부성의 방침과도 동일하다는 점을 부언해 둡니다.

(가) 초등과 제1학년 및 제2학년의 수업시수는 27시간을 넘거나 18시간을 내려가지 않을 것

(나) 초등과 제3학년부터 제6학년까지는 수업시수 36시간을 넘거나 24시간을 내려가지 않을 것

(다) 고등과는 수업시수 37시간을 넘거나 30시간을 내려가지 않을 것

(라) 수업연한 6년의 국민학교는 위의 방침에 준할 것

문8. 국민학교규정에는 '과정', '수업시수', '수업 세목'이라는 말이 사용되고 있는데, 종래 규정은 '교과과정', '교수시수', '교수세목'이라는 말을 사용해 왔습니다. 이들 사이에 특별한 차이가 있는 것입니까?

답. '과정'은 수업연한과 연결되는 교육내용 일체를 말하는 것입니다. 따라서 수업연한, 교과, 과목 및 그 정도, 내용 및 매주 수업시수 등 일체를 포괄하는 것입니다. '교과과정'이란 단지 교육내용만을 나타내는 말입니다. 또한 종래 '교수'라는 말로 통했던 경우를 '교수'와 '수업'의 2가지로 취급했던 것은 '교수'가 종합적이지 않았기 때문입니다. 즉 종합적 의미를 갖도록 할 때, 개정 규정에서는 '수업'이라는 말을 사용하고 있습니다.

문9. 제18조에 따르면 초등과에서는 수예를 부과하지 않고, 고등과에 가서야 그것을 부과하는 것은 이해할 수 있습니다만, 만일 그렇게 하면 종래 심상소학교에 부과되었던 수예를 폐지할 방침입니까?

답. 그것은 오해입니다. 초등과에서는 제2항에 제시한대로 '…종이, 실, 천, 점토, 시멘트…대나무(竹) 기타 재료를 활용한 공작(工作)을 부과해야 한다'라고 하여, 주로 공작의 재료 방면에서 말하는 것이므로, 그것을 사용하는 수예는 당연히 부과해도 괜찮습니다. 고등과의 경우는 제3항을 읽으면 알 수 있듯이 목공, 금속공, 시멘트공, 수

예(여아) 등 공작이 작동하는 방면에서 말하는 것입니다.

문10. 제28조 제6항에 '제1학년은 학교장이 필요하다고 인정하는 아동에 대해, 국민과(國民科) 국어의 매주 수업시수에 더해 각 학년 2시간 이내로 증가하여 보충 수업을 할 수 있다'라고 규정하고 있는데, 이는 특수 아동만 인정하는 것입니까? 혹은 학급 전반에 걸쳐 보충적으로 국어 수업 실시를 인정하는 것입니까?

답. 학급 전반에 걸쳐 보충적으로라도 국어수업을 행한다는 의미는 아닙니다. 본 조항은 내선공학의 경우를 고려하여 만들어진 것으로, 내선공학이라는 특수한 사정에 기초해 특별히 정합니다.

문11. 제42조에는 기원절, 천장절, 메이지절(明治節) 및 1월 1일의 의식(擧式) 순서가 제시되어 있는데, 최근 문부성이 정한 국민예법 가운데 제시된 의식의 순서와는 대단한 차이가 있습니다. 어떤 것을 따라야 합니까?

답. 국민학교규정에 나타난 식순과 국민예법 가운데 있는 것은 확실히 다릅니다. 저도 실은 다양한 의문을 가지고 연구한 바 있습니다. 의식의 순서뿐만 아니라 양 폐하의 사진 게양 방식에 관해서도, 종래 학교에서 해 왔던 것과 국민예법 가운데 제시한 것은 크게 다릅니다. 문부성 제42조의 규정은 식(式)의 요소를 제시한 것으로, 반드시 식(式)의 순서를 제시한 것은 아니라고 말하고 있습니다만, 제39조의 경우는 어떤 내용을 제시한 것이라 해도 무방하지만, 제42조의 경우는 식(式)의 내용과 동시에 순서라고 이해하는 것이 보통의 상식입니다. 그래서 제42조의 규정에 따르면 좋다고 생각합니다. 또한 '국민예법'은 조선에 적당한 것을 별도로 정할 방침으로 지금 면밀히 연구 중입니다.

문12. 한 학급당 아동 수가 종래에 비해 감소하고 있습니다. 그렇지 않아도 입학난 완화를 위해 특수한 의미의 2부 교수를 실시하고 있는데, 이것은 어떻게 취급해야 할까요?

답. 한 학급의 아동 정원은 60명 이하로 제한되는 셈으로, 이상적 교육이라는 입장에서 실은 아직도 지나치게 많습니다. 그러나 오늘날 우리나라의 사정, 특히 반도의 사정을 고려해 보면, 교육에서 이상은 그렇다 하더라도 현실의 문제에서는 조금이라도 많은 아동을 교육해야 하는 것입니다. 따라서 도지사의 인가를 받아 당분간은 종전대로의 인원을 수용해도 지장이 없도록 하고 있습니다.

문13. 교과용 도서를 해석하는 도서 혹은 이와 유사한 도서를 아동에게 사용할 수 없도록 하는 취지를 규정하고 있습니다만, 그 한도를 제시해 주십시오. 또 가정에서 사용할 경우는 괜찮은 것입니까?

답. 한도를 제시해 달라는 것인데, 구체적인 것으로는 뭔가 말할 수 있겠습니다만, 추상적으로는 간단히 말씀드리기 어렵습니다. 그런데 교과서의 해설서를 금지한 취지를 생각해보면, 각자에게 그 한도가 분명하다고 생각합니다. 종래에 대홍수처럼 아동의 참고서가 발간되어 널리 사용되었습니다. 그중에는 실로 훌륭한 것도 있었지만, 또 아주 참혹한 것도 있었습니다. 그래서 전반적으로 금지되었던 것입니다. 앞으로 교사용 참고서는 조선총독부의 입장에서 연이어 발간될 것을 기대하고 있는데, 교사용 참고서는 교사가 그것을 소화해 교사의 힘이 되어 아동에게 영향을 주어야 한다고 생각합니다. 교재의 한 작은 부분이 해석되는 것은 원래 상관없는 것이지만, 한 작은 부분이 어느 정도인지를 추상적으로 말씀드리는 것은 곤란합니다. 즉, 교육자의 교육적 식견에 의한 판단에 기댈 수밖에 없는 것입니다. 또한 가정에서의 사용은 어떤가 하는 문제입니다만, 교육상 폐해가 있다는 견지에서 학교에서 사용할 수 없다면 가정에서도 사용하지 못하게 하는 것이 적당하다고 생각합니다.

문14. 국민학교에서 영화를 사용하는 경우 조선총독이 검정한 것이어야 한다고 되어 있는데, 종래 소학교용 영화라든가 최근 국민학교용 영화로 총독부에서 추천하고 있는 그 영화를 의미하는 것입니까?

답. 종래 소학교용이나 국민학교용 영화를 조선총독부가 추천했던 것은, 국민학교규정 제61조에서 말하는 영화와는 전혀 다릅니다. 종래의 것은 아동이 관람해 유익하다는 견지에서 추천된 것이었지만, 이번에는 검정으로 국민학교의 교수(敎授)에 사용할 수 있는가의 여부를 본부에서 검정하는 것입니다. 영화검정규정은 아직 공포되지 않았지만, 머지않아 취급 규정이 공포될 것이라고 알고 있습니다.

또한 관상용(觀賞用) 음악 레코드, 수업에서 사용할 수 있는 방송에 관해서도 머지않아 취급 규정이 정해질 겁니다.

문15. 교과서 취급과 새 교과서 발행 예정에 대해 상세히 알려주십시오.

답. 교과서 취급이나 새 교과서 발행 예정을 상세히 말씀드리고 싶습니다만, 그것은 최근에 이미 발간된 편집휘보(編輯彙報)에 상세히 권별로 게재되어 있고, 또 이후에도 계속 게재될 것이기 때문에 그것을 잘 살펴보시기 바랍니다. 여기서 상세히 말씀드리면 지면 관계도 있어 양해 부탁드립니다.

문16. 학적부의 취급에 대해 말씀해주십시오.

답. 학적부의 취급에 관한 질문입니다만 취급이라고 해도, 이번에 공포된 국민학교규정 제4호의 표로 제시했던 학적부 기입에 관한 취급 방법이라는 의미와 신구(新舊) 학적부가 있는데, 구 학적부를 어떻게 새로운 제도에 적합하게 할 것인가하는 의미로 취급 방법 의미를 다양하게 생각해 보았습니다. 그런데 질문하신 의미가 어느 쪽인지 판단할 수 없습니다. 신 학적부 기입상의 의미라면 올해 6월 21일부 학무국장 통첩 '국민학교 제도의 실시에 관한 건'에서 '제4호 표 기재상의 주의사항'으로 신 학적부 기재에 관해 상세히 제시했으므로 보시기를 바랍니다. 신 학적부는 올해 4월 새롭게 입학하는 아동부터 사용하게 되었으므로, 초등과 1학년은 물론이고 고등과 1학년도 새로운 양식으로 사용해야 합니다. 초등과 2학년생 이상 및 고등과 2학년은 구 학적부를 사용해야 하므로, 교과(敎科)와 과(科)의 관계에서 실제 현실과 학적부와는 부합하지 않습니다. 이것은 정말로 불편하고 좋지 않은 형편이지만, 당분간 학적부의 해당(相當) 난(欄)에 기입하도록 하였습니다. 중등학교 입학 때에 제출하는 소견표는 어떻게 할 것인가를 말씀드리면, 이것은 필요가 있을 때 당국에서 적당히 제시해드릴 것입니다.

문17. 각 교시의 휴게시간은 적절히 배당해도 좋을까요?

답.　학교장이 적절하게 배당해도 무방합니다. 도쿄여자고등사범학교 부속국민학교에서는 제1교시 후 10분, 제2교시 후 20분, 제3교시 후 10분, 제4교시 후 50분(점심식사로 충당), 제5교시 후 10분, 제6교시 후 대략 1시간 작업, 운동 등을 시키고, 그 후 전교의 아동이 일제히 하교합니다. 이것은 상당히 오래전부터 실시하고 있는데, 성과가 아주 좋습니다. 참고해주시기를 바랍니다.

이상 간단히 답하였습니다만, 저의 책상 위에는 이 외에도 많은 질의가 쌓여 있습니다. 다음 기회에 또 답을 드리겠습니다. 더불어 운용에서 의문이 생기면 문의해 주시기를 바랍니다. 일반 회원에게 알려 드리면 좋을 것이라고 생각하는 것은 본지를 통해 회답하겠습니다. 개인적으로도 직접 답을 드리겠습니다. 요는 올해 4월 실시된 국민학교 제도가 훌륭히 성장해 가도록 서로 연구하고자 하는 것입니다.

<자료 9> 義務敎育制度實施計劃(朝鮮總督府 學務局, 1943. 2)

의무교육제도 실시계획

조선총독부 학무국

제1. 의무제도실시의 시기

1946년(昭和 21)도부터 실시한다.

제2. 의무제도의 내용

(1) 취학의무연한

당분간 대략 6년으로 한다.

(2) 의무제도실시 초년도 학령기에 있는 자의 취학률 목표

남자 학령아동의 약 9할, 여자 학령아동의 약 5할로 한다.

제3. 의무교육제도 실시에 필요한 준비

(1) 교원의 양성

의무교육제도 실시에 따른 급격한 교원 수요 증가에 대응하기 위해 우선 1943년(昭和 18)도에 사범학교의 증설 및 기설 학교의 학급 증가를 꾀한다.

(2) 국민학교 증설 및 학급 증가

1943년(昭和 18)부터 1946년(昭和 21)에 이르는 향후 4개년 동안 제2항에서 말한 목표에 도달하도록 하는 데 필요한 국민학교 증설 및 기설 국민학교의 학급을 증가하고, 이로써 아

동 수를 증가해서 수용할 수 있도록 한다.

제4. 의무교육제도 실시에 필요한 경비

(1) 설립 단체의 부담

국민학교의 설립 및 유지에 필요한 경비는 설립 단체의 부담으로 한다.

(2) 국고의 조성(助成)

종래의 예(例)에 따라 국고에서 조성하는 것으로 한다.

(이상)

<자료 10> 義務教育制度實施準備に就いて(大野謙一, 1943. 4)

의무교육제도 실시 준비에 대해

조선총독부 학무국장 오노 겐이치(大野謙一) 말씀

반도에서 의무교육제도는 오는 1946년(昭和 21)부터 실시할 것으로 작년 12월 교육심의위원회에 회부하여 결정하였고, 당시 정무총감 담화로 그 취지 및 내용의 개요를 발표하였다. 이 결정에 따라 실시 준비되는 국민학교의 증설 확충과 필요한 교원양성에 만전을 기하기 위해 제3차 조선인 초등교육 보급및 확충 계획 그리고 국민학교 교원양성계획의 2대 계획을 수립하고, 그 실시 방책에 따른 구체적인 준비를 하고 있었다. 1943년(昭和 18)도에 조선총독부 예산도 결정되었다. 이에 기획의 내용에 관한 대요(大要)를 열거하며 여러분의 협력을 부탁드린다.

이번에 내지를 따라(順應) 조선에서 교육제도의 획기적 쇄신개혁을 단행하게 된 것은 지난번에 발표한 대로이다. 생각건대 의무교육제도의 실시 결정이라는 것도 황국의 도에 따라 국민 연성의 일관적 체제에 완벽함을 도모하는 이번 학제 개혁과 표리일체의 유기적 관계에 있는 것으로, 반도 동포의 황민연성을 완수시키기 위한 것이다. 즉 1941년(昭和 16) 이래 실시된 국민학교 제도와 이번의 학제개혁으로 황민연성 완수를 위한 학교 교육의 조직계통 및 내용을 통일 정비하여, 의무교육제도의 실시를 통해 소국민(少國民)의 기초적 연성을 완수하여 반도 동포 황민화를 위한 전체 체계의 기반을 형성하였다. 의무교육제도 실시를 준비하는 여러 시책은 일련의 교육체제의 실질적 내용을 완성할 중대한 사명을 지닌 것이다.

이번에 실시된 제3차 조선인 초등교육 보급 및 확충 계획은 의무교육제도 실시 첫해인 1946년(昭和 21)에 취학을 시작하는 아동의 대략 남자의 9할, 여자의 5할, 평균 7할의 아동 약 47만 명을 국민학교 1학년에 취학시키려는 것으로, 1943년(昭和 18) 이후 4개년 동안 합계 9,809학급을 증설하려는 것이다. 즉 이 학급의 범위에서 국민학교의 신설 및 기설 초등학교 학급 증가를 하되, 종래 교육시설의 침투가 이루어지지 않은 벽지의 간이, 적절한 형태의 국민교육 기반이 되는 간이학교는 3학급 편성을 원칙으로 하고 국민학교 또는 분교장으로 개조한다. 정규 국민학교에서 하는 기초적 황민연성을 산간벽지까지 분포시켜, 읍내에 불학(不學)의 가구가 없고 불학의 사람이 없도록 의무교육제도를 완수하는 준비를 다하며, 현행 국민학교에서 이루어지는 2부 수업은 교육적 견지에서 1944년(昭和 19)에 해당 5학년과 6학년만은 정규 학급으로 개편할 것이다.

그리고 이번 확충 계획의 특색은 종래 확충 계획이 행정 지역을 단위로 한 학교 증설이었고, 전체적인 취학률의 향상만을 목적으로 하여, 인구의 분포 상태에 따른 학교 분포와 보급에 미치지 않은 것에 비해, 이번에는 의무교육제도 실시를 직접적 목표로 하는 관계로 학령아동의 분포에 따른 학교의 분포와 보급을 도모하여, 각 지방 취학률 수준의 평균화를 꾀한 점이다. 따라서 간이학교를 개조하고 신설 국민학교도 3학급 편성의 소규모로 다수 설립하는 방침으로 나아가려고 생각하고 있다. 또 결전 체제하에서 건축 자재 등을 극히 절약하고, 전쟁 수행에 직접 필요한 물자의 조정에 지장이 없도록 할 필요가 있기에 신축 교사의 규격 구성 등도 최대한도로 간소화함과 함께, 기존 건축물의 철저한 이용 방도를 구하고, 물적 방면에서 다소 부자유하고 불편한 현재 상태를 깊이 성찰하고 인내하여, 왕성한 교육 정신으로 이를 보완하는 노력을 간절히 바라는 바이다.

앞서 말한 확충 계획의 실시에 따라 해마다 다수의 교원을 필요로 하는 것은 당연하다. 이를 위해 국민학교 교원의 전반적 수요 상황에 맞춰 교원의 양성 계획을 수립하고, 기설 사범학교에 새롭게 심상과 7학급, 강습과 7학급 합계 14학급을 증가한다. 청진, 해주, 대전의 3개 사범학교를 신설하며 경성사범학교에는 국민학교 고등과 수료 정도를 입학 자격으로 2년제 예과를 신설한다. 도합 33학급을 증·신설하고, 완성 연도에는 현재에 비해 1천 명 내외의 국민학교 교원을 증원 양성하려고 한다. 이렇게 국민학교 교원양성의 양적 증대를 도모하고, 교원양성을 정상화하고 교원의 재교육으로 전체적인 질적 향상을 꾀하려는 내지(內地) 사범교육제도의 개선에 맞춰 경성 및 경성여자 양 사범학교를 전문학교 정도로 승격시켜, 국민학교 교육의 중심적 추진력을 지닌 지도적 교원의 양성을 도모했다. 현재 교원의 질적 향상을 위한 교원의 재교육 계획을 수립하고 제1종 교원은 사범학교에서, 제1종 이하 자격의 교원은 각 도에서 일정한 계획 아래 재교육하고, 기타 낮은 수준 자격의 교원 재교육도 다양한 방법으로 시행하여, 국민학교 교원양성에 관한 양질(量質) 양 방면의 종합적 준비체제를 완성하고, 교원 수급계획에 최선을 다했다. 또한 국민학교 교원의 중대 사명에 비추어 대우 개선에 관해서도 근본적 시책을 내어 교육자 각자가 편하게 그 직에 부지런히 힘쓸 수 있게 살피어 연구하고 있다. 재교육 및 대우 개선에 관해서는 이미 국고 예산이 모두 성립되었고 내지에서 이루어지는 실지 방법 등도 고려하여, 종합적으로 신중히 입안 중이며, 곧 실시될 것으로 여긴다.

요컨대 반도 동포의 황민연성을 철저히 완수하여 진실로 일억(一億)이 한 마음의 뜨거운 덩어리(塊)가 되어 대동아건설의 성업에 매진하게 하는 큰 이상 아래에 광범한 교육 시책이 전반에 걸쳐 일관되게 종합적인 계획으로 수립되어 점차 실시에 착수할 것이다. 대동아전쟁 아래 안팎으로 다사다난한 와중에 숱한 어려움을 물리치고 그 실시를 단행하기에 이른 것은 첫째 반도가 짊어질 중대한 사명에서 나온 것으로 반도 교육의 책무는 매우 중차대하다고 말할 수 있다. 이 가을에 관민을 불문하고 참으로 협력 일치하여 국가의 큰 이상을 잘 실현하도록 최대의 노력을 기울이면서 교육자 각자는 맡겨진 사명을 숭고히 하고 또 중대한 것으로 깊이 성찰하여 국가의 기대에 부응하는 현격한 정진을 하기를 더욱 간절히 바란다.

<자료 11> 義務教育制度施行と敎育者の責務(市村秀志, 1943. 2)

의무교육제도 시행과 교육자의 책무

조선총독부 시학관 이치무라 히데시(市村秀志)

1.

우리 조선에서 다년 갈망하던 의무교육제도가 드디어 1946년(昭和 21)부터 실시된 것은 실로 반도 교학에서 획기적인 하나의 성대한 일로서, 다 함께 경축할 최고의 일이다. 실로 감사의 하나 된 울림이 가득하다. 그러나 반도의 뭇사람의 본 제도에 대한 이해 촉진은 이를 실시하는 데 영향을 주는 바가 지대한 것은 말할 것도 없지만, 종래에 간절히 기대한 뜻이 제도의 취지에 얼마나 맞는지, 또 앞으로 갈망하는 바가 모두 본 령에 부합하고 있다고 여겨지지 않는 점이 엿보인다.

즉 교육자로서 세도와 인심의 계몽 지도에 힘써 이 제도의 본의, 국가가 이 시국에서 이 제도를 실시하는 정신을 올바르게 인식시키고, 국민적 자각을 더욱 환기하여, 적극적 의무 이행에 매진하게 하는 것은 물론, 교육자 스스로도 마땅히 국가의 정신을 따르고 체화하여 이 제도 실시에 대한 결의를 다져야 하는 것은 말할 것도 없다. 내년도부터 제반 준비기에 들어가는데, 앞장서서 참여하고, 협심하고 힘을 다하며, 성의를 피력해 이 획기적 건설을 완수시키고, 그 의의가 충분히 발휘되도록 해야 한다.

2.

어떤 일을 하더라도 감사의 생각이 선행하는 밝은 인생관을 지니고자 한다. 우선 감사의 생각으로 받아들인 사람은 지극히 일관되며, 지극히 신뢰한다. 불평불만이 가득하고 오직 결점을 찾으려는 사람은 항상 의심이 생기고, 스스로 암흑을 만든다. 주장을 앞세우고 의무를 생각하지 않으며, 다른 데서 구하느라 바쁘고 자기에게 침잠하는 것이 얕은(淺) 사람은 감사를 모르고 건설을 파괴하는 원인이다.

의무교육제도 실시처럼 반도 시정에서 획기적으로 성대한 일에, 무엇보다 먼저 마음 가득히 감사를 바치고 또한 자신에게 침잠하여 깊고 참된 의무성을 생각할 수 있어야 하고, 서로 이끌어 제도가 완수되도록 해야 할 것이다.

첫째, 본 제도 실시는 일시동인의 성은의 혜택임을 먼저 충심으로 느껴야 한다. 천황폐하께서 대어심(大御心)을 늘 국민교학에 두심은 말할 것도 없고, 작년 10월 30일 학제반포 70주년 기념식 거행에 맞춰, 시국하에서 특히 교학의 중요성에 비추어 극진한 은혜로 말씀을 내리시고, 또 특히 시종(侍從)을 조선에 파견하시어, 후방의 반도 교학도 시찰하게 하셨다. 실로 황공스러움과 감격스러움의 극치로서, 본 제도의 실시 역시 빛나는 성은이 다스리는 땅과 흡사하게 반도 민중 모두를 속히 교화의 혜택을 받게 하여, 읍내에 불학(不學)인 집이 없고, 집안에 불학인 자가 없도록 하시려는 성스러운 염려에 다름 아닌 바를 생각하며, 성은의 끝없음에 깊은 감사를 올려야 할 때이다.

3.

다음으로 반도 교학으로 하여금 오늘날의 단계에 이르게 하고 또한 금일의 상태에서 의무교육제도를 단행하게 한 당국의 노력과 성의에 대해 마음 가득한 감사를 바쳐야 한다.

무릇 교학의 강화 확충을 도모하고, 개선과 보급을 꾀하며, 하루빨리 의무교육의 시행을 보고, 국민개학(國民皆學)의 경사를 얻는 것을 생각하지 않은 자 없고, 원하지 않는 자 없음은 말할 것도 없다. 당연히 이 모든 일을 이루는 것은 하루에 이루어질 수 없고, 민도의 향상, 민심의 쇄신, 그리고 시세의 진전 등에 서로 맞춰 아래로부터 채워 올라오는 힘이 절대적으로 필요한 것은 당연하다.

즉 인재 육성에 역대 총독이 얼마나 최선의 시책을 수립하고, 얼마나 그 빠른 달성을 기대하고 희망해왔던가.

돌아보건대 조선교육령이 처음 제정 공포된 것은 1911년(明治 44) 8월 23일의 일로, 이것을 초등교육 부분에서 보면 당시에 오로지 간이와 실용을 지향하고, 덕성의 함양과 국어의 보급에 힘을 다하여, 1912년(明治 45) 5월 당시 학교 수는 내선(內鮮) 합해서 535개교, 아동 수는 6만 6천 명에 불과했던 상태였다. 그 후 누차 법령과 규정을 개정하고, 내용을 쇄신하여, 1922년(大正 11) 3면 1교, 1928년(昭和 3) 2면 1교, 1936년(昭和 11)에는 드디어 1면 1교가 되었다. 다시 제1차, 제2차 확충을 완성하고, 그사이 간이학교 설치, 2부 교육 실시 등의 다양한 방책을 계획하고 감행하며 반도 교학의 강화 확충에 힘을 바쳐 1942년(昭和 17) 5월 말 현재 내선 학교 수가 약 3,700개교, 아동 수 180만 명이라는 성황을 달성한 것은 실로 격세지감이라 해야 하며 세계사상 그 선례를 찾아보기도 어렵다. 이 기간 당국의 노고와 노력은 예상하고도 남음이 있을 것이다.

그러나 여전히 질이나 세력에 있어서 여러 실질적 문제를 지닌 현 상태에서, 본 제도를 단행하려는 당국의 성의에 대해 깊이 감사한다. 또한 그 의미의 중요 심대함에 대해 교육자 입장에서 고찰하여, 본 제도의 실시에 대한 책무가 중대함을 자각해야 한다.

4.

반도 교학을 위해 몸 바쳐 노력해 온 선배 교육자에 대하여 교학 건설의 책무를 생각하고 돌아보게 해야 한다. 모든 일에서 한 단면만을 보고 얕게 비판하지 말고, 깊고 신중하게 해야 하는 것이다.

반도 교학의 역사와 동향과 본의를 깊이 이해하며, 여러 선배 교육자가 늘 당국의 정신을 따라 받들고 고통을 이기고 부지런히 힘써 온 순직 정신을 발휘하며, 융성한 교육 발전의 초석이 되고, 마침내 의무교육 시행이라는 반도 교학의 금자탑을 세우기에 이르렀음을 생각해야 한다. 이 또한 깊은 감사의 뜻을 바침과 함께 교학의 금자탑 건설이라는 대업을 양어깨에 짊어지고 온 것을 자각해야 한다.

반도 교학이 위대한 발전을 해 왔다고 과거를 칭송하고 안주하는 태도 없이, 금자탑을 건설하는 데 혼신의 힘을 다하여 반도 교학의 일대 쇄신과 강화와 전환을 꾀하고자 결의해야 한다. 실정은 아직 그러하다고 하기는 어렵다.

이상으로 본 제도 실시에 맞춰 우선 각 방면에 대해 마음 가득한 감사의 뜻을 바치고, 교육자로서 운명을 걸고 성패를 판가름하는 중책의 완수에 매진해야 함을 말했는데, 그 본의(本義)로 나아가지 않으면 안 된다.

5.

　반도 교학의 진전에 따른 민도의 향상, 산업문화의 진전은 이전의 모습을 크게 변화시켰고, 대중의 마음 역시 풍속에서부터 변화하여, 내선일체의 결실을 높이 들어 올렸다. 특히 사변 발발 이후 후방에서 봉공 정신이 뜨거우며 애국적 열성의 발로가 현저하다. 서로 이끌며 대동아전쟁의 성업 완수에 매진하려는 태세를 갖추고 있고, 이에 징병제 시행의 은혜를 받아 의무교육제 실시의 혜택을 입기에 이르렀다.
　어쩌면 반도에서 민도 민심의 향상 혁신이 이 양대 제도 시행의 혜택을 입기에 이르다고 헤아려질 수 있다. 그런데 스스로 생각에 잠겨서 이것이 충분한 것인가, 당연한 것인가, 혹은 시기가 늦었는가 등을 살펴보는 것을 가정해 보자. 이미 말한 바처럼 그 실정을 진실로 돌아보고 성찰하면 오히려 이 제도 시행의 빠름을 감사해야 하고, 국가의 은혜가 깊고 무거워서 보답할 길이 요원할 뿐이다. 이에 신중히 하여, 오직 그 기초(器)조성을 하루라도 빨리 해야 한다.

6.

　이에 대해 특히 주의할 것은 본 제도 실시로 당연한 권리가 주어진다고 생각하는 것이다. 국가가 교육이라는 의무를 지닌다고 보고, 모든 것을 국가에 의존하려는 태도이다.
　의무교육제는 말할 것도 없이 국민의 의무이다. 종래와 같이 개인의 자유의지에 의해 취학의 거취를 결정하는 것과는 달리, 절대적 의무이다. 절대 의무라고 보면, 나아갈 바를 생각할 필요 없고 또 생각할 수도 없다. 어떤 일을 희생해서라도 심지어 목숨조차 돌아볼 틈 없이, 모든 것을 바쳐 힘을 다한다면 더할 나위가 없다. 이것이 우리 국민성이 예로부터 복무해 온 태도이다. 이미 생명조차 바쳐 힘을 다하고 있어 하물며 다른 것은 일절 물을 것도 없고, 일가와 가족 모두 힘을 다하되 오히려 충분하지 않은 지를 우려하는 것이 의무 이행자의 심정이다.

　국가에 무엇을 요구할 것인가는 이미 보상을 요구하고 혹은 권리를 주장하는 것으로, 절대자의 심정이 아니다. 하물며 의무교육제처럼 교육의 기회를 가질 수 있고 교화의 향상을 얻을 수 있다면 기대 이상의 기쁨과 감사를 느끼게 해야 할 것이다.

　국민 된 자는 그 절대 의무를 자각하여 모든 장애를 물리치고 복무해야 하는 것은 물론이고, 이 생각을 좀 구체적으로 말하면 수업료 부담이나 학교비 증액 징수 등도 부수적으로 요구되는 당연한 것이므로 왕성한 의무 이행 관념 안에 포함되도록 하고, 적극적으로 협력해야 한다.

7.

　의무교육은 실로 황국의 도에 따라, 초등 보통교육을 실시하고, 국민의 기초적 연성을 하며 황국연성을 충실히 깊고 철저하게 하는 것을 그 근본의로 하는 것이다.

　특히 현재 급속한 시국 추이에 따라 대륙 전진기지인 반도의 중대한 사명을 달성하고, 국운의 발전에 기여하며, 서로 이끌어 대동아건설에 참여하도록 하기 위해 가장 근본적이고 급무인 인적 자원 연성 증강을 꾀하는 것이다. 이 획기적 성사(盛事)를 계기로 하여 굳세게 떨쳐 일어나 실로 국체의 본의에 철저하며 교양의 수준을 높이며 교학존중의 풍상(風尙)을 환기하고 진정한 황국신민 됨을 실로 철저히 하여, 도의 조선의 확립에 매진하게 해야 한다.

　먼저 반도 민심의 향상과 혁신이 본 제도 시행의 하나의 유인(誘因)이 되게 하는 것이고, 제도 시행으로 엄연한 황국연성의 깊고 철저함을 꾀하는 것이 그 주요 취지임은 물론이다. 단지 학교 수 증가, 취학률 증가만을 의미하는 것은 아니고, 실로 민심을 어떻게 황민화하는가라는 질(質)의 문제에 귀결되는 것이다.

8.

　의무교육제는 국민을 모두 취학하게 하는 것[국민개학(國民皆學)]을 의미하며 학령기 아동 모두를 속히 취학하도록 의도함은 당연한 일이지만, 이 또한 민도의 향상과 민심의 강학

(講學) 태도의 향상에 달려있다. 내지에서 본 제도를 실시한 경과를 돌아보아도 학제 반포는 1872년(明治 5)의 일이었으나, 6년제 의무교육이 완성된 것은 관민의 지치지 않는 고통스러운 노력의 결과로 청일, 러일 대전쟁을 거치고 수년이 지난 1910년(明治 43)의 일이다. 8년제 의무교육제 확립은 다시 30여 년을 거쳐 1941년(昭和 16) 국민학교 제도에서 처음으로 실현을 본 것이다. 취학률로 보아도 99%에 달한 것은 1920년(大正 9)에 이르러서이다.

조선에서는 1946년(昭和 21)부터 6년제를 본체로 하는 취학의무연한제를 시행하고, 취학률도 남자 학령아동의 90%를 목표로 한 것은 참으로 내용이 풍성한 슬기롭고 용기 있는 결단이라 할 것이다. 이에 대해서는 깊은 이해로써 당국의 노력에 감사해야 할 것이다.

여자 취학률이 남자에 비해 낮은 것은 종래 여자의 강학 정신이 너무 낮았던 실정 때문이며, 이 역시 오랜 기간 반도의 전통이 남아 있는 바이므로 어쩔 수 없는 것이다. 그러나 본 계획에서는 여자교육의 중요성에 비추어, 남자 15%의 증가율에 비해 여자가 현재 33%로서 남자보다 17% 높게 증가했음을 고려하여, 앞으로 여자 취학 증가가 더욱 빠르게 이루어지도록 빈틈없이 노력해야 할 것이다.

9.

이를 달성하려면 마땅히 교육기관의 확충과 교원의 증원이 필요하며, 이를 위해 1946년(昭和 21)까지 소위 제3차 확충 시기라 할 수 있는 향후 3개년 동안 신설교 혹은 기설교의 학급 증가는 물론, 기설 시설의 능률적 사용 등을 고려하여 교원양성기관에서도 사범학교 증설, 기설교의 학급 증가 등에 완벽함을 도모하고, 자질 향상과 시설 등의 다양한 고려가 더욱 획책(劃策)되어야 한다. 이를 위한 국가의 의무교육시행 관련 물적 부담이 심대함은 물론, 정신적 배려가 지극히 중요하다. 그러나 당국의 배려가 큼에도 불구하고 현 시국 하에서 시급히 완성되기는 몹시 어려운 것이다.

이에 대해서도 교육자들은 누구보다도 깊은 이해를 지니고, 세상 사람들을 계몽하는 것은 물론 온갖 곤란을 극복하고 솔선하여 이의 달성에 힘을 다해야 한다.

10.

　본 제도의 실시는 높은 수준으로 국민의 질적 심화를 요망하고, 황민연성의 기반 구축을 위한 것임을 성찰해야 한다. 교육내용을 더욱 쇄신하고, 단순히 지식 기술교육의 보급만을 생각하지 않고, 특히 현 시국에서 국민 성격 형성에 필요한 진충보국(盡忠報國) 정신의 진작을 꾀하고, 단체훈련, 통솔력 향상, 혹은 의무 관념의 강화, 강병(強兵) 교육의 기초 연성 등에 힘써야 한다.

　반도 교학의 획기적인 진전기를 맞아, 교육 제일선에서 신경 쓸 것은 몹시 많지만 힘을 다해야 할 지금보다 더 급한 일은 없고, 봉공의 보람이 있는 오늘보다 중한 것은 없다. 즉 확실한 신념 아래 순직 정신을 진작하고, 일대 결의로써 직역 완수에 매진하여, 본 제도 실시의 의의를 충분히 발휘해 주기를 간절히 바라는 바이다.

<자료 12> 簡易學校增設方針(大野謙一, 1935)

간이학교 증설 방침

간이학교는 설립 당초에 각 방면에서 효과 및 그 성적에 대해 회의를 품었었다. 그러나 실제를 보면, 성적이 현저하니, 간이학교 찬성자 자신들도 "이 정도일 줄은 생각하지 못했다"라고 느낌을 말하게 되었다. 당국자는 이 효과에 비추어 반도문화 수준을 향상하기 위해, 앞으로 한층 더 간이학교에 힘을 기울여, 학교를 증설하고 내용을 충실히 하려고 하는 것은 기쁜 일이다. 이 증설 방침에 대하여 조선총독부 학무국 오노 겐이치(大野謙一) 학무과장이 상세히 서술하였으니 아래를 참고하기를 바란다.

1. 간이학교 증설 방침

조선총독부 학무국 학무과장 오노 겐이치(大野謙一)

현하 반도 시정방침의 근간이 되는 농산어촌진흥자력갱생 운동에 대하여 교육부분은 적지 않게 관계되어 있고 보기에 따라서는 주요한 역할을 맡고 있다고 할 수 있다. 간이학교의 시설은 더욱 적극적으로 이 운동의 부흥을 몇 걸음 더 진전하게 했다고 믿는다.

모래 위에 성을 세우는 것이 곤란한 것처럼, 이상적 농촌(산어촌을 포함)의 건설은 수양과 훈련을 한 농민에 의해 성취되어야 한다. 1면 1교 계획은 조선 전체를 통틀어 완성에 가까워졌지만, 보통학교의 불취학 아동은 대략 77%에 달한다. 다수의 아동 중 일부가 불완전한 서당 교육으로 보충하고 있으며 그 외의 대부분은 교육문화의 빛이 완전히 차단된 상황이다. 이 몹시 황폐한 교육의 미개간지에 괭이질을 해서 국민교육의 기초를 배양하고자 하는 것이 우리 간이학교의 사명이다. 중견 청년의 대량 양성이 농촌진흥의 현역군(주로는 하사관)을 편성하는 것이라 한다면, 간이학교는 그 뒤를 이어 소년병을 양성하는 것이라 말할 수 있다.

본 시설의 첫해인 작년 1934년도(昭和 9)에는 모든 조선의 군도에 2교씩, 440교를 설치하였고, 1교당 정원 80명을 표준으로 하여 3만여 명의 아동을 수용하였다. 그 성적이 매우 양호했고 농민이 수용하고 환영하는 곳이 되어, 1935년(昭和 10)에도 예년과 같은 수의 신설을 계획하고 싶지만, 유감스럽게도 교원의 공급력이 떨어져 어쩔 수 없이 그 반수인 220교(1군도 1교)에 그쳤다. 약 1만 7천 여의 생도를 수용할 예정이다. 교원의 부족을 충족하기 위해서는 경성에 여자사범학교를 신설하는 한편 기존의 각 사범학교에 18학급을 임시 증설하고, 주로 갑종농업학교의 졸업생을 수용하여 반년 내지 1년의 단기 양성을 실시하여 1936년(昭和 11) 이후의 증설계획에 응하도록 할 방침을 세우고 있다.

교원은 앞으로 내지인과 조선인 반반의 비율로 분포하고 싶지만, 현재는 대략 3분의 2가 조선인이다. 대우는 초임 급여 6원(봉급)이기 때문에 상당한 금액이라 생각한다. 경비관계에 대해서는 임시비인 건설비로 교사(校舍)와 훈도 주택을 포함하여 1교당 500원 내지 700원을 예상하며, 이것은 각 지역의 부담이지만, 만약 기설의 부락집회소나 공동작업장 등의 건물이 있다면 그것을 이용할 수 있다. 만약 없다면 선생, 생도, 학부모 등이 공동 작업에 의해 상당 부분 부락 내의 재료로 건설하게 하고 있다. 경영비에서 인건비는 경영주체인 군과 도의 학교비 부담이 25%, 도비 25%, 나머지 50%가 국고의 보조이며, 인건비를 뺀 경영비는 설치 부락의 유지계(維持稧)가 부담한다.

취지와 규모가 위에 기재한 것과 같으므로 간이학교의 교육내용에 대해서는 길게 말할 필요가 없다고 생각하지만 특색 있는 두세 가지에 대해서 언급하겠다. 첫째 시설은 옛날 내지에 있던 데라코야(寺子屋)나 사숙(私塾), 조선의 서당 형태를 취하고 있으며, 신시대의 교육 정신을 포함하여 '부락개학(部落皆學)'이라는 이상 아래 국민교육의 기초로서 초등교육을 베풀고 있다는 점이다. 학교 설치의 순서는 보통학교의 소재지에서 되도록 원거리에 있는 벽지 도서 부락에서부터 1교 1훈도, 학급은 단급 편제로, 교과목은 수신, 국어 및 조선어, 산술 및 직업과(농업)로 하며, 입학 연령은 만 10세를 표준으로 하며 2개년간의 학업과 연마(練磨)를 위주로 하는 교육을 계획했다. 이에 따라 (1) 한 사람 몫의 일본 국민이 되며, (2) 국어를 읽고, 쓰고 말하는 것이 가능하게 되며, (3) 직업에 대한 이해와 능력을 갖춘 사람이 된다고 하는 효과를 기대하고 있다.

직업과에 소요하는 시간은 총 수업시간의 3분의 1이지만 학교에서 밭, 논의 실습지 외에

도 소·돼지우리, 닭장, 퇴비사 등의 설비도 순차적으로 설치한다. 이에 의해 실지(實地) 교육이 실시되는 것 이외에도 훈도는 방과 후 모든 부락의 선생이 되어 아동의 가정까지 들어가 각종 지도를 부여할 수 있는 자유가 있다. 즉 교육이 기술과 형식에 더 이상 구애받지 않고 사랑과 신념으로 실시할 여지가 무한하게 펼쳐져 있으며, 교육자 자신을 높일 수 있는 기회가 풍부하게 제공되어 있다는 것이 명확한 하나의 특징이라고 말할 수 있다. 따라서 실시 첫해의 성적에 비추어 본다면 설치 부락 전체가 본 시설의 취지를 이미 충분히 이해하고 있으며, 경쟁하듯이 자기 아동을 취학시키려 하고 있다. 지역 유지(有志)들이 진실로 눈물을 글썽이며 본 시설 운영을 위해 협력에 힘쓰고 있는 것이나, 아동 등을 통해 그 가정의 사람들까지 시대와 직업을 대하는 안목이 열리는 등 수많은 실제 사례들을 보면 예상 이상의 성과를 얻고 있다는 것이 명료해져, 담당 관계자로서 감격을 금치 못한다.

생각건대 본 시설은 아직도 많은 장래성을 갖고 있다는 것은 말할 것도 없다. 조선의 면(面)은 내지의 촌(村)보다도 매우 넓은데, 남조선은 약간 좁고 북조선 방향으로 갈수록 넓이가 커져 평균 사방 6리의 넓이를 갖고 있다. 이것은 과도기적인 방식의 읍면 합병으로 현저히 커졌지만, 앞으로는 사방 3~4리 정도의 단위로 축소되어야 하지 않을까 생각한다. 현재 상태로 보면 보통학교가 1면 2교가 되고 3교가 되어도 지세의 상황에 따라 여전히 불학 부락의 존재를 부정할 수 없으므로 보통학교의 증설이 이 지역에 이를 때까지, 간이학교는 경비를 감당할 수 있는 한에서 상당한 속도로 증설 보급되고 있는 것이라고 생각한다.

마지막으로 참고를 위하여 작년 1934년(昭和 9) 1월 말, 각 도지사 앞으로 지시된 정무총감 통첩의 요항을 제시하며 이해를 보충하고자 한다.

2. 간이 초등교육기관 설치 요항 실시상의 참고자료

1) 기관의 명칭 및 목적 등에 대하여

'간이학교'라는 명칭을 사용하도록 결정하기까지는 상당한 검토 논의를 거듭하였다. 그중에서도 특히 본 교육시설의 방침에서 '학교'란 명칭을 붙이는 것의 가부(可否)에 대해서 특히 상당한 시간을 들여 진중하게 고려 한 후 결국 결정을 보기에 이르렀다. 본 교육시설은 보통학교 및 기타 교육기관과 전혀 체계를 달리하는데, 다른 학교와의 연결 즉 전학 또는 졸업 후 다른 학교로의 입학 자격 등이 전혀 고려되지 않았다. 요컨대 벽지 농촌의 실정에 가장 적절한 간이 초등교육의 보급을 계획하고 있는 것으로, 보통학교 교육과도 그 방법 등에서 큰 차이를 갖게 된다. 이런 의미에서 학교라는 명칭에 갇혀 소위 형식적 학교 교육의 폐단에 빠지지 않도록 충분히 고려하여 지도하고 이끌어야 한다.

목적 및 교칙은 조선교육령 제4조 및 보통학교규정의 교칙에 준하며, 이로써 요항에 실린 국민성의 도야와 국어의 습득에 힘쓰는 것은 재차 말할 것도 없고, 새삼 명기하는 것은 조선의 교육에 대해 극히 중요한 사항이므로 특히 강조되어야 하기 때문이다. 또한 지방의 실정에 적절하게 직업 도야에 중점을 둘 것을 명시하는 것은 본 교육시설의 본질에 기초한 당연한 귀결로서 가장 중요시하는 것이다. 따라서 벽지 농촌의 민도와 생활의 실제에 적합하게 농촌 자녀에게 즐겁게 가업을 이어받아 근로에 임하는 습성을 도야하고 향토에 안주하여 농가생활의 안정과 향상을 도모하는 것을 긴요하고 절박하게 여기도록 하는 이유이다. 고로 이미 전 항에서 언급한 취지와 더불어 아동의 실습작업 방법에 관해서는 특히 구석구석까지 연구하여 그 합리적 가치 향상에 유감이 없도록 해야 할 것이다.

2) 설립 주체 및 설치의 대요에 대하여

설립 주체는 군과 도의 학교비이지만 설비비 및 유지비 일부의 지출방법과는 상관없이 본 간이학교가 공립학교인 것은 논할 필요도 없으나, 이를 기설 공립보통학교에 부설하여 보통학교의 분교장으로 하는 것은 피해야 한다. 왜냐하면 이는 앞서 기술한 것과 같이 본 교육시설의 특색을 발휘함에 있어, 보통학교의 분교장으로 할 경우 그 방침을 관철하기가 극히 어려우므로 그 체계를 완전히 별개의 것으로 할 필요가 있기 때문이다. 또한 학교에 부설할 때의 특징은 통상 부설 본교의 설비를 함께 사용하는 점에 있지만, 요항의 단서에도 나타나 있는 것처럼 본 시설은 기존의 모든 공립보통학교와의 거리가 매우 멀며 주요 설비도 완전 별개의 것을 사용하기 때문이다. 다만 독립의 학교로서 단독 경영하는 방침을 취하더라도 부설 본교 교장이 지도 감독하는 것은 당연한 책임으로 인정해야 하며 특히 필요할 경우 부설 본교 직원의 지원 요청 등 제반 편의를 인정해야 하는 것이다.

또한 이 같은 시설을 위해서는 이것을 실시하기 전에 간이학교규정 등에 발포된 것을 통례로 하더라도 이에 대해서는 당분간 그 실적을 확인한 후에 고려해야 할 것이다.

학교의 설치 수를 1군·도(郡·島)당 2교로 하는 것은 본 시설이 처음이기 때문에 전 조선 각 군·도에 골고루 분포시키는 것을 주안으로 하기 때문이다. 만약 특별한 사정이 있어 위와 같은 비율에 따르기 어려우면 별도 협의를 해야 한다.

학교의 위치선정에 대하여 기설 공립보통학교와의 거리를 가능한 한 멀리하는 것은, 이 시설의 목적이 도서 벽지의 초등보통교육 보급을 계획하고 있기 때문에 기설 공립보통학교와의 거리가 멀수록 이러한 종류의 교육시설이 적절한 정도로 늘어날 수 있다는 등의 이유에 근거하기 때문이다.

해당 학비 제2호 통첩 본문에 명기되어 있는 것과 같이 본 시설은 보통학교의 1면 1교 증설계획과는 완전히 별개의 것이다. 따라서 위의 계획과 병행하여 설치해야 하므로 공립보통학교가 설치되지 않은 면에 이를 설치할 때 그 설립 예정 지점을 피해서 위치를 결정하는 것은 물론 지점 간의 거리는 가능한 한 멀리 떨어뜨리는 것을 요지로 한다. 본 간이학교의 위치를 선정할 때는 이러한 관계를 고려하는 것 외에도, 현재 실행 중인 농촌진흥계획에 기초한 농가갱생 지도부락 안에 설치하도록 한다.

3) 조직 및 편제 등에 대하여

수업연한은 2년이고, 장차 졸업생을 배출할 경우 실제 보통학교에서 실시하고 있는 졸업생 지도처럼 주로 하는 직업 등과 관련한 보습적 지도를 계속해서 실시하도록 미리 고려해야 한다.

입학 연령은 10세를 표준으로 하지만 10세 미만의 자는 특별한 사정이 없으면 가급적 입학을 피한다.

설비의 상황에 따라 어쩔 수 없는 경우에는 당분간 2부 교수를 해야 하지만, 이는 실습작업의 지도를 불가능하게 할 우려가 있으므로 가능한 한 이를 피하도록 노력해야 한다.

또한 초년도에는 설비가 다 갖춰지지 않은 경우가 많으므로 요항에도 실려 있는 것처럼 1934년(昭和 9)에는 어지간하면 1학년생만을 수용할 수 있도록 한다.

교원은 공립보통학교의 직원 중에서 최적임자를 선별하여 간이학교 근무를 명해야 한다.

4) 교과목 및 매주 교수시수 등에 대하여

(본년 4월 교과서 배포 때 첨부한 것으로 대신함)

5) 경비, 경비 지급 방법 및 수업료 등에 대하여

인건비에 대한 국고 보조는 요항 (가), (나)에 따라 내선인별 인원에 대해 정액 보조에 따르고, 간이학교에 근무를 명받은 내지인 교원 수와 학교 수가 반 이하일 경우 내지인 교원에 대한 보조는 그 실제 수에 그치며, 그 외는 조선인 교원에 대한 보조 정액에 따라 보조하는 것으로 한다.

경비 지급 방법 중 도비 보조 지정률 즉 '인건비의 25%의 보조 부담을 감당할 수 없는 상황에서는 반환하여 그 취지를 전달할 것'이라고 되어 있지만 부담을 감당할 수 없는 경우 국고 보조액의 여지가 없다. 도비 및 학교비의 실정을 자세히 조사하여 어쩔 수 없는 것에 대해서는 도비와 학교비를 보조하거나 부담 비율을 변경해야 하는 경우 등을 예상해야 한다.

또한 학교비 부담을 감당할 수 없는 상황에서 학교비 부과금 제한 외 부과 용인 범위는 해당 간이학교에 근무를 명받은 훈도 및 촉탁의 봉급, 사택비, 위로금 및 여비(부임여비를 포함) 및 해당 간이학교 경비를 계산하고, 교직원의 여비 등 인건비의 부담을 감당하지 못하는 경우를 예상한 것이다. 그러므로 이 외의 비용을 위해 학교비 부과 제한이나 부과 신청을 하고자 할 때는 주의해야 한다.

수업료 수입은 간이학교의 인건비(전 항의 인건비와 같은 단위) 이외의 유지비 또는 설비의 충실비로 채울 방침이다.

설비는 요항과 같이 간이실용을 취지로 해야 하며 만약 이용할 교사(敎舍) 없이 신설하는 경우에도 소위 종래의 학교식 건축을 하는 것은 절대로 피한다. 그 표준은 현재 지방에 산재하는 부락 집회장 또는 부락 공공작업장 방식의 구조로 하고 작업실용을 본체로 해야 할 것이다. 건평은 20평 또는 30평 정도에 그치며 건축재료 등은 모두 그 지방에서 나는 것을 사용하고, 부담을 지우는 것과 같은 것은 반드시 피하여, 가능한 한 기부 재료로 부락민이 공동 출역(出役)한 것으로 해야 한다. 또한 내부의 구조는 겨울철 기온 등을 고려하며 마루바닥 깔기 등 지방의 정황에 따라 적당한 방식을 강구해야 할 것이다.

비품은 칠판, 교탁 및 괘도 등의 간단한 교재도구 정도에 그친다. 아동용 책상은 예를 들어 빈 석유 상자를 이용하는 등 가능한 한 부담의 경감을 계획하는 데 주의를 기울이며 걸상을 사용하지 않고 바닥에 앉도록 하는 것 또한 하나의 방법이 될 것이다.

본 시설은 앞서 말한 농촌진흥계획에 따른 농가갱생 지도부락 안에 설치하는 것을 본체로 한다. 군·도·면 당국과 협조하여 지도 부락의 공동 경작지 등을 충분히 이용할 것은 물론 위임받은 단위 내에서 국유 미개간지 등의 무료 대여 등에 대해서도 편의를 주도록 해야 할 것이다.

유지비 및 설치비 그리고 기타 경비지급 방법에 대해서는 요항에 기재된 취지에 따라서 한다. 부락민에게 부담하게 하면 건물용 재료 외의 비품 재료 및 동계의 연료 등은 가능한 한 현물을 가지고 모이는 등의 방법으로 간편하게 하여 가능한 한 부락민의 부담을 가볍게 하도록 조처한다. 또한 현물 출납에 대해서도 적당한 장부를 갖추어 현금 출납과 마찬가지로 그 지출 관계를 엄격하고 명확히 처리하도록 한다.

요항의 단서조항에 유지비 및 설비비 등을 학교비에서 부담하는 경우는, 수업료 수입 등으로 충당할 경우 외에 학교비 부과 제한의 범위 내에서 지급할 수 있는 잉여재원에 따른다는 취지에서, 미리 규정하여 둔 것이다.

요항의 수업료는 요항에 명기된 것과 같이 징수하는 것을 본체로 하며, 금액은 가능하다면 월 20전 이하 정도로 한다. 해당 가정의 실정에 따라서는 물납 환산의 편의를 제공하는 등 일정한 고려를 해야 할 것이다.

6) 각 도에서 실행 방안의 작성에 대하여
(생략)

7) 실시상 특히 유의해야 할 사항에 대하여

2)에서 기술한 것과 같이 간이학교는 농촌진흥계획에 의한 농가갱생 지도부락 안에 설치한다는 취지에 비추어, 해당 지도부락의 공동 경작지를 이용하여 아동 실습을 지도 독려한다. 그 밖에 군·도·면 등에서 산업기술직원, 지도부락의 지도원, 기타 간절하고 세세한 안의 원조 협력 요구는 절실함이 있다고 인정될 때 요항에 있는 구체적 방법에 대한 고민 결과를 조선총독부에서 정리하여 각 도에 참고하도록 하고, 다음에 상세하게 보고하도록 한다.

본 시설 조성을 위해 필요한 경우 군·도·면 등의 산업기술직원 또는 농촌진흥운동의 중심인물을 해당 교원으로 촉탁하는 등에 대한 것도 특별히 고려해야 할 것이다.

<자료 13> 簡易學校 經營指針(朝鮮總督府 學務局, 1934)

간이학교 경영 지침

1934년(昭和 9) 4월 1일
조선총독부 학무국 발행

1. 간이학교의 교사에게 바란다.

간이학교 교사인 사람을 이곳에서 '당신'이라고 칭하고, 간이학교 경영의 요체를 제시하고, 그 신조의 확립에 이바지하고자 한다.

1) 당신은 간이학교의 목적을 알아야 한다.

간이학교의 목적은 "조선교육령 제4조 및 보통학교규정에 준해, 특히 국민으로서의 성격을 함양하고 국어를 습득하도록 하는 데 힘씀과 동시에 지방의 실정에 가장 적절한 직업 도야에 중점을 둘 것"이라고 제시하고 있다.

조선교육령 제4조는 "보통학교는 아동의 신체 발달에 유의하며 덕육을 실시해 생활에 꼭 필요한 보통의 지식 기능을 가르쳐 국민으로서의 성격을 함양하고 국어의 습득을 목적으로 한다"라고 하여 보통학교의 목적을 정하고 있다.

보통학교규정 전체를 여기서 제시하는 번거로움은 피하고자 하지만, 그래도 일단은 훑어 보고자 한다.

간이학교는 위에서 밝힌 것처럼 3가지 확실한 목적을 가지고 있다. 즉 간이학교 아동은 당신의 손에 의해 첫째, 한 사람의 일본국민이 된다.

둘째, 국어를 읽고 쓰고 말하는 것이 가능하게 된다.

셋째, 직업에 대한 이해와 능력을 갖춘 인간이 된다.

이에 온 힘을 다하라고 말해도 좋을 것이다.

2) 다음으로 간이학교가 어떻게 생겨났는지를 알아야 한다.

첫째, 간이학교는 벽지 농촌에까지 널리 초등보통교육을 보급하기 위한 시설이다.

1면 1교 계획은 최근 2~3년 내로 완성을 예정하고 있지만, 조선 면(面)의 면적은 내지(內地)의 촌(村) 등에 비해 현저히 넓어, 가령 1면 1교가 완성되어도 이것으로 충분한 초등보통교육 보급을 꾀하는 것은 어려운 일이다. 그렇다고 해서 수업연한 4년 내지 6년의 보통학교를 하나의 면(面)에 2~3교로 연달아 증설해 가는 것은 재정상 불가능할 뿐만 아니라, 지방의 상황에도 적절하지 않다.

그렇다면 마땅히 어떤 실제적 시설을 고안해 내야 할 것이다. 그렇지 않으면 농촌 아동의 70% 혹은 80%는 시대의 요구와 완전히 괴리된 종래의 소위 서당교육에 방임되어, 진정한 교육의 은혜를 끝내 받지 못하고 일생을 보내게 될 것이다. 이러한 상태는 국가적 견지에서 보아도, 개인적 견지에서 보아도 도저히 참을 수 없는 바이다. 간이한 보통교육, 이것이 반도 초등교육에서 가장 초미의 급무가 되는 사안이다. 즉 간이학교를 설치하는 첫 번째 이유가 여기에 있다.

둘째, 부락개학(部落皆學)을 이상으로 하는 시설이다.

읍에 불취학의 집이 없으며, 집에 불취학하는 사람이 없게 하려는 취지에서 생겨난 것이다. 그러기에 당신은 당신의 학교 구역 내 소년들을 전부, 한 사람도 빠짐없이 교육한다는 염원을 가져야 한다. 가르쳐도 이해하지 못하는 아동이나, 학교란 곳에 다니고 싶어 하지 않는 아동을 곁으로 불러들여 가르치는 것은, 당신에게는 상당히 고단한 일일 것이다. 그러나 그런 아동들에게까지 당신은 호소하고 타이르고 들어주고, 학교에 나타나지 않으면 불러서라도 교육할 책임이 있다. 아니, 그런 경우에는 부른다기보다도 당신이 몸소 나가 가르칠 만큼의 열의가 있기를 바란다.

그뿐만 아니라 교육적 정신이 부락의 청년이나 어른, 부인들에게까지 미치는 것을 부락개학(部落皆學)의 궁극적 이상으로 한다. 당신이 사는 부락에 문맹자가 한 사람도 없게 될 때, 비로소 당신은 잠들 수 있다.

문맹이라는 것은 문자를 읽을 수 없다는 정도의 의미가 아니다. 사물의 도리를 이해하지 못하는 마음이 어리석은 것도 포함한다. 이런 사람이 부락에 많아서는 농촌 개발이 희망적이지 않다. 당신은 문자를 가르치는 정도가 아니라, 마음이 어리석은 사람의 몽매함을 계몽시키는 정신을 가져야 하는 것이다. 즉 당신은 간이학교 교사인 동시에 부락의 교사인 것이다.

셋째, 지방의 실정에 맞게 직업에 대한 이해와 능력을 갖도록 하는 교육이다.

간이학교를 두는 곳은 예외 없이 농촌 지역이므로, 이 학교는 그 지방의 아이들에게 농업에 대한 이해와 능력과 취미를 갖추도록 함을 목표로 해야 한다. 이 학교는 당신이 가르치는 아동이 머지않아 훌륭한 중견 농가의 일원이 되도록 양성하기 위한 시설이다.

"백성에게 교육은 필요하지 않다"라는 생각이 있었기 때문에 얼마나 농부가 불행해지고, 농가가 가난해졌으며, 국가가 손실을 초래했는지는 알 수 없다.

"교육을 받고 농업자나 되다니"라는 생각이 얼마나 사람을, 집을, 조선을 궁핍하게 했는가.

이제 구교육의 꿈을 꾸어야 하는 시대가 아니다. 이제 구시대의 농업이나 농부로는 안 된다. 결국 간이학교 2년이라는 기간은, 아동들을 자포자기에서 구하고, 그들에게 스스로 떨쳐 일어날 수 있게 함과 동시에 헛되이 허영심에 빠져 헤매는 자를 올바른 진로로 인도하여, 검소하고 충실하며 강인한 생활로 이끌기 위해 제시된 것이다.

3) 다음으로 당신은 간이학교가 어떤 학교인지를 알아야 한다.

간이학교는 보통학교규정 제6조의 "유치원, 맹아학교 기타 보통학교에 준하는 각종학교를 보통학교에 부설할 수 있다"라는 규정에 따라 설치되었다. 따라서 보통학교에 부설된 보통학교에 준하는 학교이다. 조직이나 편제는 다음과 같이 정해져 있다.

(1) 수업연한은 2년일 것.
(2) 학급 수는 1학급(단급 편제)일 것.
(3) 입학 아동의 연령은 10세가 표준일 것.

(4) 아동의 수용 정원은 대략 80명으로 하며, 첫해에 대략 40명, 다음 해에 대략 40명을 모집할 것. 단 첫해부터 제2학년도 아동을 모집할 수도 있음.
(5) 교원은 1교 1명으로, 학교 소재지에 거주할 것.

교과목은 수신, 국어 및 조선어, 산술의 3단위를 포함하는 보통교과와 직업의 4과목이다. 매주 교수시수는 매주 30시간 이내, 보통교과와 직업의 비율은 대체로 2:1로 한다. 단 보통교과와 직업의 매주 교수시수는 1년의 총비율을 변경하지 않는 범위 내에서 계절에 따라 적절히 참작해 더할 수 있다. 각 교과목의 매주 교수시수는 학교장이 도지사의 인가를 거쳐 정한다.

당신은 여기서 간이학교의 특질을 확실히 파악해야 한다. 그것은 뭐라 해도 다음 4가지로 귀착된다.

(1) 수업연한 2년이라는 단기이면서, 또 완성교육이라는 것.
(2) 2개 학년 1학급의 단급학교라는 것.
(3) 1교 1교원으로, 게다가 교원은 부락 거주를 요건으로 할 것.
(4) 직업 도야에 각별히 힘쓸 것.

간이학교는 수업연한이 2년이기는 하지만 공립보통학교 3학년으로 연결하는 등의 학교는 아니다. 비록 공립보통학교에 부설되어 있다고 하더라고 교육이 그곳에서 완결되는 것이다. 더욱이 설치 부락의 실정에 따라 머지않아 그 아이들을 부락 중견 농가의 일원으로 만드는 교육이므로, 준비교육도 아니거니와 어정쩡한 교육도 아니다. 또 이 학교는 올해 들어온 아이들을 내년에 다른 사람의 손에 넘겨주어야 하는 것이 아니라, 한 사람의 교사가 2년간 계속 마음껏 훈도할 수 있는 학교이다. 게다가 부락 거주의 기회를 부여받았으므로, 항상 자신의 훈화를 전달할 수 있다. 그것은 진정으로 교육을 사랑하는 자에게 더없는 최고의 기쁨이라고 말하지 않을 수 없다. 공립학교에 부설되어 있다는 이유로 무엇인가에 부속되어 있는 것과 같은 기분이어서는 안 된다. 특히 당신이 사실상 교장이라고 해도 좋을 것이다.

4) 당신은 어떤 각오로 소임을 다해야 하는가.

첫째, 당신은 환경이나 가정의 형편상 혜택받지 못한 자제의 교사일 뿐만 아니라, 아버지라는 각오까지 해야 한다.

국가는 당신에게 큰 기대를 걸고 있다. 당신의 가르침을 기다리고 있는 아이들은 똑같이 폐하의 충량한 적자이며 소중한 한 집의 보배인데, 간이학교가 설치되지 않는다면, 즉 당신의 손길이 없다면, 버려진 길가의 작은 돌로 일생을 보내야 하는 운명에 마주할 뿐이다. 당신은 임명 사령을 받은 그 순간부터 자연 그대로의 아이들을 집안의 귀한 보배로, 충량한 국민으로 만들 책임을 져야 하는 것이다. 그것은 국가가 당신에게 기대하는 것이라기보다도, 당신이 교사라면 스스로 각오해야 하는 것이라고 믿는다.

둘째, 1교에 1명의 교사, 게다가 부락에 거주한다는 은혜로운 조건을 유감없이 교육적으로 살려야 한다.

1교 1명의 교사, 부락 거주라는 결정은 생각하면 생각할수록 중요한 의미를 가진다. 즉 당신이 학교인 것이다. 학교와 당신은 불가분의 관계에 있다. 학교가 당신과 함께 있는 것이다. 당신이 있는 곳이 학교가 있는 곳이 된다. 비록 건물이 있다고 하더라도, 건물 그 자체로 교육이 있는 것이 아니라, 당신이 있는 곳에 간이학교가 있는 것이다. 당신은 그것을 깊이 깨달아야 한다.

따라서 당신이 궁벽한 시골을 뒤로하고 도시로 내달려 간다면, 부락은 교육에 관한 한 암흑이 될 것이고, 아동은 어버이를 잃은 것이다. 당신이 도시의 하늘을 동경한다면 간이학교의 아이들도 그렇게 배우게 된다.

당신이 산·들·논 두렁을 가리키며 이야기하는 바에 교육이 있고, 당신이 물을 퍼 올려 밭을 일구는 바에 교육이 있다. 당신은 오전 9시부터 오후 4시까지의 교사여서는 안 된다.

셋째, 각 방면으로부터의 지원을 호의로 받고 가능한 한 그것을 교육적으로 활용해야 한다.

당신이 1교 1명의 교사라는 것은, 다른 지원이 있는 경우에 그것을 필요 없는 간섭이나 참견이라고 거부하라는 의미는 결코 아니다. 실제로 간이학교의 일은 교사 혼자 감당할 수 없을 정도의 중임이다. 동시에 당신은 교육 방면은 확신이 있다고 하더라도, 직업 방면은 한 명 한 명에게 겸손하게 가르침을 청해야 할 필요가 있는 한 명일 것이다. 그런 고로 도·군·면·농회 등의 산업기술직원과는 서로 따뜻한 손을 맞잡고 항상 적극적으로 협력 지도를 받을 수 있도록 노력해야 한다. 이렇게 만약 그 기술이 아이들의 이해를 넘어 높다고 생각될 경우, 수단을 다하여 그것을 평이하게 하고, 아동이 이해할 때까지 참고 견뎌야 한다.

넷째, 교육의 기술화(技術化)를 경계할 필요가 있다.

교수법을 숙달하는 것은 좋지만, 기술의 언저리에 사로잡히는 것은 결코 바람직한 일은 아니다. 기술화에 전념하는 것보다도, 항상 교육에 대한 애정(敎育愛)에 대해 반성하는 것이 아주 중요하다고 생각한다. 교육애는 온갖 교묘하고 졸렬한 문제를 감싸 준다. 당신이 진정한 교육자적 생활을 영위할 때, 아동이나 부락의 사람들은 정말로 당신을 신뢰하고 존경할 것이다. 신뢰와 존경이 없이는 어떤 좋은 말이나 행동도 사람들에게 받아들여지지 않을 것이다.

다섯째, 당신은 "분수를 알" 필요가 있다.

의식주에 대해 아주 간소하게 버티는 것은 보다 바람직한 결과를 가져올 것이다. 적어도 당신은 부락 사람들과 지나치게 두드러진 생활을 해서는 안 된다. 술과 음식, 오락에 빠져 있거나 희귀한 것을 몸에 달고 득의양양하게 걸어가는 당신을 볼 때, 아이들도 부락민도 당신과 나란히 천박해지게 된다. 그리고 교권(敎權)은 남김없이 사라질 것이다. 오히려 적당한 논밭을 얻어 직접 농사짓고, 수확해 자급할 각오야말로 당신의 입장에 어울리는 생활양식일 것이다. 그것이 농촌생활에 대한 살아 있는 모범이 될 것이다.

여섯째, 간이학교의 경영에 대해서도 "분수를 알" 필요가 있다.

당신은 다른 새로운 보통학교와 같은 훌륭한 교사(校舍)나 정돈된 시설, 교재도구를 동경하며 안달해서는 안 된다. 부락 사람들의 재산이 늘어 목재나 유리를 운반해 올 때까지 기다려야 한다.

다시 말하자면, 최소한도의 설비로 만족하는 것이다. 극단적으로 말하자면 비바람을 피하기에 족한 교사(校舍)와 아동과 당신만 있으면 간이학교는 성립한다. 아니 당신과 아동만 있다면 교육을 할 수 있는 것이다. 교육의 본질과 그다지 관계가 없는 것에 쓸데없이 집중하는 것은, 진정한 교육을 소홀히 하는 결과가 된다.

모래를 담은 쟁반으로 글자를 배우고, 포플러 나뭇가지로 땅 위에 그림을 그릴 수 있는 한 지필묵이 갖추어지지 않아도 교육, 교수는 할 수 있다. 따라서 무턱대고 기부금 모금에 광분하거나, 부락의 보잘것없음을 핑계 삼으면 당신의 학교와 부락은 뿔뿔이 흩어지게 되고, 학교 설립의 의의를 잃어버리게 된다. 가령 설립주체가 군·도(郡·島)의 학교비라 하더라도,

부락을 위한 학교이며 교육이기 때문에 학교가 부락민의 마음 안에서 건설되고 지지받아 "우리 학교, 우리 선생님"이 되지 않으면 결코 유종의 미를 거둘 수 없을 것이다. 물(物)로써 마음을 보완하는 것이 아니라, 마음으로써 물(物)의 부족함을 보완해야 한다.

일곱째, 가족 모두에 의한 모든 가정의 지도를 각오해야 할 것이다.

당신 가족의 모두는 연장된 '당신'이 되어야 한다. 아내가 있으면 그 아내는 간이학교 아이들의 어머니가 되어, 결국 부락민의 어머니로 받들도록 해야 한다. 당신에게 자녀가 있다면 그 자녀는 부락 아이들의 좋은 동무가 되어 형제로서 친하게 지내야 한다.

이리하여 당신의 전체 가족을 내어 주어 간이학교의 아동을 대해야 한다. 그 아동을 통해 전체 부락민을 대한다. 또 더 나아가 직접 앞장서서 전체 부락민을 독려하여 그들을 감화시키고, 향상시키는 기개의 왕성함을 기대한다.

"나는 단지 아동의 읽고 쓰기 선생일 뿐이다"라는 것만으로는 결코 이 학교설립의 목적에 부합하지 않는다.

이상으로 대강의 취지를 말했는데, 이 특이한 간이 초등교육기관이 그 시설의 본지에 부합하는가 아닌가의 여부는 당신이 이 학교를 어떻게 경영하는가에 달려 있다. 당신에게 왕성한 교육적 정신을 바라는 바이다.

2. 간이학교에 구비해야 할 것에 관하여

간이학교 설비는 최소한도에 그쳐야 한다는 방침에 따라, 해당 학교에 갖추어야 할 필요불가결한 것을 들면 다음과 같다.

1) 비품 및 장부
   (1) 비품
      국기
      칠판
      아동용 책상
      사정이 허가할 경우 교탁 및 괘도류 등도 해당됨

농기구는 아동이 자택에서 지참함을 기본으로 하고, 학교의 비치를 서두르는 것은 삼가야 한다.
(2) 장부
> 학적부
> 성적고사표(成績考査表)
> 출석부
> 학교일지
> 장부의 용지 및 양식은 보통학교에 준하면 된다.

학교일지에는 학교경영 및 일일 계획의 대강 줄거리, 실시 후의 성적 등을, 때로는 아동별로, 남김없이 기입하기를 바란다. 따라서 학교일지는 간이학교 운영을 한눈에 파악하고, 또 장래 참고를 제공하는 것으로 가장 중요시되어야 한다.

2) 교과서

수신과	교사용 1·2권, 동 편찬취지서
	(아동용 도서는 교사가 준비해야 하지만, 아동에게 없어도 지장은 없다)
국어	1·2·3권 (동 편찬취지서)
조선어	1·2권 (동 편찬취지서)
산술과	교사용 1·2·3권 (아동용 도서는 3권에서 처음으로 사용됨)

이상의 교과서는 교사가 전부 준비할 필요가 있지만, 아동에게는 매번 적당한 시기에 1부씩 구입하도록 한다.

4월에 구입해야 할 것	국어독본 1권, 조선어독본 1권
9월에 구입해야 할 것	국어독본 2권, 산술서 3년 아동용
1월에 구입해야 할 것	국어독본 3권, 조선어독본 2권

교과서는 신중하게 다루며, 동생들에게 물려주어 사용하도록 한다.

3) 학용품

아동의 학용품도 가능한 최소의 비용으로 준비토록 한다.

입학 초기의 학용품으로는 연필 1자루, 학습장 1책으로 충분하다.

연필은 1사람당 1년치 약 10자루로 400자루, 학습장은 갱지 2매를 접어 100매로 철한 책자로서, 반년마다 약 4천 매를 공동 구입하면 편리하고 또 경제적이라고 생각된다.

연필 깎기에 쓰는 작은 칼 등은 학급 내에 5~6개 정도 준비해 두면 공용으로 감당할 수 있을 것이다.

3. 교수상의 원칙

첫째, 간이학교는 향토에서 교재를 구하는 것을 본체로 해야 한다. 이것은 교과서를 사용하는 것과 모순되지는 않는다. 어쩌면 아동의 환경에서는 교과서에 채용된 교재가 만족스럽기 어려울 것이다. 원래 간이학교는 향토에 뿌리를 두고 건설된 학교이므로 모든 점에서 향토 환경과 불가분의 관계에 있다.

따라서 향토는 제1자료이며 그것이 적당하게 정리, 배열된 것이 교과서라고 이해해야 한다. 그런 까닭에 교과서를 활용해 다루려면 아무래도 향토 환경으로 돌아가 거기서 제1자료를 구해야 한다. 그리고 다행스러운 것은 그것을 다시 환경으로 돌려주어야 환경도 수준을 높일 수 있다. 그 제1자료로부터 다시 교과서를 돌이켜 살펴볼 때 비로소 분명해질 것이다. 교과서와 향토자료가 서로 호응하여 능숙하게 다루어진다면 간이학교의 교육은 성공을 보게 될 것이다.

둘째, 간이학교의 교육은 체험을 중요시하고 추상에 빠지지 않도록 하는 것이 긴요하다.

경험에서 얻은 지식과 기능이 가장 확실하다. 경험으로 배우고, 행동함으로써 깨달은 지식과 기능은 아동의 일생을 지배할 것이다.

따라서 교사의 행동으로 하루의 교육이 시작되며, 아동의 행동으로 하루의 수업이 마무리되어야 한다. 이것이야말로 학교 교육이 곧바로 가정에 도움이 되며, 실제 사회에 도움이 되는 인간을 만들게 된다. 그런 까닭에 수신은 실천을, 국어 및 조선어는 회화를 중시하며, 산술은 실제 문제의 처리를, 직업은 실습을 존중해야 한다.

셋째, 간이학교는 종합교육을 본체로 해야 한다. 이는 교육의 본래에서도 요구되는 것이면서, 한편으로는 능률에 관계한다. 2개년 동안 제 몫을 하는 농민적 소양을 갖추도록 하기 위해서는, 가마니를 만들면서 산술을 하고, 국어도 배우는 마음가짐이 없어서는 안 된다. 그런 까닭에 하나의 사물, 하나의 현상, 하나의 사실, 하나의 행동이 언제나 교수의 중심이 되어, 산술도 국어도 수신도 직업도 동시에 배울 수 있는 방법을 고안하기 위해 항상 힘써야 한다. 극단적으로 말하자면 교과목도 시간표도 단지 하나의 표면적 구획에 불과한 것으로, 좀 더 나아가 생각해 보면 어떤 구별도 없는 것이 되어 버린다.

넷째, 간이학교는 학습훈련의 수립을 서둘러야 한다. 간이학교는 적어도 다음 연도부터는 복식 편제가 된다. 게다가 2년 후에 아동은 학교를 떠나 부락의 사람이 된다. 그것을 고려한다면 간이학교는 당연히 자학자습의 훈련을 서둘러야 한다. 현재의 1년생이 2년생이 되어 신입생을 수용할 때, 이제는 2년생만의 교사인 것은 불가능하다. 그런 까닭에 1년생의 시기에 스스로 배우고 스스로 익히는 태도를 키워 두지 않는다면, 필시 학급은 혼란에 빠지고, 졸업 후에는 배운 것조차도 잊어버리는 결과가 될 것이다. 뭐니 해도 2년 동안 배운 분량은 결코 많은 것이 아니다. 그래서 졸업 후에도 길에 버려진 낡은 신문 한 장을 줍더라도, 거기에서 무언가 배우려는 태도를 입학 초부터 길러야 한다.

4. 각 과 교재의 단위 및 교수상의 주의

1) 수신

(1) 교재의 범위

1·2권부터 전부를 다루고, 1주에 1과의 분량을 배당했다.

1주에 2시간의 시간을 할당하고, 교사와 아동이 대부분의 생활을 함께하고 종일 접촉을 유지할 것이므로 직업 실습을 하면서도 도덕적 훈련의 기회가 있고, 이 시간 외에도 기회가 있을 것이다. 1주에 한 가지 덕목을 다루는 것이 불가능하다고 생각하지 않기 때문이다.

(2) 교수상의 주의

간이학교의 특성에서 당연히 나오는 교수상의 요점은

　　가. 덕목은 그것을 실행하면서 가르칠 수 있는 것이다. 그 경우 덕목을 이해시키기 위해 특별한 방법을 짜내어도 괜찮다.
　　나. 실제 생활의 지도를 중요시한다.
　　다. 실천을 요구한다.
　　라. 한번 가르친 덕목은 습관이 형성될 때까지 반복할 것을 요한다.

이상의 것은 새로운 것은 아니지만, 짧은 2개년 동안 큰 수확을 거두기 위해서는 결코 잊어서는 안 된다.

(3) 수신과에 수반되는 창가에 대하여

창가는 총독부 편찬의 창가집 중에서 조선어창가 2, 국어창가 3, 기념일(式日)창가 가운데 비교적 부르기 쉬운 '1월 1일의 창가'와 '기원절의 창가'를 선택하고, 4월에 치러지는 천장절 축하식을 위해 '기미가요'를 맨 먼저 한다.

창가 교수는 가사를 입으로 가르치는 것으로 하며, 악보 교수를 필요로 하지 않는다. 가르친 후에, 혹은 단체 오락 중에, 배워서 익힌 창가를 불러, 정조의 도야에 도움이 되도록, 동시에 국어 발음을 연습하여 국어 교수에 이바지할 것을 기대한다.

(4) 수신과에 수반되는 체조에 대하여

체조는 기민함과 규율을 훈련하는 데 필수적이라는 점 외에, 실습으로 아무래도 기울어지거나 쏠린 신체 사용을 한 후의 교정 조절을 위해서나, 또는 피로회복을 위해서도 도움이 된다고 생각한다. 따라서 간이학교 체조는 하루에 여러 번, 5~10분의 단시간 동안, 또는 학과 후에, 실습 마무리를 하기 바란다. 여기서는 보통학교 1, 2학년의 교재를 6개의 과정으로 조직했다. 국민체조, 5분간 체조 등을 논밭의 두렁에서 행하여 심신을 상쾌하게 만들어 다시 일에 임하는 것은, 간이학교에 가장 어울린다.

2) 국어

(1) 국어교재의 범위 및 목표

간이학교 1학년에는 국어를 위해 1주 12시간의 시간이 배당되고, 교재는 1·2권 전부와 3권의 전반부가 예정되어 있다. 1년간 어느 정도의 성과를 기대하는가 하면,

　가. 보통의 언어를 습득하고, 회화력을 기를 것.
　나. 가타카나, 히라가나 전부와 약간의 한자 읽고 쓰기를 가르칠 것.
　다. 보통 문장의 읽기와 글짓기.

위의 세 가지 항목이 1학년 국어의 목표이다. 그 목표를 염두에 두고 매일 계획을 세워 지도해야 한다.

(2) 국어교수상의 주의

현행 4년제 보통학교 교재 배열을 그대로 따랐으므로 다소의 무리가 있지만, 교수 실제에 임하여 보완되어야 한다. 문제점의 하나는 후반기 계절에 맞지 않는다는 점이다. 그러나 히라가나를 계통적으로 가르치기 위해서는 이것도 어쩔 수 없는 일이다. 따라서 교사는 계절에 맞는 문장을 준비해 계절에 어울리도록 도야를 할 필요가 있다. 간이학교 1학년 교수에서 특히 유의해야 할 점은,

　가. 직관을 중시할 것.
　나. 언어를 먼저 하고 문자를 나중에 할 것.
　다. 회화를 중시할 것.

3) 산술

(1) 산술과 교재에 관하여

간이학교 아동의 표준 연령은 10살이므로 이미 상당히 수와 양에 관련된 생활을 영위했다고 추측된다. 따라서 1학년은 보통학교 3학년 교재에 주력을 기울이고, 필산(筆算)으로 가

감승제를 완료하도록 했다. 따라서 간이학교 1학년에서는,

가. 가감승제의 계산 능력을 키울 것.
나. 암산 능력을 키울 것.
다. 간이한 실제 문제를 정리하는 사고력의 연성.

단, 순서는 4월부터 8월에 이르는 5개월 동안은 보통학교 1, 2학년의 교재로 국어에서 숫자 세는 법, 노래하는 법, 숫자를 쓰는 법 등을 가르치고, 나아가 1만 미만의 숫자를 다루는 데까지 이르도록 했다.
요컨대 간이학교의 1학년 후기에는 필산으로 가감승제를 할 수 있으면 되는 셈이다.

(2) 교수상의 주의

가. 가공(架空)의 수 및 숫자 유희가 되지 않도록, 항상 사물에 빗대어 다루는 것이 긴요하다.
나. 계산의 목적을 항상 염두에 둘 필요가 있다. 계산을 위한 계산은 계산능력을 단련하기 위한 몇몇 경우 외에는 하지 않는다.
다. 산술 교수의 경우, 항상 적절한 실제 문제를 선택하여 제공하고, 아동이 그것에 대해 수량적 처리 태도를 취하도록 하는 마음가짐을 일으키게 하는 것이 중요하다. 따라서 직업 실습을 할 때는 산술을 교수하고 연습할 수 있는 좋은 기회가 된다.

이상 간이학교의 성질에서 당연히 귀결하리라 생각할 수 있는 교수의 준거와 각 과의 요점을 적절히 제시한 것인데, 요컨대 첫째로는 매주 교수사항의 주안을 잃지 말 것, 둘째로는 1개년의 목표를 염두에 둘 것이라는 점이 가장 중요하다.

4) 직업
(1) 본 직업과의 매주 수업안은 직업과의 교수요지에 따라, 직업에 관한 보통의 지식 기능을 얻게 하고, 직업을 중시해 근로를 좋아하는 정신을 키우며, 아울러 적절한 직업 지도

를 실시하기 위해, 농업을 주로 하는 직업 교수에 참고한다는 취지에서 편찬한 것이다.

(2) 매주 수업안은 쓸데없이 각종 사항을 들어 개념적 지식을 전수하는 폐단을 피하고, 일반적 농업을 주재료로 하며, 이에 따라 향토의 실상에 적합한 직업의 기초 도야를 실시하고, 보충교재로서 다른 직업에 관한 사항도 덧붙여, 일반직업의 대의(大意)를 이해할 수 있게 함으로써 직업 도야를 철저히 했다.

(3) 매주 수업안은 대체로 경기도를 중심으로 하는 지방의 실정이나 농가경영의 상황에 근거하여, 적당하게 인정되는 일반적 교재를 열거해 대체(大體)의 표준을 나타낸 것이다. 실시에서는 각 학교에서 각 도·군의 농사개량 지도 장려 방침 및 특수한 사정 등을 참작하고, 기후풍토에 따라 교재의 내용 및 배열을 적당하게 변경 증감하여 적절하게 그것을 보정해야 한다.

(4) 본과 학습자료는 가능한 한 토지의 실상과 가정의 생활 속에서 구하고, 동시에 다양한 직업에 걸친 실습·견학을 하도록 할 필요가 있다. 그러므로 지도에서는 항상 향토의 실태를 정밀히 조사하고, 아동의 심신발달 정도를 고려한다. 특히 본과와 타 교과의 교재 연계와 통일에 대하여 유감이 없도록 한다.

(5) 본과 교수는 농사장이 교실인 취지를 명심하여, 아동을 몇 개의 조로 나누어 근무반을 설치하고, 과외실습, 가정실습, 혹은 부락적 실습작업 등을 적당히 장려한다. 가능한 한 추상적·개념적 이야기를 배제하고, 실사(實事)·실물에 의거한 직업적 훈련에 철저할 것을 도모한다. 생산의 기쁨을 마음으로 느끼도록 하고, 항상 경제사상의 양성에 신경을 쓰며, 이용후생의 길을 알도록 한다. 근로 작업을 통해 인격 도야의 연성을 꾀하며 흥업치산의 마음가짐을 함양하는 것이 긴요하다.

(6) 매주 수업안 취급에서는 특히 다음 사항에 유의해야 한다.
   가. 교재는 단지 지도사항 및 그 개요를 열거한 것에 지나지 않는다. 따라서 운용에 있

어서는 항상 총독부 편찬의 농업보습학교용 교과서에 준해 교수해야 한다.
나. 지도사항 예정, 실시, 실적 및 학교 부근 영농상황 시찰요록란의 기재 사항은 그 주(週)중의 지도사항 예정계획을 기입하고, 행사의 과정·결과(갑·을·병)를 분명히 한다. 또 향토 농가의 상태를 관찰 기록해 내년도 실시계획에 참고가 되도록 한다는 취지이므로, 기입을 게을리하지 않도록 유의해야 한다.
다. 교수시수는 1주 10시간 꼴로 배당하고 있는데, 교재의 난이도, 토지의 상황, 아동의 상태, 날씨, 설비 등에 따라 각 교재의 시간 배당 등은 적당히 증감해도 무방하다.

(7) 본과의 실적은 설비 여하에 좌우되는 경우가 많다. 각 학교는 본과 지도의 내용에 충실을 꾀하며 합리적 경영을 하는 것이 긴요하다. 보통 농가와 큰 차이가 있는 경제적이지 않은 설비는 다루지 않는다. 특수한 사정이 없는 한, 각 도의 장려표준에 따라야 한다.

(8) 화초 혹은 약초 등을 재배하는 것은 과외작업으로 하고, 매주 수업안에서는 다루지 않는 것으로 한다.

(9) 아동의 학부형은 물론, 지방의 각종 단체, 진흥회, 혹은 독실한 농가 등과의 연계 제휴를 긴밀하게 해야 한다.

〔편역자 부기〕
제1학년 교과서 배당표, 교재배당표, 제1학년 시간표가 있으나 편역의 편의상 생략함.

<자료 14> 簡易學校狀況調(學務局 學務課, 1934)

간이학교 상황 통계

1934년(昭和 9) 12월 학무국 학무과

1. 간이학교 현황

<표 1> 간이학교 학교 수 및 아동 수 등의 상황   1934년(昭和 9) 12월. 단, 아동 수는 동년 9월 15일 현재

도명		경기도	충청북도	충청남도	전라북도	전라남도	경상북도	경상남도	황해도	평안남도	평안북도	강원도	함경남도	함경북도	계
설치 예정수		40	20	28	28	44	46	38	34	28	38	42	32	22	440
개교 학교 수		40	20	28	28	44	46	38	34	28	38	42	32	22	440
전임 교원	내지인	5	10	5	14	10	18	13	6	4	3	4	5	1	98
	조선인	35	10	23	14	34	28	25	28	24	35	38	27	21	342
	합계	40	20	28	28	44	46	38	34	28	38	42	32	22	440
겸임 교원	내지인	.	.	.	.	.	38	3	.	.	.	.	.	.	41
	조선인	2	.	.	11	3	30	31	.	.	.	.	5	1	83
	합계	2	.	.	11	3	68	34	.	.	.	.	5	1	124
아동수	1학년 남	1,451	761	1,125	1,110	1,789	1,714	1,308	1,454	577	1,428	1,438	1,208	748	16,111
	1학년 여	188	105	23	34	91	73	160	35	40	49	80	129	165	1172
	1학년 합계	1,639	866	1,148	1,144	1,880	1,787	1,468	1,489	617	1,477	1,518	1,337	913	3,283
	2학년 남	34	179	25	39	136	192	32	222	160	79	239	504	350	17,283
	2학년 여	5	11	.	1	2	10	2	.	9	1	11	29	35	116
	2학년 합계	39	190	25	40	138	202	34	222	169	80	250	533	385	2,307
	합계 남	1,485	940	1,150	1,149	1,925	1,906	1,340	1,676	737	1,507	1,677	1,712	1,098	18,302
	합계 여	193	116	23	35	93	83	162	35	49	50	91	158	200	1,288
	합계 합계	1,678	1,056	1,173	1,184	2,018	1,989	1,502	1,711	786	1,557	1,768	1,870	1,298	19,590

2. 간이학교 1년 예산

〈표 2〉 1934년(昭和 9)도 간이학교 예산표(세입)

도명		경기도	충청북도	충청남도	전라북도	전라남도	경상북도	경상남도	황해도	평안남도	평안북도	강원도	함경남도	함경북도	계	*계
학교 수		40	20	28	28	44	46	38	34	28	38	42	32	22	440	440
경상비	국고 보조	21,296	10,740	12,390	15,056	20,100	24,702	20,406	15,067	12,684	16,290	22,554	14,067	11,814	217,146	217,166
	도비 보조	10,815	9,300	7,595	7,518	10,050	12,351	10,203	7,533	6,542	8,503	11,077	7,034	3,178	111,699	111,699
	학교비 지급	16,337	9,188	10,724	20255	14,75	13,576	13,243	12,442	9642	14,052	14,616	11,753	7,149	167,252	154,452
	수업료 수입	2,528	1,895	2,217	2,577	2,140	3,286	3,344	1,668	3,868	3,374	4,026	2,552	2,816	36,291	36,291
	기타	212	789	2,558	40	1,922	48	4,256	5,865	1,157	4,994	5,055	4,041	3,649	32,584	34,586
	계	52,188	31,912	55,584	45,407	48,507	53,963	51,452	40,573	32,693	47,213	57,528	39,447	78,606	565,073	635,073
임시비	도비 보조				1400								640		2,040	2,040
	학교비 지급		400		1,854	1,984	7,128						640		12,006	12,006
	기타	17,979		15,710	14,731	26,050	40,477	21,844	17,908	22,840	18,130	21,149	18,320	17,900	252,638	253,038
	계	17,579	400	15,710	17,985	28,034	47,605	21,844	17,908	23,840	18,130	21,149	18,960	18,540	267,684	267,684
합계		69,767	32,312	51,294	63,392	76,541	101,568	73,296	58,481	56,533	65,343	78,677	58,407	47,146	832,757	832,757

비고: 임시비에서 현물기부도 일단 본 표의 해당란에 해당액을 게시함.

〈표 3〉 1934년(昭和 9)도 간이학교 예산표(세출)

도명			경기도	충청북도	충청남도	전라북도	전라남도	경상북도	경상남도	황해도	평안남도	평안북도	강원도	함경남도	함경북도	계	*계
학교 수			40	20	28	28	44	46	38	34	28	38	42	32	22	440	440
경상비	봉급		37,034	18,720	23,817	26,446	55,796	39,612	35,568	27,126	22,824	30,012	29,744	25,416	16,272	378,397	388,387
	잡급	땔감상여	5,596	2,792	3,382	6,960	3,971	5,313	5,244	3,358	3,380	3,140	6,273	7,718	1,476	53,603	58,603
		기타	5,235	5,159	4,019	4,822	4,903	3,440	4,560	4,414	1,950	5,303	5,098	8,008	3,318	60,229	60,229
	수용비		3,523	3,504	2,640	5,668	2,330	4,598	4,940	3,486	2,322	4,778	4,937	2,130	6,054	50,910	50,910
	수선비		29	182	10	346	98	67	760	591	445	680	383	535	670	4,886	4,796
	기타		681	1,555	1,716	2,223	1,409	933	380	524	592	3,048	1,083	640	816	15,600	15,600
	계		52,188	31,912	35,584	46,465	48,507	53,963	51,452	39,509	31,513	46,961	57,528	39,447	28,606	563,635	563,635

임시비	건축비	9,481	.	7,653	3,090	12,317	31,543	17,380	15,695	3,950	12,685	17,231	11,810	14,859	157,694	157,694
	기타	8,098	400	8,057	13,837	15,717	16,062	4,464	3,277	21,070	5,697	3,918	7,150	3,681	111,428	111,428
	계	17,579	400	15,710	16,927	28,034	47,605	21,844	18,972	25,020	18,382	21,149	18,960	18,540	269,122	269,122
합계		69,767	32,312	51,294	63,392	76,541	101,568	73,296	58,481	56,533	65,343	78,677	58,407	47,146	832,757	832,757

비고: 임시비에서 현물기부도 일단 본 표의 해당란에 해당액을 게시함.
편역자 주: 원본의 각 항목의 합이 틀린 부분이 있어 그대로 두고, * 표시란을 만들어 각 항목의 합계를 바르게 고쳐 제시하였다.

3. 본 시설에 대한 지방 민중의 감상

1) 본 시설 계획 발표 후에 지방민의 요망 정황 및 계획 실시 후의 감상

요망의 정황
본 시설 계획 발표를 하다

(1) 1면 1교 계획의 진보에 따라 점차 보통학교가 증설되고 있어도 면(面) 구역이 방대하여 학교에서 거리가 멀거나 또는 교통이 불편하여 통학이 곤란한 지방은 현상 그대로 둔다면 도저히 훌륭한 교육을 받는 것은 불가능하기 때문에 본 시설에 따라 신교육을 받을 수 있게 되었다.
(2) 종래 각 지방에 산재한 사설학술강습회, 서당 등은 교사의 학력 불충분, 학부형 부담 과중, 경영난 등의 이유로 충분한 효과를 거둘 수 없기에 본 시설은 규모가 작더라도 우량한 교사를 배치하여 농촌에 적절한 교육을 받을 수 있게 되었다.
(3) 농촌진흥 자력갱생운동, 보급 확충에 따라 교육열이 발흥하고, 교육기관 설치에 대한 바람이 큰 기세로 일어나고 있다.

등의 이유로 벽촌 지방민 일반에게 많은 감사와 환희로 환영받고 있으며, 각지에서 설립기성회를 만들거나 혹은 설치 요망의 진정서를 제출하거나, 또는 군(郡) 및 도(道) 등에 직접 진정을 하는 자도 있다. 혹은 교사(校舍)부지와 실습지 등의 기부를 신청해 그 설치를 쟁탈적으로 요망하는 자 상당하여, 위치 선정에 고심하는 바 적지 않다. 또 설치에 있어서 지방민은 솔선하여 노력을 제공하고 부지 건물 등을 기부하거나 혹은 실습지를 적은 비용으로 제공하는 등 본 시설에 큰 도움을 주는 자들이 많다.

학교 설치 후의 감상

본 시설은 벽지 미취학 아동에 대한 조선총독부의 은총적 시설로서 일반이 매우 깊은 감사함을 전하는 바인데, 그 가운데 첫째 교사로 우량한 훈도를 배치하고 특히 내지인을 벽지에까지 배치한 것, 둘째 개교 후 일반교과 및 직업과에서 매우 눈에 띄는 성적을 거둔 것, 셋째 수업료가 저렴한 것, 넷째 교사가 매우 열심히 각 방면에 솔선수범을 거듭하여 학교 관내 일반 민중의 교육에 노력한 것 등은 지방민을 움직이게 하여 점차 본 시설 및 교사에 대해 신뢰와 감사의 정도를 깊게 하였다.

한편 일부 계층에서는 첫째 교육 연한 짧은 것, 둘째 유지비의 일부를 부락에 부담시킨 것, 셋째 보통학교와 연계가 되지 않는 것 등을 들어 본 시설의 본지(本旨)를 아직 충분히 이해하지 못하는 편도 있다. 하지만 이들의 오해는 학교의 실적 향상과 도·군 당국 및 간이학교 교사의 간절한 설명 지도 등으로 거의 해소되고 있는 중이다.

2) 미설치 지방의 본 시설 확장 보급에 관한 요망

미설치 지방의 일반 민중은 이후 본 시설의 확장 보급이 있을 것으로 예상하여 혹은 부지와 교사(校舍)를 준비하거나 혹은 설비비를 적립하거나 혹은 재래의 서당, 사설학술강습회 등의 건물을 정비하도록 하여 그 설치를 유치하려는 곳 적지 않다. 이 상황에서 일반이 그 설치를 기다리고 바라는 한편, 현재의 보통학교는 통학거리 안에 있다 하더라도 빈곤 때문에 입학할 수 없는 자가 다수 있어 학교 근접지에도 설치해 주기를 희망하는 쪽 역시 많이 늘어나고 있는 상황이다.

Ⅲ

고등교육 제도 운영

<자료 15> 大學規程(朝鮮總督府令 第30號, 1926.4.1)

대학규정

제1조 ① 대학 설립에 대하여 인가를 받고자 하는 때에는 다음 사항을 구비하여 조선총독에게 신청하여야 한다.

    1. 대학의 명칭
    2. 학부의 종류 및 명칭
    3. 대학원의 설치 여부
    4. 학칙
    5. 위치 및 교지
    6. 교사의 도면 및 건설의 설계
    7. 각 학부 및 대학예과 재학자 정수
    8. 각 학부전임 교원 수
    9. 학부·학과 및 대학예과 개설의 기일
    10. 경비 및 유지 방법

② 전항 제5호에 관하여는 교지의 지질·면적 및 부근의 정황을 기재한 도면 및 음용수의 정성분석표를 첨부하여야 한다.

③ 제1항 각 호의 사항을 변경하고자 하는 때에는 조선총독의 인가를 받아야 한다.

제2조 대학의 폐지에 대하여 인가를 받고자 하는 때에는 그 사유 및 재학자의 처분방법을 구비하여 조선총독에게 신청하여야 하고 학부의 폐지 시에도 이와 같이 한다.

제3조 대학은 그 목적 및 규모에 따라서 교수상 및 연구상 필요한 설비를 하여야 한다.

제4조 학부의 입학에 관하여 대학예과를 수료한 자와 동등 이상의 학력이 있는 것으로 인정된 자는 당해 대학에서 조선총독의 인가를 받아 정하여야 한다.

제5조 다음 각 호의 1에 해당하는 자는 대학예과의 입학에 관하여 중학교 제4학년을 수

료한 자와 동등 이상의 학력이 있는 것으로 인정한다.

　　1. 고등학교 고등과에 입학할 자격이 있는 자

　　2. 고등보통학교 제4학년을 수료한 자

제6조 ① 다음 각 호의 1에 해당하는 자는 대학예과의 입학에 관하여 중학교를 졸업한 자와 동등 이상의 학력이 있는 것으로 인정한다.

　　1. 전문학교입학자검정규정에 의한 시험검정에 합격한 자

　　2. 조선총독이 일반전문학교의 입학에 관하여 중학교를 졸업한 자와 동등 이상의 학력이 있다고 지정한 자

　　3. 조선총독이 특수 전문학교의 입학에 관하여 중학교를 졸업한 자와 동등 이상의 학력이 있다고 지정한 자

　　② 전항 제3호에 해당하는 자가 진학할 수 있는 대학의 학부 또는 학과에 관하여는 대학에서 조선총독의 인가를 받아야 한다.

제7조 대학은 조선총독의 인가를 받아 학부에 입학할 자격이 있는 자에게 취학·입학의 순위를 정할 수 있다.

제8조 같은 순위에 있는 학부 입학지원자의 수가 수용해야 하는 인원을 초과하는 경우에 행해야 하는 선발 방법에 관하여는 대학에서 조선총독의 인가를 받아 정하여야 한다.

제9조 대학령 제18조의 규정에 의하여 교원의 채용에 대하여 조선총독의 인가를 받고자 할 때에는 신청서에 담당과목을 기재하고 본인의 이력서 및 호적초본을 첨부하여야 한다.

제10조 대학은 교육상 필요하다고 인정하는 때에는 재학자에게 징계를 가할 수 있다.

제11조 학칙에 규정해야 하는 사항은 다음과 같다.

　　1. 학부 및 대학예과의 학과과정에 관한 사항

　　2. 연구과 또는 대학원에 관한 사항

　　3. 학부의 재학연한 및 대학예과의 수업연한에 관한 사항

　　4. 학사칭호에 관한 사항

　　5. 시험 및 과정수료 인정에 관한 사항

6. 학년·학기 및 휴업일에 관한 사항

7. 입학·퇴학 및 징계에 관한 사항

8. 수업료·입학료 등에 관한 사항

제12조 ① 대학에서는 별도의 규정이 있는 경우를 제외하고 다음의 표부(表簿)를 구비하여야 한다.

1. 학칙 및 교수 시간 배당표

2. 직원의 명부 및 이력서

3. 재학자의 학적부 및 입영연기 또는 징병유예에 관한 서류

4. 시험문제 및 성적표

② 재학자 학적부에는 재학자의 성명·호적·거소·생년월일, 입학 전의 학력, 입학·전학·퇴학·제명·제적 및 시험합격의 연월일, 징병사고(徵兵事故) 및 부형 또는 보증인의 성명 및 주소 등을 기재하여야 한다.

제13조 외국인으로서 제국대학의 학부에 입학하고자 하는 자가 있는 때에는 학부가 정하는 바에 의하여 정원 외 입학을 허가할 수 있다.

부칙

이 령은 공포한 날부터 시행한다.

[**편역자 주**] 이후 대학규정의 주요 개정 사항은 다음과 같다.
- 1934년 3월 31일 조선총독부령 제34호로 일부 개정
- 1940년 4월 1일 조선총독부령 제79호로 일부 개정
- 1943년 5월 7일 조선총독부령 제137호로 일부 개정

<자료 16> 專門學校規則(朝鮮總督府令 第26號, 1915.3.24)

전문학교규칙

제1조 조선인을 교육하는 전문학교에 대하여는 특별한 규정이 있는 것을 제외하고는 이 령에 의한다.

제2조 ① 전문학교 설치의 인가를 받고자 하는 때에는 다음 각 호의 사항을 구비하여 조선총독에게 신청하여야 한다.

   1. 목적

   2. 명칭, 위치

   3. 학칙

   4. 개교연월일

   5. 교지, 교사, 부속사, 실습지의 평면도(평수 및 부근의 상황을 기재한다) 및 그 소유자

   6. 1년의 수지예산

   7. 유지 방법

   8. 학교장 및 교원의 성명·담당 교과목 및 이력서

  ② 의학을 전수하는 학교는 전항 각호 외에 임상실습용 병원의 위치 및 평면도, 임상실습용 환자의 정수 및 해부용 사체의 예정 수를 구비하여야 한다.

제3조 전문학교에서 전조 제1항 제1호 내지 제3호 또는 제7호의 사항, 학교장 또는 교원을 변경하고자 하는 때에는 조선총독의 인가를 받고 제4호, 제5호 또는 제2항에 게시한 사항을 변경한 때에는 조선총독에게 신고하여야 한다.

제4조 학칙에는 다음 각 호의 사항을 규정하여야 한다.

   1. 수업연한, 교과목, 교과과정 및 매주 교수시수에 관한 사항

   2. 생도의 정수 및 학급 수

   3. 학기 및 휴업일에 관한 사항

4. 생도의 입학·퇴학 및 징계에 관한 사항

5. 과정의 종료 및 졸업에 관한 사항

6. 수업료에 관한 사항

7. 전 각호 외에 학교에서 필요하다고 인정하는 사항

제5조 전문학교의 교과목은 수신, 국어, 전문에 관한 사항 및 체조로 하고 그 과정 및 매주 교수시수는 별표에 의한다.

제6조 전문학교 폐지의 인가를 받고자 하는 때에는 그 사유, 생도의 처분방법 및 폐지기일을 구비하여 조선총독에게 신청하여야 한다.

제7조 이 령에 의하여 설치한 전문학교가 아니면 전문학교라고 할 수 없다.

제8조 교원은 1학급 1인 이상 전임자를 두어야 한다.

제9조 생도를 입학하게 하여야 하는 시기는 학년 초부터 30일 내로 한다. 다만, 특별한 사정이 있는 때에는 그러하지 아니하다.

제10조 입학을 허가할 수 있는 자는 신체건전, 품행방정한 자이어야 한다.

제11조 ① 제2학년 이상에 입학을 허가할 수 있는 자는 전 학년의 과정을 수료한 자와 동등 이상의 학력을 가진 자에 한하여야 한다.

② 전항 입학자의 학력은 전 학년의 과정을 수료한 정도에서 그 각 교과목에 대하여 시험에 의하여 검정하여야 한다.

제12조 학교장은 다음 각호의 1에 해당하는 자에게는 퇴학을 명하여야 한다.

1. 성행이 불량하여 개선의 가망이 없다고 인정되는 자

2. 학칙 기타 학교의 명령에 위배하여 개전의 가망이 없다고 인정되는 자

3. 학력이 열등하여 성업의 가망이 없다고 인정되는 자

4. 정당한 사유 없이 계속하여 1월 이상 결석한 자 또는 출석이 고르지 아니한 자

제13조 학교장은 훈육상 필요하다고 인정되는 때에는 생도에게 징계를 가할 수 있다.

제14조 학년은 4월 1일에 시작되어 익년 3월 31일에 종료된다.

제15조 각 학년의 과정의 수료 또는 전 교과의 졸업을 인정하기 위해서는 평소의 성적 및 시험의 성적을 고사하여 정하여야 한다.

제16조 학교장은 전 교과의 졸업을 인정한 자에게 졸업증서를 수여하여야 한다.

제17조 전문학교에서는 다음 각호의 표부를 비치하여야 한다.

    1. 학칙, 일지, 일과표, 학과 일람표, 교과용 도서 배당표, 교지, 교사, 부속사, 실습지의 평면도

    2. 직원의 명부·이력서·출근부·담당 교과목 및 시간표

    3. 생도의 학적부·출석부

    4. 성적고사표, 학년시험의 문제 및 답안

    5. 재산원부, 회계에 관한 장부, 기구·기계·표본의 목록

    6. 전 각호 외에 학교에서 교수·관리·훈련상 필요하다고 인정한 표부

제18조 학교를 폐지하거나 그 폐쇄를 명받은 때에는 생도의 학적부를 조선총독에게 제출하여야 한다.

부칙

이 령은 1915년 4월 1일부터 시행한다.

[별표] 전문학교 교과과정 및 매주 교수시수표

	1학년		2학년		3학년		4학년	
	시수	과정	시수	과정	시수	과정	시수	과정
수신	1	수신의 요지	1	좌동	1	좌동	1	좌동
국어	2	읽기, 해석, 회화, 받아쓰기, 암송, 작문	2	좌동	2	좌동	2	좌동
전문에 관한 사항								
체조	1	체조, 교련	1	좌동	1	좌동	1	좌동

비고

1. 국어·체조의 시수는 적의하게 증가할 수 있다.
2. 전문에 관한 사항의 실습 또는 실험의 시수는 별도로 정하여야 한다.
3. 전문에 관한 사항을 교수하는 데에 필요한 사항은 특히 전문에 관한 사항 중에서 교수할 수 있다.

<자료 17> 公立私立專門學校規程(朝鮮總督府令 第21號, 1922.3.7)

공립사립전문학교규정

제1조 ① 도지방비는 토지의 정황에 의하여 필요한 경우에 한하여 전문학교를 설립할 수 있다.

② 사인(私人)은 전문학교를 설립할 수 있다.

③ 제1항의 규정에 의하여 설립한 것을 공립전문학교라고 하며, 제2항의 규정에 의하여 설립한 것을 사립전문학교라 한다.

제2조 ① 전문학교를 설립하고자 하는 때에는 다음 사항을 구비하여 조선총독의 인가를 받아야 한다.

1. 목적
2. 명칭·위치
3. 학생 정원
4. 개교 연월일
5. 학칙
6. 교지·교사·기숙사 등의 평면도(평수 및 부근의 정황을 기재할 것) 및 음료수의 정성 분석표
7. 경비 및 유지 방법

② 의학전문학교에 관하여서는 임상실습용 병원의 위치, 대지·건물의 도면, 임상실습용 환자의 정원 및 해부용 시체의 예정 수를 구비하여야 한다.

③ 제1항 제1호 내지 제6호 및 제2항의 사항을 변경하고자 하는 때에는 조선총독의 인가를 받아야 하고, 제1항 제7호의 사항을 변경하고자 할 때에는 지체 없이 조선총독에게 신고하여야 한다.

제3조 전문학교는 교지·교사·교구 기타 필요한 설비를 하여야 한다.

제4조 교지는 학교의 규모에 적합한 면적을 갖추어야 하고 또한 도덕상 및 위생상 해가 없는 장소이어야 한다.

제5조 ① 교사에는 다음의 각 실을 구비하여야 한다.

   1. 교실
   2. 사무실
   3. 기타 필요한 실험실·실습실·연구실·도서실·기계실·표본실·약품실·제련실 등 각 실

   ② 교사는 교수상·관리상 및 위생상 적당하며 견고하여야 한다.

제6조 교구는 교수상 필요한 도서·기계·기구·표본 및 모형 등으로 한다.

제7조 ① 전문학교에는 다음 표부를 구비하여야 한다.

   1. 학칙·일과표·교과서배당표 및 학교의(醫) 시찰부
   2. 직원의 명부·이력서·출근부와 담임 학과목 및 시간표
   3. 학생의 학적부·출석부·신체검사에 관한 표 및 징병유예에 관한 서류
   4. 시험문제·답안 및 성적표
   5. 자산원부·출납부·경비의 예산결산에 관한 장부 및 도서기계·기구·표본·모형의 목록

   ② 학적부에는 학생의 성명, 가족사항, 주소, 생년월일, 입학 전의 학력, 입학·전학·퇴학년월일 및 학년졸업년월일, 입학시험의 유·무, 전학·퇴학사유, 징병사고, 보증인 성명 및 거소 등을 기재하여야 한다.

   ③ 별과(別科)학생에 관하여는 출석부, 징병유예에 관한 서류의 생략 및 학적부의 기입사항의 편의상 생략이 가능하다.

제8조 ① 전문학교 교원이 될 수 있는 자는 다음 각호와 같다.

   1. 학위를 취득한 자
   2. 대학졸업자, 대학에서의 시험에 합격하여 학사자격을 취득한 자 또는 관립학교 졸업자로 학사학위를 취득한 자
   3. 조선총독이 지정한 자
   4. 조선총독이 인가한 자

② 전항 제1호 내지 제4호에 해당하는 자를 구하기 어려운 경우에는 조선총독의 인가를 받아 일시적으로 그 외의 자를 교원으로 대용할 수 있다.

③ 제1항 제4호 또는 전항의 규정에 의하여 인가를 받고자 하는 때에는 공립학교에서는 도지사의, 사립학교에서는 설립자 본인의 이력서를 첨부하여 조선총독에게 신청하여야 한다. 다만, 추천에 의해 임명된 자에 대하여는 인가를 받지 아니하여도 된다.

④ 전항에 의한 신청이 있는 경우에 조선총독이 필요하다고 인정하는 때에는 학술검정을 실시하여야 한다.

⑤ 제1항 제4호 및 제2항의 인가는 당해 학교 재학 중에 한하여 유효로 한다.

제9조 ① 전문학교에 있어서 본과학생의 입학은 매년 1회로 하고, 그 기간은 30일 이내로 한다. 다만, 학과과정이 동일한 전문학교 간의 학생의 전학은 그러하지 아니하다.

② 전문학교의 본과 제2학년 이상으로 입학을 허가받아야 할 자는 본과 제1학년에 입학할 수 있는 자격을 갖추는 동시에 이전 각 학년의 학과과정을 졸업한 자와 동등 학력을 갖춘 자이어야 한다. 학년·학급을 나누지 않는 전문학교도 이에 준한다.

③ 전항의 학력은 모두 시험에 의하여 검정하여야 한다.

제10조 미술학교 및 음악학교의 입학 자격은 중학교 또는 고등여학교 또는 이에 준하는 학교의 제3학년 수료 정도 이상으로 정하여야 한다.

제11조 학교장은 다음 각호의 1에 해당하는 자에게 퇴학을 명하여야 한다.

1. 성행이 불량하여 개선에 대한 전망이 없다고 인정되는 자
2. 학력 열등생으로 성적개선에 대한 전망이 없다고 인정되는 자
3. 계속해서 1년 이상 결석한 자
4. 정당한 사유 없이 계속하여 1월 이상 결석한 자

제12조 학교장은 교육상 필요하다고 인정할 때에는 학생에게 징계를 가할 수 있다.

제13조 전문학교의 학칙에서 규정하여야 할 사항은 다음과 같다.

1. 입학 자격·수업연한·학과·학과목·학과정도에 관한 사항

2. 학년·학기·휴업일에 관한 사항

3. 입학·퇴학·진급·졸업 등에 관한 사항

4. 징계에 관한 사항

5. 수업료·입학금 등에 관한 사항

6. 예과·연구과·별과에 관한 사항

7. 기숙사에 관한 사항

8. 전 각호 외에 학교에서 필요한 사항

제14조 전문학교를 폐교하고자 하는 때에는 그 사유, 학생의 처분방법 및 폐교기일을 구체적으로 갖추어 조선총독의 인가를 받아야 한다.

제15조 공립 및 사립전문학교는 조선총독의 감독을 받는다.

제16조 실업전문학교에 관하여서는 특별한 규정이 있는 경우에는 이 령을 적용하지 아니한다.

부칙

① 이 령은 1922년 4월 1일부터 시행한다.

② 전문학교규칙은 폐지한다.

③ 조선교육령 제32조의 규정에 의하여 존속하고자 하는 사립전문학교는 이 령 시행 후 10일 내에 그 취지를 조선총독에게 신청하여야 한다.

④ 전항의 신청을 한 사립전문학교에 대하여는 구령에 의한다. 다만, 학과목 및 그 과정에 관하여서는 조선총독의 인가를 받아 적절하게 정할 수 있다.

〔편역자 주〕 이후 공립사립전문학교규정의 주요 개정 사항은 다음과 같다.
 - 1940년 4월 1일 조선총독부령 제81호로 일부 개정
 - 1943년 5월 7일 조선총독부령 제139호로 일부 개정

<자료 18> 朝鮮總督府專門學校官制(勅令 第80號, 1916.4.1)

조선총독부 전문학교 관제

제1조 조선총독부 전문학교는 다음과 같다.
　　　경성전수학교
　　　경성의학전문학교
　　　경성공업전문학교
제2조 경성전수학교는 법률·경제에 관한 지식을 교수한다.
제3조 경성의학전문학교는 의술에 관한 지식·기능을 교수한다.
제4조 경성공업전문학교는 공업에 관한 지식·기능을 교수한다.
제5조 경성공업전문학교에 부속 공업전습소를 설치하여 공업에 관한 기술을 전습한다.
제6조 ① 조선총독부 전문학교에 다음의 직원을 둔다.
　　　경성전수학교
　　　　　학교장 주임
　　　　　교수 전임 3인 주임
　　　　　조교수 전임 3인 판임
　　　　　서기 전임 1인 판임

　　　경성의학전문학교
　　　　　학교장
　　　　　교수 전임 3인 주임
　　　　　조교수 전임 1인 판임
　　　　　서기 전임 1인 판임

경성공업전문학교
　　　　학교장
　　　　교수 전임 5인 주임
　　　　조교수 전임 62인 판임
　　　　서기 전임 2인 판임

　　② 경성의학전문학교장은 조선총독부의원장, 경성공업전문학교장은 조선총독부 중앙시험소장으로 충원한다.

제7조 학교장은 조선총독의 명을 받아하여 교무를 장리하고 소속 직원을 감독한다.
제8조 교수·조교수는 생도의 교육을 장리한다.
제9조 서기는 학교장의 지휘를 받아 서무에 종사한다.
제10조 조선총독은 필요하다고 인정하는 경우에 전문학교 또는 부속공업전습소에 내지인을 수용하여 전문교육 또는 실업교육을 교수할 수 있다.

부칙
① 이 령은 공포한 날부터 시행한다.
② 경성전수학교관제는 폐지한다.

[편역자 주] 이후 조선총독부 전문학교 관제의 주요 개정 사항은 다음과 같다.
- 1918년 3월 30일 칙령 제48호로 일부 개정
- 1918년 8월 13일 칙령 제313호로 일부 개정
- 1919년 4월 18일 칙령 제123호로 일부 개정
- 1921년 1월 31일 칙령 제15호로 일부 개정
- 1921년 4월 18일 칙령 제110호로 일부 개정
- 1922년 3월 31일 조선총독부령 제151호로 폐기되고, 1922년 3월 31일 제정된 조선총독부칙령 제151호 조선총독부제학교관제로 이전됨

<자료 19> 京城帝國大學豫科規程(朝鮮總督府令 第21號, 1924.5.2)

경성제국대학예과 규정(1924)

제1장 총칙

제1조 경성제국대학예과는 동 대학 각 학부에 입학하고자 하는 자에 대하여 고등보통교육을 완성하게 하고, 특히 국민도덕의 충실에 주력하는 것을 목적으로 한다.

제2조 대학예과는 수업연한을 2년으로 하며 문과 및 이과로 분류한다.

제2장 학과과정

제3조 ① 문과의 학과목은 수신, 국어 및 한문, 제1외국어, 제2외국어, 역사, 철학개론, 심리 및 논리, 법제 및 경제, 수학, 자연과학, 체조로 한다.

② 이과의 학과목은 수신, 국어 및 한문, 제1외국어, 제2외국어, 라틴어, 수학, 물리, 화학, 식물 및 동물, 심리, 도화, 체조로 한다.

③ 외국어는 영어 또는 독일어로 한다.

제4조 문과 및 이과의 각 학과목의 수업요지 및 수업상의 주의에 관하여는 고등학교규정 제5조 내지 제8조 및 제10조 내지 제18조의 규정을 준용한다.

제5조 ① 문과 각 학년에 있어서의 각 학과목의 매주수업시간은 다음 표에 의해야 한다.

⟨표 1⟩

학과목/학년	제1학년	제2학년
수신	1	1
국어 및 한문	5	5
제1외국어	8	10

제2외국어	4	4
역사	4	4
철학개론	-	3
심리 및 논리	2	2
법제 및 경제	2	2
수학	2	-
자연과학	2	-
체조	3	3
계	33	34

② 제1외국어는 영어로 한다.

③ 제2외국어는 독일어로 한다.

④ 학생의 지망에 따라 제1외국어를 독일어로 하고, 제2외국어를 영어로 할 수 있다.

제6조 ① 이과 각 학년에 있어서의 각 학과목의 매주수업시간은 다음 표에 의해야 한다.

〈표 2〉

학과목/학년	제1학년	제2학년
수신	1	1
국어 및 한문	2	-
제1외국어	10	10
제2외국어	2	2
라틴어	-	1
수학	4	3
물리	3	5(강의3, 실험2)
화학	3	5(강의3, 실험2)
식물 및 동물	3(강의2, 실험1)	4(강의2, 실험2)
심리	2	-
도화	1	-
체조	3	3
계	34	34

② 제1외국어는 독일어로 한다.
③ 제2외국어는 영어로 한다.
④ 제2학년의 수학은 제2외국어 및 라틴어를 생략하고, 위 표의 수업시간을 6시간으로 증가할 수 있다.

제3장 학년, 수업일수 및 축일

제7조 학년은 4월 1일부터 다음 해 3월 31일까지로 한다.
제8조 ① 수업일수는 매 학년 200일 이상으로 한다. 다만, 제9조의 경우 및 특별한 사정에 의하여 조선총독의 인가를 받은 경우에 있어서는 그러하지 아니하다.
② 시험 및 수학여행으로 충당하는 일수는 전항의 일수에 산입하지 아니한다.
제9조 전염병 예방 또는 비상재해로 인하여 필요한 경우에는 임시휴업을 할 수 있다.
제10조 기원절, 천장절, 축일 및 1월 1일에는 직원과 학생은 학교에 집합하여 축하의식을 거행하여야 한다.

제4장 입학·휴학·퇴학 및 징계

제11조 학생을 입학시켜야 할 시기는 학년시작일로부터 30일 이내로 한다.
제12조 다음 각호의 1에 해당하는 자는 제1학년에 입학함에 있어 중학교(고등보통학교)를 졸업한 자와 동등 이상의 학력이 있다고 인정한다.
   1. 전문학교입학자검정규정에 의한 시험검정에 합격한 자
   2. 조선총독이 일반전문학교 입학에 관하여 중학교졸업자와 동등 이상의 학력이 있다고 지정된 자
제13조 입학지원자에 대하여는 체격검사를 실시하고 이에 합격한 자에 한하여 입학을 허용하여야 한다.
제14조 입학지원자 수가 모집인원을 초과하는 경우에는 선발시험을 실시하여야 한다.
제15조 ① 선발시험의 학과목은 중학교의 필수과목 중에서 선정한다. 다만, 외국어는 영

어 및 독일어 중에서 입학지원자가 그중 한 가지를 선택한다.

② 전항의 시험은 중학교(고등보통학교) 졸업 수준 정도에 의한다.

제16조 입학지원자는 입학 후에 수학하고자 하는 과목을 지정하여야 한다.

제17조 대학예과를 퇴학한 자가 퇴학일로부터 1년 이내에 재입학을 지원하는 경우에는 동일 학년 이하의 학년에 한하여 시험에 의하지 아니하고 입학을 허가할 수 있다.

제18조 ① 생도는 예과부장의 허가를 얻지 아니하고는 다른 학교의 입학시험에 응시할 수 없다.

② 전항의 허가를 얻고자 하는 자는 사유서를 구비하고 보증인과 연서하여 출원하여야 한다.

제19조 ① 각 학년 과정의 수료는 평소의 학업 및 시험성적을 감안하여 이를 인정하여야 한다. 다만, 정당한 사유에 의하여 시험에 결석한 자에 대하여는 평소의 성적만을 감안하여 이를 인정할 수 있다.

② 시험은 예과부장의 희망에 의하여 실시하지 아니할 수 있다.

제20조 예과부장은 1학년과정을 수료하지 아니한 학생을 진학시킬 수 없다.

제21조 대학예과를 수료한 자에게는 수료증서를 수여하여야 한다.

제22조 예과부장이 정당한 사유가 있다고 인정하는 경우에는 학생의 휴학을 허가할 수 있다.

제23조 예과부장은 다음 각호의 1에 해당하는 자에게 퇴학을 명하여야 한다.

1. 성행이 불량하여 개선의 여지가 없다고 인정되는 자
2. 학력 열등으로 성적 개선의 여지가 없다고 인정되는 자
3. 1년 이상 계속해서 결석한 자
4. 정당한 사유 없이 계속해서 1월 이상 결석한 자
5. 출석이 일정하지 아니한 자

제24조 생도를 퇴학시키고자 하는 경우에는 예과부장의 허가를 받아야 한다.

제25조 예과부장이 교육상 필요하다고 인정하는 경우에는 생도에게 징계를 가할 수 있다.

제5장 잡칙

제26조 대학예과는 국어 및 한문·외국어·수학 수업을 하는 경우를 제외하고, 조선총독의 인가를 받아 학급이 다른 학생들을 모아 동시에 수업을 할 수 있다.

제27조 ① 대학예과에서는 별도의 규정이 있는 경우를 제외하고 다음 표부를 구비하여야 한다.

1. 학칙, 일과표 및 교과용도서배당표
2. 직원의 명부 및 이력서, 담임 학과목 및 시간표
3. 학적부, 출석부, 신체검사에 관한 표부 및 입영연기에 관한 서류
4. 시험문제, 답안 및 성적표
5. 자산원부·출납부, 경비의 예산·결산에 관한 장부와 도서, 기계·기구, 표본 및 모형의 목록

② 학적부에는 학생의 성명·가족사항·주소·생년월일, 입학 전 학력, 입학·전학·퇴학연월일 및 그 학년, 졸업연월일, 입학시험의 유·무, 전학·퇴학사유, 징병사고와 보증인의 성명 및 거주지 등을 기재하여야 한다.

부칙

이 령은 발포일부터 시행한다.

[편역자 주] 이후 경성제국대학예과 규정의 주요 개정 사항은 다음과 같다.

- 1927.12.15 조선총독부령 제127호로 일부 개정
- 1928.2.16 조선총독부령 제5호로 일부 개정
- 1928.7.20 조선총독부령 제51호로 일부 개정
- 1928.9.13 조선총독부령 제59호로 일부 개정
- 1934.3.31 조선총독부령 제35호로 일부 개정
- 1937.2.2 조선총독부령 제6호로 일부 개정
- 1938.3.30 조선총독부령 제41호 일부 개정

- 1939.4.1.조선총독부령 제239호로 일부 개정
- 1940.3.18 조선총독부령 제35호로 일부 개정
- 1940.4.1 조선총독부령 제80호로 일부 개정
- 1943.5.7 조선총독부령 제138호로 전부 개정함.

<자료 20> 京城帝國大學豫科規程(朝鮮總督府令 第138號, 1943.5.7)

경성제국대학예과 규정(1943)

제1장 총칙

제1조 경성제국대학예과는 황국의 도에 입각하여 동 대학의 각 학부에 입학하려는 자에 대하여 정밀하고 세심한 정도의 고등보통교육을 실시하여, 국가에 유용한 인물을 연성하여 대학교육의 기초가 되도록 하는 것을 목적으로 한다.

제2조 대학예과에서는 전조의 기본 취지에 입각하여 다음 방침에 의하여 생도를 교육하여야 한다.

1. 국체본의에 투철하고 세계에서의 황국의 사명을 체득하여 지성을 다해 충성하고, 국가의 중요 임무를 맡아 천업(天業)을 보좌하고 받들 수 있는 인재를 연성하여야 한다.
2. 일시동인의 거룩한 뜻(聖旨)을 몸으로 받들어 내선일체에 철저하여야 한다.
3. 경신숭조(敬神崇祖) 관념을 돈독히 하고, 절개를 숭상하고, 염치를 중시하고, 강한 의지와 결단력을 지니고, 고상하면서도 활달한 기개와 도량이 풍부한 인물을 육성하여야 한다.
4. 문무(文武)를 겸비 수련하고 심신일체의 단련을 중시하여 강건한 기풍을 떨치며 풍기와 예절에 엄정을 기하여야 한다.
5. 옛것을 되돌아 보고 오늘에 비추며 학행을 일치하는 학풍을 진작하고, 사색을 정치하게 하고 식견을 넓혀 문화창조의 근원력을 배양하여야 한다.

제3조 대학예과는 문과 및 이과로 하며 각 과를 갑류와 을류로 분류한다.

제4조 ① 대학예과의 수업은 교수 및 수련으로 한다.

② 교수 및 수련은 하나로 하여 이를 이수하여야 한다.

제5조 대학예과의 수업일수는 학칙으로 이를 규정하여야 한다.

제6조 학년은 4월 1일에 시작하여 다음 해 3월 31일에 끝마친다.

제7조 학년은 다음과 같이 3학기로 나눈다.

    제1학기 4월 1일부터 8월 20일까지

    제2학기 8월 21일부터 12월 31일까지

    제3학기 1월 1일부터 3월 31일까지

제8조 비상재해 및 기타 긴급한 사정이 있는 경우에는 임시휴업을 할 수 있다.

제9조 기원절, 천장절, 명치절 및 1월 1일에는 직원과 학생은 학교에 집결하여 축하의식을 거행하여야 한다.

제2장 교수

제10조 ① 문과의 학과목은 도의과, 고전과, 역사과, 경국(經國)과, 철학과, 자연과, 외국어과, 교련과 및 체련과로 하며 그 밖에 선수과(選修科)를 둔다.

    ② 선수과는 고전 및 역사를 중심으로 하는 사항 또는 외국어과에서 이수하지 못한 외국어 중 한 가지를 이수하도록 한다.

    ③ 외국어는 외국어과에서는 독일어 또는 영어로 하고, 선수과에서는 독일어, 영어, 중국어 등으로 한다.

제11조 문과 각 학년의 최저 수업 시수는 다음 표에 의한다.

⟨표 1⟩

학과목/학년	제1학년	제2학년
도의과	35	35
고전과	200	200
역사과	165	165
경국과	65	130
철학과	65	65
자연과	65	65

외국어과	200	200
교련과	100	100
체련과	65	65
선수과	165	100
합계	1125	1125

제12조 ① 이과의 학과목은 도의과, 인문과, 수학과, 물리과, 화학과, 박물과, 외국어과, 교련과 및 체련과로 한다.

② 외국어는 독일어 및 영어로 한다.

제13조 이과의 각 학년에 있어서의 최저 수업 시수는 다음 표에 의한다.

〈표 2〉

갑류

학과목/학년	제1학년	제2학년
도의과	35	35
인문과	130	65
수학과	230	230
물리과	130	200
화학과	100	165
박물과	35	65
외국어과	300	200
교련과	100	100
체련과	65	65
합계	1125	1125

을류

학과목/학년	제1학년	제2학년
도의과	35	35
인문과	130	65

수학과	130	100
물리과	100	165
화학과	100	165
박물과	165	165
외국어과	300	265
교련과	100	100
체련과	65	65
합계	1125	1125

제14조 대학예과의 문과 및 이과의 각 학과목 교수요강은 조선총독이 정한다.
제15조 대학예과의 교과서는 조선총독의 인가를 받아 예과부장이 이를 정한다.

제3장 수련

제16조 대학예과의 수련은 학생의 모든 생활을 대상으로 하여 이를 시행한다.
제17조 대학예과에서는 학생을 기숙사에 수용하여 수련시켜야 한다. 다만, 기숙사에 수용할 수 없는 학생에 대하여는 숙소 등에 관하여 적절한 지도를 하여야 한다.
제18조 대학예과의 수련요강은 조선총독이 이를 정한다.

제4장 입학 · 휴학 · 퇴학 및 징계

제19조 생도를 입학시켜야 하는 시기는 학년시작일로부터 30일 이내로 한다.
제20조 ① 대학예과의 제1학년에 입학허가를 받을 수 있는 자는 다음의 각호의 1에 해당하는 자로 한다.
    1. 중학교를 졸업한 자 또는 1943년 칙령 제40호 부칙 제3항의 규정에 의하여 중학교 제4학년을 수료한 자
    2. 조선총독이 대학예과 입학에 관하여 전호에 게재한 자와 동등 이상의 학력이

있다고 지정한 자

　3. 고등학교의 심상과를 수료한 자

　4. 대학예과 또는 고등학교 고등과 입학 자격 시험에 합격한 자

　5. 전문학교입학자격검정규정에 의한 시험검정에 합격한 자

　6. 조선총독 또는 문부대신이 일반 전문학교 입학에 관하여 중학교를 졸업한 자와 동등 이상의 학력이 있다고 지정한 자

　② 전항 제4호의 대학예과 입학 자격 시험에 관한 규정은 별도로 이를 정한다.

제21조 입학지원자에 대하여서는 인물고사, 학력시험 및 신체검사 결과와 입학 전 재학한 학교의 조사서를 종합 판정하여 입학생을 선발하여야 한다.

제22조 대학예과 생도로서 학적을 상실한 자가 그 학적을 상실한 때로부터 2년 이내에 재입학을 지원하는 경우에는 전형상 해당 학년 또는 다음 학년 시작일로부터 30일 이내에 동일 학년 이하의 학년에 한하여 입학을 허가할 수 있다.

제23조 ① 생도는 예과부장의 허가를 받지 아니하고는 다른 학교의 입학시험에 응시할 수 없다.

　② 전항의 허가를 받고자 하는 자는 사유를 구비하여 보증인이 연대 서명을 하여 출원하여야 한다.

제24조 ① 각 학년의 수료를 인정하기 위해서는 평소의 수업 및 학과목시험의 성적고사로 정하여야 한다. 다만, 정당한 사유로 인하여 시험에 결석한 자에 대하여서는 평소의 수업성적만을 참작하여 이를 인정할 수 있다.

　② 전항의 시험은 예과부장의 희망에 의하여 실시할 수 있다.

제25조 대학예과를 수료한 것으로 인정되는 자에게는 수료증서를 수여하여야 한다.

제26조 예과부장은 정당한 사유가 있다고 인정되는 때에는 학생의 휴학을 허가 또는 명할 수 있다.

제27조 예과부장은 다음의 각호의 하나에 해당하는 자에게는 퇴학을 명하여야 한다.

　1. 성행이 불량하고 개선의 가망이 없는 것으로 인정되는 자

　2. 학력열등 또는 신체가 허약하여 학업을 마칠 가망이 없다고 인정되는 자

　3. 정당한 사유 없이 계속하여 1월 이상 결석 또는 출석이 일정하지 아니한 자

제28조 생도를 퇴학시키고자 하는 경우에는 예과부장의 허가를 받아야 한다.

제29조 예과부장은 교육상 필요하다고 인정되는 경우에는 생도에게 징계를 가할 수 있다.

제5장 잡칙

제30조 대학예과에서는 학급이 다른 생도들을 모아 동시에 수업하거나 학급을 분할하여 수업할 수 있다.

제31조 ① 대학예과에서는 별도의 규정이 있는 경우를 제외하고는 다음 장부를 구비하여야 한다.

1. 학칙, 학사력, 주간일정표 및 일과표
2. 교과용 도서배당표, 수업진도표 및 실시 수업시수표
3. 직원명부, 이력서, 담임학과목 및 시간표, 수련 담임 사항표
4. 학생의 학적부·출석부, 신체검사에 관한 표부 및 병역에 관한 서류
5. 시험문제와 답안, 수업 및 수련 성적표
6. 기숙사에 관한 서류
7. 자산원부, 비품목록, 출납부 및 경비의 예결산에 관한 장부

② 학적부에는 학생의 성명, 생년월일, 본적, 주소, 입학 전 학력, 입학 및 수료연월일, 퇴학 연월일 및 그 사유, 병역에 관한 사항, 보증인의 성명 및 주소 등을 기재하여야 한다.

제32조 학칙으로 규정하여야 하는 사항은 다음과 같다.

1. 학년, 학기, 수업일수 등에 관한 사항
2. 수업 및 수련에 관한 사항
3. 수료 인정에 관한 사항
4. 입학, 퇴학, 징계 등에 관한 사항
5. 수업료, 입학금 등에 관한 사항
6. 기숙사에 관한 사항

부칙

① 이 령은 1943년도부터 이를 적용한다.

② 1942년 조선총독부령 제220호는 폐지한다.

③ 1942년도 이전에 입학한 학생이 이수하여야 할 학과목 및 그 과정에 관해서는 개정 전의 예에 따른다. 다만, 이 령의 규정을 참작할 수 있다.

④ 1942년도 이전에 입학한 학생으로 1945년 3월 31일까지 수료할 전망이 보이지 아니하는 자에 대하여는 1943년 칙령 제40호의 부칙 제2항의 규정을 적용하지 아니한다.

⑤ 전항 규정의 적용을 받은 학생이 속해야 하는 학년은 예과부장이 이를 정하여야 한다.

<자료 21> 京城帝國大學官制(勅令 103號, 1924.5.1)

경성제국대학 관제

제1조 경성제국대학에 다음의 직원을 둔다
    총장   칙임
    서기   전임 2인 판임
제2조 총장은 조선총독의 감독을 받아 경성제국대학의 일반 사무를 관장하고 소속 직원을 총괄 감독한다.
    총장은 고등관의 진퇴에 관해서는 조선총독에게 상세히 보고하고, 판임관에 관해서는 전결 시행한다.
제3조 서기는 상관의 지휘를 받아 서무 회계에 종사한다.
제4조 경성제국대학에 예과를 둔다.
    예과에는 다음의 직원을 둔다.
    부장
    교수   전임 15인 주임
    생도감
    조교수 전임 2인 판임
    부장은 예과 교수 중에서 조선총독이 임명하고, 총장의 명을 받아 예과의 사무를 장리하고 소속직원을 감독한다.
    교수 및 조교수는 생도의 교육을 담당한다.
    생도감은 예과 교수 중에서 조선총독이 임명하고, 부장의 명을 받아 생도 훈육을 담당한다.

부칙
본 령은 공포일로부터 시행한다.
경성제국대학 총장은 당분간 전임(專任)으로 한다.

<자료 22> 京城帝國大學學部ニ關スル件(勅令 104號, 1924.5.1)

경성제국대학 학부에 관한 건

경성제국대학 학부는 다음과 같이 둔다.
　　법문학부
　　의학부

부칙
본 령은 1926년(大正 15) 4월 1일부터 시행한다.

<자료 23> 京城帝國大學ニ關スル件(勅令 第105號, 1924.5.1)

경성제국대학에 관한 건

경성제국대학에 관해서는 제국대학령에 의한다. 다만 동령 중 문부대신의 직무는 조선총독이 행사한다.

부칙

이 령은 공포한 날부터 시행한다.

<자료 24> 京城帝國大學通則(1926.4.20)

경성제국대학 통칙

제1장 학년, 학기, 휴업

제1조 학년은 매년 4월 1일에 시작하여 다음 해 3월 30일에 마친다.

제2조 학년 중 휴업일은 다음과 같다.

    춘계 휴업 4월 1일부터 4월 20일까지

    하계 휴업 7월 11일부터 9월 10일까지

    동계 휴업 12월 25일부터 다음 해 1월 7일까지

    일요일

    기원절

    천장절 축일

    신상제(神嘗祭)

    춘계황령제(春季皇靈祭)

    추계황령제(秋季皇靈祭)

    조선총독부 시정기념일(10월 1일)

    경성제국대학 창립기념일(5월 2일)

제2장 학부

제1절 학생

1. 입학, 수업

제3조 입학 시기는 학년 시작부터 30일 이내로 한다.

제4조 학부에는 본 대학예과를 수료한 자를 입학시킨다.

제5조 전 조의 예과 수료자를 입학시키고 또 결원이 있을 때는 다음의 순위에 따라 입학을 허가해야 한다.

    1) 고등학교 및 학습원 고등과 문과 졸업자로서 법문학부에, 이과 졸업자로서 의학부에 입학을 지원하는 자

    2) 본 대학 학부에서 시행하는 학력검정시험에 합격한 자

    전 항의 제1호에 의한 입학지원자수가 입학가능 정원을 초과할 때는 선발시험을 실시한다.

제6조 전 조 제1항 제2호에 의한 입학지원자는 입학원서에 수험료 10원을 첨부하여 원서를 내야 한다. 이미 납부한 수험료는 반환하지 않는다.

제7조 다음 열거한 자는 제2조의 규정에도 불구하고 입학을 허가한다

    1) 본 대학 학부에서 정한 학사 자격이 있는 자로서 다시 다른 학부 또는 동일 학부의 타 학과에 입학을 지원하는 자

    2) 퇴학한 자가 다시 동일 학부의 동일 학과에 입학을 지원하는 자

    3) 타 제국대학 학부에서 정한 학사 자격이 있는 자

제8조 본 대학예과에 입학한 자는 예과 수료 전에 지망학과를 제출하여 학부장의 인가를 받아야 한다.

제9조 제5조 및 제7조의 규정에 따라 입학을 허가받은 자는 입학 요금 10원을 납부해야 한다. 입학료를 납부하지 않을 때는 입학 허가를 취소한다. 이미 납부한 입학료는 환불하지 않는다.

제10조 학부에 입학하는 자는 힘써 공부할 것[전심근학(專心勤學)]을 선서하고, 선서 명부에 서명해야 한다. 이유 없이 선서하지 않는 자는 제명한다.

제11조 수업에 관한 규정은 학부에서 정한다.

2. 휴학, 퇴학, 제적

제12조 질병과 기타 사고로 인하여 계속해서 2개월 이상 수학할 수 없을 때는 사유를 갖추어서 1년 이내의 휴학을 학부장에게 신청해야 한다. 단 특별한 사정이 있는 자에 대해서는 학부장이 총장의 인가를 받아 계속하여 휴학하는 것을 허가할 수 있다.

제13조 학생 육해군 현역에 복무하거나, 또는 전시, 혹은 사변으로 병력으로 소집당할 때는 학부장의 허가를 얻어 그 기간 동안 휴학할 수 있다.

제14조 휴학한 자가 그 기간 안에 복학하고자 할 때는 학부장에게 신청하여 허가를 받아야 한다.

제15조 휴학 기간은 법문학부에서는 합하여 3년, 의학부에서는 합하여 4년을 초과할 수 없다. 단 병역으로 인한 휴학 기간은 본조의 기간에 산입하지 않는다.

제16조 휴학한 기간은 재학기간에 산입하지 않는다.

제17조 퇴학하고자 하는 자는 사유를 갖추어 학부장에게 신청한다.

제18조 질병과 기타 사고로 인해 학업을 마칠 수 없다고 인정되는 자는 총장의 인가를 받아 학부장이 제적한다.

3. 시험, 칭호

제19조 시험은 학부가 정한 바에 따라서 행한다.

제20조 대학령 제10조의 규정에 따라 학부에서 행하는 시험에 합격한 자는 증서를 수여한다.

제21조 전조의 증서를 가진 자는 다음에 구별에 따라 칭호를 사용할 수 있다.

  법문학부 법학사 또는 문학사

  의학부   의학사

4. 수업료

제22조 수업료는 1학년 금 100원으로, 다음의 3분기로 나누어서 징수한다.

  제1기 4월부터 8월까지 금 35원

  제2기 9월부터 12월까지 금 35원

  제3기 1월부터 3월까지 금 30원

제23조 1학기 내내 휴학하는 자는 그 학기의 수업료는 징수하지 않는다. 단 중도에 복학하는 자는 그달부터 월액으로 징수한다. 월 징수액은 1개월 금 10원으로 한다.

  퇴학의 경우 그 학기의 수업료는 징수한다.

제24조 수업료는 별도로 정한 기일에 납부한다. 기일 이후에 입학 또는 복학하는 자는 그 날에 납부해야 한다.

제25조 소정의 기한 내에 수업료를 납부하지 않는 자에게는 최고(催告)를 발행하고, 마침내 납부하지 않을 때는 강의 및 실습 출석과 도서관 열람을 금지한다. 그 정황이 심각할 때는 제적한다.

5. 징계

제26조 학생으로서 본 대학 학규를 위반하거나 학생의 본분에 반하는 행위를 할 때 학부장은 총장의 명에 따라 징계한다.

징계는 견책, 정학 및 제명으로 한다.

6. 복장

제27조 학생은 본 대학 소정의 제모와 제복을 착용한다

제2절 선과생(選科生)

제28조 학부의 학과에서 한 과목 또는 여러 과목을 선택하여 이수하고자 하는 자는 학생의 수학을 방해하지 않는 한에서 선과생으로 입학을 허가할 수 있다.

제29조 선과생으로 입학을 허가받을 수 있는 자는 19세 이상의 남자로서, 선택하는 과목을 이수하기에 족한 학력을 가진 자로 한다.

전 항의 학력은 학부에서 입학시험을 행하여 인정한다.

입학시험에 관한 규정은 학부에서 정한다.

제30조 선과생으로 입학을 지원하는 자는 선택하고자 하는 과목을 기재하고 이력서 및 수험료 금 10원을 첨부하여 학년 초에 학부장에게 신청한다.

이미 납부한 수업료는 반환하지 않는다.

제31조 선과생은 이수한 과목에 대하여 시험을 볼 수 있다. 시험에 합격한 자는 원하면 학부장이 증명서를 수여한다.

제32조 전 제4조에서 정한 바 이외에 학생에 관한 규정은 제27조의 규정을 제외하고 그

것을 선과생에게도 준용한다.

제3절 청강생

제33조 각 학부의 과목에서 청강을 희망하는 자가 있으면 학부가 정한 바에 따라 학생의 이수를 방해하지 않는 한에서 청강생으로 허가할 수 있다.

청강은 1학기마다 또는 학년마다 허가한다.

제34조 청강생에 대해서는 시험을 행하지 않는다.

제35조 청강료는 한 과목마다 법문학부는 1학기 7원 50전, 의학부는 1학기 5원으로 미리 납부한다. 단 실험 실습을 함께 신청한 경우에는 그에 필요한 실비를 납부해야 한다.

제36조 학부장은 청강생을 감독하고, 필요하다고 인정되면 제명한다.

제4절 전공생

제37조 학부 교관의 지도를 받으며 특수 사항을 대하여 연구하려는 자는 학부가 정한 바에 따라 전공생으로 입학할 수 있다.

제38조 전공생으로 허가받은 자는 입학료 10원을 납부해야 한다.

제39조 전공생은 학부가 정한 소정의 연구료를 납부해야 한다.

제40조 제27조의 규정은 전공생에게도 준용한다.

제5절 외국 학생

제41조 외국인으로 제2장의 규정에 따라 학부에 입학하려는 자는 정원 외로 입학을 허가할 수 있다.

제42조 외국 학생으로서 학부가 정한 소정의 시험에 합격한 자는 본인의 희망에 따라 학력을 검정하여 본 대학예과 수료 정도와 동등 이상이라고 인정될 때에는 제20조의 증서를 수여한다.

제43조 외국 학생에게도 학생에 관한 규정을 준용한다.

제3장 대학원

제1절 대학원 학생

제44조 본 대학 또는 다른 제국대학 학부에서 정한 소정의 학사 자격을 가진 자가 대학원에 입학하려 할 때는 연구사항을 적어 학부장을 경유하여 총장에게 신청해야 한다. 총장은 해당 학부 교수회의 논의를 거쳐 이를 허가한다. 필요하다고 인정되면 학력 검정을 할 수 있다.

제45조 전 조 이외의 자가 대학원에 입학하려 할 때는 연구사항을 적어 학부장을 경유하여 총장에게 신청해야 한다. 총장은 해당 학부 교수회의 논의를 거쳐 학력을 검정하여 허가한다.

전 항의 신청자는 입학검정료 금 20원을 미리 납부해야 한다.

미리 납부한 검정료는 반환하지 않는다.

제46조 대학원 학생의 재학 기간은 2년 이상 5년 이하로 한다.

대학원 학생은 재학 중 해당 학부에서 전심하여 연구에 종사하고, 해당 학부장의 허가를 받지 않고서는 다른 업무에 종사할 수 없다.

제47조 대학원 학생은 해당 학부장의 허가를 받지 않고서는 경성부 이외의 지역에 거주할 수 없다.

제48조 대학원 학생은 지도자의 허가를 받아, 각 학부 교관의 승인을 경유하여 강의 또는 실험에 출석할 수 있다.

제49조 대학원 학생의 연구료는 1개년 금 75원으로, 이를 미리 납부해야 한다.

대학원 학생으로서 병역에 복무하는 자는 그 복무 중에는 연구료를 면제할 수 있다. 단 이미 납부한 것은 환납하지 않는다.

제50조 대학원 학생에게 학술 연구 여행을 명할 때는 해당 학부 교수회의 논의를 경유하여 여비를 지급해야 한다.

제51조 대학원 학생은 1년마다 지도자에게 보고해야 한다.

제52조 대학원 학생으로서 본분에 반하는 행위가 있을 때는 해당 학부 교수회 및 평의회의 회의를 경유하여 총장이 제명한다.

제53조 대학원 학생에게도 학생에 관한 규정을 준용한다.

제2절 특선(特選) 급비 학생

제54조 대학원 학생 중에서 학력이 우수하고 마음가짐이 견실한 자는 연구료를 면제하고 학자금을 급여해야 한다. 이를 특선 급비 학생이라 칭한다.

제55조 특선 급비 학생으로 적당한 자가 있을 때는 해당 학부 교수회의 논의를 경유하여 학부장이 추천하고 총장은 평의회의 논의를 경유하여 이를 명한다.

제56조 특선 급비 학생의 학자금은 1인 월액 50원 이내로 하고, 기간을 정해 지급한다.
특선 급비 학생은 다른 업무에 종사할 수 없다.

제57조 특선 급비 학생의 자격에 결함이 있는 자는 해당 학부 교수회 및 평의회의 논의를 거쳐 총장이 면한다.

<자료 25> 大學·專門學校長 會同(每日申報, 1943.7.16)

대학·전문학교장 회동: 충량한 국민을 연성, 일본적 교학체계를 확립하라

이번 신학기를 기하여 단행한 획기적인 학제개혁의 정신을 구현해 전 학원을 황국민 연성의 도장(道場)으로 하며, 가열 처참한 결전 연속의 현 단계에 조응해 250만 반도 학도의 전시동원체제를 확립하여 학원의 무장화를 기하는 총독부에서는 12일에 전선(全鮮)중등학교장 회동, 13일 각 도 학무과장 시학관 및 사범학교장 회의를 개최하였고, 15일은 대학·전문학교장 사무협의회를 개최하여 최고 학원의 동원 실시를 협의하였다. 고이소(小磯) 총독 아래서 처음으로 열리는 본회의 개회에 앞서 출석자 일동은 오전 7시 반 조선신궁에 참배하여 반도 문교 유신의 추진력이 될 결의를 신전에 아뢰고, 오전 8시 반 총독부 제1회의실에 모여 회의를 시작하였다.

고이소 총독, 다나카(田中) 정무총감, 외부자로 쿠라시게(倉茂) 조선군 보도부장, 카가(加賀) 중좌, 카와기시(川岸) 조선장학회 이사장 임석 아래 시노다(篠田) 경성대 총장을 비롯하여 동 법문학부·의학·이공학·예과 각 부장, 마스다(增田) 법전 이외에 6개 관립전문, 2개 공립전문, 11개 사립전문교장이 출석하였다. 오노(大野) 학무국장 통솔 하에 국민의례 후 고이소 총독으로부터 1) 도의(道義) 조선 확립과 교학, 2) 학제개혁과 운영, 3)학도 전시동원체제 확립, 4) 과학적 기술적 훈련의 철저, 5) 학도사상 지도와 지기(志氣) 앙양이라는 5개 항목에 관하여 1시간에 걸쳐 열렬한 훈시가 있었다. 동 훈시에서 총독은 특히 **기왕의 자유주의적 풍조 하의 대학교육이 '교(敎)'와 '학(學)'이 분리되어 현실에서 벗어난 편지주의(偏知主義)에 빠져 사회사상 혼미의 한 원인이 된 것과, 전문학교가 고도의 직업교육에 편중하였기 때문에 지도적 황국민 연성이라는 일본적 교학(敎學) 본래의 사명에서 이탈한 것을 지적하**고, 많은 동포 장정(壯丁)이 성스러운 전쟁터에서 피땀과 함께 옥쇄(玉碎)하는 이때 국가가 병력유예와 거대한 국비를 쏟아 면학의 은전(恩典)을 부여하는 일을 생각할 때 교직원과 학도는 "우리는 무엇을 해야 할 것인가"를 단적으로 이해할 것을 갈파하였다. 전문대학에 이를수록 **사제 간의 개별적 훈화 교육 본연의 기능이 희박한 것은 교수가 '학(學)'에는 충(忠)할지 모르나 '교(敎)'에 불충한 실태를 입증하는 것이라고 단안을 내려 최고 교육자의 반성을 구한 것은 문교유신의 추진력인 최고학부의 교학 쇄신에 부동의 신념을 토로**한 것으로 참석자들을 긴장케 하였다. 훈시에 이어 혼다(本多) 학무과장으로부터 별도 지시 사항 설명이 있고 나서, 각 학교장으로부터 개진된 활발한 의견을 중심으로 격의없는 협의를 하였다. 끝으로 다나카 총감으로부터 총독 훈시를 부연하며 전시동원 전개를 기약하는 훈시가 있은 다음 5시 다대한 수확을 거두고 회의를 마쳤는데, 반도인 졸업생 취직알선 방책이 결정 발표된 직후인 만큼 각 학교장으로부터 특히 이 문제에 관하여 열렬한 요망이 있었다.

1) 학제개혁에 따르는 교육의 쇄신 강화에 관한 건, 2) 교직원 연성의 강화에 관한 건, 3) 전문학교의 수련(修鍊)에 관한 건, 4) 사상 지도 및 분위기(風尙) 작흥에 관한 건, 5) 학도 전시동원에 관한 것, 6) 학교 보건 대책에 관한 건.

총독 훈시 요지

전언(前言)

지난 12일 전 조선 중등학교장 회동을 개최하고 금일 여기 대학·전문학교장 회동을 개최하게 된 것은, 이번 실시하게 된 학도 전시동원체제의 확립에 관하여 여러분들의 모임에 응해, 조선교학의 쇄신을 꾀하고 생기가 넘치고 통제 있는 전체 학원의 행동 전개를 촉구하려 함에 있다. 지금 여러분의 장엄한 모습에 접하며, 본 총독은 소감을 말할 기회를 얻은 것을 기뻐해 마지않는 바이다.

1. 도의(道義) 조선의 확립과 교학

만주사변으로부터 지나(支那)사변을 거쳐 대동아전쟁에 이르는 일련의 시국 사이에 포함된 역사 발전의 진의는 우리 일본국민의 입장에서는 황도의 신념에서 우러나오는 커다란 인륜도덕을 대동아(大東亞)의 사방천지에 펴서 구(舊) 세계사조로 인하여 파탄백출(破綻百出)한 인류의 위기를 구하고 새로운 도의적 질서로 항구적 평화체제를 수립하는 것은 지금 새삼스럽게 다시 말할 필요가 없는 바이다. 이 때문에 국민은 천황의 가르침을 받들어 미영(米英) 섬멸의 성전(聖戰)에 궐기하여, 1년 반의 전세(戰勢)는 모두 유리하게 전개되고 광대하게 평정된 지역에서 원주민을 오랜 기간의 질곡으로부터 해방하여 그 감격적인 협력 아래, 기이할 정도의 속도로 대동아민족 국민 공존공영의 유기적 조직을 창조하고 있는 것은, 필경 천황의 위세에서 나오는 우리나라(我國)의 도의적 세계관의 승리를 의미하는 바로서, 뜻있는 국민은 같이 감격해 마지않는 바이다.

우리 일억 국민은 이리하여 대동아 수억 동포의 공동운명 타개의 선두에 서서 이를 제기하고 이를 이끌어 도와주어 공영의 원리를 솔선하여 실행하는 광영 있는 책임의 지위에 있는 것이다. 과연 전 국민 개개인이 정말로 이 커다란 사명을 양어깨에 짊어지고 일본도의(日本道義)의 실행자(行者)가 될 자격을 스스로 수련하고 있는가, 없는가? 이 반성과 이 자각이야말로 대동아건설 전쟁의 수행에 있어 전제 요건이 되는 것이며, 특히 우리 조선의 현실에 비추어 이러한 감이 통절함을 느끼는 바이다. 그러므로 본 총독은 지난 부임 이래 유고·성명·훈시·기타 여러 차례의 기회와 방법으로 국체본위의 투철에 따른 도의조선의 확립을 통치의 기본방침으로 강조해 왔고, 널리 관민 식자층에 호소하여 본지의 철저를 염두에 두어온 터이다. 그러나 인심의 소지(素地)가 아직도 구태에 머무르고 소기의 덕이 아직도 부족하여 이상적 경지로의 발걸음이 심히 완만한 감이 있는 현상을 심히 부끄러워하는 바이다.

그러나 조선의 국민도의 앙양은, 물론 고이소 본인의 헛된 염원으로 끝나는 것이 아니라, 실로 시국의 현 단계에서 국가의 지상 명령인 동시에 이천오백만 동포의 국민적 복지를 여는 유일 절대의 도리이므로 가령 어떠한 장애가 있어 이를 방해할지라도 단연코 통치의 온 마음을 경주하고 방법을 다하여 본지(本旨)의 실현을 꾀하려는 생각이다. 이에 있어 그것을 위탁받은 국가의 자제를 통해서 시대 인심의 계도(啓導)에 임하는 교학 부문 책임자 여러분에 대해 본 총독이 구하는 바가 얼마나 절실한가를 이해시키는 동시에 조선총독부 학무당국과 연락을 한층 긴밀히 하여 일억 통치의 근본 방침을 향해 협력하기를 갈망하는 바이다.

2. 학제개혁과 그 운영

　메이지(明治)기 이래 우리나라 교육체제는 구미(歐米) 학술문화를 섭취하기에 급했던 결과 이에 수반한 여러 폐해를 일으켰고, 더욱이 왕년의 자유주의적 풍조가 만연해 교학 면에 미친바 해독이 가장 심했던 것은 여러분도 또한 함께 근심하였을 것으로 믿는 바이다.

　조선에서는 일찍이 시대의 폐해를 없애려고 대학 및 전문학교규정을 개정하고 일반 전문학술의 연구, 교수 이외에 항상 황국도(皇國道)에 근거해 국가사상의 함양, 인격의 도야에 노력함으로써 국가가 필요한 인재가 되기에 충분한 충량유위(忠良有爲)한 황국신민 연성에 노력해야 할 이유를 분명히 하였다. 일본적 교학체제의 확립에 노력한 업적은 이미 주지하는 바인데, 이번 다시 내지의 학제 개혁에 호응하여 전문학교의 목적 및 성격을 명확히 규율하고, 학도의 생활을 모두 국가 유용의 인물 연성 한 길로 귀일시켜 교육의 전면에 걸쳐, 학행(學行)을 일체로 하는 황국도(皇國道)의 수련 도장이 되게 할 체제를 확립하여 지도 훈화의 결실을 거두게 된 것이다. 그리고 이번 내지 학제개혁은 대학예과에만 한정되었지만, 반드시 가까운 장래에 전면적 개혁을 보게 될 것은 당연한 사실이다.

　돌아보건대 이전의 자유주의 풍조에서 대학교육은 흔히 학제 규정을 벗어나 '교(教)'가 '학(學)'에서 분리되어 편지주의(偏知主義)에 빠지고 마침내 현실과 분리되어 학문을 위한 학문에 빠져 결국에는 사회사상 혼미의 한 요인이 되었다고도 할 수 있고, 전문학교 또한 고도의 직업교육적 도저한 정신에 빠져 모두가 그 참된 사명에 대하여 많은 결함을 생기게 했던 사실은 부정할 수 없었다.

　그러나 지금은 대동아전(大東亞戰) 아래서 팽배한 국내 개신(改新)의 일대 기운을 쫓아 교학 부분은 제일 먼저 그 내용과 방향을 고쳐 인심사상(人心思想)으로의 전환에 선도가 되어야 할 지경에 서게 되고, 국가사회는 먼저 최고학부인 대학과 그다음 고도의 지위에 있는 고등 전문학교 교육의 참된 사명의 부활을 기대해 마지않는 바이다.

　동포 장정은 모름지기 성전(聖戰)의 전장에 서서 전투복을 땀과 피로 적시고 차차 옥쇄를 향하고 있는 이때, 국가가 병역의 유예와 함께 거대한 국비를 할애하여 면학의 여지를 주고 있는 은전(恩典)을 생각한다면, "우리는 무엇을 해야 할 것인가" 하는 명제는 교직원 및 학도가 다 같이 단적으로 이해할 수 있을 것이다. 다시 대학, 전문학교에서 배우는 학도의 사상

행동이 그대로 곧 뒤를 잇는 중등학교 생도 이하의 사상 행동에 심대한 시사와 영향을 끼치게 되는 심리관계에 생각이 미친다면, 학원의 선배로서 일언일행을 경솔히 할 수 없는 중책을 느꼈을 것이다. 여러분은 이전에 실시된 학제개혁의 본지(本旨)를 그르침 없이 운용하는 데 가장 적절한 조치를 강구하여 반도 교학혁신의 성과(實果)를 내외에 과시하기를 기대하는 바이다.

3. 학도전시동원체제의 확립

문무일체(文武一體), 군교일치(軍敎一致)는 황국 본래의 자태여서 일찍부터 우리나라 고등학원까지 학교 배속장교 제도를 실시하고 평화시기나 전쟁시기, 어느 경우를 불문하고 학도에게 군사교련을 함께 부과하여 온 이유 또한 여기에 있다. 지난 정부에서 결정한 '학도전시동원체제확립요강'은 이 취지를 확대하여 현재의 결전단계에 조응하려는 것이니 수학(修學), 훈련, 근로를 일관하는 교육연성의 체계를 **정비**하려는 것에 불과한 것이다. 실시방책으로는 지난번 훈령한 '전시학도체육훈련실시요강'에 따라 모든 학교체육을 전력 강화라는 한 가지에 집중하여 보통 전투 기술(戰技) 외에 항공, 기갑(機甲), 통신, 해양, 마사(馬事) 등의 여러 종목에 걸친 특수 훈련까지 실시하여 다른 날에 대비하려고 하는 터이다.

학도동원에 의한 국방, 산업에 대한 적극적 참가에 관해서 조선총독부에서는 일찍부터 그 필요를 느끼고 금년 3월 이후 중앙과 지방을 통한 조직적 계획을 세워서 식량증산이나 국토방위에 응분의 기여를 하게 하였는데, 본 동원은 한편에서 반도의 일반 청년에게 속히 종래의 태만과 방종스러운 폐풍을 벗어 버리고 널리 성실 근면의 풍조를 배양하는 데 좋은 자극이 되는 의의가 있으므로, 더욱 이를 강화하여 안팎으로 이중의 효과를 거두도록 노력하기를 바라는 바이다. 물론 학도 근로의 대상은 그들이 전수하고 있는 전문지식을 실지로 활용할 수 있는 방면을 선택하는 것이 이상적이지만, 실제 문제에서는 그렇지 못한 경우도 있을 것이므로 모름지기 전시 특수근로의 중대 의의를 명백히 하여, 학도의 심경을 명랑 발랄하게 하고 의기양양하게 수련의 효과를 거두도록 그 지도에 부족함이 없도록 하기를 바라는 바이다.

4. 과학적, 기술적 훈련의 철저

전쟁의 현 과정에서 병기(兵器)를 중심으로 하는 중점산업과 식량의 생산증강은 전쟁 국면 지배의 관건이 되고 있는데, 이 증산의 요소 가운데 원료 자재와 함께 생산기구에서 과학력 응용범위의 확대와 노무기술의 고도보편화가 지금 가장 긴급한 과제가 되고 있음은 여러분이 이해하는 바와 같다. 또 목전의 학도전시동원 실시의 경우도 그 주안(主眼)인 항공, 기갑, 방공, 통신 훈련 등에서 심한 불리불편(不利不便)을 면하지 못하는 실정에 있으며, 이 인적·물적 수준의 낮음은 우리나라 특히 조선의 과학 및 기술교육이 충분한 경지에 도달하여 진짜 사명을 다하는 것을 아직 못함을 증명하는 것이다. 우리들은 이에 이전 것을 후회하는 무익함을 피하고 이에 대한 반성에서 금후 비상한 각오와 주도면밀한 방침으로 종래의 결함을 중지하고 과학 및 기술의 고도화, 보편화를 전체 학원을 향해 기획할 입장에 있음을 자각하지 않으면 안 된다. 국가의 당면한 과제에 대하여 대학·전문학교의 과학 부문은 매우 중대한 책무를 갖게 되었으며, 학교 자체에서 교육내용의 충실 향상을 꾀함은 물론, 널리 관련한 방면과 협력하여 새로운 분야를 타개하는 방도를 강구하고, 또 각 중등학교 등의 이과 교육 및 과학적·기술적 훈련을 철저히 지도하고 원조하는 적극적 태도로 나갈 시기라고 믿는 바이다. 현재 이 방면에서 인물 자재(資材) 모두가 부족을 알리는 때이므로 이에 대한 확충에 여러 곤란이 따름은 물론이나, 모름지기 두뇌의 동원에 따라 창의 공부(工夫)의 능력을 실제에 적용하는 데 최선을 다해 주기를 희망하는 바이다.

5. 학도사상의 지도와 사기양양

조선 학도의 사상 동향은 대체로 그 흐름은 만족할 만하다. 특히 대동아전(大東亞戰) 아래서 그 자각 현상이 현저한 바가 있음에 대해서는 여러분과 함께 기뻐하는 바이다. 하지만 학원 일부에서는 아직도 다년간 만연한 개인적 자유공리(自由功利)의 사상을 불식하지 못하고, 그 때문에 간혹 편협한 소민족주의, 천박한 공산주의 등에 빠져 스스로 자기를 파괴하고, 혹은 기독교적인 영향 아래 영미(英米) 맹신의 관념을 품고 반역을 도모하여, 몸을 암흑계에 던지는 자 등이 여전히 그 수가 줄어들지 않는 것은, 젊고 존귀한 생명을 군국(君國)에 바쳐 호국의 신으로 승화하고 있는 숭고한 애국 청년의 자태에 비해 참으로 연민을 금치 못하는 바이다.

그러나 지금 국가가 세계를 향하여 미증유의 대건업(大建業)을 행함에 있어 한 사람의 인재도 남김없이 필요한 이때, 이와 같이 국가 전투력에 대한 '마이너스'부호의 인물을 배출시키고 있는 죄는 그 가정, 그 환경 사회와 아울러 교육당사자에 돌아가는 바로서, 본인 또한 넓은 의미의 교육자라는 입장에서 천황 폐하께 스스로 죄를 느끼는 바이다.

소식에 따르면 교사의 학생 생도에 대한 개별적 훈화 노력은 국민학교부터 중등학교를 거쳐 전문학교, 대학에 이름에 따라 점차 희박해진 결과, 상급학교의 학도는 사제의 인격접촉에 의한 덕성 도야의 기회가 적고, 혼자 사상의 황야를 방황하여 스스로 구제하는 능력이 없이 결국 사악한 길을 걷고 벼랑 끝에 서게 된 자가 적지 않다는 것이다. 과연 그렇다면 지금껏 대학, 전문학교 교육에서 오랫동안 결함으로 지적되어 온 것이 여전히 남아 있는 것은 교수 여러분이 학(學)에 충실하지만 교(敎)에는 충실하지 못한 실태를 입증하는 것이라 말하지 않을 수 없다. 이제 문교유신(文敎維新)을 알리는 팽만한 풍조를 보게 됨은, 모든 학원이 이와 같은 과오를 고치고 황국 본래의 교학체제를 확립하는 데 절대적 기회이다. 안으로 면면히 신생명(新生命)을 속삭이는 일본적 세계관의 진동이 있고, 밖으로는 대동아의 민족 국민을 포섭하여 새로운 세계의 역사를 창조하려는 객관적 사실이 전개되고 있어, 학도의 지도 사상은 결코 빈곤을 우려할 것이 없다. 여러분은 모름지기 교내 교직원과 후계자를 가르치고 이끌어 힘차고 거침없는 기개와 도량을 키우고, 교학병행 학행일치로써 전시 학도 동원 실시의 과정을 통해, 전체 학도의 사상을 영도하고 그 사기를 최고도로 발휘하게 하여 반도 문교유신의 결실을 거두기를 간절히 바란다.

결언

이상으로 조선 통치상 현재 본 총독이 교학(敎學)에 대하여 기대하는 바를 개략적으로 서술하고, 감히 여러분의 이해와 헌신적 노력을 바라는 동시에, 이 회동으로 결전시국(決戰時局) 아래서 반도 교학계(敎學界)의 과거와 장래를 획기적으로 나누는 계기가 되도록 간절히 바라는 바이다.

회의 출석자

경성대 총장	시노다 지사쿠(篠田治策)
동 법문학부장	나이토 키치노스케(內藤吉之助)
동 의학부장	사토 타케오(佐藤武雄)
동 이공학부장	야마가 노부지(山家信次)
동 예과부장	구로다 칸이치(黑田幹一)
법학전문 교장	마스다 미치요시(益田道義)
의학전문 교장	사토 고조(佐藤剛藏)
고공(高工)교장	고야마 잇토쿠(小山一德)
광전(鑛專)교장	오모리 칸이치(大森貫一)
고농(高農)교장	유카와 마타오(湯川又夫)
고상(高商)교장	가네야스 린타로(兼安麟太郎)
고등수산 교장	다나카 코우노스케(田中耕之助)
대구의학전문 교장	야마네 세이지(山根政治)
평양의학전문 교장	오이카와 구니하루(及川邦治)
보성전문 교장	김성수(金性洙)
연희전문 교장	가라시마 다케시(辛島驍)
혜화전문 교장	와타나베 신지(渡邊信次)
명륜전문 교장	박상준(朴相駿, 朴澤相駿)
숙명여전 교장	오다 쇼고(小田省吾)
이화여전 교장	아마기 가쓰란(天城活蘭, 金活蘭)
아사히(旭) 의전문(醫專門) 교장	고우야마 도미오(公山富雄)
여자의학전문 교장	다카쿠스 사카에(高楠榮)
치전문(齒專門) 교장	나기라 타쓰미(柳樂達見)
대동공전(大同工專) 교장	다카시마 데쓰오(高島徹雄)

<자료 26> 半島における理工科教育並に師範教育の劃期的擴充に就いて
(大野謙一, 1944.3)

반도 이공과(理工科) 교육과 사범교육의 획기적 확충에 관하여

학무국장 오노 겐이치(大野謙一)

조선의 교육에 관한 전시비상조치방책에 관해 작년 10월 13일부의 정무총감 담화에서 그 대강을 발표한 이후, 그 구체적 방책에 대해 주의 깊게 제반 준비를 진행해 왔는데, 관계 예산 등을 대략 간파하여 이에 개요를 밝히니 많은 사람에게 참고가 되기를 바란다. 지금 가장 주요한 것을 든다면,

1. 경성제국대학예과 이과의 확충
2. 경성고등공업학교의 확충 및 경성제2고등공업학교와 평양고등공업학교의 신설
3. 수원고등농림학교의 확충 및 대구고등농업학교의 신설
4. 대구, 평양 양 사범학교의 승격
5. 원산여자사범학교의 신설

등이다. 대학예과 및 전문학교 제1학년의 수용 정원은 작년 1943년도(昭和 18)에 비해 약 1,200명의 증가가 이루어질 예정이며 그 내용은 대략 다음과 같다. 그 확정은 관계 예산의 성립 및 법령의 발포를 기다려야 함이 물론이므로 이 점을 미리 밝혀두고자 한다. 또 신설한 각 전문학교의 입학시험은 오는 3월 상순 이후에 실시할 예정이다.

문과계 남자 관·사립전문학교의 통합 정비에 관해서도 조선의 실정에 따라야 한다는 측면에서 더 검토했으며 그 구체적 계획도 대략 성안(成案)되기에 이르렀다. 새로운 기구(機

構)는 내지에서 진행하는 바(行方)에 맞추어 나갈 필요가 있으므로 가까운 기일에 적당한 기회를 보며 그 내용을 발표할 예정이다.

또 중등교육에 관한 임시 비상조치는 현재 각 도(道)에서 각각 구체적 계획이 추진 중이어서 그 역시 가까운 시일 내에 적당한 기회를 보아 개요를 발표할 예정이다.

【기(記)】

1. 경성제국대학 및 동 예과
가) 경성제국대학
   - 대학원 제도의 쇄신
   - 이공학부 수탁 연구 시설 설치
나) 경성제국대학예과
   - 예과 갑류, 을류 각 1학급 계 80명 증원 모집

2. 전문학교
가) 이공과계 전문학교
(1) 경성고등공업학교의 확충
   - 전기화학과, 전기통신과, 공작 기계과의 설치 각 과 40명 모집
   - 기계공학과, 전기공학과의 배가 모집 각 과 30명 증원 모집
   - 응용화학과 26명 증원 모집(토목공학과 및 건축공학과는 모집을 정지하고 신설 경성제2고등공업학교로 현재 생도를 편입)
(2) 경성제2고등공업학교의 신설(수업연한 3년)
   - 토목공학과, 건축공학과, 기계공학과 각 과 40명 모집(경성고등공업학교 토목공학과 및 건축공학과의 제 2학년 및 제 3학년 생도를 편입)
(3) 평양고등공업학교의 신설(수업연한 3년)
   - 기계공학과, 조선공학과, 항공공학과, 금속공학과 각 과 40명 모집
(4) 수원고등농림학교의 확충
   - 농학과 5명 증원 모집
   - 임학과 5명 증원 모집
   - 수의축산과 15명 증원 모집

- 농업 토목과 10명 증원 모집
(5) 대구고등농림학교의 신설(수업연한 3년)
 - 농학과, 농예화학(農藝化學) 각 50명 모집
(6) 경성광산전문학교의 확충
 - 채광학과 10명 증원 모집
 - 야금학과 5명 증원 모집
 - 광산 기계과 15명 증원 모집
(7) 부산고등수산학교의 확충
 - 원양어업과의 설치[수업연한 1년 반, 본교 어로(漁撈)과 졸업생을 수용]
 - 어로과 25명 증원 모집
 - 제조과 10명 증원 모집
 - 양식과 5명 증원 모집
(8) 대구공립의학전문학교의 확충 50명 증원 모집
(9) 평양공립의학전문학교의 확충 40명 증원 모집
(10) 아사히(旭) 의학전문학교의 확충 20명 증원 모집
(11) 경성치과의학 전문학교의 확충 35명 증원 모집
(12) 경성약학전문학교의 확충 10명 증원 모집
나) 여자전문학교
 - 이화여자전문학교 및 숙명여자전문학교는 최근 전조선 각지에 설치될 여자청년연성소의 지도원 될 자를 양성하는 기관으로 개조, 수업연한 1년

3. 교원양성 시설
가) 수원고등농림학교 부설 지리, 박물 교원 양성소를 개조하여 박물교원 양성소로 하고 박물과 10명 증원 모집
나) 경성제국대학에 새로 이과 교원 양성소를 부설하여 경성고등공업학교 부설 이과 교원 양성소(수학과, 물리학과) 및 수원고등농림학교 부설 지리, 박물 교원 양성소의 지리학과를 흡수하여 수학과 물리화학과 각 과 50명, 지리학과 20명을 모집

4. 사범학교
가) 대구 및 평양사범학교의 승격

- 본과 설치(수업연한 3년) 각 교 모두 3학급 모집
- 연구과 설치 학교, 각 교 모두 1학급 모집

나) 여자 사범학교의 신설
- 심상과(수업연한 4년) 3학급 모집
- 강습과(수업연한 1년) 4학급 모집

[1944년(昭和 19) 1월 22일 담화 발표]

<자료 27> 戰時敎育非常措置に依る專門學校及中等學校の轉換整備に就て

(大野謙一, 1944.3)

전시교육비상조치에 따른 전문학교 및 중등학교의 전환 정비에 관해

학무국장 오노 겐이치(大野謙一)

조선의 전시교육비상조치방책에 관해 작년 10월 13일 정무총감 담화로 그 대강을 발표했고, 이어 올해 1월 22일 당국 담화로 이공과계 교육 및 사범교육의 획기적 확충에 관한 구체적 내용을 발표했다. 이번 법문과계 전문학교 및 중등학교의 구체적 전환정비계획에 관해서도 거의 성안(成案)하기에 이르렀으므로 여기에 그 개요를 발표하니, 많은 분이 참고하길 바란다.

제1 전문학교

이번 법문과계 전문학교의 전환정비는 이전의 내각회의(閣議) 결정 방침에 준거함과 동시에 조선 실정에 즉각 대응(卽應)하도록 진중한 검토를 거친 결과 결정되었다. 구체적 내용은 다음과 같은데, 그 주된 내용을 열거하면,

1. 전환정비가 지향하는 바는 법문과계 전문교육이 경제 산업 부문의 사무담당 직원 및 넓게는 대동아 여러 지역에 진출해 건설 공작에 이바지할 인재를 양성함으로써 현재 긴급한 국가적 요청에 부응하도록 하는 것이다. 구체적 조치로서
   (가) 관립전문학교에 대해 법전(法專), 고상(高商) 모두 신학년의 생도 모집을 정지하고, 새로이 경성경제전문학교(가칭)를 설치한다.

(나) 사립전문학교에 대해 보성, 연희, 혜화, 명륜 4교 모두 신학년 생도 모집을 정지하고, 새로이 경성척식경제전문학교(가칭) 및 경성공업경영전문학교(가칭) 2교를 설립한다. 또 혜화, 명륜의 2교는 불교계 또는 유교계의 인재 양성을 목적으로 하는 특색있는 교육 기관으로 하고, 실정을 고려해 이에 대신해야 할 선당(禪堂)과 같은, 또는 숙(塾)과 같은 인재양성기관의 설립을 별도로 고려한다.

2. 수용 정원의 경우, 내지의 법문과계 전문학교 입학정원은 종래 입학정원에 비해 거의 1/3 또는 1/2 정도로 감축하였고, 따라서 그런 종류의 전문학교로의 내지 진학은 상당히 어렵게 될 것임을 고려해, 입학정원을 종래 입학정원의 3/4 정도로 감축하는 데 그치고, 이전에 발표한 이공과계 전문학교의 대확충과 맞물려, 1944년도(昭和 19) 전문학교 입학정원은 한꺼번에 1,200여 명의 증가를 볼 예정이다.

다음

1. 관립전문학교

   (가) 경성법학전문학교 및 경성고등상업학교는 1944년도(昭和 19)부터 생도 모집을 정지한다.

   (나) 경성경제전문학교(가칭, 이하 생략)의 신설
   - 생도모집 정수 200명 예정
   - 경성고등상업학교의 교사(校舍)를 사용할 예정

   (다) 경성법학전문학교 및 경성고등상업학교의 현재 생도교육은 경성경제전문학교 교사(校舍)에서 한다.

   (라) 양교 재적 생도로 1943년(昭和 18) 임시징병검사 및 1943년도(昭和 18) 육군특별지원병 임시 채용규칙에 따라 입영 또는 입단한 자가 제대 귀환할 때는 희망에 따라 경성경제전문학교의 해당 학년에 복학시킨다.

2. 사립 전문학교

   (가) 보성, 연희, 혜화, 명륜의 4개 전문학교는 모두 1944년도(昭和 19)부터 생도 모집을 정지한다.

> (나) 경성척식경제전문학교(가칭, 이하생략)의 신설
>   ○ 생도모집 정수 200명 예정
>   ○ 보성전문학교 교사(校舍)를 사용할 예정
> (다) 경성공업경영전문학교(가칭, 이하생략) 신설
>   ○ 생도모집 정수 150명 예정
>   ○ 연희전문학교 교사(校舍)를 사용할 예정
> (라) 보성, 연희, 혜화, 명륜 4교의 현재 생도는 지망에 따라 경성척식경제전문학교 또는 경성공업경영전문학교의 해당 학년에 전입학(轉入學)할 수 있다.
> (마) 4개 전문학교 재적생으로 1943년(昭和 18) 임시징병검사 및 1943년도(昭和 18) 육군특별지원병 임시 채용규칙에 따라 입영 또는 입단한 자가 제대 귀환할 때는 희망에 따라 경성척식경제전문학교 또는 경성공업경영전문학교의 해당 학년에 복학시킨다.

제2 중등학교

중등학교의 전환정비는 남자상업학교를 농·공업학교로 전환하는 것을 축으로 한다. 그것은 농·공업학교의 확충, 여자농업 및 여자상업학교의 신설을 주로 하는 것으로, 지금 급무인 생산증강에 이바지할 것을 도모했다. 그런데 특히 공업학교는 군수생산에서 반도가 짊어져야 할 사명을 발휘하도록 학교 소재지의 사정을 감안해 새로이 조선과, 항공기과를 설치하고, 또 금속공업과를 두는 등 새로운 시대의 요청에 응하는 것을 도모한다. 또 항공기과를 설치하는 경우 그것과 밀접한 관련이 있는 목재공예과를 병치(併置)하고 기타 기존 학과와도 상호 간 연계하도록 하여 가능한 한 통합 정비함으로써 교육효과를 거둘 수 있도록 하는 것은 공업교육의 방향에 새로운 지표를 부여한 것이라 할 수 있다. 여자농업, 여자상업학교의 신설은 전자는 곡창 반도의 사명 달성에 견실한 농촌 여성의 활동을 더욱 필요로 하는 현재의 정세에 따른 것이고, 후자는 여자가 점차 남자를 대신해 상업 부분을 담당함으로써 노무 수요의 원활화에 공헌하고자 한 것이다. 모두 반도 여성의 근로관 확립, 직역(職域)

정신(挺身)에 힘쓰도록 한 바 적지 않다고 생각한다.

  중등학교 전환정비의 개요는 다음과 같다. 총체적으로 남자 26학급, 여자 9학급이 증가했고, 또 새로이 증설된 학급 대부분이 농·공의 기술학과임과 동시에 조선, 항공기 등 종래 반도 공업교육에서 볼 수 없었던 새로운 학과도 있어, 성과를 거두기 위해서는 군관민 각계의 적극적 원조 협력을 기대해 마지않는 바이다.

다음

1. 신설

진해(鎭海)중학, 선천농업, 연백(延白)여자농업, 순안(順安)여자농업, 강계여자농업, 대구여자상업, 평양여자상업

2. 전환

  (가) 직업학교에서 공업학교로 전환

      경성, 인천, 대전, 전주, 대구, 부산, 해주, 신의주, 삼척, 북청(北靑)(이상 10교)

  (나) 상업학교에서 공업학교로 전환

      경성, 강경, 군산, 목포, 단천(端川), 회령(이상 6교)

  (다) 상공학교에서 공업학교로 전환

      진남포(1교)

  (라) 상업학교에서 농업학교로 전환

      개성, 김천(이상 2교)

  (마) 상업학교에서 여자 상업학교로 전환

      함흥(1교)

  (바) 여자실업학교에서 여자상업학교로 전환

      경성, 청진(이상 2교)

3. 신학년도부터 생도모집을 정지하는 것

부산 제2상업, 송정(松汀) 직업(이상 2교)

4. 상업학교로서 존치하는 것

경기, 인천, 덕수, 대구, 부산 제1, 마산, 사리원, 평양, 신의주, 강릉, 원산, 청진(이상 12교)

5. 상업학교의 수업연한 연장

영동(永同), 남원, 강진, 밀양, 장연(長淵), 서흥(瑞興), 강계, 덕원(德源), 갑산(甲山)(이상 9교)

6. 수산학교의 수업연한 연장

용암포(1교)

7. 이상에 따라 학급의 증감은

중 학	2학급 증가
공 업	24학급 증가
직 업	2학급 감소
여자농업	3학급 증가
상 업	14학급 감소
농 업	16학급 증가
여자상업	11학급 증가
여자실업	5학급 감소
계 남자학급	26학급 증가
여자학급	9학급 증가

직업학교 및 상업학교에서 공업으로 전환한 학교를 제외

이 밖에 현재 직업학교 전수과를 폐지하고 공업학교에 새로이 전수과 16학급을 증설한다.

[1944년(昭和 19) 2월 8일 담화 발표]

<자료 28> 師範教育制度改善實施に關する通牒(學務局長, 1943.4)

사범교육 제도 개선 실시에 관한 통첩

학무국장

이번에 조선교육령이 개정되었고, 조선의 사범교육은 사범교육령에 따르게 되어 조선총독부령 제62호로 새로이 사범학교규정을 제정 공포하게 되었다. 이는 국민학교 제도 실시와 시국의 요청에 응한 것으로, 새로운 구상 아래 사범학교 제도 및 내용을 쇄신 개선하여, 황국의 도에 따르는 국민학교 교원이 될 자의 연성을 완성하려는 것으로, 그 운영실시 여하는 곧바로 국민교육의 성패에 영향을 미치게 되는 바 지대한 것이다. 이에 제정 취지 및 유의 사항을 이해하여 실시상에서 유감없게 되기를 기대한다.

【기(記)】
1. 황국의 도에 따라 국민학교 교원이 되어야 할 자의 연성을 완성하는 데 주안(主眼)을 두어, 일시동인의 성지(聖旨) 아래 황국의 도를 이끌어 가는 수련을 쌓아 가도록 할 것을 기대한다.
2. 이번 학제개혁은 전반적으로 수업연한이 단축되었음에도, 사범학교 본과의 수업연한을 3년으로 하고, 이를 전문학교 정도로 함과 동시에 종래 중등학교와 수업연한을 똑같이 한 심상과(남자)는 종전대로 두고, 교육내용의 쇄신 충실과 더불어 도야의 심화를 꾀하여, 참으로 국민학교 교육의 중책을 맡아야 할 지식과 기능을 얻도록 할 것을 기대한다.
3. 종래 사범학교 교육은 자칫 각 학과목이 분리 고립되어 평면적 나열로 그치는 폐단을 배제하여, 국민학교 교육에 따라 확립된 교과 조직을 기초로 하고, 그 위에 그것을 발전 확충해 국민학교 교원이 되어야 할 자에게 필수적인 도야 분야에 따라 교과과목의 조직을 정한다.

4. 교과 이외의 행사 및 작업 등의 교육적 의의는 아주 중요함에도, 종종 목적의 명확함을 빼놓고, 계획도 역시 주도면밀하지 않은 점이 있음에 비추어, 교과 이외의 행사 시설을 조직화하여, 이를 수련이라고 하여 교과와 함께 한 몸으로 필수화한다. 지덕융합(知德相卽) 심신일체(心身一體)의 교육을 하고, 학교 교육 모든 분야에 걸쳐 황국신민연성이라는 한 길로 귀일(歸一)할 것을 각오해야 한다.
5. 사범학교 본과는 기본교과 이외에, 별도로 선수교과(選修敎科) 제도를 설치해, 각자의 특기 능력에 따라 더욱 정밀한 학수(學修)를 이루도록 하여, 장래 국민학교 직원 조직의 묘미를 발휘할 수 있기를 기대한다. 그리고 선수교과의 운용은 헛되이 생도의 자의적 선택에만 위임할 것이 아니라, 사범교육의 근본 취지(本旨), 사범학교 교원 조직의 실정과 생도의 개성 및 환경 등을 깊이 성찰해, 적절한 지도를 덧붙일 필요가 있다.
6. 교육실습은 교육실천을 통해 국민 연성의 참뜻과 그 방법을 습득시켜, 교육자로서의 자질을 완성하는 것을 중시한다. 부속국민학교 및 대용(代用) 부속국민학교 이외에, 학교장이 지정하는 지방 국민학교 또는 청년훈련소는 교육실습을 대략 2주간 부과하는 것으로 하고, 교육실습 기간을 연장함과 동시에 지방의 교육 실제를 체득시킬 것을 기대한다.
7. 교과용도서는 그 중요성에 비추어 원칙적으로 조선총독부 및 문부성에서 편찬한 것을 사용하는 것으로 변경함과 동시에 시대의 진전에 따라 영화, 음반 및 방송도 수업에서 사용할 수 있다.
8. 사범학교는 황국의 도를 이끌어 가야 할 국민학교 교원을 양성하는 것이므로, 우수 인재의 초빙에 가장 많이 신경을 써야 할 바임에 비추어, 새로이 본과 입학 자격으로 청년학교(靑年學校) 졸업자를 인정하고, 또 예과 및 심상과의 입학 자격검정제도를 마련함과 동시에 본과 이외에 각 과는 보결 입학의 길을 열었다. 본 제도의 운용은 위에서 말한 취지에 근거해 인재 초빙에 유감이 없도록 해야 한다.
9. 사범교육의 근본 취지(本旨)에 비추어 사범학교 입학자에 대해서는 가정, 환경 등을 중시하고, 교육자 자제의 우선적 입학 범위를 확장해 교육적 의지가 왕성한 인재의 모집을 꾀해야 한다.
10. 새로이 휴학에 관해 규칙을 분명히 함과 동시에 특별한 사정이 있는 경우에 전학할 수 있는 길을 열어 두어야 한다.

11. 복무의무 및 취직의무 연한은 약간 연장되었다 해도, 이는 사범교육의 근본 취지에 비추어 국민학교 교원으로 오랫동안 성직(聖職)에 머물러 교육 봉공에 열성을 다하도록 한다는 취지에서 나온 것이므로, 생도의 교육에서 항상 교육자 정신의 함양에 유의한다.
12. 종래 강습과는 국민학교 교원 재교육의 기관임과 동시에 교원양성 기관이므로 국민학교 교원의 재교육은 사범학교의 중요한 사명 가운데 하나로 국민학교 교육의 연구 지도를 완수하는 길 역시 여기에 있다. 그러므로 새로이 연구과를 설치해 재교육의 기관으로 하며, 강습과는 쉽고 간단한 방법으로 하는 교원양성 기관으로 이를 통일한다. 재교육기관인 임시 강습과는 연구과로 하여 존속시킬 예정이다.
13. 수련 교육실습 기숙사에 관해서는 실시 요령을 별도로 지시할 예정이다.
14. 학칙은 개정할 필요가 있으므로, 사범교육을 통일하고 신제도의 운용에 어긋남이 없도록 하고자 가까운 시일 내에 준칙을 지시할 것이며, 이 준칙에 근거해 개정 인가 신청을 받기로 한다.
15. 강습과 및 연구과에 대해서도 학제 개혁에 따른 시책과 전반적 종합적으로 감안한 다음 통첩할 전망이다.

<자료 29> 入學者選拔法の改正に就て(武永憲樹, 1944.12)

입학자 선발법의 개정에 대하여

학무국장 다케나가 가즈키(武永憲樹, 엄창섭)

이번 결전비상조치요강에 기초하여 학원의 전시태세에 즉응하고, 대학예과 및 관공사립 전문학교 및 중등학교의 입학자 선발방법에 필요한 쇄신 개정을 가하여, 오늘 대강의 발표를 보기에 이르렀으니 이에 개정의 취지 및 요점에 대하여 한마디 하고자 한다.

1. 개정의 취지

대학예과 및 관공사립 전문학교의 입학자 선발에 대해서는 교육에 관한 전시 비상조치 방책에 기초하고, 학도의 근로 동원으로 중등학교에서 소정의 교수 훈련을 하기 어려운 지금의 사정에 비추어 생산전력의 증강에 이바지하는 학도들이 안심하고 근로에 전념할 수 있도록 하는 것을 주안점으로 한다.

중등학교의 입학자 선발에서는 종래의 학력고사 중심의 필기시험을 폐지하고, 일부 교과 과목의 편중과 준비 교육의 적폐를 없애 국민학교 교육의 본모습을 구현(顯現)하도록 함과 동시에 근로 동원을 강화하는 실정에 대응하고자 한다.

2. 개정의 요점

1) 입학자 전형을 제1차, 제2차로 나누고, 제1차 전형에서 서류심사로 모집인원의 약 2배 (대학예과 및 관공사립 전문학교) 또는 약 2배 내지 3배(중등학교)를 선발한다.

다음은 출신 학교장이 제출하는 조사서를 판정자료로 하여 전형하고, 출신학교 재학 중의 연성 성과를 중시한다. 아울러 현재의 식량 교통 사정을 고려하여 동원처에서 멀리 있는 학도의 수를 가급적 정리하여 수험을 위해 결전 생산에 영향을 주지 않도록 배려하는 것을 기본으로 한다.

2) 2차 전형에서 종래와 같은 학교 학과시험은 폐지한다. 이는 교과 과목의 학습을 경시한다는 의미는 아니고, 근로 동원을 위해 수업을 빠진 일이 조금이라도 선발에 영향을 미치지 못하도록 하려는 것이다. 지원자의 소질 능력을 충분히 살펴 판정할 수 있도록 구두시험을 실시하는 것을 기본으로 한다. 구두 시문(試問)의 보조적 방법으로서 필답 시문을 부과하지만, 필답시험은 종래와 같이 학력고사를 목적으로 하는 것이 아니고, 전형방법으로서 구두시험의 결함을 보정하고 학교 차이를 판정하는 자료로 삼는 것이다.

3) 근로동원에 관해 특별히 고려를 기울일 것. 출신학교장이 제출한 조사서에 근로성적을 기재하고, 판정자료로서 중시한다. 또 필답시문의 선정에도 근로기간의 길고 짧음(長短)이 성적에 영향을 주지 않도록 특히 고려한다.

4) 출신학교, 상급학교 및 도(道) 또는 본부에 위원회를 설치하여 운용을 적정하게 하기 위한 조치를 강구한다. 출신학교에 진학지도위원회, 상급학교에 입학자전형위원회를 조직하여, 진학지도, 조사서 작성, 입학자 전형이 적정 공평하게 이루어지도록 한다. 또한 중등학교는 도(道)에, 대학예과 및 관공사립 전문학교는 본부에 입학자 선발지도위원회를 설치하고, 본 요항 실시에 관한 지도 및 운영의 적실을 꾀한다.

이상은 이번 개정을 하게 된 입학자 선발법의 대강으로, 이미 말한 바와 같이, 본 요항은 국내외의 정세에 따른 1945년(昭和 20) 입학자 선발에 관한 임시 조치로서, 종래와는 전혀 다른 방식의 채용을 하게 된 것이다. 학교 당국에서는 이 취지를 체득하여 주도면밀한 연구와 신중한 준비로 개정 선발 방법의 운영에 만전을 꾀하기 바란다. 아울러 여러 부형께도 충분한 이해와 협력을 바라는 바이다. [1944년(昭和 19) 11월 8일]

경성제국대학예과 및 관사립전문학교 입학자 선발에 관한 통첩

[1944년(昭和 19) 11월 16일 학무국장이 도지사, 관공사립전문학교, 사범학교장 앞으로]

교육에 관한 전시비상조치방책에 기초하고, 학도근로동원의 실시에 비추어, 1945년도(昭和 20) 경성제국대학예과 및 관공사립 전문학교에 입학하려는 자의 선발은 본 입학 선발 방침에 근거한다. 가능한 한 적절한 구체적 방법을 강구하여 귀 관내의 중등학교장에게 주지시켜 운용상 유감이 없도록 한다.

1945년도(昭和 20) 대학예과 및 관공사립 전문학교 입학자 선발요항

결전비상조치요강에 기초한 학도근로동원에 의해 정해진 바의 교수 및 수련을 하기 어려운 사태가 됨에도 불구하고, 그 실시로 결전하의 생산에 영향을 미칠 우려가 없도록 고려할 필요가 있고, 또 현재 여러 정세에 비추어 1945년도(昭和 20) 경성제국대학예과 및 관공사립 전문학교에 입학하려는 자의 선발은 다음의 요항에 따라 실시한다.

선발요항

1. 경성제국대학예과 및 관공사립 전문학교의 입학자 전형은 제1차 및 제2차로 나누어 행한다.
2. 제1차 전형에서는 중등학교장의 조사서에 기초하고, 학교성적일람표 및 해당 학교의 종래 입학자 실적과 입학 후의 학업 수련 근태 등의 성적 상황 등을 참고하여, 정원의 약 2배를 선발한다.
3. 제2차 전형에서는 제1차의 선발자에 대해 신체검사, 구두시문 및 필답시문을 행하고, 그 성적에 따라 합격 판정을 한다.
   가) 신체검사는 신체 상황에 대한 종합적인 판정을 하는 것을 취지로 하고, 질병 및 이상(특히 결핵 등 기타 전염성 질환) 유무의 검사에 중요성을 둔다.
   나) 구두시문은 인물과 향학심, 연구심의 깊이 등을 보기에 충분한 듯한 시문을 행한다.

다) 필답시문은 학력의 정도를 시험 보는 의미가 아니라 고등전문교육을 받기에 충분한 소질과 능력의 유무를 살펴보기 위해 행하는 것으로서, 그 문제의 선정에 대해서는 근로에 종사하는 것의 길고 짧음이 시문의 결과에 영향을 주지 않도록 특히 고려해야 한다.

4. 중등학교 5년 정도의 졸업자와 4년 정도의 졸업자에 대해 차별적 취급을 하는 것 없이, 동격으로 취급한다.
5. 각 학교에는 학교장을 우두머리로 하고 군사교관 및 관계 교직원으로 입학자전형 위원회를 조직하여 전형의 엄정함과 주도면밀함을 꾀한다.
6. 원서 제출은 출신 중등학교를 단위로 하고, 중등학교장은 자교 지원자의 관계서류 (조사서, 학급성적일람표, 지원서 또는 지원자 명부, 입학검정료 등)를 모두 취합 철하여 지원하는 학교에 제출하는 것을 원칙으로 한다.
   가) 조사서는 별지 갑호 양식에 따라 인물 학업 신체 등에 관한 조사와 그 외 동원 중의 성적을 함께 기재하고, 또 추천 순위를 적어 낸다.
   나) 학급성적일람표는 별지 을호 양식에 따라 작성한다.
7. 중등학교에서는 학교장을 수반으로 하여 군사교관 및 수석 교유, 각 학급담임으로 진학지도위원회를 조직하고, 지원자의 적성 능력에 따라서 진학지도의 적정함을 꾀한다. 아울러 조사서의 작성에 관해 엄정 공평을 꾀한다.
8. 조선총독부에 위원회를 조직하여 실시에 관한 구체적인 방책을 심의 지도하고, 아울러 운용의 적정을 꾀한다.

비고
1. 사범학교 본과 및 강습과의 입학자 선발에 관해서는 본 요항의 취지를 참작하여 실시한다.
2. 전문학교입학자검정규정, 고등학교입학 자격 시험규정, 실업학교졸업정도 검정규정 등에 의한 합격자로서 경성제국대학예과 및 관공사립 전문학교에 입학하려는 자는 해당 시험 수험 때의 성적증명서에 기초하여 제1차부터

전형을 받을 수 있도록 한다.
3. 경성제국대학예과 및 관공사립 전문학교 입학자의 선발 기간은 조선총독부에서 결정하여 발표한다.
4. 지원자는 같은 기간 내에 선발을 시행하는 학교에 대해서는 1교에 한해 지원할 수 있다.
5. 지원자가 제2기 또는 제3기에 선발을 시행하는 학교에 지원하는 경우, 이미 지원한 학교명을 조사서에 기재하는 것으로 하고, 합격 결정 시에는 타교의 제2차 전형시험을 수험할 수 없도록 한다.
6. 전 항을 위배한 경우, 양교 모두 그 입학을 취소하거나 불허가하는 것으로 한다.
7. 학교장은 합격자 발표와 동시에 입학자 선발 실시 상황과 소감 등을 조선총독부에 보고한다.
8. 공습 등 비상시의 경우에 대해서는 별도의 조치를 강구한다.

〔편역자 주〕

조사표 및 조사서 기입 주의사항, 학급성적일람표 양식 등은 생략하였다.

<자료 30> 學生卒業期繰上事情(1941)

학생 졸업시기 앞당김의 사정

    1941년(昭和 16) 칙령 제924호에 따라 군사상 및 노무동원상 필요한 인원의 충족에 이바지하기 위하여 대학학부의 재학연한 또는 대학예과, 고등학교 고등과, 전문학교, 실업전문학교의 수업연한을 당분간 6개월 이내로 단축할 수 있도록 한다. 이에 조선에서도 같은 이유로, 그리고 내지 교육제도와의 연계를 고려하여 1941년도(昭和 16)에 내지의 조치와 같은 방침을 취해, 1941년(昭和 16) 10월 23일 총독부령 제282호 대학 학부 등 재학연한의 1941년도(昭和 16) 임시조치에 관한 건을 발포하였다. 이에 따라 단축하게 된 학교는 경성제국대학의 의학부 및 법문학부 이외에 전문학교 12교, 실업전문학교 5교, 중등 정도의 실업학교 71교 및 전문학교에 준하는 각종학교 2교(표에서는 1교)이다. 이들 각 학교의 올해 졸업예정자는 내지인 남자가 1,681명 여자가 25명, 조선인 남자가 3,348명 여자가 108명, 합계 5,162명이다. 이들 학생 생도는 각 학교에서 학과목에 배당된 교수시수의 증가 등 특단의 시설을 하여 교육상 유감이 없도록 선처하도록 하였다. 이로써 올해 12월 졸업 후 상급학교에 진학하는 소수의 자를 제외하고는, 모두 군무에 직접 동원되거나 혹은 노무동원의 일익을 담당하여 시국하 황국신민으로서 봉공의 진심을 다할 것이라고 믿는다.

〈표 1〉 1941년(昭和 16)도 임시 재학 연한 단축 및 전형 일시 변경에 따라 본년 12월 졸업자의 수

학교별	학교 수	성별	졸업 예정자 수		
			내지인	조선인	계
대학 학부	1	남	90	50	140
전문학교	12	남	312	573	885
		녀	25	108	133
실업전문학교	5	남	283	198	481
중등 정도 실업학교	71	남	996	2,487	3,483
전문정도 각종학교	1*	남	-	40	40
계		남	1,681	3,348	5,029
		녀	25	108	133

편역자 주: * 본문에서는 2교라고 되어 있으나 표에는 1로 기재되어 있어, 그대로 두었다.

<자료 31> 內地(東京,大阪)留學生 出身學校別(中等學校 以上)調(朝鮮總督府 警務局, 1939.7)

일본(도쿄, 오사카) 유학생 출신 학교별(중등학교 이상) 상황표

조선총독부 경무국

〈표 1〉 일본 도쿄, 오사카 재류 조선인 유학생 상황

지방별	일본 유학생 수 (1938년 말 일본 조사)	이 중 전문학교 정도 이상의 재학생 수 (1938년 말 일본 조사)	조선 내 중등학교 정도 이상 졸업자의 일본 유학자 수 상황 (1938년 말 조선 측 조사)
도쿄	8,508	4,572	3,571
오사카	1,765	175*	76
합계	10,273	5,747	3,647

비고: 이 표는 재일 조선인 학생으로 조선 내 중등학교 이상을 졸업한 자에 대해 조사한 것임
편역자 주: *원문에는 175로 되어있으나 합계가 맞으려면 1,175이다. 원문을 그대로 두었다.

〈표 2〉 도쿄부의 조선인 유학생 출신 학교별 및 출신 도별 상황표(중등 이상)

학교소재지 도명	출신 학교별 수				도쿄부의 조선인 유학생 출신 도별 수												
	관립	공립	사립	계	경기	충북	충남	전북	전남	경북	경남	황해	평남	평북	강원	함남	함북	계
경기	6	14	42	62	609	30	87	133	82	89	52	109	26	81	68	136	29	1,531
충북		4		4	2	29	5	1		1								38
충남	1	11		12	1	1	67	5	1									75
전북	1	10	3	14	1	1	151	16		1					1			171
전남		10		10			1	2	71		1							75
경북	1	5	5	11	6	5	1	3		134	11							160

경남	1	19	3	23			2		167							169
황해		5	2	7						125	5					130
평남	1	9	9	19	2	2	2		2	45	329	33	1	4	6	426
평북		7	6	13		1				11	244		1			257
강원		3		3	3			1		1	3	30	1			39
함남	1	13	6	20	1							3	294	3		301
함북		9	1	10		1			1				2	148		152
만주			7	7								3	24	20		47
합계	12	119	84	215	618	69	168	295	175	224	236	279	372	361	105	463	206	3571

〈표 3〉 오사카부의 조선인 유학생 출신 학교별 및 출신 도별 상황표(중등 이상)

학교 소재지 도명	출신 학교별 수				오사카부의 조선인 유학생 출신 도별 수												
	관립	공립	사립	계	경기	충북	충남	전북	전남	경북	경남	황해	평남	평북	강원	함남	함북	계
경기		2	10	12	10			1	3			3			2			19
충북																		
충남		3	2	5			5											5
전북		1	1	2				2										2
전남		1		1					1									1
경북	1	3	2	6						8	1							9
경남		8		8						2	12							14
황해		1	1	2								2				1		3
평남		3	4	7									1	9				10
평북			3	3									2	1	1			4
강원																		
함남			2	2												3		3
함북		3		3													5	5
만주			1	1													1	1
합계	1	25	26	52	10	-	5	3	5	9	13	8	10	1	2	4	6	76

〈표 4〉 도쿄 재류 조선인 유학생 출신 학교별 상황표(중등 이상)

학교소재지도명	관공사립별	학교명	유학생 수	비고
경기도	관립	경성법학전문학교	12	
		경성사범학교	7	
		경성제국대학예과	2	
		경성고등상업학교	1	
		경성공업학교	1	
		경성철도종사원양성소	2	
		소계 6교	25	
	공립	경기중학교	119	
		경복중학교	59	
		경기고등여학교	20	
		경성농업학교	12	
		인천상업학교	13	
		경기상업학교	10	
		경성중학교	7	
		개성상업학교	6	
		용산중학교	4	
		경성상업실습학교	3	
		경성직업학교	2	
		경성상업학교	1	
		경성공업전수학교	1	
		장단농업실습학교	1	
		소계 14교	258	
	사립	경성배재중학교	142	
		경성중동중학교	132	
		개성송도중학교	131	
		경성중앙중학교	129	
		경성보성중학교	104	
		경성휘문중학교	101	

경기도	사립	경성경신학교	65	
		경성양정중학교	71	
		경성중앙기독교청년회학교	35	
		경성협성실업학교	34	
		경성전기학교	33	
		경성연희전문학교	30	
		경성보성전문학교	26	
		이화고등여학교	22	
		경성한성상업학교	20	
		경성숙명고등여학교	19	
		경성선린상업학교	17	
		경성상공실무학교	12	
		개성호수돈고등여학교	12	
		경성소화공과학교	10	
		경성진명고등여학교	10	
		경성고등예비학교	10	
		경성동덕고등여학교	9	
		경성대동상업학교	9	
		경성법정학교	8	
		경성상업실천학교	8	
		경성동성상업학교	7	
		경성공민학교	6	
		경성실업전수학교	6	
		경성중앙불교전문학교	6	
		경성여자상업학교	5	
		경성배화고등여학교	3	
		경성중등예비학교	3	
		경성보육학교	3	
		경성이화전문학교	2	

경기도	사립	경성정신여학교	2
		경성고등예비학교	2
		경성덕성여자실업학교	1
		경성용곡고등여학교	1
		경성체육학교	1
		경성부기학교	1
		경성여자기예학교	1
		소계 42교	1,249
	합계	62교	1,531
충청북도	공립	청주제1중학교	32
		청주농업학교	4
		청주제1고등여학교	1
		충주농업학교	1
		소계 4교	38
충청남도	공립	공주중학교	34
		대전중학교	13
		강경상업학교	7
		예산농업학교	6
		공주농업학교	5
		대전공업전수학교	2
		공주고등여학교	2
		대전상업보습학교	1
		논산농업실습학교	1
		천안농업전수학교	1
		정산농업실습학교	1
		소계 11교	73
	관립	공주사범학교	2
		소계 1교	2
	합계	12교	75

전라북도	관립	전주사범학교	2	
		소계 1교	2	
	공립	전주북중학교	54	
		전주농업학교	13	
		이리농림학교	7	
		전북고등여학교	6	
		군산중학교	5	
		정읍농업학교	4	
		부안농업실습학교	4	
		이리중학교	1	
		군산상업보습학교	1	
		전주공업전수학교	1	
		소계 10교	96	
	사립	고창중학교	58	
		전주신흥학교	12	
		군산영명학교	3	
		소계 3교	73	
	합계	14교	171	
전라남도	공립	광주서중학교	53	
		광주동중학교	6	
		목포상업학교	5	
		광주농업학교	3	
		송정리공업실수학교	2	
		목포상업전수학교	1	
		목포고등여학교	1	
		장성농업실수학교	1	
		제주농업학교	1	
		광주욱(旭)고등여학교	1	
		소계 10교	75*	
	합계	10교	75*	

경상북도	관립	대구사범학교	13	
		소계 1교	13	
	공립	경북중학교	75	
		대구상업학교	8	
		대구농림학교	6	
		경북고등여학교	5	
		안동농림학교	3	
		소계 5교	97	
	사립	대구계성학교	27	
		김천중학교	12	
		대구교남학교	8	
		대구신명학교	2	
		대구신성학교	1	
		소계 5교	50	
	합계	11교	160	
경상남도	관립	진해해원양성소	1	
		소계 1교	1	
	공립	동래중학교	49	
		진주중학교	48	
		부산제2상업학교	16	
		진주농업학교	11	
		마산상업학교	9	
		진주고등여학교	5	
		김해농업학교	4	
		밀양농잠학교	4	
		부산항고등여학교	2	
		울산농업학교	2	
		거창농업실습학교	2	
		진주사범학교	2	원래 도립, 현재 폐지
		부산중학교	2	

경상남도	공립	울산농업실수학교	2	
		남해농업실습학교	2	
		하동농업실수학교	1	
		마산중학교	1	
		김해제3상업학교	1	
		부산제1상업학교	1	
		소계 19교	164	
	사립	부산입정상업학교	2	
		부산일신여학교	1	
		진주일신여학교	1	
		소계 3교	4	
	합계	23교	169	
황해도	공립	해주동중학교	69	
		사리원농업학교	11	
		사리원고등여학교	4	
		해주행정고등여학교	3	
		연안농업학교	2	
		소계 5교	89	
	사립	재령명신중학교	38	
		재령명신여학교	3	
		소계 2교	41	
	합계	7교	130	
평안남도	관립	평양사범학교	15	
		소계 1교	15	
	공립	평양제2중학교	119	
		평양제3중학교	48	
		평양서문고등여학교	28	
		평양농업학교	9	
		안주농업학교	7	
		진남포상공학교	12	

	공립	평양제1중학교	6	
		평양상업학교	5	
		안주중학교	2	
		소계 9교	236	
	사립	평양광성중학교	90	
		평양숭인상업학교	27	
		순안의명학교	16	
		평양숭실중학교	15	현재 폐지
		평양정의고등여학교	11	
		평양숭실전문학교	7	현재 폐지
		평양숭의여학교	5	
		평양숭인학교	3	
		평양신학교	1	
		소계 9교	175	
	합계	19교	426	
평안북도	공립	신의주동중학교	50	
		신의주상업학교	12	
		신의주중학교	9	
		의주농업학교	8	
		영변농업학교	7	
		초산농업실수학교	2	
		강계농림학교	1	
		소계 7교	89	
	사립	정주오산중학교	96	
		선천신성학교	41	
		신의주삼무학교	19	
		영변숭덕학교	5	
		선천보성여학교	4	
		강계영실학교	3	
		소계 6교	168	

	합계	13교	257	
강원도	공립	춘천중학교	31	
		춘천농업학교	7	
		춘천고등여학교	1	
		소계 3교	39	
	합계	3교	39	
함경남도	관립	함흥사범학교	1	
		소계 1교	1	
	공립	함남중학교	95	
		함흥농업학교	27	
		북청농업학교	14	
		원산중학교	12	
		함흥상업학교	12	
		함남고등여학교	11	
		북청직업학교	7	
		영흥농업공민교	6	
		함흥고등여학교	6	
		원산상업학교	4	
		원산고등여학교	4	
		단천농업공민교	1	
		갑산농립공민교	1	
		소계 13교	200	
	사립	함흥영생중학교	84	
		원산누씨고등여학교	7	
		성진상업보습학교	5	
		함흥영생고등여학교	2	
		덕원신학교	1	
		소화제1상업학교	1	
		계 6교	100	
	합계	20교	301	

함경북도	공립	경성(鏡城)중학교	53	
		나남중학교	53	
		경성(鏡城)농업학교	11	
		청진(淸津)상업보습학교	7	
		회령상업학교	5	
		나남남고등여학교	3	
		청진(淸津)상업보습학교	2	
		길주농업실천학교	1	
		회령공업보습학교	1	
		소계 9교	135*	
	사립	성진(城津)상업보습학교	17	
		소계 1교	17	
	합계	10교	152	
만주국	사립	용정대성중학교	28	
		간도동흥중학교	8	
		용정영신중학교	4	
		간도은신중학교	4	
		안동중학교	1	
		간도중앙중학교	1	
		용정중학교	1	
		소계 7교	47	
	합계	7교	47	
총계		215교	3,571	

편역자 주: *는 합계가 맞지 않으나 원문 그대로 두었다.

〈표 5〉 오사카 재류 조선인 유학생 출신 학교별 상황표(중등 이상)

학교소재지도명	관공사립별	학교명	유학생 수	비고
경기도	공립	개성상업학교	1	
		경성공업전수학교	1	
		소계 2교	2	
	사립	경성양정중학교	4	
		경성경신학교	2	
		경성상업실천학교	2	
		경성보성전문학교	2	
		경성보성중학교	2	
		경성전기학교	1	
		경성실업전수학교	1	
		개성호수돈고등여학교	1	
		경성중동학교	1	
		경성배재중학교	1	
		소계 10교	17	
	합계	12교	19	
충청남도	공립	대전중학교	1	
		강경상업학교	1	
		부양농업실습학교	1	
		소계 3교	3	
	사립	영명여학교	1	
		영명실습학교	1	
		소계 2교	2	
	합계	5교	5	
전라북도	공립	군산상업보습학교	1	
		소계 1교	1	
	사립	신흥학교	1	
		소계 1교	1	
	합계	2교	2	

전라남도	공립	목포상업전수학교	1	
		소계 1교	1	
	합계	1교	1	
경상북도	관립	대구사범학교	1	
		소계 1교	1	
	공립	경북중학교	3	
		경주공예실수학교	2	
		경북고등여학교	1	
		소계 3교	6	
	사립	대구계성학교	1	
		대구신명여학교	1	
		소계 2교	2	
	합계	6교	9	
경상남도	공립	진주농업학교	3	
		김해농업학교	3	
		동래중학교	2	
		진주중학교	2	
		거창농업실습학교	1	
		고성농업실수학교	1	
		진주고등여학교	1	
		부산제2상업학교	1	
		소계 8교	14	
	합계	8교	14	
황해도	공립	해주동중학교	2	
		소계 1교	2	
	사립	재령명신중학교	1	
		소계 1교	1	
	합계	2교	3	

평안남도	공립	평양제2중학교	3	
		평양제3중학교	1	
		평양고등여학교	1	
		소계 3교	5	
	사립	평양광성중학교	2	
		평양정의고등여학교	1	
		평양숭의여학교	1	현재 폐지
		순안의명학교	1	
		소계 4교	5	
	합계	7교	10	
평안북도	사립	정주오산중학교	2	
		선천보성여학교	1	
		선천신성중학교	1	
		소계 3교	4	
	합계	3교	4	
함경남도	사립	함흥영생중학교	2	
		함흥영생고등여학교	1	
		소계 2교	3	
	합계	2교	3	
함경북도	공립	경성중학교	3	
		경성농업학교	1	
		회령공업보습학교	1	
		소계 3교	5	
	합계	3교	5	
만주국	사립	용정은신중학교	1	
		소계 1교	1	
	합계	1교	1	
총계		52교	76	

IV

황민화 교육

<자료 32> 學校二於ケル時局宣傳方策(1939)

학교에서의 시국 선전 방책

1. 조례 및 강당 훈화에서 시국의 추이, 황군의 충렬(忠烈) 및 황군의 사명 관철 등에 관한 강화(講話), 또는 시국의 어려움 즈음해 현창(顯彰)해야 할 거국일치·내선일체라는 후방 국민[총후(銃後)]의 마음가짐[적성(赤誠)]에 관한 강화를 할 것
2. 시국과 관련해 수신, 역사, 그 외 각 학과목에서 수시로 국체의 존엄, 국위의 선양, 내선일체의 강조, 황국의 지위 및 사명의 확인, 국민 각각의 직분에 맞는 책무 수행 등에 관해 지도를 철저히 행함으로써 마음을 다해 나라의 은혜에 보답[지성보국(至誠報國)]하고 근검역행하는 정신의 강화를 도모할 것
3. 글쓰기, 작문에서는 시국에 관한 사항을 가능한 한 많이 부과하여 생도 아동이 시국에 대한 인식을 철저히 갖도록 함으로써 황국정신의 진작을 도모하고 또 성적 기념품은 출정 황군의 위문으로 제공할 것
4. 생도 아동의 자발적 위문, 헌금 등은 가능한 한 그것을 종용 지도하고 작업 실시 혹은 장려, 가외 비용의 절약이나 기타 노작으로 얻을 수 있는 것으로 응모할 수 있도록 하여 무리하게 부모의 부담 과중을 가져오지 않도록 주의할 것
5. 학교 관내의 출정군인 유가족에 대해 생도 아동에게 위문토록 하고, 또 그 생업, 가사, 통신 등에 도움을 주는 등 적당한 노력 봉사를 하도록 지도할 것
6. 학예회, 운동회, 수학여행 등의 개최나 여러 종류의 행사는 적어도 경조부박으로로 흐르지 않도록 주의하고, 전교(全校) 모두 정신의 긴장을 도모할 것
7. 교우회, 동창회 등의 기관지는 그것을 유효하게 이용해 시국 인식에 이바지하도록 할 것
8. 부형회(父兄會), 자모회(姉母會) 등을 수시로 개최하여 생도 아동의 가족에 대해서도 시국에 관한 올바른 인식을 제공할 것
9. 시국 뉴스 사진은, 여러 종류의 개최 회합의 경우는 물론 항상 내교자(來敎者)에게도 전

시 열람 제공하는 방식으로 배려할 것
10. 직원이 구역을 담당해 수시로 부락 강화 혹은 순회 강의를 하여 일반 민중에 대해서도 내선일체 정신의 고취 및 시국에 대한 올바른 인식을 제공할 것
11. 애국적성현창일(愛國赤誠顯彰日, 오는 9월 6일)을 정하여 조선의 모든 학교가 일제히 시국 강조에 관한 행사를 실시할 것(그 요령은 별지 2)
12. 조선의 모든 학교 생도 아동으로부터 위문주머니 3만 개를 모집하고, 이에 따라 시국 인식을 철저히 할 것(도별 할당 수 및 위문주머니 제작에 관한 사항은 별지 3)
13. 국기 리본을 만들어 9월 1일 이후 전 조선 학교의 학생 생도 아동에게 일제히 가슴에 달도록 하여 국기를 존중하고 우러보는 관념을 깊이하고, 동시에 학생 생도 아동의 애국정신을 한층 더 앙양하여 황국신민이라는 자각을 철저히 할 것(실시요령 별지 4)

애국적성현창일 행사

1. 국기 게양
2. 국가 봉창
3. 국민정신작흥에 관한 조서 봉독
4. 시국에 관한 담화
   학교장
   재향군인
   기타 관공서의 적당한 자
5. 동방 요배(황군의 무운 장구 기원)
   신사(神社), 신사(神祠)를 받들어 모시고 있는 지역에서는 신사 참배를 할 것

실시상의 주의

본 행위에는 생도 아동의 부형 자모는 물론 일반 지방유지도 참가시켜, 오로지 학교만의 행사로 그치지 않도록 하여 널리 효과를 미치게 할 것.

〔편역자 주〕
별지가 있는 것으로 되어 있으나 자료 원문에는 별지가 없다.

<자료 33> 舊敎育に対する反省より日本的敎育の確立へ(鎌塚扶, 1939.10)

구 교육에 대한 반성에서 일본적 교육 확립으로

편수관 가마쓰카 다스쿠(鎌塚扶)

1. 시세의 전환과 정신 동향의 일대 변화

우리나라는 지금 밖으로도 안으로도 커다란 전환기에 조우하고 있다. 이것은 비단 우리나라에 한정되는 문제는 아니다. 세계의 온갖 나라가 구시대의 체제에서 신시대의 체제를 향해, 아직 맛보지 못했던 정도의 규모로 급한 속도로 바뀌고 있다. 그리고 과도기의 고민과 번뇌를 경과하고 있다.

돌이켜보면 우리나라가 쇄국 300년의 꿈을 꾸고 있는 사이에, 구미의 여러 나라는 근세 과학의 광영을 받아 교황권 치하의 질곡에서 해방되어, 이른바 근세 국가로서 새롭게 등장했다. 그 가운데에서도 영국과 프랑스 등 선진국은 일찍부터 식민정책으로 신세계로 나아가, 자연의 비옥한 땅과 미개의 기름진 들을 점유해 멋대로 지배권을 행사했고, 새로운 과학과 기술을 응용하여 자연을 개발하여 여러 나라와 민족을 그 지배 아래 두었다.

이렇게 지금 지구 전 육지 5,000마일의 약 3/5은 영국·프랑스·미국·소련이라는 단 4개의 국가에 의해 점유되었고, 나머지 국가 민족은 거주 지역이나 자원의 이용, 생산품의 판로, 심지어는 같은 인류로서 자유로운 생명 호흡을 하는 데까지 큰 제한을 받아, 괴로운 생활에 허덕이는 실정이다.

이대로 유지될 리가 없다. 이것이 오늘날 세계가 불안한 가장 큰 원인이고, 유럽 전역은 이미 일대 전환의 전쟁을 시작했다. 동아의 천지는 벌써 수년 전부터 변동을 시작해, 지금은 그 한복판에 있다.

우리나라는 일찍이 수년 전에 신체제 운동을 시작했다. 만주사변은 동양의 단순한 국지적 문제가 아니라 지구상의 전체 지역과 관계를 맺는 것으로 세계적 변동을 이끄는 것임은 국제연맹이 취하고 있는 뿌리 깊은 대일(對日)태도를 보아도 의심의 여지 없다. 이는 결국 우리나라의 정당한 국가 시책이 동양의 구석구석에까지 뻗어있는 구미(歐米)의 마수(魔手)에 접하지 않을 수 없다.

그러나 일본은 이때, 천지의 이치(理), 국제 도의(道義)에 따라 정정당당하게 교섭하고, 싸우고, 조금이라도 양보하는 바 없이, 결연하게 수행해야 할 것을 하고 있다.

이 결연한 우리나라의 힘은 과연 어디부터 솟아나는 것일까. 누구나 알고 있듯이, 이것은 전적으로 건국[조국(肇國)]으로부터 일관해서 흔들림 없고 크신 황위(皇位)의 존엄함에 의한 것이다. 이 존엄함에 감격해, 우리 국민의 전통적 기개가 부쩍 높아지고, 국민 스스로 깊은 경계와 엄청난 분투노력으로 성과를 거둘 수 있었다는 것을 그 누구도 의심하지 못할 것이다.

만주사변 발발 이전의 우리 국민정신은 뜻있는 자가 우려할 정도로 문약(文弱)으로 흘러 기개는 떨치지 못하고, 자칫 외래의 나쁜 사상에 물들어 우리나라 본래의 순미(醇美)·청명·강력한 황국정신을 잊어버려, 우리 국가체제가 세계에서 가장 훌륭한 수준이라는 것조차 잃어버린, 무분별함에 빠졌던 자도 적지 않았다. 특히 인텔리층으로 불리는 청년 남녀에게 그런 의혹이 많았다.

그런데 막상 사변이 발발하자, 연약하게 보였던 위의 결함은 홀연히 씻은 듯이 사라지고, 그 밑바탕에서부터 본연의 대화혼(大和魂)이 갑작스럽게 널리 빛나게 되었다. 그리고 전선으로 뛰쳐나왔던 용사들은 비범한 전과를 거두고, 국내의 후방은 비상한 긴장감으로 각자의 책무를 다하였다. 이에 조그만 틈새도 없었다. 이것은 실로 국민 스스로조차 의외로 느끼는 것이었다.

이 기백과 노력은 더욱 연장 확대되어 이번 지나사변(支那事變)에 이르렀고, 일본의 아름다운 바탕과 국력은 여러 방면에 걸쳐 더욱 발휘되어 세계의 이목을 깜짝 놀라게 했다.

이러한 시대적 배경 아래 우리나라 교육의 과거를 뒤돌아보면, 구미 번역 교육에 의한 인물 육성 상의 폐해가 백출했다고는 하지만, 그것은 메이지(明治)라는 짧은 시기에 불과했다. 흡사 미세하게 침투한 강철의 녹이 얇게 퍼져 있었다고 해도, 잘 갈고 닦아 훌륭한 강철로 쓸모 있게 만든 것은 모두 함께 기뻐하지 않을 수 없다.

그러나 저 만주사변이 전환점이 되어 국민적 긴장은 생활의 여러 부분으로 파급되고, 국민적 대 반성(反省)이 더해짐으로써 빛나는 성과가 이루어졌다. 즉 정치에서도, 경제에서도, 종교에서도, 학문에서도, 예술에서도 일상의 교제, 행동거지, 의식(衣食)에 이르기까지 대 반성이 일어나 일대 개선이 행해졌고, 지금 역시 대단한 기세로 변화하고 있음을 우리들이 절실히 체험하고 있다. 이러한 전환은 지금 구미 의존의 모든 빌린 옷을 벗어버리고 내 몸에 딱 맞는 것으로 갈아입으며, 내 체질에 적합한 것을 먹는 것처럼 우리나라 본래의 것으로 되돌아가는 것을 한결같이 염원하고 있다.

정치에서는 반드시 찬송가류의 정치 정신과 정치 형식에 의존하지 않는, 우리나라 전래의 제정일치 정신으로 돌아가 거국총화(擧國總和)로 황운을 부익하여 받들 것을 꾀하고,

경제에서는 개인의 영리욕을 근간으로 하는 자유주의 경제의 폐단을 시정하고, 우리 황국의 영위에 빼놓을 수 없는 것으로서의 경제, 건국 당초 제사 당에 벼이삭을 내리시어 민생을 부유하게 하셨던 황조(皇祖)의 정신에 대해, 우리 황실의 은혜에 보답하기 위해 생산하고 교역하는 것을 표방하는 경제로 바꾸며,

학문은 우리나라의 도(道)를 유일의 대상으로 하며, 또 방법에서도 꼭 관찰·실험·기억·추상·개괄 등의 사변법·개괄법에 의존하지 않고 행하여 깨닫는 것을 본체로 한다. 모든 학문도 결국 우리 황도(皇道)를 명확히 하고 우리 황도를 널리 알리기 위해 도움이 되도록 할 것이다.

종교도 황국의 정신에서 벗어나는 것을 경계하고, 모든 종교의 황국화를 꾀하듯이 하고, 풍속 습관에서부터 일상의 행동거지에 이르기까지 황국 전래의 정신으로 돌아가 새로이 출발하고, 오래되었으나 새로이 정신을 신시대의 정세에 적합하게 하려는 것이 대세로 바뀌어 왔다. 믿음직스러운 것이 아닌가.

실로 우리나라가 직면해 온 지난 수년의 사태는, 한편으로 보면 미증유의 국난이라는 점은 틀림이 없지만, 다른 한편으로 보면 실로 전화위복의 좋은 기회였다고 생각하지 않을 수 없다.

2. 교육의 전 분야에 걸친 일대 전환

우리나라 메이지 이후 교육이 구태를 벗어나 새로워지고, 구미 제도를 뒤쫓아 제도를 개혁하며, 구미 교육의 내용을 수용해 내용의 쇄신을 꾀하며 교육 보급과 수준을 높임으로써

오늘날의 국력을 조성한 공적을 간과해서는 안된다.

그러나 그 사이에 구미 번역 교육이 가져온 많은 폐해가 널리 퍼진 것도 간과해서는 안된다. 특히 최근은 이 폐해가 두드러져 위정자도 실천가도 거국적으로 개선을 위해 부심하고 있는 중이다.

생각해 보면 최근까지 우리나라 교육의 경향은 모두가 알고 있듯이, 구미교육의 수입 모방으로 일관했다. 따라서 학급 편성에 대해 새로운 제안이 이루어지고, 교육 방법에 대해 새로운 논의가 발표되면, 우리의 특수 사정에 비추어 그 득실을 생각할 여유도 없이, 곧바로 수용했다. 그리고 또 다른 새로운 제안이나 논의가 나타나면, 다시 이전의 것을 버리고 새로운 것에 편승하는 모양으로, 우리나라 교육은 구미의 움직임을 쫓는 일종의 유행 상태를 드러내고 있었다.

이것으로는 우리나라가 전통적으로 만들어 왔던 안정된 진짜 인간교육, 의심할 여지가 없는 바의 황국신민이 육성될 리가 없다.

구미가 제창했던 교육에도 국가주의 교육·사회적 교육·공민교육·인격교육 등 교육의 목적관에 관해 참고되는 것이 전혀 없는 것도 아니다. 그러나 잘 검토해 보면 국가주의 교육이라고 해도 그것이 말하는 바의 국가 관념은 세계 공통의 일반국가, 개념국가를 겨냥한 것에 불과하다. 그 정도로 내용 가치에서 세계에 비견할 만한 것은 아니다. 따라서 세계 모든 국가가 이상으로 하고 모범으로 해야 할 독특한 우리의 국가를 목적으로 하여, 그 존속 발전에 공헌하는 인간 육성을 교육의 본령으로 하는 열의와 노력에 부족함이 있었다.

사회적 교육이나 공민교육에서도, 우리나라의 경우는 우리나라 특성과 깊이 관계있는 것, 아니 독특한 국가에서 빼놓을 수 없는 내용을 취급해야 하는데, 단순히 중류사회를 위해 도움이 되는 사회인이나 공민을 육성함으로써 충분하다고 하는 구미 류의 견해로는 만족할 수 없음을 깨닫지 못했던 것이다.

교육의 방법에 관해서도 주의주의(主意主義) 교육·근로교육·작업교육·직업 도야 등 많은 학설 사조가 나타났지만, 실제 행위를 위하고 행위에 의한 교육을 주장하기 보다, 명확한 관념을 얻도록 하기 위한 주의교육(主意敎育)이었다. 행위 존중 교육이 있었다면 그 조차의 행위교육도 실은 관념교육의 방편으로 존중되는 것에 불과했다. 메이지 중기에 고조되었던 독일의 모이만이나 라이 등이 제창했던 관념운동주의 교육도 근육운동의 교육적 가치를 강조하는 것에 지나지 않았다. 그리고 그 주의(主義)도 결국 운동이 아동의 관념을 명료하게 하고 강력하게 하기 위한 것이라는 입장을 보여 주지 못했다. 그 후 많은 사람이 다양한 견지에서 다양한 주의교육(主意敎育)·노작교육을 제창하였고 소개하였지만, 세계의 교육은 결국 관념교육으로만 빠져들었다.

더구나 이러한 관념은 생활에 필요한 도구로서, 그 생활은 결국 개인적 자연적인 생활을 겨냥한 것이어서, 교육이 자기중심주의·이기주의로 기울어가는 것도 무리는 아니었다.

이러한 구미교육의 번역 수입에 만족했기 때문에 우리나라 최근의 교육이 관념적·개인적·이기주의로 변모해 온 것도 역시 어쩔 수 없는 것이었다.

이렇게 일반 유식자까지 학교를 지식전달의 기관으로 보고, 심하게는 교실과 칠판과 책상, 가로로 긴 괘도 몇 장이 있으면, 학교로서의 조건이 구비되었다고 보기에 이르렀다.

게다가 메이지 이래의 전통이 되어버렸는데, 학교를 졸업하는 것이 사회적 지위와 명예를 얻는 유일한 조건으로 인식되었다.

그 때문에 많은 소년과 청년들이 헛되이 진학열을 갈망하고, 온갖 종류와 계통의 학교 교육은 모두, 상급학교 진학 준비로 돌아가, 결국 교육은 형식화해 버렸다. 이렇게 우리나라 교육은 이중의 폐해로 습격당했다.

3. 우리나라 교육의 최근 각성과 일본 교육의 확립으로

1) 신도(臣道)로의 복귀와 교육 내용의 일대 변화

종래의 교육은 구미 번역을 위해 자칫 우리나라 교육 최고의 목표를 잊어버리는 경향이 있었다. 교육이라고 하면 곧바로 지식의 전달이라고 생각하고, 따라서 인물이라고 하면 단순히 박식한 사람이 떠오르는 모양새였다.

이 잘못된 견해를 최근에 이르러 통절하게 인식하게 된 것은 실로 기뻐할 일이다. 그리고 오래동안 잊고 있었던 신하의 도리[신자도(臣子道)]로 복귀하는 것이 다시 교육의 주제가 되었다. 자기를 낮추고 천황(大君)을 받드는 것, 부모에 효도하는 것도 결국은 천황(大君)의 명을 받드는 것임을 철저하게 깨닫고, 실천함으로써 신도(臣道)에 이르는 것을, 어린이 젊은이 등에, 체득하도록 하는 것이 우리나라 교육의 가장 높고 필요한 안목이라는 것을 누구나가 알게 되었다. 그것도 단지 말뿐이 아니라 관념으로 명확하게, 신념으로 강하게, 실천 의지로 관철하여 나가는 인간을 육성하는 것이, 우리나라 교육의 최대 임무라는 점을 교사 스스로 깨닫고, 그것을 아동 생도에게 체득시키려는 정신이 고양되었다는 것은 우리나라 교육의 일대 각성이고, 진보라고 볼 수 있다. 이것은 개인 본위의 자유주의 사상이 흘러넘쳐 한 시대에 널리 퍼졌던 교육적 폐습을 대전환하는 것이자 일대 각성이다. 구미류의 개인주의 자유주의 교육 '국가사회조차 개인의 행복 수단이라고 생각하는 것과 같은'을 아무리 분석 음미해도, 황운부익에 헌신하는 것이 인간의 행위로서 최고 존엄한 것이며, 천황의 방패가 되어 웃으며 죽을 수 있음을 인간으로서 가장 보람된 죽음으로 느껴, 다음 세상에 즉 7번 다시 태어나도 나라에 보답할 것을 기약하는 정신은, 야스쿠니진자(靖國神社)에 모셔지고서야 비로소 영원히 살 수 있는 몸이 됨을 깨닫는 존귀한 정신은, 그러한 구미 번역 교육으로는 절대로 끌어낼 수 없는 것이다.

실제로 천황의 계심을 알고 자기 자신이 있음은 알지 못하며, 부모를 위해서도, 남을 위해서도, 먼저 자신을 비우고 다른 사람을 존중하고, 다른 사람을 위해 일하며, 다른 사람을 위해 죽는, 이 모든 것을 천황에게 바치려는 마음이 신하로서의 소임임을 깨달아야 한다. 우리 국민혼(國民魂)의 주(主)가 여기에 있고, 온갖 덕(德)도 여기에서 시작되어야 하며, 이것으로 귀착되어야 함을 깨닫도록 하는 것에 교육과 수련의 주안점을 두어야 한다고 인식하게 되었다.

이렇게 우리나라 교육의 방향과 내용은 완전히 변했다. 종래 학급경영이나 학교경영을 담당했던 학교장이나 교사는 학교가 아동 생도를 공부시키는 곳, 지식을 습득시키는 곳, 생활을 가능하게 하기 위한 직업훈련을 부여하고, 소위 훌륭한 지위에 이르도록 하는 곳이라고 보았고, 부형도 아동 생도도 모두 그렇게 생각하게 되어 버렸다. 인간이 되기 위해 학교에 모인다기보다, 유용한 생활인이 되기 위해서는 학교를 거쳐야만 한다는 생각에 빠져 있었다. 따라서 학교는 항상 입학시험이나 학기 시험의 관문과 준비의 장이 되었다. 아동 생도도 어쩔 수 없이 이를 감수하여 건강을 희생하고 마음 깊이 이기심(自利心)을 새겼다. 인간이 형식화(形式化)되어, 황국을 위해서는 결단코 안심할 수 없는 좌경사상인(左傾思想人)까지 만들어 내기에 이르렀다.

이에 식자(識者)는 물론 일반인도 한가롭게 있을 수는 없었다. 학교 당사자는 원래 학급과 학교 본래의 사명이 일본인을 연성하는 데 있음을 깨달았다. 국체중심이라는 편액을 높이 게양하고, 이른 아침에 궁성요배(宮城遙拜), 조회 시간에 국기게양, 신궁에 모시는 신찰인 신궁대마(神宮大麻)의 봉제, 신사신사(神社神祀)의 참배, 남공정신(楠公精神)[1]의 발휘 등이 도처의 학교에서 가장 진지하게, 그리고 정중하게 행해지고 있었다. 사제 간의 정리[정의(情誼)]나 군신 관계에도 가정에서의 친자와 같은 의리와 정(情誼)이 다시 나타났고, 학우(學友)관계나 동네 마을 사이에서도 가정적인 친애가 보이기 시작했다. 이렇게 가정적인 정신이 학교의 전역에 널리 펴져 있다. 이것은 일본 특유의 사회정신 및 국가정신으로 되돌아가려는 것으로 정말로 기쁘다.

2) 수행 수업(修業)과 단련의 교육

앞서 다루었듯이, 종래의 교육에도 의지교육, 작업교육은 강조되고 수용되기는 했다. 그러나 이는 관념을 명료하게 하기 위한 것으로, 결국 주지주의·관념 본위의 교육에 불과했다. 말로 하는 교수에 따라 귀만 통하는 것보다, 아동 생도 스스로 입을 움직여 읽도록 하는 쪽이 더 효과적이고, 읽기보다 손의 근육을 움직이게 하여 필사하게 하는 쪽이 더 효과적이며, 필사보다 전신을 움직여 실연(實演)하는 방법이 더욱 관념 인상을 확고히 한다는 입장에서 이루어지는 교육이었고, 근육교육이자 실연교육이었다.

그러나 이것은 피부 아래 한치(一寸) 깊이 들어간 것에 불과하다. 이것으로는 아직 구미번역 교육에서 한 걸음도 벗어나지 않았다. 우리가 지금 전환하려고 하는 교육은 마음의 저 밑바탕에 가라앉아 있는 혼(魂)의 눈을 뜨게 하려는 교육, 아니 밖에서 흔들어 움직이기보다도 안에서 움직이게 만드는 교육, 실천하지 않고서는 견딜 수 없게 만드는 교육, 몸과 마음을 다하여 신도(臣道)에 순응하며 행하고, 황국에 가치 있는 것을 하나하나 발견하게 만드는 교육을 의미하는 것이다.

유아는 엄마에게 모든 몸을 맡기고, 엄마의 사랑을 믿고 따름으로써 육체도 마음도 순조롭게 자란다. 엄마의 말을 믿고 그대로 사용함으로써 국어를 체득하고, 스스로 국혼(國魂)을

---

[1] 천황을 지키기 위한 싸움에서 쿠스노키 마사시게(楠木正成)가 "7번 다시 태어나도 역적을 멸하고 나라를 지킨다"라고 말했는데, 이에 따라 충군애국, 멸사봉공, 칠생보국의 정신을 뜻하는 것으로 남공정신(楠公精神)이 회자되었다.

접할 수 있다. 행동거지에 관해서도 엄마가 지시하는 대로 믿고 따름으로서 일본적 특색있는 전통적 행동거지 예법에 익숙해질 수 있고, 그럼으로써 일본적인 예절의 정신에 눈을 뜰 수 있게 된다. 이러한 이치가 학교 교육의 전반에 걸쳐서도 자세히 실행되어야 한다. 종래처럼 명령 금지의 훈련이나 말뿐인 설화(說話), 혹은 소위 자동주의(自動主義)·자학주의(自學主義)·아동존중주의 등과 같은 저급한 교육으로는 결코 일본적인 신도(臣道)를 실천하며 목숨을 거는 일본인을 육성할 수 없다.

물론 신도(臣道)에 눈을 뜨는 것은 단지 외부의 형태나 표준을 향한 무자각적 기계적 순응만으로는 달성할 수 없다. 교사 스스로 실천하여, 또 이러한 교사가 구성한 일본적인 환경 내용이 자극이 되어, 아동 생도의 자연심(自然心)을 흔들어, 일본적인 것을 자각시키고, 수준 높은 실천자로서의 교사에 순응함으로써 서서히 아동 생도를 실천적으로 고양시켜야 한다. 그런 까닭에 학교경영의 중임을 담당하는 교장이나 아동 생도의 선도자인 교사는, 우선 수련으로 스스로의 실천력을 높여가야 한다. 이것이 없이는 번역 교육을 벗어나 우리 일본 교육을 선도하기 어렵다.

그런 이유로 금후 교육자는 모든 점에서 일본도(日本道)의 실천자가 되어야 한다. 지금까지와 같이 입과 혀에 의한, 그리고 시간표에 이끌려 가는 지식 전달의 교육만으로는 해결될 수 없다. 아동 생도가 있는 곳, 학습하는 곳, 노는 곳에는 반드시 교사가 있고, 또 신도(臣道)의 열렬한 실천자로서, 또 실천하는 아동 생도의 조성자로서, 단련자로서, 격려자로서, 혹은 같은 줄에서, 혹은 한걸음 뒤에서, 혹은 한걸음 앞에 있어야 한다.

이 점에 관해 우리나라 교육은 초중등학교는 말할 것도 없고, 종래 거의 관련이 없었던 고등전문학교나 대학 방면에서도 더욱 관심을 기울여 실천해야 하는 점이 많다.

최근 점차 이 방면에 주의가 집중되고, 솔선해서 그 실천자가 되는 교육자를 보게 된 것은 정말로 기뻐해야 할 일이나 그 대세를 보면 역시 시작에 불과한 감이 있다.

수행하는 교육을 교육의 모든 면에서 더욱 철저히 하고, 사제(師弟)가 함께 수행하는 교육 안에서 지극한 묘미를 찾아내야 한다. 앞으로 교육에 남겨진 것은 무릇 이 방면에 있는 것이 아닌가라고 생각한다.

행사가 많아서 진짜 교육은 할 수 없게 되었다고 하는 목소리도 자주 들리지만, 다양한 행사 가운데 교육적 개안을 해 나가는 것이야말로 진짜 교육이 아닌가. 요즈음처럼 행사와 교육을 괴리시키는 것은 어느 쪽을 위한 것도 아니다. 더욱이 한 가지만을 위한 것은 아니어야 한다. 다가오는 수많은 행사 실천 가운데 일본적인 정신을 다듬어 마무리하는, 그 가운데에서 일본적인 감격을 헤아릴 수 있도록 하는 것이 바람직한 교육이라고 볼 수 있다. 우리로서는 이 방면에 연구의 힘을 다하여 일본적 교육의 확립을 꾀하지 않으면 안 된다고 생각한다.

<자료 34> 朝鮮敎育刷新の精神と其の實現方途(立川一夫, 1939.12)

조선교육 쇄신의 정신과 방법

충청북도 청주영정(榮町)공립심상고등소학교 훈도
다치가와 가즈오(立川一夫)

1. 조선교육령 개정의 근본정신(교육령 개정 요지에 의한다)

우리나라 교학이 궁극적으로 목적하는 바는 우리의 존엄한 국체에 따라, 교육에 관한 칙어의 취지를 봉체하여, 충량유위한 황국신민을 육성하고, 그럼으로써 황국의 융창을 도모하는 것임은 말할 것도 없다. 강토 내 교육의 대본(大本) 역시 이 토대를 바탕으로, 일시동인의 성지를 봉체하고 그 지역 동포에게 진실로 황국신민으로서의 본질을 철저히 하도록 하여, 내선일체의 결실을 분명히 드러나게 하는 데 있다.

이처럼 시세의 진운과 반도의 실정은 더욱 이 근간을 강렬히 배양시켜, 그럼으로써 심신 모두 국가적 책무를 견디고, 진충보국(盡忠報國), 황운부익(皇運扶翼)의 길로 배진할 수 있는 견실한 자질의 연성을 꾀하길 간절히 바라는 바이다.

여기에 반도 학제의 획기적 개정에 즈음해, 시운에 처한 반도 교학의 요체로서, 새로이 천명하는 국체명징, 내선일체, 인고단련의 3대강령에 따라 학교규정의 내용에 큰 쇄신을 덧붙임으로써, 이 국면에 즈음하여 개정의 취지를 잘 체현하여, 실시에 적당함을 꽤해야 한다.

2. 교육령 개정에 따른 우리의 마음가짐

"사랑은 만물의 어머니이고, 전쟁은 만물의 아버지이다"라고 한 헤라클레이토스의 말은 지금도 역시 천고의 진리로서, 우리 눈앞에 현실로서 그 필연적 전개를 보인다. 지금 일본은 이 아버지로서의 진리에 따라 청일(日清), 러일(日露)대전보다도 한층 더 심각한 경제전, 사상전, 실력전의 장기적 전개라는 운명에 처해 있다.

이번 가을, 개정 조선교육령을 실시한다. 형체적으로나 실체적으로, 바로 획기적 개신기(改新期)에, 반도에 다시금 새로운 중요성이 더해졌다. 이 경축해야 할 비약기에 즈음해 우리 반도 교육자가 올바로 정진해야 할 대도(大道), 표적은 분명하다.

즉 반도통치의 목표는 일시동인의 성지를 봉체하고, 동포에게 널리 밝게 비추는 황화(皇化)의 은혜를 입도록 하고, 건국 신칙(神勅)의 현대화라고도 칭해야 할 교육칙어의 생명을 체현하고, 우리의 존엄하고 세계에 유례가 없는 국체명징, 견인지구(堅忍持久)의 일본 정신을 발양하여, 민심융합 화합하고, 내선일체의 결실을 거두어, 홍운부익의 한길로 매진해 나갈 국가에 꼭 필요한 충량유위의 황국신민을 연성하고, 그럼으로써 국력의 증진과 사회의 진전에 이바지하며 국가의 기대에 부응하는 것이다.

이상의 목표는 조선교육의 3대 목표로 드높이 내세워져 구현되어 온 것으로, 이 3대 요소를 철저히 체득하는 것이야말로, 진짜 완전한 황국신민이라는 증거이다. 시오바라(鹽原) 학무국장 각하가 라디오 연설에서 소개한 대로 조선교육 3대 목표는 황송하게도 세 종류의 신물(神物)이라는 덕(德)을 우러러 받드는 것으로 생각한다면, 교육령 개정의 근본정신이야말로, 내일의 반도에 가장 신선하고 명랑한 희망을 충만하게 하는, 명실공히 반도교육의 여명이라고 말해야 한다. 그러나 헛되이 이 여명에 현혹되어 있을 때가 아니다. 교육은 살아있는 사실이다. 이 사실을 내면적으로 빠짐없이 고찰하여, 제2단계의 목표를 향해 매진해야 한다.

앞에서 반도 민중도 국방의 영예를 분담하고, 내선일체의 문화건설에 강력한 제1보를 밟아, 육군특별지원병으로서 훈련소에 들어가 반도 최초로 군대교육을 받을 수 있는 영광을 누리게 되어 만세라며 거듭 환호로 배웅하며 용감하게 뛰어나가 입소했다.

그들은 자기의 영예에 감격하고, 열렬한 애국심과 용감한 희생적 정신에 불타 항상 봉사의 모범을 지역에서 보여 후배를 인도할 것으로 깊이 기대하고 있다.

그러나 종래의 교육에 결함이 없다고 누가 말할 수 있겠는가.

국체의 존엄을 철저히 하고, 사회성에 의한 집단생활 발전을 지도하고, 단체생활의 의의와 가치를 체득시켜 멸사봉공의 마음을 다하는 정신교육의 근본적 강화가 소홀히 되고 있는 것은 아닌가.

이 외에 "관련한 점은 어떤가", "이 현상은 어떤가"라고 말하는 것과 같은 의문이 모두의 가슴 속에 숨어 있고, 사실 많은 사람이 나인가 하는 불안이나, 의혹과 초조함에 휩싸여 있다고 단언하며 거리낌 없이 말한다. 헛되이 말하여 결국 근심을 남기는 일은 허용되지 않는다.

지금이야말로 반도 교육에 180도 일대 전환을 이룰 좋을 기회가 도래한 것이다.

1938년(昭和 聖代 13) 4월 1일을 기하여 반도교육에 여명의 종소리가 울린 것이다.

각성하라!! 교육자

찬미하라!! 실무자

종래의 길 잃은 구름[미운(迷雲)]은 물러가라

우리들의 머리 위에 찬란하게 그야말로 명실상부한 황국신민 양성의 명예로운 중책을 짊어지는 것이 가능하다.

생각하면 특별지원병령과 함께 신 교육령의 축하 깃발 행렬은 전체 반도를 히노마루(日の丸) 국기로 채우고, 또 국체명징·내선일체·인고단련을 새긴 3대 깃발을 높이 쳐들고 축하 행진의 노래를 드높이 부르며 행진하는 모습은 온 세계의 성대한 구경거리이며 역사적 대사업이라고 해야 한다.

때는 바로 지나(支那)사변의 제3단계에 이르렀고, 게다가 반성 없이 포악한 지나(支那) 국민정부에 대해서는 상대하지 않고, 동아의 영원한 평화를 위해 철저하게 오랫동안 응징을 결의하고 있는 우리나라이다.

덧붙여 오늘날 동요하는 국제 풍운 가운데, 지나사변의 장래는 역시 요원하여 그야말로 전례가 없는 대사업이다.

이 두 역사적 대사업을 해결하고, 육성하며 또 조장하여 황국의 발전에 공헌할 수 있도록 하는 것은 현대에 태어난 국민교육자의 광영이다. 아울러 반도교육자만의 중대 임무로서 이 중의 영예이다.

"제도는 죽어 있는 사물로서 그것을 활용하는 것은 사람의 손에 있다"라고 하듯이 우리는 신 교육령에 신중한 연구를 하여, 개정 규정의 정신을 몸에 익혀, 체육·덕육·지육의 병진을 꾀하며, 나아가 조선교육 3대 목표를 향해 매진하여, 한 걸음 한 걸음 건실하고 강고하게 당당히 행진하는 듯이 출발하여, 전장의 용사는 이기지 않으면 살아서 돌아오지 않는다고 일

장기에 적어 보내어, 조국을 떠나 나아가는 듯이, 우리들도 정신 내면에서, 결사봉공의 정성을 다하여, 소국민의 정신을 깊이 새기고, 일본인적 태도로 바로잡고 기르도록 노력하여, 진실로 불타는 국민적 신념을 계발하고, 강건한 신체 단련을 꾀하여, 이로써 황운 무궁에 부익하도록 봉사하는 "충량한 황국신민"을 육성하여, 국민교육의 본질에 힘쓰고, 시운의 추세를 잘 관찰하여, 불타는 충성을 다하여, 거리낌없이 교육보국에 싸워 이길 각오이다.

3. 실현 구체 방도

1) 체육 방면 (인고단련의 철저)

1. 신 소학교령 제1조

"아동 신체의 건전한 발달에 유의해"라고 규정함은 신체 발육이 왕성한 소학교 시기에 적극적으로 체육에 힘을 기울여 장래 국가를 짊어지고 일어서기에 충분한 건전한 신체를 연성하여 국민 체위 향상의 기반을 배양하는 것이다.

2. 체위 향상의 방침

개정 소학교령의 머리말에 "아동신체의 건전한 발달에 유의해"라고 특히 주의를 불러일으켜, 건강교육의 중요성이 조선교육의 중대한 주제가 된 만큼, 모든 생활교양의 바탕이 되는 신체의 건전한 발달은 언제 어떠한 때라도 염두해 두어야 하는 문제이다. 그런데 최근 국민 체위의 저하가 호소되고 있는 것은 정말로 유감스러운 일이다. 그것이 일시적이고 국부적인 현상이라고 한다면 어쩔 수 없다. 하지만, 문부대신 관방체육과의 발표에 의하면 근시(近視)는 해마다 현저하게 증가하는 경향을 나타내고 있다. 또 충치도 증가하는 한편, 체질의 변화에도 우려할 만한 현상을 보이고, 기타 질병이상에서도 약간 증가의 경향이 나타나, 체질적으로 고려해야 할 필요가 인정되기에 이르렀다. 이 현상은 조선에서도 같은 현상이다.

이러한 견지에서 교육의 첫 번째 착안점은 당연히 "신체의 건전한 발달에 유의"에서 행해져야 한다. 교육의 기초는 실로 체력이라고 말해도 무방하다. 특히 현재처럼 비상시국에서는 한층 국민 체위의 향상에 힘을 기울여야 한다. 강건한 신체로서 비로소 강고한 일본적 정신을 견지할 수 있고, 단체훈련에도 또 관계하는 바가 중대하다는 것을 생각하면, 보건적 지도는 한층 더 중요한 위치를 점하고 있음이 분명해진다.

황국의 발전은 우선 강한 육체와 거기에 수반하는 강고한 정신이 필요하다.

우리 반도 교육자는 앞으로 더욱 더 교육칙어와 조서를 봉체하고, 교육령 개정 및 인고 단련의 정신에 기초하여, 강건한 국민정신을 함양하며 통제력 있고 실행력 있는 공민적 도야를 꾀해야 한다.

3. 체위 향상의 실현 방도

체위 향상의 노력에는 적극적 방면과 소극적 방면이 있다. 단 어쩌면 이러한 두 방면으로 확실히 구별할 필요는 없을지도 모른다. 그러나 이를 학년으로 생각해 보면 저학년은 소극적인 양호 방면을 주로 하는 시기이고, 고학년은 적극적 단련을 주로 하는 시대이다. 이하 간단히 이 두 방면에 관한 실현 방도를 말하고자 한다.

(1) 단련 방면의 실천

가. 체조과

소학교에서 가장 적극적인 단련은 무엇보다도 필수과목인 체조이다. 체조는 단련적, 교정적이고 가장 교육적이다. 고로 총독부 학무국의 체조과 개정 요목에 따라, 각 교재를 학년에 맞추어 연구하고 실시해 충실한 몸을 만드는데 힘을 기울여야 한다. 교재가 한편으로 치우치거나 아동의 신체에 맞지 않는 운동을 하는 것은 주의해야 한다.

나. 황국신민 체조

옛날 일본의 국기(國技)인 검도를 바탕으로, 그 모양 형태를 체조의 형식으로 교묘하게 받아들인 것으로, 이 체조야말로 심신 모두 황국 일본신민을 양성하는데 대단히 적절한 것이고, 심상 3년 이상의 아동에게는 반드시 철저히 해야 한다. 단지 행한다고 할 것이 아니라 충분히 마음을 다해 집중해야 한다.

다. 무도

무도의 목적은 공격, 방어 방법을 수련시킴으로써 아동의 신체를 단련하고, 강력 민첩하게 하여, 정신을 연마하고, 굳센 의지와 침착, 용기, 인내 등의 모든 덕을 함양하는 데 있다. 국기(國技)인 까닭에 이를 통해 우리나라 습관 풍속을 가르치고, 탁월한 고유의 정신교육을 시행하기에 가장 적합한 것이다. 모든 세상 사람이 국민정신의 작흥, 일본정신의 연구에 노력하고 있는 오늘날, 이의 실시는 특히 의미 깊은 것이라고 생각한다.

라. 조회, 주회(晝會), 체조(라디오체조 1, 2)

혈액의 순환을 촉진하고, 조정하며, 아동의 기분을 끌어 올려 도달해야 할 학습으로 인도하도록 한다.

마. 합동체조(건국체조)

공민적 도야를 기조로 하여 국체정신의 함양, 규율, 자율, 자제의 정신함양, 질실강건의 기풍 작흥, 건강의 증진, 운동의 장려 등의 도야 내용을 가지고 실시한다.

바. 과외운동

현행 규정의 체조과 시간 수는 아동의 체육을 위해, 실제로 필요한 시간 수에 비해, 유감이지만 아주 부족하다고 말하지 않을 수 없다.

우선 주어진 시간수를 충분히 활용해 그 효과를 최대화하도록 노력하는 한편, 과외운동에서도 충분히 연구한 실시안(계통안)을 만들어, 체육적으로 합리화하여 얼마간이라도 필수과목의 시수 부족을 보완하도록 주의를 기울여야 한다.

사. 강건(剛健) 소풍

탈것을 이용하지 않고, 왕복 도보로 강행(아동의 신체상황에 주의하여)하는 소풍(遠足)이다. 특히 문화 발달에 따라 아동들은 질실강건의 기풍이 없어져 잠깐 외출하는데도 기차, 자동차, 자전거 등을 이용하는 경향이다. 특히 가죽, 모피, 철물, 고무 등의 사용 통제에 따라 일용품, 문방구, 운동구 등이 제한받는 오늘날, 국민 모두는 마음속으로 참고 견디며 몸가짐을 조심하고 정부의 국책에 협력하며, 도구를 사용하지 않는 운동으로 중대 전환하여 견인지구의 정신을 키워야 한다. 나는 이 도구를 사용하지 않는 단련적 체육을 크게 권장하는 바이다.

아. 임간임해(林間臨海)학교

숲과 바다는 하계 교육시설로는 아주 의미가 있다. 경비를 들인 대규모가 아니라, 아동을 자연 가운데 개방해 마음껏 단련한다.

자. 등산

먼 거리까지 가는 모험 가득 찬 등산이 아니라, 학교를 중심으로 학교 부근의 산을 오르는 정도라도 충분히 걷는 힘을 단련하여 체력을 키울 수 있다.

차. 수영

전신운동, 특히 신체를 늘여 펼치고 가슴 확장 운동을 많이 하도록 자세를 바르게 하고, 피부를 청정하고 탄력있게 해 호흡, 순환, 소화기능을 왕성히 하는 등 교육적 가치는 아주 크다. 그러나 그 방법을 잘못할 때는 도리어 건강을 해치거나, 혹은 물에 희생되므로 실시에 있어서 충분히 주의해서 실시해야 한다.

카. 스케이트

동계 체육시설로서, 기후나 신 교수요목에서의 중요성을 고려해, 충분히 생각한 후 유효하게 실시한다.

타. 무언(無言)소풍

학년별로 일정한 거리까지 절대 무언(無言)을 하는 소풍을 하고, 신체를 단련함과 동시에 인고단련의 정신을 키운다.

요점은 비상시국임을 고려해 도구 없이 하는(설비가 있다면 그렇게 함) 단련적 체육을 실시하여, 인고단련의 정신을 키우고 황국신민으로서의 체위 향상을 꾀할 것을 제창한다.

(2) 보건적 방면의 실천

가. 실내 생활 고려 사항

교실은 아동의 하루 생활 가운데 가장 긴 시간 생활을 하는 곳이므로, 이것을 보건적으로 하는가 아닌가는, 장시간 장기간에 걸쳐 건강상 상당히 큰 차이를 낳는다. 이하의 모든 점에 특히 유의해야 한다.

(가) 항상 신선한 공기를 유지하도록 환기법에 관해 충분히 주의해야 한다.

(나) 동계, 증기보온의 설비가 있는 학교 및 굴뚝이 있는 스토브를 사용하는 학교에서는 문제가 없지만, 석탄을 사용하는 교실에서는 환기에 상당한 주의를 기울여

야 한다. 이것은 탄산가스, 저 무서운 일산화탄소의 폐해를 적게 하기 위함이다.

(다) 채광은 좌측 사광으로 하여, 직사일광을 방지하기 위해 불투명 유리, 또는 커튼을 사용하고, 칠판의 반사 광선도 방지한다.

(라) 아동의 신장에 맞게 책걸상을 사용하는 것은 물론이지만, 장기간 같은 좌석에 앉아 있도록 하지 말고, 때때로 움직여 한쪽으로만 기울여지지 않도록 한다.

(마) 온도는 가능한 한 적절히 유지해야 하지만, 생각대로 잘되지 않으므로, 적어도 동계 실내의 건조만은 방지하는 노력을 강구해야 한다.

나. 청결훈련

(가) 청결검사를 행하여 두발, 얼굴, 몸, 손발, 의복 등의 청결도를 검사하고, 잘한 것은 칭찬하고 나쁜 것을 반성시킨다. 귓속, 손톱 등의 세세한 곳까지 주의를 기울인다. 이러한 검사는 검사 자체가 목적이 아니라 관심을 두도록 하고 실천 의욕을 키우는 것이다.

(나) 또 부수적으로 수건, 손수건, 휴지 등 소지품, 용모 검사를 행한다.

(다) 손을 깨끗이 한다. 특히 반도 아동은 손이 깨끗하지 않은 것을 아무렇지도 않게 생각한다. 식물을 직접 손으로 쥐고 먹는 것조차 태연하다. 잡다한 것에 접한 손은 아주 불결하다는 것을 알려 식사 전 등에는 반드시 손을 씻도록 훈련한다.

다. 영양훈련

여기서 가장 중요한 것은 편식을 교정하는 것이다. 학자에 의하면 학생의 체격 저하의 근본 원인은 놀랍게도 산성증(acidosis, 식물의 과식편식, 일광욕의 과부족, 운동의 과부족 등에 의해 일어나는 것)이라고 말하기도 한다. 요컨대 영양으로 보면 좋고 싫어함 없이, 여러 종류의 음식물을 먹도록 훈련하는 것이 필요하다.

(가) 점심을 교사와 아동이 함께 하고, 가정에서 가져온 반찬을 남김없이 먹도록 훈련한다.

(나) 아동의 편식 조사를 하고, 심각한 것은 특히 교사가 주의한다.

라. 활동 왕성한 아동에게 휴양 훈련도 역시 필요하다.

(가) 휴양 가운데 특히 중요한 것은 수면을 충분히 하도록 하는 것이고, 이것을 느슨하게 해서는 도저히 충분한 휴양을 취한 것이라고 말할 수 없다. 수면은 그 깊이

와 얕음에 따라 휴양의 상태가 달라지는 것이지만, 시간으로 보면 대체로 다음과 같다.

  심상 1년   11시간
  심상 2년   10시간 반~11시간
  심상 3년   9시간 반~10시간 반
  심상 4년   심상 3년과 동일
  심상 5년   9시간~10시간
  심상 6년   심상 5년과 동일

(나) 휴식은 충분히 하도록 해야 한다.

충분한 휴식시간이 있음에도 불구하고 수업을 너무 길게 해서 아동의 휴식시간을 빼앗는 것은 좋지 않다. 휴식시간에는 되도록 문밖으로 나와 일광욕을 하며 공기를 마시도록 해야 한다. 또 점심 후의 휴식시간은 식후 30분 정도 심한 움직임을 하지 않도록 하고, 되도록 혈액을 소화기관 쪽으로 집중시켜 소화를 왕성하게 한다. 그런 후에 조용한 운동을 하도록 지도해야 한다.

마. 기생충 구제

(가) 가장 필요한 것은 회충의 구제이다. 일반 가정에서는 회충이 어떤 무서운 해로움이 있는지를 알지 못한다. 물론 아동도 모른다. 그래서 먼저 회충은 어떤 벌레인가, 어떤 해로움을 주는가 등을 알도록 하고, 회충약 마크닌(Macnin)이나 해인초 즙을 마시도록 한다.

(나) 십이지장충의 구제 등은 학교에서 어려우므로 의심 아동이 있다면 가정에 주의를 주고 의사가 구제하도록 권장한다.

(다) 이, 벼룩 등은 아동 가운데 상당히 많은 듯이 눈에 띈다. 이것은 주의해야 한다고 생각한다. 특히 여아가 있는 학교에서는 수은 비누 등을 구입해 머리를 감아 구제하도록 함이 좋다.

바. 행사에 의한 생활훈련

이는 사회 일반에게 하는 보건위생 행사를 학교생활에 받아들여, 생활화하고, 그 취지를 철저히 함과 동시에 실천을 지도한다.

(가) 결핵 예방일(4월 27일)

세계에서 몇 안 되는 결핵국인 우리나라는 결핵 예방에 관해서 유소년 시대부터 특히 주의시켜야 한다. 이를 위해 결핵 중 특히 폐결핵은 그 증상이 무시무시함과 예방상 주의사항 등에 관해 알게 한다.

(나) 충치 예방일(6월 4일)

(다) 시력 보존일(10월 10일)

(라) 이외에 아동애호주간, 건강주간, 체육주간 등에 즈음해 각각 목적 달성과 생활 훈련을 위해 유효한 실시법을 강구한다.

사. 계절적 고려 사항과 위생 훈련

위생에 대한 계절적 주의는 아주 중요한 것이다. 특히 장마철 및 하계 음식물, 자는 동안 몸이 차가워 감기들거나 배탈나는 것, 여름 찌는 더위 아래서의 운동, 동계의 감기, 피부가 트는 것, 동상 등의 원인 예방 등에 관해 그때마다 올바른 지식을 제시하고 동시에 실천을 촉구하도록 궁리한다.

2) 덕육 방면(국체명징의 철저, 내선일체의 강화)

1. 소학교령 제1조

"국민도덕을 함양하고"라고 규정한 것은 국민교육에서 함양해야 할 도덕은 보편적이고 추상적인 도덕이 아니고, 일본국민정신을 실현하는 "행(行)"으로서의 국민도덕이 되어야 하므로 그것을 명확하고 동시에 구체적으로 한 것이다.

2. 덕육의 방침

우리나라 도덕교육의 근본방침은 교육에 관한 칙어에 명료하게 나타나 있다. 이 근본방침은 옛부터 국민교화의 원천이었고, 개정 조선교육령에서 "충량한 황국신민의 육성"이라고 강력히 명시한 것은, 교육에 관한 칙어의 취지에 근거해 국체명징의 철저를 기하고, 일시동인의 성은을 받들어 내선일체의 결실을 거두고, 황국신민으로서의 복지를 구현하는 교육을 해야 한다는 지시라고 생각한다.

(1) 국체명징에 관한 부분

가. 수신과의 국체명징

　수신과가 특히 중요한 이유는 우리나라의 특질, 우리 도덕의 특질, 우리 국민생활의 특질에 따른 사정이 가장 크다고 하는 것으로, 요컨대 우리나라 교육의 전통, 교육과 종교의 분리라는 이유에 따른 것이다. 특히 이전 신문 보도에 의하면 종교에서 우리 국체, 국책과 양립할 수 없는 외국인 경영의 학교는 1940년도(昭和 15)까지 반도교육에서 모습을 감춘다고 한다. 정말로 이후 반도교육을 위해 축하할 만한 바이다.

　수신과의 요지는 법령에 의해 정해져 있고, 교재도 수신서에서 일정한 방침과 내용이 제시되었다. 특히 금후 반도교육에서는 국체명징에 관계있는 교재에 유의하여, 교수세목을 편제하고, 교과서 교재를 지방 상황, 학교 사정, 아동 생활 상태 등에 맞추어, 직접 아동의 생활에 강력하게 작용하도록 계획해야 한다. 교수는 보통 교실에서 행하는 일이 가장 많고, 때로는 강당에서 행하고, 때로는 교재와 관계있는 장소에서 행해진다. 또 위인의 유적을 방문하거나, 필요한 장소의 견학을 하기도 하고, 거리에 나가는 것도, 교수를 적절하고 유효하게 하는 것이다. 교수에서 심상 4년 이상에서는 반드시 교육에 관한 칙어를 봉독하도록 한다.

나. 수신과 이외의 교과에 의한 국체명징

　어떤 교과도 이에 관여하지 않는 것은 없다. 그 가운데 국어과, 국사과 등은 가장 직접 관계가 있는 교과로, 특히 국사과 교수는 처음에 신칙(神勅)의 봉창(奉唱)부터 시작해야 한다. 물론 각 과 모두 각각 독립적인 목적 아래 특별한 내용과 조직을 갖고 있지만, 서로 연관해 교수하고, 특히 국체명징, 도덕적 도야에 관한 교재에 유의해 다루어야 한다.

다. 학교생활 자체에 의한 국체명징

　학교생활을 도덕화하고, 학교생활 일체가 그대로 국체를 명징하고, 도덕심을 도야하며, 도덕을 실천하는 기회가 되도록 조직하고 운영해야 한다. 조선총독부 학무국이 제시한 정신 중에서 일본국민정신을 실현하는 "행(行)"으로서의 국민도덕이 되어야 한다. 그 점에서 우리나라 옛날 숙(塾)의 교육 근본인 "행(行)"은 우리에게 좋은 시사를 준다고 생각한다. 이하 실현 방도의 대강을 말하고자 한다.

(가) 국체의 존엄성과 건국의 이상
  ○ 황태신궁요배(皇太神宮遙拜) — 황조(皇祖)의 존엄한 황모(皇謨)를 받든다.
  ○ 건국제 — 진무천황의 성덕을 공경하여 받든다. 유구한 건국 황모에 감격하도록 한다.
  ○ 진무천황제 — 천황의 대업과 성덕을 공경하여 우러러 받든다.
(나) 충군애국
  ○ 궁성요배 — 황족의 영광을 기원하며 충성스러운 신민이 될 것을 맹세한다.
  ○ 봉안고(奉安庫)의 봉배(奉拜) — 청명 엄숙한 마음으로 받들어 절하여(奉拜) 더욱 번창함을 기원하고 받든다.
  ○ 축일, 대제일 — 국가적 신사(神事)나 축하에 대한 인식을 깊이하고, 국가 이상에 대한 신념을 깊이 한다.
  ○ 야스쿠니진자(靖國神社) 대제, 초혼제(招魂祭) — 충군애국의 결실을 거두고, 호국의 혼이 된 용맹 충성한 인물의 혼을 위로함으로써 유구한 충성의 진심을 느껴 분발하도록 한다.
  ○ 충신의사제(忠臣義士祭) — 전기(傳記)나 감화(感話)를 이야기하여 감동시켜 마음으로 받아들이도록 한다.
(다) 국기에 대한 지도
  ○ 국기는 국가를 대표하는 표식으로, 우리 국민의 이상적 신앙을 상징하는 것임을 이해하도록 하고 존중과 애국심을 도모한다.
(라) 경신과 숭조
  ○ 신사 참배와 청소봉사 — 청명 엄숙한 정신을 유지토록 한다.
  ○ 신단의 봉배(奉拜) — 어릴 때부터 경신(敬神)의 마음을 키운다.
  ○ 성묘 및 불단 묘소의 청소 — 선조 숭배의 마음을 키운다.
  ○ 선조의 유물 보존 — 먼 조상을 받들도록 한다.
(마) 상무(尙武)와 정의(正義)
  ○ 지나사변에 대한 이야기 — 우리 국민의 성격으로서 정의와 상무를 인식하도록 하고, 올바른 용기가 정의를 지킨다는 점을 마음으로부터 받아들이도록 한다.

○육해군 기념일 이야기―우리의 충성용맹한 군인의 용맹스러움에 감격하도록 함과 동시에, 동양평화를 위한 성전(聖戰)임을 마음으로부터 받아들이도록 한다.
　　　○싸움에 대한 생활지도
　　　　앞뒤 가리지 않는 만용, 부정한 완력 행위에 의한 싸움에 대해서는 정의라는 관점에서 보아 잘 계도하고 선도해 진짜 용기와 올바른 상무(尙武)를 마음으로부터 받아들이도록 한다.
　　(바) 국체명징에 관계있는 여러 예절의 지도
　　(사) 의식 회합 등에서 국민적 도덕교육의 지도
　　(아) 각종 작업에 의한 근로봉사 멸사봉공의 정신 양성
　　(자) 지나사변의 미담 활용하여 국체명징 훈화 뉴스 방송

라. 환경정비에 의한 국체명징
　　(가) 강당―학교의 가장 청명 엄숙한 정신 양성 도장이다. 이 도장에 적합한 시설을 필요로 한다.
　　　○국기, 군함기의 설비―평소 상자 안에 간수하고, 의식이나 필요한 때에 거는 설비
　　　○궁성, 후지산(富士山) 그림 큰 액자―대나무 숲의 우거짐을 보며 황족의 영광을 기원하고, 후지산으로 국민 마음가짐의 양성.
　　　○생화―항상 신선한 생화를 두고 미적 정조를 양성함과 동시에 일본적 정신 수양을 행한다.
　　(나) 교실―학교생활 가운데 가장 장시간 생활을 하는 곳이므로, 교실 환경에서 받는 정신 감화는 큰 것이다. 환경 정리로 국체명징화 하는데 필요하다고 생각되는 것으로 초등학교에서 가능한 것을 나열해 본다.
　　　○궁성 액자, 신칙, 국가, 국기, 황국신민서사, 일본 황기(皇紀)연도, 일본 가곡 '바다에 가면', 초상화, 지나사변 신문기사 스크랩, 국가 동원에 관한 게시판, 방위표 등.
　　(다) 기타―사변 게시판, 3대 목표 입간판, 사변의 진상을 알리는데 적당한 것.

(2) 내선일체에 관한 부분

가. 역사상으로 본 동근(同根)동성(同姓)의 내선관계 및 방침

일시동인의 성은을 봉체하는 내선일체의 통치원칙은 신무 건국(神武肇國)의 이상인 팔굉일우의 도의정신이 나타난 것이다. 따라서 모든 외국의 소위 식민지 통치와는 출발점 및 이상과 신념에서 완전히 뜻을 달리하는 것으로, 세계 어디에도 그 유례를 볼 수 없는 숭고지순한 정치원리이다. 옛날부터 동근동성인 관계에 있는 것은 역사가 여실히 증명하고 있다.

정말로 통치상의 일대 광영을 베푼 일로서, 육군특별지원병제도 및 조선교육령 개정의 2대 획기적인 개신기를 맞이한 것은 내선인 상호 간에 절대적인 감격으로, 가슴 깊이 결합하는 분위기가 되고 있다.

가령 내선 사이에 겉으로 보기에 언어, 풍속, 습관 등의 차이가 있으나, 황국신민으로서의 의지와 신념에서는 한 점의 차이도 없는 상태에 이르도록, 내선일체를 성취하는 교육을 해야 한다. 교육의 영예를 짊어진 우리들이 해결 성취하여야만 하며, 남에게 맡기거나 다음 세대에 기대해서는 안 된다.

내지인은 우위나 우월감을 가지지 않으며, 옛날부터 지녀온 사해동포의 포용심이라는 아름다움을 지니고, 모든 것을 포용하려는 아량과 인자함이라는 무사도적 정신을 발휘한다. 반도인은 내선일체화의 적(賊)인 편협고루한 듯한 표면적 위장의 태도를 버리고, 비상시국임을 인식하여, 내선동조동근성의 역사적 사실에 비추어, 일시동인의 성은에 감격하며 포함 통일 융화의 결실을 거두어, 이윽고 내선일체를 강화해야 한다.

나. 내선일체의 실현 방도

 (가) 일한병합에 관한 조서의 취지 철저.

 (나) 국체명징의 철저.

 (다) 옛부터 내선 동근동성인 관계 사실을 이해시킴.

 (라) 국어사용으로 우리나라의 살아있는 말로 국어 순화를 꾀하고, 순수하고 올바른 국어 생활을 철저히 시켜 국민정신을 함양함.

 (마) 국사에서 나타나는 내선관계 사실에 주의하여 취급함.

 (바) 각 교과목 가운데 내선관계의 교재는 특히 유의해 취급함.

 (사) 평소 내선 아동의 융화 친목을 꾀하도록 하고, 사랑하는 마음을 증가함.

(아) 내선일체의 입간판을 내세워 강화 철저를 꾀함.
(자) 문화, 경제, 교통, 치안 등 각 부분에 걸친 내선관계를 알림.
(차) 출정군인, 입퇴영 병사의 환송 환영 및 위문편지, 위문 보따리의 발송.
(카) 폐품 모집 헌금 운동에 참가.
(타) 각 헌금 위문 의연(義捐)을 실행하여, 조금이라도 진정한 사회 공동생활을 이해하여, 그만두려고 해도 그만둘 수 없는 상호 부조의 정을 키움.
(파) 반도 위치가 오른손에 내선일체, 왼손에 선만일여(鮮滿一如)라는 열쇠를 쥐고 있다는 것과, 중요한 일본·만주·지나의 연쇄관계를 알게 함.
(하) 내선융화 미담의 활용 이용.

3) 지육 방면(교수를 통한 조선교육 3대 목표의 철저)

1. 소학교령 제1조

"국민생활에 꼭 필요한 보통의 지능을 얻게 한다"라고 규정한 것은 원래 사람이 역사적, 국가적 존재로서 국민이 되어서야 비로소 그 전체 생활을 이룰 수 있는 까닭이다. 교재는 생활에 꼭 필요한 사항 가운데에서 구하고, 종합 통제해 실생활에 적합하도록 해야 한다. 또 "지능을 얻게 한다"라고 규정한 것은 교사의 주입 획일적 교수의 폐단에 빠지지 않고, 자발 활동을 촉진하여 아동 스스로 작업 노작에 의해 지식 기능을 습득하고 활용할 수 있는 능력을 체득하도록 한다.

2. 방침

황국신민교육이라는 교수의 지도 목표는 개정 교육의 교칙(敎則) 요지에 명시되어 있지만, 교과서 및 교과과정에 구체화하여야 하는 것으로, 교과 경영에 유감이 없도록 하기 위해서는 이 교칙을 연구 체득하고 교과 지도 목표를 파악해야 한다.

3. 편찬취의서의 체득

교과의 지도 방침 연구에 이어서 중시해야 하는 것은 교과 교재의 학년별 위상과 그것이

지닌 국민교육의 사명이며, 이에 따른 취의서 연구가 필요하다. 우리는 숙독하고 깊이 음미해 교재의 특질을 탐구하고, 능률적인 학습지도를 행하여 항상 황국신민의 육성에 매진해야 한다.

4. 교재탐구

용의주도하게 교재 자체의 탐구에 들어가야 한다. 교재의 실재적 생명, 교재의 지도 준비, 교재의 전개법과 보충 교재, 교재의 관련 발전성 등 다양한 각도에서 교재의 사명 목적을 연구하여, 지도 실천에 임해야 한다.

5. 입학시험 수험준비교육의 철폐

4. 결론

이상의 실현 방도는 아주 대략적인 것으로, 이외에 황국신민 육성에 이바지해야 할 수많은 시설 방법은 있다고 생각한다. 요체는 교육자의 사랑과 열의로 애국심 넘쳐흐르는 일본인으로서의 정신을 강인하게 가짐과 동시에 신체 강건하게 장시간 오래도록 참고 견뎌내어 내선(內鮮)이 하나되어, 황운을 부익하고 받들 수 있는 충량한 황국신민을 육성함이 우리가 부여받은 중대 임무이다.

<자료 35> 事變下に於ける朝鮮教育(鹽原時三郎 1940.1)

사변하의 조선교육

학무국장 시오바라 도키사부로(鹽原時三郎)

1.

지금 우리나라는 일대 성업(聖業), 신동아의 건설에 매진하고 있습니다. 동아신질서의 건설은 우리나라 건국 이래의 획기적 대사업이었고, 쇼와(昭和)천황이 우리 신민에게 부여한 중대한 역사적 사명입니다. 우리들은 지금부터 2,600년 전에, 진무천황(神武天皇)을 받들어, 오야시마(大八洲國, 일본) 건설에 힘썼던 천황의 자손(天孫) 민족으로서의 마음가짐으로써, 즉 제2의 천손 민족이라는 기개와 정신으로, 역사에서 이전에 없었던 대 성업 달성을 위해 솔선 노력해야만 하는 것입니다.

황기 2600년(1940년) 아름답게 빛나는 새해 신년, 흥아건설의 길 위에서 더욱 황운의 융성을 축하함과 동시에, 유구한 2600년의 광대무변한 나라의 기초를 정하셨던 진무천황(神武天皇)의 창업 위업을 공경하여 우러러보고 받들기에 간절합니다. 그와 함께 신동아건설의 성업이 진무천황의 창업에 비견될 빛나는 위업이 되어야 함을 생각하며 실로 우리 국민에게 부여한 책무의 중대함을 통감하는 참입니다.

혹시 만약에 우리가 국민으로서 부여받은 이 무거운 책무를 감당하지 못한다면, 지나사변(事變)의 목적을 달성하지 못하고, 화근을 먼 장래에까지 남길 뿐 아니라, 더 나아가서는 우리 국운을 위태롭게 할 우려가 있는 것입니다. 이 일은 어떠한 어려움을 이기고라도 관철해야 할 대사업이며, 특히 그 임무가 교육에 있다고 자각하고 노력하는 것에 기대하는 바가 참으로 간절합니다.

2.

지나사변 발발 이후, 대륙 발전의 병참기지가 된 우리 조선반도는 애국의 참된 정성(赤誠)이 요원의 불길처럼 불타 번지고, 2,300만 반도 동포는 조국애와 황국신민으로서의 자각을 다시 소생시켜, 전 조선에 걸쳐 애국 운동을 전개했던 것입니다. 이렇게 반도 국민의 열성이, 충성스럽고 용맹한 장병의 고전분투에 감사하고 감격하여, 국방헌금, 출정가족과 유가족에 대한 봉사원조를 하기도 하고, 물자절약, 근검저축, 생산력 확충 운동을 하기도 하며, 전 조선 방방곡곡에 스며들게 된 것은 참으로 기쁘게 생각하는 바입니다.

지금 조선 전체의 산과 들 구석구석까지, 일시동인 황화(皇化)의 은혜를 입어, 전 조선의 모든 곳, 심지어 화전민의 부락에 이르기까지 일장기(日章旗)가 펄럭이며 높이 휘날립니다. 그리고 일장기가 높이 휘날리는 곳에는 반드시 황국신민서사가 낭랑하게 끝없이 하늘에 울리고 있습니다.

황국신민서사는 말씀드릴 것도 없이, 반도 청소년에게 "우리는 황국신민"이라고 하는 신념을 견고하게 만들고, 내선일체 협력단결하여 천황과 백성을 위해 열성을 다하고, 일상의 업무에서 각자의 분수에 맞게 하고, 근로단련으로 실력을 키우고, 그럼으로써 세계에 웅비할 기초를 확립하려는 의도에서 제정, 실시했던 것입니다.

전체 조선 142만 청소년 학도 및 교직원의 기부금을 바탕으로, 조선교육회가 주관하여, 공사비 10만 원을 투자해 건립한 황국신민서사 탑이 조선신궁에 봉납되었고, 각자 삼가 작성한 합계 142만 장의 서사(誓詞)도 그 안에 영원히 보관되었습니다. 이렇게 영구불멸한 반도 교학의 금자탑이 신궁(神宮) 앞에 높이 세워졌습니다.

황국신민서사의 내용을 가장 간결하게 표현한 것이 조선교육의 3대 강령인 국체명징, 내선일체, 인고단련입니다. 이 조선교육 3대 강령이야말로 우리 반도 교학쇄신의 목적이고, 조선교육 최고의 지표로, 조선의 모든 교육활동은 직접 혹은 간접으로 이 교육방침에 봉사하며, 이 교육강령에 귀일합니다.

작년 4월부터 실시된 조선교육령의 획기적 개정은, 조선 학제를 재조직하는 것으로 조선 국민교육의 전 영역에 걸친 근본적 변혁을 의미했습니다. 그리고 그 정신 및 의도는 우리 존엄한 국체본의에 기초하며, 충량유위한 황국신민을 연성하고, 일시동인의 성지를 받들어,

반도 동포에게 황국신민으로서의 본질에 철저히 하도록 함으로써 참된 내선일체의 결실을 거두도록 하는 것입니다.

사변 하에서 이루어진 조선 학제개혁에서 가장 중요한 성과는 전 조선의 학교 교육에 새롭게 통일적이고 명확한 목적을 제시한 것입니다. 잡다한 교육목적이나 교육방법에 관한 각종의 논의나 사조 등을 완전히 극복하고, 국체정신에 바탕을 둔 명확한 교육목표를 수립한 것입니다.

이처럼 조선의 학교 교육은 명확히 충량유위한 황국신민을 연성하는 것 그 자체가 되었습니다. 완전히 국가적 가치와 국가 의식을 지니고, 항상 국가에 봉사할 수 있는 일본인을 연성하는 것으로 된 것입니다.

3.

말할 것도 없이 청소년에게 국가 미래가 존재하고 건전한 청소년으로부터 건전한 국가가 생겨나는 것입니다.

작년 5월에 황공하옵게도 궁성(宮城) 앞마당에서, 우리 조선에 재학하는 학도에 대해서도 친열(親閱)하시고, 나중에 다시 한번 청소년 학도에 대해 넓고 두터운 은혜로 칙어를 하사하셨습니다. 성려심원(聖慮深遠), 그야말로 감격이었습니다. 실로 청소년 학도에게 부여한 책무의 중차대함을 인식함과 동시에, 한층 더 황운부익, 진충보국의 길로 매진해야 한다는 것을 통감하는 바입니다.

조선 황국신민교육의 최고 과제는 청소년 학도에게 진실로 국체정신으로 각성하도록 하는 것입니다. 만약 황국신민으로서의 혼을 불러 깨우치는 것이 불가능하다면, 조선교육령의 개정도, 내선일체도 모래 위에 누각을 짓는 것에 불과한 것입니다. 내선일체도 국체명징에 기초하지 않는다면 모래 위에 나무를 심는 것에 불과한 것입니다. 참된 국체명징이라는 기반 없이는, 참된 내선일체도 있을 수 없습니다. 국체명징과 내선일체는 공통 분모 위에 선 것으로, 이 공통 분모란 "우리들은 황국신민이다"라는 의식입니다.

그리고 황국신민교육의 중심 생명을 구성하는 것은 황국신민 교육자입니다. 교육에서는 교사 그 자체가 가장 중요한 역할을 하는 것은 지금 다시 말할 필요도 없습니다.

종래 교육의 근본적 결함은 교사 스스로가 훌륭한 황국신민으로서, 국체정신의 분신으로서, 참된 일본적 성격을 철저하게 충분히 단련시키지 못했던 점에 있었다고 생각합니다. 그것이 근본적 원인이 되어, 때로는 지식의 주입으로 흐르고, 때로는 국체관념의 명징이 부족한 폐단에 이르렀다고 할 수 있습니다.

이에 본부에서는 작년 4월부터 새로이 교학연수소를 설치하여, 전체 시설이 사표가 되어야 할 인물을 연성하는 도장이 되도록 하고, 학교 교원들에게 국체의 본의에 바탕을 둔 황국신민교육의 진수를 이해시키고, 사도의 진흥과 교학의 쇄신을 꾀하게 되었습니다. 이미 이 연수소를 수료한 각 도의 소학교장이 3백여 명에 달하며, 이들이 반도 교육의 스승으로서, 반도 교학쇄신 진흥을 위한 일대 추진력이 되어 전 조선 각지에서 활약하는 중입니다.

4.

황국신민교육은 황국 일본의 중대한 역사적 사명을 실현할 수 있는 유능한 황국신민을 연성하는 것이 그 목적입니다. 신체와 정신을 종합적으로 도야하고, 부단한 인고단련으로, 견고한 강철 같은 의지와 성격을 가지고, 강력한 실천력을 갖춘 일본인을 연성하는 것이 가장 중요한 임무라고 생각합니다.

작년 이후 하계휴가를 주로 이용하여 행해진 학교 생도의 근로보국대 운동은 조선의 청년 학도를 올바른 근로정신으로 훈육하고, 국가에 대한 봉공의 정신을 함양함과 동시에, 신체적 정신적 단련을 통해 강한 실행력을 단련시키려는 목적을 지녔습니다. 청년 학도 및 교직원의 노력으로 노동을 천시하는 듯한 일부 편견을 완전히 극복하고, 근로봉사는 현대 청년에게 부여되는 가장 명예로운, 가장 고결한 임무라는 의식이 처음으로 결정적으로 된 것은 내가 아주 기뻐하는 바입니다.

이렇게 조선의 학교 교육은 사변 하에서, 완전히 황국신민 연성의 교육이 되었습니다. 황국의 도(道)를 연성하는 것을 목적으로 하는, 지덕체 일치의 교육이 되었습니다. 따라서 이 방침으로 교육받았던 아동을 선발하는 경우, 종래와 같은 지식본위의 입학시험 방법으로 황국신민으로서 정말 잘 연성되었는지 알 수 있을까요? 종래와 같은 방법으로는 도저히 불충분하다고 하는 것은 누구라도 생각할 수 있을 것이라고 봅니다. 이런 이유로 입학시험 준비교육에 따르는 폐해가 전혀 없다고 하더라도, 종래와 같은 입학고사 방법은 필연적으로 변경해야 할 운명에 처해 있다고 봅니다. 이번에 개선된 선발방법은 황국신민교육을 철저히 하는 방책으로서, 올해 3월부터 전체 조선에서 실시된 것입니다.

이처럼 사변 하에 조선교육 전 분야에 걸쳐 국체와 일본 정신을 철저히 실생활에 구현하는 노력이 시도되고 있습니다. 조선교육이 진정으로 황국신민교육이라는 것을 자각하는 와중에 있다는 것은 정말로 기뻐해야 할 현상입니다.

그러나 동아신질서 건설의 대업은 지금도 그 완성 도중에 있습니다. 신동아 건설은 마땅히 세계 역사상 신기원을 이루는 가장 중대하고 가장 빛나는 사업입니다. 그렇지만 그 성업(聖業)은 역시 아직 완성되지 않았고, 신질서의 건설이 완료되는 그날까지는 앞으로 나아갈 길 또한 많은 고난과 난관을 극복해야 합니다.

우리 황국신민은 더욱 그 지조와 절개를 굳게 지켜, 진충보국의 지극한 정성을 본받아, 아름답게 빛나는 국체 아래, 내선일체 모두 서로 이끌어 황국의 발전 번성에 기여하며, 그럼으로써 황국의 숭고한 대사명을 달성하고, 광대하고 심원한 황국정신을 세계에 널리 떨쳐 그 빛이 고루 미치도록 해야 함을 통감하는 바입니다.

<자료 36> 皇民鍊成の教育行(全南 光州 瑞石公立尋常小學校, 1940.2)

황민연성의 교육 수행

전남 광주 서석(瑞石)공립심상소학교

1. 황국교육의 연원

1) 건국의 대의

우리나라는 『신황정통기(神皇正統記)』[2]에 명시되어 있듯이, 다른 왕조에는 유례가 없는 신국(神國)이고, 건국굉원(肇國宏遠)에 수덕심후(樹德深厚)에 있는 만세일계의 천황이 영원 무궁하게 다스려 주시는 황국(皇國)이다.

천지의 시작인 천상[고천원(高天原)][3]에 계시는 신들의 손으로 개벽 창조되어, 표류하는 나라를 완성하고 단단히 하는(修理固成)[4]하는 대업이 성취되어 도(道)를 세우고 도(道)를 넓히는데 알맞은 착하고 아름다운(善美) 국토가 되었다. 이처럼 아름답게 빛나고 단정한 세계[육합(六合)] 안을 구석구석까지 비추는 아마테라스 오미카미[천도대신(天照大神)]는 이 국토를 위무하시고 천상의 신들(天つ神)의 마음[대어심(大御心)], 신들의 업[대어업(大御業)]을 하늘과 땅 모두에 막힘없이 더욱 번창하도록 하기 위해 황손(皇孫)을 강림(降臨)하도록 하여 신칙(神勅)으로 이 나라를 하사하였다.

---

2 편역자 주: 남북조시대, 남조공향인 기타바타케 지카후사(北畠親房)가 쓴 3권으로 된 역사서. 처음에 서론을 두고 신대(神代)·지신(地神)에 관해 기록하고, 이어서 역대 천황의 사적을 고무라카미(後村上) 천황에 이르는 1339년까지를 서술함.
3 편역자 주: 다카마노하라. 천상의 나라, 신들이 태어난 장소, 아마쓰가미(天津神, 일본 신화에 등장하는 신)가 사는 장소를 의미함.
4 편역자 주: 『古事記』, 『日本書紀』에 나오는 말로, 미완성 상태의 나라(國)를 하나의 완성된 것으로 만들어 단단히한다는 의미를 가짐. 신도(神道)에서 중요한 용어로, 신도적 삶의 방식과도 관련함.

갈대가 무성하게 자라고 영원히 곡물이 풍부하게 열매를 맺는 저 나라는, 우리 자손이 군주로서 다스려야 할 국토이다. 우리 자손이여, 가서 다스려라. 자, 출발하라. 황실의 번영은 천지와 함께 영원히 계속하고 마를 날이 없을 것이다.

이에 군주의 직분이 정해지고, 영원히 변하지 않는 국체와 건국의 대의가 엄연하게 존재하고 있다. 또한 신성한 거울(神鏡)[5]을 받들어 모시는 신칙(神勅)에는

이 거울은 그야말로 우리의 혼(魂)으로서, 우리 신전을 우러러 받들 듯이 모셔라.

라고 우러르며, 항상 대신(大神)과 함께 살아가는 신앙과 경신숭조의 도(道)를 내려 가르치시고, 또 백성의 목숨을 중시해, 백성의 의식(衣食)의 바탕으로서 곡물[가곡(嘉穀)]을 주시며,

삼가 우리 천상에 제사를 모신다. 신전에 벼이삭을 전하시어, 천상에서와 같이 벼를 만들어 제공하도록 우리 어린 자손에게 맡겼다.

라고 하여 생활의 안정이 있는 곳에 모든 행복이 생겨나는 것을 교훈으로 했다. 이상과 같이 천조(天祖)의 세 가지 신칙에 나타나는 정신은 그야말로 황도(皇道)의 원류이고 국가의 생명인 신혼(神魂)이다.

2) 건국의 정신

진무천황(神武天皇)은 건국의 대의에 근거해 천황은 천업회홍(天業恢弘)[6]이라는 국가통치계획을 품고 만 가지 어려움을 극복하며 동방을 정벌하여 나라의 수도를 일본(大和)의 가시하라(橿原)에 있는 땅으로 정하고 웅대하고 장엄한 도의로 건국(道義建國)했던 것이다. 즉

---

5 편역자 주: 신성한 거울이라는 의미로 신전에 걸고 모시는 거울. 세 가지 신기(神器) 가운데 하나인 팔지경(八咫鏡)을 말하기도 함.
6 편역자 주: 진무천황이 이루었던 위대한 사업은 천조대신이 내리신 말에 따라 평화롭게 유복한 나라를 만드는 것.

조서(詔) 가운데에

처음 성인이 나라의 제도를 정하는데 있어, 그 도리는 반드시 시세에 적합하게 이루어졌다. 조금이라도 백성에게 이익이 되는 것이 있다면, 그것은 결코 조상이 세우셨던 성업(聖業)에 어긋나는 것은 아니다. 그래서 지금, 산림을 벌채해 개척하고, 궁전을 조성하고, 삼가 황위에 올라 백성을 안심시켜야 한다. 위로는 천신이 이 나라를 하사해 주신 덕(德)에 답하고, 아래로는 황손(皇孫)의 정을 키워주셨던 천황의 마음(大御心)을 널리 알려라. 그 후에 사방의 나라를 통일하고 도읍을 열어, 온 세상을 덮는 지붕으로 삼는 것 또한 가능하지 않겠는가.

라고 우러러 3종의 신기(神器)로 황위(皇位)를 실천하시고 또 신전을 조견산(鳥見山) 안에 설치하고, 황조천조대신을 모시어 선조의 은혜에 보답하는 빼어난 효(大孝)를 말씀하셨던 것이다.

"거울(鏡)은 하나도 숨김없이, 사심 없이 만민을 비추니 옳고 그름과 선악의 모습 그대로 비추지 않는 것이 없다. 그 모습에 순순히 감응함을 덕(德)으로 하며, 이것이 정직의 본원이다. 구슬(玉)은 부드럽고 조화로우며 아름답고 순종함을 덕(德)으로 하며, 자비의 본원이다. 검(劍)은 강리결단(剛利決斷)을 덕(德)으로 하며, 지혜의 본원이다. 모두 세 가지 덕을 갖추지 않고서 천하를 다스리는 것은 정말로 어렵다. 신칙(神勅)을 분명히 하고, 말을 간결히 하여 뜻을 넓히셨다. 그 위에 신기(神器)를 분명히 하여 내리셨다. 얼마나 감사한 일인가. 이 가운데에서도 거울(鏡)은 근본으로서 종묘의 정체(正體)로 우러러 모신다. 거울은 밝음(明)을 형상화한다. 심성이 밝아지면 자비결단(慈悲決斷)이 그 가운데 있고, 또 올바르게 어영(御影)을 비추면 깊은 어심(御心)이 머무시게 한다. 하늘에 있는 해와 달만큼 분명한 것은 없다. 따라서 문자를 만드는데도 해와 달을 합해 명(明)이라고 했다. 우리 신(神) 대일(大日)의 영혼(靈)으로 계시며 명덕(明德)으로 세상을 굽어보시고 음양(陰陽)에 의해 헤아리고, 어둡고 밝음(冥顯)으로 드러내실 뿐이다. 군(君)도 신(臣)도 천조대신(神明)의 빛나는 혈통을 이어받고, 틀림없이 천자의 명령을 받아 신들의 후예가 되었다. 누가 이것을 드러내어 받들지 않겠는가"라고 『신황정통기(神皇正統記)』에 있듯이, 3종의 신기(神器)는 황국의 도(道)를 여실히 입증하는 것으로, 우리 윤리도덕 및 정치의 근본을 말하고 있다. 이를 받들어 일계(一系)의 황위계승을 실천하신 천황은 자연히 그윽한 덕(德)을 갖추셨고 천황의 지위(御位)는 더욱 신성(神聖)하게 되었다.

여기에 튼튼한 국초(國礎)의 반석이 세워져, 경사로움을 쌓고 광채를 더하며 올바름을 기른다는 건국정신과 팔굉일우(八紘一宇)의 천업(天業)이라는 매우 큰 이상을 엿볼 수 있다.

3) 국체의 정화

금상 천황 폐하의 즉위 대례 당일 궁중의 자신전(紫宸殿)에서 어의(御儀)로 내려주신 칙어(勅語) 가운데에,

> 황조황종의 나라를 세워 민(民)에 임하며 나라로써 집(家)과 민(民)을 살피는 것을 열성(列聖)이 자식(子)처럼 이를 계승하며 인자함(仁恕) 아래 널리 모든 백성(兆民)을 인솔하여 경충(敬忠)의 풍속(俗)을 받들고 상하(上下) 진심으로 서로 믿어 군민(君民體)이 하나가 되는 이것을 우리 국체의 정화(精華)로 삼아 마땅히 천지와 함께 존재해야 할 바이니

라고 정말로 송구스럽고 극진히 감사하게도 천황은 황조황종의 유훈을 조술(祖述)함으로써 건국(肇國)의 대의(大義)와 국민이 실행에 옮겨야 할 대도(大道)를 분명히 하셨다. 즉 황조황종을 받드는 만민에 솔선해 조손일체(祖孫一體)의 결실을 나타내고, 경신숭조(敬神崇祖)의 모범을 드리우셨고, 또 신민을 큰 보물(大御寶)로서 적자(赤子)와 같이 애무(愛撫)하시며, 그 협익(協翼)에 의지해 황제의 계책(皇猷)을 회홍(恢弘)하려 생각하시어, 국가의 안녕과 애민교화의 대업을 추진하셨던 것이다. 이러한 인자무변(仁慈無邊)한 성덕(聖德)이 널리 미치는바 신민의 도(道)는 자명하다. 즉 천황을 인간의 모습을 갖춘 신[현어신, 명신(現御神, 明神)] 혹은 현신인(現神人)으로 받들어 황실을 고금(古今)에 걸친 중심인 종가(宗家)로 하여 억조(億兆) 백성이 한마음(一心)이 되어 지극하게 충성을 다해왔다. 군민일체의 일대 가족국가를 이룬 우리나라에서 천황에 충을 다하는 것은 선조의 유풍을 드러내는 것으로 충을 떠나서는 효(孝)는 존재하지 않는 것이다. 또 모든 애국은 항상 충군의 지극한 정성에 의해 관철되므로, 이것이 충군애국과 경신숭조의 일치, 즉 충효가 하나의 근본(忠孝一本)이 되는 까닭이

다. 웅대한 계략 천황의 유언(遺詔)에 "의(義)는 군신, 정(情)은 부자(父子)"라고 말씀하심은 역대 천황의 일관된 마음인데, 이러한 천황의 인자함과 신하의 감격으로 맺어진 군신화합의 결실이야말로 우리나라의 무한한 발전의 바탕이 되는 힘이고, 이제까지 힘써 아름다운 성과를 이루어 온 대화혼(大和魂)이다.

상하(上下)가 마음 깊이 느껴 군민일체로서 무궁하게 신장하고 발전해 가는 것이 일본 본연의 자세이고 황국의 도이며, 가르침(敎)이 나오고 생기는 바의 본원(本源)이다. 교육칙어의 제1단에서 설파하셨던 것처럼 세상 어느 곳과도 비교할 수 없는 국체의 정신이 곧 우리 황국교육의 연원이다.

2. 황국연성의 교육

1) 도(道)의 수련

"나라마다 도(道)가 있고, 도(道)마다 가르침(敎)이 있다"라고 모토다 나가자네(元田永孚) 선생이 말했는데, 이는 황국 교학의 근본[진체(眞諦)]이다. 요즈음 국운이 미증유(未曾有)의 진전을 보임에 따라, 동아시아 및 세계에서 우리나라의 지위와 사명은 한층 더 중대해지고 있다. 이러한 때에 교육 전반에 걸쳐 황국의 도(道)를 중심으로 그 수련을 강조하며 황민을 연성하여, 국민정신을 높이고, 지덕을 계발하고, 체력의 향상을 도모하여 산업 및 국방의 바탕을 배양함으로써 안으로 국력을 충실히 하고 밖으로 팔굉일우(八紘一宇)의 건국정신이 명백히 드러나도록 대국민(大國民)을 육성해야 한다는 국론적 요구가 있다. 이 황국교육이라는 신일본 재건설의 근본은 오직 도(道)의 수련이라는 것으로 귀착되는 것이다.

그 도(道)란 교육칙어에서 받들어 모시는 바의 도(道)로서,

> 이 도는 실로 우리 황조황종의 유훈으로 자손인 천황과 신민이 함께 받들어 지켜야 하는 바, 이는 고금(古今)을 통해 그릇되지 않고, 이를 중외(中外)에 베풀어 어긋남이 없다, 짐(朕)은 그대들 신민과 함께 항상 마음에 두고 잊지 않도록 하여 모두 그 덕을 한결같이 할 것을 간절히 바란다.

광원한 건국 이래의 도(道)에 근거해 세워진 것이다. 실로 시간과 공간을 초월한 진리로서 천지(天地)의 공도(公道)이고 인륜의 상도(常道)이다. 황송하게도 황조황종의 유훈으로 조손일여(祖孫一如)·군민일덕(君民一德)이라는 성지(聖旨)를 받들어 모시는 황도(皇道)이다.

신칙(神勅) 그대로 만세일계의 천황을 받드는 백성으로서 살아가는 황민(皇民)의 존재 방식 그것이 도(道)이고, 그 도(道)라는 사실을 나타낸 것이 교(敎)이다. 도(道)는 우리 신민 존재의 바탕으로서 단순한 이념이 아니며, 국체에 근거한 바의 존재 방식인 것이다. 이런 도(道)의 수련은 교육칙어의 제2단 후세에 전하는 교훈을 다루는 곳에서 자기에 대해, 가정에 대해, 사회에 대해, 국가에 대해 10개 덕(德)의 도(道)를 구체적으로 제시하였다. "이로써 천양무궁(天壤無窮)의 황운(皇運)을 부익(扶翼)해야 한다"라고 신민(臣民)으로서의 본분을 분명히 하시었는데 "이와 같이 된다면 오로지 짐의 충량한 신민일 뿐만 아니라 이로써 그대들 선조의 유풍(遺風)을 현창(顯彰)하기에 족하다"라고 하여 충효일본(忠孝一本)이 우리 국민 도덕성을 함양하는 이유가 되는 것임을 타이르셨다.

우리 존엄한 국체의 독자적 정체(政體)에 근거한 존재 방식을 자각하고, 그 도(道)를 수련하여 황민(皇民)으로서의 성격을 도야(陶冶)하는 것이 새로운 교육의 지표이다.

2) 심신의 연성

도(道)의 수련을 일반적 도야로 하는 교육은 종래의 기르는(育) 교육이 아니라 가르치는 (敎) 교육이고 습성(習性)이 되는 예절(躾) 교육이다. 즉 훈육이 교육이 되는 실천이다. 특히 전시체제 하에서 단련적 방법에 호소해 강한 체격과 체능의 향상을 도모하고 고생스러움과 부족함을 견뎌내어 과감한 수행의 뜻을 연성하는 것은 황국의 사명이라는 매우 중요한 임무 완수에서 중차대하고 긴급하다.

"건전한 정신은 건전한 신체에 깃든다"라는 것은 영원한 진리로서 무엇보다 건강한 것이 국민의 자격이다. 국민 체위 저하를 우려하고 있는 우리 현재 상황에서 청소년 시기의 신체 발달에 맞게 합리적으로 지도하고 건강한 신체의 기초를 만들어 내는 것은 국운의 성쇠와 중대한 관계가 있다. 개성과 발달 정도에 잘 조응해 보건(保健)의 증진을 꾀함과 동시에 부단히 점진적으로 단련하여 전력 증강을 도모해야 한다. 또 일본 국민정신을 실현해 가는 국민도덕을 실천적으로나 내용적으로 지도하여 도덕적인 식견과 정조 및 의지를 연성하고, 황도(皇道)를 실행하는 인격을 도야하여 황민적 신념을 확고하게 배양해야 한다.

우리나라는 원래 수행(行)함으로써 의미를 파악하는 나라이다. 수행(行)에 호소해 도(道)를 깨닫고 그것을 실현하는 것이야말로 사실에 부합하는 것이다. 연성의 교육은 수행의 교육이다. 황도에 근거한 구심적(求心的) 수행(行)으로 심신을 단련하고 황국의 사명에 임하는 황민으로서 필요한 기초적 연성을 완전하게 해야 한다.

3) 황운의 부익(扶翼)

황민연성의 교육은 훌륭한 황민육성의 훈련으로 만고에 일관한 일본 교육학의 원리이다. 그러나 그 실질적 내용은 시대적 의미가 있다는 데 유의해야 한다. 우리나라는 이번 지나사변(支那事變)이라는 미증유의 비상시국에 직면하여 아주 장기적이고 지속적인 태세를 취하고 있다. 이 특질을 충분히 이해해야 한다. 즉 사상전(思想戰), 경제전(經濟戰), 체력전(體力戰), 과학전(科學戰), 정신전(精神戰)으로 소위 국가총력전의 시대이다.

사변 시기부터 사변 후에 걸쳐 국민정신총동원이라는 황도선양(皇道宣揚) 시대에 황민훈육의 실질적 내용은 그야말로 다음과 같아야 한다. 즉,

(1) 우리 존엄한 국체의 특질을 자각시켜, 천황중심의 전체적 주의(全體的 主義)교육에 철두철미할 것.
(2) 황운부익의 국민적 사상정신을 철저히 배양할 것.
(3) 황운부익의 도(道)로서 경제적 사상과 힘을 기를 것.
(4) 황운부익의 도(道)를 실천하는 힘으로서 과학적 정신을 연마할 것.
(5) 황운부익의 도(道)를 실천하고 활동하는 힘의 원천으로서 강철같은 정신력과 체력을 단련할 것.
(6) 황운부익의 도(道)를 실천하는 생활 태도를 순치(馴致)할 것.
(7) 시국을 인식하고 대국민으로서의 도량을 갖도록 할 것.

그러나 이 내용은 각각 개별적인 것이 아니라 모든 황운부익, 멸사봉공, 순충지성(純忠至

誠)의 일본 정신에 따라 전체적으로 통일되어야 하는 것으로, 최근 교육심의회 위원회가 입안한 국민학교안(國民學校案)에서 황국의 도(道)를 교육의 통일 원리로 하고 교과 통제를 계획한 것은 이와 같은 정신을 뒷받침하는 것이다.

조선의 3대 교육강령으로 제시한 국체명징, 내선일체, 인고단련의 지도정신과 신교육 규정의 본질인 황국신민의 육성은 결국 황운부익의 책무를 수행할 수 있는 황민의 연성이다.

모든 것을 황국의 도(道)로 귀일시켜 건강한 신체와 강건한 기풍을 일으켜 신을 공경하는 풍속, 충효의 풍습을 이루고 신국 일본의 신앙과 황민으로서의 자각 아래 살도록 하는 지도 원리는 오롯이 교육칙어 실천의 원리이고 황운부익의 도(道)의 원리이다.

황운부익 이외에 신하의 도(道)는 없고, 교육칙어 이외에 교육의 성전(聖典)은 없다. 일본 교육의 독특한 모습은 황운부익의 도(道)를 행하는 황민훈육 오직 하나에 있다.

3. 본교의 수행(行)적 훈육

1) 학교 훈육 강령

우리 존엄한 국체본의에 근거해 교육에 관한 칙어, 청소년학도에 하사한 칙어의 성지를 봉체하고, 조선교육의 3대 강령에 근거해 제정되었던 본교 학원잠규(學園箴規)을 구현하는데 힘써, 충량한 황민육성에 전력을 기울이도록 한다.

즉 학교생활을 도덕화하고, 수신교육의 훈련화를 도모한다. 시국을 인식하고 민도에 근거하여 황운부익을 위한 실천 덕목을 설정한다. 황민훈육의 일원화를 꾀하여 수행적 실천으로 그 목적을 달성하고자 한다.

(1) 훈육중심으로 학교를 경영하고 도(道)의 수련에 진지한 태도를 갖도록 한다.
(2) 심신의 연성 시설을 많이 하여 강건한 신체와 강건한 정신을 연구토록 한다.
(3) 입헌사상의 양성에 노력해 협동사회적 훈련의 결실을 거두도록 한다.
(4) 국어생활에 유의해 순후(醇厚)한 풍습을 이루도록 한다.
(5) 국민정신총동원운동에 참가해 전력(戰力) 증강에 노력하도록 한다.

이 강령의 목적 달성을 위해 아동의 개성 및 형편을 고려해 항상 가정 및 사회와의 연계를 긴밀히 하여 도덕생활의 지도를 한다.

 (1) 아침 교육과 수행(修) 교육
 (2) 성지봉대(聖旨奉戴) 및 의식과 여러 회합
 (3) 기념일 행사와 강조 주간
 (4) 애국반 활동과 애국일 행사
 (5) 훈육실천덕목과 수신과 요목
 (6) 게시교육과 시국인식판
 (7) 제(諸) 임원(役員) 규정과 당번 근무
 (8) 작업훈련과 경제훈련
 (9) 단체훈련과 개인훈련(개성조사)
 (10) 특정 훈련일과 복장검사
 (11) 직원 아동의 경조사 위문
 (12) 신사 참배와 일상생활(居常) 심득(心得)

2) 학원잠규(學園箴規)

본교 교육의 대방침인 교훈으로 학원잠규를 정하고 전교 훈육을 통일하여 교풍의 발양(發揚)을 도모한다.

 (1) 충효를 본으로 하여 몸을 아주 잘 닦아 맹세코 황국신민이 될 것을 기한다.
  가. 우리 국체의 정화를 체득하도록 한다.
  나. 교육칙어의 도(道)를 실천하도록 한다.
  다. 국민도덕의 함양에 노력한다.
  라. 황민으로서의 자각 과 분기(奮起)를 촉진한다.
  마. 경신(敬神) 관념을 두터이 하여 보덕정신(報德精神)을 배양한다.

(2) 항상 국어에 친해지고 스승과 웃어른을 공경하며 학업에 전념해야 한다.

    가. 내선일체의 진의를 파악하도록 한다.

    나. 국어상용의 자부심을 깨닫도록 한다.

    다. 국어의 생활화에 힘쓴다.

    라. 웃어른을 공경하고 보은한다.

    마. 배움에 뜻을 두고 수련하는 태도를 키운다.

(3) 건강과 명랑으로 빛나고 규율을 바르게 하여 근면하게 수행한다.

    가. 체육을 북돋아 신체적 자각을 촉진한다.

    나. 강하고 바르며 밝은 태도를 갖도록 한다.

    다. 규범에 근거해 생활을 절도있게 하도록 한다.

    라. 괴로움을 참으며 근면수행하여 바르게 자라도록 힘쓴다.

    마. 건전한 심신을 연마하는 데 힘쓴다.

3) 아침 교육

조회는 직원과 아동의 공적 맹세이고, 인사임과 동시에 학교생활에서 하루 수행의 출발점이며 학습을 유효하게 하는데 긴요한 학교 훈련의 시설이다. 본교에서 이 조회를 황민연성의 교육적 견지에서 황국의 도(道)로 귀일하도록 하고, 아동의 단아한 심성을 도야하여 협력의 사회정신을 연마해 일본 정신에 따라 통제 훈육하는데, 이를 아침 교육이라고 칭하고 교사와 학생이 하나가 되어 행하고 있다.

항상 교육적 환경에 유의해 바른 규율 가운데 엄숙함과 경건함을 가지고, 온화한 친숙함과 숭고한 분위기의 양성에 힘쓰며, 다음의 기구 및 요목에 따라 실시한다.

○ 월요일: 강당에서 전 학년

  황국정신의 도야를 목표로 한다.

  (1) 신단 배례 두 번 절하고 두 번 박수친 후 한 번 더 절 한다.

  (2) 황국신민서사 제창(齊誦)

천황의 은혜에 감사하고 황운이 더욱 번창하길 기원하며, "천황의 백성인 우리"라는 신념과 자각을 새로이 하여 황도구현의 수행을 마음속으로 서약하는 것이다.

(3) 기미가요 연주와 묵념

(4) 궁성요배

천황의 만수무강과 황은무궁을 기원하고 황실 존숭의 마음을 배양한다.

(5) 학교장 훈화

교육칙어의 성지에 근거해 황도정신의 함양에 이바지하는 훈화

(6) 주훈(週訓) 발표

훈육계통안의 실천 덕목에 근거해 주훈을 정하고, 또 학교의 훈련 상황에 따라 정해진 주의사항을 발표하여 한 주의 훈련 실천지표로 삼는다.

(7) '바다에 가면' 노래 합창

천황을 위해 죽어도 후회하지 않는 신하의 절개와 황도정신을 합창함으로써 모두의 마음을 잇는 것이다.

○ 화요일: 강당에서 저학년

종합학습으로 정의(情意)를 도야한다.

(1) 신단 배례

(2) 황국신민서사 제창

(3) 종합학습 발표

종합학습이 목표로 하는 바는 사회성, 명랑성, 표현의 수련, 국어의 숙달, 국민적 예의 및 기타 다방면적 학습을 이루도록 하는 것이지만, 그 근저에 국민적 정의(情意)를 도야하는 것을 소홀히 해서는 안 된다.

(4) 레코드 감상

학년에 맞게 모범 레코드를 눈을 감고 조용하게 듣도록 하고, 낭독법의 숙달을 꾀하여 발음 및 어감 수련이 되도록 한다.

(5) 동화(童話)

성정의 순화에 이바지해야 할 소재를 선택해, 순정 명랑한 기분을 배양한다.

○ 수요일: 운동장에서 전 학년

규율 통제 훈련을 목표로 한다.

(1) 궁성요배

(2) 황국신민서사 제창

(3) 교기에 대한 경례

　　교기는 소위 학교 규율로 교풍의 바탕을 이루는 것이고, 학교훈련의 규범을 나타내는 것이다. 교사와 아동 모두 경의를 표하는 이유이다.

(4) 분열식

　　학교장 아래 교기를 받들고 전체 아동이 분열 행진을 한다. 이렇게 하여 심신의 긴장과 사기 고취에 힘쓰고, 규율 통제 있는 훈련의 연성을 꾀하여 모두가 한마음이 되는 정신을 키운다.

(5) 학교장 강평

　　분열식에 대해 그 규율통제 및 소년 학도의 기개에 대해 강평하고, 청소년학도에게 내리신 칙어의 성지(聖旨) 한 부분에 관해 훈화한다.

(6) 단체 보행 훈련

　　정상 걸음걸이로 행진하도록 하고 당당한 걸음걸이로 용감히 매진하는 기상으로 모두가 한마음이 되도록 단결하는 마음을 배양한다.

○ 목요일: 강당에서 고학년

종합학습으로 정의(情意)를 도야한다.

(1) 신단 배례

(2) 황국신민서사 제창

(3) 종합학습 발표

(4) 레코드 감상

(5) 정좌하여 시 낭송

　　국체명징, 황도선양의 시가를 읊는 것으로 크게 일본 정신을 앙양하여 신하가 지켜야 할 절개의 마음을 강고히 하도록 한다.

○ 금요일: 강당에서 전 학년

애교심의 함양을 목표로 한다.

(1) 신단 배례

(2) 황국신민서사 제창

(3) 교기에 대한 경례

교기에 대한 친숙함과 경건함을 갖도록 하여 애교심 함양에 이바지한다.

(4) 학교장 훈화

교기정신, 학원잠규, 기타 학교생활의 지도 정신이 되어야 할 사항에 관해 훈화하여, 애교심을 계발 배양하여 교풍의 수립에 이바지한다.

(5) 정좌 묵념

천황의 은혜, 스승의 은혜, 부모의 은혜 및 중생의 은혜를 감사하고, 더불어 자기의 행동을 반성하도록 하여, 더욱 보은보덕(報恩報德)하는 정신으로 살아갈 것을 기원한다.

(6) 학원잠규 제창

본교 교훈인 학원잠규를 제창함으로써 학교생활을 통해 훌륭한 황민이 되는 것을 서약한다.

(7) 음악 감상

고상 우아한 음악을 레코드로 듣도록 하여, 함께 성정의 순화를 도모한다.

(8) 교가합창

본교의 사명과 아동의 포부를 명랑 장중한 가사로 표현한 교가를 소리 높여 합창하는 것으로 애교심을 강조한다.

○ 토요일: 운동장에서 전 학년

전력 증강을 위한 통제 훈련을 목표로 한다.

(1) 궁성요배

(2) 신궁(皇大神宮) 및 신사(靖國神社) 요배

황국의 안위와 황도선양을 기원하고, 무운장구(武運長久)와 전몰자 영령에 대해 묵념을 바친다.

(3) 아동 사열

엄정한 규율 아래 용모를 바르게 하고 심신의 긴장을 이루기 위해, 학교장 사열을 하여 부동의 자세, 신체 용모와 복장을 바르게 하기 등에 이르기까지 검열한다.

(4) 학교장 강평

사열의 결과에 관해 강평하고, 시국 추이와 우리들의 각오에 관해 훈화한다.

(5) 건국 체조

팔굉일우의 체현을 꾀하며 긴장된 마음으로 실시하고, 후에 보행 훈련을 한다.

(6) 수련 회의: 학급별

주훈(週訓)에 따라 일주일의 생활을 반성하고, 또 전력 증강에 관해 실천 사항을 협의한다.

4) 연성 교육 수행

황운부익의 교육을 매일 하루 종일 수행한다. 본교에서 아동은 큰 보물로서 나라에 도움이 되는 황민으로 자랄 것을 기원하며 심신을 연성하고, 교사는 폐하의 대어심(大御心)을 마음에 새기고 아동을 교양하는 데 있어 폐하의 적자를 가르치는 스승으로서 수련하여, 교사 아동이 일체가 되도록 도(道)를 수행(行修)하고 있다. 지면의 제한으로 그 두세 가지에 관해 유의점을 말한다.

(1) 봉안전 예배

학교 정신의 중심이자 훈육의 귀일점인 봉안전을 매일 예배함으로써 군국(君國)에 감사하고 성지(聖旨)를 봉체해 번영에 도움이 될 것을 맹세함과 동시에 수행하는 것이다. 일체가 되어 받드는 마음과 태도를 침착하게 해야 한다.

(2) 황국신민서사함(誓詞舍)

봉안전의 성역 내에 빛줄기(光芒)를 더하고 있는 우리들의 서사함에 대해 경의를 바치고, 안으로는 깊이 "천황의 백성인 우리"를 생각하고, 밖으로는 강하게 그러나 조심스럽게 수행한다.

(3) 국기게양

국기를 예찬함으로써 국체의 정화를 이해하고, 국민적 경례로서 우리 안의 마음에 우러러보며 수행하는 신념을 강고하게 해 주므로 가장 엄숙하게 행한다.

(4) 학습훈련

황민으로서의 정신을 연마하면서 교재를 살아있는 혼과 연결하는 학습훈련이 중요하므로 교실을 출입하거나 학용품을 취급할 때 그러한 분위기를 보여야 한다. 항상 궁성 그림에 대한 경례로 시작하고 마치게 하여 황민의 바탕이 되도록 학습한다.

(5) 휴양시간

놀이 지도 이외에 도덕생활 및 국민적 의례가 익숙해지도록 해야 한다. 라디오 체조, 황국신민 체조, 소년무도, 학예회 등도 적당히 실시하도록 유의한다.

(6) 봉사근무

수행의 생활은 봉사로서 이루어질 수 있다. 전원 일제히 청소나 작업이나 당번근무에 봉사하며 애교심의 발휘와 책임 봉사의 생각을 배양한다. 애국반 활동으로 후방 봉사에도 힘쓴다.

(7) 신사 참배

경신숭조는 일체(一體)인 조상신, 부처 등에 대한 예배로 멀리 부모의 영혼에 합체하여 감사와 소원과 맹세를 드리는 가운데 황도 정신을 연마한다. 인사(人事)의 뒤에 신사(神事)가 있으니 이렇게 하여 대이상(大理想) 실현의 활력을 되찾을 수 있도록 한다.

(8) 정좌 수행

황도의 근원인 성(誠)의 혼(靈)으로 되돌아가는 수행으로서, 마음을 단전(丹田)에 가라앉히고 올바른 자세로 담력을 단련한다. 평범한 일에도 특별히 감사하고 다시 살피는 기초적 훈련이다.

(9) 비상시 훈련

비상 재해에 잘 대처하는 정신을 수양하고 그 요령을 얻도록 하여 만일의 사태에 대비하기 위한 훈련이다. 방화, 방공(防空), 방역(防疫) 등의 훈련을 올바로 조직하는 가운데 묵묵히 효과적으로 행하도록 한다.

(10) 애국일(동아봉공일)

시국을 인식하고, 한층 더 황운부익의 생각을 강하게 수행함으로써 직분에 맞게 봉공의 지성(至誠)을 다함으로써 시국의 어려운 문제에 대처하는 것이다. 국체명징, 노력봉사, 군장병 원호, 국방헌금, 폐품회수, 자원애호, 근검인고, 애국저금 등을 한다.

이 외에 모든 시설을 활용해 모든 기회를 포착해 황국의 도(道)로 귀일시켜, 그것을 수행함으로써 만방무비의 황운을 부익하기에 충분한 심신을 연성한다.

이에 빛나는 2600년(1940년) 새봄을 맞이하여 우리들은 새삼스럽지만 "천황의 백성으로 태어나 천지가 변영하고 있는 때를 만난" 그 감격을 깊이 느끼어, 맹세코 훌륭한 황민연성교육을 수행하겠다고 결심하며, 교육보국(敎育報國)으로 하나되어 매진하기를 기원하는 바이다.

<자료 37> 朝鮮學童の內地化の測定(秋葉隆, 1940,3)

조선 학생의 내지화(內地化) 측정

경성제국대학 교수 아키바 다카시(秋葉 隆)

내선일체 정신운동이 반도의 도시와 농촌에서 널리 전개되고 있는 황기(皇紀) 2600년(1940년)을 맞이하여, 반도의 사람들이 어떻게 황국신민화 과정을 따르고 있는가의 문제에 대해, 객관적인 자료의 일단을 제공한다는 의미에서, 작년에 내가 했던 작은 조사 결과를 발표한다.

생각건대 민족의 동화는 소위 물질적 생활 방면이나 정신적 문화 방면 모두에서 볼 수 있는 사회적 과정이다. 그런데 이중 정신적 문화 가운데 동화가 특히 어려운 것은 종교적 방면이라고 생각한다.

나의 조사는 변화하기 어려운 비유동적이고 보수적인 것의 대표라고 할 수 있는 종교에서, 특히 지식적 방면에 관해, "도시와 농촌의 조선인 학생 사이에 어떤 특성이 나타나는가"라는 예상 아래 이루어진다.

이를 목적으로 선정된 학교는 도시의 소학교로 경성부의 재동(齋洞) 및 교동(校洞) 2개교, 농촌의 소학교로 마포(麻浦) 및 용강(龍江) 2개교이며, 이들 학교의 6학년 아동 540명을 피험자로 삼았다. 그 내역은 다음과 같다.

〈표 1〉 조사 대상자 내역

아동 총수	540명	
도시 아동수	266명	남 131명(재동 66명, 교동 65명)
		여 135명(재동 69명, 교동 66명)
농촌 아동수	274명	남 213명(마포 113명, 용강 100명)
		여 61명(마포 29명, 용강 32명)

이 가운데 재동과 교동의 2개교는 경성의 옛 시내 중앙에 있고, 대개 중류 이상의 도시 조선인 자제를 수용하고 있음에 비해, 용강교는 경성 서부 교외에 있는 순 농촌 소학교이다. 다만 마포는 한강 선착장을 빼면, 최근 경성 시내와의 왕래가 아주 빈번해지고 있으나, 행정상으로만 경성부에 편입되어 있을 정도이다. 따라서 해당 소학교는 농촌 소학교라기보다는 소위 변두리 학교(Rurban school)라고 해야 한다. 이런 점에서 도시 소학교 외에 특별히 도시에 근접한 학교를 선정한 것은, 물론 조사의 편의를 위해서이지만, 너무 동떨어진 도시와 농촌의 비교는 지나치게 서로 다른 조건이 복잡하게 뒤섞여 있어 문제의 해결을 곤란하게 할 우려가 있기 때문이다. 그 반면 서로 근접하여 동일 문화권 안에 있는 학교라면, 도시와 농촌이라는 환경적 차이 외의 여러 조건의 차이는 비교적 적어, 소위 순전하게 도농 비교가 가능하기 때문이다.

조사 방법은 질문지법에 따라, 학교 당국에 일임하지 않고 조사자가 직접 개별 학교에 가서 학급마다 아동에게 응답 상의 유의사항을 제시하고, 5분 동안 아동이 알고 있는 신불(神道와 佛敎) 이름을 가능한 만큼 쓰게 했다.

이는 아동이 가진 종교 지식의 극히 표면적인 일부분에 불과한 것은 당연하다. 그런데 소위 대규모 조사 기법에서 너무 복잡한 내용의 질문은 거의 효과가 없으며, 굳이 이를 실행한다고 해도 결과는 아주 막연함을 피할 수 없게 된다.

이 540명의 아동이 응답한 신불의 명칭은 185종을 헤아리며, 그 응답 총수는 1,452개에 달했다. 이 가운데 1,128개의 다수 응답이 25종의 신불에 집중했고, 나머지 응답 324개는 기타 160종의 신불 이름 각각에 대해 아동 한 명 또는 몇 명이 답했다. 여기서 다수가 집중했던 신불 이름을 많은 순서대로 열거하면 다음과 같다.

아마테라스 오미카미(天照大神) 271

석가(석가, 석가님, 호토케사마, 부처님, 불사님 등을 포함) 154

기독(예수, 예수님, 그리스도, 성자 등을 포함) 86

메이지(明治)천황 59

도깨비(도깨비, 허깨비를 포함) 58

귀신(鬼神) 52

공자(孔子) 41

진무(神武)천황 41

산신(山神)(산신, 산귀신, 산신령, 산대감 등을 포함) 39

노기(乃木) 대장 31

수신(水神)(수신, 수귀신, 수귀, 수귀령님 등을 포함) 30

맹자(孟子) 28

신령님 26

스가와라노 미치자네(菅原道眞) 26

니니기노 미코토(瓊瓊杵尊) 25

스사노오노 미코토(素戔嗚尊) 22

구스노키 마사시게(楠正成) 22

대감(大監) 21

야마토 다케루(日本武尊) 18

오쿠니누시노카미(大國主命) 16

선조(祖先)(조상, 오지사마를 포함) 16

하나님 [하나님, 하누님, 천(天)님, 천신, 하늘의 신(天の神) 등을 포함] 13

칠성(七星) 11

도요토미 히데요시(豊臣秀吉) 11

도고 대장(東鄕大將) 11

〔주〕
'님'은 경칭의 조선어. 부처님, 보살님은 모두 불상을 뜻하는 조선어로, 주로 석가를 의미하여 '석가' 안에 포함하여 계산했으나, 만약 이를 별도로 한다면 석가는 84로 되어 '기독'에 미치지 못한다.

이에 따르면, 아마테라스 오미카미(天照大神)라고 답한 아동이 단연코 많아, 아동 총수의 반에 달하고 있다. 따라서 우리는 오늘날 조선 학생의 종교적 지식 가운데 아마테라스 오미카미라는 이름이 얼마나 중요한 지위를 점하고 있는가를 알 수 있다. 그런데 만일 내지인 아동의 경우라면 필시 거의 모든 학생이 아마테라스 오미카미라는 이름을 말하지 않았을까 추측된다. 이에 반해 도깨비라든가 귀신이라든가 하는 조선 민간의 미신(俗信)에 대해 상당히 많은 응답이 나온 것은 종교적 전통이 얼마나 뿌리 깊은지를, 그래서 변화되기 어려운지를 말해주는 것이라 여겨진다.

여기서 이들 답안에 나타난 신불의 종류 및 그 수를 종교문화의 계통에 따라 분류한 결과는 다음과 같다.

〈표 2〉

	분류	신불의 예	종	수
A	일본의 신화 전설 역사 배경	아마테라스 오미카미(天照大神), 메이지(明治)천황, 진무(神武)천황, 니니기노미코토(瓊瓊杵尊), 스사노오노미코토(素戔嗚尊), 가구야히메(かぐや姫), 이나리다이묘진(稻荷大明神), 텐만텐진(天滿天神), 하치만요(八幡樣), 우지카미(氏神), 신사의 신(神社の神) 등	55	641
B	조선의 미신 전설 역사 배경	천신, 칠성, 뇌신(雷神), 호랑이, 승냥이, 터주, 물신(水神), 바다귀신, 내(川)귀신, 불 귀신, 길 귀신, 도깨비, 허깨비, 신주(身主)대감, 가(家)대감, 부군(府君)대감, 대장군(大將軍), 단군, 천도(天道), 이퇴계, 이율곡, 이순신, 이왕(李王)전하 등	88	444
C	불교 문화 계통	석가, 불, 천불, 보살, 나한, 지장보살, 미륵, 염라대왕, 관세음보살, 인왕(仁王), 나무아미타불 등	20	192
D	기독교를 주로 한 서양 문화 계통	그리스도, 마리아, 여호아, 바울, 소크라테스, 와싱톤, 링컨 등	14	100
E	유교를 주로 한 중국 문화 계통	공자, 맹자, 옥황상제, 선녀(仙女) 등	8	75

이에 따르면, 아동의 종교적 지식에서 상위를 점하는 것은 일본문화 계통에 속하는 것이며, 다음은 역시 조선의 전통적 문화에 속하는 것이라는 점이 한층 더 분명해졌다. 건수로는 전자가 641건임에 비해 후자는 444건인데, 신불의 종류에서는 도리어 전자가 55종임에 비

해 후자는 88종으로 다수였다. 그리고 일본문화 계통의 신불 지식은 분명히 학교 교육에서 얻은 것이 대부분이었던 것임에 대해, 조선문화 계통의 지식은 거의 학교 교육에서 적극적 영향을 받은 것이 아니었다. 오히려 미신으로 배척하고 있음에도 불구하고, 이에 관한 아동의 지식이 의외로 풍부했던 것은 간접적으로 조선 가정의 영향이 반영된 것이다.

이 5종류에 대해 다시 도농의 환경별 및 남녀성별로 재분류한 결과는 다음과 같다.

⟨표 3⟩

	성별＼문화	A	B	C	D	E	계
도시	남	216	77	75	40	25	433
	녀	166	95	41	25	15	342
	계	382	172	116	65	40	775
	성별＼문화	A	B	C	D	E	계
농촌	남	240	216	68	28	30	582
	녀	19	56	8	7	5	95
	계	259	272	76	35	35	677

이 중 C·D·E에 관한 건수는 각각 아주 적으므로, 잠시 이들을 논외로 하고, 5종류 가운데 가장 중요한 A와 B 양자가 도농 및 남녀 간에 어떻게 구별되는지를 살펴보기로 한다.

우선 도농에 관해 보면, 도시 아동이 응답한 신불의 총수 775건 가운데 A(일본문화 계통)가 382건, B(조선문화 계통)가 172건이므로, 그 백분율은 A는 48%, B는 22%이다. 이에 비해 농촌 아동이 응답한 신불의 총수 677건 가운데 A 259건, B 272건에 대한 백분율은 A는 38%, B는 40%이다. 즉 도시에서는 일본문화 계통의 신불이 조선문화 계통을 훨씬 능가했는데, 농촌은 도리어 조선문화 계통이 우세함을 알 수 있다. 이는 이 문제에 관해서는, 도시는 농촌보다 내지화의 정도가 높다는 점을 보여 준다.

다음으로 남녀별로 살펴보기 위해 동일한 방법으로 백분율을 제시하면 다음과 같다.

〈표 4〉

환경	성별 \ 문화	A	B
도시(都)	남	50	13
	녀	49	28
농촌(鄙)	남	41	37
	녀	20	59

즉, 도시와 농촌을 불문하고 남자는 여자보다 일본문화 계통의 신불을 더 많이 파악하고 있으며, 그 가운데 도시 남자는 A가 50%임에 비해, B는 13% 여서 그 정도의 내지화를 나타내고 있다.

이에 비해서 가장 보수적으로 조선문화 계통의 신불에 집착한 자는 농촌 여자로, A가 20%임에 대해 B는 59%라는 구조를 나타내, B가 A를 훨씬 능가함을 볼 수 있다. 이렇게 도시와 농촌의 남녀 학생은 신불 이름(名)의 지식에 대한 내지화 정도는 (1) 도시 남자, (2) 도시 여자, (3) 농촌 남자, (4) 농촌 여자의 순위를 이루었다.

〔부언〕

이 조사는 1936년(昭和 11)에 진행된 것이기 때문에, 내년쯤에 같은 방법으로 조사를 반복한 다음 양자의 결과를 비교한다면, 소위 시국에서 조선 학생의 내지화 과정에 관해 한층 흥미로운 결과를 얻을 수 있으리라 생각한다. 또한 이 조사에 관계 학교 여러분이 귀중한 수업 시간을 할애하여 협력해 주신 호의에 깊은 감사를 올립니다.

<자료 38> 教育の方法原理としての忍苦鍛練(波場左右司, 1940.5)

교육 방법 원리로서의 인고단련

광주사범학교 훈도 하바 소우지(波場左右司)

"본립도생(本立道生)"이란 큰 근본이 확립된 곳, 그 곳에 반드시 대응하는 적절하고 구체적인 방도가 생긴다는 이치이다. 근본이 확립되지 않은 곳에 참된 도는 생기지 않으며, 또 근본에 대응하지 못하는 방도가 참된 방도일 리가 없다. 그것은 추상적이고 믿을 수 없는 미로(迷路)에 불과하다.

"목적은 수단을 가리지 않는다"라고 하는 것은 사악한 도(邪道)의 극치이다. 목적인 도(道)를 규정하고 그 도(道)를 더듬어 찾아가는 것이 목적 달성을 가능하게 한다고 말할 수 있다. 즉 목적과 수단은 서로 떨어질 수 없는 것으로 목적에 즉응해야 거기서 진정한 방법이 아주 자연스럽게 나올 수 있다. 도(道)가 보이지 않는 공론(空論)이나 근본(本)에 맞지 않는 방법론은 모두 택하기에 부족한 피상적 추상적 방법론으로 볼 수밖에 없다.

메이지 이후 우리나라 교육계는 국가교학의 "근본(本)"을 잊었는지, 혹은 "근본"에 즉응해야 할 "도(道)"를 잃어버렸는지, 개인주의와 자유주의에 기반하고 서양과학을 배경으로 하는 각종 각양의 화려한 방법론 수입에 몰두하고 있었다.

때로는 완전히 우리나라 교육의 연원을 무시하기까지 해, 온갖 꽃들(百花)이 어지럽게 만발해 으스대는 것 같은 교육방법론이 우리나라 교육자에 의해 제창되기도 하고, 혹은 실천가의 자기선전 도구로 제공되기도 하고, 신기한 것을 뽐내려는 젊은 교사에 의해 무모하게 실제 연출이 이루어지기도 했다. 그러나 결국 "근본(本)"에 맞지 않은 도(道)로는 조금은 날고 뛸 수 있었지만, 결국 조변석개의 도(道)를 더듬는 것에 불과했다. 우리나라 교학의 근본 목표에까지 일대 혁신을 제시하는 바탕은 거의 없이, 대부분 추상적인 방법 원리로서 단지 학설을 소개 선전하는 정도로 끝나는 데 그쳤다. 어떠한 서양의 학술 사상으로도 우리 국체에 조금도 변화를 주지 못한 것과 마찬가지로, 국체에서 나온 우리나라의 교육목적이, 서양의 방법론적 학설 이것저것에 좌우될 리 없다는 것은 아주 자명한 이치(理)이다. 우리 교학의 본의를 이해하지 못하고, 외국에서 유입된 각종 학설, 또는 국내의 추상적이고 미숙한 탁상공론에 빠져 좌고우면하면서 거취를 결정하지 못하고, 혼란한 나머지 미로에 빠져 무의견 무절제한 추태를 보이며 성찰하지 못하는 자들도 다소 있었다. "근본이 서면 도(道)가 생긴다"라는 것은, 근본(本)을 무시하고 근본을 떠난 뿌리 없는 추상적 방법론이 강력한 신념 아래 소위 땅에 뿌리를 내리고 효과적인 역할을 하리라는 것은 있을 수 없다는 것이다.

도(道)는 근본(本)이 바로 서면 필연적으로 생기는 것인데, 그렇다면 왜 우리 교학의 본의에서 생겨난 참된 도(道)를 상실하고, 서양과학의 입장에 선 추상적 방법론이 참된 방법 원리인 것처럼 오해했는가. 우리나라 교육에 특수한 방법 원리가 되는 것이 없는가. 아니면 우리 교육자는 한결같이 이미 우리나라 교학의 근본 목표를 잃어버리고, 완전히 서양 과학의 포로가 되었던 것인가. 이러한 문제에 관해 우리 교육자는 모두 소위 180도 입장을 바꾸어, 허심탄회하게 숙려하고 반성해야 할 점은 없는가.

원래 동양학은 방법론에서 극히 빈약하여 과학적으로 한 단계 낮은 학문인 것처럼 곡해되었고, 따라서 서양의 철학, 심리학, 생물학, 사회학 등에 바탕을 둔 과학적 방법론의 도움이, 우리나라 교육 진전에 긴요 불가결한 것처럼 믿고 있었다.

무릇 학문, 주의, 사상이 한 나라에서 발생하는 데에는, 충분한 근거가 그 나라에 존재해야 한다. 러시아의 공산주의, 영국·미국·프랑스의 개인자유주의, 유대민족의 반국가주의 등과 같이, 그 발생과 성장 발전은 확실히 필연적이라고 할 수 있다. 그래서 그들 다른 나라에서 발생해 나타난 각종의 원리 방법의 일부가 재미있다던가, 참고가 되기 때문이라던가 하는 아주 일면적인 이유로, 국정이 다르고, 교학의 근본을 달리하는 우리나라에 수용하는 것은, 너무나 무리하고 무정견한 이야기이다. 결국 우리나라의 교육 발전에는 추상적이고 피상적인 소위 장난감 총과 같은 덧없는 역할을 했을 뿐이다. 도리어 교육 실천가를 혼란으로 유혹하는 결과만 낳았다.

포용성이 풍부하다고 하는 것은 우리 국민성의 장점임과 동시에 단점이기도 하다. 공산주의 국가의 교육이라 해도 부분적으로 보면 그 가운데서 채택하여 우리나라 교육에 충분히 이용할 수 있다고 생각되는 방법 원리가 한두 가지 있을 것이다. 이렇게 말해도 그것을 완전하게 조건없이 차용할 수 있는지 충분한 고찰이 이루어져야 한다. 영국 미국·독일·이탈리아에 대한 태도도 역시 그러하다.

집단 근로봉사는 독일에서 직수입한 것이라 전해 들었는데, 최근 독일이 맹방인 일본을 발로 차버리고, 러시아와 악수했다는 이유로 이제는 집단근로봉사의 가치조차 의심하여, 결국 비교육적이라고 주장하는 조급한 교육자도 있다. 그것이야말로 무분별하게 빌려 온 사상의 약점과 비애를 여실히 드러내는 것이다. 우리나라에서도 몸을 편안하게 하는 노동은 노동의 신성함이 서양인에 의해 제창되기 이전부터, 이미 이기심를 없애고 봉사공봉(奉仕供奉)하는 정신(精神)으로, 구체적 활동 그 자체로 존재했다. 봉공(奉公)을 무시한 노동은 우리나라에 존재하지 않는다.

"근본(本)으로 돌아가라"라는 것은 언제나 잘못한 행동을 근본(本)에 비추어 반성하고, 생명력을 갱신해 올바로 목표를 향해 앞으로 나아가는 이치(理)이다. 교학쇄신, 교원 재 교육론의 대두는 이렇게 우리에게 180도 전환을 요구하며, 근본(本)으로 돌아가, 밖에서 구했던 것을 안에서 구하도록 하고, 식중독을 일으키는 모든 외래의 덜 익은 오염물을 토해 내도록 하여, 순수하게 뒤섞임 없이(純一無雜) 티 없이 맑게 스스로 깨달아(淸明自悟) 조선교육의 갱생 혁신에 주저하지 않고 힘차게 매진할 것을 요구하고 있다.

작년 봄 조선교육령의 개정과 함께 높이 선양되었던 교육 3대강령은, 조선교육의 목적과 방법을 적확 명료하게 표시한 것으로서, 이것이야말로 정말로 조선교육뿐 아니라 흥아교육 진전에 일대 지도적 광명을 비춘 것이라고 해야 한다.

우리나라 교학의 근본(本)에 맞추어 생겨난 광의의 교육 방법 원리는 각종 각양의 말로 표현되기는 했지만, 그 실제는 완전히 하나이고, 우리나라 과거의 모든 광의의 교육적 사실을 관통하는, 유일한 근본적 방법 원리이다. 이번에 이것이 인고단련이라는 말로 널리 일컫게 된 것은 참으로 의미가 있다. 따라서 종래의 수행(修行)과 동의어로서 배움, 익힘, 학습, 소양, 정진, 공부 등의 말이 단지 수업(修業)을 의미하는 것에 머무르지 않고, 동시에 다분히 인고단련이 그 안에 강조된 것임은 말할 필요도 없는 바이다.

일본 교육에 새로운 자극과 힘을 주었던 불교, 유교의 수행 방법도 소극과 적극의 차이가 있지만, 인고단련이 유일한 수행 방법이 되었던 것과 같다. 예를 들면 선문(禪門)의 정좌공부, 진종(眞宗)의 염불 전념, 유교의 명명덕(明明德)에 대한 소위 "오술(五術)"등도, 홍천노사

(洪川老師)의 말처럼 "한결같이 마음을 단련하는 활법(活法)"으로, 그 수행의 근본 방법 원리가 지금의 인고단련과 근본적으로 공통 정신을 가진 것이었다.

우리나라 유신(惟神)의 도(道)에서 수행방법의 근본은 목욕재계하여 부정을 씻는 것(미소기)이고, 형식은 달라도 앞서 말한 정신을 구체적으로 솔직하게 구현하는 수행방법이다. 따라서 그 정신은 자의적이거나 사사로운 정을 없애고, 황조황종(皇祖皇宗) 및 선사(先師) 현철(賢哲)의 가르침에 따라 귀일(歸一)하는데, 한마음 한뜻으로 정진 궁리하는 것이다. 환언하면 인고단련이란 "이미 신불성(神佛聖)이 된 사람이 스스로 세웠던 도의 가르침으로, 흘러가는 대로 생을 다하는 것으로, 순일(純一)하고 티 없이 맑은 마음으로 정신궁리에 전념하는 것이다"라고 할 수 있다.

요순(堯舜)을 이어받아 학문을 짓고, 문무(文武)의 헌장(憲章)을 자기 책임으로 하여 "옛 것을 전할 뿐이고 창작하지 않으며, 믿음을 가지고 옛것을 좋아하는 것은 노팽(老彭)에게 비할 바 아니다(述而不作, 信而好古, 竊比於我老彭)"라고 한 것은 공자의 솔직한 수행태도일 것이다. 더구나 노력 정진하는 가운데 공자는 결국 자신도 모르는 사이에 자신이 가야 할 길을 찾아냈고, 이리하여 유교는 크게 성공했다.

정토진종의 종조인 불승 신란(親鸞)의 수행태도 역시 신란의 어록을 모은 『탄리초(歎異抄)』에서 볼 수 있다. "염불은 정말로 정토(淨土)에 태어나기 위한 근원인가. 아니면 지옥으로 가는 업(業)인가. 아무리 해도 알 수 없으니, 가령 불승 법연(法然)에게 속아 염불하다가 지옥으로 떨어져도 어떤 후회도 없는 것이리니". 이렇게 스승을 절대 믿고 우러러 따르고 나서야 비로소 신란은 자기만의 일대 종교를 만들어 낼 수 있었다고 보아야 한다.

동양학이 정의(情意)의 세계를 대표하고, 서양학이 이성(異性)에 근거한다는 것은 한편으로 일리 있는 말이다. 따라서 이처럼 성립 과정이 서로 다른 배움(學)에서 생긴 도(道)는, 그 자체가 서로 다름은 당연한 이치로서, 도(道)를 찾아 그 근본(本)으로 나아가는 것은 우리 교육 담당자에게 부여된 하나의 커다란 과제이다. 우리는 지금 도(道)의 근본 원리가 되어야 할 것은 3대 강령 중에서 인고단련임을 찾아냈다. 그리고 이 방법 원리는 앞서 말한 것처럼, 일본에 한정하지 않고, 널리 동양학의 근본적 방법 원리이기도 하다.

방법 원리로서의 인고단련이 일부 사람들에게는 아주 협의로 이해되어, 단지 육체 단련이나 의지의 연성처럼 피상적인 면으로 제한되는 것은, 그 참된 의미를 이해하지 못한 것이다. 강철과 같은 의지, 귀신같은 육체는 필수불가결로 중요하지만, 노래 '우미유카바(海行か ば)'의 일본 정신 체득을 전제로 하지 않는다면, 오히려 해롭다고 말할 수 있다. 서양 취미의 체육에서 일본 정신 연성의 체육으로 전환을 요구하게 된 이유도, 역시 여기에 있다. 인고단 련을 단지 체위 향상의 한 수단인 것처럼 이해하는 자에게는, 서양체육이나 일본체육이나 가릴 것이 없고, 일본 정신과 영국 혼이 한데 뒤섞여 깊이 고민할 필요가 없다. 그러나 우리 조선교육의 방법 원리인 인고단련은 보다 근원적으로 '우미유카바' 정신에서 생기며, 황운 부익의 신도(臣道)에 절대 순응 봉공해야 할 순수정신 순수 수행의 연성, 고상한 교학의 본 원(本源)에까지 더듬어 갈 수 있는 도(道)이다. 따라서 이 근본적 방법 원리에 근거하여 공부 수행한다면 자기 주관대로, 자의적이고 건방진 것은 절대로 허용되어서는 안 된다. 오직 그 가르침에 순응 봉공하는 것으로서 머지않아 수행도 대성하고, 자기 독자적 새 분야도 열어 갈 수 있는 것이다. 그러므로 수행의 근본 요체는 사적인 것을 죽이고(滅私) 청명심(淸明心) 으로 돌아가는 것이며, 스승에 대해, 가르침에 대해 절대 믿고 순응하는 것 외에는 다른 것 이 없다. 이 마음이야말로 인고단련의 본질적 정신으로, 자기(我)에게 집착하는 모든 수행은 정신이나 예능 모두가 소위 '쓸만한 것(物)'이 되지 못한다. 노[능(能)]의 수업(修業)에서처럼 자의적이고 자기중심적인 것은 전혀 허용되지 않고, 오직 스승의 작품을 거듭 따라 하는 것 으로, 얼마 지나지 않아 크게 자기를 살리는 도(道)가 생기는 것이다. 이는 단지 노(能)에 국 한되지 않고 우리나라 예능 수행(修業)의 방법이 모두 그러하다. 노래(謠)에서도 사미센(三 味線)에 악보를 사용하여 혼자 익히는 것(獨習)이 가능하다고 말하는 자도 있으나 이는 그저 복습에 도움이 될 뿐, 역시 스승의 지도에 절대 순응하며 정진하지 않으면 '쓸만한 것(物)'이 되지 못한다.

가요의 수업(修業)에서 우선 격렬한 수행을 통해 자신의 내면에 틀어박혀 있는 목소리를 일단 남김없이 다 써버려야 하는 것과 같다. 다 말라버린 밑바닥부터 생겨나는 목소리가 소 위 '진짜(本物)' 목소리가 될 수 있다. 글씨를 능숙하게 쓰는 사람은 쉽게 일류 서예가가 될 수 없다고 들었다. 악필이고 서투른 자가 전념하여 스승의 행적에 순응함으로써 오히려 대 성하기 쉽다는 이치와 같다. 소학교 1년생의 경우에도, 이미 유치원이나 가정에서 지도받은 아동은 무심전념의 학습상태가 되지 못하고, 자만심에 속박되어 자기 자신(我)을 자랑하며 교사를 애먹이고, 나아가 자기 성적을 떨어뜨린다.

선종(禪宗)에서 식사 예절은 아주 엄숙해 일면 너무 융통성이 없는 것 같다. 우리 다도(茶道)의 번거로운 예절도 역시 그러하다. 그러나 그 예절 법칙에 절대 순응하려고 정진 노력해야만 순일무잡, 무사해탈이라는 신의 경지에 들어갈 수 있는 것이다. 요컨대 자기 자신만의 작은 자아(小我)에 갇혀있는 한, 모든 수행의 결과는 쓸만한 것(物)으로 되지 못하는 것이다.

옛부터 행해져 온 액막이 의식(禊祓), 제사, 정좌(靜坐), 명목(瞑目), 가송독경(歌誦讀經) 등의 각종 불교수행은 목숨을 건 순응[사신수순(捨身隨順)], 자기공봉(自己供奉)의 지극한 정성(淸明心)을 끌어내는 필수 불가결한 근원적 수행방법이었다.

일부 학교에서 수신 교과 교수 전에 정좌계불(靜坐禊祓)을 행하는 것과 같은 방법은 지도자의 태도가 확립되어 있다면 효과적이라고 할 수 있을 것이다. 수업 시작 전 3분간 눈을 감는 것(瞑目)도 그 의미에서 중요한 멸사순응(滅私隨順)의 수행방법이고, 따라서 광의의 인고단련이다.

앞에서 서술했듯이 조선교육의 제3강령은 단지 하나의 작업이나 하나의 교과에만 한정되는 편협한 방법 원리가 아니다. 교과의 전반을 관통하는 목적강령인 제1, 제2강령과 직접 통하는 도(道)로서, '우미유카바'라는 일본 정신에서 생겨나는 황국신민육성에 유일 불가결한 근본적 수행 방법 원리가 아닐 수 없다. (특히 조선교육이 필연적으로 이 방법 원리를 요구하는 점에 관해서는 이번에는 특별히 적지 않는다.)

마지막으로 최근 집단 근로라든가, 봉사작업이라든가, 전체주의라든가 하는 외래의 방법 원리가 앞에서 내가 말한 의미와는 다르게 소위 공리적(功利的)인 입장에서 우리 교육계에서 상당히 활발한 움직임을 보이고 있다. 그런데 이러한 방법 원리는 외국으로부터의 수입 모방 이전에 우리나라 고유의 방법 원리이다. 황국신민 연성의 입장에서는 필수 불가결한 근본적 방법 원리이며, 제3강령의 중요한 측면을 드러내는 것이다.

인고단련의 본뜻(本意)을 잃어버린 근로봉사작업은 노예 혹사의 노역이고, 청소년 학도에게 노동을 팔아 비천한 노동자가 되도록 하는 것이다. 또 멸사봉공의 지극한 정성이 결여된 단체적 훈련은 방종한 무뢰 도당을 만드는 결과를 초래할 수 있다.

"근본을 바로 세워야 도(道)가 생긴다"라는 근본 방법 원리로서의 인고단련을 가벼이 한다면 우리 교학의 본지를 철저히 하는 것은 완전히 불가능하게 될 것이다.

<자료 39> 日本的科學の建設(中島信一, 1940.9)

일본적 과학의 건설

조선총독부 교학관 나가지마 신이치(中島信一)

1.

우리나라의 과학은 메이지 초 이후, 주로 미국의 과학을 섭취하여, 일찍이 오늘날과 같은 장족의 진보를 이루었다. 물론 메이지 이전에 우리나라에 과학적 사상이 전혀 없었다고 하는 것은 오해일 것이다. 도쿠가와 시대에도 이미 충분한 과학적 사상발전의 바탕을 품고 있었기 때문에, 그 후 아주 짧은 시간 내에 비약적 진보를 이루었던 것이라고 해야 한다. 이처럼 단기간에 이루어진 우리나라 과학이 놀라울 정도의 발달 계기가 되었던 것은, 분명히 근대 서양 과학 사상의 수입이고, 그에 촉발되어 발전해 왔다는 것임은 의심할 수 없는 사실이다.

이와 같이 근대서양의 과학사상 섭취는 우리나라의 과학 이론 및 응용의 진보에 기여하였고, 우리나라 문화의 전면적 발달에 공헌한 바가 아주 컸다. 그러나 다른 한편으로 구미 과학사상의 급속한 섭취가 가져온 폐해 또한 결코 간과할 수 없을 것이다.

따라서 참된 의미에서 과학 진흥은, 먼저 이러한 폐해의 배제와 시정에서 출발하여, 우리나라 국체, 일본 정신에 근거하고 황국의 도에 기반한 일본적 과학의 건설에 그 방향과 목표를 두어야 한다.

2.

근세에 구미(歐美) 과학사상의 진흥은 구미인의 인생관·세계관을 변화시켜, 종래 그들이 갖고 있던 '세계상'을 완전히 바꾸어 버렸다. 즉 중세에는 자연과 인생을 지배하는 최고의 원리는 신의 섭리였다. 세계는 모든 신의 의지와 섭리에 따라 지배되는 것이었다. 그런데 이러한 '세계상'은 자연과학의 발견과, 그에 따른 기계의 발전으로 무참히도 밑바탕에서부터 파괴되어 버렸다.

자연과학이 가르쳐준 바에 따르면, 모든 세계 현상은 예외 없이 인과율(因果律) 즉 원인과 결과의 필연적인, 기계적인 연쇄로 연결된다. 자연은 결코 신의 의지에 따라 만들어진 것이 아니며, 신의 섭리에 따라 지배되는 것도 아니다. 자연 스스로 필연적인, 인과 법칙에 따라 움직이는 것이고, 그것은 오직 인간의 이성에 의해 해명되며, 인간 이지(理知)의 힘으로 극복될 수 있는 것이다. 자연에는 기적도 없으며 신비도 없고 신기한 것도 없다. 모든 것은 합리적인 인과 법칙에 따라 지배된다. 이처럼 자연과학은 바로 신성한 것, 영원한 것, 무한한 것을 동경하는 인간의 감정을 추방해 버렸다. 그와 동시에 인간생활에서 매우 중요한 의의를 가진 가치 관념 및 목적 관념을 자기의 체계 안에서 내다 버렸다.

자연과학은 적어도 인간의 주관에 혼돈되지 않는 순전히 객관적인 연구 방법, 그 가운데 실험 방법으로, 주어진 사실을 관찰하고, 이를 가능한 한 수학적인 법칙에 따라 기술하고, 이를 보편타당하고 필연적인 인과 법칙으로 설명하려고 한다.

자연과학 사상의 모든 체계는, 앞서 말했듯이, 예외 없이 인과 법칙으로 지배되는 것으로, 모든 자연계의 현상은 원인·결과라는 기계적 연속에 따라 연결된 것이다. 이 기계적인 해석은 이후 자연과학의 줄기찬 연구 결과, 유기물이 무기물에서 인공적으로 생산될 수 있음을 증명함에 따라 승리를 이루었다. 이처럼 생물계와 무생물계의 구별은 철폐되었고, 생과 사의 한계는 제거되었다. 이리하여 비록 유기체라 하더라도, 무생물계를 지배하는 인과 법칙과 동일하게 지배받는 화학적 기계 작용에 기초한다고 생각하기에 이르렀다.

이미 다윈의 자연도태 원리는 모든 생물의 발달을 원인 결과라는 기계적 과정으로 설명하였고, 실험심리학은 정신생활의 기계 작용을 소위 정신 물리적으로 해명했다. 이렇게 심리학은 정신생활을 원자로 분해하고, 수학적으로 표현할 수 있는 것과 같은 법칙에 따라 그것을 해석하려고 한 결과, 정신생활은 공허하고 무의미한 요소의 집적이 되어버렸고, 정신생활이 지닌 유의미한 삶의 전체적 연관은 완전히 괴멸되어 버렸다.

덧붙여 역사학의 방면에 이르기까지, 자연과학적 연구 방법이 침투하여 역사학도 자연과학과 마찬가지로 객관적인 사실을 수집하고, 역사적 현상 가운데 존재하는 동일성을 탐구하고, 그에 따라 보편타당하고 필연적인 인과 법칙을 찾아내는 것이라고 보았다. 역사의 진행도, 역시 실험으로 생길 수 있는 자연현상과 같다고 예상할 수 있는 것으로, 세계 역사의 진행은 완전히 자연계의 현상과 마찬가지로 원인 결과의 필연성에 따라 설명할 수 있는 것으로 생각하기에 이르렀다. 모든 역사에 인간의 인격적 힘이 작용하는 것을 부인하며, 모든 역사의 진행은 경제적 조건의 필연적 발전에 귀착된다는 마르크스의 유물사관은 철학적, 역사학적으로 잘못된 시도라고 해도, 그것은 역사를 자연과학적으로, 따라서 보편적이고 필연적으로 기술하고, 인과적으로 설명하려 했다는 점에서 중요한 특징을 갖는 것이다. 그러나 역사의 진행은 인간성과 분리된 보편 필연적인 자연과학적 방법으로 파악할 수 없다는 점은 여기서 새로이 설명할 필요도 없을 것이다.

3.

더욱이 자연과학 연구의 진보는 다음과 같은 점에서 간과하기 어려운 폐해를 가져왔다. 즉 모든 과학이 연구 영역을 엄수하고, 각자 그 영역 내에서 개개의 사실 수집과 탐구에 힘을 쓰면 쓸수록, 그 연구의 영역은 과학자에게 이미 넘을 수 없는 전문연구의 장벽을 만들게 되었다. 이렇게 과학자가 자기의 연구에 몰두하면 할수록 과학의 통일적 체계는 사라지며, 그 전체적 연관성은 상실되어 일면적인 전문주의에 빠져버린다.

과학연구에서 전문주의의 폐해는 이미 과학의 모든 영역에 대한 개관을 불가능하게 하고, 자기의 전문영역을 넘어 고찰할 자유를 빼앗아 갔다. 그뿐 아니라 과학적 지식의 혼란과 무통일성과 무체계성을 초래했으며, 다른 한편으로 과학적 지식의 협소함을 가져왔다. 전체적인 과학의 영역을 단편적으로, 개개의 전문적 영역으로 쪼개는 것은 우리들의 문화생활 전체를 위해서도, 과학전체의 진보를 위해서도 치명적이다. 이 때문에 최근 종합과 통일이 필요하다는 외침이 과학의 영역에서도 매우 중요시되기에 이르렀다.

4.

20세기는 종종 기계의 시대라고 일컬어진다. 사실 현대인은 복잡한 기계의 발견과 구성으로 자연계를 지배하고, 공간과 시간을 극복해 세상의 모습을 완전히 변화시켜 버렸다. 이렇게 인간은 기계로 완전히 세상을 지배할 수 있다고 생각했지만, 이 기계가 거대한 초인적 위력을 발휘함에 따라 오히려 인간은 역으로 기계의 지배를 받게 되었고, 일찍이 기계를 창조한 인간이 그 기계의 노예로 되어 버렸다. 그리하여 생산은 생명 없는 기계작업으로 바뀌었고, 노동은 피해야 하고 저주해야 하는 강제적 기계운동이 되었으며, 거대해진 복잡한 기계는 수많은 인간 노동력을 착취해 무참히 짓밟는 마치 흡혈귀로 변하기에 이르렀다.

이러한 상황에서 슈펭글러(Spengler, Oswald, 1880~1936)가 말한 소위 '서구의 몰락'이 나타난 것이다. 이러한 사정으로 서구의 '문화적 위기'라는 말이 생겨났다.

제1차 세계대전은 이런 몰락의 과정을 완성하였다. 이후 유럽의 정신적 통일은 완전히 분해되었고, 문화의 참된 목표는 점차 사라지게 되었다. 서구의 문화는 영원한 가치와 이상에 대한 결합을 잃어버리고, 결국 몰락의 심연으로 역방향을 향해 빠져들어 갔다.

5.

소위 '과학의 진흥'은 이러한 유럽의 '관짝'에 마지막 쐐기를 박아서는 안 된다. 새로운 기초 위에 더 높은 단계까지 자기를 고양하는 것이어야 한다. 그리고 그것은 동시에, 또 분명하게 노쇠해 가는 서구문화를 다시 살리고, 거기에 새로운 생명을 불어넣는 것이어야 한다.

생각건대 과학은 아무런 '전제'를 갖지 않는 것은 아니다. 어떤 과학이라도 반드시 이론적인, 혹은 초이론적인 '전제'를 갖는다. 개개의 과학이 '이론적'인 기본 전제를 갖는 것은 매우 분명한 일이지만, 이외에 또 '초이론적'인 즉 이론 이외의, 혹은 이론 이상의 근본전제가 불가피하게 존재한다. 그리고 이런 종류의 전제가 과학에서도 아주 중대한 역할을 하는 것이다.

이처럼 초이론적인 전제는 지금까지 거의 사람들에게 알려지지 않은 채 넘어갔다. 또 과학 연구자 자신도 대부분 전혀 알아채지 못했는데, 이것이야 말로 모든 연구자가 반드시 받아들여야 할 근본적인 제약이며, 이 전제를 뛰어넘는 것은 절대 불가능한 것이다. 이 근본적 제약은 과학 연구자가 국민의 일원으로서, 필연적으로 역사적인 어떤 정해진 한 지점에 서 있다는 사실에 따르는 것이다. 그리고 이 사실을 인정한다면 동시에 과학이, 자연과학이든 정신과학이든 관계없이, 이 비(非)이론적인 근본 전제로서 인간적인 존재 형태와 불가피하게 결합되어 있는 것이라는 사실도 받아들여야 한다. 이 사실은 과학적 인식으로 무의미한 것, 혹은 무관계한 것이 아니고, 오히려 과학적 연구, 과학적 관찰의 공통점으로 아주 중요한 의의를 갖는 것으로, 이를 정당하게 과학의 입장이라고 부를 수 있다.

6.

서구과학의 입장은 분명하게 그들의 인간적 존재형태인 개인주의, 자유주의, 민주주의에 따르고 있다. 즉 그 근본은 전면적인 것에 대한 개인의 절대 우위, 물질생활에 대한 집착, 공리주의의 우월을 포함한다. 이는 한편으로 중세의 퇴영적인 생활원리를 타파하고, 개성적 생활원리를 수립한다는 점에서 진보적 의의를 갖는 것이다. 하지만 그 발전 과정에서 개인에 편중하고 물질생활을 과도하게 중시하며 공리주의에 빠진 결과, 미증유의 파탄과 결함을 우리 눈앞에 숨김없이 다 보여줌으로써, 분명히 실패를 드러낸 것이다. 특히 서양의 근대사상, 특히 물질적인 과학사상은 인간적 협동 조직과 정신적 일체 조직을 만드는 데 완전히 실패하는 것으로 끝났다.

우리 황국 일본은 이러한 서양의 선례를 밟지 않고, 완전히 새로운 과학의 입장에 서 일본적 과학의 창조와 건설을 이루어야 한다. 여기에는 먼저 재래 과학의 입장에 일대 전환이 필요한데, 서구 과학사상의 배경이자 그 근본적 제약이었던 종래의 개인주의적, 자유주의, 물질주의적, 공리주의적 인생관과 세계관의 잔재에서 완전히 벗어나야 한다. 그리고 서양의 과학 연구만으로 과학의 진흥을 도모하려는 것은 완전히 헛된 망상이라고 말하지 않을 수 없다. 오히려 과학의 진흥을 위해서는 재래의 과학에 대한 근본적인 성찰과 비판이 필요하다.

7.

우리나라의 과학은 단지 추상적 지식을 얻는 것에만 전념하지 않는다. 일본인이 학문을 한다는 것은 단순히 지식 기능의 습득만을 의미하는 것이 아니다. 우리나라에서 학(學)과 교(敎)는 본래 상호 대치하는 무연(無緣)의 것이 아니라, 양자 모두 도(道)의 본체를 철저히 하는 것으로, 일본교학의 주제는 도의 탐구이자 도의 파악으로, 실로 '구도(求道)'이다.

도(道)란 우리를 존재하게 하며, 사고하게 하고, 행동하게 하는 근거이며, 모든 과학의 근본적 입장이다. 우리 일본인은 이 도(道)를 받들고, 원래의 도(道)로 되돌아갈 때 비로소 참된 창조와 발전을 완성할 수 있다. 전력을 다하여, 자아를 버리고 자기 아집에서 벗어나, 오직 도를 구현해 단연코 원래의 자리로 돌아가려고 노력하는 것이 즉 구도(求道)이다. 따라서 우리나라 교학의 근본 목적은 나(我)를 벗어나기 위한 '수행(行)'이자 수련이다. 학(學)은 이 '수행'을 통해 비로소 실현할 수 있는 세계로서, 어떤 과학이라도 이 '수행'으로 '도'를 섭취해야만 비로소 일본적 과학이 될 수 있는 것이다.

이처럼 일본적 과학은 실로 구도(求道)이며, 일본적 과학 연구자는 강열한 '구도자'이고, '수행자'여야 한다. 즉 열렬한 구도의 정신으로 인도되어야 자기의 편견에서 벗어나 사견(私見)을 없애고, 아집에서 벗어나 본질적이고 근원적인 도(道)에 이를 수 있는 것이다. 이러한 구도의 정신은 이론적이고 추상적인 지식의 활동이 아니다. 그것은 전인격(全人格)적인 활동이며 전생명(全生命)의 활동이다. 이와 같이 오로지 지성에만 호소하는 것이 아니라, 전인격(全人格)에 호소해 학(學)을 수행할 때 과학은 단순한 '학'이 아닌 '도'가 되는 것이다.

'도'는 나를 비우고 내가 힘써 노력해야 비로소 일어나는 근원의 힘이고, 나로 하여금 내가 되지 않는 힘의 발현이다. 이 도(道)의 본체를 관통해야 비로소 세계인생(世界人生)의 통일이라는 도(道)를, 그리고 문화의 근본적 통일인 도(道)를 분명히 할 수 있는 것이다.

따라서 이 도(道)야말로, 군민일체(君民一體) 억조일심(億兆一心)의 모습으로 실현되고 있는, 우리나라 건국 이래의 역사적이고 구체적인 도(道)이고, 우리 국체의 본질이다. 그래서 어떠한 철학이나 과학도 이 도에 섭취되었을 때 비로소 일본적 학(學)이 되는 것이고, 모든 일본인의 연성에 도움이 될 수 있는 것이다. 말하자면 일본적 과학은 어디까지나 국체의 자기 발현이며, 천황의 위엄과 권위의 발양이어야 한다. 과학 연구자가 한 명의 구도자로서 황국의 도를 받들고, 오롯이 천황의 위엄을 공경하는 것은, 자기의 직분에서 있는 힘을 다해 자기를 벗어나 도(道)의 본원으로 되돌아가고자 하는 이유이다. 이 진지한 '수행(行)'으로 비로소 일본적 과학은 창조될 수 있는 것이다.

일본적 과학의 건설이야말로 서구과학을 죽이고 새로이 황국의 도(道) 위에서 탄생시켜야 할 신생(新生)으로의 비약이다.

<자료 40> 國體の本義透徹に関する施策(高橋濱吉, 1942.9)

국체본의 투철에 관한 시책

조선총독부 교학관 다카하시 하마키치(高橋濱吉)

1. 조선 통치 부동(不動)의 철칙

고이소(小磯) 총독 각하가 1942년(昭和 17) 6월 16일 유고를 발표하여, 총독으로서 맡은 임무와 관련한 조선 통치 대방침을 내외에 천명하셨다. 유고에서

> 삼가 조선 통치의 방침은 일시동인, 천황폐하의 신민으로서 추호의 차이도 없이 각각 적절한 직을 얻어 힘을 발휘하고 그 삶(生)에 의지해, 똑같이 크고 확실한 군덕(君德)의 혜택을 향유토록 할 것을 기해야 하는 것은 의심의 여지가 없다. 이는 이미 천황의 칙유(聖詔)로 명확히 나타낸 바로서 실제로 우리나라 부동의 철칙이고, 역대 총독 모두 깊이 이 성지(聖旨)를 봉체하여 통치(統理)에 정진하며 뭇사람 역시 시정에 아주 잘 협력함으로써 오늘의 융성과 번창을 이루도록 하였다. 이는 틀림없이 관민 상하 함께 국체의 본의를 철저히 함으로써 황도(皇道)를 온 세상에 넓히려고 하는 숭고한 이념의 발로를 보여 주는 증거이다.

라고 서술함으로써 조선 통치의 근본(大本)이 천황의 칙유(聖詔)에 명확히 제시된 일시동인, 조선인 모두를 폐하의 충량한 신민으로서 육성하는 데 있고, 이것은 아무리 총독이 교체되어도 역대 총독이 서로 계승해 왔던 부동의 철칙임을 분명히 하였다. 이로써 새 총독은 방침을 완전히 바꿀지 모른다는 뜬소문을 타파하고, 아첨하는 언동, 피상적으로 일하려는 경박한 자에 대해 호되게 꾸지람을 내린 것이다. 그리고 또 유고에서는,

이처럼 반도의 흥륭과 성전(聖戰)의 목적 완수를 위해 필수 불가결한 요건인 국체의 본의를 투철히 하는 데 있어서 조야(朝野) 역시 아직 충분하지 않은 감이 있다. 그중에서 반도 뭇 사람의 현상이 이러함을 인정하여, 열렬하고 간절하게 천황의 칙유(聖勅)를 따르고, 또 한층 국체의 본의를 철저히 하며, 황국신민으로서의 자각을 철저히 하고, 내선일체를 목표로 하여, 결코 헛되이 형식적 동조로 빠지는 잘못이 없도록 꾀하여, 이로서 유일하고도 진실로 천양무궁(天壤無窮)의 황운을 부익해 받드는 실질을 보여 주어야 한다. 이처럼 하는 것은 단지 반도 동포 스스로가 광영있는 장래를 개척 향상하려는 이유일 뿐 아니라, 또 휘황찬란하게 빛나는 대동아 경륜의 발현에 참여하는 길이다.

라고 말해, 반도의 흥륭과 성전(聖戰)의 목적 완수를 위해 필수 불가결한 요건은 참으로 내선인을 불문하고, 국체의 본의를 투철히 하는 것이라는 취지를 밝히고, 또 반도의 대중에게는 아직 이 필수 불가결한 요건이 충분히 구비되어 있지 않다는 것을 말하고 있다. 이로 말미암아 보면 국체의 본의를 투철히 하고 명실공히 진짜 황국신민이 되는 것이야말로 조선인 자신의 전도양양한 장래를 개척하는 이유이며 동시에, 이 길을 걷는 것 말고 아무것도 없음을 충분히 이해해야 한다. 모든 생활이 천양무궁의 황운을 부익하는 것 하나로 합쳐지는 것이 유일한 절대의 도(道)이고, 국체의 본의에 투철히 하여 전적으로 받들고, 천황에 귀일하는 신념을 갖고 확고히 지키는 것이야말로 조선인이 광대하게 펼쳐진 앞날을 개척하는 이유이며, 오직 황국신민만이 대동아공영권의 지도자가 될 수 있다. 유고는 이처럼 웅대한 경륜과 고결한 대방침을 명시하여,

가령, 정책을 실시함에 있어 결코 현실과 유리되어서는 안 되며, 정치 경제 산업 문교 등의 각 시책은 시세와 민도에 맞게 도리(順)에 따라 차례(序)를 밟아 수행하여, 조선 통치의 부동의 철직인 완전한 일시동인의 피안(彼岸)에 이르도록 할 것을 기대한다.

라고 철석같이 결의를 나타내고 있다.
여기서 반도의 현실 및 현 단계와 조선 통치의 일관된 이념인 부동의 철칙을 대비해 보면, 가장 중책을 느끼는 것은, 교육을 맡고 있는 우리들이다. 부동의 철칙은 고이소(小磯) 총

독에 의해 아주 명료하게 되었다. 오로지 남은 것은 우리 교육 실무자가 이 대방침을 단단히 파악하여 열렬한 정신으로 철저히 구현하도록 도모하는 것이다. 교육자가 조선 통치의 대사업에서 교육이라는 부분에 참여하는 것은 통치의 근원을 배양하는 영광을 맡는 이유임과 동시에 천황의 배려에 조금이라도 응하여 받드는 막대한 영예를 입는 일이기도 한 것이다.

2. 조선 통치 부동의 철칙 근거

고이소(小磯) 총독이 조선 통치의 방침은 일시동인, 천황폐하의 신민으로서 추호의 차이도 없이 각각 적절한 직을 얻어 그 생활에서 똑같이 크고 확실하게 천황의 은덕의 혜택을 향유하도록 꾀할 것을 이미 조서에서 밝혔던 바이다. 이는 1910년(明治 43) 8월 29일 환발되었던 한국병합 조서 및 1919년(大正 8) 8월 19일 조선총독부 관제 개정에 즈음해 내리신 조서에 아주 분명하게 제시하였던 대어심(大御心)이다. 또 1911년(明治 44) 10월 24일 조선총독에게 교육에 관한 칙어를 내리셨던 사실이 그것을 가장 적확하고 명료하게 나타내고 있다. 역대 총독은 천황의 조서를 삼가 받들어 반드시 정중하게 실행해야 하는 조선 통치의 근본이념으로서 일관되게 임했다. 황송하옵게도 천황의 조서에 그 근원을 두고 있는 조선의 통치방침인 까닭에 추호의 의문이 있을 리 없음은 물론, 영구히 부동의 철칙이어야 함을 깊이 염두에 두어야 한다.

3. 부동의 철칙이 교육 실제에 어떻게 구현되었는가

성지(聖旨)를 받들어 역대 총독은 산업, 경제, 문교에 온갖 노력을 기울여, 적절한 시책을 강구했는데, 조선교육의 근간은 조선교육령에 의해 정해졌다. 조선교육령을 검토하여 부동의 철칙이 교육 부분에서 어떻게 구현 철저를 꾀하려 했는가를 판명한다.

조선교육령이 오늘에 이르기까지 3번 그 조직을 바꾸었다. 즉

　　제1차 조선교육령　　　　1911년(明治 44) 8월 23일 제정
　　제2차 조선교육령　　　　1922년(大正 11) 2월 4일 개정

현행 조선교육령   1938년(昭和 13) 3월 3일 개정

으로, 조선교육 이념의 일관성은, 이들 세 교육령을 서로 비교 연구하면 가장 분명하게 드러나게 될 것이다. 또 이들 교육령을 제정 혹은 개정할 때 당시의 총독이 교육에 대해 어떤 시책을 마음에 품었는지는 유고(諭告)를 보면 분명하게 알 수 있다. 교육령 혹은 유고에서, 국민으로서의 성격 함양을 말하고, 국어의 보급을 말하고, 국체명징을 말하고, 내선일체 등을 말해도 하나로 모이는 곳은 결국 국체본의의 투철이다. 국체본의에 철저하고, 황국신민으로서의 자각을 철저히 향상하여, 단지 형식적 표면적인 것에 빠지는 일 없이, 지극한 정성으로 일관하여 천양무궁(天壤無窮)의 황운을 부익하여 결실을 거두는 국민을 양성하려는 데 있다. 종래 교육의 3대 강령으로 제시하였던 시책, 국어상용의 철저 강화의 방책은 결코 이전 총독시대만의 시책 방침이 아니다. 오직 조선 통치의 근본의(根本義)에서 시세에 비추어 긴요하다고 인정되는 것을 강령으로 나타낸 것이다. 요는 국체의 본의를 투철히 하여, 참된 황국신민을 연성해야 함을 명료히 파악하고 교육의 실제에 임해야 한다.

4. 국체본의의 투철에 관한 시책

국체본의를 투철히 하는 것이야말로 조선교학의 근본적 요청이다. 그 구체적 시책이 무엇인가를 보면,

  1. 제도 개편에 관한 시책
  2. 교원 연성에 관한 시책
  3. 학도 연성에 관한 시책
  4. 교과서 편찬 검정에 관한 시책
  5. 환경 정리에 관한 시책
  6. 학교 학급 교과 경영에 관한 시책

등을 들 수 있을 것이다. 특히 1944년(昭和 19)부터 조선에 징병제도를 실시할 수 있도록 모

든 준비를 완료해야 한다는 절박함도 있어, 위에 열거한 사항에 관해서는 하루의 지연도 허용할 수 없는 사정에 놓여 있다. 최근의 국제정세, 지나사변(支那事變)의 발발, 대동아전쟁으로의 전환 등으로 인해 차차 필요한 시책을 강구하도록 했던 것인데, 오늘날 더욱 박차를 가해 철저히 구현하는 것이 급무 중의 급무이다.

 제도 개편과 관련한 시책에 관해. 국민학교의 의무제도 실시, 국민학교 제도 실시에 수반하는 교육내용의 강화 철저, 중등학교 이상의 제 학교제도의 개조, 사립학교의 전면적 쇄신 등 국책의 중요 안건에 관해서는 조선총독부에서 온 힘을 다해 연구 조사 중이다. 정해진 절차를 완료하는 대로 점차 발표하고, 신속히 실시될 수 있는 것은 착착 실시되고 있는 셈이다. 교원 연성에 관한 시책도 현재의 기구로서는 도저히 시국의 요청에 따를 수 없어 조선총독부에서 연구 중인데, 하루라도 빨리 실시되기를 바란다. 학도 연성에 관한 시책은 조선총독부에서 자세히 연구해야 할 사항이 많지만, 학교 당사자가 현재의 제도 그대로도 충분히 철저히 할 수 있는 방안을 강구하고, 또 이미 방안이 수립된 학교에서는 그 방안에 따라 실적을 착착 올리는 데 노력해야 한다. 특히 현 시국에서 학교에서 일반적으로 궁리할 필요가 있는 사항은,

  1. 온갖 교육활동을 황국의 도(道) 연성으로 귀일 통합
  2. 징병제도 실시 대응 시책
  3. 학교 행사의 조직화와 통일
  4. 교원의 자기 연찬과 교권의 확립
  5. 학교 교련의 진흥책
  6. 과학교육의 진흥
  7. 학교총력대의 훈련 철저 특히 여생도에 대한 구호 간호법 훈련의 철저
  8. 학교 연성 도장 혹은 그것과 관련한 특수 시설의 설치
  9. 근로보국대의 정비 강화
  10. 교과의 중점적 취급

등을 들 수 있다. 이들 사항은 단지 항목을 열거한 데 불과한 것이지만, 각 항목에 관해서 각

각 깊이 있게 시책을 모아, 주도면밀한 구체안이 나와야만 한다.

교과서에 관한 시책은 전적으로 조선총독부에서 관장하고 있는 바이지만, 그 취급에 관해서 주도면밀한 계획이 필요하다. 실제에서는 학교장 및 교사의 식견과 실력과 열의에 귀결되는 시책이다. 환경의 정리, 학교 학급 교과 및 경영에 관해서는 전적으로 학교장 및 교사들의 문제이다. 전선(戰線)의 용사를 생각해서 목숨을 걸고 국책 실현에 매진하는 열의를 요청해 마지않는다.

현재 우리들이 직면하고 있는 시국은 정말로 문자 그대로 우리나라 유사 이래의 중대사이다. 현대의 생을 향유하는 자만이 그 세계사적 중대사를 해결할 수 있는 영광을 가지는 것이다. 성전(聖戰)의 목적을 완수하는 것이야말로 모두를 걸고 마주해야 할 국책임을 깨달아야 하는 시기에, 우리 교육의 실제 각 분야에서 봉공함에 있어 유능한 황국신민의 연성이야말로 오래(古)되면서도 새로운(新) 사명임을 통감하는 바이다.

<자료 41> 時局卽應の學校態勢整備强化要項(學務局 學務課, 1943.2)

시국 즉응 학교 태세 정비 강화 요항

학무국 학무과

결전 이후 두 번째 봄을 맞아, 반도 민중의 책무가 점점 커지는 시점에서 총독은 조선총독부 시무식에서 열렬한 실천 의욕으로 구체적이고 자세한 훈시를 하였다. 그 대강은 국체본의(國體本義)의 투철함을 바탕으로 한 도의조선(道義朝鮮)의 확립을 목표로 하여, 앞서 다룬 바와 같이, 수양 연성의 철저한 실천, 생산 전력(戰力)의 결승적 증강, 그리고 행정 집무의 획기적 쇄신이라는 3대 항목을 제시한 것이다.

우리 조선교육이라는 성스러운 직분(聖職)에 종사하는 자는 교학(敎學)이 국운흥융의 근간이 됨을 깊이 생각하여, 총독의 훈시를 체득(體得)하고, 이 중대 시국에 즉시 대응하는 학교 태세를 확립 정비 강화하여, 솔선수범으로 분연히 그 직책 완수에 힘을 다하고 부지런히 애써야 한다.

생각건대, 현재 전국(戰局)이 결전을 거듭하는 형상을 나타내고 있으므로, 물심양면으로 시국에 맞는 태세를 조속히 정비 강화하는 것이 긴급한 주요 임무가 되었다.

그 가운데 인적 자원을 개발하여 국가의 모든 요청에 응해야 할 학교는 특히 더 그러하다. 따라서 이때 학교의 교직원은 종래 마음에 품었던 평상시의 태도를 버리고, 순국(殉國)적 결의 아래 모든 어려움을 극복하며 시국에 맞게 진지하고 유위한 황국신민 연성에 매진해야만 하는 것이다.

이하 시국에 즉시 대응해야 하는 학교 태세 정비 강화에 관해 특별히 유의해야 할 사항을 제시해 본다.

1. 교직원에 관한 사항

1) 교직원의 신념 확립과 철저한 실천

  (1) 총독의 조선 통치 방침은 교직원이 먼저 이를 마음속 깊이 체득하고 교육 영역의 최말단에 이르기까지 침투하도록 실천할 것
  (2) 학원도 전장(戰場)이라는 각오로 근무의 획기적 개선 쇄신을 도모할 것
  (3) 공사(公私)의 모든 생활을 결전적 시국에 대응하여 생도 아동에게 솔선수범 할 뿐만 아니라 학교 관내 일반인에게도 생생한 모범이 되도록 할 것
  (4) 재봉 수예 등 교수 학용품의 종류 및 취급은 결전적 시국이라는 관점에서 재검토하여 간소함을 취지로 시국에 맞추어서, 일반인에게서 지탄받는 일이 없도록 할 것
  (5) 좌고우면(右顧左眄) 하지 않고 이기겠다는 확고한 신념을 견지하여 학도의 신념 함양에 힘쓸 것
  (6) 시국 하에서 의무교육제도의 실시를 결정한 이유는 명실공이 구비하여 황국신민 연성을 도모하려는 것임을 깊이 인식하고, 그 연성에 관해서는 특단의 노력을 기울일 것

2) 교직원의 근무에 관한 사항

  (1) 결원의 보충 등은 전혀 기대하지 말고 현재 인원으로 모두 처리함은 물론, 평소 생각하는 인력 부족에 대한 태도를 철저히 전환하여 모든 어려움을 극복하고 최대의 교육적 효과를 높일 것
  (2) 재직하는 학교 근무를 충분히 수행함과 동시에 이에 더해 필요한 경우 여러 가지 조정을 하여 다른 학교를 지원할 것
  (3) 위의 내용에 따라 직원 조직의 합리적 개편 등을 철저히 단행하고, 아울러 교직원이 그에 대해 흔들리지 않는 부동의 신념을 확립하도록 할 것

2. 학도의 시국 대응 연성에 관한 사항

  (1) 생산 확충, 특히 식량 증산에 관해서는 관계 당국과 긴밀히 연계하여 학도의 근로 작

업 및 체력 단련의 교육적 효과를 높이려는 취지와 합쳐 학교의 총력을 모아서 이를 도울 것

(2) 국체의 본의를 철저히 하여 황국신민으로서의 신념을 견지하며 순수하게 신하 된 도리(臣道)를 실천하도록 빈틈없이 연성 방책을 수립할 것

(3) 학교 교련의 강화 진작을 꾀함과 동시에 그 생활화를 도모할 것

(4) 철저한 황국신민 연성은 징병제 실시의 절대적 기초 요건이 됨을 깊이 마음에 새기고, 학도의 황국신민으로서의 연성에 한층 더 강화를 도모할 것

(5) 미국·영국과의 결전에서 완승하기 위해서, 필연적으로 예상되는 여러 물자의 결핍에 대해 단호히 견뎌내는 왕성한 기력을 일으킬 것

(6) 학도의 복장소지품은 결전적 시국에 맞게 간소히 하고 재사용이 가능한 것은 철저하게 권장하여 힘껏 행하도록 할 것

(7) 심신 일체의 단련은 더욱 강화하고 강한 체구와 왕성한 기백을 기를 것

3. 설비 및 물자에 관한 건

(1) 시국에서 종래 필요하다고 인정된 설비 및 물자에 관한 기준은 기본적으로 청산하고, 최저의 설비 최소의 물자로 최대의 효과를 거두는데 특단의 노력을 집중할 것

(2) 결전 완승이라는 태세로 신설교 혹은 학급 증가 등에 따른 건축 자재 입수의 어려움 등은 당연한 것으로 여기고, 서당, 사원, 객사(客舍), 묘당 등 지역 내 원래 있던 온갖 건축물 시설을 최대한 활용할 것

(3) 실험 기구, 교수용 비품 등 모든 자재는 수리 재사용을 고려함은 물론 더욱 적극적으로 궁리하여 제작하거나 대용품을 이용함으로써 교수의 질 저하를 초래하지 않도록 최대 유의할 것

<자료 42> 時局卽應學校態勢の整備强化に就て-國民學校敎師に告ぐ(本多武夫, 1943.2)

시국 즉응 학교 태세 정비 강화에 관하여
: 국민학교 교사에게 고한다

조선총독부 학무과장 혼다 다케오(本多武夫)

    대동아전쟁 아래서 수많은 장애를 극복하고, 반도 교학의 제일선에서 밤낮으로 분투를 이어가는 전조선 국민학교 교사 여러분에 대해 나는 충심으로 경의와 감사의 뜻을 표합니다. 더불어 또다시 우리가 직면한 시국의 현 단계를 직시하고 이에 대처하는 교육자의 각오를 새롭게 하고자 합니다.

    대동아전쟁은 이미 1년 2개월이 지났고, 그 사이 전선에서는 황군 장병의 과감한 선모용전(善謀勇戰)에 따라 적의 병력을 일소하고 제국이 필요로 하는 전략적 요충지와 자원지역을 확보했습니다. 동시에 후방에서는 점점 결속을 강화하여 이 대전쟁에서 승리하기 위해 총력을 집중하고 있습니다.

    특히 현재 남태평양에서 저들과 우리 사이의 피투성이 격전은 점점 최후의 대결전으로 옮아가고 있습니다. 국력 모두를 이 전쟁에 집중하고, 우리들은 전부를 바쳐 단호한 최후의 승리를 하루라도 빨리 획득해야만 할 것입니다.

    이미 알려진 바대로 2월 9일 대본영(大本營)은 남태평양 작전에 대해 그 전모를 발표하였습니다. 또 다음 날 10일의 제국의회에서 육해군을 대표하여 정부위원으로부터 남태평양의 전황에 대한 상세한 설명이 있었습니다. 작년 여름 이래 계속된 남태평양 솔로몬·뉴기니아 방면의 전황이 이만저만이 아니고, 문자 그대로 피투성이의 격전이 반복되고 있는 것은 종래 발표로도 엿볼 수 있습니다. 그런데 이번 발표로 전쟁이 얼마나 격렬하며, 황군 장병이 약 반년 사이에 보급의 어려움과 불리한 지형의 악조건 아래서 소수의 병력으로 아주 우세한 미군의 반격을 막으면서 악전고투, 결전에 결전, 피투성이 사투를 계속하여, 16,714명의 영령(英靈)을 호국의 혼으로 받들고 또 작전 목적을 완료시킨 위대한 전과(戰果)를 알게 되니, 우리 국민의 피는 점점 결사의 결의로 들끓을 뿐입니다.

발표에 따르면 이번 남태평양 작전은 정말로 중대한 의미가 있습니다. 아군은 필리핀·말레이의 여러 전투에서 큰 전과를 얻었고, 적에게 숨 쉴 틈을 주지 않기 위해 총추격으로 바꾸었습니다. 대동아에서 적의 전략 거점과 중요한 자원지역을 모두 신속하고 과감하게 공략하기 위해 버마에서 수마트라, 자바, 셀레베스, 티모르를 거쳐 뉴기니아 및 솔로몬 군도의 전선을 따라 일거에 적을 급추격했던 것입니다. 우리 군의 급추격의 최전선에서 돌진했던 정신원정대(挺身遠征隊)는 뉴기니아섬 부나(Buna)부근 및 솔로몬 군도 과달카날(Guadalcanal)섬 방면 부대였는데, 이에 대해 패퇴에 패퇴를 거듭했던 적군은 미국에서 호주를 잇는 단 하나의 최후 전선 지역이었습니다. 이 지역의 확보를 위해 강한 반격을 계속해 왔던 것으로, 여기서 우리의 추격과 적의 반격이 예기치 않게 큰 전쟁을 일으켰습니다. 게다가 이 정신원정부대는 곧 다가올 일본과 미국의 대결전을 위해 후방의 본대(本隊)가 완전히 전략 태세를 확립하도록 엄호하기 위해, 적이 반격 준비를 정비하기 이전에 적의 진영에 깊숙이 들어가 적군을 견제하며 그를 격파하는 결사대 임무를 지니고 있습니다. 이 원정부대는 적의 제공권(制空權), 제해권(制海權)아래 있어 보급 수송이 곤란한 적지(敵地)의 한가운데에서 훌륭히 진영을 사수하고 말할 수 없는 어려움을 견디면서 적의 집요한 반격을 타파하고, 열세라는 불리한 조건에서 반년이라는 시간에 걸쳐 난전 고투를 계속했습니다. 마침내 미국이 태평양 쪽의 육해공(陸海空) 전체 전력을 모두 다 쏟아부은 솔로몬·뉴기니아 방면을 견제하고, 이로써 본대(本隊)인 여러 부대에게, 버마에서 구 네달란드령 인도제도·뉴기니아·북부 솔로몬을 거쳐 마샬 및 그 북쪽에 걸쳐 확실하게 전략 전개를 완료하게 했으며, 전략 거점과 중요자원 지역을 모두 포함하는 대동아공영권의 외벽으로서, 이후 공격 작전의 발판을 강고히 했던 것입니다.

그러나 이는 실로 쉽지 않은 큰 사업인 것으로, 이 전승(戰勝)의 그늘에 숨어있는 황군 장병의 고난의 공적은 실로 상상 밖의 것입니다. 즉 초기에 미군의 제공·제해권 하에서 보급 수송을 하는 어려움은 말로 다 할 수 없는 것이었다고 생각됩니다. 따라서 지상으로 운반되는 군수품은 적고 장병의 식량도 하루 1홉에도 못 미치거나 때로는 며칠 동안 지급되지 못했으며, 전달된 식량은 바닷물에 잠기거나 더운 열기에 방치되어 부패했습니다. 또 그것을 적 항공기의 눈을 피해 몇 끼니를 한꺼번에 취사하는데, 그것을 먹는 사이에 뜨거운 열기와 스콜로 점점 부패하는데, 거기에 약간의 가루 된장(粉味┌)을 뿌려 급히 먹는 듯한 상태였습니다. 오랜만에 우메보시(梅干)가 하나 건네졌을 때 장병은 어린애처럼 손뼉을 치며 기뻐하며, 후방 부대의 노고에 감사하며 울었던 것입니다. 게다가 상관은 부하를 생각하고 부하는 상관을 생각하여 한 주먹(握)의 양을 서로 양보하고, 일언반구 불평도 불만도 없이 전우가 서로 돕고 위로하며 불타는 적개심을 미군에게 품으며 폐하를 위해 밤낮으로 용감히 전쟁을 해왔던 것입니다.

　　남자인 나 병사(防人)가 된 보람 있으니, 지구의 동쪽(東半球) 끝에서 죽는다면

　이것은 모 부대장이 어려운 밀림을 장거리에 걸쳐 이동한 후, 야간 습격으로 적의 진지에 돌입했으나, 후속 지원이 없어 적들 사이에서 고군분투한 일주일 동안, 최후의 병졸이 불과 10여 명이 되자 부하를 무리하게 후방에 돌아가게 하고 자신은 단지 혼자서 용감히 분투한 끝에 결국 적국의 항복을 빌며 7대에 걸친 보국(七世報國)을 맹세하며 장렬하게 전사했던, 죽음(辭世)의 노래입니다.
　국민학교 교사 제군, 얼마나 장렬하고 웅혼(雄渾)한 의기가 아니겠습니까. 16,734명의 영령, 이 솔로몬의 희생에 다만 머리가 숙여 질 따름입니다. 그러나 지금 후방의 국민이 감사하는 것만으로는 부족합니다. 이 솔로몬의 희생을 헛되이 하지 않기 위해 우리들 역시 결사의 결의로, 미영(米英) 굴복의 날까지 이기고 이겨서 승리를 쟁취해야 합니다. 최후의 결전은 시시각각으로 다가오고 있습니다. 국가와 국민이 하나되어 이 전쟁을 위해 총력을 다하지 않으면 안 됩니다. 또한 우리에게는 내일의 전쟁에서 죽음으로 나라를 지키는 활동을 해야 할 소국민(少國民)의 연성이라는 실로 중대한 사명이 주어져 있습니다. 우선 우리 교육자가 솔선하여 분기하고 결사의 결의로써 황국신민연성이라는 성직에 한 뜻으로 앞장서며, 이 결의를 소국민의 머리에 철저히 주입하고 가르쳐 기꺼이 죽을 결의를 강하게 길러내야 합니다.
　남태평양 전위부대의 사투로 인해 비루야(ビルヤ)에서 남양 군도에 걸쳐 대전략 중요 전선이 확립되고, 금후 공세 작전의 발판이 완전히 이루어져, 지금 다가올 결전 전쟁에서 우리

나라는 필승 불패의 태세를 확립할 수 있습니다. 그와 동시에 국력 모두를 결전 한 가지에 집중시켜야 하는 상황에 서 있는 것도 그 역시 당연한 귀결입니다. 즉 국내의 모든 기관이 물심양면으로 시국 즉시 대응 태세를 급속히 정비 강화하고, 정말로 이기겠다는 결의를 갖지 않으면 이 전쟁 국면은 극복될 수 없는 것입니다. 국내 모든 물자는 전쟁을 위해 사용해야 합니다. 또 이 목적을 위해 모든 능력을 기울여 물자의 생산을 이루어야 합니다. 오늘날 생산 확충의 목표는 철·석탄·경금속·비행기·선박이라는 다섯 종목에 중점이 두어져 있습니다. 다른 불요불급한 생산 사업은 희생되더라도, 또한 국민의 생활이 최저한도 이하로 낮아진다 해도, 이 목표를 완전하게 달성해야 합니다. 물자에 대한 사고방식이 완전히 바뀌고 있습니다. 물자에 대한 사고방식의 근본적 전환과 동시에, 우리들은 우리 생명에 대한 사고방식도 근본적으로 바꾸어야 합니다. 이를 남태평양의 전위부대가 온몸으로, 일억 국민에게 가르치고 있습니다. 대동아전쟁 이래 우리의 물질적 사고방식은 빠르게 변화하였습니다만, 이제 솔로몬 전쟁은 철저하게 180도로 종래의 머리를 결전적(決戰的)으로 전환할 것을 일억 국민에게 요구하는 것입니다.

그렇다면 우리 교육자는 이 시국의 요청에 대해, 또 반도 교학의 당면 문제에 대해, 결전 태세 하에 황국의 대사명과 세계의 대세(大勢)를 인식하고 파악하여 스스로 대사명(大使命)을 철저히 자각하되, 결단코 종래에 품어온 소위 평화적인 평상적 태도는 깨끗이 버려야 합니다. 근본적으로 명확하고 견고하게 시국에 즉시 대응한다는 신념을 확립 강화하여, 오로지 교육순국의 결의를 견고히 하여 참되고 유위한 황국신민 육성과 함께, 1944년(昭和 19)부터 실시될 조선인에 대한 징병제 시행과 1946년(昭和 21)부터 실시될 의무교육제도 시행에 만전의 노력을 기울임으로써 도의(道義) 조선 확립에 매진 실천해야 합니다.

이러한 결전 태세에서 국민학교 교원 여러분의 사명의 중대함에 비추어볼 때 나는 다음과 같이 가장 통절히 느끼고 있는, 여러분에 대한 희망 사항의 두서너 가지에 대해 솔직히 말씀드리고자 합니다.

우선 첫째는 교직원의 신념 확립과 그 철저한 실천에 대한 것입니다. 교사된 자는 먼저 총독 각하의 조선 통치 근본방침을 체득하는 것이 가장 근본적인 것입니다. 그리고 이 방침을 교육에 완전히 침투 실천하도록 하는 것입니다.

총독 각하가 부임하신 이래 늘 강조하신바 국체본의(國體本意)의 투철함과 이를 바탕으로 하는 도의조선(道義朝鮮)의 확립에 대해서는 이미 충분히 그 의의를 체득하고 있으리라 생각합니다. 요컨대 총독 각하가 늘 피력하신 '조선 통치의 근본방침'은 말할 것도 없이 조선인에게 성지(聖旨)인 일시동인의 단계까지 나아가게 할 것을 목표로 해야 하는 것은 당연합니다. 일시동인의 경지에까지 도달시키는 모든 시책은 정신적 바탕이 기조(基調)로 되지 않는다면, 형식에 빠져 실현 불가능합니다. 그렇다면 정신적 근저란 무엇인가 하면, 말할 것도 없이 황국일본 정신입니다. 황국일본 정신은 즉, 건국의 모습을 진실로 인식하고, 그 본질을 파악함으로써 비로소 체득할 수 있는 것입니다. 이것이 곧 국체본의를 투철히 하는 것입니다. 그러나 오늘날, 국체본의를 투철히 하는 것은 관민(官民) 모두 아직 불충분하며, 조선 민중 사이에서 특히 그러합니다.

반도 민중이 진정한 일본인이 되도록 하기 위해서는, 지도자가 될 자가 먼저 국체의 본의에 투철하지 않고서 어떻게 조선인을 훌륭한 황국신민으로 지도할 수 있겠습니까. 우선 지도자 자신이 국체의 본의에 대해 연구 연찬을 거듭해야 합니다. 그러나 오늘날의 상황은 지도자가 될 자가 연구 연찬만 하고 있었으므로 충분하지 않았습니다. 지도자 자신 개인의 연구를 계속하는 동시에 직접 조선 대중의 지도를 담당해야 할 시기에 직면해 있습니다. 즉 한편으로 연찬, 다른 한편으로 지도라는 양쪽을 병행해 노력 매진할 필요가 있습니다.

관민(官民) 모두 이러한 의미를 바탕으로 지도자가 될 자는 철저하게 자기반성을 함과 동시에 '일본 정신'의 체득에 대해 철저한 수양 연성을 해야 합니다.

대체로 이와 같이 나는 이해하고 있습니다만, 지도자의 연성, 즉 학교장 자신, 교직원 자신의 자기수련이 가장 근본적 문제입니다. 특히 감화의 영향력이 가장 큰 시기에 있는 아동을 대상으로 하는 국민학교 교육의 당사자인 여러분, 그리고 또 지방 일반 민중의 살아있는 모범이 되는 여러분이 먼저 국체의 본의와 본 성전(聖戰)의 목적과 시국의 인식을 투철히 해야 합니다. 세상에서 뒤처지지 않도록 결전 시국 하에서 해야 할 생활을 솔선수범하고, 이로써 아동과 사회 민중생활의 살아있는 모범으로서의 생활을 철저히 할 것을 간절히 바랍니다. 따라서 공사(公私) 일체의 생활을 황국 군인에 비교될 수 있을 정도로 결전적 시국에 즉시 대응하도록 하여 간소하고 강건함을 바탕으로함은 당연합니다.

이렇게 해서야말로 아동 및 지방 민중의 성전(聖戰) 필승의 신념 함양도 가능할 것입니다. 요컨대 국민학교 교직원 여러분의 타오르는 신념의 불꽃 하나는 아동 및 민중 만명의 불꽃

이 되고, 또 국민학교 교사의 시국 생활에서 살아있는 모범은 아동 및 민중의 생활을 절대적이고 강력하게 감화하고 이끄는 것임을 자각, 확신해 주시기를 바라는 것입니다.

둘째는, 교직원 여러분 각자의 근무에 관한 것입니다. 학교도 가정도 역시 전장이라는 자각에 투철하여 긴장 그 자체로서 온갖 어려움을 극복해 가야 하는 것입니다. 관리로서의 복무규율을 엄수해야 하는 것은 물론, 학교장을 중심으로 하여 오직 협력일치, 명랑활달, 학교에서 총력을 결집해 대화합의 생활력을 발휘해야 합니다. 이를 위해서는 일반적 행사 혹은 직접 학교 교육에 관계없는 사무 등에 대해 간소화를 꾀하는 동시에 사무는 정확하고 신속히 처리해야 합니다.

또 사람이 부족한 오늘날, 소집에 응하는 자도 있고, 정원 부족도 있습니다. 하지만, 정원 부족 등에 대한 종래의 일손 부족감은 과감히 그만두어야 할 것입니다. 그리고 그날그날의 현재 인원으로 유감없이 그날의 업무를 처리해 간다는 마음가짐을 견지하는 것이 중요하다고 생각하는 바입니다. 따라서 학교의 직원 조직도 현재 인원으로 가장 합리적 인적 배합의 묘미를 고려하는 것이 필요하며, 서로서로 긴밀하게 연락하고 서로 타인을 도와 어떠한 업무라도 반드시 잘 처리해 간다는 신념과 태도가 절대로 요구되는 것입니다. 특히 2부 교수, 청년단, 특별연성소의 부설 등 오늘날 국민학교의 복잡함과 분주함은 필시 표현하기조차 어렵다는 것은 충분히 알고 있습니다. 그런데 희망컨대 협력일치하고 적극적으로 서로 돕고 보완하여, 어떻게든 뚫고 나가는 것이 현 시국에서 우리가 수행해야 할 것이라고 생각합니다. 요컨대 국민의 한 사람 한 사람이 최대의 봉사력을 발휘함과 동시에 일치 협력해서 결전에 대응하는 생활의 단호한 긴장 쇄신을 하고, 어떻게든 이 시국의 어려움을 돌파해 가는 것이 필요하다고 생각하는 바입니다.

셋째는, 교사, 교구, 기타 사물에 대한 사고방식의 철저한 전환입니다. 시국의 관계는 앞에서도 말한 대로, 직접적으로 전쟁의 목적에 쓰는 것 이외의 물건 생산을 철저히 배제합니다. 교수상 필요한 물자도 대단히 궁핍합니다. 또 1946년(昭和 21)도부터 실시되는 의무교육제도의 시행 준비에 관해서는 다시 나중에 언젠가 상세한 내용을 설명드릴 생각입니다. 요컨대 1943년(昭和 18)도 이후 4년간 상당한 수의 국민학교가 신설되고 학급이 증설됩니다만, 이에 대한 건축 자재 등의 할당 배당은 거의 기대할 수 없습니다. 도회지의 경우는 기존 교실의 2부 혹은 3부 사용, 농촌의 경우는 농촌의 공회당이나 창고 등의 이용 혹은 민가의

한 방을 빌려 교실로 이용하거나 혹은 또 비와 이슬을 막을 수 있는 아주 작은 오두막집을 교실로 대신하는 등, 머리를 철저히 써서 그 실행을 꾀해야 하는 사태에 직면하고 있는 것입니다. 그러나 이러한 상황에 있으면서도 굳이, 조급하게 조선에서 의무교육제도를 실시해야 하는 이유는, 말할 것도 없이 총독각하의 국체본의의 투철함과 이를 바탕으로 하는 도의 조선의 확립을 하루라도 빨리 구현하여, 조선민중에게 진정한 대동아공영권의 건설적 지도자로서의 역할을 달성하도록 하기 위한 중요한 국책의 하나입니다. 이 목적 달성을 위해서는 어떠한 어려움과 결핍을 참고 견뎌서라도 단호하게 수행해야 하는 것이며, 관계자 특히 직접 교육을 담당하는 교사 여러분의 절대적 노력을 기대하는 바입니다. 교실은 아주 작은 오두막집이라 하더라도 거기서 행해지는 교육 자체는, 진짜 세계의 맹주로서의 일본인 연성에 어울리고 활기차고 진검미(眞劍味)있는 연성 도장이 되도록 할 것을 가장 염원하는 바입니다. 요컨대 사물에 대한 사고방식이 완전히 전환되어 조선의 국민교육이 메이지 유신 전 요시다 쇼잉(吉田松陰)선생의 쇼카손주쿠(松下村塾)처럼 되어야 함을 서로 각오해 왔다고 생각하는 것임과 동시에, 아동에 대해서도 싸우는 아동의 연성이 궁극의 목표입니다. 빈틈없고 철저한 연성계획의 수립과 함께 교직원 자신들의 불타는 열의와 아동 가정과의 완전한 연락으로 그 효과를 높이 하는 데 매진하기를 바라는 바입니다. 특히 물자의 절약 애용은 앞으로 완전히 달라진 사고방식으로 철저히 해야 합니다. 아동의 복장, 학용품 및 소지품을 절약, 애용, 또는 재사용하도록 지도함과 동시에, 이것들의 부족이나 부자유에 대해 반드시 견뎌내야 한다는 왕성한 기력을 아동들의 마음에도 확실히 키워주기를 바라는 바입니다. 그 반면 적극적인 생산 확충, 특히 결전 하의 식량증산 등에 관해 아동의 손으로 할 수 있는 바의 근로작업 및 그에 수반하는 의지 훈련, 혹은 식용 산야초목의 채취와 조제, 보리밟기, 가축·가금의 사육 등 각 지방의 실정에 맞춰 최대한 적극적으로 협력하여, 학교의 총력을 결집하여 원조해 주기를 바라는 바입니다. 아동은 어른이 되고 나서 나라에 봉공한다는 사고방식을 버리고, 오늘날 바로 지금의 입장에서 이 대전쟁에 참가한다는 강력한 뜻과 힘을 갖도록 하는 것이 무엇보다 중요하며, 그것이 또 그대로 진정한 교육인 것입니다. 이렇게 하여 심신일체의 단련도 행하고, 강인한 체구와 왕성한 기력이 있는 강한 소국민의 연성이 이루어진다고 생각하는 바입니다.

  이상으로 나는 결전 태세에 대응해야 할 국민학교 교육에 관해 희망하는 사항 두서너 가지를 생각나는 대로 말씀드렸습니다. 이를 요약하자면, 대동아전쟁의 현 단계는 우리 일억 국민에게 결사의 각오를 요청하고 있습니다. 우리 국민은 솔로몬·뉴기니아에서 '천황폐하 만세'를 봉창하며 호국의 혼이 된 16,734명의 영령, 그리고 대동아전쟁의 모든 전몰 영령이 정말로 흡족하며 야스쿠니신사에 잠들 수 있도록, 우리들 힘을 결집하여 최후의 결전에서 이겨야 하는 것입니다. 국민학교 교직원 여러분은 이러한 결의 아래서, 이러한 시국 인식 아래서 국체의 본의에 대한 투철한 신념을 확립 강화하고 모든 영령을 한데 모아 성직(聖職)으로서 용감히 싸워야 합니다. 국민학교 교사에 대한 국가의 기대가 얼마나 큰 것인가를 자각하고 품위있게 몸가짐을 신중히 하여 황군 장병의 노고를 기리며, 지금이야말로 진정한 교육자의 기백을 발휘하여 교육보국을 위해 죽음을 불사한다는 신명(神明)을 받들 것을 간절히 바랍니다.

<자료 43> 朝鮮に於ける學園非常事態について(近藤英男, 1944.3~4)

조선의 학원비상 사태에 대하여

조선총독부 시학관 곤도 히데오(近藤英男)

목차

　서언
　1. 조선에서 학도군사동원
　2. 학교정비 요강 및 그 해설
　3. 학교정비의 구체적 조치에 대하여
　4. 군사교육의 강화
　5. 근로동원에 대하여
　결언

서언

점점 심각하게 가열되는 전시 국면에 당면하여, 오로지 전력의 신속하고 더욱이 획기적인 증강을 계획하기 위해 '점점 통수권과 국무와의 관계를 긴밀화하여 웅혼활발한 전쟁 지도의 수행을 꾀하며, 기민 발랄한 대외시책을 시행함과 동시에 작전에 즉시 응하는 국내 제반의 체제를 철저히 강화'해야 한다. 정부는 1943년(昭和 18) 9월 21일 각의를 열어 국내태세강화방책을 결정하고, 다음 날 22일 오후 7시 반 도죠(東条英機)수상이 직접 "관민에게 고한다"라는 제목으로 전국에 방송하여, 단호한 결의를 피력하며 국민의 분기와 협력을 강력하게 요청하였다. 교육에 관한 전시비상조치방책은 국정운영에 획기적 쇄신하려는 국내정세강화방책의 일환으로써 정해졌으므로 일단 그 추진하는 것을 기획하고 있다. 따라서 교육에 관한 전시비상조치방책에 대해서 그 대요를 언급하기 위해 마땅히, 먼저 국내정세강화방책의 대요를 기술하고 약간의 해설을 더 하는 것은 결코 무의미한 것이 아니라 생각한다.

국내태세강화방책에서 강화의 목표로 삼는 것은

1. 관민 모두 마땅히 이번 성전의 본의에 철저히 하고 동시에, 쉽지 않은 대업에 대한 각오를 다져 더욱더 필승의 신념을 갖고 불굴불요, 진충보국의 진심을 본받아야 한다.
2. 국력을 다하여 군수생산의 급속 증강을 꾀하고 특히 항공 전력의 비약적 확충을 꾀한다.
3. 일본과 만주(日滿)를 통하여 식량의 절대적 수급 태세를 확립한다.
4. 국내방위태세의 철저강화를 꾀한다.

이 4가지 점이지만 오늘날의 경험을 비춰볼 때 더욱이 현재 전국의 시급한 요구에 바탕을 둔 목표에 도달하기 위해서 특히 채용해야 할 방도로써

1. 행정운영의 결전화
2. 국민동원의 철저
3. 국내방위태세의 강화
4. 생산책임제의 확립

5. 해상과 육상 수송의 일관적 강화

6. 조세 및 국민 저축의 강화

7. 가격 및 배급제도의 간소화

8. 각종 외곽단체의 정리, 쇄신

9. 각종 통제기관 및 통제회사 등의 생산 제2선 부분의 정리, 쇄신

위의 9가지 사항을 제시하고 있지만 적극적이고 과감한 실행이 필요하다. 특히 국민동원의 철저를 위해서는 학생 생도의 동원에 관해 획기적 조치가 강구되어야 한다.

(가) 일반 징집유예를 중지하고 이공과 계통의 학생에 대해서 입영연기의 제도를 설치할 것

(나) 이공과 계통 학교의 정비 확충을 꾀함과 동시에 법문과 계통의 대학, 전문학교의 정리 통합할 것

(다) 보통교육을 위해 필요한 교원의 확보를 꾀함과 동시에 그 채용에 대해서는 널리 인재를 구할 수 있는 조치를 강구할 것

(라) 여자의 동원을 강화할 것

(마) 의무교육 8년제를 계속 미룰 것

(사) 국토방위의 완벽을 기하기 위하여 (가), (나)의 조치에 대응하여 학교 건물의 정리와 소개할 것.

등의 방책이 결정되었다.

즉, 국가가 당면한 전력 급속 증강의 요청은 학도에게 내일의 졸업보다는 당장의 동원을 기대한 것이다. 청년의 거의 전부가 전선에 앞다투어 참여하는 올가을에, 학교에 남아 있는 것이 징집유예 때문이며 후방에서 안일하게 있다는 것을 떳떳하게 생각하지 않는 학도에게 그 충성을 다해 열성을 보여줄 길이 열린 것이다. 본래 교양을 쌓고 수련하는 것은 모두 하루라도 빨리 용감하게 공적인 일에 봉사하기 위해서이다. 교양 수련의 성과를 발휘할 수 있는 이 가을에, 마치 오늘이 지나면 다시는 기회가 없을 것처럼 청년 학도가 순정 열혈의 각오를 다지는, '인생 20년'의 모습에 말로 할 수 없는 감회를 느끼게 되었다. 하지만 학도는 장

래에 국가의 지도계층을 이루는 자로서, 국체본의에 철저하여 국민을 훈화 계도 해야 할 책무를 진 자가 되어야 함에 비추어, 이전의 육해군 항공기 탑승원의 모집과 같이 일부 지원자만이 그 뜻을 관철하는 것에 그치지 않고, 학도 모두가 성전에 참가하도록 하여, 순국의 지극한 정성에 부응하고, 앞으로 책임과 임무를 온전히 다하도록 했다. 어쩌면 국난에 목숨을 바치는 사생(死生)의 순간이야 말로 지조가 점점 두터워져 국체의 본의를 진실로 체득할 수 있으며, 그 지능도 또한 전장에서 내달리는 순간에 점차 늠름하게 성장하게 된다. 이런 까닭으로 만일 학도가 촌각을 다투는 이때 간난신고를 향해 나아갈 수 없다면, 훗날 지금의 비바람 속에서 단련된 일반청년으로부터 신뢰를 얻을 수 없는 것은 물론 그 순간에 어깨를 나란히 하는 것조차 곤란해질 것임을 우려한다. 더욱이 학도가 재학하고 있다는 이유로 징집연기를 허가받았던 종래의 제도는 평상시에서 학도에게 부여한 특별한 은전이며, 일단 비상시기가 돌아오면 모든 사람이 균등하게 황군의 일원으로서 부름을 받는 것은 국민 최고의 영광인 병역 의무의 원칙이기 때문이다.

그런데 학도는 그 연찬하는 분야가 서로 다르고 군 요원으로서의 자질에 차이가 있어, 법문과 계통의 학도는 즉각 입영하여 군무에 복무시키고, 이공과 계통의 학도는 입영을 연기하여 후일 군요원이 될 때의 직능 연수에 힘쓸 수 있도록 하고 있다. 하지만 이와 관련된 구분은 전력의 급속 증강의 필요로부터 이루어진 것으로, 이공과 계통과 법문과 계통의 교육을 비교하고 재어서 가치의 크고 작음, 교육효과의 경중에 따른 것이 아니다. 법문과계 교육은 정신훈련은 차치하더라도 전투원으로서 학생의 전쟁 기술(戰技)훈련에서는 학교 교육을 계속하는 것보다는 학도를 즉각 입영시켜 군부에서 직접 군사교육을 실시하는 것이 더욱 적절하며, 이공과계 교육은 설비 및 그 외의 관계에서 학도가 오히려 연수에 편리한 학교에 머물며 기능의 연마를 계속하는 것이 효과적이기 때문이다. 이런 의미에서 이공과계의 학교는 군 기술요원양성소로 칭해야 하며, 또한 이에 맞는 교육태세를 취해야 한다. 따라서 출정하는 자도 그대로 있는 자도 모두 소집된 전쟁터에 있는 것이라고 말해야 한다. "싸우는 것이 배우는 것이고, 배우는 것 역시 싸우는 것이다"라는 결전에 임하는 학도의 참모습이 발휘되길 기대하는 바이다.

법문과계 교육에서는 전력 증강 군 요원으로서의 교육이 선행되어야 하고, 더욱이 징병적령자의 입영으로 재학생이 감소하므로 이런 류의 학교에서는 학생 생도 수용 정원의 감축이 필요하다. 이에 반해 이공과계 교육에서는 현재 전쟁 국면의 양상이 과학전, 기술전, 생산전인 것에 비추어, 군 요원으로서나 또는 군수생산 증강 요원으로서의 기술자가 필요하므로 이런 종류의 학교는 정비 확충을 계획하고자 한다. 이와 같은 관계에서 당연히 학교 종별의 전환에는 정리가 필요하며, 국토방위의 입장에서도 학교 건물의 소개가 실시되었다. 가령 전환으로 정리되지 않지만, 종래 대학 전문학교는 동경과 그 외의 대도시에 편재되어 있어, 학생 생도는 물론 그에 따르는 다수의 인구를 포함하여, 국토방위 면에서 당연히 어떤 타개책을 세워두지 않으면 안 되는 상황이다.

법문과계 학도 사이에서도 교원 될 자에 대해서는 교육의 사명에 비춰, 그것을 확보하도록 한 것은, 어쩌면 오늘날 국가시책의 기반을 항상 국체본의 투철, 도의 확립에 두고 황국신민의 도 실천을 궁극적으로 요청하고, 교육을 통해 그 기초로 잘 배양하여, 과거의 잔재인 개인주의, 자유주의의 흐름을 그 근원에서 고갈시켜야 하므로, 국가가 교육자에게 부여한 것의 무게를 통감하지 않을 수 없다. 더욱이 교원 채용에 관해서 적합한 인재를 구하려는 조치를 강구하고, 교육이 점차 그 기능을 강력하게 발휘하도록 힘 쏟을 것을 기대하고 있다.

여자 동원에 관해서는 물론 여자 일반이 종래의 인순고식(因循姑息), 보수퇴영(保守退嬰)적 경향에서 탈피하여, 단지 사무적 직업에 그치지 않고, 나아가 농장이나 공장, 그 외의 사업장에서 솔선수범하여 근로에 종사하여, 전선에 있는 남자를 대신하여 생산증강에 분투하도록 하여, 이를 노동수급의 원활화로 연결하려 하고 있지만 안이한 도시생활 중심의 종래 여자교육에 대해 그 쇄신을 요구하고, 쇄신의 방향을 제시하는 것으로 해석해야 할 것이다.

의무교육 8년제의 연기는 그 실시에 요구되는 인력과 물자를 전력 증강 방면으로 전환하려는 것이며, 또한 국민학교 초등과 종료 정도의 소년층의 노무 공급원으로서의 중요성에 기초한 것이다. 의무교육 연한에 관해 8년제, 6년제의 가부 논의를 넘어서 지금의 요구에 부응하기 위한 조치이며, 따라서 전쟁 시국에서 쉽지 않음을 살핀 것이다. 학생생도의 동원에 관해서 위와 같은 조치는, 요약하면 군무동원을 중심으로, 근로동원의 전면적 강화를 꾀하고자 한 것이며, 교육에 관한 전시 비상조치 방책도 또한 바로 이 노선에 따라 정해진 것이다. 즉 교육에 관한 전시비상조치방책은 그 목표를 '병학일체(兵學一體)' 관계확립에 두는 것이며, 학병출진, 학교 정비에 관한 조치, 군사교육의 강화, 근로동원의 조직적 강화 등을 그 일련의 내용으로 한다.

1. 조선에서 학도군사동원

  학도의 군무동원에 관해서는 10월 1일 재학징집연기전시특별에 관한 칙령 공표를 보면, 1943년(昭和 18) 임시징병검사는 10월 25일부터 11월 5일까지 12일간 실행되었으며, 합격자는 입영이 연기된 이공과 계열의 사람을 제외하고, 12월 1일 용감 약진으로 군문(軍門)에 참여하게 되었다. 이렇게 하여 내지인 학도에게는 징집유예 제도가 중지되어 국가의 기대에 부응하여 제1선에 참가하는 것이 허락되었다. 또한 이들과 책상을 나란히 하며 함께 학업에 열중해 온 반도인 학도는 군무에 복무할 수 있는 날에 반도인이기 때문에 내지인 학우보다 뒤처지는 것을 개탄하며, 병역법을 개정하여 '우리에게도 그러한 광영을 나누어 줄 것'을 뜨겁게 열망하였다. 이 치열한 바램은 마침내 응답받게 되어 10월 20일 1943년도(昭和 18) 육군특별지원병임시채용규칙이 공포되어, 반도인 학도도 내지인 학도와 똑같이 천황의 부하가 되어 황군의 일원으로서 나라를 위해 목숨 바치는 길이 열렸다. 징병실시를 목전에 둔 순간 바로 그 앞에 이러한 조치가 채택된 것은, 반도인 학도에 대한 국가의 신뢰가 얼마나 두터운지를 드러내는 것임은 말할 필요도 없다. 그런데 반도의 민도를 고려하고 학원의 동향을 살펴보면 지원 성적에 대해서는 확신을 가질 수 없는 점이 있고, 더욱이 그 성적 여하는 반도청년층에게 국민으로의 자각을 평가하는 척도가 되기도 하며, 또 반도 문교의 성과를 나타내는 것이기도 하다. 이에 비추어 학도 지도에 만전을 꾀하기 위해 조선총독부에서는 이보다 먼저 결정 발표하여 교육에 관한 전시비상조치방책의 취지를 철저히 하고, 아울러 10월 25일 대학전문학교장회의를 열어 다음과 같은 교육에 관한 전시비상조치방책 지도요강을 제시하여 지도상 귀감이 될 수 있도록 기대하였다.

교육에 관한 전시비상조치방책 지도요강

제1 지도방침
  현 시국에 대처하여 일억 국민의 전투(戰鬪) 배치에 의해 최고도의 결전체제를 확립하기 위해 입안된 국내태세강화방책의 중요한 일환으로서 교육에 관한 전시 비상조치 방안의 결정을 보게 되었다. 이번에 조선인 학도에 대하여 1943년(昭和 18) 육군특별지원병임시채용규칙이 공포 시행되기에 이르렀다. 결전 하의 학도는 국가 당면의 요청에 부응하여 끝없는 광영에 감응하여 흥기하는 순진명랑한 청년의 본 령을 발휘하여 내선 학도들은 모두 떨쳐 일어나 국방의 제일선에 나서서 영원히 변하지 않는(萬世不易) 기초를 견고히 하고 황운부익(皇運扶翼)의 한 길로 매진하도록 해야 한다.

제2 지도요령

1) 본 조치 방책의 취지 철저

   (1) 학도에게 황국 필승의 태세를 확립시키고자 일억 국민 모두 전투 배치해야 하는 급선무를 자각시키고, 본 조치 방책이 국내태세강화방책의 중요한 일환임을 체득시킬 것.

   (2) 본 조치 방책에 동반하여 공포한 1943년(昭和 18) 육군특별지원병 임시채용규칙은 순국(殉國)의 지극함으로 불타는 조선인 학도의 열망에 응하여 내지인 학도와 더불어 직접 군무(軍務)에 봉공하는 길을 열게 되었음을 철저히 할 것.

   (3) 현재 심각한 시국에 직면하여 군무 및 생산관계 요원으로서 국가가 청년에게 기대하는 바는 아주 중대하다. 학도는 지도계층으로서 솔선하여 이바지해야 할 중책을 짊어졌음을 자각시킬 것.

2) 입영학도에 대한 지도

   (1) 입영학도에 관한 졸업, 수료 또는 복학 등의 취급에 대해서는 별도 통첩 1943년(昭和 18) 임시징병검사규칙 또는 1943년도(昭和 18) 육군특별지원병 임시채용규칙에 의한 입영 또는 입단하는 학생 생도의 취급에 관한 건에 따라 조치해야 하나 입영하기까지의 기간을 더욱 유효적절하게 하기 위해 다음 요령에 따라 지도할 것.

      (가) 올 9월 졸업예정자에 대해서는 입영 전에 일단 모든 과정을 수료하도록 긴급조치를 강구할 것.

      (나) 전 항 외의 재학생에 대해서는 학년별로 중점적으로 교육할 것.

(다) 강의는 가급적 오전 중에 마치고 오후는 오직 군무 예비훈련으로 채울 것.

(2) 조선인 학도는 이전의 지원병처럼 6개월의 훈련을 거치지 않고 바로 입영 현역으로 편입시킨다. 나아가 간부 후보생이 되는 길을 여는 등 실정에 비추어 고등교육을 받은 자로서의 긍지와 책임을 자각시킬 것. 특히 군무 예비 훈련의 강화 철저를 꾀할 것.

3) 입영하지 않는 학도에 대한 지도

입영하지 않는 학도의 지도에 대해서는 곧 구체적 지시를 내릴 것이나 일단 다음 요령에 따라 할 것.

(1) 신체 상황 등으로 입영할 수 없는 자에 대해서는 생산 요원으로써 직접 군무에 복무하도록 할 것. 또 마찬가지의 정신으로서 순국(殉國)의 지극 정성에 이르도록 지도할 것.

(2) 징병 적령에 달하지 않은 자는 군교일체(軍敎一體)의 본지(本旨)에 철저하게 학교 교련 강화의 조치를 강구하여 황국 군인다운 자질 연성에 매진한다. 아울러 소정의 근로동원에 이바지하도록 할 것.

(3) 이공과계 학도로서 입영 연기 조치를 받은 자에 대해서는 그 전공하는 학술기예의 연찬체득(研鑽體得)에 노력함은 물론 군무 예비 훈련을 강화할 것.

4) 학도의 일반적 동향에 관한 지도

본 조치 방책이 학도에게 미치는 영향을 상세히 조사 관찰하고, 그 동향에 세심한 주의를 기울여 경거망동을 엄격히 경계하고, 거취에 잘못이 없도록 지도할 것.

5) 가정에 대한 지도

학도에게 본 조치 방책의 취지에 관하여 인식을 철저히 하도록 할 것. 나아가 가정 이웃에 대하여 이해를 심화하도록 노력할 것. 어머니와 누이 등 기타 부녀자의 계몽에 특단의 노력을 기울일 것. 필요하면 교직원에게 이에 협력하도록 할 것.

1943년(昭和 18)도 육군특별지원병 임시채용규칙 의 공포를 보면 11월 20일의 원서마감일까지, 애국의 열정을 억제하지 않도록 유지편달하며, 또는 그 거취를 그르쳐 천추의 한으로 남지 않도록 스승과 선배가 권유하며, 게다가 애정이 가득 찬 어머니와 누나 또는 혼인을 약속한 여성의 격려 등 수많은 미담가화(美談佳話)가 생산되었으며 반도 전체는 감격의 도가니로 변하고, 그 결과 적격 학도 대부분 전원이 궐기하기에 이르렀다. 그 사이 11월 12일에는 지난 9월 졸업한 자의 지원을 받아들이는 등 군무봉공에 대한 반도의 열성이 마치 정점에 이른 것처럼 보이는 면도 있었고, 전쟁 국면이 이렇게 만들었다고 하는 말도 있지만, 반도 교학사에서 실로 괄목할 만한 기간이었다. 검사는 12월 11일부터 20일 동안 실시되었지만, 그 결과는 역시 예상외의 좋은 성적이었고, 대부분 합격자는 다음 1월 20일 용맹하게 약진하며 각각 지정된 부대에 입영하게 되었다.

2. 학교정비 요강 및 해설

국내태세 강화방책의 일환으로써 국민동원 철저를 위해 교육에 관한 전시비상조치의 대강이 결정되었으며, 이에 따라 징집 유예제도의 중지, 근로동원의 강화, 학교의 소개(疎開) 등의 방침이 정해졌다. 이들 시책은 어쨌든 어떤 학교 교육의 전반에 걸쳐 중대한 영향을 일으키는 것으로, 당연히 교육태세의 대변혁을 요청하는 것이었다. 즉 지금의 웅혼한 작전에 즉응하여 먼저 전쟁에서 이기는 것을 제1 임무로 하는 교육태세가 채택되어야 하며, 결전 하에 대처하여 행학일체(行學 一體)의 본의에 철저하도록 주지시켜야 한다는 교육내용의 철저한 능률화와 쇄신을 계획하고, 국방훈련의 강화, 근로동원의 적극적 및 철저한 실시를 꾀하는 것이 교육에 관한 전시비상태세의 근본방침이 되어야 할 것이다. 국내태세강화방책을 내각이 결정함에 따라 조선총독부에서도 다음과 같은 방침에 기초하여 구체적 시책에 대하여 연구를 진행하고 있었으나, 10월 12일 각의에서 교육에 관한 전시비상조치방책이 정식으로 결정되어, 이에 즉응하여 13일 정무총감 담화로 조선에서의 전시교육비상조치방책을 발표하였다. 그 내용은 다음과 같다.

교육에 관한 전시비상조치방책

제1 방침
현 시국에 대처하는 국내태세 강화방책의 일환으로 조선에서도 내지의 학교 교육에 관한 전시비상조치방책에 준(準)하여, 또 조선 실정에 비추어 다음과 같이 조치를 강구한다.

제2 조치
1) 국민학교
   1946년도(昭和 21)부터 실시 예정이었던 수업연한 6년의 의무교육제도는 징병 관계 등을 고려하여 이미 정한 방침대로 한다.

2) 청년 훈련소

현행 청년훈련소를 개조하여 군무(軍務) 예비훈련과 전시 생산 대응 연성시설로 혁신 강화한다.

3) 중등학교

대략 내지에 준하여 조치한다.

(내지)

    (가) 1944년(昭和 19)부터 4학년 수료자에게도 상급학교 입학 자격을 부여하고, 1945년 (昭和 20) 3월부터 중등학교 4년제 시행 시기를 앞당겨 실시한다.

    (나) 1944년도(昭和 19)의 중학교 및 고등여학교의 입학정원은 전국에 걸쳐 대략 전년도 입학정원을 초과하지 않도록 한다. 공업학교, 농업학교, 여자상업학교는 확충한다.

    (다) 남자상업학교는 1944년도(昭和 19)에 공업학교, 농업학교, 여자상업학교로 전환하는 것을 제외하고는 정리 축소한다.

4) 경성제국대학예과

대략 고등학교의 조치에 준하여 문과 정원을 감소하고 이과 정원을 증가시킨다.

(내지)

    (가) 고등학교에서는 징병 적령에 이르지 않는 자, 입영 연기의 조치를 받은 자 등에 대한 수업은 계속한다.

    (나) 1944년도(昭和 19)도의 입학정원은 문과는 전국에 걸쳐 대략 이전의 3분의 1을 초과해서는 안 되며, 이과는 필요한 바의 확충을 실시할 것.

5) 대학 및 전문학교

    (가) 대략 내지에 준하여 조치한다. 경성제국대학의 이공, 의학 두 학부의 정원을 증가한다.

    (나) 이과계 전문학교를 확충하되, 기존 학교 생도 정원의 증가 및 학교 신설 등 적극적 조치를 강구한다.

    (다) 문과계 사립전문학교는 이과계 전문학교로의 전환을 고려한다.

(라) 나머지 문과계 전문학교는 적당하게 정리 통합한다.

(마) 문과계 여자전문학교는 그 교육내용의 개선을 도모하여 여자교원, 여자실무자 및 여자보도원(輔導員)을 양성하도록 필요한 조치를 강구한다.

(내지)

(가) 대학 및 전문학교에서는 징병 적령에 달하지 않는 자, 입영 연기 조치를 받은 자에 대한 수업은 계속한다.

(나) 이과계 대학 및 전문학교는 이를 정비 확충함과 동시에 문과계 대학 및 전문학교는 이과계로의 전환을 꾀한다.

(다) 문과계 대학 및 전문학교에서는 징집유예의 중지에 따라 수업 상의 관련 및 방공상의 견지에 기초하여 필요할 경우 적당한 곳으로 이전 정리를 실시한다. 사립 문과계 대학 및 전문학교에서는 그 교육내용을 정비 개선하고, 동시에 상당수의 대학은 전문학교로 전환하고, 전문학교의 금후 입학정원은 대체로 종전의 2분의 1정도 되도록 통합 정리를 실시한다.

(라) 여자전문학교는 전 항의 정리 목표의 예외로 하여, 그 교육내용은 남자의 직장을 대신할 수 있는 직업교육을 실시하도록 하고, 필요한 바의 개정을 실시한다.

6) 각종학교

대략 내지에 준하여 정리한다. 초등 수준의 것은 국민학교 보급 현상에 비추어 당분간 존치하는 것으로 한다. 사설 학술강습회는 국어보급 등을 목적으로 하는 것에 한해 존치한다.

(내지)

(가) 남자는 전환지정학교 및 특별히 지정된 것 이외에는 정리한다.

(나) 여자는 전환지정학교 이외에 전시국민생활 확보에서 긴요한 것 및 직업보도에서 필요한 것을 제외하고는 정리한다

7) 교원 양성 시설

대략 내지에 준하는 것으로 한다. 조선에서 이과 교원이 극도로 적은 현상에 비추어 기존 이과교원양성기관을 확충 정비한다.

(내지)
- (가) 교원양성의 제 학교에서는 그 수업을 정비한다.
- (나) 교원양성의 제 학교 졸업자는 종전에 별도로 규정하지 않은 경우에도 일정 기간의 취직 의무를 부과한다.
- (다) 현역 이외의 군인, 전직 군인 또는 관리였던 자, 그 외 학식 덕망이 있는 자를 교육자로 채용하는 방도를 강구함과 동시에, 기술자와 기타 실무담당자와 널리 협력할 수 있도록 조치한다.
- (라) 교원양성 제 학교도 필요한 바의 확충을 꾀한다.

8) 근로동원

대략 내지에 준하고, 전시 근로동원을 고도로 강화하는 것으로 한다. 특히 조직적 동원 시책을 강구한다.

(내지)

교육실천의 하나로써 학도의 전시 근로동원을 고도로 강화하고, 재학 기간 중 1년을 단위로 하여 대체로 3분의 1에 상당하는 기간에 이를 실시한다.

9) 기타

대략 내지에 준하여 적당하게 조치한다.

(내지)

졸업자격부여

재학 중 징집된 자의 졸업자격 부여에 관해서는 특별히 취급한다.

제대와 복학

재학 중 징집된 자의 제대 후 복학에 대해서는 특별한 편의를 도모한다. 아울러 통합 정리된 학교의 구 재학자인 경우는 임시로 필요한 시설을 강구한다.

직원의 조치

학교의 통합 정리에 따르는 교직원의 조치에 관해서는 종합적으로 재배치를 꾀한다. 전환하는 학교 외의 필요한 부분에 충당하며, 특히 대학 전문학교 교직원에 대해서는 가급적 그 연구를 계속할 수 있도록 조치한다.

> **실시조치**
>   본 요항 실시를 위해서 필요한 경우에는 학교 및 학과 폐지, 수업 정지, 정원 감소, 학교 이전 등을 명령(命)할 수 있도록 법제상 필요한 조치를 강구한다.
> **학교정리**
>   학교의 정리, 전환, 이적 등을 명령할 경우 본 요강 실시에 특별한 필요가 있는 경우는 정부에서 보조하여 기타 필요한 방도를 강구하고, 특히 사립 이과계 대학 및 전문학교의 경우에는 그 학교의 경리상 필요하다고 인정될 때는 정부에서 경상비에 대해 적당한 보조를 한다.

위와 같은 조치가 채택되었는데, 이에 관한 취지 및 기타 유의해야 할 사항에 대해서 다루면 다음과 같다.

1) 국민학교

내지에서는 올 4월부터 실시예정이었던 의무교육 8년 계획이 현재의 생산 사정 등에 비추어 볼 때 초등과 수료자를 바로 실무에 임하도록 하는 것과 동시에, 그 실시에 필요한 인적 및 물적 시설을 절약하여 전력화를 꾀하기 위하여, 당분간 그 실시를 연기하도록 하였다. 그러나 조선에서는 올해부터 실시하는 징병제도에 대응하여 국민기초교육의 급속한 보급을 꾀할 필요가 있어, 여러 곤란이 있더라도 의무교육제도는 이미 정한 방침대로 실시하는 것으로 하였다. 참으로 의의가 깊으며, 아울러 국민학교 교육의 결전태세화의 철저가 기대되고 있다.

2) 청년훈련소

징병제의 실시에 대비하여, 국민학교를 수료하지 않은 자에게 군무예비훈련을 실시하고, 아울러 노무요원으로서의 자질 향상을 목적으로 하는 청년특별연성소가, 그 성격에 따라 또 지도자의 열성 넘치는 지도에 의해 큰 성과를 거두기를 기대하고 있다. 이에 비해 청년훈련소가 지도자의 노력에도 불구하고 고용주의 이해부족, 또는 훈련생의 열의 불충분 등 때문에 출석상황도 양호하지 않고 더욱이 훈련 성적도 생각보다 좋지 않은 상황에 있다. 이리하여 국민학교 수료자가 청년특별연성소 수료자에 비해 군요원으로서의 자질에서 열등한 결과를 초래하는 것도 널리 해결하는 것이 급무라고 통감하고 있다. 청년훈련소를 쇄신 강화하여 국민학교 수료자를 빠짐없이 수용하고 또한 그 훈련성과를 매우 고양시킬 시책을 강구해야 한다.

남자에 대해서는 청년특별연성으로 호응해 왔는데, 4월부터 여자청년연성소가 개설되었다. 지난 2월 10일에 이에 관한 규정이 공포되었지만, 본 조치로 학령 당시 여러 사정으로 국민교육을 받을 기회라는 은혜를 받지 못하여 배우지 못한 것을 후회하며, 실로 배우고자 하는 의욕에 불타는 이미 결혼적령기에 있는 다수의 반도 여성에게 1개년의 단기간으로 필요한 최소한의 교양훈련을 실시한다. 황국여성으로서의 자질향상을 기대하며, 이로써 전시생활의 실천, 생산증강에 이바지할 결의를 촉구하고, 만약 결혼할 때는 올해부터 시행되는 징병제에 따라 새롭게 병적(兵籍)에 들어가 군무 봉공을 끝낸 다음 귀휴(歸休)하여 고향의 모범적인 선배가 될 청년의 좋은 배우자로서, 내조의 노력에 힘써 귀감이 되도록 하였다. 이로써 국민학교 여자취학률이 현저히 낮음을 보완하고, 오늘날의 남녀 청년 간 교양의 차이를 줄여, 반도의 문화, 산업의 진전에 공헌하는 바가 생각건대 적지 않을 것이라 믿어 의심치 않는다. 본 시설이야말로 후방을 철벽같이 바로 세우고, 반도의 생산 전력을 비약적으로 증강하는 열쇠라고 말할 수 있을 것이다. 여자청년연성소는 국민학교에 부설되고, 그 지도는 오로지 여교원의 활동에 기대할 수밖에 없다. 하지만 남자교원이 청년특별연성소에서 힘써 분투하는 것에 못지 않는 노력이 기대된다.

3) 중등학교

(1) 수업연한

신제 중등학교의 수업연한은 본 년도 입학자부터 적용하고 1947년(昭和 22) 3월부터 4년제 졸업자를 배출하도록 하였지만, 그 시행 시기를 앞당겨 실제로 국민학교 초등과 수료 정도를 입학 자격으로 하는 수업연한 5년의 중등학교 제2학년 및 제3학년에 재학하는 생도에게도 각각 1946년(昭和 21) 3월 또는 1945년(昭和 20) 3월에 수업연한 4년으로 졸업할 수 있도록 했다. 이에 따라서 1944년(昭和 19) 3월부터 제4학년 수료자에게도 상급학교 입학 자격을 부여할 수 있게 되었으며, 지난 2월 15일 이러한 관계 칙령이 공포되었다. 관련된 조치가 채택된 까닭은 폭동 시국에 비추어 학생 생도가 국가에 봉공할 시기를 조금이라도 당기기 위해서이며, 징병 적령 이전에 일단 전문교육을 수료할 수 있도록 하기 위해서이다.

(2) 확충, 전환

중학교 및 고등여학교의 입학정원은 1943년(昭和 18)도 입학정원을 초과하지 못하게 하여, 확충을 적극 억제하게 되어 있지만, 아마도 생산력의 비약적 증강을 위해서 기술자양성을 목적으로 하는 공업학교, 농업학교 등 실업교육을 하는 학교의 확충에 대해서는 적극적으로 고려할 필요가 있다. 더욱이 생산증강, 국민동원의 강화, 물자의 결핍 등의 실정에 비추어 중등교육 확충의 방향에서 보통교육보다는 실업교육에 중점을 둔 종래의 방침을 이번에 더욱더 강화하는 것을 기초로 하였다. 공업학교는 현재 공업기술원 양성이 중요한 급무인 점을 고려하여 가능한 한 다음의 조치를 마련하여 확충을 꾀하도록 하였다.

1. 학교 또는 학과의 신설 및 생도 정원의 증가
2. 2부 수업실시로 생도 정원의 증가
3. 야간수업을 실시하는 학교 또는 과정의 신설 증가
4. 방직 가구 칠기(漆器) 공예 등과 같은 학과를 정리하여 긴급한 학과로 전환
5. 남자상업학교의 공업학교로의 전환
6. 공업학교에 준하는 각종학교는 공업학교로 개조
7. 적당한 사업 경영자에게 법인을 설립하게 하여 해당 공장 시설을 이용하는 사립 공업학교의 설치

그리하여 확장 또는 신설을 계획하는 학과는 주로 기계·항공·조선·전기·전기통신·공업화학·토목·건축·채광·야금·금속공업과로 한다. 특히 반도의 지리적 특성, 지하자원, 전력(電力) 자원 등을 고려하고 군수생산에서 반도가 짊어져야 할 사명에 비추어, 학교 소재지의 실정을 감안하여 종래의 설치 를 대신하여 조선·항공·금속공업과를 신설하고, 또한 전기통신에 관한 기술요원의 급무에 대응할 관련 과의 신설을 계획하였다. 항공기과를 설치할 경우

에 그와 밀접한 관련이 있는 기계·전기 또는 목재공예과를 병치시키며, 기타 기존 학과에 대해서도 그 상호 간에 연결되도록 이 기회에 가능한 한 통합 정비를 계획하여 교육효과를 올리고, 동시에 공업교육의 방향에 새로운 지표를 만들도록 힘쓰게 했다.

농업학교(수산학교를 포함)에 대해서는 전시 식량자급 체제 확립의 중요성에 비추어 필요한 한과의 확충 또는 전환을 고려하였고, 동시에 국민학교 초등과 수료 정도를 입학 자격으로 하는 수업연한 3년의 농업학교를 승격시켜 그 수업연한을 4년으로 하며 농업기술자의 자질 향상을 꾀하고자 하였다.

여자 농업학교, 여자 상업학교에 대해서는 전자는 곡창 반도의 사명을 다하기 위해 견실한 농촌 여성의 활동을 점차 필요로 하는 현재 정세에 즉응시키고, 후자는 여자에게 점차 남자를 대신하여 산업 부분을 담당하게 하여 노동 수급의 원활화에 공헌하도록 하였으며, 모두 반도여성의 근로관 확립과 직업 정신(挺身)의 강화를 꾀할 수 있도록 그 증설을 기획하였다.

남자 상업학교에 대해서는 1944년(昭和 19)도에 공업학교, 농업학교, 여자농업학교 또는 여자상업학교로 전환시키고, 전환할 수 없는 곳은 정리 축소하도록 했다. 하지만 전력의 비약적 증강을 꾀하기 위해 기술자의 증강 양성과 함께 생산에 필요한 동원의 강화가 시급하여, 현재의 사업담당자인 자를 동원할 뿐만 아니라 장래 사무담당자의 양성을 감축하여 이를 기술방면으로 전환할 필요가 있기 때문이다. 전환에 대한 유의사항은 다음과 같다.

1. 도시 소재는 가능한 한 공업학교로 전환하며, 이것이 불가능한 경우 여자상업학교로 전환한다. 도시 외 소재는 주변의 상황을 감안하여 농업학교, 여자농업학교 또는 수산학교로 전환하며, 특별한 상황일 경우에만 공업학교로의 전환을 고려한다.
2. 전환에 의한 신설학교는 상업학교에 병설하는 형태로 하며 1944년(昭和 19)에 제1학년 생도를 모집하고, 현재 재학하고 있는 생도는 상업학교 생도로 졸업시킨다. 단 저학년 생도에 대해서는 검정을 한 후 전환할 학교의 해당 학년에 편입하는 것을 인정하며 이 경우 편입하는 생도에 부과해야 할 교과내용은 양쪽의 학칙내용을 참작하여 교육상 지장이 없도록 한다.
3. 상공학교의 상업과는 신설 모집을 중시하고 공업 관련학과의 모집 인원의 증가로 채운다.

4. 공업학교로 전환할 경우에 신설할 학과는 현재 긴요한 학과로서 그 내용은 신설 표준과정에 따라 가능한 한 설비를 충실히 하는 것을 원칙으로 하지만, 필요에 따라 공장, 사업장 또는 기존 공업 관계 학교의 보유 설비 및 교수 능력을 이용할 수 있는 상황에 있는 학교는 그것을 최대한 활용하는 것으로 하며, 이 경우 표준과정에 있는 실업과 과목 중에 주로 해당 공장, 사업장 또는 기존 공업 관련 학교에 있는 설비 및 교수 능력에 관련 있는 과목 및 내용을 선정하여 부과할 수 있다. 예를 들어 공작 기계 관련 공장을 이용할 수 있는 경우에 학과는 기계과로 하며 주로 기계공작, 정밀측정 등 해당 공장의 작업에 직접 관련 있는 사항을, 또 발전소를 이용할 수 있는 경우에는 그 학과를 전기과로 하여 발전 송전 배전에 관한 사항을 주로 하는 교과내용으로 하고, 실습은 공장에서 생산 작업하는 그 자체로 하며, 동시에 근로동원의 사명을 부과하여, 교육과 노동의 일체화를 꾀하여 진실로 행학일체의 실현을 발휘할 것을 기대한다.

　　실습 설비가 없고, 또 다른 시설을 이용할 수 없는 학교에서는 실습시설을 이용할 수 있을 때까지 어쩔 수 없이 제1학년 내지 제2학년에서 기초교과 및 실습을 제외한 실업과 과정을 부과한다. 이 경우에도 제도(製圖)는 그 의의에 비추어 반드시 부과한다. 기존 공업학교의 학과에서도 예를 들어 건축과, 토목과 같이 그 설비를 쉽게 이전할 수 있는 것은 신설 공업학교로 옮기며, 그 결과 생기는 생도 수용 여력은 쉽게 이전할 수 없는 학과 예를 들어 기계과의 생도를 증원하여 모집하는 것을 고려한다.

5. 농업학교로 전환할 경우에 신설할 학과는 토지의 정황에 따라 주로 농업과, 농업토목과, 임업과로 하고, 그 내용은 신제 표준과정에 의거함을 원칙으로 한다. 하지만 특히 농사시험장, 농장 또는 기존 농업학교 등의 현존 설비를 이용하도록 힘을 기울이며, 그 시설 및 교수능력에 관련 있는 과목 및 내용을 선정하여 부과하는 것은 공업학교로 전환한 경우와 동일하다. 해당 토지는 반드시 해마다 농사를 지을 수 있는 옥토(숙전(熟田))이거나 학교의 자작지일 필요는 없으며, 황무지의 개간 또는 부근의 토지를 소작하는 것으로 충족할 수 있음을 고려한다.

6. 여자농업학교 또는 여자상업학교로 전환할 경우에는 당분간 남자 생도와 여자 생도를 구별하여 수용할 수 없을 경우에는 교육상 유감(遺憾)이 없도록 적절한 조치를 강구한다.

7. 공업학교, 농업학교, 여자농업학교 또는 여자상업학교로 전환할 수 없을 경우에는 토지

의 정황에 따라 남자상업학교로 존치할 이유가 희박하거나 사립학교로 경영할 기초가 강고하지 않아 교육효과를 거둘 수 없는 것은 다른 동종 학교로 생도를 수용하는 것을 고려하여 그곳을 폐지하거나 신규모집을 중지하는 등의 방법에 따라 정리 축소한다. 통합 정리를 한 후에 특별 사유에 따라 존치할 필요가 있는 것은 방안을 고려해야 하는데, 남자상업학교는 상업경영실무자를 양성하는 곳과 같이 그 교육내용을 쇄신하여 존치할 필요가 있다. 또한 조선에서는 의무교육제도 실시를 위해, 해마다 늘어나는 국민학교의 남자 졸업생이 향상 진학의 희망을 잃지 않도록 중등학교의 확충이 필요하며 공업학교, 농업학교의 확충과 함께 토지의 정황에 따라서 남자상업학교도 존치시키는 것이 타당하다고 인정할 수 있음을 고려한 까닭이다.

(3) 교육내용

결전 아래 고려해야 하는 것은 행학일체의 본의에 기초하여 중등학교 전반에 걸쳐 교육내용의 쇄신을 꾀하고 정신훈련, 국방훈련, 생산증강, 직업지도를 한층 강화할 필요가 있다. 나아가 근로동원을 강화하여 연간 3분의 1에 해당하는 기간을 동원하기 위하여 교과 교수의 철저를 꾀하고, 중견국민으로서 필수적인 지식 기능의 충실 향상에 힘써야 한다. 3월 15일 학무국장 통첩으로 중등학교 교육에 관한 임시조치요강을 제시하여, 교과 교수일수의 최저한도에 대하여 원칙적으로 아래에 의거하도록 했으며, 필요에 따라 휴무일이나 일요일 등 수업을 실시할 수 없는 날에 수련 또는 교과 수업을 보충할 수 있도록 하였다.

제1학년 204일 (34주)
제2학년 204일 (34주)
비고: 제1학년, 제2학년의 근로동원은 가능한 한 연간 60일 정도로 제한할 것.
제3학년 180일(30주)
제4학년 180일(30주)
제5학년 140일(총 23주)
(실업학교에서는 90일, 15주)

위에 따라서 하고, 남자 중등학교에서는 규율 절제를 중시하여 정신훈련의 철저, 군사과학 및 공작기술의 훈련으로, 여자중등학교에서는 육아보건 및 전시구호의 훈련 강화 및 실업교육의 보강에 중점을 두어, 모든 교과의 중점적인 취급을 강화 철저하게 하고, 교육의 능률화를 도모하였다. 아울러 상급학교 진학자 이외의 남자는 농업·공장·광산 등의 사업장에서 기술자로서, 여자는 여자청년연성소지도원, 국민학교 교원 또는 사무직원으로서, 나아가 각종 사업장에서 남자의 직역을 대신하여 이바지하도록 하여, 학원의 결전태세의 성격을 명료하게 하였다.

교수일수의 최저한도에 대해서 위에 제시한 것은 어디까지나 원칙이며, 2월 25일 각의에서 결정된 결전비상조치요강에 제시된 것과 같이, 앞으로 1년 학도를 상시출동 시킬 수 있는 조직적 태세를 갖추어, 필요에 따라 수시 활발하게 동원을 실시할 수 있도록 하며, 교수일수도 더욱 감축할 필요가 있을 경우도 예상해야 할 것이다. 따라서 교수의 중점적 취급, 교육의 능률화를 철저하게 하며, 하루 한시라도 소홀함이 없도록 공부와 노력하는 것이 긴요하지만, 동시에 장기간에 걸쳐 근로동원을 실시할 때는 학교 이주의 방법도 세우는 등, 교수 및 수련에 대한 주도면밀한 계획을 수립하여 효과를 거둘 수 있도록 고려할 필요가 있다.

(4) 확충·전환에 따른 교원 및 시설에 관한 사항

다음과 같이 설치를 강구하여 교육상 귀감이 되기를 기대한다.

1. 필요한 재교육을 실시한다.
2. 기존 이과교원양성소를 대학에 부설하여 그 수용정원을 증가시킨다.
3. 교원 채용 범위를 확충하여 현역외의 군인 및 전직 군인이나 관료인 자, 기타 학식덕망이 있는 자를 교원으로 채용하는 방도를 강구한다. 동시에 교원 서로 간에 겸무 및 공장이나 시험장의 기술자, 그 외 실무담당자와 널리 협력할 수 있도록 조치한다.
4. 전환에 따라 교원이 초과한 경우에는 여자중등학교의 실업과나 기타 필요한 부분에 충실하게 하는 등, 도(道) 전체에 걸쳐 종합적으로 교원의 배치를 고려하며, 필요하면 조선총독부에서도 이를 주선한다.
5. 교사 및 설비에 필요한 자재(資材)는 현재 상황에 비추어 기대할 수 없는 곳에서는 기존

시설의 활용을 궁구함과 동시에 학교 상호 간은 물론 공장, 시험장 등과 긴밀하게 연계하여 그 설비를 공용으로 이용하도록 한다.

4) 대학, 대학예과 및 전문학교

국가의 요청에 따라 문과계를 축소하고 이과계를 확충시키는 내지의 방책에 순응해야함은 물론이지만, 동시에 반도에서 부여된 생산증강의 사명을 고찰하여, 문과계 교육의 중심을 산업 경영 담당자의 육성에 두고 나아가는 것은 대동아 여러 지역의 건설 공작에 이바지할 인재를 육성하는 것이다. 또한 내지에서 입학정원을 종전의 2분의 1 내지 3분의 1로 대폭 감축한 결과 문과계 대학이나 전문학교를 목표로 하여 내지로 진학하는 것이 상당히 곤란하게 될 것 또한 예상할 수 있어, 그 감축의 정도를 완화하기로 하여, 불과 4분의 1을 감축하는 것에 그쳤다. 이과계는 획기적인 대 확충을 기획하였고, 또 이 기회에 전쟁 국면의 추이에 즉시 응함과 동시에 반도의 군수생산에 주어진 사명을 생각하여 종래에는 설치되지 않았던 조선학과·항공기학과·금속공학과·전기화학과·전기통신과 및 공작기계과 등을 설치하여 반도공업계의 새로운 발전에 공헌할 수 있기를 기대했다.

여자전문학교는 여자청년연성소의 의의에 비추어 지도원양성기관답게 교육내용을 개선 정비하여, 이미 지난 1월부터 새롭게 발족하였다.

5) 근로동원

종래에는 여름 휴가나 그외의 시기에 연간 30일 내지 60일간의 근로봉사를 실시했지만, 오늘날 촌각을 다투며 생산 증강하기 위해서는 학도 역시 싸우는 국민의 일원으로서 긴급한 생산 부분에서 노무요원으로 동원되어야 한다.

즉 학도의 전시 근로동원을 고도로 강화하여 연간 3분의 1에 해당하는 기간을 실시한다. 근로동원에 관해서는 장절을 달리하여 따로 언급하도록 하겠다.

3. 학교 정비의 구체적 조치에 대하여

앞서 언급한 것과 같이 교육에 관한 전시비상조치방책의 구체적 조치에 관해서는 원칙적으로 내지의 조치에 준하면서, 반도 현재의 실정에 맞도록 진중한 연구를 더 하였다. 그 결과 지난 1월 22일 이과계 교육 및 사범교육의 획기적 확충에 관해 발표하였고, 이어서 2월 8일 문과계 전문학교 및 중등학교의 전환 정비에 관해 발표하였다. 여기서 반도(半島) 학원의 전환, 확충은 사립 중등학교 및 각종학교에 관한 조치를 제외하고 거의 전모를 분명히 밝혔다. 그 내용은 다음과 같다.

1) 문과계 대학, 전문학교

〈표 1〉

학교명	조치	조치내용			비고
		신 교명	구 입학정원	신 입학정원	
경성제국대학예과	정원감소		80	60	-
법전	폐지		100	-	교사(校舍)는 경성제국대학 부설 이과교원양성소로 충당, 현재 생도는 고등상업학교의 교사에 수용
고상	전환	경성경제전문학교	150	200	-
보성	폐지		200	-	교사(校舍)는 경성척식경제전문학교로 충당
연희	폐지		150	-	교사(校舍)는 경성공업경제전문학교로 충당
혜화	폐지		100	-	교사(校舍)는 경성제2상공업학교에서 충당, 현재 생도는 보성전문학교로 수용
명륜	폐지		50	-	-
	신설	경성척식경제전문학교	-	200	보성전문유지재단을 중심으로 경영
	신설	경성공업경제전문학교	-	150	연희전문유지재단을 중심으로 경영
계			830	610	220 감소

2.) 이과계 대학, 전문학교

〈표 2〉

학교명	조치	조치내용			비고
		신교명	구 입학정원	신 입학정원	
경성 제국대학	확충		-	-	대학원 제도의 쇄신 이공학부 수탁 연구 시설 설치 예과 정원 증가에 의한 자연 증가
경성 제국대학 예과	확충		갑 80	120	
			을 80	120	
고등 공업학교	확충		방직 15	15	토목공학과, 건축공학과는 경성제2고등공업학교로 이관
			응용화학 23	50	
			토목공학 18	-	
			건축공학 18	-	
			기계공학 30	60	
			전기공학 30	60	
고등 공업학교	신설	경성제2고공		전기화학 40	혜화전문학교 교사를 충당
				전기통신 40	
				공업기계 40	
				토목공학 40	
				건축공학 40	
				기계공학 40	
	신설	평양고공		기계공학 40	대동광업전문학교(평양 제2공업) 교사로 충당
				선박공학 40	
				항공공학 40	
				금속공학 40	

광전	확충		채금 50	60	
			야금 35	40	
			광업기계 15	30	
수원고농	확충		농학 50	55	
			임학 35	40	
			수의축산 30	45	
			농업토양 25	35	
	신설	대구고농		농학 50	대구농림학교 교사의 일부로 충당
				농업화학 50	
부산고수	확충		어로 25	50	원양어업과를 신설하고 어로과 졸업생을 수용함
			제조 25	35	
			양식 10	15	
				원양어업	
경성의전	현상		150	150	
대구의전	확충		70	120	
평양의전	확충		80	120	
욱의전	확충		100	120	
치과의전	확충		120	155	
약전	확충		120	130	
	신설	체신국 소관 무선통신사양성소		150	
계			1234	2275	증가 1041

3) 교원양성에 관한 것

⟨표 3⟩

학교명	조치	조치내용			비고
		신 교명	구 입학정원	신 입학정원	
대구사범	승격			본과 150	
평양사범	승격			본과 150	
경성고공(高工) 부설 이과교원양성소	부설 전환	경성제국대학 부설 이과교원양성소	수학 35	50	
			물화 30	50	
				지리 20	
수원고농(高農) 부설 지리박물교원양성소	부설전환 부설전환	수원고농 부설 박물교원양성소	지리 15	-	
			박물 20	30	
계			100	450	350 증가

4) 중등학교

(1) 신설: 진해중학, 원산공업, 평북용문공업, 보은농업, 거창농업, 선천농업, 경원농업, 연백여자농업, 순안여자농업, 강계여자농업, 대구여자상업, 평양여자상업(12교)
(2) 전환
   가. 직업학교에서 공업학교로 전환한 곳
      경성, 인천, 대전, 전주, 대구, 부산, 해주, 신의주, 삼척, 북청(10교)
   나. 상업학교에서 공업학교로 전환한 곳
      경성, 강경, 군산, 목포, 서천, 회령 (6교)
   다. 상공학교에서 공업학교로 전환한 곳
      진남포 (1교)
   라. 상업학교에서 농업학교로 전환한 곳
      개성, 김천 (2교)

마. 상업학교에서 여자상업학교로 전환한 곳

　　　함흥 (1교)

　바. 여자실업학교에서 여자상업학교로 전환한 곳

　　　경성, 청진 (2교)

(3) 신학기부터 생도 모집을 중지한 곳

　　부산제2상업, 송정직업 (2교)

(4) 상업학교로 존치하는 곳

　　경기, 인천, 덕수, 대구, 부산제일, 마산, 사리원, 평양, 신의주, 강릉, 원산, 청진 (12교)

(5) 농업학교의 수업연한을 연장한 곳

　　영동, 남원, 당진, 밀양, 장연, 서흥, 강계, 덕원, 갑산 (9교)

(6) 수산학교의 수업연한을 연장한 곳

　　용암포(1교)

(7) 학급증가

　　공업학교 학급이 증가한 곳

　　　경성, 부산, 평양제1, 흥남, 청진 (5교)

　　농업학교 학급이 증가한 곳

　　　경성, 수원, 정읍, 이리, 순창, 순천, 안주, 성천, 의주, 영흥, 북청, 길주 (12교)

　위의 결과, 대학예과 및 관공사립전문학교는 문과계와 이과계를 통틀어 교원양성에 관한 것을 포함해, 1944년(昭和 19) 입학정원은 전년도에 비해 1,171명이 증가하였다. 공립중등학교는 직업학교 및 상업학교에서 공업학교로 전환된 학급을 제외하고 남자 30학급, 여자 9학급이 증가함에 따라 입학정원 1,950명이 증가했다. 이외에 현재의 직업학교 전수과를 폐지하고 공업학교에 새로이 전수과 16학급을 증설하였다.

　이러한 대변혁은 우리나라 교학(敎學)의 역사에서 아직 그 전례를 찾아볼 수 없는 것으로, 그 연유에 관해 오카베(岡部) 문부대신의 성명(聲明)을 빌어 보면,

　　1. 대동아전쟁 수행에서의 요청에 따라 정치, 경제, 상업, 문화 등 모든 부분에서 이전에 없

었던 대변혁을 불리일체(不離一體)라는 관련 아래 단행했던 것으로, 본 조치 방책도 이러한 종합적 국내태세 강화방책의 일환으로써 실시된 것이라는 점.

2. 유구한 국운의 발전을 위해 당면한 전쟁 수행력의 증강을 꾀하는데 중점을 둔다는 점.

3. 이번 대전(大戰)의 성격이 과학전(科學戰), 기술전(技術戰)임에 주목해 과학 기술자의 급속한 대량 양성이 요구된다는 점.

4. 생산 전력(戰力)의 비약적 증강을 위해 학도 근로의 적극적이면서 조직적인 동원이 요구되고, 그 생산력화(生産力化)를 꾀한다는 점.

5. 이처럼 국력을 온통 쏟아야 할 대전쟁은 궁극적으로 정신력의 싸움이며 사상전임을 고려해 유형(有形)의 힘뿐 아니라 무형(無形)의 힘을 다해 불패의 태세를 정비해야 한다는 점.

위의 5항목으로 요약될 수 있는 것이다. 이 5항목은 또한 교육에 관한 전시비상조치방책의 근본정신을 이루는 것으로, 따라서 이 조치방책에 제시된 제반 조치 운영의 기준이 되어야 한다. 게다가 학교 교육과 군무동원의 조화라고 하든, 과학기술자의 양성이라고 하든, 학도근로의 생산력화라고 하든, 그 전부가 전력증강이라는 한 가지에 초점이 맞추어져야 불패의 태세 확립을 기대할 수 있다. 즉 "어떻게 하면 당면한 전력을 직접 증강할 수 있을까"가 학원의 교육적 영위의 근본이념이고, 그 실천활동의 전부를 아우르고 있다.

4. 군사교육의 강화

우리나라 교육이 국민개병(國民皆兵)의 취지에 따라 문무일여(文武一如), 병학일체(兵學一體), 군교일치(軍敎一致)를 본체로 해야 함을 고려해, 1925년(大正 14) 종래의 병식훈련(兵式訓練)을 개선해 군사교련을 부과시키고, 반도에서도 1926년(大正 15)부터 실시해 현역장교를 학교에 배속하도록 하였다. 그런데 군사교련 실시의 결과는 학생 생도의 규율 훈련, 행동거지, 태도에서 종래의 소위 훈육으로는 달성할 수 없는 효과를 나타내었고, 그 후 해마다 강화에 힘을 기울이게 되어 현역장교 배속학교의 증가와 교련과정의 쇄신강화를 더 해왔다. 아마도 구태(舊態)에 얽매이지 않으면서도, 동시에 명령계통을 달리하는 육군현역장교의 과감한 지도가 이런 효과를 내었다고 생각한다.

그러나 학교에서는 이러한 훈련의 성과를 충분히 인식하면서도 그 반면에, 교련은 배속장교의 임무이고 교수 및 일반훈육은 학교직원의 담당이라고 하여 양자 사이의 통합, 일관성이 부족한 정황을 일반적으로 드러내고 있다. 그런데 최근, 특히 대동아전쟁 발발은 군(軍) 요원의 확장을 촉구해 학도는 졸업하는 날에 거의 전원이 군사에 관한 일에 종사하게 되었고, 또 재학 중이라도 각종 군(軍)관계 학교로의 입학이 활발해졌으며, 특히 군대 또는 군 관계 학교의 교육기간이 현저히 단축되었다. 그 결과 학교 교련에 대한 기대 요망은 급속히 가중되어, 종래의 교련이 단지 "학생 생도의 심신을 훈련하고 국체적 관념을 함양함으로써 중견 국민으로서의 자질을 향상함과 동시에 국방능력을 증진"하는 것을 목적으로 하여 훈육의 강화 철저를 도모하는 정도의 수준으로는 매우 불충분하기에 이르렀다. 이에 1942년(昭和 17) 5월 교련교수요목(敎鍊敎授要目)을 개정했고, 여기서 학교교련의 목적은 "학도에게 군사적 기초훈련을 실시하고 지극한 정성으로 충성을 다하는(至誠盡忠) 정신의 배양을 근본으로 하여 심신일체의 실천 단련을 행함으로써 그 자질을 향상하고 국방능력의 증진에 이바지"하는데 있음을 명료히 했다.

전쟁 시국의 추이는 이미 1억 총동원 태세의 완비를 요청하였고, 학도도 역시 국가 총력전에 스스로 나아가 투철히 싸워야 하는 유사시 즉시대응태세를 확립함과 동시에 근로동원을 강화하기 위해 학도전시동원체제확립요강을 책정하여 작년 7월 22일 정무총감 통첩으로 시달했다. 여기서 유사시 즉시대응태세의 확립에 관해서는 학교교련을 더욱 강화하여 학도가 장래 군무에 대비하여 국방능력을 증강하도록 함과 동시에 필요에 따라서는 직접 국토방위에 전면적으로 협력하도록 하였다. 특히 전쟁 기법훈련의 철저, 항공 해양 마차 통신 등의 특기훈련(特技訓練)의 실시, 방공훈련의 철저에 힘을 기울이도록 했다. 물론 그 명칭이 가리키는 것처럼 학도 전시동원체제이고 전쟁 시국의 요청에 따르는 것이기는 하지만, 이렇게 점차 교육으로 병학일체(兵學一體), 군교일치(軍敎一致)의 황국교학(皇國敎學)이라는 참된 모습에 가까이 다가갈 수 있도록 했다.

결전(決戰)의 양상은 점점 가열되고 처참해짐에 따라 앞서 언급한 바와 같이 징집유예 제도가 정지되어, 법문과 계통의 학도는 곧바로 총을 쥐고 제1선에 봉공(奉公)했으며, 이공과 계통의 학도는 잠깐 입영을 연기토록 하여 후일 군(軍)요원이 될 날의 자질 향상에 힘을 기울이게 되었다. 중등학교 생도도 역시 육군 소속의 육해공군 관계 제 학교에 지원하는 상황을 보여, 학원은 확실히 예비사관학교, 군무예비훈련소의 성격을 발휘하도록 조치할 필요가 있었다. 이에 문부성은 2월 4일 학도 군사교육 강화요강을 정하고, 일반교육의 교육내용에 군사적 교재, 특히 군인에게 내리는 칙유를 비롯해 군인에게 필요한 정신적 요소의 주입을 한층 강화했다. 교련, 특별훈련, 근로동원 등으로 군사능력 강화 향상을 꾀하여, 교련 내용은 국민학교부터 대학까지 일관된 군사교육체계를 정비 확충하고, 특히 항공, 기갑의 특별훈련을 강화했다. 또 대학 전문학교의 학도에게 군사학, 병기학(兵器學), 군대 의학 등의 군사 교수를 실시하도록 했다. 이를 위해 교련에 충당하는 시간으로 중등학교는 현재 정도로 해도, 대학 전문학교는 이공과 계통은 50% 정도 이상을, 법문과 계통은 10% 정도 이상을 증가하는 것으로 했다. 반도(半島)에서도 위와 같은 조치가 이루어질 예정으로 현재 그 실시를 위한 준비에 힘을 기울이고 있는데, 이러한 조치는 당연히 전쟁 시국의 양상에 따라 추진되는 것이라는 점은 당연하다. 황국교학의 본지를 분명히 하고 그 참된 모습을 구현하는 원인이 되어, 학원이 소위 유한 문화인(遊閑 文化人) 육성의 장소라는 모습에서 탈피해, 강건한 발전을 멈추지 않는 일본문화 창조의 산실이 되도록 하는 것이며, 참된 일본인을 만드는 도장이 되도록 해야 한다.

군사교육의 강화는 교육자는 물론 학부형, 일반인들도 모두 올바르게 이러한 본질적 관점에서 이해하며, 당면한 것이나 비근한 것만을 해결하는 것은 엄히 경계해야 하는 바이다.

5. 근로동원에 대하여

　학도의 근로 동원에 대해 연혁적으로 보면, 교육의 명목상 방침은 아무튼 현실에서 자유주의사상에 빠져 학습조직이 개인의 능력의 발전과 개인의 학습에 중점을 두어 개인의식을 강화하며 나아가 편지주의(偏知主義)로 빠져 비판력만 왕성하고 실천력이 부족한 자를 육성하는 것으로 끝나는 폐해를 바로잡고, 시대에 맞게 교육의 실효를 거둘 목적으로 1938년(昭和 13) 내지(內地)에 준해 반도에서도 처음으로 실시되었다. 당시의 취지는 "집단적 근로작업 운동은 실천적 정신교육의 구체적 실시로, 학생 생도가 근로 작업의 체험을 통해 단체적 훈련을 쌓도록 함으로써 심신을 단련하고 국민적 성격을 연성하는 데 있다"라고 했듯이, 실천적 정신교육의 구체적 실시가 그 성격이었다. 이후 팽배한 시대정신에 따라 교육은 유신건학(維新建學) 정신으로 돌아가 전면적으로 그 양태를 고치는 시기에 직면하였고, 지나사변(支那事變)이 장기화 양상이 현저하여 군수물자 식량 기타 증산이 매우 중요하게 되었다. 이에 따라 근로작업은 점차 강화되었고, 특히 1941년(昭和 16) 6월 학무국장 통첩으로 근로보국대활동 강화요강이 제시되기에 이르렀다. 종래 하계 또는 동계의 휴업 기간 중 약 일주일 정도로 실시했던 근로작업이, 연간 30일 한도 이내에서 수업을 폐지하고 근로작업으로 대체하는 것을 인정함과 동시에 수시로 출동해 증산에 협력하도록 하여 획기적으로 강화되었다. 요컨대 그 취지는 역시 근로작업에 따른 실천적 정신교육에 있었고 훈련의 효과를 제1의적인 것으로 하여, 근로의 성과인 생산에 대해서는 그것을 깊이 묻지 않는 정도였다. 원래 진정한 근로는 증산의 성과를 올리고, 증산은 근로의 의의를 명확하게 학생들에게 인식시킴으로써 교육적 효과를 거두는 양자일여(兩者一如)여야 하지만, 실제로 반드시 그러한 성과를 거두었다고 말할 수는 없는 상태였다. 그런데 국가의 성쇠를 건 대동아전쟁의 발발은, 특히 그 전국(戰局)의 양상은 국민총력의 결집 발휘를 요청하여 학도 역시 그 열렬한 정성, 왕성한 연구심, 강인한 체력을 바쳐 총력전에 솔선하여 참가하도록 1943년(昭和 18) 7월 정무총감 통첩으로 학도전시동원체제확립요강이 정해졌다. 이에 학도의 근로동원은 획기적으로 강화되기에 이르렀고, 동시에 국가의 요청에 부응해 그 성격도 또한 봉사적 근로작업에서 근로동원으로 변화되었다.

학도 전시동원체제 확립 요강

1. 방침

대동아전쟁의 현 단계에 대처하고 가장 긴급한 국가의 요청에 부응하기 위해 교육연성 내용의 일환으로 학도 전시동원체제를 확립하여 학도가 유사시에 즉시 대응하는 태세를 갖춤과 동시에 근로동원을 강화해 학도가 충성을 다하는 지극한 정성을 발휘하도록 하여 그 총력을 전력 증강에 결집시키도록 한다.

2. 요령

각종의 훈련 및 작업에 관해서는 학교 종별로 교과교수, 수련 등의 요목이나 요강에 규정된 것을 기준으로 하여 그 목적을 명확하게 분별하고, 본 요강의 방침에 부응하여 확실한 성과를 높이 거두도록 시일에 맞게 배분 또는 증가하도록 한다.

1) 유사시 즉시대응 태세의 확립

학교 교련을 더욱 철저히 강화해 학도가 장래 군사에 관한 사무에 대비하여 국방능력의 증강을 도모함과 동시에 필요에 따라서는 직접 국토방위에 전면적으로 협력하도록 한다. 이를 위해서 대체로 다음 각항의 방도를 강구한다.

(1) 학교총력대(學校總力隊)의 조직을 즉시 국토방위에 유효하게 동원할 수 있도록 강화할 것.

(2) 학도 일반에 걸쳐 전시학도체육훈련실시요강 [1943년(昭和 18) 4월 학무국장 통첩]에 따라 체육 훈련을 강화한다. 특히 대학, 고등, 전문학교, 중등학교 제3학년 수준 이상의 남자 학도에게는 전술훈련(戰技訓練)을 철저히 할 것.

(3) 전항 후반 단락의 학도에게 항공, 해양, 기갑, 마차, 통신 등의 특기훈련 강화를 도모하기 위해 학도의 적성 등록 제도를 확립하여 본인의 적성에 따라 특기훈련을 실시할 것.

(4) 기본훈련 종목, 전술훈련 종목 및 특기훈련종목에 관해 중등학교부터 대학까지의

교육과정을 종합적으로, 그리고 각 학교의 단계에 적합하도록 제정하여 훈련의 적정함과 철저함을 도모할 것.

(5) 학도 전원의 방공훈련을 철저히 함과 동시에 학도총력대 방공경비보조원 근무요강[1942년(昭和 17) 5월 방비(防秘) 제417호 학무국장 경무국장 통첩]에 따라 방공경비보조원으로서의 훈련을 강화할 것.

(6) 중등학교 이상의 여자 학도에 대해 간호 기타 보건위생에 관한 훈련을 강화하고, 필요할 때 전시구호에 종사하도록 하며, 이를 위해 필요한 시설을 정비한다. 이에 관한 과정은 교과교수요목 등에 규정한 것에 따르고 그 외에 여자중등학교구호법 지도요항[1942년(昭和 17) 8월 학무국장 통첩]에 따를 것.

2) 근로동원의 강화

근로동원은 학도가 스스로 나아가 국가의 긴급한 업무에 종사하도록 그 심신 연성을 완전히 하는 것으로, 그에 관해서는 1938년(昭和 13) 6월 이후 여러 번의 통첩, 특히 1941년(昭和 16) 6월 학무국장 통첩 근로보국대활동 강화요강에 따르도록 했고, 그 외에 다음 각항에 따라 식량증산, 국방시설, 긴급물자 생산, 수송력 증강 등에 중점을 두어 더욱 적극적이고 강력히 할 것을 도모함.

(1) 근로동원은 국민동원의 요청에 부응해 학교의 종류 정도에 맞는 작업 종목의 적절한 선택으로 작업 효율의 향상, 작업량의 증가를 도모할 것.

(2) 근로동원의 기간은 학교의 종류 정도, 작업 종목을 감안해 국가의 요청에 부응할 것.

(3) 작업과 학교 사이의 임시적이면서 분산적인 관계를 개선하여 가능하면 상시적이면서 집중적으로 할 것.

(4) 학도에게 근로작업의 대상이 되는 사업의 성질을 충분히 이해시킴과 동시에, 그 사업의 관리자에게 학도 근로작업의 의의를 철저히 인식시켜, 학교당사자와 사업관리자의 긴밀한 연계로 작업장에서 학도의 취급을 한층 더 적절하게 할 것.

(5) 학도동원 인원이 다수이고 기간이 매우 장기간에 걸친 경우에는 학교 이주라는 방식으로 실시하도록 할 것.

(6) 학도의 양호(養護)에 한층 더 주도면밀한 주의를 기울여 작업의 종류 및 성질에 맞게 학도를 배치하고 작업으로 인한 부상 기타 사고 예방 구호에 유감이 없도록 할 것.
(7) 식량증산작업에 대해서는 1943년(昭和 18) 3월 학 제45호 학무국장 농림국장 통첩 식량증산에 국민학교와 기타의 적극적 참가에 관한 건에 따라 실시를 강화한다. 특히 다음과 같은 각 항의 방도를 강구 할 것.
　(가) 기존의 학교부속농원 또는 실습지는 물론, 새롭게 경작에 이용할 수 있는 기타의 학교용지 및 개간 매립이 가능한 모든 공지(空地)를 활용할 것.
　(나) 작물의 종류는 지방이나 계절에 맞아야 함과 동시에 가장 많이 요망하는 것을 선택하며, 더불어 식량과 그 외 전시국책적인 것도 고려할 것.
　(다) 수확물의 운반, 해충구제, 제초, 풋거름(綠肥), 풀베기(刈草) 등에 관해서는 학교의 종류 수준 소재지 등을 감안하여 특정 학교가 가급적 일정 지역의 작업을 담당하도록 함으로써 학교와 작업지역의 긴밀함을 도모할 것.
　(라) 규모가 큰 작업은 1교 또는 여러 학교를 특정하여 가능한 한 일관된 작업을 목표로 하여 그 완성을 위해 노력할 것.
(8) 각종 공장 사업장의 응원 협력 작업은 특히 다음의 각 항목을 고려해 그 실효를 거두도록 할 것.
　(가) 학교의 종류나 정도, 그리고 지역의 정황을 감안해 적당한 계획을 세운 경우는 일년내내 상시로 순환하며 계획적으로 일정 요원을 출동시킬 것.
　(나) 학도의 전문 기능을 가능한 한 활용할 것.
　(다) 학교 실습장 등에서도 공장과 밀접히 연계하여 그 위탁 작업에 종사시킬 것.
(9) 여자의 경우는 앞의 각 항목에 따르는 것 이외에, 특히 중등학교 이상의 학교는 공장지역, 농촌 등의 필요에 따라 쉽고 간단한, 혹은 계절적으로 유치원, 보육소 및 공동 취사장을 설치하거나 다른 데서 경영하는 이런 종류의 시설에서 보육 등에 종사토록 할 것.

학도전시동원체제확립요강은 위와 같고, 방침에 나타난 바와 같이 국가의 유구한 발전을 분명히 하고, 학도의 장래 사명에 비추어 교육연성 내용의 일환으로 실시된 것이다.

이와 완전히 관련하여 전쟁 시국이라는 단계에 부응해 학도는 국방요원 또는 생산요원으로 동원되는 것이다. 만일 교육연성 내용의 일환으로 실시하는 것이라는 자구(字句)만을 파악해, 관념적 추상적 교육관에 구애되거나 봉사적 근로작업관을 벗어나지 못하여 학도가 국방요원으로서의 방위책임을, 또는 생산요원으로서의 생산책임을 다하지 못하는 일이 있게 된다면, 오해라도 너무 심각한 오해라고 말하지 않을 수 없다. 확실히 근로로 현실에서 직접 증산의 성과를 얻을 수 있을 때야말로 마음에서 우러나오는 감격과 희열을 충분히 체득하고, 더 나아가 임무를 달성한 국민으로서의 자각이 더욱 깊어질 것이기 때문이다.

결전의 양상은 학도의 군무동원에 조응하여 더욱 근로동원의 강화를 요청하였고, 2월 26일 정부는 학도동원체제의 철저를 제1항으로 하여 15항에 걸친 결전비상조치 요강을 결정 발표하였다. 학도동원체제의 철저를 위해 다음과 같은 조치가 강구되었다.

1. 원칙적으로 중등학교 정도 이상의 학생 생도는 모두, 이후 1년 상시로 근로와 기타 비상임무에 출동시킬 수 있는 조직적 태세 아래 두고, 필요에 따라 수시로 활발한 동원을 실시한다.
2. 이과계 학생은 그 전문성에 따라 대략 군관계 공장, 병원 등의 직장에 배치하여 근로에 종사시킨다.
3. 학교 교사(校舍)는 필요에 따라 군수공장화하거나 군용, 비상 창고용, 비상 병원용, 피난 주택용, 기타 긴급한 용도로 전용한다.

이와 같은 내용에 근거해 3월 7일 결전비상조치요강에 따른 학도동원 실시요강이 정해졌다.

1. 학교의 종류나 정도에 따라 동원의 방향을 정하고, 또 대학, 전문학교 학도에게는 전공학과를 활용하는 의도를 명확히 할 것.
2. 요일을 변경해 일요일에도 수업할 수 있도록 법령적 조치를 강구할 것.
3. 여자 동원의 경우는 가급적 학교의 공장화로 근로의 효과를 발휘토록 할 것.

4. 근로종사 중에는 학도의 식량, 기타 물자의 배급할 것.

이와 같은 실시요강이 발표되었는데, 곧 제2차 학도출진(學徒出陣)이라 할 수 있다. 학도다운 불타는 의지와 역량을 다해 국가 운명을 양어깨에 짊어지고 기개를 발휘할 것이 기대되고 있다. 조선총독부에서도 내지의 조치에 준하여 학도근로동원의 적극적이고 조직적이면서 구체적인 계획에 관해 지금 착착 연구 준비가 진행되고 있다. 그리고 조선총독부에 학도근로동원 본부를, 각 도(道)에 도(道)본부를 두어 전체적 조정, 동원 배치 및 지도 임무를 담당하게 하고, 동시에 받아들이는 측과 항상 긴밀한 연락을 유지해 동원의 적정함, 받아들이는 태세의 안내에 힘씀으로써 근로동원의 성과를 높이 올리도록 하였다. 근로동원의 방향이나 내용에 대해서는 근로 종목을 중점적으로 명료하게 하여, 식량 증산, 국방시설의 건설, 긴급 물자증산, 수송력 증강 등 전력(戰力)의 급속한 증강과 중대한 관련이 있는 작업에 종사하도록 하였다. 또한 동원을 상시적이면서 중점적으로 하여 근로 효율을 올려 증산을 적극적으로 하고, 아울러 학도의 기술적 수련과 습숙을 할 수 있도록 하였다. 특히 식량증산에 관해서는 작년 각 도(道)의 학무과장 시학 회의에서 지시하였는데,

국민학교 아동 1인당 10평
여자중등학교 생도 1인당 20평
남자중등학교 생도 1인당 30평

의 표준에 따라 미개간지나 황무지의 개간, 교지와 운동장의 경지화 등을 철저히 도모하여 적극적 증산을 꾀하도록 하는 등이 주로 구상되었다.

결언

이상은 3월 상순까지의 교육에 관한 전시비상조치의 대강인데, 전쟁 시국의 추이에 따라 더욱 강화할 필요도 있었다. 경우에 따라서 학원을 폐쇄해 학도 모두가 전력(戰力)의 급속한 증강을 위해 군사 관련 사무에, 혹은 생산에 필요한 사무에 임해야 할지도 모른다. 상대 적국인 미국과 영국은 이미 이러한 조치를 취하고 있다고 들었는데, 우리들은 제1선 장병 여러분의 용전감투(勇戰敢鬪)로 보호받으며 학업을 지속할 수 있다. "한 알의 총알이라도 많이, 한 대의 비행기라도 많이"라는 전선으로부터의 비통한 요구를 충족시키는 것이야말로 우리들이 가장 먼저 해야 하는 일이다. 결전에 대처하여 행학일체(行學一體)의 본의를 분명히 구현한 교육에 관한 전시비상조치도 역시 여기에 연결되는 것임을 명심해야 한다. 순수하고 총명한 학도는 이미 이러한 각오가 되어 있다고 느껴진다. 교육의 임무를 담당하는 자는 과연 매일매일 이런 결전의 참모습을 잘 나타내고 있는가. 국가성쇠의 갈림길인 이 가을, 우리는 모두 시시각각 온 힘을 기울여 황국의 영원한 번영에 동참해야 할 뿐이다.

(필자, 조선총독부 시학관)

V

학생운동, 기독교 선교계 학교에 대한 대응

<자료 44> 騷擾と學校(朝鮮總督府 學務局, 1921.1)

소요와 학교

1921년(大正 10) 1월

조선총독부 학무국

목차

1. 1919년(大正 8) 3월 조선인 학생 소요의 전말
   1) 소요 발발의 유래
   2) 학생이 소요에 관련된 이유
   3) 소요 이전 본부의 조치
   4) 사건의 경과 및 참가 학교 상황
   5) 소요에 대한 본부의 조치
   부록) 재내지 조선인 학생의 소요

2. 소요 이후 최근 학교 생도 상황
   1) 1919년(大正 8) 천장절(天長節) 축일 전후 학교 생도의 불온 상황
   2) 소요 발발 1주년 전후 학생 생도의 상황
   3) 올해 봄 이후 학교 생도의 동정

1. 1919년(大正 8) 3월 조선인 학생 소요의 전말

1) 소요 발발의 유래

소요사건 발발의 근본 원인은 전적으로 강화회의 때에 제창되었던 민족자결주의의 사상에 의한 것이 분명하고, 소요 주모자가 발표한 선언서를 보면 무엇보다도 그 점을 기록하지 않은 것이 없다. 경성에서 독립선언서(천도교 교주 손병희 등 33명)에 "우리들은 이에 우리 조선이 독립국이라는 것과 조선인이 자유민이라는 것을 선언하고 이로써 세계만방에 고한다. … 민족이 영구히 일체로 자유발전을 위해 이를 주장하여 인류적 양심의 발로에 기인하는 세계 개조의 대기운에 순응병진(順應竝進)하기 위해 이를 제창하는 것이다"라고 적고 있으며, 도쿄(東京) 유학생의 선언서에도 "2천만 민족을 대표하여 정의와 자유의 승리를 얻게 될 세계 만국 앞에서 독립을 반드시 성취하겠다는 맹세를 선언한다 운운"이라고 한 것을 보아도 충분히 알 수 있다. 이렇게 일단 소요가 발발하자 주모자 등은 더욱 자기의 주장에 편리한 여러 종류의 사실을 선동의 도구로 제공했다. 이로 인해 민중은 부화뇌동하고 거짓 정보는 유포되었으며 해명은 점점 더 오해를 만들어, 결국 소요는 조선 전체에 퍼졌고 학교 생도도 그 와중에 놓였다. 처음 경성 사립보성고등보통학교(천도교 관계자가 설립한 학교) 교장 최린은 천도교도라는 관계상 같은 학교의 권동진(權東鎭), 오세창(吳世昌)과 1918년(大正 7) 12월 하순 이후 담합하였다. 그 후 최린은 예수교도로서 사상이 견고하고 문필에 능해 청년 학생 사이에서 가장 신망있는 최남선과 교섭했고, 최남선은 예수교도 가운데 유력자인 평안북도 정주군의 오산학교 설립자인 이승훈과 경성에서 회견하고 담합했다. 이승훈은 선천사경회(宣川査經會)에서 거기에 참석한 정주군, 의주군, 선천군의 포교자에게 말했다. 다음으로 평양으로 가서 예수교의 우두머리인 유력자와 공모했으며, 다시 경성으로 와서 종로중앙기독교청년회 간사, 사립협성학교 교사, 서북학회 간사를 비롯해 청년 학생 사이에서 유력한 박희도에게 설교했는데, 박희도는 예수교를 중심으로 한 청년 학생의 단체가 운동을 개시해야 한다는 결정이므로 응하기 어렵다고 말했다. 이에 두 파의 합동 회담이 돌연 이루어졌고, 사립연희전문학교 생도 김원벽 및 사립보성전문학교 생도 강기덕과 의논한 다음 이승훈은 합동 담화에 찬성했고, 또 이승훈 및 박희도는 경성세브란스병원 사무원 함태영 및 이갑성의 찬동을 얻었다. 나아가 각 교사, 목사, 서기 등에게 연락을 취하여 지방선동의 준비를 정하고, 역시 최린은 불교도를 움직이려 했고 경성 거주의 30본산경영 중앙학림 교사인 백담사의 승려 한용운을 설득했다. 이리하여 박희도는 사립연희전문학교 생도 김원벽과 공모하여, 마침내 학생단체 권유에 착수하기 위해 유력한 학생을 초대하여 회합을 하였다.

경성여자학원 생도로서 황해도 장연군 출신의 김마리아는 2월 17일 조선으로 돌아와 광주, 춘천을 거쳐 경성으로 와서 동경여의학교 생도인 평안 출신의 황애시덕과 회합한 후, 사립이화학당에 이르러 이화학당 교사 박인덕, 신준려, 김활란 등과 회합해 여자단 조직의 합의를 이루었다.

그 결과 각자 분담하여 남자 측의 주모자 박희도, 김창준 등과 제휴해 경성 및 지방의 여자학교를 선동하였다. 또 별도로 상해의 선우혁이 2월 초순 평안북도 선천에 와서 양전백, 이승훈과 이야기를 계속했고, 평양으로 가 길선주, 강규표, 안세강, 변린서, 이덕환, 김동원, 도인권, 김성택, 윤원삼 및 윤성운 등에게 상해의 상황을 말했다. 이때 조선인이 일본 치하에 있는 것에 불복한다는 의지를 세계에 표명하지 않을 수 없다고 주장했고, 또 파리 파견 대표자의 운동 비용 및 도움을 요구했다. 이에 평양에서는 숭실, 숭덕, 숭의, 숭현의 각 사립학교 및 관립고등보통학교 생도가 시위운동을 일으키기로 정하고, 다음 역할에 따라 선동에 착수하였다.

학교 교사 측은 사립숭덕학교 교사인 함석원, 곽권응, 황찬영, 김제현이 생도 측은 숭실대학 생도 이보식, 박형룡 등이 그리고 상해 거주의 장덕수(황해도 재령)는 와세다 졸업 후인 1918년(大正 7) 5월 이 지역으로 온 것이다. 1919년(大正 8) 1월 16~17일경에 상해 거주 불령선인(不逞鮮人)의 수장인 신견(申樫)의 뜻을 받들어 도쿄 및 경성의 운동 상황을 전하기 위해 파견되어, 1월 27, 28일경 상해를 출발해 2월 2일경 도쿄에 도착해 용무를 본 다음 2월 22일경 경성으로 돌아왔다.

2) 학생이 소요에 관련된 이유

학생이 소요에 관련된 이유를 종합하면 다음과 같다.

1. 평화회의에 조선민족대표자를 파견하는 것으로 조선의 독립을 인정받을 수 있다고 믿는 자 많았음.

2. 민족자결주의에 따라, 조선의 독립에 대해 윌슨 대통령 및 일반 미국인이 충분히 노력해 줄 것이라 믿는 자가 많았음.

3. 이러한 사정으로 차제에 조선민족독립을 희망한다고 표명할 필요가 있음과 동시에 파리 파견 대표자에게 성원을 보낼 필요가 있다고 믿는 자 적지 않았음.

4. 이와 같이 사상적으로 독립운동의 필요를 역설하거나 이 운동 참가를 협박하여, 이 운동에 참여하지 않는 자는 조선인이 아니며, 볼 면목이 없어 결국 훗날 설 자리를 잃어버릴 것이라고 믿는 자 많았고, 따라서 사리를 분별하는 자도 본 운동에 대한 일체의 오해를 바로잡으려 하지 않음.

5. 학생 중에는 조선독립 선언으로 조선이 독립할 것이라 믿고 이 운동에 참여한 자 있고, 또 어떤 이해도 없이 부화뇌동한 자 역시 적지 않았음.

6. 학생 중에는 총독부 시설에 대해 불평을 가져 미래의 광명을 믿지 않고 비관하는 자 있으며, 정치 및 내지인에 악감정을 가진 자도 있음.

7. 국정(國情)을 달리하는 외국 선교사 등의 사상언동(고의가 아니더라도)이 일부 학생 사이에 영향을 준 것도 있음.

8. 위의 원인에 덧붙여 내지의 최근 사상 경향에 감염되거나 학생의 보통선거, 조선유학생독립선언, 기타 각종 시위운동을 들어서 알게 된 것 등으로 학생의 사상이 동요하고 있음.

9. 일반적으로 조선의 독립을 희망한 것이 본 사건 발발의 최대 원인으로, 조선독립의 문제에 한해서는 독립을 막아야 할 지위에 있는 제국 관헌의 이야기나 교관의 훈계는 모두 믿지 않아, 쉽게 그 오해를 풀 수 없었으므로 다수의 참가를 방지할 수 없었던 이유도 있음.

3) 소요 이전 본부의 조치

조선총독부는 도쿄의 조선유학생이 독립운동을 시작하자 조만간 조선에서도 무슨 일이 일어날 것이라고 예상하여 주의를 게을리하지 않았다. 내지에서 유학하는 학생이 점차 조선으로 돌아가기 시작하였고, 또 서한을 빈번하게 왕래함에 이르러서는 단속을 엄중히 하기 위해, 특히 교육당국자와 경무 관헌 사이의 연락을 밀접히 하였고, 일반학교(주로 중등 정도 이상)에는 경거망동을 하지 않도록 타일렀다. 단 단속의 필요에서 관공사립 중등 정도 이상의 학교 재적 생도 및 도쿄 유학생으로 경성부(京城府) 거주 졸업생의 주소 명부를 작성해 경무관헌에게 송부하였다. 2월 28일 위험인물이라고 인정된 학생을 3월 2일 아침 일찍 검거할 것을 경무관헌과 협의하였고, 또 기타 학생의 이태왕 국장(國葬) 참례에 관해서도 단속 방법을 협의하였다.

4) 사건의 경과 및 참가 학교의 상황

3월 1일 천도교주 손병희 등 33명이 조선독립을 선언하자, 전부터 학생 사이에서 시위운동 실행 연맹을 맺어, 경성 및 평양에서는 일반 시위운동자와 어깨를 나란히 하였고, 조선인 관공사립 중등 이상의 여러 학교 생도 대다수는 일제히 일어나 운동을 개시하였다. 이후 학교를 중심으로 하는 단체 혹은 일반 군중이 한데 섞여 독립시위의 소요를 일으켜 조선 전체로 파급되기에 이르렀다. 소요 초기의 참여는 중등 정도 이상의 학교 생도가 주였지만, 점차 초등학교 생도에까지 이르렀다.

불령선인(不逞鮮人) 등은 아직 지조가 견고하지 않은 학생 생도를 선동하여 소요의 와중으로 끌어들이려 했고, 특히 조선총독부 직할학교는 불령선인 등이 가장 주목하는 곳이 되었다. 이들 재학 청년 학생을 시위운동의 중견으로 하고, 더 나아가 다른 사람을 선동함으로써 정부 시설의 교란을 도모하였다. 그 때문에 다수의 학생은 독립이라는 미명에 현혹되어 학교의 극진하고 간절한 주의와 경고에는 귀를 기울이지 않았다. 생도는 학교 교육과 독립운동이 완전히 별개의 문제이며, 생도가 이 운동에 참여하는 것이 조선민족으로서 당연한 의무라고 오해하였고, 생도의 다수가 시위운동에 가담하기에 이르렀다. 이에 조선총독부 직할 전문학교 4개교는 3월 4일부터 5일 사이에, 또 고등보통학교 4개교, 여자고등보통학교 2개교도 3월 4일부터 3월 10일 사이에 일시적으로 수업을 중지하기에 이르렀다. 이 상황은 다음과 같다.

⟨표 1⟩ 관립학교 수업 중지 및 수업 재개 현황

학교명	수업 중지 일자	수업 개시 일자	비고
경성전수학교	3월 5일		
경성의학전문학교	3월 5일	내지인 생도에 이끌려 적은 수이나 통학자 있음	내지인 생도는 수업 계속
경성공업전문학교	3월 5일	내지인 생도에 이끌려 적은 수이나 통학자 있음	내지인 생도는 수업 계속
수원농림전문학교	3월 4일	내지인 생도에 이끌려 적은 수이나 통학자 있음	내지인 생도는 수업 계속
경성고등보통학교	3월 5일	6월 1일	부속보통학교 및 교원양성소 (내지인)는 수업 계속
평양고등보통학교	3월 5일	3월 10일	사범과는 수업 계속
대구고등보통학교	3월 10일	3월 25일	부속보통학교는 3월 10일 사범과는 4월 28일부터 수업 개시
함흥고등보통학교	3월 4일	5월 2일	
경성여자고등보통학교	3월 5일	5월 1일	
평양여자고등보통학교	3월 4일	3월 7일	

공사립학교 상황은 지방에 따라 다른데, 일반 사람이 한데 모여 일어난 소요임에도 불구하고, 적절한 조치를 취하여 생도의 소요를 피했던 곳은 공립학교 70개교, 사립학교 3개교였다. 이 외에 생도가 소요에 참여했어도 수업을 계속하는 곳, 소요 때문에 수업을 중단한 곳은 다음 표와 같다. 그리고 기타 다수의 적당한 임시 조치를 하여 가능한 한 소요의 영향이 적도록 하였다.

⟨표 2⟩ 소요와 수업 중지 현황

	공립학교	사립학교
수업 중지 기타 적절한 방법을 택해 소요를 피한 학교	70	3
생도가 소요에 참여했어도 수업을 계속한 학교	63	20
생도 다수가 소요에 참여하여 수업을 중단한 학교	11	48

학교 교원으로 생도의 소요를 선동하거나 혹은 소요에 참여한 자는 공립학교 교원 24명, 사립학교 교원 126명, 총 510명(관립학교 교사 가운데는 소요 참여자 없음)으로 가장 유감이다. 이들에 대해서는 곧바로 그에 상당하는 처분을 내리는 것은 물론, 이와 같은 불온한 행동을 방지하기 위해 스스로 근신하도록 하였다. 또 이번 소요에서 학교 교사(校舍)의 피해는 공립학교 소실(燒失) 1개교, 파괴 2개교로서, 다른 행정 관서에 비해 아주 적다.

〈표 3〉 소요 참가 학교 직원 조사

도명	공립학교					사립학교				합계
	교유	훈도	부훈도	촉탁교원	소계	설립자	교장	교원	소계	
경기도		1			1	2	4	14	20	21
충청북도										
충청남도		1			1			4	4	5
전라북도		1	2		3			12	12	15
전라남도		2		1	3					3
경상북도				1	1		1	8	9	10
경상남도		1	1		2			15	15	17
황해도							4	8	12	12
평안남도		3	3		6	1	1	8	10	16
평안북도	1	2	2	1	6		2	13	15	21
강원도										
함경남도		1			1			18	18	19
함경북도						1		10	11	11
계	1	12	8	3	24	4	12	110	126	150

〈표 4〉 소요 참가 학교 및 생도 수

도명	관립학교		공립학교		사립학교			
					일반		종교	
	학교 수	생도 수	학교 수	생도 수	학교 수	생도 수	학교 수	생도 수
경기도	6	1006	12	521	2	839	7	302
충청북도			1	13				
충청남도			4	`10			3	300
전라북도			6	352			3	150
전라남도			5	152			2	150
경상북도	1	100	6	232			4	257
경상남도			15	665	4	145	7	350
황해도			3	210			6	350
평안남도	2	271	5	595	5	255	44	2851
평안북도			6	605			10	740
강원도			1	70				
함경남도	1	210	7	137	14	300	9	500
함경북도			5	116	3	10	3	120
계	10	1587	75	3778	37	1549	98	6072

〈표 5〉 공립보통학교 소요 참가 학교 수 및 생도 수

도명	학교 수	참가 학교 수	재적 생도 수	참가 생도 수	비고
경기도	65	10	12569	519	
충청북도	21	1	3345	13	
충청남도	47	4	7137	10	
전라북도	42	6	6693	352	
전라남도	38	4	6579	224	

도명	학교 수	참가 학교 수	참가 생도 수		비고
경상북도	49	6	6441	232	
경상남도	43	14	7490	655	
황해도	28	3	3944	210	
평안남도	42	4	10230	522	
평안북도	40	4	8604	455	
강원도	30	1	5848	70	
함경남도	25	6	4209	45	
함경북도	25	5	4290	116	간도 4개교 174명
합계	495	68	87379	3422	

⟨표 6⟩ 공립실업학교 소요 참가 학교 수 및 생도 수

도명	학교 수	참가 학교 수	참가 생도 수	비고
경기도	3	1	3	
충청북도	1			
충청남도	1			
전라북도	2			
전라남도	1	1	28	
경상북도	1			
경상남도	1	1	10	
황해도	1			
평안남도	3	1	73	
평안북도	2	2	150	
강원도	1			
함경남도	2	1	92	
함경북도	1			
합계	20	7	356	

<표 7> 사립 일반학교 소요 참가 학교 수 및 생도 수

도명	학교 수	참가 학교 수	재적 생도 수	참가 생도 수
경기도	60	2	5995	839
충청북도	13		662	
충청남도	7		473	
전라북도	3		194	
전라남도	5		326	
경상북도	12		642	
경상남도	29	4	1663	145
황해도	24		1163	
평안남도	50	5	2100	255
평안북도	76		3501	
강원도	19		1121	
함경남도	121	14	6183	300
함경북도	38	3	2056	10
합계	458	37	26079	1549

<표 8> 사립 종교학교 소요 참가 학교 수 및 생도 수

도명	학교 수	참가 학교 수	재적 생도 수	참가 생도 수
경기도	39	7	4076	302
충청북도	4		159	
충청남도	9	3	372	300
전라북도	13	3	665	150
전라남도	4	2	343	150
경상북도	24	4	888	259
경상남도	9	7	840	350
황해도	35	6	2018	350
평안남도	80	44	5868	2851

평안북도	57	10	3413	740
강원도	8		317	
함경남도	13	9	847	500
함경북도	3	3	201	120
합계	298	98	20009	6072

〈표 9〉 사립전문학교 소요 참가 학교 수 및 생도 수

도명	학교 수	참가 학교 수	참가 생도 수
경기도	2	2	90

다른 도에는 없음

5) 소요에 대한 본부의 조치

(가) 소요에 참여한 교원에 관한 사항

소요에 참여한 교원은 다음의 방침에 따라 처리한다.

1. 문관분한령(文官分限令) 제11조 제1항 제1호, 또는 동 제2호에 해당하는 자는 휴직을 명한다.
2. 유죄로 결정된 자는 면관(免官) 또는 해직에 처한다.
3. 유죄가 아니라 할지라도 교원으로서 재직하기 어려운 행위를 한 자는 전항(前項)에 준해 처분한다.
4. 면관 또는 해촉된 자는 개선의 정황이 분명할 때까지 학교직원으로 채용하지 않는다.
5. 도 장관 또는 설립자가 해직한 경우, 해직된 자의 원래 근무학교, 관직, 성명 및 사유는 도장관이 직접 본부에 보고하고, 동시에 각 도 장관에게 통지한다.
6. 본부가 면관 해직하거나 혹은 해고를 명한 경우, 해직된 자의 원래 근무학교, 관직씨명 및 사유는 본부가 각 도청에 통지한다.

(나) 소요에 참여한 생도에 관한 사항

소요에 참여한 생도는 대체로 다음의 방침에 의해 이를 처치한다.

1. 협박 권유를 받아 소요에 부화뇌동한 자로서, 과거의 허물을 후회하고 개선의 여지가 현저해서 학교 등교(昇校)를 희망하는 자는 이를 허용하고, 개선의 여지가 없이 불온한 행동을 하는 자는 그에 상당하는 처분을 할 것.
2. 전항(前項)의 처분에 관해서는 신중한 심사를 하고, 해당하는 증거가 될 만한 흔적이 있는 자에 대해서는 이를 집행한다. 단, 처분 전에 미리 소속 당국과 협의할 것.
3. 소요에 가담한 자는 기일을 정하여 학부형 및 생도를 소환하고, 간곡하게 잘 타이르고, 잘못을 뉘우친 자에 대해서는 시험을 실시하여 졸업을 인정할 수 있게 할 것.
4. 전항에서 지정한 기일에 학교에 나온 자는 일정 기간의 유예를 주고, 학교에 나오지 않은 자에게는 퇴학을 명할 것.
5. 경거망동한 생도 가운데 스스로 나서서 소요에 가담한 자 없다고 할 수는 없지만, 깊은 생각 없이 부화뇌동한 자, 또는 다른 사람에게 협박을 받아 어쩔 수 없이 거기에 가담한 자 적지 않다. 따라서 오로지 그 비행을 증오한 나머지, 지나치게 가혹한 사찰을 하는 일 없이, 항상 스승과 부모의 입장에서 지극한 정성으로 접근한다. 주모자에 대해서는 상당하는 징계를 내림과 동시에 다른 사람의 강박으로 어쩔 수 없이 거기에 가담한 자나 부화뇌동하여 만세를 제창한 자 등은 간절히 그 무분별함을 타이르고, 깊이 장래를 경계해 개선의 결실을 거두도록 하며, 그들을 선도해 사제 간의 정의(情誼)를 한층 깊고 두텁게 하는 등, 뒷마무리 조치에서 모두 유감이 없도록 기할 것.
6. 유죄 판결이 확정된 생도에게는 퇴학을 명할 것.
7. 정당한 이유 없이 학교에 나오지 않는 자는 졸업 또는 진급시키지 말 것.
8. 신학년 수업 개시에도 정당한 이유 없이 학교에 나오지 않는 자는 퇴학에 처할 것.
9. 현재 구류 중인 생도의 경우는 휴학 처분으로 하며, 판결이 확정된 후 거기에 상당하는 처분을 내릴 것.
10. 구류되지 않은 생도로서 학생의 본분에 어긋나는 불온한 언동을 한 사실이 명백한 자에 대해서는 그에 상당하는 처분을 할 것.

11. 무단결석자 및 정당한 이유 없이 출석하지 않는 자는 퇴학에 처할 것.
12. 사유를 갖추어 장기간의 휴학을 신청한 자는, 정말로 정당한 사유가 있는지를 조사한 다음, 각 학교에서 그에 상당하는 처분을 할 것.
13. 제2학기(소요 3월, 2학기 9월)부터는 규율을 힘써 행하고 불량 생도에 대해서는 단호한 조치를 취할 것.
14. 형의 집행을 마친 자 및 형의 집행이 유예 중인 자에게 재입학을 허가해야 하는지, 그 영향이 아주 크므로, 당분간 그 언행을 감시하고 충분한 조사와 신중한 고려를 한 다음에 가부를 결정할 것.

퇴학자의 재입학에 관해서는 역시 전항에 준해 다룰 것.

[부록] 재내지 조선 학생의 소요

재내지 조선인 학생 사이에는 종래 언제나 불온사상이 끊임없었다. 그 단속에 관해 상당히 신경을 쓰고 있었는데, 미국 대통령이 소위 자유 평등 민족자결 등의 말을 선전하자, 그들은 이때가 독립운동 절호의 기회라고 여기게 되었다. 도쿄에 있는 학생 등은 1918년(大正 7) 12월 29일 간다구 사루가쿠초(神田区猿楽町)의 메이지회관에서 열린 송년회와 다음 날 30일 같은 장소에서 열린 동서연합웅변회 석상에서 독립운동의 실행을 주장했다. 또 1919년(大正 8) 1월 6일 웅변회를 개최하여, 해외 동포는 이미 운동에 착수하고 있다며 우리도 구체적인 운동을 시작하지 않을 수 없다고 하였다. 먼저 독립의 뜻이 있다는 것을 내각의 각 대신 및 각국 대사관 공사에게 호소할 것을 의결하고, 다음 날 7일 다시 청년회관에서 회합하여 실행위원 10명을 뽑았다. 위원 등은 즉시 실행방법을 협의하고 독립선언서, 진정서 등을 제작하고 여러 차례 유학생 회합을 열었으나 경시청의 주의(注意)로 해산되었다.

4월 말경부터 대부분 취학(就學)하기에 이르렀다.

그럼에도 그들은 이미 시베리아의 배일(排日) 조선인과 서로 연락하여 일을 거행한다고 계획했고, 각 위원 등은 비밀리에 조선청년독립단과 같은 결사체를 조직하였다. 독립운동 비용으로 금전을 모집하여 독립선언서 결의문, 민족대회 소집청원서 등을 일문, 조선문, 영문의 세 가지로 제작하였고, 이를 각 대신 및 각국 공사, 귀족원 중의원의 양원 의원 및 신문사, 여러 학자 및 기타 여럿에게 우송했다. 2월 8일 학생대회를 개최하여 독립선언서를 작성, 게시 낭독하였고 실행의 방법을 발표했다. 약 200명의 참석자가 열광적으로 이에 호응하였고,

상황의 불온함이 극도에 달했으므로 경찰관은 해산을 명령했지만 굴복하지 않았고, 더욱 소란스러워졌으므로 앞에 제시한 위원 및 기타 중심이 되는 자 30여 명을 강제로 연행해 검속하였다. 검속 취조 결과 위원 등 11명을 출판법 위반으로 2월 10일 도쿄지방재판소 검사국에 송치하였고, 그 외는 모두 집으로 돌려보냈다. 위의 11명 가운데 9명은 2월 15일에 금고 7개월 이상 1년 이하에 처하는 판결을 받았다.

일반 학생 등은 학업을 중지하고 독립운동을 계속해 2월 12일 히비야공원(日比谷公園)에 모여 불온한 연설을 하였고, 경관에게 반항했다는 이유로 유학생 감독부 기숙사생 가운데 2명은 관할 경찰서에 검속되었다. 이에 감독부는 이들에게 기숙사 퇴사를 명했고, 다른 기숙생은 위의 조치가 타당하지 않다며 퇴사처분의 취소를 독촉하였으나 귀담아 듣지 않았으므로, 2월 17일 전부 동맹 퇴사하였다. 오사카에서도 일부의 학생 및 노동자 등이 불온한 행동에 나설 것을 계획했지만 큰 일로 번지지 못하고 중지되었다. 도쿄에서는 점점 이런 정황이 계속되어 학생 등은 모두 휴교하는 모습이었는데, 시간이 지남에 따라 점차 평정으로 돌아가 4월 말경부터 대부분 취학(就學)하기에 이르렀다.

2. 소요 이후 최근 학교 생도 상황

1) 1919년(大正 8) 천장절(天長節) 축일 전후 학교 생도의 불온 상황

학생 생도의 대부분이 소요의 와중에 휘말린 이래, 여러 가지 구실로 동맹휴교를 꾀하는 자들이 가끔 있었는데, 작년 3월 소요 발발 이전에는 이러한 불온행동은 전혀 볼 수 없었음에 반해, 소요 이후 일반 인심의 변화는 실로 놀라울 정도이다.

10월 22일경부터 경성고등보통학교 제3학년 생도가 수공, 농업의 폐지를 요구하는 동맹휴교를 계획했고, 점차 전체 생도로 파급되는 경향이었으므로, 일부 생도에게 정학을 명하고 같은 달 24일부터 임시휴업을 집행해 생도의 반성을 촉구하였고, 갖은 협박 및 기타 불온한 행동을 한 10명에게 퇴학을 명했다. 다음으로 대구고등보통학교에서도 10월 25일 밤 생도 약 100명이 대구 지역의 공원에 모여 불온한 행동을 하여, 주모자로 인정된 자 몇 명을 퇴학에 처하여 엄중히 경계했는데, 선동 협박 등이 왕성해져 한때 생도 수가 약 1/3로 줄었으나 얼마 되지 않아 평상시로 돌아왔다.

이어 대구, 진주의 각 공립농업학교 생도는 학과과정의 개정을 요구하였다. 대구공립농업학교에서는 10월 29일 제1학년 생도가 기숙사를 탈출하려 하였으나 그것을 저지하였고, 진주공립농업학교 생도가 11월 5일 진정서를 도에 제출하여 동맹휴교를 하겠다고 하였으므로 주모자로 인정되는 20명을 정학에 처하였는데, 모두 점차 평온으로 돌아가기에 이르렀다. 또 평양공립농업학교 생도는 11월 6일 단순히 임시휴업을 요구했고, 경성공립농업학교 생도도 11월 7일 역시 임시휴업을 요구했으나 허용되지 않았기에 물러났지만, 11월 16일에 이르러 대부분 사죄한 뒤 학교로 돌아갔다. 평양 지방의 학교 생도의 불온한 행동은 같은 지방의 외부 독립운동과 연관 있는 것 같은데, 평양고등보통학교는 천장절 축일 즈음까지는 평온했지만, 11월 초부터 다른 선동 협박이 심해진 모양으로, 결국 11월 3일에 이르러 불온한 행동을 감행하여 교문 밖으로 나와 만세를 제창하여 50여 명이 체포되기에 이르렀다(그중 40여 명은 곧바로 석방되었다). 그런데 그 후 형세가 점차 평온하게 되었으므로 11월 17일 학부형 및 생도를 소집하여 훈계하였고, 11월 18일부터 수업을 시작하였다.

평양여자고등보통학교에서는 불령선인(不逞鮮人) 및 사립학교 생도 등의 유혹 협박이 극심하였으므로 11월 4일부터 11월 8일까지 임시휴업을 하였다.

기타 지역의 중등 정도 이상의 사립학교 생도 가운데는 불령선인과 연락해 독립운동에 참여하는 자가 있는 것 같고, 임시휴업을 하는 자가 많았다.

인천공립상업학교 및 경성과 개성의 두 지역에 있는 중등 정도 이상의 사립학교 경우 선린상업학교, 숙명여자고등보통학교, 진명여자고등보통학교 등을 제외한 다른 곳에서는 천장절 축일 이전부터 임시휴업을 했다. 이들 학교 생도 가운데 대부분은 여러 선동 협박 등으로 천장절 축일의 의식에 참석하는 것을 기피하는 자도 있었지만, 11월 초순부터 점차 개교해 나날이 복구되기에 이르렀다. 이렇게 천장절 축일 당일에 이유없이 동맹휴교하거나 또는 출석자 가운데 불온한 행동을 하는 자에 대해서는 각각 상당하는 처분을 하였다.

이 외에 경성전수, 경성의학, 경성공업, 수원농림의 각 전문학교 및 함흥고등보통학교, 전주고등보통학교, 경성여자고등보통학교를 비롯해 전 조선의 각 지역에 있는 다수의 학교에서는 아무런 일도 일어나지 않았다.

2) 소요 발발 1주년 전후 학교 생도의 상황

작년 3월 소요 발발 이래 불령의 무리는 무언가의 방법으로 민심을 선동하고 온갖 기회를 엿보아 불온한 행동을 계획하길 멈추지 않았다. 특히 학교 생도는 항상 불령의 무리들이 노리는 과녁이 되어 잠시라도 경계를 느긋하게 할 수 없었다. 그래서 본부에서는 학교 단속에 대해 가능한 한 관대한 방침을 고집했고, 친절하고 간곡한 경고와 학습에 대한 흥미를 환기함으로써 그들의 의향을 바꾸고 반성자각을 촉구하여 점차 사상이 선도되기를 기대했다. 그러나 불령한 무리는 그 단속의 관대함에 편승해 때때로 선량한 생도에게 교묘한 언동이나 위협으로 불온한 행동을 강요하는 바가 있었다. 1920년(大正 9) 3월 1일은 소요 발발 1주년에 해당하므로 소요를 일으키기에 절호의 기회가 되었다. 이런 이유로 기일이 임박하자 불온 문서는 왕성하게 배포되었고 세상 민심은 몹시 시끄러웠다.

학교 생도는 비단 대기실이나 변소 등에서 동맹휴교 및 불온행동을 권유하는 게시물 또는 벽보를 볼 수 있었고, 세간에는 유언비어가 왕성하게 유포되었고, 부인성서학원 교사 이해욱처럼 그 학원 내에서 스스로 불온문서를 제작한 사실조차 발견되기에 이르러, 사태는 극도로 험악한 징후를 드러냈다. 이에 만일 불온한 사태를 발생시키는 일 등이 있다면 학교의 질서가 어지러워질 뿐만 아니라 선량한 학생이 불안한 생각을 더욱 많이 하게 되고, 더 나아가서는 사회 전반에 영향을 주어 통치에 지대한 영향을 미치게 된다. 이에 학무국장은 각 지방장관 및 관립학교장에게 전후 2회의 문서 및 전보로 "이전에는 불온한 행동을 한 생도에 대해서 관용의 조치를 취해 가능한 한 자각하고 회개할 것을 기대했으나, 이후에도 역시 고치지 않고 무례한 행위를 했을 때는 주모자에 대해서 퇴학을 명하는 등, 학교의 규칙에 따라 엄중히 처분토록 할 것"이라고 통달했다. 이와 동시에 "사전에 생도 및 학부형에게 이를 경고해 위배되는 일이 없도록 하고 나아가 동맹휴교와 같은 일을 사전에 예방함은 물론이고, 만약 불온한 행위를 감행하는 경우에는 3일 이내에 사실을 조사하여 감독관청의 지휘를 받도록 하며, 또 학교의 조치가 무성의한 것으로 인정될 때는 지체없이 학교 또는 관계자의 처분을 신청하도록 할 것"이라는 뜻을 주의시켰다. 이 외에도 이러한 취지를 일반에게 철저히 주지시키도록 하고, 또 각 신문지에 학무국장 담화로 그 핵심을 분명히 밝히도록 했다.

각 지방청은 이에 따라 각각 상응하는 조치를 취하였는데, 특히 경기도 및 평안남도는 아주 유의하며 친절함과 간곡함으로 알아듣게 타이른 곳이다. 즉 2월 25일 경성, 평양의 공사립중등학교 학교장을 도청으로 불러 상세하게 이러한 취지를 알기 쉽게 설명했을 뿐만 아니라, 평양에서는 다음 날인 26일 도시학(道視學)을 각 학교로 파견하고, 경기도에서는 27일에 각 학교에 통첩을 보내어 "각 학교는 우선 동맹휴교 및 불온행동 예방의 방법을 강구할 것, 주동자를 발견했을 때는 퇴학 처분 등 가장 엄중한 처벌을 해야 할 것, 사고 발생의 경우는 3일 이내에 사실을 조사하고 도지사의 지휘를 받아야 할 것을 명령함과 동시에, 만약 학교의 조치에 성의가 없을 경우는 법규에 정한 바에 따라 상당하는 처분을 가할 수 있다"라고 그 취지를 미리 경고했다.

앞서 제시한 훈시 지시를 바탕으로 각 학교는 직원 생도 또는 학부형에게 크게 주의 경고를 했고, 또 생도의 가정을 방문해 생도 및 학부형을 간곡히 타일렀다. 전 조선을 통해 관공립학교는 대체로 질서정연하게 수업을 진행했으나, 단지 황해도 황주공립보통학교, 평안북도 선천공립보통학교, 곽산공립보통학교 생도 몇몇이 겨우 다른 자와 뒤섞여 만세를 높이 외쳤고, 이외에는 아주 고요하고 편안했으며 출석률도 평소와 다른 점이 없었다. 그래도 사립학교 중에서는 생도가 독립만세를 높이 외치거나 불온한 언동을 하는 자 있었다. 즉 사립배화여학교(경성부 소재 남감리파 경영)는 3월 1일 이른 아침 기숙사생이 교내의 언덕 위에서, 또 사립신명학교(경성부 소재 설립자 엄준원)는 전체 생도가 교정에서 독립만세를 높이 외쳤다.

사립배재학당 및 사립배재고등보통학교[경성부 소재, 모두 북감리파 경영에 속하며, 같은 학교장 아래서 같은 교사(校舍)에서 교수함]에서는 3월 1일 오후 기숙생을 제외한 전부가 동맹결석을 하였고, 3월 2일 오후 교내에서 전교 생도가 독립만세를 높이 외쳤다. 사립숭덕학교(평양부 소재 북장로파 경영)에서는 3월 1일부터 2일에 걸쳐 고등과생 전부가 결석했고, 그 일부는 평양부 내에서 독립만세를 절규하였으며, 3월 3일 보통과생이, 3월 4일에는 고등과생 전부가 독립만세를 높이 외쳤다. 또 사립숭현여학교(평안부 소재 북장로파 경영)에서는 작년 소요에 즈음해 직원 및 생도 일부가 참여해 불온한 언동을 한 자가 있었는데, 이번에도 전교의 모든 생도가 결석을 했다.

이상 개략적으로 살펴본 사건에 대해서는 조선총독부 및 도에서 각각 학무관계자를 특파하여 충분히 사실 조사를 하도록 했는데 사립배재학당 겸 배재고등보통학교장, 배화여자학교장, 숭덕여학교 겸 숭현여학교장은 교장으로서 의무를 다하지 않은 것이 분명하여, H. G 아펜젤러, B. A. 스미스, I. A. 모리 이 3명은 사립학교규칙 제14조에 따라 취직 인가 취소 처분을 받았고, 기타 학교에 대해서는 각각 장래를 엄중히 훈계하여 근신하도록 하였다.

3) 올봄 이후 학교 생도의 동정

조선총독부는 불량한 생도 및 불온한 학교에 대해 앞서 서술한 것과 같이 엄중하게 단속함과 동시에, 교육의 보급이나 학교의 내용 개선 충실에 관해 온 마음을 다하였다. 작년 불행히도 소요의 와중에 참여하게 된 관공립학교 생도도 올해 들어서는 그 어리석음을 깨닫고 또 조선총독부의 뜻을 잘 헤아렸다. 학부형도 역시 호감을 갖게 되어 관공립학교 입학지망자는 현저히 증가하여 어느 학교나 장소의 협소함을 호소하기에 이르렀다. 그리고 종래 사립학교 특히 예수교 학교는 왕왕 그 평판과는 달리 실제가 관공립학교에 비해 내용이 매우 빈약한 것이었으며, 조선총독부는 최근 교육의 보급과 내용의 충실을 착착 진행하고 있어, 양자의 격차는 더욱 현저해졌다. 이로 인해 이들 사립학교 특히 예수교학교의 생도는 불평하였고, 결국 동맹휴교를 하는 등 빈번하게 불온한 언동을 하는 자가 있었다.

사립연희전문학교(경기도 고양군 소재, 재조선 기독교 6단체 연합 설립, 학교장 미국인 O. R. 에비슨)에서는 올해 6월 3일 생도 전부(50명)가 학과과정의 변경, 전문교사의 초빙을 요구하며 동맹휴교를 일으켰다. 사립휘문고등보통학교에서는 6월 5일 오후 1시에 생도 일동이 교내에 모여 교원의 참석을 요구하며, 우량교사 증원 고빙과 기계 표본류의 완비 등의 내용 충실에 관해 설립자에게 번갈아 열변을 토로했다. 결국 학교에서도 사태가 쉽지 않다고 판단하여, 학교 관계자는 어쩔 수 없이 여러 사람이 모여 뒤처리 방책을 강구하기에 이르렀다.

 6월 8일 오전 8시 사립신성학교(평안북도 선천 소재 북장로파 경영) 생도 약 300명이 기숙사에 모여, 교장 매큔(George Shannon McCune, 윤산온, 尹山溫)에게 우량교사 초빙, 교사(校舍)와 교구의 완비, 학과과정 변경 등 5개 조에 이르는 요구를 했으나, 끝내 교장의 무성의함을 이유로 나무 몽둥이를 가지고 폭거에 나섰다. 우리 관헌 덕분에 아무 일 없었으나, 이 때문에 교장은 무기휴학을 선언하였다. 교장 매큔은 이미 20년 동안 이 지역에서 포교에 종사했고 7천 명의 신도를 가진, 미국선교사 가운데 가장 신뢰받고 있다고 일컬어지는 자이다. 그런데도 매큔이 학교장으로 있는 학교에서 이와 같은 사건이 발발된 것은 조선인 학생이 얼마나 자각하고 각성하고 있는가를 분명하게 보여 주는 것이었다. 또 학생 및 일반 학부형이 교육에 대해 품고 있는 생각이 최근 현저한 변화를 보이고 있다는 일반적인 사실을 알 수 있다.

 매큔이 교장인 사립신성학교는 이미 이와 같고, 기타 사립 종교학교 및 사립 일반학교의 동요도 점차 심해졌다. 사립개성호수돈여자고등보통학교(경기도 개성군 소재), 사립배재학당(올해 3월 교장 아펜젤러의 교장 취임 인가 취소를 한 학교) 등과 같은, 조선의 몇몇 사립학교에서도 생도는 학교의 내용 충실에 관해 진정서를 제출하며, 불온한 행동을 감행하는 등 일반적으로 사립학교 담당자에게 학교 설비의 완성, 내용의 개선 충실에 관해 크게 반성 고려를 촉구하기에 이르렀다.

 올해 10월 12일 밤 대구경찰서에 근무하는 내지인 순사 모 씨는 조선인 순사 모 씨와 함께 대구부 내를 시찰하는 중, 거동이 수상한 조선인 청년 2명이 밀담 중이라고 판단하고 이름 및 재학 학교명을 심문했다. 그런데 위의 2명 가운데 연장자 모씨는 대구고등보통학교 3년생이지만 이름을 사칭하며, 또 어느 학교의 생도도 아니라는 뜻으로 답하였으므로 이를 힐책하고, 태도가 몹시 건방지다는 이유로 내지인 순사가 분노한 나머지 해당 연장자 학생의 뺨을 2~3회 구타했다. 대구고등보통학교 생도는 이를 불법이라 하며 모임을 열고 학교장에게 이것저것을 요구하였는데, 학교장은 그 요구 가운데 불온당한 점에 관해서는 간곡히 타이르고, 상당하는 것이라고 인정한 것은 경찰서장과 의논해 합의하였다. 그런데 생도 등은 교장의 조치에 만족하지 못하고 맹휴결의서를 교장에게 제출하였다. 이에 교장은 어쩔 수 없이 생도 가운데 7명을 퇴학에 처하고, 7명에게 정학을 명하였으며, 그 외의 생도에게는 지정한 날에 등교하지 않으면 제적한다는 뜻을 통지하였다. 5일부터 생도들은 차츰 등교하였고, 8일에는 거의 모두가 출석하였으며, 수업 태도는 평일과 다름이 없었다.

1920년(大正 9) 10월 11일에 경성전수학교 생도 제1학년생은 전수학교라는 학교명을 전문학교를 의미하는 적당한 이름으로 고침과 동시에, 학제를 개선해 법과(法科), 상과(商科)로 할 것을 학교장에게 신청했다. 이에 따라 학교장은 16일 생도 일동에게 학교명 개칭 및 조직 개정에 관한 종래의 경과를 분명히 하고, 생도 등에게 운동은 도리어 목적 달성을 방해하는 것이라고 간곡히 타일렀으며, 이러한 운동을 하거나 이를 위한 집회는 금지한다는 뜻을 명령하였다. 그러나 20일이 되어 1년생은 동맹휴교라는 행동을 취함으로써, 교장은 주모자 3명에게 퇴학을 명하였고, 다른 생도에 대해서는 이유없이 학교에 나오지 않으면 단연코 이를 처분할 것이라는 취지를 경고했다. 23일에 이르러 1학년생 대표는 동맹휴교를 사죄하고, 25일부터 학교에 나왔다.

위의 것 이외에, 최근에는 군산공립농업학교, 완도공립보통학교, 창녕공립보통학교, 안변공립보통학교, 고원공립간이농업학교 등에서 생도 일부 혹은 전부가 동맹휴교를 일으켰다. 그 원인은 교사의 불공평을 표명하거나 혹은 불량교사의 선동에 휩쓸린 것으로, 교장 교원이 간곡히 타일러 모두 등교하여 수업받기에 이르렀다.

그 외에 사립보성고등보통학교, 사립송도고등보통학교, 경신학교 등에서도 일시적으로 생도의 전부 또는 일부가 동맹휴교를 일으켰다. 사립학교에서의 최근 불온한 행동은 교원의 능력을 운운하거나, 또는 설비 개선 등을 요구하는 것이 많다.

<자료 45> 朝鮮に於ける同盟休校の考察(朝鮮總督府 警務局, 1929)

조선의 동맹휴교 고찰

조선총독부 경무국

목차

1. 동맹휴교
2. 향학열의 발흥
3. 동맹휴교 개관
4. 동맹휴교의 원인과 유형
   1) 학교 설비, 학교규칙, 학과 등에 관한 맹휴
   2) 교원 배척에 관한 맹휴
   3) 학교 내부 발생 사건에 기인한 맹휴
   4) 생도 간 발생 사건에 기인한 맹휴
   5) 지방문제에 관한 맹휴
   6) 민족의식, 좌경적 사상의 영향으로 인한 맹휴
5. 동맹휴교의 결과
6. 동맹휴교 처리

1. 동맹휴교

조선 동맹휴교의 특질, 조선 청년의 2대 사조

학생의 동맹휴교는 종래 내지에서도 여러 차례 일어나, 그다지 보기 드문 것은 아니다. 그렇지만 조선의 동맹휴교는 조선이 지닌 특별한 사정이 있는 것으로, 특히 신교육을 받고 있는 신부속지 동포이면서 제2의 국민이라는 점에서 특별히 주의할 필요가 있다.

최근 조선청년의 사상을 지배하고, 또 장래에 지배하게 될 두 가지 사조는 민족주의 사상과 공산주의 사상이다. 이 두 가지 사상은 언제든 합류하거나 혹은 뒤얽혀 청년 학생의 이러저러한 운동에 나타나고 있다. 최근 사회의 주의를 끌게 되었던 학생의 동맹휴교도 그것의 한 표현으로 볼 수 있다는 점은 특히 주의해야 한다. 동맹휴교의 근본을 고찰하기 위해서는 우선 조선의 향학열 발흥을 살펴보아야 한다.

2. 향학열의 발흥

구시대의 교육제도, 신학제의 부진, 소요사건과 향학열, 배일사상과 동맹휴교

조선의 구시대 교육제도는 조선 초기(태조 7) 대학을 경성에 세우고 성균관이라 칭했으며, 지방 군현에 향교를 두고 논밭을 주어 유지에 충당토록 하는 제도였다. 이것이 곧 오늘날 향교재산의 기원이다. 이 외에 경성에는 동, 서, 중, 남의 사학(四學)이 있었고, 이들 모두는 관학이었다. 지방에는 오늘날에도 여전히 여기저기서 볼 수 있는 서당이 있는데, 이는 모두 사학(私學)이고 여기를 마친 자는 향교로 들어가 가르침을 받았다. 더 나아가 성균관에 들어가는 것을 순서로 하였는데, 과거에 급제해 관리로 등용되는 것이 유일한 목적이었고, 조선 말기까지 이 제도가 이어졌다.

1894년(明治 27) 청일전쟁의 결과, 조선 국가의 기초를 분명히 함에 있어 일본 제도를 모방해 신학제를 정했는데, 그 운용이 잘되지 않아 실효를 거두지 못했다. 1904년(明治 37) 러일전쟁 결과, 한일협약이 이루어졌고 일본에서 학정참여관을 초빙해 학교의 우두머리로 삼았는데, 이는 하나의 신기원이 되었다. 또 한일병합의 실시와 조선교육령의 발포로 드디어 신학제가 수립되기에 이르렀다.

그러나 오랜 인습에 물든 일반의 사상으로 인해 한문서적을 전수하지 않는 신교육은 그들의 교육 요구를 충족시키지 못했고, 동시에 한일병합을 달가워하지 않는 무리들은 그 교육방침에 의문을 품고 고국(故國)이라는 관념을 잃어버리게 된다고 생각해, 취학을 원하는 자가 아주 적었고, 지방의 서당은 여전히 성황이었다. 1912년(大正 1) 이후 서당수를 조사하면 다음과 같은데, 1919년(大正 8)까지는 점차 증가 경향을 띠고 있다.

〈표 1〉 1912년(大正 1)부터 1926년(昭和 1)까지 서당 수와 보통학교 수 대조표

연도	1912	1913	1914	1915	1916	1917	1918	1919	1920	1921	1922	1923	1924	1925	1926
서당	18,238	20,268	21,398	23,441	23,486	24,294	24,369	24,060	23,482	24,194	21,057	19,613	18,310	16,874	16,089
보통학교	341	366	402	427	445	459	505	568	679	791	944	1,096	1,215	1,320	1,390

그러나 1919년(大正 8) 조선독립소요사건 이래 돌연 신교육을 바라는 향학열이 일시에 발흥하여 서당은 점차 쇠퇴하기에 이르렀고, 1926년(昭和 1)에는 1912년(大正 2)보다 2,152개소가 감소했던 것이다.

이러한 향학열이 일시에 발흥한 이유는, 조선독립소요사건의 동기 원인이었던 미국 대통령 윌슨의 민족자결주의가 기대와는 달리 평화회의에서도 워싱턴회의에서도 그리고 태평양회의에서도 조선 문제를 고려하는 모습은 없었다. 저 광대한 국토와 무한한 경제력과 세계대전을 빌미로 급조된 병력에 깊이 신뢰하고 민주 자유의 깃발을 높이 휘날리며 정의 인도를 높이 외치는 미국의 지지 후원으로 조선의 독립을 도모하려 했던 것이 완전한 몽상에 불과했다는 것을 깨닫고, 여기서 비로소 타력(他力)주의를 버리고 자력으로 독립을 이루어나가야 한다는 점을 깨달았다. 거기에는 소위 문화를 촉진하고 실력을 양성해야 한다고 하면서, 문화의 본원은 교육에 있다고 하는, 소위 향학열이 한층 뚜렷이 나타나기에 이르렀다. 또 지방의 완고한 자 중에는 만세운동이 신교육을 받았던 자 및 학교 생도가 중견이 되어 행동이 기민하고 질서있는 것을 보고, 신교육이 반드시 조국의 관념을 남김없이 없앤다고 할 수 없으며, 오히려 신교육이 아니면 안된다는 관념을 품기에 이르렀다. 이에 취학아동이 일제히 격증해서 이미 설립된 학교만으로 수용하기에 곤란해져, 당국은 즉각 학교 건설에 돌입했다. 결국 3면 1교, 2면 1교로 나아가, 지금 다시 1면 1교의 실현도 가까운 장래를 볼 수 있게 되었다.

이렇게 발흥된 향학열 가운데는 이미 불순하다고 해야 할 어떤 것이 잠재되어 있고, 그 사상 가운데서 면학에 뜻을 두고 있는 조선 학생운동에 따르는 동맹휴교의 이면에는, 자연히 민족적 사상이 다분히 흐르고 있다는 것은 분명하다. 특히 초등학교에서조차 동맹휴교가 이루어진 것은 확실히 조선의 한 특색이다. 그러나 이것이 동맹휴교 원인의 전부라고 할 수는 없다. 그 가운데는 천진난만한 아동의 참된 욕구가 뜻하지 않게 동맹휴교라는 바람직하지 않은 형식으로 표현된 것도 적지 않음에 주의해야 한다.

3. 동맹휴교 개관

〈표 2〉 동맹휴교 누적 연도별 비교표(1921~1928)

도별	관공사립별	정도	1921	1922	1923	1924	1925	1926	1927	1928	누계
경기도	관공립	초등						2		1	3
		중등	1	1		3			1	3	9
		고등/전문	1	1	1			2		2	7
	사립	초등						1			1
		중등	7	12	9	2	4	1	9	8	52
		고등/전문	1		2		2				5
	계		10	14	12	5	6	6	10	14	77
충청북도	관공립	초등		1			4	5	2	1	13
		중등							2		2
		고등/전문									
	사립	초등									
		중등								2	2
		고등/전문									
	계			1			4	5	4	3	17
충청남도	관공립	초등		1	1		2	1	7	1	13
		중등			1			1	1		3
		고등/전문									
	사립	초등	1						1		2
		중등	1			1					2
		고등/전문									
	계		2	1	2	1	2	2	9	1	20

지역	설립	급별								계
전라북도	관공립	초등		1		2	2	1	2	4	12
		중등		1		1		3		1	6
		고등/전문									
	사립	초등									
		중등			2			3	3	3	11
		고등/전문									
	계			2	2	3	2	7	5	8	29
전라남도	관공립	초등		4		3		1	1	2	11
		중등	1	1	2	1	1		1	4	11
		고등/전문									
	사립	초등			1				2	1	4
		중등		1	1						2
		고등/전문									
	계		1	6	4	4	1	1	4	7	28
경상북도	관공립	초등			1			1		2	4
		중등		1				1		2	4
		고등/전문									
경상북도	사립	초등								1	1
		중등		1	1			1		2	5
		고등/전문									
	계			2	2			3		7	14
경상남도	관공립	초등	2	6	2		1		3	2	16
		중등					1		2	7	10
		고등/전문									
	사립	초등							2		2
		중등		2	4				1	3	10
		고등/전문									
	계			2	8	6		2		8	12	38

지역	구분	급별								계
황해도	관공립	초등		1	5		9	7		2	24
		중등			1	1		3	1	1	7
		고등/전문									
	사립	초등					2	2			4
		중등		2	4		1				7
		고등/전문									
	계			3	10	1	12	12	1	3	42
평안남도	관공립	초등			2			1			3
		중등	1		1			2			4
		고등/전문									
	사립	초등			1			1			2
		중등	2	4	1			1	1	2	11
		고등/전문									
	계		3	4	5			5	1	2	20
평안북도	관공립	초등	2		2				1	6	11
		중등		1					1	2	4
		고등/전문									
평안북도	사립	초등			2						2
		중등	1	1	1				1	3	7
		고등/전문									
	계			3	2	5			3	11	24
강원도	관공립	초등		2	1		8	5	7	1	24
		중등						1	2		3
		고등/전문									
	사립	초등			1		1				2
		중등									
		고등/전문									
	계			2	2		9	6	9	1	29

지역	설립	학교급									계
함경남도	관공립	초등		1	1		3		5	5	15
		중등			2				6	3	11
		고등/전문									
	사립	초등	1	2			5	2		3	13
		중등	1	3	2		1	2	1	2	12
		고등/전문									
	계		2	6	5		9	4	12	13	51
함경북도	관공립	초등		1			1	3	2		7
		중등						1	3	1	5
		고등/전문									
	사립	초등			2				1		3
		중등									
		고등/전문									
	계			1	2		1	4	6	1	15
합계	관공립	초등	4	18	15	5	30	27	30	27	156
		중등	3	5	7	6	2	12	20	24	79
		고등/전문	1	1	1			2		2	7
	사립	초등	2	2	7		8	6	6	5	36
		중등	12	26	25	3	6	8	16	25	121
		고등/전문	1		2		2				5
	계		23	52	57	14	48	55	72	83	404

〈표 3〉 동맹휴교 건수(1921년 이후)

연도	건수
1921년	23
1922년	52
1923년	57

1924년	14
1925년	48
1926년	55
1927년	72
1928년	83
계	404

〈표 4〉 도별 누적 통계

순위	도별	건수
제1위	경기도	77
제2위	함경남도	51
제3위	황해도	42
제4위	경상남도	38
제5위	강원도	29
제6위	전라북도	29
제7위	전라남도	28
제8위	평안북도	24
제9위	평안남도	20
제10위	충청남도	20
제11위	충청북도	17
제12위	함경북도	15
제13위	경상북도	13

또 맹휴 주모자를 학년으로 본 건수, 맹휴의 시기, 2회 이상 맹휴를 한 학교 및 맹휴 비율 등은 다음과 같다.

<표 5> 동맹휴교 주동자 학년별 조사(1921~1928)

	1921	1922	1923	1924	1925	1926	1927	1928	계	비고
제1학년	3	3	5	1	2	2	5	3	24(*1)	
제2학년	3	7	5		4	4	16	16	57(*2)	
제3학년	4	11	9	3	3	6	7	17	60(*12)	
제4학년	4	9	7	5	17	8	5	12	67(*42)	*은 초등학교 수, 계에 포함됨
제5학년	1	4	3		4	5	5	10	32(*25)	
제6학년		5	6	2	12	16	17	15	73(*75)	
계	17	39	35	11	42	41	55	73	313	
주동자 학년 불명인 경우	6	13	22	3	6	14	10	10	91	
합계	23	52	57	14	48	55	83	83	404	

<표 6> 동맹휴교 맹휴가 일어난 월별 조사(1921~1928)

	1921	1922	1923	1924	1925	1926	1927	1928	계
1월	1	7	5	1	7	5	3	3	32
2월		3	6	1	3	4	2	6	25
3월		2	2	1	5	1	1	3	15
4월		2	6	1	4	6		6	25
5월	1	4	9	2	10	7	7	13	53
6월	3	5	6	7	3	18	14	25	81
7월		4	5		6	2	6	8	31
8월		1	1			1	1	1	5
9월		5	3		1	1	11	4	25
10월	6	7	4		4	4	7	9	41
11월	8	7	6		3	5	13	5	47
12월	4	5	4	1	2	1	7		24
계	23	52	57	14	48	55	72	83	404

<표 7> 2회 이상 맹휴를 한 학교(관공립) (1921~1928)

학교명	1921	1922	1923	1924	1925	1926	1927	1928	계
광주고보			1	1			1	1	4
해주고보				1		1			2
전주고보				1		1			2
경성제1고보				1			1	1	3
동래고보					1		1	1	3
대구고보						1		1	2
경성(鏡城)고보						1	1		2
함흥고보							1	1	2
평양농업	1					1			2
전주농업		1				1		1	3
함흥농업			1				1	1	3
사리원농업						1	1		2
춘천농업							2		2
북청농업			1				1	1	3
함흥상업			1				1	1	3
여수수산			1		1			1	3
수원고농			1			1		1	3
법학전문						1		1	2

<표 8> 2회 이상 맹휴를 한 학교(사립) (1921~1928)

학교명	1921	1922	1923	1924	1925	1926	1927	1928	계
보성고보	1			1			1	1	4
양정고보	1							1	2
송도고보	1			1		1	1	1	5

배재고보		1		1				2
고창고보			1		1	2	2	6
중앙고보			1			1		2
휘문고보			2	1		1	2	6
오산고보						1		2
영명학교	1				1			2
의명학교	1	2						3
경신학교	1		1		1	2	1	5
보광학교	1	1	1		1			4
호신학교						1	1	2
정신여학교		1			1			2
개성학당		2						2
개성학당 상업학교						1	1	2
소의상업	1	1						2
신흥학교			1		1	1		3
숭실학교		1				1		2
경애학교		2						2
북청고보 기성회강습소			1		1			2
보성전문			1	1				2

〈표 9〉 동맹휴교 1년 평균에 대한 백분비 (1921~1928)

[학교 총수는 1926년 말(昭和 1) 현재]

	고등/전문교		중등교		초등교		합계
	관공립	사립	관공립	사립	공립	사립	
백분비	14,583	12,500	9,060	68,750	1,080	1,061	2,090

1919년(大正 8) 이전에는 조선의 사상 방면 운동은 완전히 무풍상태로, 동맹휴교와 같은 것도 아주 적었고, 어쩌다 있더라도 지극히 평범하여 전혀 사회의 주목을 받을만한 것이 아니었다. 1919년 이후 일반 조선인의 민족운동은 상당히 노골적으로 되어 제도 기타에 대한 반항이 발발했고, 소요사건 직후는 배일적 의미의 맹휴도 속출하였다. 국제 축일 등을 맞이하여 식전에서 줄지어 서는 것을 싫어해 이 기회를 이용하여 배일선전을 하려는 분위기도 볼 수 있었다. 그런데 이는 소요의 여파로 인한 일시적 경향으로, 이어서 고조되었던 향학열의 발흥에 따라 곧바로 완화되었으나, 학생의 불평불만은 때때로 동맹휴교와 같은 형식으로 드러났다. 그러나 이것도 역시 한편에서 보면 그들이 다소 가로쓰기 문서(근대적 문서)라도 볼 수 있게 되어 자부심이 생겼고, 세상 물정을 알게 되어 원래 존경의 대상이었던 교사가 점차 바닥으로 떨어져 보이게 되었고, 실제는 그렇지 않더라고 교사와 자신의 거리가 그다지 멀지 않아 불과 수십 보에서 수백 보에 지나지 않는다는 판단을 내려 경멸적 생각을 갖기에 이르렀다. 게다가 그들의 자각, 즉 자신들도 공부하면 다른 사람에게 지지 않는다는 강한 자신감이 생긴 것도 그 원인이 되었고, 신교육을 받았던 청년 학생의 옛 도덕이나 옛 습관에 대한 반항적 기분이 스승이나 웃어른에 대한 존경을 잃어버리게 했던 것도 그 원인의 하나로 들 수 있다. 이는 현재 모 여학교의 사감이 옛 사상을 지녔다는 이유로 배척당한 사례가 있음을 보아도 일면 사실이다. 또한 유럽 전쟁 이후 세계를 휩쓸었던 민주주의적 사상에서 배태된 잘못된 자유주의 사상으로, 방종을 좋아하고 질서나 규율을 압제라고 칭하는 안목 없는 자들의 분별없는 행동도 있으므로, 그들 모두를 민족적 반감이라고만 볼 수 없다. 그러나 때로 어떤 것은 약간 명료하게, 또 때로 어떤 것은 아주 애매하게 그 존재를 인식하는 경우도 적지 않다. 특히 표에서 제시했듯이, 최근 1~2년 사이에 중등학교의 맹휴사건에서 노골적으로 표현되기에 이르렀던 것은 특히 주의해야 한다.

현재 매년의 발생 건수에 관해 관립학교와 사립학교를 비교해 보면, 1921년(大正 10), 1922년(大正 11), 1923년(大正 12)은 모두 사립학교 쪽이 많다. 조선의 사립학교는 대다수가 미국 남장로파 계열의 미션스쿨로, 이들 학교에서는 앞에 제시한 소요사건이 윌슨의 민족자결주의에 자극받아 촉발되어, 미국이 왕성하게 부르짖었던 정의와 인도주의에 깊이 의지하는 바 있었다. 동시에 재조선 미국 선교사들의 암암리에 소요를 성원하는 듯한 태도도 있었다. 그럼에도 평화회의나 워싱턴회의 등에서 홀대당하자 미국을 의지할 수 없음을 깨달고, 이에 대한 불신으로 반감을 품었다.

게다가 당시 외교계의 문제로 사회의 주목을 받았던 미국의 배일운동에 대한 반감과 혼동해, 조선 안팎에서 반미국열이 일어나 미국계 교회에서는 신자가 격감하기도 하였다. 이것이 반영되어 사립학교에서 맹휴를 유발하기에 이르렀다. 또 한편에서는 향학열의 발흥에 따라 산간벽지에 이르기까지 버젓한 학교 건물이 세워지게 되었다. 이에 사립학교는 돌연 설비, 교구, 교재 등에서 모두가 빈약하게 보였고, 학생들의 경박한 생각으로 설비의 개선을 요구하며 맹휴에 이르렀다. 1924년(大正 13), 1925년(大正 14)은 약간 기세가 가라앉는 모습을 보였는데, 1926년(大正 15)에 이르러 다시 대두되었고 1927년(昭和 2)에는 72건, 작년은 83건을 헤아렸다. 이들은 민족적 반감을 부채질하고 과격한 언동을 일삼으며 독필(毒筆)을 휘두르기를 좋아해 민족투쟁이나 계급투쟁을 지도하는 것과 같은 태도를 보였다. 또 학교투쟁이라는 신조어를 사용하며 학교에서 투쟁을 가르치고 단련해야 한다는 등 극단적 언사를 늘어놓는 언문(조선문) 신문 잡지의 자극과 좌경주의자 등이 은밀하게 선동하여 동맹휴교는 민족운동 계급투쟁의 일환으로 감행하기에 이르렀다.

4. 동맹휴교의 원인과 유형

1) 학교 설비, 학교규칙, 학과 등으로 인한 맹휴

   제1유형 학교 개선에 관한 맹휴

   제2유형 향학심, 향상심의 왕성함으로 보이는 맹휴

   제3유형 학업을 게을리하며 폐퇴적인 분위기에 따른 맹휴

2) 교원 배척에 관한 맹휴

   교원 배척의 관찰, 배척 이유가 된 교사의 언행, 민족의식에 따른 교원 배척

3) 학교 내부 발생 사건에 따른 맹휴

4) 생도 간 발생한 사건에 따른 맹휴

5) 지방 문제에 관한 맹휴

6) 민족의식, 좌경적 사상의 영향으로 인한 맹휴

   1916년(大正 5) 국장(國葬) 전후의 민심, 국장 전후의 사상운동, 전주고보 맹휴, 숙명여고보 맹휴, 광주 송도 개성 각 고보의 맹휴, 경신 맹휴에 대한 신문의 냉담한 비평, 보성고보 맹휴, 함흥고보 맹휴, 동래고보 맹휴, 중앙고보 맹휴, 신흥과학연구회 격문, 휘문고보 맹휴, 제일고보 맹휴, 동아일보 게재 조선 보통교육의 결함, (동아일보 게재) 보통학교 교원은 조선인으로 채용하라, 1928년(昭和 3) 맹휴의 교훈, 함흥고보 맹휴, 함흥농와 함흥상업교 및 휘문고보 맹휴, 부산제2상업 맹휴, 동경학우회 외 2단체의 격문, 동래고보 맹휴, 광주고보 맹휴, 광주농교와 여고보 맹휴, 진주고보 맹휴, 수원고농 맹휴, 대구고보 맹휴, 배재고보 맹휴, 학생 스트라이크 옹호 전국동맹, 재중국 한인청년동맹 슬로건

동맹휴교의 원인 및 유형에 관해 (1) 학교 설비, 학교규칙, 학과 등에 따른 맹휴 (2) 교원 배척에 관한 맹휴 (3) 학교 내부 발생 사건에 따른 맹휴, (4) 생도 간 발생한 사건에 따른 맹휴, (5) 지방 문제에 관한 맹휴, (6) 민족의식, 좌경사상의 영향으로 인한 맹휴 등의 6가지로 분류하여 관찰하면 다음과 같다.

1) 학교 설비, 학교규칙, 학과 등에 따른 맹휴

이 유형에 속한 맹휴를 다시 제1유형, 제2유형, 제3유형으로 분류했다. 제1유형에는 학교 교사(校舍) 설비 기타 개선에 관한 사항을 모았고, 제2유형에는 학년연장 학과 및 교수 시간의 증가 등 주로 향학(向學)에 관한 사항을 정리했으며, 제3유형에는 훈련 훈육, 학교 규율 및 학과에 대한 불평불만을 호소하며 퇴폐적 분위기에 따른 사항을 열거하였다.

〈표 10〉 제1 유형 학교 개선에 관한 맹휴

		1921		1922		1923		1924		1925		1926		1927		1928		누계		
		중등이상	초등	중등이상	초등	중등이상	초등	중등이상	초등	중등이상	초등	중등이상	초등	중등이상	초등	중등이상	초등	중등이상	초등	계
학교 승격 요망	관공립			1			2							3				4	2	21
	사립	1	1			3	3					1	1	4		1		10	5	
졸업생의 자격인정 요구	관공립																			8
	사립			1		2	1			2				1		1		7	1	
졸업생의 취직알선 요망	관공립													1	1	1	1	1	1	4
	사립													1		1		2		
제복 모표 등에 관한 요구	관공립																			3
	사립	1		1								1						2	1	
교사의 신개축과 제반 설비 개선 요구	관공립	1			3			2				4	1	3	3	4		14	7	41
	사립	1		3	3	2	2					2		2	2	1		11	9	
운동장 확장 요구	관공립					2	1							1				1	3	8
	사립	1		1	1									1				3	1	
교구 표본 운동구 등 배치 요구	관공립									1				3		3		6	1	20
	사립	1		3			2				1			3	1	3	2	10	3	
우량교원 증가 및 보충 요구	관공립		1	1		1	1			1		1	2	1	2	1		7	5	28
	사립	2		2	1	1	1					1	5	4	1			9	7	
계	관공립	1	1	2	5	1	3	3	1			5	2	11	5	10	2	33	19	134
	사립	7	1	13	5	8	9		3			1	5	15	7	7		54	27	
합계		8	2	15	10	9	12	3	1	3		6	7	26	12	17	2	87	46	134

이 표에 의하면 1927년(昭和 2)이 제1위였고, 1922년(大正 11)과 1923년(大正 12)이 그 뒤를 이었다. 그런데 사립학교의 경우 대부분이 앞에서 말한 미국에 대한 반감과 사립학교의 설비 개선 요구에 따른 것임이 여실히 나타나고 있다.

〈표 11〉 제2 유형 향학심, 향상심의 왕성함으로 보이는 맹휴

		1921 중등이상	1921 초등	1922 중등이상	1922 초등	1923 중등이상	1923 초등	1924 중등이상	1924 초등	1925 중등이상	1925 초등	1926 중등이상	1926 초등	1927 중등이상	1927 초등	1928 중등이상	1928 초등	누계 중등이상	누계 초등	계
지리 역사 물리 화학 영어 교수 요구	관공립			2														2		3
	사립	1																1		
농과의 정과 진입 요망	관공립																			1
	사립									1								1		
유검도 교수 요구	관공립							1				1						2		3
	사립															1		1		
학년 연장 요구	관공립															3		3		5
	사립															2		2		
4년제를 6년제로 변경 요망	관공립			1														1		2
	사립													1				1		
6년제를 4년제로 학년 단축 반대	관공립													1				1		1
	사립																			
농업 상업과 폐지 반대	관공립																			1
	사립													1		1				
성경과목 폐지 요망	관공립																			4
	사립			2		1						1				1	3			
2부 교수 폐지	관공립																			2
	사립		1	1												1	1			

요구 사항	구분																계
폐교 존치, 폐교문제 해결 요구	관공립																2
	사립			1	1										1	1	
신교육령에 의한 것 요망	관공립																1
	사립			1											1		
영어 시간 증가 요구	관공립						1								1		1
	사립																
교수 시간 엄격 준수 요구	관공립			1								1				2	8
	사립	1		1		1			1	1	1		3	3			
교수 시간 증가 요구	관공립																1
	사립			1												1	
교장의 장기여행으로 인한 부재 불평	관공립																1
	사립					1										1	
영어 교수에 국어사용 요구	관공립																1
	사립										1				1		
도서실 개방 요구	관공립			1											1		1
	사립																
입학 모집인원 증가 요구	관공립																1
	사립			1											1		
입학시험을 내지의 주요지에서 행할 것	관공립			1											1		1
	사립																
규정 외 과목 폐지에 대한 불만	관공립																1
	사립										1					1	
계	관공립		2	4			2			1		2	3		8	6	41
	사립	2	4	5	2	2			2	2	2	2	4		14	13	
합계		2	6	9	2	2	2		2	1	2	2	4	7	22	19	41

<표 12> 제3 유형 학업을 게을리하며 폐퇴적인 분위기에 따른 맹휴

		1921		1922		1923		1924		1925		1926		1927		1928		누계		계
		중등이상	초등	중등이상	초등	중등이상	초등	중등이상	초등	중등이상	초등	중등이상	초등	중등이상	초등	중등이상	초등	중등이상	초등	
학교 교칙 기타 훈련 등에 관한 불평	관공립					1		1				1						3		6
	사립				1		1					1							3	
수업연한 연장 반대	관공립																			2
	사립											1		1		1		1		
실습시간의 감소 단축, 변경 요구	관공립	1		1				1				1		1	1	2	2	5	5	10
	사립																			
실과교육 방법에 대한 불평	관공립											1						1		2
	사립														1				1	
농장 경영의 사립학교에서 농장 공사에 동원	관공립																			1
	사립						1												1	
동계 휴가 연장 요망	관공립																			1
	사립				1														1	
단오 명절에 휴업하지 않아서	관공립											1						1		1
	사립																			
소풍을 중지해서	관공립			1														1		1
	사립																			
생도에 대한 교사의 조치에 반항	관공립					1								1		1		1		4
	사립			1											1				2	
불량 생도의 처벌에 동정해서	관공립							1				1	2			1	2	4	3	11
	사립			1		1		1						1				2	2	
생도가 고안한 학예회 연극의 내용을 재미없다고 변경한 데 불평하여	관공립											1						1		1
	사립																			

항목	구분																		계
빈궁아동, 보호회비 폐지 요구	관공립												1			1		1
	사립																	
창문 파손 배상 폐지 요구	관공립												1			1		1
	사립																	
■■학교 생도의 휴강 교정 요구	관공립													1		1		1
	사립																	
생도의 여교원 관련 불미스런 일로 퇴학 처분한 교장 배척	관공립						1									1		1
	사립																	
타교의 맹휴에 자극 받아서	관공립													4	1	4	1	6
	사립													1		1		
청년회 가입 금지에서 발단	관공립													1		1		1
	사립																	
소년척후대에 가입한 생도에 탈퇴 명령하여서	관공립													1		1		1
	사립																	
수업료 인하 요구와 납입 독촉장 불만	관공립									1		1				2		5
	사립		1			1								1	1	2		
기차 승차권 배급 요구	관공립		1													1		1
	사립																	
계	관공립	1		3		2	2	1		3	2	4	1	3	8	8	14	26	58
	사립		1	4	1	4					2		1	3	2	5	13	
합계		1	1	7	1	6	2	1		3	2	6	1	4	11	10	19	39	58

2) 교원 배척에 관한 맹휴[1]

###〈표 13〉 교원 배척에 관한 초등 수준 학교의 맹휴

초등 수준 학교 맹휴		1921			1922			1923			1924			1925			1926			1927			1928			누계		
		내	조	계	내	조	계	내	조	계	내	조	계	내	조	계	내	조	계	내	조	계	내	조	계	내	조	계
인격 및 소행 관행에 대한 배척	공				3	3	6	4	1	5	4		4	5	9	14	7	4	11	5	3	8	3	4	7	31	24	55
	사				1	1	1	1	2					1	1		1	1	1	2	3				2	6	8
교수법에 대한 불만에 근거한 배척	공				1		1	3	1	4		1	1	2	2	4	3			3	8	4	12	1	3	4	18	11	29
	사	3		3	1		1							1	3	4	1		1							2	7	9
교직원의 자격에 근거한 배척	공				1		1										1		1							1	1	2
	사							1		1																	1	1
훈육 엄격하다고 칭한 배척	공				1			1		1			1		2	2	4	2			2	2		2	1		1	9	2	11
	사							1		1																	1	1
생도의 처우에 근거한 배척	공				1	1	2	1	3	1		1	2	4	6	3	1	4	1	1	2	4	1	5	13	9	22
	사	3		3	3		3																				6	6
교사의 조치에 불만을 품고 배척	공				2		2										2	1	3	2	2	4				6	3	9
	사				1		1							1	1											2	2

---

[1] 원문에는 하나의 표로 제시되어 있으나 편역자가 가독성을 위해 초등 수준과 중등 수준이상 2개의 표로 나누어 정리하였다.

교사의 훈육 및 처벌에 불만을 품고 배척	공						1		1	3		3		1	1		1	1		3	3	4	5	9
	사																							
민족적 의식에 근거한 배척	공																1	1				1	1
	사																							
교원 간의 불화에 근거한 배척	공			3	3						1	1									1	3	4
	사																							
계급의식에 근거한 배척	공			1	1																	1	1
	사																							
기타	공	1		1	1		1			1		1			2		2	3	2	5	1	1	8	3	11
	사																						4	4
초등 수준 소계	공	1		1	8	9	17	10	3	13	7	1	8	15	17	32	20	7	27	21	14	35	9	12	21	91	63	154
	사		6	6		6	6	1	4	5			1	5	6	1	4	5	1	2	3			4	27	31

<표 14> 교원 배척에 관한 중등 이상 수준의 학교 맹휴 분포

중등 이상 수준 학교 맹휴		1921				1922				1923				1924				1925				1926				1927				1928				누계			
		내	조	외	계	내	조	외	계	내	조	외	계	내	조	외	계	내	조	외	계	내	조	외	계	내	조	외	계	내	조	외	계	내	조	외	계
인격 및 소행 관행에 대한 배척	관				2			2	2				2								1		1	3	2		5	16	1		17	3		3	26	4		30
	사		3		3	1	2	1	4		3	1	4	2	2		4			5	5			1	1		1		3	3	2	8	6	19	5		30
교수법에 대한 불만에 근거한 배척	관												2				2						8	3		11	11			11	8	3		11	29	6		35
	사	1	2		3	4	7		11	4	1		5		1		1	1	1		2	1	3		4	6	10		16		5		5	17	30		47

사유	구분																								
교직원의 자격에 근거한 배척	관						1	1				1		1	5		5	4		4	10	1		11
	사	2		2	1	4		5	2	8		10				1	4	5		5	5	4	23		27
훈육 엄격하다고 칭한 배척	관												3	1		4	2		2			5	1		6
	사				1		1										1	1		1	1		3		3
생도의 처우에 근거한 배척	관						2		2				1		1							3			3
	사						1		1							1	1	2		3		2	2	1	5
교사의 조치에 불만을 품고 배척	관															1		1				1			1
	사																								
교사의 훈육 및 처벌에 불만을 품고 배척	관																								
	사																								
민족적 의식에 근거한 배척	관	1		1					2		2							1		1		4			4
	사		2		2													1		1	1		2		3
교원 간의 불화에 근거한 배척	관					1		1																	1
	사												2		2					1	1		3		3
계급의식에 근거한 배척	관																								
	사																								
기타	관															5	2	7	12	1	13	17	3		20
	사		2	1		3	1	1	2				1	3	4	2		2	3	1	4	2	4	6	7	12	1	20

중등 이상 소계	관	1		1	2		2	5	1		6	4			4	1	1		2	11	16		27	40	3		43	28	4		32	96	15		111
	사	1	9		10	6	16	2	24	8	13	1	22	3	2		5	2	10		12	1	5	2	8	11	19		30	6	19	2	27	37	94	7	138
합계 (초등 포함)		3	15		18	16	31	2	49	24	21	1	26	13	4		17	19	33		52	37	22	2	61	75	36		111	45	33	2	80	228	199	7	434

    교원 배척에 관한 동맹휴교는 앞의 표에 나타난 것처럼, 1927년(昭和 2)까지의 누계가 354건이다. 이를 내선인별로 보면 내지인 교원의 배척이 185건, 조선인 교원의 배척이 164건, 외국인이 5건으로 나타났고, 중등학교 이상에서 교원 배척은 190건, 초등학교는 164건이었다. 또 배척의 이유를 종류별로 보면, 인격 및 소행 언행에 대한 배척과 교수법에 관한 배척이 최다를 점했는데, 전자가 108건, 후자가 100건으로 그 수도 서로 비슷했다. 생도의 처우에 대한 배척은 생도에게 처벌을 가한 것에 따른 계급의식과 관련된 맹휴로, 이는 종래 사회계급 의식에 따른 것이었다. 현재 배척의 이유가 된 교사의 소행 언행 등을 예로 보면, 다음과 같다.

  일, 모 교장은 부하 직원을 대우하는 데 매우 냉혹하게 직권을 남용하고 함부로 사적 행위까지 간섭하여 직원 사이의 원만함을 해쳐서 여러 차례 논쟁한 바 있다. 생도에 대해서도 역시 아주 가혹하여 방과 후의 유희 중에 생도가 교무실에서 등을 보이자 곧바로 이를 나무라는 등 광적으로 대했으며, 학부형에 대해서도 방만하고 부민(部民)을 멸시한다는 등의 이유로 배척함.

  일, 모 외국인 교장은 전혀 식견이 없음에도 불구하고 걸핏하면 인격을 무시하고 횡포한 행위를 한다는 비난이 높았을 뿐만 아니라, 생도에게 성서 연구를 강요하여 일부 직원 사이에서도 그 비상식적임을 말하는 자 있고, 생도들도 또 한결같이 교장을 비방하고 있었다. 때마침 어느 날 교장이 전체 생도를 모아 놓고 신앙에 열심히 임하지 않는다고 책망하자 생도들은 그 어리석음을 냉소하며, 한 생도가 종교가 정식 과목이냐고 다소 반항적 태도로 질문했는데, 이 학생을 교장실로 불러 폭력적 제재를 가하니 이를 들은 일반 생도들이 맹휴를 하기에 이름.

일, 모 교사는 평소 감독을 엄중하게 했으므로 생도의 평판이 좋지 않았다. 때마침 모 지역으로 수학여행을 갔는데, 여행 중 여러 차례 지정된 시간을 안 지키거나 혹은 예정에 없는 뱃놀이 혹은 기념촬영을 하는 등 규율 없는 행동이 많아 두세 번 경고한 것에 대해 반감을 품고 맹휴함.

일, 기차 통학을 하는 어느 생도가 차장과 싸움을 하였는데 철도 측에서 학교와 교섭하여 조사하였다. 그 결과 생도에게 부적절한 점이 있어 철도 측에 사죄시켰는데, 생도 가운데는 직원이 생도를 무시하고 학교가 철도 측을 동정한다고 분개해, 다른 구실을 만들어 맹휴함.

일, 생도에게 실과 교육의 일환으로 양계(養鷄)를 하는 것과 같은 취지로 양잠을 하도록 했는데, 거기에 들어가는 뽕잎을 생도들이 집으로 돌아간 후 산뽕나무에서 채취하도록 했다. 그러나 뽕잎 채취를 위해 약 4킬로(우리의 10리에 해당) 정도의 산이나 들판으로 가서 해야만 하는 자도 있어 공부에 영향을 준다고 하며 일반적으로 이를 기피하여 맹휴함.

일, 역사 시간에 "해당 지역의 고적을 보니 여러분 선조의 위대함을 충분히 알 수 있다. 그런데 여러분처럼 나태한 본성으로는 도저히 선조와 같은 위대한 인물이 될 수 없다"라고 훈유하자 생도들이 선조를 모욕했다고 곡해하고 맹휴함.

일, 교장이 교정에서 빗, 거울 등의 장신구를 지니고 다닌다고 훈계하자 교장에 대해 불만을 품고 배척하기 위해 맹휴함.

일, 여생도가 '붉은 구슬(赤玉)' 운운하는 창가에 대해 장난으로 '흰 구슬(白玉)' 운운이라고 말한 것을 계기로, 남생도가 해명을 요구했는데, 나아가 조선일보 기자와 논쟁하게 되면서 결국 맹휴에 이름.

일, 창가 수업 중에 어느 생도가 발장단을 하지 않는 것에 대해 꾸짖자, 갑자기 고의로 발장단을 크게 하였다. 교사가 이를 제지했음에도 응하지 않아 교실 밖으로 쫓아낸 것에 불평을 품고 맹휴함.

일, 농업 수업에서 생도들이 번갈아 예기치 못한 질문을 하고 설명을 요구하자 "너희들은 교사를 괴롭히기 위해 이처럼 비상식적인 질문을 한다"라고 꾸짖자, "그렇다, 선생이 지난번 우리들에게 아무것도 모른다고 말했으므로, 우리들은 박학다식한 교사를 시험한 것"이라며 도전적 태도로 나온 것이다. 이로 인해 교사가 일단 수업을 중단하자 생도들은 교장에게 우리들은 질문에 응답하지 못하는 교사 밑에서 공부하고 싶지 않으니 좋은 교사를 초빙해달라고 요구하며 맹휴함.

일, 교실에 설치된 난로가 불완전해 연기가 새어 교실 안에 그을음이 있는 것을 보고 교사는, 이전에 생도가 백묵상자에 개구리를 넣어두었던 것을 연상해, 이번에도 자신에 대한 나쁜 장난이라고 잘못 알고 생도를 교실 밖으로 모이게 하여 꾸짖었다. 이에 대해 불만을 품고 맹휴함.

일, 담임 훈도가 어려서 생도(생도 중에는 교사보다 연장자 혹은 동년배가 많음)로부터 경멸당하는 경우가 있었는데, 때마침 어느 날 교실 청소가 불충분한 것으로 생도 전체를 훈계하자 이에 반감을 품고 맹휴함.

일, 모 학교 4학년생들이 허락을 받지 않고 교정에서 축구회를 개최하자 이에 대해 교장은 평소의 훈시를 위배한다고 하며 그 무분별함을 꾸짖었다. 그런데 뉘우치는 정황을 보이지 않자 학부형에게 주의를 주어야 한다고 해서, 다음 날 등교 때 학부형을 동반하도록 명하자 생도들은 어떤 과실이 없는데 학부형을 호출해 훈시하는 것은 부적절하며, 우리들을 징벌에 처하기 위함이라는 그릇된 믿음으로 맹휴함.

일, 4학년생 2명이 무단으로 조퇴하자 학교규칙을 문란하게 한 것으로 정학을 하였는데, 일반은 교장의 처벌이 가혹하다며 배척하며 맹휴함.

일, 한 강습생이 사환실(小使室)에서 흡연하다 발각되어 질책당한 이후, 교장과 생도의 타협이 잘되지 않았는데, 때마침 4학년생에게 석탄 절약을 위해 다량을 태워서는 안 된다고 경고하자, "조선인 놈들은 석탄을 땔 필요가 없다"라고 말했다며 매우 분개했고, 무자비하고 난폭한 교사로부터 가르침을 받을 필요가 없다며 배척하여 맹휴함.

일, 조선인은 망국의 백성이라는 위험 사상을 지녔거나 혹은 권리만을 주장하고 의무심을 망각하는 등 언제나 모욕적인 언사를 늘어놓는 일 있었으므로 생도에게 반감을 샀는데, 때마침 수업 시작 시간에 지각한 생도를 엄벌한 것을 동기로 배척하여 맹휴함.

일, 모 교사가 하루에 2~3시간만을 교수할 뿐이고, 만약 생도의 시험문제 해답이 불량한 경우는 "썩은 민족" 또는 "야만인종" 등으로 매도한 바 있어 배척 맹휴함.

일, 모 교사가 생도를 망국인종이라고 매도하거나, 또 월사금이 30전이므로 하루에 1전씩 가르친다는 등의 언사를 하여 배척 맹휴함.

일, 일본인과 조선인 사이의 구별을 암시하며 조선인을 야만시했고, 생도가 의문나는 점을 물어보면 자기가 아는 바는 으스대며 학생들이 모르는 것을 비난하며 오만한 태도로 대답하는 등의 이유로 배척함.

일, 수업 시작에 즈음해 사환이 종을 울리자 옆에 있던 한 생도가 "그런 것 울리지 마"라고 말하는 것을 근처에 있던 모 교사가 들었다. 교사가 이 생도를 꾸짖으며 위협적으로 손을 휘둘렀고, 손이 생도의 콧대를 때려 출혈하자 이를 본 학우들이 해당 교사의 반성을 촉구하며 맹휴함.

일, 시간 형편에 따라 복식(複式) 수업을 한다는 지침을 발표하자 불손한 태도를 보인 생도의 얼굴을 구타하며 장래 엄중한 훈련을 하겠다는 방침을 통고했던 것에 반감을 품고 맹휴함.

일, 한문 학기시험 도중 한 생도가 답안을 제출하지 않고 퇴장하여 급장에게 불러오도록 했는데, 이에 응하지 않자, 교사가 직접 그를 교무실로 데리고 와 주의를 주었다. 그런데 자신이 퇴학하게 되면 주의를 받을 필요가 없다며 반항적 태도로 나오자, 교사는 그러한 불손한 행위에 분개해서 구타했다. 평소 소행이 불량하고 거칠고 오만한 내지인 교사에게 특히 반감을 지녔던 그는 있는 힘을 다해 저항했고, 함께 있던 2명의 교사가 이를 보고 함께 이 생도를 구타하였다. 그런데 다른 교사들은 이 생도를 동정하여 "신성한 신의 학교에서 사람을 구타하는 것은 마땅치 않다"라고 하자 이에 힘을 얻어 더욱 강하게 저항했지만, 역부족으로 학교에서 쫓겨났는데, 다음 날부터 동급생 전부가 맹휴함.

일, 산술 수업 중에 생도의 답안이 불량함을 지적하며 차라리 퇴학하라고 질책하고, 거기에 더해 3명의 생도를 구타하였다. 이에 대해 학부형 및 생도가 분개했는데, 때마침 이 학교 훈도가 내지(內地) 시찰 여행의 평안을 기원하는 의미로 음식점에 모여 술을 마셨다. 몇몇 생도가 그곳에 와서 음식점에서 술을 마시는 것이 교육가로서 올바른 행동인지를 질문하자, 은사(恩師)에 대한 언동이 아니라며 야단치며 구타하여 맹휴함.

일, 수공(手工) 수업 중 한 생도가 수공 기구로 책상을 손상시키자, 평소 주의하지 않는다고 타일렀다. 그러나 반항적 언사를 늘어놓자, 잘못을 뉘우칠 때까지 교무실에 있도록 했다. 다음 시간에 다른 훈도가 대신해 수업하자, 위 생도는 몰래 교실에 들어가 수업을 들었는데, 이를 알고 구타한 것에 대해 일동 분개하여 맹휴함.

일, 모 교사가 6학년생 가운데 장발(長髮)을 한 자가 있음을 보고 건방지다고 하면서 재봉용 가위로 머리를 길이 5밀리 정도로 짧게 밀어버리자 평소 이 교사에게 불쾌함을 품고 있던 생도들이 배척하는 의미로 맹휴함.

일, 수업을 불친절하게 하고 생도의 질문에 적절하게 해석 설명하지는 않고, 도리어 질책하고 종종 구타하는 일 있어 생도들이 기피하고 있었는데, 때마침 체조 수업 중 규율을 지키지 않는다고 하여 2~3명을 구타하자 배척하여 맹휴함.

일, 체조시간 중 한 생도의 동작이 야무지지 못하다고 하여 그를 구타하자 이에 분개해 맹휴함.

일, 휴식시간 중 놀이에 열중하느라 수업 시작 시간에 2분 지각했다고 구타하자 이에 맹휴함.

일, 수업 시작 시간인데 물을 마시느라 교실에 늦게 들어오자, 생도 12명을 구타하고, 2명을 퇴학 처분해야 한다며 교실에 들어오지 못하게 함. 이에 배척하며 맹휴함.

일, 여교원이 새롭게 배치된 것을 평하여 여교원의 부임은 학교를 악화시킨다고 말하는데, 그 이유를 전해 듣고자 취조하는 와중에 생도에게 회초리를 가했다고 하여 맹휴함.

일, 내지에서 처음 부임하여 조선 사정을 잘 알지 못하고, 성질이 급하고 조선의 풍습이 조야하다며 비방하고, 아동에 대한 애정이 희박한 교장이, 교장 편드는 소사를 구타한 생도를 정학 처분에 처하자, 이에 스스로 퇴학 신청한 것에 대해 허가하는 것을 보고 맹휴함.

일, 교장의 자녀와 다른 1명의 생도가 싸움을 한 것에 대해, 교장은 자신의 아이에게는 어떤 징계도 하지 않으면서, 상대 생도를 구타하여 잠깐 의식을 잃게 하였는데, 이러한 교장 아래서는 교육을 받고 싶지 않다고 하면서, 해당 교장을 전임시키고 그 아이를 퇴학시키지 않으면 등교를 하지 않다면서 맹휴함.

일, 학교(校舍)에 인접한 교장 및 내지인 직원의 숙소 주변을 아동을 시켜 자갈을 깔도록 한 것에 대해 아동이 반감을 품고 맹휴함.

일, 교장의 장남이 전염병으로 사망했는데 교사들이 생도를 시켜 청소하게 한 것이 발단이 되어 청년회원이 학부형과 결탁해 아동을 맹휴하게 함.

일, 모 교사의 집에서 한 여생도가 같은 방에 있는 것을 목격하고 이에 대해 소문을 냈는데, 추행으로 잘못 알아 배척하며 맹휴함.

일, 모 교사가 여름 방학을 이용하여 모 지역의 여행에서 돌아오는 길에 한 여관에서 투숙하던 중 같이 머문 한 생도가 "때마침 그 장소에 있던 같은 학교 여학생과 추행이 있었음을 현장에서 확인했다"라며 생도 사이에 소문을 내자, 그 생도를 구타하였는데, 이를 배척하며 맹휴함.

일, 모 교사는 독신으로 평소 음주를 하면 만취하였고, 항상 야비한 유행가를 부르는 등 교사로서의 체면을 더럽히는 경우가 많았다. 생도들은 이를 반기지 않았는데, 때마침 자신의 하숙집 딸에게 중매쟁이를 통해 결혼을 신청한 사실이 알려져 배척 맹휴함.

일, 생도에게, 너에게 자매가 있다면 나에게 달라 혹은 부인이 있다면 빌려 달라, 여생도가 조금 더 크면 좋은데 작아서 유감이다, 너희들 여자 형제를 모두 내놓아라, 가장 미인을 취하겠다는 등의 말을 늘어놓거나 생도에게 담배를 주거나 빌려주는 일 등의 사실을 들어 배척 맹휴함.

민족의식에서 비롯된 맹휴는 뒤에서 서술하는 바와 같은데, 교원 배척의 이유로 표면적으로 민족적 반감을 드러낸 경우는 아주 적었다. 가령 배척된 교원과 직원을 내선인별로 구분하여 백분율로 산출해 보면, 중등학교 이상의 경우 내지인 교사는 100명 가운데 8명, 조선인 교사는 100명 가운데 18명이 배척되었다. 초등학교의 경우 내지인 교사는 4명, 조선인 교사는 2명이 배척되는 비율이었다. 중등학교에서 조선인 교사의 배척이 비상하게 많았던 것은 원래 동맹휴교가 사립학교에서 많았고, 사립학교에는 조선인 교사가 다수 재직한 것 때문이었다고 이해할 수 있다. 내지인 교사 배척의 경우 내지인이라는 이유로 어쩔 수 없이 배척하는 것은 종래 그다지 볼 수 없었다. 대부분은 이전에 제시했던 사례와 유사한 사실로 인한 배척이었다. 그런데 1927년(昭和 2) 후반기 이후에는, 사소한 비행 또는 실태를 침소봉대하여 과장하거나 혹은 고의로 곡해하여 배척의 이유로 삼기에 이르렀다. 여기서 민족의식에서 비롯된 교직원 배척의 사례를 제시하면 다음과 같다.

일, 의학전문학교에서, 모 교수가 학회에서 발표했던 조선인에 대한 해부학 상의 연구 발표가 조선인을 모욕하는 것이라고 하며 배척함.

일, 모 사립학교 생도가 배일사상을 갖고 때때로 이를 말과 행동으로 드러내었는데, 조선인 교사 두 명이 사상이 온건하여 조선인의 불온 행동에 동조하지 않을 뿐 아니라 늘 그들 생도의 사상 선도에 마음을 쓰는 것에 반감을 품고 배척하기에 이름.

일, 모 내지인이 사육하는 곰을 보려고 학생들 다수가 한꺼번에 몰려들었는데, 이들 학생을 물어 상처를 입힌 이 집의 개를 다른 생도들이 추적하자 경찰관에게 제지당했다. 이전에 조선인이 기르는 개에게 같은 학교 생도가 물려서 상처를 입었을 때는 곧바로 교장이 현장에 와서 응급처지를 했고 개는 잡아 없애도록 했는데, 이번에는 어떤 조치도 하지 않아 이를 내선인 차별에 의한 것이라고 칭하며 배척함.

3) 학교 내부 발생 사건에 따른 맹휴

<표 15> 학교 내부 발생 사건에 따른 맹휴

		1921		1922		1923		1924		1925		1926		1927		1928		누계		
		중등이상	초등	중등이상	초등	중등이상	초등	중등이상	초등	중등이상	초등	중등이상	초등	중등이상	초등	중등이상	초등	중등이상	초등	계
학교와 평의원의 분쟁 해결을 위해	관공립															1		1		1*
	사립											1						1		
학교직원 및 이사의 불성실에 분개하여	관공립																			1
	사립									1								1		
교원 사이의 불화에 의한 것	관공립			1				1				1						3		12
	사립	1	1	1		1				1		2		2		4	5			
해고 직원의 사주에 의한 것	관공립																			1
	사립											1							1	
전임 퇴직 교원의 유임 복직 요청	관공립			2				1		2				2		1	1	7		27
	사립			3	1	5				1		3		1	3	2	7	12		

		1921		1922		1923		1924		1925		1926		1927		1928		누계		
공립학교로 전환하는 것 저지	관공립																			1
	사립									1								1		
시험문제 누설 때문에	관공립																			1
	사립			1												1				
계	관공립			3				1		1		2		1		2		1	10	44
	사립	1		5		2		6				3	2	1	5	1	5	2	14	19
합계		1		5				6	1	1		3	4		6	3	5	3	15	29	44

편역자 주: 누계의 계에 *1는 합산하면 2가 되지만, 원문에 1로 되어 있어 그대로 두었다.

4) 생도 간 발생 사건에 따른 맹휴 투쟁

〈표 16〉 생도 사이의 사건에 따른 맹휴 투쟁

		1921		1922		1923		1924		1925		1926		1927		1928		누계		계
		중등이상	초등	중등이상	초등	중등이상	초등	중등이상	초등	중등이상	초등	중등이상	초등	중등이상	초등	중등이상	초등	중등이상	초등	
통학생의 부락 간 싸움	관											1		1				2		2
	사																			
생도 간의 불화에 기인	관											1		1				2		2
	사																			
운동경기에 따른 것	관	1												1				2		2
	사																			
불량 생도의 배척 요구	관									1								1		1
	사																			
백정 자제와의 공학 기피	관			2		1				1								4		5
	사			1															1	

		1921	1922	1923	1924	1925	1926	1927	1928	누계	계
여생도의 여권 주장에 남생도가 형편에 맞지 않다고 저지하자 불평하여	관									1	1
	사		1							1	
계	관	1	2	1		3	2	3		11	13
	사		1	1						2	
합계		1	3	2		2	2	3		13	13

5) 지방 문제에 관한 맹휴

〈표 17〉 지방 문제에 관한 맹휴

		1921		1922		1923		1924		1925		1926		1927		1928		누계		계
		중등이상	초등	중등이상	초등	중등이상	초등	중등이상	초등	중등이상	초등	중등이상	초등	중등이상	초등	중등이상	초등	중등이상	초등	
정거장 위치 결정 반대	관									1								1		1
	사																			
신개축 학교의 위치 반대	관					1								1		1		1		3
	사						1											1		
학교의 합병 반대	관																			1
	사									1								1		
계	관					1								1		1		2		5
	사						1			1								2		
합계						1	1			1		1		1		1		1	4	5

6) 민족의식, 좌경적 사상의 영향으로 보이는 맹휴

〈표 18〉 민족의식, 좌경적 사상의 영향으로 보이는 맹휴

		1921		1922		1923		1924		1925		1926		1927		1928		누계		계
		중등이상	초등	중등이상	초등	중등이상	초등	중등이상	초등	중등이상	초등	중등이상	초등	중등이상	초등	중등이상	초등	중등이상	초등	
내선인 차별철폐 요구	관					1	2	1				1	1					2	4	6
	사																			
내지인 교원을 조선인 교원으로	관							1										1		2
	사															1		1		
조선인 교사 다수 채용	관															1		1		2
	사													1				1		
조선인 본위의 교육할 것	관																			1
	사	1																1		
내선인 교사의 봉급 평등	관																			1
	사			1														1		
내선 생도의 싸움에 대한 조처에 불응	관			1														1		1
	사																			
내지인 생도의 입학 제한 요구	관											1						1		2
	사	1																1		
내선인 공학 반대	관															2		2		2
	사																			
조선역사와 지리 교수 요구	관													1		2	1	3	1	4
	사																			

항목	관/사													계
언문 신문 잡지 구비	관										1	1		1
	사													
조선어과 신설 존중 및 시수 증가 등 요구	관					1			1	2	4			4
	사													
영어 교수에서 조선어 사용 요구	관													1
	사						1				1			
독립기념일을 기념하기 위해	관													1
	사			1							1			
태평양회■■■■ 문제 ■■를 표하기 위해	관													2
	사	1	1								1	1		
동창회 자치 요구	관													3
	사			1					1	1	3			
학우회 교우회 자치 요구	관								1	2	3			8
	사								2	3	5			
교우회비 연도 결산 보고 요구	관								1		1			2
	사								1		1			
학교 내 집회 언론 출판의 자유 요구	관								1	3	4			4
	사													
생도의 교칙 준수 압박	관													1
	사								1		1			
생도의 대우 개선 요구	관							2	1		2	1		3
	사													
■■■■생도에게 ■■	관									1		1		1
	사													

사유	구분																	계
학내에서■■	관												1		1		2	2
	사																	
조선 교육제도 ■■일본신민화 ■■■■	관												1		2		3	9
	사														6		6	
맹휴를 민족의식의 수단으로 투쟁하는 ■■	관														3		3	4
	사														1		1	
학생■■■■■ ■■■■	관					1				1							2	2
	사																	
학교와 경찰의 야합에 반대	관												1		1			1
	사																	
경찰의 횡포를 규탄	관												1		1			1
	사																	
■■■■■■	관														2		2	2
	사																	
교내에 경찰■■■■■■	관												1		1			1
	사																	
계	관		1		1	2	1	2	1	1	1	11	2	24	1	40	8	74
	사	3	1	3						1		6		12		25	1	
합계		3	1	4	1	2	1	2	1	2	1	17	2	36	1	65	9	74

    조선의 맹휴사건은 민족적 반감 내지 총독 정치에 대한 반항 분위기가 현저히 반영된 사건이 적지 않다. 그런데 최근 이것이 아주 농후해졌고, 좌경적 사상조차 포함되기에 이르렀다. 이런 경향은 1926년(大正 15) 경부터 시작되었다. 특히 같은 해 6월에 행해졌던 고 이왕 전하의 국장은 조선 내의 치안이라는 전체 형국에서 볼 때 아주 미미한 영향이라 할 수 없다. 즉, 1919년(大正 8)의 소요가 이해의 국장을 계기로 일어났던 것에서, 조선 내외의 불량

자 등은 다시 이 기회를 이용해 민족운동을 일으켜야 한다고 왕성하게 활약했던 것이다. 불온 선전 문서 및 인쇄물이 출현했고, 불온 낙서, 불온 유언비어 등이 헤아리기 어려울 정도였다. 특히 4월 28일 경성부협의원 다카야마 고코(高山孝行) 일행을 고위직 관료라고 판단해 흉악한 범행을 일으켰던 금호문(金虎門) 사건이나 주재소, 파출소, 면사무소 등을 습격한 권총사건, 기타 여러 종류의 불온 범죄사건 등으로 학생 사상도 적지 않게 동요하여, 국장 당일 다수 생도의 망동을 보기에 이르렀다. 지방에서는 무리하게 학교의 휴교를 요청하는 일이 속출했고 태업(怠業) 분위기도 모자라 맹휴가 속출했다. 당시 차압 처분이 내려졌던 불온 문서 가운데 고려공산당 청년회원 김단야(金丹冶, 1901~1938), 권오설(權五卨) 등이 작성한 표어에는

조선인 교육은 조선인 본위로!!!
보통교육을 의무교육으로!
보통학교 용어를 조선어로!
보통학교장을 조선인으로!
중등 이상 학생의 집회를 자유로!
대학은 조선인을 중심으로!

라고 적혀 있었다. 이는 특히 주의를 요하는 것으로 1927년(昭和 2) 이후의 맹휴가 이들 각 조항을 전부 요구했다는 점은 간과할 수 없는 사실이다. 또 사상 방면의 운동은 치안 유지법 실시에 따라 결사의 자유가 제한되었으므로, 지방에서 여러 청년회를 조직하여 암암리에 주의 운동(主義運動)을 하려고 모의했다. 장래 주의 운동의 투사를 양성하기 위해 소년단이나 보이스카우트 등의 설립에 착목해 소년 소녀 웅변대회 또는 강연회 등을 이용해서 자녀의 입으로 주의 선전을 하게 하려는 경향을 드러냈다. 이들이 직접이나 간접적으로 동맹휴교 사건을 빈번히 일으켰음은 숨길 수 없는 사실이다.

1926년(大正 15) 맹휴 중 가장 집요했던 사건은 공립전주고등보통학교의 동맹휴교이다. 처음에는 강당 및 기숙사의 건축, 유도와 검도의 교수, 교장 및 교원의 배척 등을 요구하며 맹휴하였다. 그런데 학부형의 개입으로 도리어 생도를 악화시켰고, 결국 전화 감시, 교문 감

시, 자전거 주차장 감시, 교장실 난입 등으로 역할을 정해 교장을 학교 밖으로 내쫓고 부상당하게 하여 사회적 이목을 상당히 끌었다. 이 맹휴는 표면적으로 주의사상을 드러낸 것으로 보이지 않지만, 학생의 단결 소위 학교투쟁이 충분히 사회운동으로 될 수 있음을 증명하는 것이었다. 이런 의미에서 이것은 최근 악화되었던 맹휴의 시초였다고 할 수 있다.

다음은 1927년(昭和 2) 5월에 일어난 사립숙명여자고등보통학교의 동맹휴교이다. 본교의 맹휴는 내지인 교사 2명의 배척, 생도의 대우 개선, 재봉교사로 조선인 교사 채용, 조선인 교사 다수 채용, 인격 높은 교사 우대 등을 요구하며 일어났다. 그런데 생도의 학부형 가운데는 조선일보 발행 담당자 안재홍, 조선소년단장 전백(全柏) 등이 있어, 맹휴에 개입해 조정을 한다는 명목으로 부형회를 열고 스스로 그 대표가 되어 "숙명여자고등보통학교는 400명 학생의 것으로 사이토(齋藤, 당시 교무주임) 한 사람의 것이 아니다" 등을 결의하였고, 학교 내부의 경제에까지 개입해 문제 삼았다. 생도를 지지하며 맹휴를 조장하는 듯한 언사를 늘어놓았고, 맹휴생과 은밀히 만나 그들을 지도하거나 혹은 신문을 이용해 학교 측의 비리를 알렸다. 또 맹휴사건의 검토를 명분으로 암암리에 맹휴를 선동하였고 민족의식을 도발하는 등의 행동에 나섰다. 이 때문에 생도 등의 결속은 아주 단단해졌고, 실제로 4개월이라는 긴 시간에 걸쳐 해결될 때까지 멈추지 않아, 결국 교무주임이 사임하기에 이르렀다.

이 사건 이후 중등학교의 맹휴는 매우 악화하는 경향을 보였다. 종래의 단순한 교원 배척, 설비 개선, 승격 요망을 목적으로 했던 맹휴와 달리, 교원의 배척도 내지인 교원을 목표로 하는 경우가 많았다. 사소한 비행 혹은 불미스런 일을 핑계로 과장 곡해하였으며, 맹휴의 이유로 삼았고 그 운동 방법에서도 좌경단체, 언문 신문사 등에 선언서를 보내 후원을 의뢰하려는 경향을 나타냈다.

공립광주고등보통학교 생도는 같은 해 5월 일본인과 조선인의 차별 감정을 철폐한다는 것 이외에 7가지 사항을 요구하여 맹휴를 결행했다.

사립송도고등보통학교, 사립개성학당, 사립경신학교는 모두 같은 해 6월 맹휴를 일으켰는데, 이들 학교는 이전부터 시험을 기피하기 위해 연중행사처럼 맹휴하였으므로 문제 삼을 정도는 아니었다. 특히 경신학교는 영어를 국어로 하여 가르치라는 요구를 했는데, 조선일보는 금일의 조선인 학생으로서 이미 사용해 온 조선어를 일본어로 바꿔 설명하라고 요구하는 것은 어떤 정신에서 나온 것일까. 만약 그 조건이 학생의 진정한 희망이라면 그것은 그 학교의 교육 정신에 마비된 것이라 해야 한다. 그런데 이는 결코 아닐 것이다. 단지 맹휴에 적당한 조건이 없었다는 것을 반증하는 것이다. 이와 동시에 그 학생들의 무의식적 망동을 책망하며, 몰정신(沒精神)의 기풍이 교육계에 전염되지 않도록 크게 경계하는 바이다.

라고 냉혹하게 비판했다.

사립보성고등보통학교에서는 교우회의 생도 자치, 교장 외 몇 명의 교원 배척을 이유로 하여 동맹휴교를 일으켰다. 맹휴생들은 각 학년에서 대표자를 뽑아 맹휴 총본부를 두었고, 각 학년에 본부를 두어 6개소의 지부를 설치했다. 이들을 서로 연결해 철권단(鐵券團)을 조직했으며 통학 저지, 귀향 저지, 극장관람 저지 등의 부서를 정해 결속을 확고히 했다. 학교 측의 태도가 강경한 것을 보고 교장을 문밖으로 끌어내어 추방한다는 뜻을 확실히 보여 주면, 교장은 화가 나서 참지 못하고 반드시 사직하게 될 것이라고 하였고, 교장이 맹휴생을 타이를 때 헛기침으로 소리 신호를 억지로 내어 만세를 높이 외치도록 했다. 더욱 놀라운 것은 시내를 끌고 다니려고 인력거를 준비했다. 본 맹휴 사건에 관해 신간회원 모씨는 회의 대표라 칭하며 학교에 출두하여 교장의 사퇴를 권하였다. 이렇게 악화한 맹휴는, 폭행 학생의 검거도 효과를 거두지 못하고 끝내 교장이 스스로 책임을 지게 되면서, 4개월을 경과하여 점차 해결되었다.

공립함흥고등보통학교 생도는 같은 해 7월 학교를 식민지 정치의 한 기관에서 해방시켜 자유로운 학문 선도의 장소로 하는 것 그리고 내지인 교사 3명의 배척 5가지 사항을 들어 다음과 같은 진정서를 제출하며 맹휴했다.

진정서

교육자라고 칭하는 김■업이 우리 함흥고등보통학교 교유가 된 것은 교육의 목적에 위반하는 것이다. 총독부 학무국 스스로가 일본 내 실업자의 실업 방지 수단으로 우리 조선의 궁핍한 경제로부터 아주 큰 금액을 징수하여 조선인 자제의 교육이라는 이름 아래 학교를 세웠던 것이라 생각되고, 또 가장 훌륭한 충견(忠犬)을 만들려는 목적으로 소위 식민지교육을 시행하는 것이라고 볼 수 있다. 왜냐하면 별항(別項)에서 우리들이 배척하는 4명의 교유는 물론, 교유 중 한 명도 남김없이 모두 우리에게 학문을 시키는 것이 아니라 교단에 서서 일본의 우월함을 말하고 조선인의 필연적 멸망을 설파하며 우리에게 노예근성을 주입시키려 했다. 현대교육은 특권 계급이 전유한 기관이라는 점은 물론이지만, 이러한 일은 식민지에 대한 허황된 정치(虛政)로 합리화하고 기만하려는 것이라고 생각된다.

우리는 이러한 교육을 교육이라고 생각하지 않는다. 이러한 교육은 정치적 압박과 경제적 착취를 자행하는 한편, 정신적으로 압박하는 것이 아닌가. 우리는 한편으로 지식욕에 굶주린 자이다. 우리는 부모의 큰 희생을 대가로 배움의 바다로 나아갔으나, 첫 발걸음인 우리 고보에서 희망은 절망으로 변했다.

우리들은 요구하고, 또 요구해야 한다. 교육은 교육이 아니며, 소위 비교육적이며 우리 머리를 우둔하게 하는 것임을 깨달았다. 요컨대 학교는 요새지(要塞地)이고, 선생은 헌병이나 밀정처럼 우리에게 공포심을 일으키지만, 학문을 하고 싶을 뿐인 우리는 두려움을 가지고 함정에 들어가는 것과 같은 마음가짐으로 매일 등교를 해야 하는 것이다.

이를테면 인류의 교육자 페스탈로치를 보면 교육자는 국경과 민족을 초월해 인류애에 입각하여 인류의 장래를 헤아리고 세계 평화를 위한 교육자가 되어야 하는 것은 아닌가. 그리하여 교육자는 봉급보다 책임을 중시하고 자격없는 자는 기꺼이 교육계를 떠나야만 한다. 우리가 지금 동맹휴교로 학교장에게 요구하는 구체적 조건은 다음과 같다.

1. 학교가 식민지 정치의 한 기관이라는 점에서 해방되어 자유로운 학문 선도의 장소가 되도록 할 것.
    (1) 교우회의 일체 권한은 전체 회원 일동에게 반환할 것.
    (2) 교사는 생도의 요구를 본위로 하여 교수할 것.
    (3) 각반(脚絆)은 완전히 없앨 것.
    (4) 구두는 검은색이라면 어떤 것이라도 좋을 것.
    (5) 급장은 학급의 투표로 정할 것.

2. 중학 정도의 교육자가 될 자격이 없는 자를 본교에서 조속히 추방할 것.
  (1) 야마네(山根) 교유
      생도의 납득 여하에 관계없이 함부로 몹시 난폭하게 엉망진창으로 지껄임.
  (2) 미야자키(宮崎) 교유
      과수원을 본업으로 하며 가르침에 성의가 없음.
  (3) 오카모토(岡本), 오가사와라(小笠原) 2명의 교유
      가르치는 일보다 생도의 모욕을 즐거움으로 삼음.
3. 우리 요구를 위해 결행한 이번 동맹휴학에서 한 명의 희생자도 내지 않을 것.
4. 위의 세 가지 요구를 흔쾌히 들어줄 수 없는 경우, 교장은 책임을 지고 퇴직할 것.
5. 이상의 요구를 들어주면 생도 각자에게 통지할 것.

이상 우리 요구가 완전히 성공할 때까지 절대 등교하지 않을 것임을 우리는 선언함. 고로 교장은 이 점을 잘 살펴서 해결되도록 노력할 것을 이에 진정함.

이에 학교가 관용적 태도를 보였고, 학부형 등도 학교의 태도를 이해하고 학교를 도와 해결에 힘을 다했으므로, 1명의 희생자도 없이 불과 7일 만에 해결되었던 것은 큰 성과였다. 그러나 이 불온한 진정이 다른 사람에게 적지 않은 누를 끼쳤던 점은 유감이었다.

공립동래보등보통학교에서는 경찰에 생도를 넘기지 않을 것, 변론 연습을 인가할 것, 생도의 대우를 개선할 것 등을 열거하며 7월 11일 맹휴를 시작했다. 참모, 폭력, 통신, 변론, 감시 등 5부로 나누어 각 부 아래 구(區)를 두었고, 각 부와 각 구에 부장과 구장을 배치해 결속에 노력했으며, 수시로 기회가 있을 때마다 회의와 협의를 했다. 감시부원은 시간과 장소를 불문하고 수시로 출몰해 학교 당국과 부형의 동정이나 생도의 행동을 정찰하였고, 그 상황을 빠짐없이 참모부에 보고토록 하였으며, 상시 소집이나 비상소집이라는 제도를 정해 구장(「長)으로 하여금 전달하게 하는 등의 방법을 강구했다. 학부형 등은 가령 생도의 요구에 다소의 이유가 있어도 사제간의 정을 무시하고 생도의 본분을 몰각하는 행위는 도의(道義)에 위배되는 것이라면서 동정의 여지가 없다고 생도의 불법을 질책 훈계하는 등 이제까지 볼 수 없던 태도로 나와, 불과 5일 만에 해결을 보기에 이르렀다.

사립중앙고등보통학교에서는 9월 27일 가혹한 규칙의 폐지와 동창회의 생도 자치, 교장 외 수 명의 교원 배척을 요구했다. 또 사립휘문등보통학교에서는 10월 24일 민(閔) 자작의 동상 건설 반대와 김 교장이 일본을 내지(內地), 일본어를 내지어(內地語)라 하며 조선역사를 가르치지 않고 조선인에게 조선이라는 것을 염두에 두지 않도록 지도하는 것 등에 불만을 품고 학우회의 생도 자치, 교장 및 수 명의 내지인 교사 배척을 표면상의 이유로 하여 맹휴하기에 이르렀다. 이 두 사건은 보성학교 사건과 함께 1927년(昭和 2)에 있었던 가장 집요한 맹휴로, 경계·통신·탐정 등의 분담을 정해 결속 단결에 힘썼다. 중앙학교에서는 힘을 다해 등교를 권유한 결과, 과반수가 등교를 희망하였으므로 수업을 시작했으나, 강경파 100여 명은 맹휴와 관련해 희생자가 나온 것에 분개했고, 그 이유를 묻자 씩씩거리며 창문 유리를 파괴하는 등 난폭한 행동을 감행했으므로 경찰은 30여 명을 검속했다. 그런데 생도 등은 30명을 검속하는 것은 부당하다고 흥분하며 준비한 삐라를 뿌리는 등 형세가 아주 평온하지 않았다. 결국 134명을 유치(留置)한 후 잘못을 뉘우치는 뜻이 분명하고 등교를 맹세한 자부터 점차 석방하였고, 주모자 6명을 출판법 위반으로 검사(檢事)에 송치하여 약 2개월에 걸쳐 점차 해결했다. 또한 중앙학교의 맹휴생 등은 여러 차례 여러 종류의 설명서를 작성해 각 방면으로 보냈는데, 주요 사항을 열거하면 다음과 같다.

> 우리는 학생이다. 학생 중에서도 중학생이다. 우리의 지식은 그만큼 낮고, 견문도 그만큼 빈약하다. 그리고 세상 물정에 대한 훈련 역시 그만큼 부족하다는 것을 우리 스스로 솔직히 고백하는 바이다. 그렇지만 오해하지 말라. 그 이유를 가지고 우리가 아무리 도구시되어도, 아무리 기계시되어도, 또 개와 말처럼 동물시되어도, 노예처럼 학대당해도, 우리는 결코 그것을 받아들여서는 안된다. 우리가 학교에 들어갈 때는 적어도 고견박식(高見博識)한 여러 선생에게 인격적으로 우리의 장래 지도를 받기 위함이다. 결코 학교 당국의 반동적, 전제적, 폭군적 명령 아래 오로지 복종하여 그 도구가 되고, 그 기계가 되고, 망보는 개(番犬)가 되고, 노예가 되려는 것은 아니다.
> 우리 부모가 우리를 학교에 들여보낼 때 그들이 기대한 것은 과연 무엇이었는지, 학교 당국에서 우리들을 받아들일 때 그들의 예측은 과연 무엇이었는지 우리는 모르지만, 우리 자신의 생각은 그렇지 않았다.

물론 세상에 우리가 생각하는 이상적 학교가 소학교부터 대학교에 이르기까지 하나도 존재하지 않음은 현실적으로 어쩔 수 없는 사실이다. 그러나 이런 이유 때문에 우리가 공상에 사로잡혀 현실과 동떨어진 무리한 주문을 요구하는 것이 아니다. 거꾸로 이 기회를 이용해 교사 스스로 반동적 무리의 집을 지키는 개(番犬)가 되고 노예가 되어, 이와 동시에 학생을 강제하여 집 지키는 개의 개나 노예의 노예로 만들려고 부심(腐心)노력하는 자가 있다면, 우리는 결코 용서할 수 없다.

여러분! 그 실례를 알고 싶은가? 보라! 우리 중앙학교의 최두선(崔斗善) 교장을, 아니 그를 적절한 보편적 예라고 말하기보다도 오히려 철저하게 대표적 표본이라 말하는 것이 적당하다.

이 성명에 대해 도쿄의 신흥과학연구회는 다음과 같이 같은 입장의 동조 격문 30매를 오사카의 조선노동자조합 및 기타의 곳으로 송부했다. 물론 조선으로도 보냈다고 볼 수 있다.

중앙고보 맹휴에 대하여
엄정한 사회적 비판을 환기한다.

최근 조선 학생계에 중학교, 소학교를 불문하고 맹휴의 분위기가 전국적으로 발흥하고 있음은 고금 동서의 역사를 통해 그 유례를 찾아 볼 수 없는 특수한 현상이다. 이는 과연 무엇을 말하는 것일까?

식민지 차별교육에 대한 불평!!
학교 당국의 전제(專制)에 대해 반항!!
학생 요구 조건 무시에 대한 불만!!
학생 인격 유린에 대한 항쟁!!

우리는 제군의 의거에 대해 학생 풍기를 운운하는 반동적 소부르주아의 말투를 배우는 것은 결코 불가능하다. 왜냐하면 이러한 말투는 지배계급의 도덕적 표어로서 기만정책에 불과하기 때문이다.

그런데 최근 전하는 바에 의하면 경성에 있는 중앙고등보통학교 생도의 맹휴가 커다란 충격을 주었다고 하는데, 그 이유는 무엇일까?

원래 이 맹휴는 해당 학교 제3학년생의 교사인 백봉제(白鳳濟) 배척 결의(지난달 28일)를 동기로 촉발되었다. 그런데 그 이면에는 해당 학교장 최두선 씨가 생도에 대해 행한 절대적 전제(專制)가 첫 번째 원인이 있었다. 그래서 해당 학교 3학년생의 맹휴가 일어난 지 얼마 안 되어 2학년생도 이에 가담했고 1학년생도 그와 같은 마음이었다. 이에 제1, 4학년생 240명은 이번 3일 오후 9시경에 2, 3학년생의 요구에 함께한다는 것을 결정해 학교 당국에 제출한 후 맹휴를 단행하였다.

여러 차례 등교 권유가 있었음에도 그들 모두는 안팎으로 격문을 돌리며 단호한 태도를 공개적으로 밝혀 교장의 지배계급적 절대전제(絶對專制)의 죄상을 통렬하게 지적했다.

우리는 조선에 있는 수많은 보도기관이 최 교장 및 해당 학교 당국에 대해 옹호나 체면상의 관계에 신경을 써서, 그 죄상을 어느 정도 공공연히 은폐해 두고 있다는 점을 지적해야 한다. 수백 명 청년 학생의 투쟁 문제, 아니 전 조선 학생계의 커다란 문제를 어찌 없는 것처럼 깊숙한 곳에 가두어 두려 하는 것인가.

우리는 우리 사회가 열 손가락으로 그 죄를 짚어 보아야 할 최 교장의 세상인 학교에서 이루어지는 절대적 전제정치(專制政治)를 다시 한번 더 지적해보자.

중앙고보 교장 최두선 씨는

1) 각 학년 반장에게 수첩을 주어 청색과 적색으로, 학생 가운데 사회주의자 및 민족주의자를 색깔별로 표시하게 한 것 (형사수첩 방식)
2) 학생이 토론할 때 감독에게 주의(혹은 중지)를 하도록 시킨 것 (경찰서장 방식)
3) 학교 동창회의 분립을 거부하며 적극적으로 간섭하고 지배한 것 (관료주의적 중앙집권 방식)
  그 외 각 교사에 대한 무례, 독단, 월권 등의 행동

우리는 해당 학교장이 어떠한 사람인가를 이상의 죄상으로 잘 판단할 수 있다.

최 씨는 조선인, 아니 조선의 소위 유명한 교육가가 아닌가? 그렇다면 조선 청소년에 대한 이해는 완전히 몰상식의 정도에서 벗어난 것은 아닌가?

우리 조선민족의 식민지 경찰 관료 정치에 대한 증오 감정은 "땅에다 금을 그어 놓고 감옥이라고 하여도 들어가지 않으려 한다"라는 고어로도 또한 형용할 수 없을 정도이다.

하물며 감정이 예민하고 성격이 쾌활한 청소년 학생들이 이에 대해 갖는 특수한 반항은 얼마나 강렬하고 위대한 것인가?

현재 세계의 반군국주의 운동, 반군사 교육 운동의 주인공이 그들이 아니고 누구겠는가?

이러한 청소년 학생의 특징을 가장 잘 이해하고 이로부터 교육의 방법을 조정하는 것이 교육계 특히 조선교육가의 유일한 임무여야 한다.

그런데 최 씨나 해당 학교 당국의 '형사수첩 방식', '경찰서장 방식', '관료주의적 중앙집권 방식', 이상 세 가지 방식을 조선의 교육가가 기획하고 개척하는데 상식있는 조선인으로서 어찌 행할 수 있는 바인가? 무지(無智)! 망동! 횡포!

우리는 중앙고등보통학교 학생 맹휴를 계기로 최교장의 세상인 학교에서 행한 절대적 전제정치에 대해 그 정체를 철저히 폭로시키고 사회적 제재를 엄숙히 표명토록 해야 하는 것이다. 그와 동시에 더 나아가 우리는 전 조선 학생계의 모든 불평, 모든 반항을 높이 드높이고 확대하여 전 민족적인 근본 문제로까지 끌어 올려야 한다.

전제 교장을 해당학교에서 쫓아내자!
교육의 학생 본위를 주장하자!
학생의 자치권을 수립하자!

1927년 10월 10일
재도쿄 신흥과학연구회

휘문고등보통학교에서는 이 학교 3학년생이 10월 24일에, 앞서 서술한 이유로 교장 배척, 학우회 자치 외에 여러 조항을 요구하며 맹휴했다. 그런데 5학년생이 까닭 없는 교장 배척에 반대하고, 4학년의 한 학급도 역시 교실에서 반대한다는 협의를 하자 1, 2, 3학년 맹휴생 70~80명이 난입해 대격투를 벌였다. 또 온건파 학생 십수명을 시내 각처에서 구타하였으므로 18명을 검거했다. 그들은 그럼에도 뉘우치지 않았고 맹휴 반대생이 수업하는 중에 밀고 들어가 폭행을 가했는데, 교사의 제지로 무사할 수 있었다. 경찰에서는 재차 선동자 8명을 검거했고, 학교 측 및 졸업생 등이 힘을 다해 등교를 권유한 결과 점차 등교생이 증가하였고, 약 40일이 지나 점차 해결되기에 이르렀다.

공립제일고등보통학교에서는 다른 학교가 맹휴하는데 우리 학교가 하지 않음은 심히 자

존심 없는 일이라 하였고, 현재의 교육방법은 조선혼을 양성하는 데 있지 않고 일본 놈의 압박 아래서 일본 신민이 되어야 할 교육을 받고 있는 것이라 했다. 이런 이유로 후배들을 위해 끝까지 결행하는 단결 항쟁의 한 연습이 된다고 하면서, 조선역사를 조선인 교사가 가르치도록 할 것, 조선어 특히 문법을 가르칠 것, 학생 본위의 학우회를 창립할 것, 교원 배척 등 몇 가지 항목을 들어 11월 11일 맹휴했다. 그런데 학교 당국 및 경찰의 적당한 처치에 따라, 앞서 살펴본 각 학교들 수준의 분규는 없었으나, 그래도 역시 약 2개월을 들여 해결했다.

이상과 같이 악화한 동맹휴교는, 특히 경성에 있는 우리는 그 요구 결속 운동 방법 등이 아주 유사한 점이 있어 혹시 다른 선동 지도자가 있는 것 아닌가 하는 의심이 들어 힘을 다해 조사했는데 발견되지 않았다.

이처럼 동맹휴교가 현 교육제도에 대한 반항을 목표로 일어나게 된 원인에는 앞서 말한 고려공산당의 불온문서 등 여러 가지가 있었다. 1927년(昭和 2) 2월에 "조선보통교육의 결함"이라는 제목으로 동아일보에 게재되었던 경남 밀양 김진국의 논설과 "보통학교 교원은 전부 조선인을 채용하라"라는 제목의 사설 등도 힘을 실어 주었음은 두말할 것도 없다.

조선 보통교육의 결함[2]

1. 서언

현재 우리 교육계에는 종별(種別) 정도가 여러 가지 있다. 다른 것은 모두 다음 기회로 넘기고, 가장 가깝고 손쉬운 것이면서 중요하다고 생각되는 보통학교 교육에 대해 약간 논해보고자 한다. 지금 우리는 민족적으로도 사회적으로도 아주 불완전한 것이 많지만, 우리가 특히 강하게 주장하려는 것은 실로 이 교육 문제이다. 혹자는 부분적 문제라고 평할지 모르지만, 교육 문제는 실로 우리의 앞날을 좌우하는 것이고, 또 모든 문제의 열쇠가 되는 것이다. 이렇게 중대한 조선인 교육 그 자체는 오늘날 과연 어떠한 경지에 처해 있는 것일까.

현재의 우리 교육은 교육사·교육학 등의 어디서도 찾아볼 수 없고, 또 어느 나라에서도 볼 수 없는 조선 특유의 교육을 받고 있다. 교육이 교육의 본의(本意)를 벗어나 정치적 책략에 이

---

2 편역자 주: 《동아일보》 1927년 2월 8일 자, 9일 자, 11일 자 신문에 3회에 걸쳐 연재된 김진국의 조선문 「보교 교육내용(普校教育內容)」을 일본어로 발췌 번역하여 소개한 것이다. 원글의 의미와 달리 번역되어 있는 것도 번역문의 의미를 살려 그대로 두었다.

용되어 그 앞날이 암담한 점이 있다고 한다면, 이것은 진정한 교육이라고 말할 수 없는 것이다. 필자는 이에 냉정한 태도로 보통교육의 결함과 모순을 지적하고 수많은 사례를 들어 증명함으로써, 당국자의 반성을 촉구하면서 우리로서는 당연한 요구의 주장이라는 점을 지적해 둔다.

2. 보통교육의 결함과 그 모순

첫째는 학년제도이다. 즉 일본인 소학교는 의무교육이라는 의미에서 학교라는 명칭만 있으면 생도는 10명이든지 5명이든지 인원의 많고 적음에 상관없이 6년제일 뿐만 아니라, 어지간하면 고등과까지 두고 있다. 그럼에도 최근에는 8년 연장 문제가 아주 우세해 곧 실현될 것이 확실해 보인다.

이에 비해 우리 보통학교는 수도 적을 뿐 아니라 10 가운데 7, 8은 모두 4년제이다. 이는 대개 교통이 불편한 곳으로, 4년 학업을 끝낸 후에는 학부형의 재력과 아동의 학력이 있는 경우 6년제 보통학교에 입학할 수 있다. 그런데 일반적으로 보아 이런 경우는 한 군(郡)에 하나 혹은 두서너 곳에 불과하다. 6년제 학교에서 한 학급에 60~70명 내지 80명밖에 수용할 수 없는 상황에서, 7~8개 혹은 10여 개 학교에서 배출된 4년제 졸업자 가운데 지원자를 모두 수용할 수는 없다는 것이 일반적 이야기이다.

그런 까닭에 4년을 마치면 당연히 5학년에 입학할 수 있는 자격을 지닌 자에 대해 시험이나 운동이라고 하는 바람직하지 않은 상황이 연출되는 것이다. 그러나 모두를 수용할 수 없다는 것은 불가항력으로, 작년 4월 어떤 학교의 사례를 보면, 80여 명 가운데 고심참담하여 수용한 것이 불과 12명에 지나지 않았다고 하는 사실도 있다.

6년제 졸업자는 또한 어떠한가. 전부는 아닐 것이지만, 어떤 군(郡)의 예를 보면 매년 170~180명 내지 200명 가까운 수의 학생이 배출되고 있는데, 이것도 앞에서와 같이 학부형의 재력과 아동의 학력이 겸비되어야만 상급학교에 입학할 수 있다. 이런 운 좋은 자는 10%에 불과하고, 그 나머지는 형편에 따라 일본인 소학교 고등과에 들어가려고 해도 소학교에서는 이들을 거절한다. 혹은 수용하는 경우도 있지만, 이 경우는 30원 내지 100원의 특별 기부금을 받고 나서 입학시킨다. 그렇지만 이 역시 지원자 수 그대로 수용하는 것은 불가능하다.

보통학교 졸업 후 다른 학교로 입학하는 문제에 대해 당국자는 보통학교는 상급학교로의 입학 준비학교가 아니라고 말할 것인데, 그것은 당연하다.

보통학교는 별도의 사명과 목적이 있고, 상급학교로의 준비 학교가 아니다. 이 점은 소학교도 동일하다. 그런데 일본인 아동이 소학교만 졸업하고 가정에 머무는 자가 과연 몇 명이나 될까. 인류의 욕망은 동일하다. 일본인만 소학교를 졸업하고 나서 상급학교로 가고, 조선인은 가지 말라고 하는 것은 이치에 맞지 않는다. 사정만 허락되면 상급학교로 가려고 하는 것은 당연한 추세요 막지 못할 일이다.

조선인이 더는 배우고자 하지 않는다고 할지라도, "현재 보통학교 4년이나 6년으로 너는 충분하니까 더 이상 배울 필요가 없다, 이것으로 사명을 완수했다"라고 한다면 그것은 삶(生)을 추구하는 인생에 너무도 양심없고 성의없는 말이다. 보라, 4년을 마치고 5년에 입학하지 못하는 자, 또는 6년을 마치고 상급학교나 혹은 소학교 고등과에 입학하지 못하는 자는 과연 얼마나 되는가.

이상의 예로 보면, 한 군(郡)에 적어도 300명 가까이 있을 것이다. 이것으로 전체 조선을 추정해 보면 8만 명 가까이 될 것이다. 복잡하고 다양(多端)한 우리 장래에 할 일이 많고 중대한 사명을 지닌 우리 소년은 어디에 착목해 무엇을 하고 있는가. 이것은 상당히 큰 문제이다. 그중에는 울며 겨자 먹기로 상점의 점원이나, 관공서 기타 은행 회사의 급사 혹은 소사라는 자리를 맡게 된 자도 있고, 그 나머지는 모두 학부형의 직업을 따라 농업에 종사하게 되는 것이다.

동양의 고어에도 농사는 천하의 대본이라고 말했던 것만큼 현재도 귀중한 것은 물론이다. 그러나 오늘날 우리 사회에서, 특히 경제조직으로 보면 시시각각 파멸로 가고 있는 농촌의 현상에서 볼 때, 혹은 시대의 사조로 볼 때, 그들은 농업 그 자체에 만족할 수 없는 것이다. 일견 불합리한 것처럼 보이지만 환경의 사정이 그러함에 어찌할 수 없는 것이다.

또 조선의 농업이 중요하다고 외치면서 진흥책이다, 뭐다 소리 높여 떠들며 다니는 사람들도 그것은 단지 입과 글만의 농업이다. 실제로 자기 체험에서 무엇을 어떤 방식으로 진흥시키고 개량시키려 한다고 말하는 사람은 아직 불행히도 찾을 수 없다. 조선의 소위 선각자라든가 지도자로 자처하고 있는 사람들이 이러한 모양이니, 결국 농업은 직업으로서의 일이 되고야 말 것임으로 그들이 싫다고 생각하는 것도 무리는 아니다. 이것이 가정의 잘못인지, 교육이 미치지 않아서 그런지 알 수 없지만, 그들은 학부형의 말에 순종하여 지게를 등에 지고 산에 올라가며 호미를 손에 들고 논밭으로 나가는 것을 즐겨하지 않는다. 그들은 단지 즐겨하지 않을 뿐만 아니라 싫어하며 명령에도 복종하지 않는 것이 예사이다.

그렇다면 그들은 무엇을 하려고 하며, 또 무엇을 하는 것을 좋아할까? 그들은 흰옷을 입고 좋은 신을 신고 값비싼 모자를 쓰고자 한다. 그리하여 무위도식하는 자가 되고, 방탕한 자가 되고 마는 것이다. 또 심한 자는 부형과의 사이에 충돌하고 반목하기에 이른다. 가정에 있는 보통학교 졸업생을 만날 때 "너는 학교 졸업 후 무엇을 하고 있는가"라고 물으면, 그들은 잠시 주저주저하다가 "놀고 있습니다"라고 소리를 낮추어 답하는 것이 보통인 것이다. 그들의 머리는 세상에서 말하는 소위 '하이카라'라는 것을 하고 있다.

또 그 부형을 만나 "요즘 당신 아드님은 무엇을 하고 있습니까"라고 물으면 입맛을 다시고 나서는 "실로 난처합니다. 농사일 돕는 것과 타이르는 것은 전혀 듣지 않고, 딴짓만 하려고 하여서 참 어떻게 하면 좋을지 몰라요. 실로 난처한 일입니다"라고 답하는 것이다. 자제는 잠시 주저한 후 "놀고 있습니다"라고 답했고, 부형은 탄식을 한 후 "난처한 일입니다"라고 답하는 것이다.

그들 가정에는 부형이 있어도 대부분 무학, 문맹인 경우가 많다. 소위 보통학교를 졸업한 그들 자제는 한심한 일이나마 무학인 그 부모의 지도나 명령을 따르지 않는다. 물론 천성이 그런 것은 아니다. 이면에는 복잡한 내용이 있겠지만 결국은 간판 교육의 폐해로 돌아갈 수밖에 없다. 차츰 나이가 들어감에 따라 반항하게 되는 것이다. 그리고 구(舊) 도덕관념에서 보면 효도하지 않고, 공경하지 않는 자제가 되는 것이다.

그리고 결국에는 무위도식, 방탕 부랑하며 원대한 장래를 그르치는 것이다. 이것이 어찌 통탄하지 않을 수 있는 일인가. 이러하기 때문에 향촌의 완고한 노인장(父老)들은 자제를 학교에 보내면 이런 고통을 자초하게 되는 것이라 하여, 처음부터 보내지 말라고 했던 것이다. 기미년(大正 8) 이래 도시와 농촌 모두에서 발흥했던 향학열이 점차 냉각하고 있는 것은 경제 파멸에 기인하는 경우도 많으나 그 이면에 이러한 이유가 잠재했던 것도 또한 무시할 수 없는 사실이다.

천진난만한 그들이 사회에서는 불량소년이 되고 가정에서는 못난 자식(不肖子)이 되게 만든 죄는 부형에 있는 것일까, 자제 자신에게 있는 것일까, 사회가 그렇게 되도록 한 바에 의한 것일까, 아니면 사조(思潮)에 있는 것일까. 모두 다소의 책임도 있고, 원인이 되는 것이지만, 그 가운데 무엇보다도 무거운 책임을 가지고 있는 것은 교육이다.

제도가 불완전하고 방침이 틀린 교육, 의의를 몰각하고 정책에 이용되는 교육, 4년이나 6년 동안 일본화와 일본어 주입에만 급급해 있는 교육의 덕택이라고 해야 한다. 최근 일본의 인구 증가, 식량 결핍의 해결책으로 조선 경제 구제라는 미명 아래 산미증산계획이니, 산업제일주의니 하는 간판을 내세워 실업교육이라는 것을 귀가 먹을 정도로 시끄럽게 떠들고 있다. 아무리 당국자가 힘을 들여도 근본 방침과 제도를 새롭게 하지 않는 한 목적을 달성하는 것은 불가능하다.

향촌일수록 4년을 6년으로, 6년을 고등과로 하여, 완전히 순수한 교육적 의의에서 이해할 수 있는 교육을 실시해야 하는 것이다. 이에 대해 당국은 경비 문제를 구실로 거부할 것이지만, 나는 이 경비 문제에 관해 마지막 결론에서 논하려고 한다.

3. 아동 생활과 교재(教材)의 모순

교과서 교재의 내용은 말할 것도 없이 감정이나 정치를 떠난 교육적 의의 그것이어야 한다. 만일 이에 반해 추호라도 교육이라는 간판 아래 민족적 감정이나 정치적 야심을 위해 교재를 이용한다면 논의의 여지 없이, 그것은 죄악임과 동시에 묵과할 수 없는 일이다.

누누이 언급하기보다 실제의 예를 들어 그 옳고 그름(曲直)을 밝히고자 한다.

현재의 보통학교 교과서에 대해 상세히 논술한다면, 1학년부터 6학년까지 각 과(各科) 각 권(各卷) 각 과(各課)로 나누고, 편집 취지부터 교재의 목적, 아동교육, 교수 및 그 결과에까지 다루어야 한다. 그러나 그것은 너무 교육적 설명에 치우쳐 탐탁치 않을 뿐 아니라, 시간과 지면이 허락하지 않으므로 이번에는 중요 과목인 수신, 조선어 역사, 일본어 등에 대해 그 개략을 논하고자 한다.

수신

수신의 목적이 아동에게 덕성을 함양함으로써 실천적 지도를 하는 데 있음을 누구라도 동감할 것이다. 그러나 현재 보통학교에서 사용하고 있는 교과서 내용과 그 배열이 과연 얼마나 조선 아동의 덕성을 함양하며, 실천적 지도가 되는가. 일본인과 근본적으로 민족성이 다름은 물론, 풍속 관습, 언어, 도덕, 그 외 생활환경이 확실히 다른 조선인 아동에게 순전히 일본적인 것 그대로를 가져와 가르치는 교사의 고심과 아동의 고통은 무한한 것이다. 그 반면에 효과가 반비례함은 물론이고, 시간상 혹은 정신상으로도 도리어 해가 될 만한 것을 대략 제시해 보려고 한다.

○ 제1학년 △궁궐, 친절
○ 제2학년 △13, 은혜를 잊지 말라
○ 제3학년 △1, 효행, △2, 학문, △3, 일을 열심히, △4, 정돈, △5, 관대, △6, 건강, △9, 인내(堪忍), △10, 모든 일을 서둘러서 하지 말라 △11, 은혜를 잊지 말라, △14, 검약, △19, 공동, △20, 이웃 사람, △21, 공익, △22, 생명체를 사랑하라 △24, 좋은 국민
○ 제4학년 △5, 건강, △11, 좋은 습관을 만들어라, △14, 사람의 명예를 존중하라
○ 제5학년 △1, 우리나라, △2, 우리나라, △4, 공익, △8, 주부의 임무 △9, 형제, △18, 겸손, △19, 우정, △22, 덕행 △23, 좋은 국민
○ 제6학년 △1, 국운의 발전, △2, 국제교류, △3, 헌법, △14, 양심, △16, 공부, △19, 사제

이 안에 다소라도 조선적 교재가 포함되어 있다고 가정해도, 그것은 아주 거칠고 얕아서 덕성 함양에 이바지할 만한 것은 없고, 대부분은 일본적 교재이다. 이것으로 어떻게 조선 아동의 덕성을 함양하고 도덕 실천을 지도할 것인가. 요컨대 조선인 혹은 조선인의 장래라고 하는 것은 조금도 염두에 두지 않고, 일본인화 방책에만 힘쓰고 있음을 충분히 알 수 있다. 이것이 어떻게 무리가 아니겠는가. 이런 까닭에 이를 배우고 있는 조선인 아동의 고통은 얼마나 되며, 효과는 어떠한가, 단지 그저 시간 낭비가 될 뿐이다. 수신의 목적을 달성하는 데는 무엇보다 우선 교과서의 교재 선택이 제일이다.

민족성에 입각해 풍속, 습관과 실생활을 기초로 하는 것이 아니라면 소용이 없다. 당국자는 조선에 적당한 교재가 없다고 한다. 그러나 이는 어불성설이다. 수신과를 일본 교재로 고정하지 말고, 적어도 4학년 정도까지는 순전히 조선적 교재만을 사용해야 한다고 단언한다. 편찬을 담당하는 사람들이나 교수의 책임을 지닌 사람들은 어떻게 생각하는가.

일본어

일본어는 "정확히 타인의 언어를 이해하고 자유롭게 사상을 발표하여 일상생활에 꼭 필요한 지식을 가르침과 함께 덕성 함양에 이바지하게 함을 목적으로 하는 것이다"라고 한다. 여기에는 나도 동의하지만, 조선인으로서, 특히 조금도 이해하지 못하는 아동에게 무슨 필요가 있는 것일까.

○권1   10. 소풍   22. 여름 화초   38. 놀이
        46. 달과 벌레   52. 호랑이
○권2   2. 동물원   5. 딱따구리   6. 고양이
        10. 새끼 다람쥐   30. 세 개의 보물
○권3   3. 51명의 할아버지(五一じイサン)   23. 세 명의 아이들
○권4   2. 약속   13. 부채(扇の的)   14. 셋슈(雪舟)
        25. 나의 공(テマリ)
○권5   8. 하루코 씨(春子サン)   10. 질병   11. 이상한 손님 놀이(ヘンナオ客遊ビ)
        14. 모내기   20. 풍뎅이   25. 나라(奈良)
○권6   3. 일본   10. 유미나가시(弓流)   13. 교토(京都)
        15. 설날(1월 1일)   17. 야시로 마을의 학(八代村の鶴)
        21. 시치리 화상(七里和尚)

○권7　　25, 도쿄의 지진(東京の震災)　　26, 나룻터의 의로운 일꾼(安信川の義夫)
○권8　　4, 도쿄의 형으로부터 13, 구조선(助け舟)　　6, 노기장군(乃木將軍)
　　　　25, 스가와라노 미치자네(菅原道眞)

　이상은 4학년까지의 대강으로, 5학년 이상은 보통학교용 일본어 교과서가 전혀 없어 소학교의 것을 가르치고 있었다. 최근 조선총독부 당국자가 5, 6학년용 일본어 교과서를 편찬하기 위해 조선과 대만의 편집관(編輯官) 회의를 열었다고 들었다. 그러나 그것이 실현되는 데는 적어도 수년 걸릴 것이므로, 조선에서 보통학교가 6년이 된 지 이미 10년 가까이 지난 오늘날까지 교과서 없이 가르쳐 왔던 것은 당국자의 무성의도 이보다 더 심할 수는 없을 것이라고 생각하며 동시에 그 심중을 의심하지 않을 수 없는 바이다.
　1학년에서 4학년까지도 이 같은 교재로는 아동의 이해가 충분하지 않음은 물론, 교사 자신도 조선인이 내용을 충분히 이해하는 것은 쉽지 않은 일이라고 생각하는 것이다. 원래 일본인이 아닌 자가 아무리 많이 접촉을 한다 해도 그 생활 관습을 완전히 이해할 수 있다는 것은 무리한 일 가운데 무리한 일인 것이다.
　고로 일본어과라도 4학년까지는 조선적인 즉 조선인 본위의 교재를 택해야 한다고 말하는 것이다. 그렇게 한다면 얼마나 수업에 편리한지, 이해하기 쉬운지는 따질 필요가 없다. 편찬취지서에서는 일본을 소개하고 일본 풍속을 이해시키기 위한 것이고 그것을 바탕으로 일본화하여 소위 일선융화(日鮮融和)를 준비한다고 말하고 있다. 이에 대해서는 그다지 말할 필요도 없지만, 그것을 실현하는 데는 별도의 수단과 방법이 얼마든지 있을 것인데, 어째서 초등교육부터 그것을 실시해 천진난만한 어린이들의 머리를 혼란스럽게 만드는 것인가? 또 그럴 필요와 이유는 어디에 있다는 것인가. 이 때문에 도리어 반대의 결과를 내는 것으로 끝나는 것은 아닌가. 그런 까닭에 교육의 의의를 무시했다고 하는 것이고, 헛수고로 돌아갈 것이라고 단언하는 것이다.

역사
　역사는 국체의 대요를 알게 하고, 동시에 국민의 지조(志操)를 함양함을 목적으로 한다. 이것만 말할지라도 현재 보통학교에서 사용하는 교과서는 너무나도 유감천만이다. 물론 필자는 정치나 민족문제에 평론을 하는 것이 아니다. 바로 국체의 대요와 국민 지조라 하는 것에 대해 논하는 것이다.
　이 문제에는 말하지 않을 수 없는 재료가 대단히 많고 또한 문제도 크다. 그런데 언론의 압박을 받는 우리들의 입장으로는, 말하고자 하는 것을 모두 말할 만큼의 자유도 없지만, 굳이 침묵할 필요도 없으므로 사실 그대로를 논하려는 것이다. 보통학교의 역사교과서는 상하 두 권으로 되어 5학년부터 부과하는 것이지만, 이 상하 두 권은 53과로 되어 있다.

이 가운데 조선아동의 교육기관인 보통학교 역사에 조선적 교재를 몇이나 취하고 있으며, 또 몇 과(課)를 편성 배치하고 있는가. 물론 그것은 한 과(課)도 없다. 오직 간판으로 일본교재 과(課) 안에 약간씩 섞어 넣었을 뿐이다. 조선의 족보에 적자와 서자를 차별하는 것처럼, 또 옛날 양반과 상민을 구별했던 것처럼, 조상의 역사까지도 심하게 차별했던 것이다. 그나마 2년 동안 겨우 8건밖에 안 되는 것이다. 그것도 대부분 공정함을 벗어난 아전인수격으로 자신들을 옹호하고 타민족을 유린한 것이었다. 그중에도 실로 분개하지 않을 수 없는 것은 우리 조선의 역사라고 가르치는 역사라는 것이 우리 조선의 문헌이나 전설에도 전혀 없는, 또 우리가 꿈에서도 본적이 없는 완전히 허망한 사실이 열거되어 있다는 점이다. 역사는 적어도 유적 기록의 요소가 있어야 되는 것은 아닌가. 입이 있어도 감히 말할 수 없는 것이 우리들의 입장이므로 흡사 벙어리가 냉가슴을 앓는 격이 되지만 역사의 대략을 열거해 보면 다음과 같다.

역사 (상권)

△ 제3과 '야마토다케루노미코토(日本武尊)'라는 제목 말미에 박혁거세를 덧붙여 설명하고 있다. 그 중요 사항은 일본 10대 스진천황(崇神大皇) 시대에 임나(任那)가 일본에 구원을 청했던 것을, 혁거세왕이 일본에서 건너온 호공(瓠公)을 임용해 국정을 잘 다스렸다고 한 것이다.

△ 제4과 '진구황후(神功皇后)'라는 제목 말미에 14대 주아이천황(仲哀天皇) 시대에 진구황후(神功皇后)가 구마소(熊襲)를 정벌할 때, 구마소의 배후에 조선이 있었으므로 우선 조선을 정벌해야만 한다고 신라와 싸울 계책을 세워 수군(水軍)이 쓰시마(對馬)를 거쳐 신라 지역인 동해안에 이르렀던바, 이것을 들은 신라왕은 크게 놀라 "동방에 일본이라는 신국(神國)이 있고 천황(天皇)이 있음을 들었다. 지금 오는 것은 필시 일본의 신병(神兵)일 것"이라고 하며 곧바로 백기를 들어 항복했고, "가령 해가 서쪽에서 나와 바다 위로 거슬러 올라간다 해도 매년 조공(朝貢)은 결코 게을리하지 않겠다"라고 서약했다고 썼고, 그 후에 백제, 고려도 일본에 부속(附屬)시켰다고 쓰고 있다.

이 같은 거짓된 기록은 조선에서는 아무리 해도 구해 볼 수 없는 사료이며, 조선에는 오히려 이와 정반대의 기록이 있다. 또 일본 문헌에도 세상 사람이 인정하기에 충분한 기록이나 유적은 없다. 이는 분개하지 않을 수 없는 일이다. 당국자여! 어떻게 답변할 것인가. 이 문제는 이전에도 당면한 교육자 간에 물의가 많았다. 우리가 조선이라든가 일본이라든가 하는 서로의 이해관계를 떠나, 제3자의 태도로 보아도 유사 이래 일본은 조선으로부터 문물, 예의, 도덕, 종교, 풍속, 언어 등 직접 간접으로 막대한 은혜를 입어오지 않았는가.

일본이 오늘날 자랑거리고 삼고 있는 것 모두는 모두 이로부터 나온 것이라 할 수 있다. 이것이야말로 세상 사람이 공히 인정하기에 충분한 당당한 역사적 사실로서, 과학적 증거가 얼마든지 있다. 전문가가 아닌 우리도 수많은 증거를 들 수 있다. 사실이 이러함에도 불구하고 상반되는 것을 증거로 삼는 심사는 아무리 생각해도 이해할 수 없는 일이다. 다음과 같은 문구는 단연코 삭제되어야 한다. 우리는 힘이 닿는 한 그것을 주창하고, 또 항의해야 한다.

△ 제8과 '덴지천황(天智天皇)과 후지와라 노카마타리(藤原鎌足)'라는 제목에 대해, 신라 백제가 일본에 가르침을 청했다는 것을 전제로 신라통일을 조금 덧붙여 적었고,

△ 제13과 '스가와라노 미치자네(菅原道眞)'라는 제목에 왕건의 고려 건국을 약간 덧붙였다.

△ 제16과 '미나모토노 요시이에(源義家)'에 덧붙여 고려 문종후(文宗煦)가 대각국사였다는 것을 추가해 적었고,

△ 제27과 '아시카가시의 호언장담(足利僭上)'에 덧붙여, 조선 태조라는 제목으로 이태조의 건국 경로를 약간 썼을 뿐이다.

역사 (하권)

△ 제33과 '오다 노부나가(織田信長)'라는 제목의 말미에 퇴계와 율곡 두 선생에 관한 약간의 사적을 색론(노론, 소론, 남인, 북인의 사색) 원인에 대하여 약간 적었고,

△ 제35과에 도요토미 히데요시(豊臣秀吉)의 임진란을 기록했으며,

△ 제44과 '마쓰다이라 사다노부(松平定信)'라는 제목에 덧붙여 영조, 정종이라는 제목으로 인조대왕의 병자호란과 영조·정조 양 대왕의 치적 및 기독교에 대한 것을 기록했고,

△ 제51과 대원군의 쇄국주의와 강화도조약을 기록하면서, 임오군란(1882년의 경성의 난) 때에 일본공사관에 불을 지른 것은 단지 조선 국정이 피폐한 데 기인한 것이라고 적었을 뿐으로, 그 이유의 근본은 기재하지 않았다. 옛날 일이라면 거짓말도 하기 쉽지만, 최근의 사실은 2천만 조선인의 눈과 귀에 생생하게 남아 있는 것을 어찌할 것인가. '한국합병'이라는 제목 아래 "포츠머스 조약 후에 일본은 한국 경성에 통감부를 두어 한국 내정을 보호 개량했음에도 어떤 효과를 내지 못했고, 원래 다년간에 걸친 폐정(弊廢)이었으

므로 달리 어찌할 방도가 없어 결국 합병했다"라고 적었는데, 이것도 과연 사실 그대로 인가? 우리는 뻔한 말을 너무 많이 하고 싶지 않다.

이상은 수신, 역사, 일본어에서 교재의 내용과 배열의 대략을 서술하면서, 필자의 의견을 곳곳에 덧붙인 것이다. 전반적으로 보면, 일본적 교재가 지나치게 많으며, 소홀 천박하고, 가치없는 몰이해·몰교섭으로 조선 아동의 실생활에 해로운 것이 많다는 것을 논하였다. 그런데 보통학교에서 교수를 담당하는 교사의 노고와 그것을 배우는 생도의 고통이 얼마인지 그 효과가 어떠한지는 교사 자신이 체험하고 있는 것이며, 학부형들도 우려하고 있는 바이다.

보통학교에 열등 아동이 많은 것은 그 원인은 무엇이겠는가. 의의(意義) 있는 교육을 실시해 인생다운 인생을 만들기 위한 제1요소는 교재(敎材)이다. 조선의 아동이기 때문에 반드시 조선적 교재를 선택해야 하고, 내용을 충실히 하면서 가치있는 것으로 해야 한다. 여기에는 조선적 교재로 쓸만한 교재가 없다는 것이 당국자의 구실이다. 이 무슨 무성의한 태도인가. 우리는 적어도 5천 년 세월을 2천만의 민족이 살아왔다. 동양문화로 보아도 손색이 없고, 오늘날에도 세계에 자랑할 수 있는 위대한 유적, 그리고 오늘날의 문명으로서도 역시 미치지 못하는 유적과 기록 사실들을 많이 지니고 있다.

여기에 5천 년 동안 2천만 가운데서 나온 문화, 도덕, 인물, 풍속, 습관 등에 어찌 보통학교 교재가 되어야 할 재료가 없다고 하는 것인가. 십수 년 동안의 총독 정치와 5천 년 역사 2천만 민중을 상쇄(相殺)시켜 버리려는 것은 너무도 가소로운 일이다. 교육만이 아니라 어떤 면에서도 5천 년의 역사를 가지고 있다는 것과 2천만 민중이 있다는 것을 잠시라도 잊어서는 않 된다. 그렇기 때문에 조선인 본위의 교육을 실시해야 한다고 말하는 것이다.

4. 조선어

그 사람의 언어는 그 사람의 생명이다. 이것은 권력으로도 뺏을 수 없고 동화시킬 수 없는 절대적인 것이다. 그런 까닭에 그 민족의 생명이 다할 때까지는 언어도 마찬가지로 존재하는 것이다.

만일 언어가 없어진다면 생명도 함께 사라지는 것이다. 우리가 영어(英語)에 뛰어나고 일본어에 능통한다고 해도, 그것만으로는 만족할 수 없는 것이다. 영국인이나 일본인이 되는 데에는 어쩌면 가능할지 모르지만, 조선인이 되는 데에는 외국어만으로 자아 생활(自我 生活)에 완전을 기대하기는 어렵다. 따라서 조선민족이 존재하는 한 최후의 순간까지 조선어는 잠시라도 없어서는 안 되는 것이며, 잠깐이라도 등한시해서는 안 되는 것이다. 어떤 사람은 조선어는 장래에 없어질 것이므로 조선인이 조선어를 배울 필요는 없다고 하는 등 폭언을 내뱉는다. 자기 조상의 역사를 염두에 두지 않고, 죄 없는 어린 자제를 6~7세 때부터 일본인 소학교에 입학시켜 아동에게 더할 나위 없는 고통을 주면서도 득의양양해하는 정신 나간 사람(狂者)도 있다. 그런데 이런 자는 논외로 하고, 조선인 보통학교에서 생명인 조선어가 과연 어떤 대우를 받고 있는지 논해 보자.

첫째, 교과서의 책수(冊數)에서 볼 때 일본어는 1학년 동안 2책이지만, 조선어의 책수는 1책이고 또 쪽수도 적다. 다음으로 시수는 어떤가. 1주일 동안 일본어는 1학년이 10시간, 2·3학년이 12시간, 5·6학년이 9시간인데, 조선어는 몇 시간 할당되고 있을까. 합리적으로 생각하면 적어도 일본어의 2배는 되어야 마땅하지만, 실은 1·2학년에 4시간, 3·4·5·6학년에 3시간씩 할당되어 있을 뿐이다.

요컨대 일본어를 주(主)로 하고 조선어를 종(從)으로 하는 것이다. 이것에 정치적, 국가적 의미가 있는 것도 아닌데, 조선인이 살고 있는 나라에서 그들이 사용하는, 언어 즉 주어(主語)가 되어야 할 조선어를 외국어로 취급하고 있는 것은 심히 의심하지 않을 수 없는 일이다. 솔직히 말하면 조선어는 장래 멸망할 것이라서 안 시키려고 하는 수단이라고 볼 수밖에 없는 것이다. 전술한 것처럼 언어가 생명이라면 2천만 조선인이 하루아침에 없어지거나 그렇지 않으면 하루저녁에 전부 일본이 되어버린다면 혹시 모르겠지만, 만일 그렇지 않다면 한 사람이라도 존재하는 최후의 일각까지 이 나라의 언어는 존재해야 할 것이 아닌가.

옛날부터 지금에 이르기까지 동서에서 강한 민족이 약한 민족을 침식하여 압박했던 예는 많은데, 모든 것을 압박하고 강탈하는 데 진력을 다하는 일은 있어도, 고유의 언어를 빼앗거나 혹은 없앨 수는 없는 일이다. 약자에게도, 예컨대 강자의 압박에 견디지 못해 생명을 내어 주는 일은 있어도 고유한 언어를 내어 주던가, 혹은 동화되버리는 것과 같은 예는 없었다. 이전에도 없었지만 앞으로도 절대 없을 것이라고 믿는다.

교과는 어떠한가. 무미건조하고 소홀 천박하며 특별한 가치가 없고 충실미가 없는 것이다. 교사나 생도가 애착을 가질 수 없고 계통을 찾아낼 수도 없다. 또 충실한 참고서도 전혀 없다. 한 가지 더 말하고 싶은 것은 사범학교 외에는 상급학교 입학시험에 조선어가 없다는 것이다.

오늘날의 보통학교는 일본어 전성(全盛), 일본어 만능이다. 일본어 지존으로 조선어를 압박하는 것이다. 질문도 일본어로 하지 않으면 안된다. 조선인 선생에게도 일본어로 말해야 한다. 심하게는 조선어 한 번에 '벌금 1전'이라는 단속법을 만드는 기괴한 일도 허다하다. 조선어과는 교과서 수도 적고 수업시수도 적다. 교재는 무미건조하다. 충실한 참고서도 없다. 입학시험도 실시하지 않는다. 이런 분위기에서 어떻게 좋은 성적을 기대할 수 있을 것인가.

학과 가운데 조선어과가 가장 열등한 성적을 보이고 있는 현상도 무리는 아니다. 오늘날 보통학교 입학생의 상태는 도회지를 제외하고 대부분이 모두 ㄱ자도 모른 채 입학한다. 1학년에 입학하면 처음부터 일본어와 산술 등에 눌려서 조선어 쪽은 도저히 힘이 미치지 않을 뿐만 아니라, 교사나 가정에서도 조선어를 등한시하는 경향이 적지 않다.

현재의 실제적 문제로서 조선 아동의 조선어가 학과 가운데 가장 열등한 성적을 보이고 있다는 것이다. 우리는 이를 볼 때마다 눈물이 저절로 끊임없이 흐르는 것을 금할 수 없다.

또 하나는 조선어와 한문을 혼합한 것이다. 우리 전체 민족은 한문 중독의 피해를 받아 왔다. 한학은 우리 조선문화에 그 공로도 적지 않으나 폐해도 많았다. 오랜 기간 배우고 또 사용해 왔기 때문에 외국 문자인 한문은 어느 정도까지 조선문화로 된 것이 적지 않았다.

그리고 문화와 생활에서 구별하기 어려울 정도로 밀접한 관계를 지닌 것도 있고, 어떤 경우에는 한문이 조선문이고 조선문이 한문일 때도 있었다. 일부러 우리는 한문을 전폐해야 할까 혹은 시간의 여유가 있다면 배워야 할까? 최근 각 언론기관은 솔선하여 글, 즉 순수(純)한 조선문의 갱생을 계획한다며, 잡지『동광』등은 한문전폐론을 주장한다. 이 조선문 사용이 하루라도 빨리 실현되면 문맹이 적어질 것으로, 미리 기뻐하는 바이다.

보통학교에서는 아주 적은 시간에 조선어와 한자를 함께 가르치고 있으므로, 흔히 말하는 것처럼 눈깜짝할 틈도 없는 상태가 되고 있다. 이런 이유로 보통학교는 졸업했으나 잡지 한 쪽 읽지 못하고, 또 조선문 편지 한 장 쓸 수 없다고 학부형이 탄식하는 것도 무리한 것은 아니다.

5. 보통학교의 용어

젖먹이는 우는 것으로 자기의 요구를 알린다. 배가 고파도 울고 잠자리가 나빠도 운다. 또 몸 상태가 나빠도 울고 어머니의 얼굴이 보고 싶어도 운다. 이렇게 모든 욕구를 드러내고 또 의사를 나타내는 것이다. 단지 간단한 울음소리에 불과하지만, 그 내용은 이처럼 단순하지 않다. 적어도 그의 전체 생활을 대표하는 것이다.

유아의 생활은 비교적 단순한 만큼, 그 발표나 요구도 간단하지만 계속 성장함에 따라 그 생활의 내용도 점차 복잡해지고 발표나 요구도 울음소리만으로는 만족할 수 없게된다. 그래서 그다음에는 우는 대신에 언어로 표시하게 된다. 우리들이 아동의 생활을 관찰해 보면, 그들의 생활 범위는 자기 생활과 직접 관계있는 것이 아니면, 거기에는 어떤 관심도 두지 않는다. 언어의 내용도 자기에게 흥미있는 것이 아니면 불철저하다. 결국 그들의 언어는 비교적 단순하고 생활도 언어에 정비례하게 된다.

그런 까닭에 자기 말이 아니면 자기 생활에 만족하기 어렵고 향상 발전시킬 수도 없는 것이다. 이는 그 아동에게 고유의 언어가 필요하다는 것이다. 즉 조선의 아동에게는 조선어가 필요하다. 아니 조선 아동에게는 조선어가 아니면 절대 불가능하다.

현재 보통학교에서는 조선어 과목을 제외하고는 전부 일본어만 사용한다. 그뿐만 아니라 앞서도 논한 것처럼 단속이 아주 심하다. 조선인 선생에게도 반드시 일본어로 말하게 하는 것, 일본어가 아니면 질문할 수 없고, 잘못해 내뱉은 조선어 1번에 1전의 벌금을 걷는 것, 그 밖에도 상세한 것은 열거할 수 없을 정도로 가혹하게 엄격하다. 그러한 교육의 효과가 어떠하고, 폐해가 어느 정도인가에 관해서는 이하 학년별로 논해 보자.

제1학년

그 지방과 교육 보급의 정도에 따라 입학 연령에 다소 차이가 있지만, 대략 6~7세부터 9~10세 정도의 자로, 평균 7~8세에 입학한다. 그렇다 해도 오늘날의 우리 실태를 보면 80~90%는 모두 무학 문맹의 자제이므로 언문(ㄱ자)도 모르고 입학하는 것이다.

이 책임은 물론 학부형에게도 있지만 단지 학부형만을 나무라고 싶지는 않다. 학부형 자신이 언문도 모를 뿐 아니라 생활에 쫓겨 자제를 돌아볼 틈이 없는 것이다. 아버지는 들에 나가서 일하고 어머니는 하루 벌이를 하는 것이다. 그들은 이 같은 처지에 있으면서도 자식이라도 남과 같이 공부시켜 압제받지 않고 살도록 하고 싶어, 하늘을 찌를 정도의 원한과 진심 어린 정성을 가지고 땀으로 모은 학비를 내서 입학시킨 것이다.

이를 볼 때 "아 하늘이시여. 이 어린아이들을 불쌍히 여겨주소서"라고 말하지 않을 수 없는 것이다. 입학 아동은 대부분 앞에서 말한 정도이다. 언문(ㄱ)조차 알지 못함은 물론 자기의 말조차 실로 유치하다. 타인의 말을 들을 때 그 말이 자기의 생활 범위를 벗어난, 약간 복잡한 말이라면 이해하지 못하고 동시에 관심도 없는 것이다. 교사가 조선인이어도 그 아동의 수준에 적당하지 않은 말을 사용하면 이 역시 이해하지 못하고 관심을 두지 않게 되는 것이다.

자기 말이라도 이러한 아동들에게 만일 한 번도 들은 적이 없는 외국어를 사용하게 한다면 얼마나 고통스러운 일인가. 아동은 입학식 당시부터 멍하니 오직 의자에 걸터앉아 있을 뿐이다. 그리고 교사의 동작과 입만을 지켜보고 있다가 선생이 하는 대로 행하는 것이다. 그중에 몇 명인가가 선생의 입을 흉내 내면, 다른 아이들은 그것을 보고 이상한 듯이 쳐다보는 것이다. 그리고 잠시 있다가 부끄러운 듯이 호기심을 갖고 선생의 입을 흉내 내어 따라간다. 처음으로 선생이 가르치는 교육 용어를 몸에 익혀 간다.

교사: 고쿠반(칠판)

생도: 고쿠반, 고코반, 고반

교사: 모 히토츠 반(다시 한번)

생도: 모 히토츠 반

교사: 고레가 고쿠반 데스(이것이 칠판입니다)

생도: 고레가 코쿠반 데스

교사: 소레와 이와나인 데스(그것은 말하지 않습니다.)

생도: 소레와 이와나인 데스

이와 같이 교사가 가르치려고 하는 교과상의 주어(主語)도, 그것을 설명하려고 하는 설명어도 생도는 모두 합해서 뒤섞어서 선생의 말만 흉내 내는, 마치 앵무새처럼 흉내 내는 것이다.[3]

실제 3학년은 중심 학년이고, 중요한 시기이다. 그리고 교재의 내용은 5~6학년을 제외하면 각 학년 중에서 가장 일본적인 교재가 많다. 수신은 18과이고, 일본어는 5, 6 두 권에 14과이다. 당국도 그만큼 힘을 기울이고 있음을 알 수 있다.

그러나 교재 이해의 어려움과 용어의 불충분함 때문에 교사의 기대와 학생의 요구는 수포로 돌아가고 마는 경우가 많다. 수신과가 수신 수업인지 일본어 수업인지 구분하기 어려울 정도로 시간을 허비하며 헛수고할 뿐이다.

일본어 교재이기 때문에 그렇고, 산술은 용어만 잘 알아들으면 내용은 특별히 어려운 것은 아닌데, 설명하는 일본어를 이해할 수 없으므로 결국 산술을 이해하는 것이 어렵게 된다.

작문 시간이 되면 가장 큰 고통은 "조선어의 무엇 무엇은 일본어로 무엇 무엇이라고 합니까"라는 질문의 연발이다. 그토록 열심히 작성한 것에 대해 교사의 정정(訂正) 또한 아주 큰 고심을 하게 한다. 오자, 탈자, 어불성설, 일본어와 조선어의 서로 다른 점을 구별하기 어려워, 조선어를 직역해 쓴 것이 대부분으로, 오히려 분별하여 정리하기에 힘이 드는 것이었다. 이것을 조선인이니까 조선어로 적으면 얼마나 쓰기 좋고 읽고 쉬우며, 동시에 천진(天眞)한 작품이 되어 얼마나 정취가 있을 것인가.

3　편역자 주: 이하 김진국의 원글에는 제2학년, 제3학년 부분을 나누어 서술하고 있으나, 번역문에서는 생략하고 3학년의 후반부 일부만 번역해 그대로 실었다.

4학년 이상

3학년을 지나 4학년 이상이 되면 용어에 대한 불편은 다소 적어진다. 그러나 모든 힘을 전부 일어에 빼앗겨 다른 학과에 힘을 쓸 여유가 없다. 이 결과는 일본어도 완전하지 않고 다른 학과도 불충분하여 뒤죽박죽으로 시간만 낭비하고 정력을 허비하는 것이다. 만일 6년 동안의 용어를 조선어로 한다면, 일본인 아동이 7년 동안 하는 고등과까지도 6년 안에 쉽게 하고도 남을 것이다. 실로 그 이상의 총명과 소질이 있다.

입학에서 졸업까지 용어와 교재에 눌려 총명함과 우수한 개성을 발휘할 수 없었고, 천진한 생활은 하더라도 배운 것을 실생활화하는 것은 불가능했다. 그래도 이를 교육이라고 말하고 사명을 다한 것이라고 말할 수 있을까. 당국자가 아무리 변명해도 사실이 유력하게 증명하고 있는 것을 어쩔 것인가.

자기 말로 하면 단번에 이해할 수 있는 것을 외국어로 하므로 몇 번을 거듭해도 시원하게 이해하지 못한다. 가정에서는 조선어로 하나, 둘이라고 배운 것을 학교에 가면 일본어로 이치, 니라고 배우는 것이다. 직언하면 시간을 버리고 정력을 감퇴시키는 것이다. 다른 나라 아동들이 자기 언어로 교육받으며 그 활발한 태도를 볼 때면, 조선의 불쌍한 자제들의 신세를 생각하며 울지 않을 수 없다.

부모인 우리들, 소위 선배인 우리들은 과연 어떠한 방법을 강구하면 좋을까. 어떻게 이 문제를 해결한다면 좋을까. 우리의 앞날은 우리 힘으로 개척해야 한다. 절규하자, 분발하자, 정치적 계책을 벗어난 참교육으로 의의 있는 교육을 주창하자.

보통학교 교원은 전부 조선인을 채용하라 (중외일보 사설)[4]

교육은 비교적 성숙한 선배가 사회생활을 영위하기에 미숙한 후배를 훈도함을 지칭하는 것이다. 교육의 목적은 아동에게 이 사회에 적당한 도덕적, 이지적(理智的) 상태를 발전시키는 데 있다.

일본인 교원을 보통학교에 채용하는 교육정책은 위에서 우리가 주장하는 교육의 본의와

---

4 편역자주: 이 글은 본문에서 1927년 사설이라고 하나, 1926년 12월 31일 자 중외일보 1면 사설 "보통학교 교원은 전부 조선인으로 채용할 이유"를 부분 번역한 것이다.

목적을 위반하는 것이다. 일본인 교원은 그 사람이 일본인인 한, 조선인의 사상 감정 관습 등 간단히 말하면 조선인의 생활에 대한 이해가 부족하다.

이렇게 조선인의 사회생활에 이해가 부족한 일본인 교원이 사회생활에 미숙한 조선인 아동을 훈도(薰陶) 하는 것이 교육의 본의에 모순되지 않는 것이 가능할까. 조선인 사회생활에 이해가 없는 일본인 교원이 사회생활에 적당한 인재를 양성하려 할 때, 교육의 목적에서 탈선하지 않을 수 있을까. 사범학교에서 일본인 교원에게 조선인 사회생활에 대해 상당한 지식을 가르친다 하더라도, 그 '상당한 지식'만으로 완전한 교육을 실시할 것은 기대하기 어려운 일이다.

모방성이 풍부하며 감수성 예민한 백지와 같은 아동의 심리와 품성을 도야하고 사회적 생활에 적당한 시민을 양육하는 교원은 그 사회생활에 '상당한 지식'이 있는 자가 아니라, 그 사회생활을 '체험'하는 자여야 한다. 그러므로 다음의 조건에서만

　(1) 아동과 교원 사이에 정이 농후하여야 아동의 모방성과 감수성이 완전할 것이고
　(2) 아동의 간절한 요구에 응하며
　(3) 아동의 지적, 도덕적 원래 자질에 근본적 도야를 꾀할 수 있다

이것이 보통학교에 조선인 교원만을 채용하라고 하는 첫 번째 이유이다.

물론 총독부 당국이 일본인 교원을 보통학교에 채용하는 것은 그 취지가 일선 동화정책에 있다. 그러나 조선인 아동이 과연 일본혼(日本魂)에 감염될 수 있을까. 신문지상에 왕왕 조선 아동이 결속하여 일본 교장 혹은 교원에게 반항하는 것을 무엇으로 보며, 또 아동이 가정과 환경과 사회가 '조선적'임을 망각해도 좋은 것인지 심히 의문이다. 가령 유치한 아동이 일본인 교원에 동화되었다고 해도 종래의 경험에 의하면, 그것은 행인지 불행인지 잠시일 뿐이고, 그들은 성장함에 따라 자동으로 조선인의 의식으로 돌아가, 조선인 본위의 사회생활을 영위하게 되는 것이다.

조선민족의 사상, 감정, 관습은 수천 년간 노력의 결정(結晶)이다. 세계의 문화를 널리 드러내기(發表) 위해서는 각 민족 고유의 사상과 감정을 더욱 정밀하고 더욱 심원하게 발전시키는 것을 전제로 한다. 그런 까닭에 조선인의 문화를 저지하는 것은 세계의 문화를 저지하려는 것이 되지 않는가, 또 사실상 문화를 억제하는 것이 불가능하다면 무엇 때문에 동화정책을 실시하고 어떤 이유로 보통학교에서 일본 교원을 채용하는 것인가, … 이것이 두 번째 이유이다.

> 제3의 이유는 조선인이 절실히 느끼는 교육 보급의 필요에 있다. 조선 전체에는 학교 부족 때문에 취학이 불가능한 아동이 몇만이나 되는지 모른다. 그런데 전국에 학교 수 1,187교 가운데 조선인 교장은 겨우 37명이다. 교장 직무대리는 20명 내외이며, 그 나머지는 모두 일본인이다. 그리고 일본인은 조선인보다 모두 봉급이 높다. 또한 교육의 본의에 모순되고 교육의 목적에 위반하는데 무엇 때문에 일본인 교원을 채용하는가. 그 헛된 비용을 절감하여 학급을 증설하고 미취학 아동을 수용하는 데 힘쓰자. …

작년의 정세를 이어받아 1928년(昭和 3) 맹휴를 결행한 학교는 83교를 헤아리며, 민족사상의 발로라고 인정되는 맹휴가 37건에 이르고 있다. 이 가운데 중등학교 이상의 맹휴 상황을 표시하면 다음과 같다.

〈표 19〉 1928년 학생 맹휴 상황(중등학교 이상)

학교명	원인	발생 해결 일시	결과	비고
경성공립제일고등보통학교	1. 교장 이하 교수 수명 배척 2. 민족운동의 한 표현	1927년 10월 14일~ 1928년 1월 12일	부형의 알선으로 생도 사죄 후 등교함	폭행생 12명 검속 훈계 방면함
함북길주공립농업학교	승격 운동	2월 17일~ 5월 5일	생도 누그러짐으로 해결	폭행생 1명 검거, 6명 기소
경남진주사립일신여자고등보통학교	1. 퇴직 교원에 동정	3월 3일~ 3월 7일	동창회 알선 조정으로 해결	
전북사립고창고등보통학교	교장 배척	3월 12일~ 4월 1일	생도 뉘우침으로 해결	
평양사립광성고등보통학교	교장 이하 교사의 배척 시험문제 때문에	3월 12일~ 4월 24일	생도 사죄로 해결	3·1기념일을 기해 강연하는 것을 엄중 경계함
경성사립보성고등보통학교	1. 교원 배척	3월 20일	사전 발견으로 맹휴까지 이르지 못함	
경성사립여자상업학교	신(申) 교수 사주로 신(申) 교수 유임 운동	4월 10일~ 5월 10일	주도자의 검거로 생도들이 교화, 등교함	폭행생 27명 검거. 5명을 검사에 보내 2명 유죄가 됨

학교	원인	기간	해결	비고
관립경성법학전문학교	교장배척, 마루야마(丸山)학감 퇴직에 동정	4월~ 6월 25일	학교의 선처로 해결	
함흥공립고등보통학교	조선역사, 조선어교수 등 민족운동의 한 표현	5월 1일~ 9월 1일	주도자 처분으로 누그러져 등교	폭행생 약 100명 검속 15명 기소, 징역 8개월 이하 판결
함흥공립농업학교	실습 결석한 생도에게 한 처분에 동정 민족운동의 한 표현	5월 3일~ 7월 9일	주모자 검거에 의해 등교하게 됨	폭행생 9명 검속 15명 기소 징역 8개월 이하 판결
함흥공립상업학교	교사 배척 민족운동의 한 표현	5월 7일~ 6월 30일	생도의 뉘우침과 사죄로 해결	폭행자 6명 검거, 3명 기소, 징역 6개월 판결
전남여수공립수산학교	교원의 충실을 요망	5월 7일~ 5월 18일	상급생의 위무에 의해 해결	
경성사립휘문고등보통학교	학우회/자치독립	5월 23일	협의 중 탐지하여 사전에 해결	
경성공립여자고등보통학교	이왕 3주년 백복 강제 착용 운동에 의해	5월 24일~ 1주일간	주모자를 설득하여 해결	
경남사립마산호신학교	교원 배척, 기타	6월 5일		미해결
개성사립송도고등보통학교	교원 배척	6월 11일	미해결	폭행생 11명을 검속 훈계 방면함
평북영변공립농업학교	교장 배척	6월 13일~ 6월 16일	부형의 설득으로 해결	
경성사립양정고등보통학교	교사 5명의 배척 학우회의 자치요구	6월 15일~ 6월 28일	주모자의 처분으로 해결	
평북사립오산고등보통학교	교원 배척	6월 14일~ 7월 13일	주모자의 처분으로 누그러져 등교함	
경남동래공립제2상업학교	학교장 이하 2명 교유 배척 민족운동의 한 표현	6월 18일~ 6월 21일	학교의 설득으로 해결	
경남김해공립농업학교	설비의 충실, 교원 배척	6월 25일~ 6월 26일	면장의 알선으로 해결	
광주공립고등보통학교	퇴교 처분자에 동정 민족운동의 한 표현	6월 26일~ 9월 18일	주모자의 검거와 부형의 알선으로 해결	9명 기소, 징역 1년 이하 판결
전북전주공립농업학교	교장 이하 교유 배척 설비 충실	6월 27일~ 7월 7일	주모자의 처분으로 해결	폭행자 11명 검거, 모두 징역 10개월

광주공립 농업학교	모리오카(森岡)교수 배척 민족운동의 한 표현	6월 29일~ 9월 12일	주모자의 검거로 생도 사죄 후 등교	폭행생 5명 기소, 징역 8개월 이하 판결
광주여자공립 보통학교	교사 배척 민족운동으로서	7월 2일~ 7월 4일	부형의 알선으로 해결	
평북의주공립 농업학교	교사의 신축설비 충실 요구	7월 7일~ 7월 10일	부형의 알선으로 해결	선동자 2명 검거
경남진주공립 농업학교	조선사 조선어 교수 요구 민족운동으로서	7월 6일~ 9월 1일	주모자의 처분으로 해결	방화생 검거
경남진주공립 고등보통학교	조선사 조선어 교수 요구 민족운동으로서	7월 6일~ 9월 1일	주모자의 처분으로 해결	
개성사립개성 학당상업학교	마츠오(松尾) 교장 배척	7월 11일		미해결
관립수원고등 농림학교	비밀결사사건 검거에 대해 학교 처분이 부당하다고 봄	9월 21일~ 10월 3일	강경함이 누그러져 사죄하며 등교	
경남통영공립 수산학교	오카자키(岡崎) 교유 배척 설비의 충실	9월 22일~ 10월 15일	생도의 사죄로 해결	
대구공립고등 보통학교	생도의 자치 획득 내지인 교원의 배척	9월 26일		미해결
전북사립고창 고등보통학교	교장 배척	10월 13일		미해결
경성사립휘문 고등보통학교	교원 배척	10월 22일		미해결
대구사립신명 여학교	교장 이하 교원 배척 설비 충실	11월 19일		미해결
계	36개교			

이 중 주요 사건의 개요를 간단히 적어 보면, 작년 7월 함흥고등보통학교는 학교를 식민지 통치의 한 기관이라며 해방시키자고 맹휴한 것은 앞에서 서술한 대로이다. 그런데 다시 작년의 요구 실현을 요구하며 5월 1일부터 맹휴를 시작했고, 주모자들은 여러 차례 등교생들에게 폭행과 협박을 했다. 경찰에서는 이들을 검거했고, 학교 측은 퇴학을 명했다. 직접 행동은 공연히 희생자를 낼 뿐이며, 선전전(宣傳戰)으로 여론 환기에 애써야 한다며 다음과 같은 격문을 조선 내 중등학교 및 내지의 여러 조선인 단체 앞으로 발송했다.

전조선 피압박 동지 제군에게 고함

수년 동안 쌓이고 쌓인 우리들의 불평이 작년 7월에 마침내 폭발한 우리의 동맹휴교! 당시 학교 당국의 기만적 수단에 우리의 온갖 요구 조건은 금년 3월까지 희망을 가지고 기다렸다. 그러나 금년 3월이 지난 지 이미 수개월, 기만을 일삼는 학교 당국은 어떠한 해결도 없었다. 경애하는 동지여!! 오늘 우리들이 받고 있는 식민지 교육이 착취를 전제로 한 마취제라는 것은 말할 것도 없이 아주 분명한 것이다. 그러나 당시 일부 식자들은 만평이나 비평을 하며, 동맹휴교는 현대 학생들의 유행병이나 사상중독이라 하며 조롱할 뿐이었다. 그러나 이는 도리어 식자 자신들의 현대사회 정세에 대한 인식 부족임을 예감하지 못했다. 군국주의의 말발굽 아래서 유린당했고, 소위 종주국과의 차별적 교육에 대한 불만과 의분이 쌓여 우리들 오백여 명의 심장은 끝내 파열되었다. 이에 맹휴의 반기를 다시 들지 않을 수 없었던 것은 피압박 동지 대중 제군이 한결같이 주지하는 바라고 생각한다. 그러나 전제(專制)에 익숙한 학교 당국은 해결하려는 성의의 기미는 조금도 보이지 않았다. 오로지 억압적으로 기다리게 한 후 결국 답변한 것은 "이번 사건에 대해서는 전부 도 당국에 일임했으므로 우리는 어떤 관련도 없다"라는 것이었다. 한순현(韓恂鉉) 교유는 "총독부 정무국 총감이 함흥에 왔을 때 말하길", "맹휴가 빈발하는 조선 중등학교 두세 학교는 폐교하여도 무방하다"라고 선언했으므로 "너희들 생각대로 해 봐라"라고 했다. 또 교장대리인 사와키 시게마사(澤木茂正) 교유는 "나는 진정한 교육을 하는 것이 아니다. 돈이라도 벌고 밥이라도 빌어먹으려고 하는 것이 목적이니, 당국의 지령대로 복종할 뿐이다"라고 말했다. 어찌 그뿐인가. 저 포악천만(暴惡千萬)한 야마네(山根) 촉탁은 말하길 "금수같은 너희들에게 교육은 아무래도 쓸모없다"라고 했다. 어떻게 우리에게만 국한한 것이겠는가!! 이 어찌 식민지 착취 교육, 군국주의의 노예적 교육에 숙련된 놈들의 고백이 아닌가!! 보라!! 오늘 우리들이 받는 교육의 정체를 놈들 스스로가 폭로하는 것이다. 특히 정무총감의 만용적 발언이야말로 가차없는 직언이다. 놈들의 정체는 이처럼 나날이 폭로되고 있다. 학교 당국이 능히 해결할 수 있는데도 사건 전부를 도 당국에 전적으로 위임하면, 도 당국자들은 경찰서로 모두 위임해 해결을 구한다. 이 얼마나 연계적이며 교육자로서 무책임한 몰상식적 태도를 드러내는 것인가. 시내 도로 곳곳에는 경찰의 마수가 진을 치고, 학교 안팎으로는 칼을 찬 금색 구두의 신랄한 소리만 소란스럽다. 교내에는 형무소 간수처럼 형사대와 정복을 입은 경찰대를 배치해, 마치 살인 강도범을 체포하는 것 같다. 깊은 밤에 잠든 동지와 대낮 큰길에서도 고보 휘장만 보이면 찾아내고, 점차 동지들을 무조건 강제로 잡아들여 애매하게 4, 5일씩 구류장에서 고생시키고, 게다가 검사국(檢事局)으로까지 호송한다. 그야말로 식민지 특수현상이다.

 오랜 기간 유린당한 동지 제군!!
 우리를 상품시하는 노예적 교육, 식민지 차별 교육을 받아들여야 할 것인가, 아니 억압에는 반드시 반작용이 있다. 또 두려운 마취제를 수긍하면서 그대로 삼킬 수밖에 없는 우리들이 아니다. 보라, 학교 도청 경찰 소위 시내 몇 명의 학부형 등 관료배와 같은 군국주의에 매수당한 인물들이 모여서 조직된 학교후원회가 사각형으로 우리를 에워싸고 무리한 억압을 했다. 1개월여에 걸쳐 당국자들은 20명의 희생자를 냈을 뿐이었다.
 같은 환경에 처해 있는 동지 제군!!
 다시 보라! 놈들은 내년 봄부터 조선인과 일본인 공학(朝日共學)이라는 망설(妄說)을 양털을 벗겨내듯이 마지막으로 돌려주려고 준비 중인 것이다.
 피압박 동지 제군!!
 우리들은 모순적 교육제도를 타파해야 한다. 새로운 사회의 담당자가 될 우리들은 모두 함께 분노의 심혈을 기울이고 정신을 북돋아 함께 반기를 들어야만 한다.

 1. 조선인 본위의 교육을 획득하자!
 2. 식민지 차별적 교육제도를 타파하자!
 3. 조일공학에 절대 반대하자!
 4. 군사 교육에 절대 반대하자!
 5. 교내 학우회 자치제를 획득하자!

1928년 6월
함흥고등보통학교 맹휴생 일동

이 격문이 조선 내 중등학교 생도에게 적지 않은 충동을 준 것은 논할 것까지도 없다.
공립함흥농업학교는 5월 3일에, 공립함흥상업학교는 5월 7일에 함흥고등보통학교를 본받아 맹휴를 시작했다. 사립휘문고등보통학교는 5월 23일 맹휴를 시작하려고 협의 중임을 탐지하고 주모자를 퇴학시켜 아무 일이 없었다. 공립부산제2상업학교는 6월 16일부터 맹휴를 시작했다.

아래는 동경학우회 이외 2개 단체 명의로 발행된 "함흥고보 맹휴사건에 대해 전(全)조선 학생 제군에 보내는 격문"이라는 제목의 다음 리플렛에 자극받은 것이었다.

함흥고보 맹휴사건에 대해 전(全)조선 학생 제군에게 보내는 격문

친애하는 학생 제군! 일본 제국주의라는 말발굽 아래 유린당한 조선민족에게 남은 것은 무엇인가? 저들의 비인간적 착취에 우리들의 고혈(膏血)은 다 빠지고, 저들의 경찰정치에 우리들의 정치적 자유는 모조리 박탈당하지 않았는가! 당연하게도 저들이 제군에게 강요한 노예교육은 저들의 식민지 정책을 여실히 표현한 것이다. 저들은 왜 제군에게 조선사 교수와 조선어 사용을 금지하는가? 저들은 왜 조선의 자제인 제군을 가르쳐 키우는데 일본인 본위로 교사를 고용하고 우리들의 조선에서 일본인 본위의 교육을 실시하는가? 일선인(日鮮人) 공학제는 무엇을 위해 실시하려 하는가? 이것이 조선민족을 위한 교육인가?

아니, 그렇지 않다. 그것은 제군의 두뇌에서 '조선'이라는 관념을 근절시키려는 뜻에서 나온 계획(企圖)이다. 제군은 깊이 기억하라! 오늘의 조선교육은 제군에 대한 아편이고, 그것은 제군을 영구히 저들의 노예와 주구로 만들기 위해, 조선 민중을 완전히 자신들의 도마 위 생선으로 만들기 위한 관념적 무기이다. 조선의 학교는 제군을 암흑의 둥지에 영구히 잠들게 하는 관념적 아편 공장이다.

그러나 제군! 조선의 학생은 이러한 인위적인 수면을 영구히 감수하지 않는다. 학생의 불평불만은 전국적으로 팽대(膨大)해간다.

그래서 2~3년 동안 맹휴의 거대한 물결이 전 조선을 흔들어 왔다. 그러나 맹휴가 발생할 때마다 학교와 경찰은 추잡한 야합을 하여 학생에 대해 온갖 탄압과 온갖 유혹을 해 왔다. 그때마다 도쿄에 있는 우리 3단체는 학생의 투쟁을 힘차게 지지하는 동시에 학교와 경찰에 대해 끊임없는 항쟁을 해 왔다.

그런데 지난달 8일 다시 함흥고보에서 맹휴사건이 폭발했다. 날로 늘어나는 분규는 더욱 심해지고, 학교의 학생에 대한 직간접적 회유 분리 정책과 탄압 정책은 점차 노골화되고, 경찰의 단속은 더욱 심해지고 있다. 보라! 경찰이 열네다섯 명의 학생을 검속 취조한 이유는 이번에 검속된 학생이 온건 학생 몇 명을 폭행했기 때문이라고 한다. 그러나 이것은 전투적 학생을 직접 탄압하기 위해 만들어 낸 구실에 불과하다. 가령 학생 사이에 사소한 다툼이 있었다고 해도 단지 그것을 이유로 다수의 학생을 검속하는 것은 학교 행정에 대해 경찰이 직접 간섭한다는 것을 의미하는 것이다.

그런데 이번 함흥고보 맹휴 학생의 요구 조건은 식민지적 노예 교육의 전형적 이행자라고 할 수 있는 이 학교 교장의 배척과 민족적 차별 교육의 철폐에 있다고 한다. 이는 얼마나 정당한 요구이며, 이 요구를 관철하기 위한 투쟁은 얼마나 정당한 투쟁인가? 특히 작년 7월 몇몇 일본인 교유의 배척이나 기타 몇 가지 조건으로 이 학교에서 분규가 발생했을 때, 학교 당국은 공수표를 남발하며 학생을 회유하여 등교시켰고, 거의 1년이 지난 오늘에 이르기까지 약속을 실행하지는 않았다. 이것도 이번 사건의 유력한 원인이라고 한다.

보라! 저들이 순진한 학생을 기만하고, 농락한 이 범죄를. 이것이 과연 교육자의 태도인가?

학생 제군! 또다시 이번 달 5일 함흥상업학교에 맹휴가 일어났다. 그뿐만 아니라 함흥농업학교에서도 맹휴가 일어났다. 이리하여 북부 조선의 소도시에서 학생들이 일종의 지방 총파업을 일으켰다. 이것은 결코 한 학교, 한 지방의 문제가 아니고 전조선 학생, 전조선 민족의 문제이다. 이상의 세 학교 학생은 전조선 학생의 절실한 요구와 권리를 대표하여 싸우고 있다. 이런 이유로 전조선 학생은 그들의 용감한 투쟁을 힘차게 지지해야만 한다.

노예 교육은 제군에게 내려진 마수이다.

따라서 그 마수를 배제하려면, 이 세 학교의 용감한 전사를 투쟁으로 지지해야 한다. 오직 각 학교를 중심으로 한 투쟁이 가장 큰 지지가 된다. 전 조선의 학생 제군은 분기(奮起)하여 노예 교육의 아성에 몸으로 부딪쳐 싸워

전제 교장을 축출하자!
학교와 경찰의 야합은 절대 반대한다!
검속 학생을 석방하라!
학교 내의 학생자치제를 확립하라!
식민지 노예 교육을 철폐하라!
조일공학제 실시는 절대 반대한다!
학생의 전국적 단일체를 수립하자!

재도쿄 조선유학생 학우회
조선청년 총동맹 재일본 조선청년동맹
신흥과학연구회

이 격문은 조선 각지에 배부되었고, 이에 자극받아 맹휴를 한 학교가 적지 않았다. 얼마나 학생의 마음속을 혼란하게 했는지는 상상하기 어렵지 않다.

공립동래고등보통학교도 위의 격문에 자극받아 내지인 교사 배척, 조선어 시간의 증가, 학교 강연회의 조선어 사용 등을 요구하며 6월 18일 맹휴를 결행했다.

공립광주고등보통학교는 이 학교 생도 이경채가 공산당이라 칭하는 불온 선전 삐라를 붙이거나 불온 문서를 우송한 사건으로 검거되었다. 학교가 그를 퇴학 처분에 부친 것을 동기로, 범죄가 확정되기 이전에 퇴학 처분을 내린 것은 부당하다며 조선인 본위의 교육 등 여러 항목을 요구하고 맹휴했다. 생도들은 결속을 꾀하기 위해 중앙집행부 및 지방 대표라는 기관을 조직했고, 중앙집행부에는 참모부, 통신부, 외교부 및 회계부를 두었다. 귀성 학생에게 여러 번 격문을 전달해 결속과 연락에 힘썼으며, 학교 및 부형 등에게 불온 문서 10여통을 송부했다. 본교 맹휴에 재도쿄 졸업생들이 모교 분규사건대책강구회를 조직하고 학교장, 부형회 대표, 동창회 대표 등에게 성명서를 보냈다. 또 휴가 귀성 중인 유학생 3명을 대표위원으로 삼아 문제 해결을 위해서라면서 교장을 방문하거나 동창회, 부형회 등에게 직간접으로 맹휴생의 기세를 부추기는 것 같은 언행을 해 관할서에서 검속하여 엄중히 타일렀다.

공립광주농업학교, 공립광주여자고등보통학교 생도는 모두 이 지역 고등보통학교를 따라서 맹휴에 들어갔다.

공립진주고등보통학교 생도는 위의 함흥고등보통학교 맹휴사건에 관한 격문에 자극받아 조선 교육제도의 개혁을 요구하기 위해서는 전조선 생도가 일치단결하여 항쟁해야 한다고 하였다. 이 지역 농업학교 생도를 끌어들여 함께 요구 조건을 의논하고, 내무, 외무, 조사, 경무(警務)의 4부를 조직하여 맹휴했다. 농업학교의 한 생도는 맹휴 사건의 주모자로 지목된 것에 분개하여 이 학교 건물에 석유를 부어 방화했는데, 숙직원에게 발견되어 큰불로 번지지 않고 끝났다.

수원고등농림학교에서는 이 학교 생도의 비밀결사 사건 검거에 즈음해, 학교 당국이 학교 안을 경찰관에게 수색하게 하고, 또 아직 범죄가 확정되지 않은 자를 퇴학 혹은 정학 처분을 하는 것은 부당하다고 하면서 9월 21일 동맹휴교를 결행했다.

사립대구고등보통학교에서는 생도의 자치권 획득과 내지인 교사 배척을 요구하며 9월 26일 동맹휴교했다. 이 학교의 맹휴는 학생들이 조직했던 공산주의 비밀결사가 이론 연구

에서 실제 운동으로 나아간 제일보였다. (상세한 내용은 이후 설명함)

사립배재고등보통학교에서는 11월 6일 일본 천황의 즉위식 즈음해 평온하게 이 축하를 맞이하는 것은 조선인의 정치적 복종을 나타내는 것임으로, 정말로 민족의 커다란 치욕이라 하면서, 봉축 기분에 취해 있는 민심에 소란을 일으켜야 한다고 하여 동맹휴교를 결행하려 하였다. 그러나 그것은 미수에 그쳤다. 이 사건도 이면에 공산당의 손이 작용하고 있었다. (상세한 내용을 이후 설명함)

재도쿄 조선청년동맹원 이현철, 와세다고등학원 생도 김정수 등은 9월 상순 학생스트라이크옹호전국동맹을 조직하고, 대구고등보통학교 및 휘문고등보통학교 맹휴에 즈음해 다음과 같은 불온 삐라를 내보냈다.

> 전조선 학생 궐기하자
> 식민지 노예 교육을 타도하자
> 일. 조선인 본위의 교육을 하자
> 일. 교내의 학생자치권을 획득하자
> 일. 교장의 교장 회의 참가에 절대 반대하자
> 일. 반동적 전제 교육자를 축출하자
> 일. 휘문 동맹 휴업과 파업을 절대 사수하자
> 일. 대구 동맹 휴업과 파업을 적극 옹호하자
> 일. 전국 학생은 1일 동안 동정 휴업을 단행하자
> 일. 동맹 휴업과 파업 학생에게 격문 격전을 발송하자
> 일. 교내의 경찰 간섭은 절대 반대한다
> 일. 검속된 동맹 휴업과 파업 학생을 구해내자
>
> 　　　　　　　　　　　　　　　　1928년 10월 25일
> 　　　　　　　　　　　　　　학생스트라이크옹호전국동맹

그 외에 크고 작은 맹휴 사건에 관해 맹휴생의 성명서, 좌경단체의 불온 격문 등이 무수히 발송되었다. 그 가운데 중요한 것 두세 개를 제시하면 다음과 같다.

경성여자상업학교의 맹휴사건에 대해 신흥과학연구회에서 발송한 항의문

일본제국주의의 파견대인 조선총독 정치가 우리 조선민족에게 한 폭압은 우리 청소년 학생층을 그 범위 밖에 두지 않았다. 무엇보다도 이들 식민지적 노예 교육정책의 집행자이자 그 앞잡이 역할을 담당하는, 소위 조선 학교 당국자들의 반동적 태도는 실로 오늘의 조선인으로서 용납할 수 없는 배신이라 하지 않을 수 없다. 그들 조선인은 고통받는 청소년 학도의 교육은 안중에 두지 않고, 학교 당국은 지배 당국과 부적절한 야합을 하면서 경찰의 위력으로 우리 학원을 유린하고 있지 않은가. 이번 이 학교 30여 명의 학생을 검거한 사건은 조선의 학교 당국자가 얼마나 부패했고 혹독한지, 그 정체를 여실히 폭로한 것이 아닌가. 우리는 모든 식민지적 노예 교육의 철저한 타도를 바라고, 학도 집단으로서 이 학교에서 부당하게 유린당한 자매들을 위해 철면피인 학교 당국자들의 반동적 행동을 철저히 규탄하려 한다. 이번 학생 검거 사건은 명백히 전 학생 대중에 대한 반동적 탄압임을 인정하며, 우리는 여기 부당 처치에 대해 귀 당국에 항의한다.

1938년 5월 4일
신흥과학연구회 (인)

경성여자상업학교장 귀하

사립광성고등보통학교 맹휴사건에 대해 일본 조선청년동맹에서 송부한 격문

광성고보 맹휴 사건을 투쟁으로 응원한다!!
일본제국주의의 식민지 노예 교육정책은 우리 조선 청소년 학생 제군에게 언제나 강제로 수면제를 주사하고 있다. 저놈들의 온갖 정책은 우리 조선 청소년 제군을 기만하고 타락의 심연으로 점점 더 빠뜨리려는 것이다. 사범학교, 농업학교, 순사양성소 등 일본 정부가 이번에 조선 땅에서 실시하고 있는 교육제도의 이면을 보면 음험하고 야비하다. 우리 조선을 영원히 일본 정부의 치하에 예속시키려는 모든 정책이 학생 제군의 일상 경험에서 여지없이 폭로되고 있다. 조선 역사 제외, 조선어 사용 금지, 교원의 일본인 본위 등은 아무리 보아도 우리 조선 청소년 학생의 뇌리에서 '조선'이라는 관념을 영구히 제거하려는 의도이다. 이 모든 광범한 정치적 불평등에 우리 학생 제군은 분기하지 않을 수 없다. 이것이 지금 각처에서 일어나는 소위 학생 맹휴 사건이다.

특히 최근 일어난 기독교회가 경영하는 평양광성고보의 동맹 휴업과 파업 사건은 이미 한 달 정도에 걸쳐 전투적 학생 제군의 강고한 힘으로 용감하게 투쟁해 왔다. 동맹휴교와 파업의 이유는 교장 배척, 기숙사 철폐 반대, 학우회 해산 반대, 희생자 28명의 학적 회복 요구, 기독교 신앙 강요 반대 등이다. 이 얼마나 정당한 요구가 아닌가? 그럼에도 학교 당국은 노골적으로 경찰과 야합해 선두에서 가장 용감하게 투쟁하고 있던 수십 명의 학생을 무리하게 감옥에 잡아넣고 있다. 어찌 그뿐이겠는가? 학교 체조교사의 수업에서 일본제국주의의 충복인 중위(中尉) 이희겸(李喜謙)을 부추겨 군인의 힘으로 학생을 쳐 냈다고 한다. 제군! 이것 실로 조선교육자가 감히 할 수 있는 태도인가? 우리는 이에 일본제국주의 노예 교육정책의 본질을 일단 인지하면서 동시에 해당교의 경영자인 기독교 교회의 추태를 알 수 있다. 그리고 경성남녀상업학교, 대구고보도 역시 지금 동요하고 있다.

제군! 이렇게 우후죽순처럼 각지에서 일어나는 동맹휴교와 파업 사건은 무엇을 말하는 것인가? 이는 적어도 조선청년운동의 한 부대인 학생 제군이 행한 일본제국주의 노예 교육정책에 대한 용감한 투쟁임에 틀림없다. 그렇다면 우리들은 그들을 어떻게 지지하고 응원하면 좋을까? 제국주의가 행한 식민지 노예 교육정책의 음험한 이면을 여실히 폭로시킴과 동시에, 그들의 일상생활에 대한 사소한 불평불만도 남김없이 지적하여 교내의 투쟁에서 일본제국주의에 대한 투쟁으로 진전시켜 가야 한다. 이런 의미에서 우리 동맹은 다음의 슬로건 아래서 적극적인 투쟁을 응원하는 바이다.

일. 학교 교원을 조선인 본위로 하라!
일. 조선 역사를 가르쳐라!
일. 조선어로 가르쳐라!
일. 교원의 임면을 학생 의사에 맡겨라!
일. 교내의 학생 자치를 확립하라!
일. 중등학교에서 조일(朝日)공학제 실시에 절대 반대하라!
일. 학교와 경찰의 야합에 절대 반대하라!
일. 학교의 각종 시설을 완전히 하라!
일. 동창회에 대한 학교 당국의 간섭을 절대 반대하라!
일. 군사 교육 실시에 절대 반대하라!

일. 기숙사의 전제적 압박에 항쟁하라!

일. 일본 제국주의의 노예 교육정책에 철저히 항쟁하라

일. 학생의 전국적 단일체를 수립하라!

1928년 4월 일

조선청년총동맹 재일본조선청년동맹

마찬가지로 광성고등보통학교 맹휴 사건에 관해 재도쿄조선유학생학우회 및 재도쿄신흥과학연구회 연명으로 보낸 성명서이다.

광성고등보교 맹휴 사건에 관한 성명서

지난 3월 15일경 교장의 전제적 행동에 분개해 일어난 광성고등보통학교 학생의 맹휴 사건은 날로 분규에 분규를 거듭해 지금 1개월 정도가 지나도록 해결의 서광을 보지 못하고 있다. 이 사건이 진전됨에 따라 학생에 대한 학교 당국의 탄압과 무모한 경찰의 간섭은 점차 혹독해져 간다. 보라! 학교 당국이 불법 처분을 남발하여 희생된 학생이 28명이나 되고, 경찰 당국의 야만적이고 강압적인 검속의 쇠발굽 아래 유린 당한 자 이미 10여 명에 달했다. 그뿐만 아니라 앞으로 사건이 심각해짐에 따라 이 같은 처분 검속이 속출할 것임은 불 보듯 훤하다.

이처럼 경찰의 노골적인 포학무도한 간섭은 조선이 아니라면 보기 어려운 현상이다. 그런데 이것은 차치하기로 하자. 학교 당국의 처치는 과연 교육자로서 정당한 처치이며 성실한 태도인가! 사건 해결의 열쇠는 누가 쥐고 있는가? 학교 당국자 자신이 아닌가? 그럼에도 그들은 "불량 학생 근절을 위해서는 폐교도 개의치 않는다"라는 폭언까지 내뱉으면서 학생에 대해 시종일관 비열한 행동을 취해 왔다. 그러나 저들의 행동은 이 횡포로 그치지 않는다. 또 보라! 지난 3월 10일에는 이 학교의 체조교사 모 씨가 맹휴 학생 1명과 논쟁한 후 대담하게도 칼을 뽑아 들고 마구 때리기까지 했던 일이 있었다. 무법한 만행이 이보다 심하고 격렬한 것이 어디에 있으며, 인권 유린이 이보다 심한 것이 어디에 있을까. 무단정치에 신음하는 전 조선 피압박 대중을 무단정치의 대리 이행자에게서 철저히 분리시켜야 한다.

학생 맹휴는 확실히 조선의 특수한 현상이지만, 그것은 일반적으로 식민지 교육정책의 산물이다.

조선 학생이기 때문에 받은 특수한 노예 교육, 조선 학생이기 때문에 받은 민족적 멸시, 조선 학생에게만 한정된 특수한 차별적 교육시설, 이것이 맹휴 발생의 사회적 근거이다. 이는 작년 전국 각 맹휴 학교 학생의 요구 조건과 최근 경성고등상업학교를 시작으로 일어난 몇 학교의 동요 원인에서 명백히 드러난 사실이다. 소위 전제적 교장의 배척과 일본인 교사의 배척, 소위 차별적 교육의 철폐, 소위 교육시설의 완비, 소위 조선어 교수의 채용 등등. 그 어느 것도 식민지 교육정책에 대한 불평불만의 구체적 발현이 아닌 것이 있을까?

그럼에도 반동적 지배계급과 학교 당국자 등은 '학생의 사상 악화', '외부인의 배후 선동에 의한 망동'이라는 어구를 나열하며 중상모략과 허구를 일삼았고, 온갖 위협과 회유를 함께 사용하여 학생의 초보적 불평불만에 분주하였다. 이뿐만 아니라 소위 신사층(紳士層)은 저들의 독특한 처세관에 따라 '시대병폐', '일대불상사', '과도기의 병적 현상'이라고 긴 한숨을 쉬면서 사실의 본질을 은폐해 왔다.

그러나 학생의 불평불만이 이상과 같이 뿌리 깊은 정치적 조건에서 배태된 이상, 이것이 어찌 탄압, 중상, 회유, 은폐로 해소될 수 있을 것인가? 이것은 여전히 강력하게 자라나가는 것이다.

이번 광성고등보통학교의 분규도 발생의 직접적 동기가 무엇이든, 궁극적으로는 이러한 정치적 조건에서 배태된 불평불만의 구체적 표현의 하나인 것이다. 우리는 이러한 견지에서 해당 학교 학생 측의 모든 요구를 정당하다고 인정하며, 이를 무조건 지지함과 동시에 당국자와 무모한 경찰의 부당한 처치에 단연코 반대한다.

전제 교장을 쫓아내자!

칼 찬 교사를 쫓아내자!

학생의 자치권을 획득하자!

식민지 노예 교육정책에 반대하자!

1928년 4월 19일

제도쿄 조선유학생학우회

재도쿄 신흥과학연구회

맹휴생이 발송한 성명서

경신학교 맹휴에 대해 온 세상 인사 여러분께 고한다, 만천하 인사 여러분, 우리는 오랜 세월을 두고 학생 생활에서 이를 보았다. 현대 조선 교육은 시시각각으로 반동화해 온 것을. 아니 이미 완전히 반동화되어 버렸다. '신성한 교육이라든가' 뭔가를 소리 내어 외치는 주문(呪文)이 전부 우리들을 최면에 들게 하는 마취제인 것을 우리는 완전히 보았다.

눈을 뜨고 있는 우리로서는 보지 않으려 해도 보지 않을 수 없다. 한편으로는 가장 우리를 위해 하는 것처럼 보여도, 의식적으로나 무의식적으로나 저들 제국주의에 추파를 보내고 저들이 이미 정한 방침 그대로를 실행시키려고 온 마음을 다해 저들의 죄악을 은폐하는 가증스러운 선생들의 모습을 보며 느낀 것이 없는 자는 백치임이 분명하다.

지금 조선 천지에는 학생 맹휴의 성난 파도가 일어나고 있다. 여러분, 이를 단순한 유행병이라고 하며 평이하게 처리해서는 안 된다. 조금이라도 그 본질을 포착하고 어찌하여 이 같은 현상이 계속 일어나는지를 연구함과 동시에, 이를 경거망동이라고 하지 말고 하나의 커다란 사회문제로 취급해야 할 것이다.

만천하 인사 여러분, 이번 우리 경신학교에서도 맹휴라는 성난 파도가 밀려왔다. 우리는 이 진상을 공개하고 사회에 우리 견해를 밝힌다. 여러분은 이를 어떻게 보는가. 일종의 유행병이라고 치부할 것인가? 그렇지 않으면 일부 사회에서 역선전(逆宣傳)하는 그대로를 시인하게 할 것인가.

여러분, 극도로 염려하고 있는 우리는 도저히 참을 수 없다. 인간 본위가 아닌 현대 교육제도가 조건을 만들어 주었다. 불평과 분노! 학교에 대해 끓어오르는 원한! 우리로서는 도저히 일부 사회의 악평을 확인할 여지도 없다.

자유, 평등, 박애를 주로 하는 경신학교여서 우리들은 가능한 범위 안에서 요구를 진정하고 수평적 해결을 열망했다. 그러나 학교 당국은 여러 차례 연기를 요구한 후 그대로 이를 말살했던 것 아닌가? 소위 학교의 정신도 기만적 표어이고 생도 농락의 수단임을 우리는 알았다.

우리는 동창회의 자치권을 요구한다. 우리는 동창회가 있다는 말을 들었을 뿐 그 내용이나 규정, 금전 관계가 어떤지 윤곽조차도 알지 못한다. 선생 독재는 얼마나 횡행하는가? 학생이 조직한 동창회의 학생 자치는 당연한 일이 아닌가. 또 500명 학생의 동창회비를 일부 기독신자의 집합인 기독학생청년회에 보조해 준다는 학교 측의 말은 과거 동창회비의 남용을 역력히 말하고 있는 것은 아닌가?

아니 그뿐인가! 교원회는 선생 당파 간의 결투장으로, 교원회 때는 연지동이 소란하고 매일 목이 쉬었던 선생들의 면면! 이것을 어떻게 봐야 하는 건가. 우리는 이 암흑의 교원회를 공개하고 생도 대중 앞에서 정당한 비판을 받으라고 요구했다. 우리는 이 흑막을 열고 학교 장래를 위해 옳고 그름을 명확히 하려는 것이다. 그럼에도 교장은 "'교원회 공개도', '최삼열 오건영 두 선생의 문책에 대한 중개도', '나는 죽어도 할 수 없다'"라고 한다. 이것이 과연 정당한 태도인가? 그 누구를 두려워하는 것인가?

교무주임은 "내가 그런 대화를 한다는 것은 모씨와 한패가 되는 것이므로 할 수 없다"라고 말했다. 오건영 선생의 비행은 우리 앞에 여실히 드러나 있다. 일부 학생을 충동하고 그 기회를 이용해 모종의 운동을 계획하는 야비한 행동.

과연 이것이 신성하다고 자칭하는 종교가의 행동인가? 좋다. 우리는 그 낌새를 알았다. 최씨가 한패가 되고 싶지 않다는 것도 일종의 회피인 것을. 자기 비행이 폭로되는 것을 함구하지 않는 오 씨! 자기 비밀의 노출을 염려하는 교장!!

우리는 이 가운데 누가 선하고 악하다고 말해야 하는가. 비행의 일직선에 있는 한패가 아니고 무엇인가?

조선을 위협하는 언론 집회의 자유 속박은 신성하다는 학교 안까지 침입했다. 가령 집회는 선생에게 신고하고 학감이 배석하고, 선생이 중지·금지한다. 이 얼마나 한심하기 짝이 없는 현상인가? 이는 현대 법률을 그대로 직수입한 것이 아니고 무엇인가? 이 얼마나 앞잡이 같은 행동인가? 우리가 외치는 것은 이 모든 쇠사슬로부터 탈출하려는 우리의 외침으로 사회의 모든 민중은 굳세게 합창하라.

넓은 학문을 닦으려는 우리가 자격 있는 선생을 요구하는 것은 당연하다. 남상만, 김교문, 홍창권, 김영제, 유도에서 생도를 여러 차례 난타한 가와무라(河村) 씨!! 우리 수백 학생의 절실한 요구가 이들을 배척하는 것이다. 그럼에도 조금도 성의있는 회답을 하지 않는데, 이를 어떻게 학생을 위한 학교라고 할 수 있는가?

우리는 좋은 배움을 위해 절실하게 요구한다.

어찌하여 같은 월급이면서 자격 불충분한 선생을 초빙하는 것인가? 우리는 그 본심이 어디에 있는지를 알 길이 막연(漠然)하다.

   전 조선 학생 제군이여
   전 조선 청년가여
   모든 학부형 제씨여

> 사회 인사 제씨여
> 피 끓는 400명 학생의 갈망하는 외침이 곧 우리들 맹휴이다!!
> 맹휴의 사회적 가치를 정당하게 인식할 것과 동시에 힘 있는 성원을 기원한다.
>
> 1928년 6월 6일
> 제위 경신학교 제1, 2, 3학년 맹휴생 일동

이상은 최근의 동맹휴교 가운데 특히 현저한 사례들을 들어, 얼마나 민족주의화하고 얼마나 좌경주의화했는가를 분명히 드러낸 것이다.

더욱이 여기서 주의해야 할 일은 최근 학교 졸업생으로 조직된 동창회에서 교장(내지인)을 회장으로 추대한 것을 싫어하여 회의나 강연 등에서 조선어 사용을 주장하기에 이르렀다. 이러한 경향은 더욱 확대될 것이라고 여겨진다.

작년 5월 26일 길림성 반석현의 호란집창자(呼蘭集廠子)에서 열린 재중국 한인청년동맹 창립대회에서 결의한 강령 가운데 당면한 투쟁의 슬로건으로 교육에 관한 사항은 다음과 같다.

교육

가. 조선민 청년 소년 특종 교육의 획득
나. 일본제국주의의 식민지 교육 반대
다. 남녀공학 주장
라. 청소년 문맹의 퇴치
마. 종교와 학교의 철저한 분리
바. 학제 및 교과서 통일 주장
사. 학생 학술연구의 자유

재중국한인청년동맹은 종래 만주, 경진(京津), 남청, 각 방면에 흩어져 할거(割據)하며 서로 자기 세력의 신장에 노력하며, 파쟁(派爭)을 일삼았다. 각 청년단이 주의와 선전에서 어떤 통일적 운동이 전혀 없음을 유감으로 여겨, 누차 그 통일을 꾀했지만 기회가 무르익지 않아 그런 기운에 이르지는 못했었다. 마침내 1927년(昭和 2) 8월 동지선(東支線) 해림(海林)에서 남북청년단체 대표협의회를 열고 민족주의와 공산주의 두 주의 운동의 통일 및 조선 내 청년운동의 연락에 관해 협의를 거듭했다. 민족운동은 조선독립당의 지휘를 받고, 공산주의 운동은 조선공산당의 지휘를 받는 것으로 함과 동시에 조선청년총동맹과 연결을 취하는 것 등을 결의하여 통일 촉진에 힘쓴 결과, 결국 그 시기가 도래해 앞의 장소에서 창립대회를 개최하기에 이른 것이다.

5. 동맹휴교의 결과

동맹휴교의 결과를 생도의 요구에 대한 조치, 맹휴생 및 주동자에 대한 처분 등으로 나누어 살펴보면 다음 표와 같다.

〈표 20〉 동맹휴교 요구 사항 조치 결과 상황

요구사항 조치 결과	1921	1922	1923	1924	1925	1926	1927	1928	누계
요구 수용	2	7	3	1	5	4	1	3	26
요구 일부 수용		1	1			2	2	1	7
요구 완화		2	4		2	2			10
요구 철회					1		2	1	4
요구 방기		1	5						6
잘못을 깨우치고 등교	8	23	18	4	21	24	21	41	160
주동자 처벌	8		12	4	12	14	26	11	87
주동자 검거	1	1	1			2	4	5	14
책임 교사 자결	2	2	1	1	1	1	5	2	15
배척당한 생도 퇴학		1							1
학교의 해명 신뢰	1	1			3	2	2	1	10
타일러 가르쳐 맹휴에 이르지 않음		2	2		1	1		7	13
방임		1							1
책임교사의 사죄			1		1	1	1		4
주동자 자결			1				1		2
학교 폐쇄					1		1		2
요구를 교장에 일임							1		1
피처분자의 처분 취소								3	3
미해결								6	6
기타	1	10	6	3	3	2	5	2	32
계	23	52	57	14	48	55	72	83	404

<표 21> 맹휴 학생 처분 상황

처분 종류		1921	1922	1923	1924	1925	1926	1927	1928	누계
경찰 처분	검사에게 송치	3	8				18	22	121	172
	훈계 방면	1							46	47
	검속						7	132	180	319
	훈계	152	70		5	12		88		327
	계	156	78		5	12	25	242	347	865
학교 처분	퇴학	70	130	64	32	159	136	409	540	1560
	정학	477	376	336	470	343	35	1304	1417	4758
	근신		64	200	37		12	82	90	485
	견책						2	2		4
	학교 폐쇄				1		1			2
	계	547	570	600	560*	502	186	1797	2047	6809
합계		703	648	600	565*	514	211	2059	2394	7674

편역자 주: * 표시 숫자는 합산하면 540, 545 이지만 원문에서 560, 565로 잘못 계산되어 있어 그대로 두었다.

<표 22> 맹휴 학생 형사 처분 상황

처분 내용	1922	1926	1927	1928	누계
1개년 이하 징역	1(1)	9(9)	11(11)	51(12)	72(43)
벌금	10				10
계	11	9	11	51	82

비고: 1. 1927년은 전부 사립 중등학교 생도임, 그 외는 공립 중등학교 생도임
    2. ( ) 안의 숫자는 형의 집행을 유예한 경우임

6. 동맹휴교의 처리

종래 동맹휴교의 해결책으로 삼은 직접적 방법은 다음과 같다.

학교가 타일러 가르침(諭示)

어떤 학교라도 동맹휴교가 일어난 경우, 학교 당국은 가장 먼저 타일러 가르칠 것으로 시작한다. 그러나 이 방법으로 해결하는 것은 초등학교는 별도로 하고, 중등학교 이상에서는 생도의 요구 전부 혹은 대부분이 수용되거나 학교장 자신이 대단한 인격자로 생도와 부형의 신뢰와 존경이 매우 두터운 경우를 제외하고 효과를 본 사례는 극히 적다.

학부형회의 주선

학부형회의 주선으로 해결하는 것은 순리상 정말로 당연한 일이다. 그런데 조선의 여러 학교 특히 보통학교에서는 종래 부형과의 연계가 내지에 비해 밀접하지 않은 듯하다. 그리고 교육에 대한 학부형의 이해도 매우 얕아서 중대한 맹휴 사건이 발생해도 많은 경우 부형은 나는 관여하지 않는다는 식의 태도를 취하는 경우가 적지 않다. 학교에서도 맹휴가 발생한 후에야 비로소 당황하거나 부형을 불러내거나 가정을 방문해 학교의 입장을 변명하는 등, 등교를 권장하기보다 오히려 등교시켜달라고 탄원하며 돌아다닌다고 말하는 편이 더 알맞은 경우도 적지 않다. 또 부형회가 흔쾌히 주선을 수락한 경우에도 지방의 사정에 따라 부형 중에 민족적 혹은 좌경적 혹은 그런 것을 좋아하는 자가 있는 경우는 쓸데없이 생도의 무법적 요구를 지지하여, 도리어 해결을 곤란하게 하는 경우가 적지 않다. 고로 부형회가 주선한 경우는 지방의 사정 및 부형 각각에 대한 적절한 관찰을 한 후에 하지 않으면 뜻밖의 실패를 가져오기도 한다.

그러나 초등학교의 맹휴에서 부형을 완전히 도외시해서는 그 해결이 어렵다는 것은 물론이다. 지금 부형회 등의 주선으로 해결이 쉬웠던 것과 오히려 분규가 곤란해진 사건을 조사하면 다음과 같다.

<표 23> 동맹휴교 처리 상황

		1921		1922		1923		1924		1925		1926		1927		1928		누계	
		중등이상	초등	중등이상	초등	중등이상	초등	중등이상	초등	중등이상	초등	중등이상	초등	중등이상	초등	중등이상	초등	소계	합계
부형회	분규 강화	1	1		3	3	5	1	1		4	4	5	4	6	2	1	41	128
	해결 용이	4	1	1	5	7	4	3	2	1	9	3	11	7	8	11	10	87	
동창회	분규 강화			1									3					4	8
	해결 용이								1				1		1		1	4	
청년회	분규 강화					1		1										2	4
	해결 용이						1						1					2	
사상단체	분규 강화													1	2	2		5	5
	해결 용이																		
계	분규 강화	1	1	1	3	4	5	2	1		4	4	5	8	8	4	1	52	145
	해결 용이	4	1	1	5	7	5	3	3	1	9	3	12	8	8	12	11	93	

동창회

동창회의 주선은 학교 당국에서 의뢰한 것이라기보다도 오히려 상대방이 자진해 알선을 제의한 경우가 많다. 따라서 성의가 인정된 경우도 적지 않으나, 그들의 해결 방법은 대부분 쌍방 양보로 타협점을 찾는 것이다. 이는 중재 방법으로서는 교묘한 방법이지만, 어느 쪽인가 한편의 주장이 강경한 경우는 효과 없이 끝난다.

좌경단체

좌경단체가 단체로서 표면적으로 개입한 사건은 적지만, 이들 단체 및 주의자들은 오히려 해결을 곤란하게 하므로, 이런 종류의 개입은 오히려 배제하는 편이 적당하다.

결속의 단절과 와해

동맹휴교는 많은 경우 2~3명의 주동자의 선동과 부화뇌동하는 일반인이 대세로 움직여서 어쩔 수 없이 따라가는 자들로 이루어진다. 그래서 제3자는 물론 제2자도 이유가 명료하지 않으면, 원래 등교를 희망하는 자였으므로, 와해는 상당히 유효한 방법이어서 맹휴가 이렇게까지 악화되지 않았다. 이전에는 결과도 그다지 엄중하지 않았고 와해도 쉬웠지만, 지금은 이에 대비하여 조직을 만들고 담당자를 두어 문서나 언동으로 결속의 격려를 일상화하고 있다. 따라서 와해도 좀처럼 쉽지 않고, 또 폭행 협박 등의 범죄 행위를 조장할 우려가 있다.

주동자 처벌

주동자 처벌은 학교규칙의 유지에 영향을 미치는 자, 규칙을 문란하게 하는 자에 대한 제재, 다른 생도에 대한 반성 촉구, 불량분자의 배제라는 4가지 의미를 포함한다. 따라서 곧바로 해결되는 경우는 초등학교 맹휴 외에는 아주 적고, 오히려 결속을 강화하는 경우도 적지 않다.

그러나 이는 학교에 부여된 최대의 특권이고 편리한 수단인 동시에 최후의 수단이며, 여러 차례의 처벌은 확실한 해결로 이어지는 유일한 수단과 방법이기는 하다.

폭행자 검거

종래 학교 측은 위의 방법으로 조치를 다 취했어도 해결하지 못하는 경우에는 폭행·협박 등 범죄 행위가 나타나길 기다려 주모자를 검거하고, 이에 따라 해결을 도모하는 수단을 강구해 왔다. 또 해결이 곤란한 맹휴 사건은 학교 측과 협조를 유지하며 주동자를 구속하거나 검속하고, 그사이에 학교 측이 일을 잘 처리하는 일도 있었다. 즉 맹휴 해결에 경찰력을 이용한 것으로, 학교와 경찰의 야합 운운하는 것도 이러한 사정을 가리키는 것이다.

학교 폐쇄

학교 폐쇄는 관공립 학교의 경우 아직 한 번도 없었지만, 한두 개 사립학교에서 실행된 사례가 있다. 원래 학생은 학문을 익히고 가르침을 받기 위해 학교에 가는 것이므로, 등교하지 않는 것이나 학문을 익히지 않는 것, 수업을 받지 않는 것은 학생의 고통이다. 따라서 학교는 정학 퇴학 등의 처분권을 가지고, 이것으로 생도를 징계하고 지도하며 학교규칙·교풍을 유지하고 생도를 훈도할 수 있는 것이다. 그런데 학생의 휴교로 오히려 학교 측이 낭패를 겪는 일은 당연히 주객전도의 모양새가 된다.

<자료 46> 諸學校同盟休校其の他事件並に其の原因と歸結(1941)

여러 학교의 동맹휴교와 그 외 사건의 원인과 귀결

조선에서 생도 아동의 동맹휴교 발생 원인을 두고 그 경향과 연유를 검토하는데, 민족운동 혹은 좌익 사상운동이 왕성한 시기에는 맹휴도 그에 따라 사상적으로 악(惡) 경향을 띠었다. 그 성질이 집요해서 배후에 사상 용의자가 개입하거나 혹은 은밀히 사상적 비밀결사를 조직해 맹휴를 지도하는 등 유발 동기에서 주의적 색채를 띠고 비밀스러운 책동에 기초한 것이 많았다. 이에 비해 사상운동이 당국의 단속으로 쇠퇴하거나 혹은 시대사조의 변화에 따라 운동이 표면적으로 나타나지 않는 시기에는 맹휴 원인도 역시 학교 내부의 단절적 사안에 기인하는 것처럼, 맹휴도 사상운동에 따라 성쇠가 있다. 최근에는 학생 생도의 사상 경향이 극히 양호한 경향이다. 이에 맹휴 원인으로 사상적 영향이 있는 것은 거의 모두가 없어진 정세인데, 올해 발생한 사건 수 및 빈도수 등은 아래 표와 같다. 발생 원인의 대부분이 실습 과다를 이유로 교사 배척을 들고나오거나 혹은 교사의 처신과 대우에 불만인 경우가 많았다.

조선인의 일반적인 폐단으로 여겨지는 안일하고 놀기 좋아하는 분위기를 느끼게 되는 것은 실로 유감스럽다. 실학 존중 인고 단련주의에 반(反)하는 것이다. 특히 이러한 시대풍조를 배척하는 데 힘쓰는 것은 물론이고, 교육에서 한층 더 훈육 지도를 철저히 하여 형식을 배제하고 오직 참에 이르게 하는 교육관계자의 지도편달로 불상사건이 근절되도록 한다.

〈표 1〉 1941년도 동맹휴교 사건 동향

학교 종별	발생 월일	관할	학교명	관계자 총수	학교 처분수	맹휴 원인	맹휴 기간	비고
중등 학교	3월 17일	경북	김천중학교	63		해고 교원에 대한 동정		
	1월 30일	경기	협성실업학교	55				

	9월 12일	경남	함안공립농업실습학교	38	1	학교 승격 문제를 곡해한 것		
중등학교	9월 16일	강원	양양공립농업학교	28	6			
	10월 5일	경남	사천공립농업실습학교	36	3	요구가 불수용에 대한 불만		
	11월 18일	전남	고흥사립농업실습학교	26		실습 과중		
국민학교	1월 27일	황해	도치공립심상소학교	178		교장 추행		
	2월 13일	전남	월평공립소학교	73				
	4월 19일	경남	산내공립국민학교	90		담임 교사 조치 불만	3	
	4월 18일	황해	청계공립국민학교	66		담임 훈도 배척		미수
	5월 10일	전북	공중국립국민학교	40		교장 업무 교육방침에 대한 불만		
	6월 13일	황해	해서공립국민학교	114		공휴일 근로작업에 대한 불만	4	
	7월 21일	충남	비봉공립국민학교	53				미수
	9월 17일	전남	혜화국민학교	30		담임 훈도의 질책		
	10월 22일	충남	둔포국민학교	72		담임 훈도를 경멸한 것		
합계			15건	962	10		7	

〈표 2〉 1941년도 직원 생도 사건 동향

학교종별	관할	학교명	사건명	관련자	학교처분	사법처분	비고
중등학교	경남	부산공립중학교 동래중학교	중학생 폭행사건	3	무기정학 1		
	충북	청주제1중학교 청주제2중학교	공립중학교 생도 간 불상사건	2			
	충남	공주공립농업학교	불상사건	43		체포 중 10	
	소계		3건	48		10	
소학교	함남	■산공립심상소학교	생도 폭행사건	56			
	함북	■■심상소학교	훈도■■간 분쟁사건	50			
	소계		2건	106			
총계			5건	154		10	

<자료 47> 外人學校長處分ニ關スル顛末書(朝鮮總督府, 1920)

외국인 학교장 처분에 관한 전말서

작년 소요 이래 민심이 아주 동요했으나 최근 점차 평온하게 되었다. 그러나 불령(不逞)의 무리는 다양한 방법으로 민심을 선동할 기회를 엿보며 불온한 행동의 기획을 멈추지 않고 있다. 특히 3월 1일은 소요 발발 1주년에 해당하여 소요를 일으키는데 절호의 기회였다. 그 날이 다가오자 불온 인쇄물이 왕성하게 배포되는 형편으로 아주 뒤숭숭하였다. 학교의 생도 대기실 및 변소 등에 동맹휴교 및 불온행동을 권유하는 게시 또는 벽보를 볼 수 있었을 뿐만 아니라, 부인성서학원 교사 이해욱(李海旭)과 같은 사람은 학원 안에서 직접 불온문서를 제작한 사실이 있어 학생들이 이들 무리로 인해 잘못될 것을 우려한 당국자는 예방에 온 마음을 기울였다.

학교 단속에 관해서는 작년 소요 이래 가능한 한 관대한 방침을 취하고 학습에 관한 흥미를 환기함으로써 저들의 지향을 전환하고 반성 자각을 촉구하며 점차 그 사상을 선도할 것을 꾀하였다. 그런데 불령(不逞)의 무리는 단속의 관대함을 업고 때때로 선량한 학생을 협박해서 학교규칙을 문란하게 하였다. 이 기회에 그들이 입에 발린 말(巧言) 또는 위협으로 불온행동을 강요하는 것이 있다면 다수의 학생은 단연코 이것을 배척하고 의연하게 반항하는 것과 같은 태도를 갖도록 하였다. 그런데도 만일 불온한 사태를 발생시키는 것과 같은 일이 있다면 그것은 비단 학교의 질서를 문란하게 할 뿐만 아니라 선량한 학생이 불안한 마음을 더 갖게 하고, 더 나아가 일반 인심에 영향을 미치며, 통치에 관계하는바 분명히 적지 않다. 이 기회에 불량한 행위를 감행하는 자를 처벌하고 학교의 질서와 일반의 평정을 도모함은 정말로 불가피한 일이다. 이 방침을 가능한 한 관계자에게 철저히 주지하도록 하고, 학생에게 올바른 규범을 벗어나지 않도록 해야 한다. 조선총독부 학무국 과장은 각 지방 장관 및 관립학교장에게 앞뒤 2회의 서면 및 전보로 "학생으로서 불온한 행위를 감행하는 자가 있다면 주모자에 대해서 퇴학을 명하는 등 학교규칙에 따라 엄중하게 처분토록 할 것"을 공지하였다. 이와 동시에 "미리 생도 및 부형에게 경고하여 위배하지 않도록 하고, 또 동맹휴교 등은 사전에 예방하되 물론 만약 불온한 행동을 감행하는 자가 있는 경우에는 3일 이내에 사실을 조사하여 감독관청의 지휘를 받도록 하는" 취지를 주의시켰다. 또 이 취지를 일반 사람들이 철저히 하지 않을 것을 우려해 각 신문에 학무국장 담화로 요강을 천명하였다.

각 지방청에서는 이에 따라 각각 상당하는 조치를 취했는데, 경기도 및 평안남도에서는 특히 깊이 예의주시해야 할 바를 친절하고 극진히 알아듣게 설명하기도 하였다. 즉 2월 25일 경성과 평양의 공·사립 중등학교 학교장을 도청으로 불러 상세히 이 취지를 알기 쉽게 설명했다. 그뿐 아니라 평양에서는 다음 26일 도시학(道視學)을 각 학교에 파견했고, 경기도에서는 27일 각 학교에 통첩을 보내어 "각 학교에서 우선으로 동맹휴교 및 불온행동의 예방 방법을 강구할 것, 선동자를 발견했을 때는 퇴학 처분 등 엄중한 처벌을 해야 할 것, 사고 발생 시에는 3일 이내에 이 사실을 조사하고 도지사의 지휘를 받아야 할 것 등을 명했다. 이와 동시에 만약 학교의 조처에서 성의를 다하지 않았을 때 법규가 명하는 바에 따라 상당한 처분을 더하도록 해야 할 것임"을 예고했다. 그뿐만 아니라 만일을 우려해 3월 1일과 2일에는 특히 시학관, 시학 및 학무 담당을 각 학교에 파견해 실제 현장에서 주도면밀하고 적절한 수단을 다하도록 하였다.

앞에서 말한 훈시에 따라 각 학교장은 직원 생도 또는 부형에게 크게 주의 경고를 보냈고, 어떤 학교에서와 같이 전체 직원이 밤늦게까지 가정을 방문해 생도 및 부형에게 간절히 설득한 노력은 정말로 감동해야 할 바이다. 이렇게 전체 조선의 각 학교는 대체로 아주 온건했고, 관립학교 등은 정연하여 미동도 없었고 사립학교도 역시 출석이 우수한 경우가 많아 성적이 아주 양호했다.

그런데 사립배화여학교(경성부 소재 남감리파 경영)에서는 하루 먼저 기숙사생 25명이 교내의 언덕 위에서 독립만세를 높이 외쳤고, 사립배재학당 및 사립배재고등보통학교(경성부 소재, 모두 북감리파 경영에 속하고 같은 학교장 아래, 같은 학교 건물 안에서 수업함)는 1일 오후 기숙사생을 제외하고 모두 동맹 결석을 했고, 2일 오후 교내에서 거의 전교 생도가 만세(독립)를 높이 외쳤다. 당국자는 1일 오후 동맹결석의 보도를 접하자 장래를 크게 걱정하여, 2일 아침부터 계속 학무 및 경무의 각 담당자가 특히 학교장에게 경고를 했음에도 이러한 행동을 감행하기에 이르렀다.

또 사립숭덕학교(평양부 소재, 북장로파 경영)에서는 작년 소요 이전에도 직원 생도 가운데 불온한 언동을 하는 자가 있었으므로 평안남도 장관은 이미 1917년(大正 6)에 학교장(현재 학교장과 동일인, 미국인, E. M. 모리 씨)에게 직원의 처분 및 기타 학교 개선에 관한 지시를 하도록 했다. 작년 소요 당시 직원 생도로서 유죄 판결을 받았던 자가 많았고, 특히 학교장 자신도 역시 범인은닉 혐의에 따라 벌금형에 처하기도 했다. 사립학교규칙에 따르면 학교 폐쇄에 해당하는 것이었지만 당국에서는 특히 관대한 처분의 조치를 고집해, 그것을 불문에 붙였지만 장래 만약 그와 같은 일이 다시 발생할 때 망설이지 않고 처치할 뜻을 엄중히 전달했다. 그러므로 학교장은 한층 더 학생의 감독에 주의를 기울여야 했음에도 3월 1일부터 2일에 걸쳐 고등과생은 전부 결석하고, 3월 1일 오후 2시경 생도의 일부가 부내(府內)에서 독립만세를 높이 외쳤다. 학교 직원은 생도를 억눌렀지만 힘이 모자랐고, 긴급함을 학교장에게 알렸지만 학교장은 출근하지 않았고, 또 적합한 조치를 강구하지도 않았다. 그리고 3월 3일에는 보통과생 48명이, 3월 4일에는 고등과생 전부가 교정 안에서 연달아 독립만세를 높이 외쳤다. 또 사립숭현여학교(평양부 소재, 앞의 학교와 마찬가지로 북장로파 경영에 속함. 사립숭덕학교와 같은 학교장임)에서는 작년 소요 당시에 직원 및 생도 일부가 참가했고, 이후 여하튼 불온한 언동을 하는 자가 있는 상황이었으므로, 이 학교에 대해서도 역시 같은 주도면밀한 주의를 기울여 무분별함이 없도록 엄중 경고했는데도 3월 1일 거의 전교 생도가 결석하였다. 그러나 학교장이 어떤 적절한 처치를 강구하지 않은 점은 앞 학교와 동일했다.

위의 사건에 관해, 배화여학교에 대해서는 곧바로 조선총독부 시학관, 경기도 제1부장 및 경기도 시학을 파견해 사실을 조사하도록 했다. 학교장(미국인, 여자, B. A. 스미스 씨)에 대해 사전 및 사후 조치에 관한 설명을 요구했는데, 의외로 "본건은 정치문제이니 처음부터 학교가 관계해야 할 일이 아니다. 따라서 생도나 부형에게 어떠한 주의(主意)도 하지 않았다. 단지 직원에게는 알리기는 해도 생도에게 주의를 줄 것 인가의 여부는 직원의 자유 의지에 맡긴다"라고 답했다. 또 도지사의 통첩으로 전달한 요령에 의거 학교장에 대해 주모자의 조사 및 징계를 요구한 것에 대해 "조치상 하등 고려할 바 없음"이라고 답해 쉽게 조사를 실행할 수 없었다. 다음 날 학교장을 도청에 불러 주모자인 생도의 징계를 엄명하도록 했으나, 겨우 경찰이 조사한 결과에 근거해 형식적으로 1명의 처벌자를 알려왔다. 이에 전체 생도를 조사하여 사건의 전말을 파악하고 분명히 하여 징계를 가할 의사가 없음을 확인할 수 있었다. 이로써 학교장으로 부적절함을 인정하지 않을 수 없다. 3월 4일 사립학교규칙 제14조에 따라 경기도지사가 교장 취임 인가에 대하여 취소 처분을 행할 예정이다.

배재학교에 대해서는, 생도가 만세를 높이 외친다는 보도에 즉시 조선총독부 시학관, 경기도 제1부장 및 조선총독부 학무과장을 파견하여 사실에 대한 조사와 전후의 조치에 관해 학교장(미국인, H. D. 아펜젤러 씨)과 만나도록 하였다. 그러나 학교장은 사전에는 생도에 대해 도지사의 지시에 따라 각각 조치하였음을 인정했으나, 사건 발생 후에는 본건은 "완전한 정치범이므로 그 징계는 학교장의 직무 밖의 것"이라고 주장해 학교장으로서 징계를 하기 위한 조사 및 처분을 거부했다. 결국 "가령 학교장의 직을 그만둔다 해도 도지사의 명령에 따라 사전 사후의 조치를 강구하는 것은 절대로 하지 않겠다"라고 언명하여, 학교장으로서 그 직책을 다하지 않을 것임을 스스로 인정하므로, 학교장 인가를 취소할 예정이다. 생도가 만세를 외쳐서 경찰관이 학교로 달려와도 가능하면 학무 당국자와 학교 책임자 사이에서 전후의 조치를 강구하는 방침을 고집해, 생도의 단속에 착수하지 못했다. 학무 당국자는 학교장으로서 사건의 조사를 하도록 간곡히 타이르는 등 상당히 노력하였다. 즉 "그 정치범은 학교장의 직무 밖의 자이다"라는 주장에 대해 "정치범이라도 학칙의 정신에 반대하여 도리에 맞지 않는 일을 하면 학칙의 규정에 따라 생도의 징계할 필요가 있다"라는 것을 말하고, 도지사의 지시에 따라 3일 이내에 조사해서 지휘를 받도록 요구했다. 당초 3일 이내에 조사하겠다고 말했지만 갑자기 생각을 바꾸어 결국 "학칙에 따라 조사 및 징계를 요구함은 귀하 등의 견해이다. 나는 정치범은 학교가 관계할 바가 아니라는 견해를 가지고 있다. 견해를 달리하는 경우는 자기의 견해에 따를 수밖에 없으므로 사건의 조사 및 징계의 요구에 응하지 않을 수 있다. 만약 이로써 도지사의 명령을 위반하는 사건이 된다면 내 책임 밖이다. 나는 사건의 진행에 임할 때 오직 하느님의 의사에 따른다"라고 주장하며, 완강히 학무 당국자의 권고에 귀를 기울이지 않기에 이르렀다. 만일을 위해 다시 주의를 주었지만, 감히 응하지 않았다. 더 이상 교섭을 계속해도 해결에 아무런 도움이 되지 않고 또 자칫 악감정을 늘릴 뿐이라고 생각해서 학무 당국자는 어쩔 수 없이 교섭을 단념하고, 경찰에 인계했다. 경찰은 생도가 빠져나가는 것을 막기 충분하도록 경찰관 수를 늘려 파견하여, 법에 따라 정중한 단속을 하고 법에 따라 처리할 것이다.

숭덕학교 및 숭현여학교에 대해서는 사건이 발생하자 곧바로 조사에 착수함과 동시에 학교장(미국인, E. M. 모리 씨)을 도청으로 불렀다. 평안남도 지사는 학교장에게 사건에 관해 책임을 물었다. 학교장은 "내가 학교장인 것은 단지 이름뿐으로 평소 출근하는 일도 드물다. 이번 학기는 한 번도 학교에 출근한 적이 없어 하등의 교무도 집행하지 않았으므로 책임을 질 수 없다"라고 성의 없게 자기 생각을 밝혔다. 종래 자신이 관장하는 학교의 생도가 훈육이 아주 불량하여 누차 불온사건을 일으켜 당국으로부터 엄한 징계를 받았음에도 학교장은 위와 같이 성의 없게 언명함으로써 부하 직원을 독려하고 개선할 방도를 강구하지 못했다. 결국 이번과 같은 불온행동을 다시 일으키게 되었고, 성의 없는 학교장으로서는 도저히 학교를 개선할 가망이 없고, 또 공안(公安)상으로도 그 존재를 허용하기 어려우므로, 이 기회에 이전에 말한 것처럼 확실히 폐쇄 처분을 할 수 있는 해당 건이지만, 직원 및 생도의 앞날을 헤아려 아주 관대한 마음으로 처분하는 바이다. 즉 사립학교규칙 제14조에 따라 평안남도 지사는 두 학교장의 취임 인가를 취소하는 처분에 그쳤으나, 학교 개선의 실정을 시찰해야 할 여지를 남겨 주었다.

<자료 48> 南鮮及平壤ニ於ケル外國人私立中等學校長ノ神社不參拜問題ノ經緯並其後ノ經過槪要(1939)

남선 및 평양의 외국인 사립중등학교장 신사 불참배 문제 경위와 경과

제1. 평양 외국인 사립중등학교장의 신사 불참배 문제 경위

1. 학교 교육에서 신사 불참배 문제의 취급

조선총독부는 이미 1925년(大正 14) 조선신궁(朝鮮神宮) 건립 기념행사(鎭座祭)가 있던 바로 그해 각 도지사에게 생도 아동의 신사 참배 방법에 관해 통첩을 보냈다. 신사는 우리 황실 조상 및 국가에 공로가 있는 국민의 조상을 제사하여, 국민에게 존경하고 사모하는 정성을 바치게 함으로써 영원히 그 공적을 우러러 숭앙하기 위한 공적 설비이다. 이는 우리나라 국법에서 종교와는 관념을 달리하는 것으로, 신사에 참배하여 신기(神祇)를 공경함은 조상 숭배를 의미하는 것과 같다. 그런 까닭에 생도 아동에게 신사에 참배하도록 해도 종교를 강요하는 것이 아님은 물론이고, 국민의 신앙 자유를 침해하는 것도 아니다. 선조를 숭배하고 선조의 은혜에 보답하려고 성의를 바치는 것은 동양 도덕의 진수(神髓)이며, 또 우리 국민도덕의 대본(大本)이 되므로, 이 정신을 함양하고 그 조장을 도모함은 생도 아동의 훈육상 특히 유념해야 할 바이다. 그 취지를 명시하고, 또 기회 있을 때마다 통첩을 보내 관계 당국이 평소 이러한 취지를 철저히 하도록 노력해야 한다.

2. 위의 통첩 실시 상황

관공립학교는 물론 경성을 비롯해 각지의 일반 사립학교 및 기독교단체가 경영에 관계하는 모든 학교(천주교, 감리파, 안식일파, 장로파 등)도 위 통첩의 취지를 점차 이해하고 신사 참배를 하고 있는바, 평양의 북장로파계 모든 학교는 종래부터 신사 참배를 하지 않는 곳이다.

3. 평양의 본 문제 발생의 경과

1935년(昭和 10) 11월 14일 평양에서 개최되었던 평안남도 지역 공·사립중등학교장회의의 개회에 앞서, 도 간부 및 학교장 일동은 평양 신사에 참배하기로 했던바, 동 지역 소재 기독교 북장로파 경영의 사립숭실학교장 윤산온(尹山溫, George S. McCune) 외 두 학교의 학교장은 신사는 종교이므로 거기에 참배함은 기독교 교의에 반함과 동시에, 이전에 참배한 적이 없다는 이유로 거부했다. 이에 평안남도 도지사는 위의 세 명에 대해 신사는 종교가 아니며, 신사 참배는 오직 교육상의 이유에 기반한 것으로 국민의 애국심과 충성을 나타내는 것일 뿐이라는 취지를 간곡히 말하고, 금후 학교장으로서 참배하는가의 여부 및 학교 생도 아동에게 참배하도록 할 것에 관해 분명한 회답을 해야 한다고 요구했다.

다음으로, 같은 해 12월 4일 제2친왕 전하 명명식(御命名式) 당일, 평양부(平壤府)는 큰 축하를 하며 부내(府內) 각 학교 생도 아동에게 평양 신사에 참배하도록 하고, 그 후 깃발 행렬을 실행하도록 했는데, 장로파계 학교인 사립숭실학교 및 사립숭의여학교는 앞서 말한 이유에 의해 신사 참배를 거부했다.

4. 도(道)가 취한 조치

본 문제가 발생하자 도(道)는 앞에 쓴 대로 학교장에 대해 신사 참배에 관한 명확한 회답을 요구했는데, 문제의 성격상 공연히 해결의 지연을 막기 위해 기한을 정해 12월 20일까지 회답을 해야 할 것을 명했다. 그사이 당국자는 그들의 이해를 구하기 위해 다양한 설득에 힘써 원만한 해결을 하고자 하였다. 그런데 사립숭실학교장 윤산온은 12월 19일부로 신사 참배는 곧바로 실행할 수 없다는 취지의 회답을 하여, 평남지사는 우선의 대책으로 조선총독부 학무국장에게 윤산온 학교장의 사직을 권고하도록 요청했다.

이 문제에 관해 기독교 장로파에 속하는 조선인 신도는 상당히 자극받아 12월 13일 총회

(老會)를 개최해서 신사 참배 문제를 토의하려고 했으나 이러한 회합을 하는 것이 온당하지 않다고 판단하고, 관할 경찰서에서 관계자를 불러 설득하여 회합을 중지하도록 했다.

5. 학교장 및 유지단체(維持團體)가 취한 태도

본 문제가 발생하자 해당 학교장 및 학교 유지재단인 북장로파와 관련한 외국인 선교사 등은 누차 실행위원회를 개최하여 본 문제를 토의하고 신사 참배에 반대한다는 취지를 총독, 학무국장, 평남도지사 앞으로 진정(陳情)하여, 당국의 누차에 걸친 간절한 설명을 받아들이지 않았다. 결국 앞에서와 같이 평남지사에게 신사에 참배할 수 없다는 취지의 회답을 하기에 이르렀다.

6. 본부가 취한 조치

본 문제는 평양에서 발생한 지방 문제이므로 가능한 한 현지에서 평온하게 해결하도록 하는 방침으로, 평안남도 당국에게 엄히 조치토록 함과 동시에 회답 기한 전에 관계 당국 및 민간 유력자에게 설득하도록 노력했다.

그런데 앞에서 말한 바대로 참배 거부 의사를 분명히 하여, 평안남도 지사가 본 문제의 주요 인물인 당시 경성 체재 중인 숭실학교장 윤산온을 설득 경고하는 방안을 요청함에 따라 12월 30일 당시 상경(上城) 중인 윤산온을 조선총독부로 불러 학무국장이 엄중히 경고하였다.

7. 그 후 경과

평남도지사는 1936년(昭和 11) 1월 16일 윤산온을 도청으로 불러 거듭 간곡하게 설명하고 동시에 속히 최후 회답을 줄 것을 요구했으나, 1월 18일에 결국 신사 불참배 의사를 분명히 밝혔다. 이로써 어쩔 수 없이 평남도지사는 윤산온에게 사립학교규칙 제14조에 따라 숭실학교장 채용 인가를 취소하였고, 같은 날짜로 인가 취소의 지령을 통달했다. 윤산온은 숭실전문학교장도 겸하고 있었으므로 평남도지사는 조선총독부에 채용 인가 취소 방침을 전

했다. 위의 규칙에 따라 1월 20일부로 채용 인가 취소를 통달하기에 이르렀다.

앞서 신사 참배를 거절했던 세 교장 가운데 한 사람인 안식파계 사립의명학교장 이희만(李希萬)은 당국의 설명을 이해하고, 1월 17일부로 앞으로 자신이 신사 참배 함은 물론이고, 생도에게 신사 참배를 하도록 하겠다는 취지의 서약서를 평남도지사에 제출하여 원만히 해결하였다.

또 북장로파계에 속하는 사립숭의여학교장 사무담당 V. L. 스눅[(Velma L. Snook, 鮮于理), 교장은 현재 귀국 중]을 평남도청으로 불러 도지사가 거듭 훈시하고 회답을 요구했으나, 1월 20일 마침내 자신은 물론 생도도 신사 참배를 할 수 없다는 취지의 회답을 받았다. 도지사는 다음 날 학교 당국에 교장사무 취급을 변경하도록 명했다.

이후 숭실전문학교 및 숭실학교 교직원과 생도의 대부분을 단속하여 당국의 방침에 순응하여 신사 참배의 태도를 분명히 하도록 하고, 아울러 설립자에게도 위와 같이 학교의 존속을 도모하도록 요구할 예정이다.

8. 본 건의 해결

한편 설립자인 선교사 측에서도 본 문제의 바람직한 뒤처리에 대해 굉장히 고민을 하여 한 달 남짓에 이르는 연구 궁리를 한 결과, 그들이 경영하는 학교에서 종래 국민교육상 종종 유감스러운 문제가 일어난 것은 필경 그 주재자인 학교장이 우리 국정에 통하지 않음에 기인하는 것이었다. 숭실전문학교장 겸 숭실학교장 윤산온이 당국에 신사 불참배의 태도를 표명하여 면직당하기에 이른 것도 전적으로 이에 기인하였음을 고려하여, 이후 교장 선정에 대해서는 우리나라 정세를 이해하고 있는 조선인 중에서 교장 또는 부교장을 선임하여 국민교육의 본지를 철저히 하도록 하였다. 숭실전문학교에는 교장 모의리(Eli M. Mowry, 牟義理, 미국인), 부교장 이훈구(李勳求, 조선인), 숭실학교는 교장 정두현(鄭斗鉉, 조선인) 명예교장 모의리(牟義理)를 채용할 방침을 신청하여 3월 5일 각각 인가받았다. 또 숭실여학교는 교장 사무 취급에 김승섭(金承涉, 조선인)을 3월 11일부로 인가하여 문제가 해결되었다.

9. 그후 외국인 선교사의 동정

위와 같이 평양 기독교계 학교의 신사 참배 문제는 일단락 해결되었다. 그러나 조선 내의 포교를 통일해 자기 파의 소속 사업 관할권을 가지는 조선선교사회 일부 선교사는 여전히 신사가 종교이며, 거기에 참배함은 기독교 교의에 반(反)한다는 종전 태도를 버리지 못하고 있었다. 이에 1936년(昭和 11) 6월 경성에서는 제52회 조선북장로파 선교사연회를 개최하고, 이 파가 경영에 관계하는 것은 다음과 같이 학교 폐쇄를 결의하기에 이르렀다.

〈표 1〉 북장로파 미순회 연회에서 폐지 결의한 학교

소재지	학교명	설립자	학교장	비고
경성	경신(儆新)학교	H. H. 언더우드	E. W. 쿤스	5년제 중학 지정학교
〃	정신(貞信)여학교	J. S. 게일(奇一)	M. L. 루이스	4년제 중등 지정학교
대구	계성(啓聖)학교	헨더슨	헨더슨	5년제 중등 지정학교
〃	신명(新明)여학교	호라드	호라드	4년제 중등
평양	숭실(崇實)학교	모펫	정두현	5년제 중등 지정학교
〃	숭의(崇義)여학교	스눅	김승섭	5년제 중등
선천	신성(信聖)학교	N. C. 위트모어	장이욱	5년제 중등 지정학교
〃	보성(保聖)여학교	N. C. 위트모어	스티븐스	3년제 중등

여기서 문제가 신사 불참배 문제라기보다 기독교계 학교 존폐 문제로 옮겨 갔다. 한편 남장로파에서도 북장로파 경영 학교에 대한 조선총독부의 조치에 관해 중차대한 관심을 보이며, 스스로 그 동향을 모방하려는 경향을 보였다. 1936년(昭和 11) 11월 조선 내 각지의 신사 추계예제(秋季例祭)에 즈음해 일률적으로 학교 생도의 신사 참배 방침을 통달하였다. 남장로파 경영 학교는 조선총독부 방침에 따라 생도 아동 및 일부 학교 직원들이 신사에 참배했고, 일반 및 학부형도 조선총독부 방침에 순응하는 흐름이 대세를 이루었다.

이에 남장로파 선교사도 북장로파를 따라 폐교를 결의하기에 이르렀다. 1936년(昭和 11) 11월 전주에서 개최한 남장로파 순회 이사회에서 다음과 같이 학교의 폐쇄를 결의하였다.

〈표 2〉 남장로파 순회 이사회에서 폐쇄 결의한 학교

소재지	학교명	설립자	학교장	비고
전주	신흥(新興)학교	린튼	린튼(William A. Linton)	수업 연한 5년 지정학교
〃	기전((紀全)여학교	콜튼	콜튼	3년제 중등
군산	영명(永明)학교	전킨(William M. Junekin)	벨	5년 중등
〃	메리홀튼 여학교	불	불	6년제 보통과
목포	영흥(永興)학교	니스벳	커밍	6년제 보통과
〃	정명(貞明)여학교	니스벳	커밍	6년제 보통과
광주	숭일(崇一)학교	녹스	돗슨	6년제 보통과
〃	수피아 여학교	커밍	루트	4년제 중등
순천	매산(梅山)학교	크레인(J. C. Crane)	닌거(J. K. Unger)	6년제 보통과
〃	매산(梅山)여학교	빗가(Miss M. L Bigger)	빗가	6년제 보통과

이하 그 후의 정세 및 본부가 채택한 조치를 파별로 나누어 설명한다.

제2. 기독교계 학교 존폐 문제 경과 개요

1. 평양 숭실전문학교, 숭실학교 및 숭의여학교의 존폐 문제

(1) 경과

북장로파 선교사연회(宣敎師年會)의 경영학교 폐지 결의는 앞서 기재한 바와 같은데, 1936년(昭和 11) 11월 상황 조사를 위해 조선에 온 미국 전도 총무가 가져온 본부의 방침도 동년 회의 결의를 지지한다는 것과 같은 방침이었다. 그래서 조선 선교사들도 경영하는 학교의 폐지에 관해서 두 파로 분리되었고, 관련 조선인도 여기에 끼어들어 인계 경영을 도모하는 자도 있었다. 우여곡절을 거쳐 선교사회에서도 존속파인 다수를 억누르고, 결국 학교를 조선인 유지(有志)에게 인계한다고 가조인(假調印)하여 본부의 지령을 따르는 것으로 했다.

그런데 본부에서는 1937년(昭和 12) 9월 21일부 전보로 "본부는 목하 어떠한 학교재산도 매각 또는 양도하지 않을 것을 결의한다"라는 전언이 왔다. 다시 금년 10월 20일부 전보로 "9월 21일의 전보문 가운데 목하 부분의 자구를 삭제해야 한다"라는 지령이 나왔다. 학교를 존속시키지 않음은 물론 논의도 거부하고, 신사 불참배 문제 발생 이후 존속하기로 한 북장로파 경영의 학교 존폐 문제도 결국 최후의 단계에 도달하였다.

(2) 조치

숭실전문학교, 숭실학교 및 숭의여학교에서 각각 설립자로부터의 학교 폐지 인가 신청에 대해 1938년(昭和 13) 3월 22일부로 1938년 3월 31일 기한으로 폐지의 건을 인가하고, 재학생에 대해 다음 조치를 강구하였다.

1. 숭실전문학교

   재학생 문과 12명, 농과 17명 있는데, 문과 재학생은 학력 검정 기타 방법으로 다른 문과 계통 사립전문학교로 가고, 농과 재학생은 평안남도에서 각각 취직을 주선함.

2. 숭실학교

   1938년도(昭和 13) 재적 생도 제3, 4, 5학년 각 2학급, 계 6학급은 시험 검정을 한 후 평양 제3공립중학교(신설)에 수용함.

3. 숭실여학교

   1938년도(昭和 13)에 평양공립제2고등여학교에 4학급을 증설하고, 숭의여학교 1938년도(昭和 13) 재적 생도 제3, 4, 5학년 각 2학급, 계 6학급을 시험을 거쳐 각각 제2, 3, 4학년으로 편입(정도가 낮으므로 1학년씩 낮게 수용), 각 1학급, 계 3학급으로 편성 수용하고 제1학년은 새로이 1학급 모집함.

2. 평양 3교 외 폐교가 결정된 북장로파계 학교의 상황

1936년(昭和 11) 6월 선교사연회에서 결의한 평양 외의 폐지 결의를 한 학교, 즉 앞에서 제시한 경성의 경신학교와 정신여학교, 대구의 계성학교와 신명여학교, 선천의 신성학교와 보성여학교 등에서는 학교 관계 선교사가 위의 연회 결의에 반대하였다. 대구 소재의 2교는 1936년(昭和 11) 추계예제(秋季例祭) 집행 시 신사에 참배하였고, 실행위원회가 교리 및 연회 결의를 방패로 폐쇄를 강요하자 대구 스테이션회(지역 거점 모임)는 이에 반박 결의를 하고 이유를 적어 각 지역 스테이션회에 격문을 띄웠다. 격문을 접수한 선천 스테이션회는 여기에 호응해 폐쇄 반대를 표명하였는데, 선교사 연회 결의가 있었으나 연회의 실행위원회에는 강제권이 없었다. 1937년(昭和 12) 이후 신입생을 모집하여 종전대로 경영하고 있는 상황으로, 당국에서는 본부의 교육방침에 위배되지 않는 한 이를 학교 내부의 암투로 보고 적당한 지도를 하는 반면, 경과의 추이를 관찰하는 중이다. 그리고 학교 관계 조선인에게 존속파 선교사와 결합하여 서서히 조선인 측으로 이양하도록 하고 설립자 증원을 꾀하는 등 외국인 선교사 안에서 조선인 세력의 증식에 노력했다. 혹은 설립자 대표를 변경하여 신청하도록 하는 등 학교 존속을 도모하고 있다. 본부에서도 그동안 개입한 자들의 신원을 엄밀히 확인하여 적정한 지도를 하고 있다. 1938년(昭和 13) 9월 뉴욕 전도본부가 조선 선교회 앞으로 보낸 통문 요지를 보면, 본부에서는 신사 참배를 부인하기는 했지만 경영하는 학교의 이양에 관해서는 긍정적 태도인 것 같다.

3. 남장로파 경영 학교의 폐쇄 지령에 이르기 까지의 전말

(1) 1937년(昭和 12) 9월 6일 학교 애국일에 대한 도(道)의 참배 방안 시달

조선총독부는 학교의 시국 인식을 철저히 하는 방도로 학교 애국일을 지정하여 지시한 바 있는데, 전라남도에서는 조선총독부의 지시에 따라 관할 학교장을 소집하여 애국일 행사 협의회를 개최하고, 남장로파가 경영하는 학교 교장의 신사 참배 태도에 관해서도 타진하였다.

그런데 남장로파 선교사의 동정이 기존 태도를 유지하며 이에 응하지 않자, 도(道)에서는 해당 학교 관할 부윤 및 군수로 하여금 참배 방안을 시달하도록 했다. 광주 소재 수피아여학교 및 숭일학교, 목포 소재 정명여학교 및 영흥학교 등의 외국인 학교장들은 "이미 밝힌 지령에 따라 신사 참배에 불참한다는 뜻을 표명하지 않을 수 없다"라고 서면으로 거부했다.

(2) 본부 및 전라남도의 불참배 학교에 대한 조치

전라남도에서는 애국일 당일 상황을 감시하도록 했는데, 당일 외국인을 제외한 학교 직원은 학교장의 의사를 거스르고 생도 아동을 인솔해서 신사에 참배했다. 그런데 외국인 학교장 등은 교문과 교실을 폐쇄하여 참배를 마치고 학교로 돌아오는 생도 아동이 들어오는 것을 막는 폭거를 행사하였다. 이로써 초등학교에 대해서는 도에서, 중등학교에 대해서는 조선총독부에서 각각 당일 폐쇄 명령을 내렸다.

순천에서 폐지를 결의했던 두 학교인 매산(남, 녀)학교는 순천에서는 아직 신사의 봉사(奉祀)가 없으므로 불참배 문제가 발생할 여지가 적었지만, 선교사회의 경과를 고려하여 9월 21일부로 양교의 폐지 인가 신청을 하여 9월 27일부로 폐지가 인가되었다.

(3) 전라북도의 남장로파계 학교 상황

전라북도에서 폐지 결의가 있었던 학교는 앞에서 제시했던 대로 전주의 신흥학교 및 기전여학교, 군산의 영명학교 및 메리홀튼 여학교가 있다. 군산 소재 학교는 시외에 위치해 종래 직접 신사 참배 문제가 생기지 않았다. 전주 소재 학교에서는 애국일 당일 외국인 학교장을 제외하고 직원, 생도 전부 신사에 참배해 전라남도에서는 분규가 없어, 당일은 평온하게 지나갔다. 그런데 전라남도 관할 자매학교의 폐쇄 처분이 있자 상당한 충격을 받았다. 종래와 같이 신사 참배에 대해 소극적 태도로 잠시라도 어물어물 넘어갈 수 없는 심각한 사태가 되었음을 감지하여, 9월 8일 신흥학교 및 기전여학교의 폐교 인가신청서를 각각 설립자가 도 당국으로 제출하였고, 본부에 전달하였다. 이로써 종래의 경과를 고려해 9월 20일부로 인가했다.

(4) 폐쇄 학교 및 폐지 인가 학교의 직원 및 생도 아동에 대한 조치

폐쇄를 명받은 학교 및 폐지를 인가받은 학교의 직원 및 생도 아동의 조치에 관해서는 사회 문제와도 관련되므로, 조선총독부에서도 도 당국에 세심한 주의를 기울이고 사전에 사태 수습의 방도를 강구하도록 촉구했다. 중등학교 생도는 각각 도 관할 소재 공립 중등학교에 시험을 거쳐 수용하고, 초등학교는 학년별로 가장 가까운 공립소학교에 수용하여 본 문제 발생으로 인하여 취학 기회를 빼앗기는 일 없도록 하였다.

다른 한편 직원에 대해서도 본디 조선총독부의 방침에 반대하지 않는 자는 각각 공립학교의 촉탁교원으로 계속 채용하여 교직에 종사하도록 했다. 일반 부형 및 교직원들은 원래 수준 및 자격이 높았던 공립학교에 취학 또는 취직할 수 있도록 조처한 것에 대해 당국에 감사하고 있다. "일반 지방민중도 당국의 응급조치 및 대우의 공평함을 인정하며 어떠한 동요도 없는 추세이다."

(5) 남장로파 외국 전도 본부 및 선교사의 동정

남장로파에서 경영하고 보조하는 학교는 앞에 제시한 여러 학교 이외에 10개교가 더 있지만 모두 규모가 작아 아동 취학상 어떠한 영향도 없었다. 앞에서 제시한 군산 소재 학교도 마찬가지의 이유로 문제가 되지 않는 상황이다.

이렇게 같은 파가 경영하는 학교의 규모가 작아, 북장로파와 같은 인계 문제는 두드러지게 나타나지 않았다. 선교사회에서도 조선총독부의 인계하지 않는다는 방침에 순응하여 존속 관련 문제 발생의 여지가 없으며, 특이한 점도 없는 것 같다.

<자료 49> 北長老派外國傳道本部ヨリ朝鮮宣敎會宛通文飜譯要旨(1938)

북장로파 외국 전도본부에서 조선선교회 앞으로 보낸 통문 해석 요지

1938년(昭和 13) 9월 30일
뉴욕 북장로파 외국전도본부에서 보낸 조선선교회 앞 통문

1. 일반 요지

본부 이사회에서는 조선선교회안을 지지하며 일반 교육사업에서 철수한다는 원칙을 유지하면서 선교회안을 완화하여 가급적 학교 재산을 조선교회 및 관계 단체에 인계하도록 한다.

2. 일반 교육회의 선교사 철수(引退) 건

조선선교회는 일반 교육사업에서 선교사를 철수시키고, 그 학교에 대해 앞으로 선교사가 관여하는 것을 금한다. 하지만 본부에서는 종래 기독교 세력 및 종교적 감화 유지에 노력하기 위해 개인 자격으로 관여하는 것을 용인하여 학교 설립 당초의 목적 사명을 수행하도록 한다.

3. 세브란스 연합의학전문학교 및 연희전문학교 경영에서 철수(引退)하는 건

세브란스 의전 및 연희전문은 각파가 연합 경영하므로 자파 선교사의 조급한 철수는 조심스럽게 하고 각파와 충분히 연락 협조하며 조치하는 것으로 한다[주: 1936년(昭和 11) 9월 21일 940호 결의를 재 추인함].

4. 경성 정신여학교에 관한 제안의 건

경성 정신여학교는 조선인 교회 혹은 그 관계자에게 인계하는 것을 원칙으로 하여 조선 선교회에 지령한다. 그 이유는

(1) 기독교적 세력 및 요소의 유지
(2) 이 학교는 노회(老會)와도 관계가 있으므로 앞의 전문학교와 마찬가지로 선교사의 독단으로 좌우할 수 없는 것으로 함.

앞으로의 조치는 다음과 같다.

(가) 1940년(昭和 15) 3월 31일까지 조선인 신자의 관리 아래로 이양을 완료할 것.
(나) 전항의 조치에 관해 1939년(昭和 14) 10월까지 만족스러운 결과를 얻을 수 없으면 1939년 10월 1일 이후를 기해 가급적 빨리 폐쇄 조치를 할 것.

5. 학교 재산 양도 처분에 의해 생기는 자금 사용처의 건

(1) 선교사회가 학교를 폐쇄하고, 조선 전체 소유 재산을 그 목적을 위해서만 사용하는 것을 피할 것.
(2) 선교사회 소유 재산 가운데에는 노회(老會) 혹은 신자들의 재산도 있으므로 장래 교파 세력 보존을 위해 선교회는 이 점에 충분한 고려를 기울일 것.
(3) 선교회는 일체가 되어 각각의 재산을 멋대로 처분하는 것을 피하고 일단 본부의 필요 자금으로 유보하여 필요한 지출의 방도를 강구할 것.

위와 같이 본부에서 경비 지불 태도를 분명히 한다.

6. 중등학교의 경영 철수에 관한 경비 정산의 건

학교폐쇄에 따른 소요 경비는 학교 처분 재산 및 학교에서 지출하는 보조금으로 충당할 것. 대구소재 학교의 현재 부채액은 다음과 같다.

    1. 대구계성학교   3,500원
    2. 대구신명여학교   2,700원
    3. 대구계성학교 자력갱생부   2,000불($)

위 부채액은 학교 철수에 필요한 경비 총액 가운데 포함해 학교 재산 처분에 의해 생기는 자금 가운데에서 지출할 방침이다.

7. 경성 경신학교 및 선천 신성학교의 재산 문제에 관한 건

위의 두 학교 재산에 관해서는 앞으로 있을 제안 및 결의를 기다릴 것.

자료목록

자료번호	자료명	원자료명	저자·발행자	생산연도	출전/출판사
01	조선교육행정	朝鮮教育行政	岡久雄	1940	帝國地方行政學會 朝鮮本府
02	조선총독부 시정30년사(15장 교육)	施政三十年史 15章 教育	조선총독부	1940	渡部學·阿部洋 編, 1991, 『日本植民地教育政策史料集成(朝鮮篇)』第3卷, 龍溪書舍 박찬승, 2018, 『국역 조선총독부 30년사』, 민속원 수록
03	신설 공립보통학교의 상황	新設公立普通學校ノ狀況		1912.10	『朝鮮總督府 月報』 2권 10호
04	공립보통학교 유지 방법에 관하여	公立普通學校の維持方法に就て	中石吉丸	1913.12	『朝鮮總督府 月報』 3권 12호
05	일반 국민의 교육보급 및 진흥에 관한 제1차 계획	朝鮮總督府ニ於ケル一般国民の教育普及振興ニ関スル第一次計画		1928	渡部學·阿部洋 編, 1991, 『日本植民地教育政策史料集成(朝鮮篇)』第17卷, 龍溪書舍
06	제2차 조선인 초등교육 보급 확충 계획 수립에 관하여	第二次朝鮮人初等教育普及拡充計画樹立に就て	宇垣一成	1936.1.8	渡部學·阿部洋 編, 1991, 『日本植民地教育政策史料集成(朝鮮篇)』第17卷, 龍溪書舍
07	국민학교 제도 실시에 대하여	国民学校制度実施につき		1941.4	『文教の朝鮮』 1941년 4월 호
08	국민학교 제도 실시의 의문과 응답	國民學校制度實施上の疑問と應答	高橋濱吉	1941.8	『文教の朝鮮』 1941년 8월 호
09	의무교육제도 실시계획	義務教育制度實施計畫		1943.2	『文教の朝鮮』 1943년 2월 호
10	의무교육제도 실시 준비에 대해	義務教育制度實施準備に就いて	大野謙一	1943.4	『文教の朝鮮』 1943년 4월 호
11	의무교육제도 시행과 교육자의 책무	義務教育制度施行と教育者の責務	市村秀志	1943.2	『文教の朝鮮』 1943년 2월 호

12	간이학교 증설 방침	簡易學校增設方針	大野謙一	1935	渡部學·阿部洋 編, 1991, 『日本植民地教育政策史料集成(朝鮮篇)』第30卷, 龍溪書舍
13	간이학교 경영 지침	簡易學校 經營指針	조선총독부 학무국	1934.4	渡部學·阿部洋 編, 1991, 『日本植民地教育政策史料集成(朝鮮篇)』第30卷, 龍溪書舍
14	간이학교 상황 통계	簡易學校狀況調	조선총독부 학무국 학무과	1934.12	渡部學·阿部洋 編, 1991, 『日本植民地教育政策史料集成(朝鮮篇)』第30卷, 龍溪書舍
15	대학규정	大學規程	조선총독부령 제30호	1926.4	朝鮮總督府, 『官報』 호외, 1926년 4월 1일 자
16	전문학교규칙	專門學校規則	조선총독부령 제26호	1915.3.24	朝鮮總督府, 『官報』 제789호, 1915년 3월 24일 자
17	공립사립전문학교규정	公立私立專門學校規程	조선총독부령 제21호	1922.3.7	朝鮮總督府, 『官報』 제2867호, 1922년 3월 7일 자
18	조선총독부 전문학교 관제	朝鮮總督府專門學校官制	조선총독부령 제80호	1916.4.1	朝鮮總督府, 『官報』 호외, 1916년 4월 1일 자
19	경성제국대학예과 규정 (1924)	京城帝國大學豫科規程	조선총독부령 제21호	1924.5.2	朝鮮總督府, 『官報』 호외, 1924년 5월 2일 자
20	경성제국대학예과 규정 (1923)	京城帝國大學豫科規程	조선총독부령 제138호	1943.5.7	朝鮮總督府, 『官報』 제4876호, 1943년 5월 7일 자
21	경성제국대학 관제	京城帝國大學學部ニ關スル件	칙령 제103호	1924.5.1	朝鮮總督府, 『官報』 1924년 5월 2일 자
22	경성제국대학 학부에 관한 건	京城帝國大學學部ニ關スル件	칙령 제104호	1924.5.1	朝鮮總督府, 『官報』 1924년 5월 2일 자
23	경성제국대학에 관한 건	京城帝國大學ニ關スル件	칙령 제105호	1924.5.1	朝鮮總督府, 『官報』 1924년 5월 2일 자
24	경성제국대학 통칙	京城帝國大學通則		1926.4.20	朝鮮總督府, 『官報』 호외, 1926년 4월 22일 자
25	대학·전문학교장 회동: 충량한 국민을 연성, 일본적 교학체계를 확립하라	大學·專門學校長 會同		1943.7	每日申報, 1943년 7월 16일 자
26	반도 이공과(理工科) 교육과 사범교육의 획기적 확충에 관하여	半島における理工科教育並に師範教育の劃期的擴充に就いて	학무국장 大野謙一	1944.3	『文教の朝鮮』220號, 1944년 3월 호

27	전시교육비상조치에 따른 전문학교 및 중등학교의 전환 정비에 관해	戰時教育非常措置に依る專門學校及中等學校の轉換整備に就て	학무국장 大野謙一	1944.2	『文教の朝鮮』220號, 1944년 3월 호
28	사범교육제도 개선 실시에 관한 통첩	師範教育制度改善實施に關する通牒	학무국장	1943.4	『文教の朝鮮』210號, 1943년 4월 호
29	입학자 선발법의 개정에 대하여	入學者選拔法の改正に就て	학무국장 武永憲樹	1944.12	『文教の朝鮮』228號, 1944년 12월 호
30	학생 졸업시기 앞당김의 사정	學生卒業期繰上事情		1941	민족문제연구소, 2005, 『日帝下 戰時體制期 政策史料叢書』第5卷, 한국학술정보
31	일본(도쿄, 오사카) 유학생 출신 학교별(중등학교이상) 상황표	內地(東京,大阪)留學生出身學校別(中等學校以上)調	朝鮮總督府 警務局	1939.7	渡部學·阿部洋 編, 1991, 『日本植民地教育政策史料集成(朝鮮篇)』第51卷(下), 龍溪書舍
32	학교에서의 시국 선전 방책	學校ニ於ケル時局宣傳方策			민족문제연구소, 2005, 『日帝下 戰時體制期 政策史料叢書』第39卷, 한국학술정보
33	구 교육에 대한 반성에서 일본적 교육 확립으로	舊教育に対する反省より日本的教育の確立へ	편수관 鎌塚扶	1939.10	『文教の朝鮮』1939년 10월 호
34	조선교육 쇄신의 정신과 방법	朝鮮教育刷新の精神と其の実現方途	충청북도 청주영정(榮町) 공립심상고등소학교 훈도 立川一夫	1939.12	『文教の朝鮮』1939년 12월 호
35	사변하의 조선교육	事變下に於ける朝鮮教育	학무국장 시오바라 도키사부로 (鹽原時三郎)	1940.1	『文教の朝鮮』1940년 1월 호
36	황민연성의 교육 수행	皇民鍊成の教育行	전남 광주 서석(瑞石)공립심상소학교	1940.2	『文教の朝鮮』1940년 2월 호
37	조선 학생의 내지화(內地化) 측정	朝鮮學童の內地化の測定	경성제국대학 교수 秋葉 隆	1940.3	『文教の朝鮮』1940년 3월 호
38	교육 방법 원리로서의 인고단련	教育の方法原理としての忍苦鍛練	광주사범학교 훈도 波場左右司	1940.5	『文教の朝鮮』1940년 5월 호
39	일본적 과학의 건설	日本的科學の建設	조선총독부 교학관 中島信一	1940.9	『文教の朝鮮』1940년 9월 호
40	국체본의 투철에 관한 시책	國體の本義透徹に関する施策	조선총독부 교학관 高橋濱吉	1942.9	『文教の朝鮮』1942년 9월 호

41	시국 즉응 학교 태세 정비 강화 요항	時局卽應の學校態勢整備強化要項	학무국 학무과	1943.2	『文敎の朝鮮』1943년 2월 호
42	시국 즉응 학교 태세 정비 강화에 관하여: 국민학교 교사에게 고한다	時局卽應學校態勢の整備強化に就て-國民學校敎師に告ぐ	조선총독부 학무과장 本多武夫	1943.2	『文敎の朝鮮』1943년 2월 호
43	조선에서의 학원비상 사태에 대하여	朝鮮に於ける學園非常事態について	조선총독부 시학관 近藤英男	1944.3	『文敎の朝鮮』1944년 3월 호 및 4월 호
44	소요와 학교	騷擾と學校	朝鮮總督府 學務局	1921.1	渡部學・阿部洋 編, 1991, 『日本植民地敎育政策史料集成(朝鮮篇)』第16卷, 龍溪書舍
45	조선에서 동맹휴교의 고찰	朝鮮に於ける同盟休校の考察	朝鮮總督府 警務局	1929	渡部學・阿部洋 編, 1991, 『日本植民地敎育政策史料集成(朝鮮篇)』第17卷, 龍溪書舍
46	여러 학교의 동맹휴교와 그 외 사건의 원인과 귀결	諸學校同盟休校其の他事件竝に其の原因と歸結		1941	민족문제연구소, 2005, 『日帝下 戰時體制期 政策史料叢書』第13卷, 한국학술정보
47	외국인 학교장 처분에 관한 전말서	外人學校長處分ニ關スル顚末書	朝鮮總督府	1920	渡部學・阿部洋 編, 1991, 『日本植民地敎育政策史料集成(朝鮮篇)』第26卷, 龍溪書舍
48	남선 및 평양의 외국인 사립중등학교장 신사 불참배 문제의 경위와 경과	南鮮及平壤ニ於ケル外國人私立中等學校長ノ神社不參拜問題ノ經緯並其後ノ經過槪要		1939	민족문제연구소, 2005, 『日帝下 戰時體制期 政策史料叢書』第4卷, 한국학술정보
49	북장로파 외국전도본부에서 조선선교회 앞으로 보낸 통문 해석 요지	北長老派外國傳道本部ヨリ朝鮮宣敎會宛通文飜譯要旨	뉴욕 북장로파 외국전도본부	1938.9.30	민족문제연구소, 2005, 『日帝下 戰時體制期 政策史料叢書』第4卷, 한국학술정보

참고문헌

〈자료〉

조선총독부 관보, 매일신보, 『文敎の朝鮮』, 『朝鮮の敎育硏究』, 『朝鮮』

국가기록원 조선총독부 기록물(http://theme.archives.go.kr)

국립중앙도서관 원문정보 데이터 베이스

한국사데이터베이스 직원록 자료(http://db.history.go.kr/item/level.do?itemId=jw)

조선총독부 편, 1922, 朝鮮法令輯覽, 帝國地方行政學會

조선총독부 학무국 학무과 편찬, 1938, 『朝鮮學事例規』, 조선교육회

학무국 학무과 편찬, 1942, 『現行朝鮮敎育法規』, 조선행정학회

강명숙·이명실·이윤미·조문숙·박영미 편역, 2021, 『교육정책(1) - 교육칙어와 조선교육령』, 동북아역사재단

강명숙·이명실·이윤미·조문숙·박영미 편역, 2021, 『교육정책(2) - 일제강점기 교육논설』, 동북아역사재단

행정자치부 정부기록보존소, 2003, 『정부기록보존소 일제문서해제 - 학무사회교육편』

국사편찬위원회, 2002, 『일본소재 한국사 자료 조사보고 I』, 국사편찬위원회

국사편찬위원회, 2010, 『한국근대사 기초자료집 - 일제강점기의 교육』

고려대학교 글로벌일본연구원 재조 일본인 정보사전 편찬위원회, 2018, 『개화기·일제강점기(1876~1945) 재조일본인 정보사전』, 보고사

민족문제연구소, 2009, 『친일인명사전』, 민족문제연구소

민족문제연구소, 2005, 『日帝下 戰時體制期 政策史料叢書』, 한국학술정보

신주백 편, 2002, 『조선총독부 교육정책사 자료집』, 선인

박찬승 외, 2018, 『국역 조선총독부 30년사』, 민속원

방기중, 2005, 『일제 파시즘기 한국사회 자료집』, 선인

이길상 외, 2002, 『한국교육사료집성: 현대편』, 한국정신문화연구원

渡部學·阿部洋 編, 1991, 『日本植民地敎育政策史料集成(朝鮮篇)』, 龍溪書舍

阿部洋, 近代アジア敎育史硏究会, 1995, 『近代日本のアジア敎育認識 資料篇(韓国の部)』, 龍溪書舍

寺崎昌男·久木幸男監修, 1996~1998, 『日本敎育史基本文獻·史料叢書』, 東京: 大空社

近現代資料刊行会, 1999, 『植民地社會事業關係資料集:朝鮮編』, 近現代資料刊行会

米田俊彦, 2009, 『近代日本敎育關係法令體系』, 港の人

〈연구물〉

강명숙, 2007, 「일제시대 제1차 조선교육령 제정 과정 연구」, 『한국교육사학』 제29권 제1호
강명숙, 2009, 「일제시대 제1차 조선교육령 제정과 학제 개편」, 『한국교육사학』 제31권 제1호
강명숙, 2009, 「일제시대 제2차 조선교육령 개정 과정 연구」, 『교육사상연구』 제23권 3호
강명숙, 2010, 「일제시대 학교제도의 체계화 - 제2차 조선교육령 개정을 중심으로」, 『한국교육사학』 제32권 제1호
강명숙, 2015, 『사립학교의 기원』, 학이시습
강명숙, 2020, 「일제시기 조선총독부 학무국 관료의 특징 연구」, 『아시아교육연구』 21권 1호
강명숙, 2021, 「일제말기(1938~1945) 전문학교 정책의 변화」, 『한국교육사학』 43권 4호
고마고메 다케시 저, 오성철·이명실·권경희 역, 2008, 『식민지 제국 일본의 문화통합』, 역비평사
김광규, 2021, 『일제강점기 초등교육정책』, 동북아역사재단
김태웅·장세윤, 2022, 『일제강점기 고등교육정책』, 동북아역사재단
김한종, 2008, 「제2차조선교육령 시기 日鮮共學 정책과 조선인의 반응」, 『호서사학』 제48집
宮田節子 저, 이형랑 역, 1997, 『조선민중과 '황민화' 정책』, 일조각
박경식, 1986, 『일본제국주의의 조선 지배』, 청아출판사
박연호, 2013, 『사료로 읽는 한국 교육사』, 문음사
박찬승, 2017, 「1920년대 보통학교 학생들의 교원 배척 동맹휴학」, 『역사와 현실』 104호
안용식, 2005, 『조선총독부하 일본인 관료 연구』, 연세대학교 사회과학연구소
안홍선, 2021, 『일제강점기 중등교육정책』, 동북아역사재단
오성철, 2000, 『식민지 초등교육의 형성』, 교육과학사
오천석, 1975, 『한국신교육사(하)』, 광명출판사
와타나베 마나부 저, 교육사학회 역, 2010, 『와타나베의 한국교육사』, 문음사
이경숙, 2017, 『시험국민의 탄생』, 푸른역사
이만규, 1998, 『조선교육사 II』, 거름
이치석, 2005, 『전쟁과 학교』, 삼인
정재철, 1985, 『일제의 대한식민지교육정책사』, 일지사
정연태, 2021, 『식민지 민족차별의 일상사』, 푸른역사
정준영, 2009, 「경성제국대학과 식민지 헤게모니」, 서울대학교 박사학위논문
손종현, 1994, 「일제 제3차 조선교육령기하 학교 교육의 식민지배 관행」, 경북대학교 박사학위논문
신주백, 2001, 「일제의 교육정책과 학생의 근로동원(1942~1945)」, 『역사교육』 78집
이명실, 2016, 「일본의 교육칙어 수정론에 관한 일 고찰」, 『한국교육사학』 38권 4호
이명화, 2007, 「조선총독부 학무국 운영과 식민지 교육의 성격」, 『향토 서울』 69권
이혜영 외, 1977, 『한국근대 학교 교육 100년사 연구(II) - 일제시대의 학교 교육』, 한국교육개발원
임이랑, 2013, 「전시체제기 鹽原時三郎의 황민화정책 구상과 추진(1937~1941)」, 『역사문제연구』 29권

정규영, 2002,「전시동원체제와 식민지 교육의 변용 :일본 식민지 지배하의 한국교육, 1937~1945」,『교육학연구』 40권 2호

최원규 역, 1988,『일제말기 파시즘과 한국사회』, 청아출판사

稲葉継雄, 2010,『朝鮮植民地敎育政策史の再檢討』福岡:九州大學出版會

찾아보기

1면 1교 계획 53, 54, 281, 282, 283, 309, 317, 333
3면 1교 계획 53, 54, 281

ㄱ

가마쓰카 다스쿠(鎌塚扶) 414
가설과목 62, 67, 71~73, 83, 106, 133
각종학교 63~65, 159~165, 170, 274, 277, 318, 396, 506, 510, 516
간이초등학교 276, 277, 279
간이학교 18~21, 53, 64, 65, 209, 226, 248, 251, 281~284, 300, 304, 309~328, 331, 332, 334
강습과 146~149, 155, 156, 180, 185, 227, 278, 300, 382, 390, 394
강습회 44, 172, 196, 244, 251, 253, 270
강연회 44, 196, 242~247, 253, 587, 619
검정제도 84
결전비상조치요강 391, 393, 514, 528
경성고등공업학교 136, 228, 229, 379~381
경성고등상업학교 130, 136, 228, 384, 399, 624
경성공립공업학교 228
경성광산전문학교 136, 228, 229, 381
경성법학전문학교 228, 384, 399
경성약학전문학교 228, 381
경성의학여자전문학교 228
경성의학전문학교 22, 136, 228, 346, 537
경성전수학교 22, 182, 346, 537, 551
경성제국대학 17, 21~24, 26, 140, 142, 215, 229, 361~364, 380, 460, 516, 519
경성치과의학전문학교 228
경성제국대학예과 22, 142, 215, 348, 352, 354, 379, 380, 393~395, 399, 505, 516

경학(經學) 연구 239
고등보통학교규정 51, 212
고등시험령 179, 181, 182, 186
고등시험위원 40, 181
고등여학교 36, 51, 54, 55, 59, 61, 99, 103~113, 117, 120~124, 128~130, 133, 136, 144~147, 150, 153, 159~162, 164, 174~178, 212, 214, 227, 344, 505, 510
고등여학교규정 51, 55, 102~105, 107, 109, 110, 113, 129, 161, 178, 211
고적애호일 247
곤도 히데오(近藤英男) 495
공공단체 35, 45, 66, 104, 128, 131, 199, 207, 265
공립보통학교 18, 19, 53, 94, 100, 251, 256, 263~266, 272, 276, 281, 282, 319, 539
공립보통학교비용령 266, 270
공립사립전문학교규정 22, 136, 137, 163, 342, 345
공립학교 18, 19, 45, 61, 86, 96, 102, 105, 111, 121, 122, 124, 125, 137, 138, 194, 213, 265, 268, 312, 319, 364, 537~539, 548, 582, 641, 650
공민 75, 203, 417
공업 69, 70, 133, 227, 228, 289, 290, 511, 512
공업학교규정 126, 128
공학 제도 50
관비생 154, 155
교과서 취급 295
교구 44, 85, 112, 137, 157, 163, 188, 189, 262, 342, 492, 550, 565, 567
교련교수요목(教鍊教授要目) 522
교수세목 77, 292, 433
교수요목 75, 77, 107, 108, 115, 193, 221, 429, 522, 526

교수요지 75, 77, 104, 107, 129, 150, 152, 161, 277, 328
교수일수 78, 110, 128, 153, 194, 513, 514
교원 배척 552, 556, 572, 573, 575, 580, 588, 589, 592, 596, 612~614
교원면허 제도 99
교원면허장 122, 123, 162, 180
교유 24, 26~96. 122, 130, 134, 157, 158, 394, 538, 590, 591, 613, 615, 618
교육에 관한 전시비상조치방책 지도요강 500
교육에 관한 전시비상조치방책 379, 393, 496, 499, 500, 504, 516, 521, 530
교육에 관한 칙어의 취지 49, 74, 75, 223, 285, 423, 432
교육행정 16, 33, 34, 35, 38~43, 143
교학관 20, 26, 27, 38, 43, 289, 472, 478
교학연수소 39, 222, 286, 442
교학진작(敎學振作) 218
교화사업 238, 243
구두시문 23, 115, 117, 393
국가총동원체제 217
국민개학(國民皆學) 303, 306
국민과 20, 223, 288, 293
국민도덕 57, 58, 68, 70, 74, 75, 103, 127, 131, 172, 223, 236, 348, 432, 433, 449, 450, 452, 641
국민정신의 작흥 236, 428
국어강습회 173, 251
국어를 이해하는 자 252
국어를 이해하는 조선인의 수 251, 252
국정제도 84
국정주의 83
국체관념 22, 108, 198, 223, 236, 442
국체명징(國體明徵) 25, 26, 52, 75, 107, 113, 210, 218, 220, 248, 285, 286, 423~425, 432, 433, 435, 436, 440, 441, 451, 455, 459, 481
국체본의 27, 354, 440, 451, 478, 481, 484, 490, 491, 492, 498, 499
군교일치(軍敎一致) 375, 523
군무동원 499, 500, 521, 528
군민일체 447, 448, 477

군사교육 27, 495, 498, 499, 522, 523
궁성요배 25, 420, 434, 454~456
근로교육 417
근로봉사 435, 442, 468, 471, 515
급비 학생 370
기독교계 학교 645, 646
기미가요 326, 454
기부금 61, 105, 141, 160, 246, 267, 283, 321, 440, 597
기생충 구제 431
기숙사 112, 157, 189, 264, 342, 345, 357, 359, 390, 545, 546, 550, 587, 622, 623, 637

ㄴ

나가지마 신이치(中島信一) 472
남녀공학 81, 627
내선공학 52, 213, 214, 293
내선일체 25, 26, 51, 52, 74, 75, 107, 113, 210, 212, 218, 220, 230~232, 236, 239, 242~244, 248, 251, 252, 285, 286, 305, 354, 412, 413, 423~425, 432, 436, 437, 440, 441, 443, 451, 453, 460, 479, 481
농공병진(農工竝進) 218
농아학교 48, 168
농업학교 54, 127~129, 505, 510~512, 520, 619, 621
농업학교규정 126, 128

ㄷ

다치가와 가즈오(立川一夫) 25, 423
다카하시 하마키치(高橋濱吉) 20, 27, 289, 478
다케나가 가즈키(武永憲樹, 엄창섭) 391
단식 교수편제 81
대구의학전문학교 228
대동공업전문학교 228, 229
대학규정 22, 141, 142, 159, 336, 338
대학령 22, 139~141, 159, 174, 183, 184, 186, 337, 366

대학예과 54, 55, 139, 141, 142, 175, 182~184, 186, 192, 193, 217, 224, 336, 337, 348, 351, 352, 354, 355, 357~359, 364, 365, 368, 374, 379, 391~393, 396, 515, 520
대학원 140, 336, 337, 369, 370, 380, 517
데라코야(寺子屋) 48, 170, 310
도덕교육 57, 58, 432, 435
도서관 34, 39, 195, 196, 206, 207, 238, 367
도의(道義) 조선 23, 306, 371, 372, 490
도화 67, 69, 71, 72, 83, 106, 109, 124, 151, 175, 248, 249, 256, 348, 349
동계휴업 78
동맹휴교 13, 28, 546~549, 551~556, 559, 561, 563~566, 575, 580, 587~590, 596, 615, 619, 620, 622, 627, 629, 631~634, 636, 637

ㅁ

만주사변 24, 51, 202, 210, 230, 240, 372, 414, 415
매주 교수시수 67~73, 78, 82, 98, 108, 109, 151, 152, 166, 193, 313, 319, 339~341
맹아학교 48, 63~66, 166, 318
명륜전문학원 239
무시험검정 99, 123, 154, 175~177, 181, 182
무신조서(戊申詔書) 247
무자격교원 102, 124
문관임용령 40, 41, 57, 95, 99, 102, 122, 137, 179~181
문교의 조선 20, 24, 25, 26, 253
민족운동 564, 565, 587, 612, 613, 614, 628, 634

ㅂ

방공훈련 523, 526
배속장교 193, 194, 375, 522
법문학부 140, 362, 365, 366, 368, 371, 396
병학일체(兵學一體) 499, 522, 523
보성전문학교 228, 385, 400, 408, 516, 533
보습과 50, 62, 79, 81, 82, 84, 106, 111~113, 120, 154, 157

보육과 169
보육료 157, 169
보통학교규정 51, 64, 84, 93, 212, 276, 312, 316, 318
복무의무 155, 156, 390
복식 교수편제 81
본과 57, 77, 98, 99, 113, 120, 129, 136, 137, 145~148, 186, 193, 199~201, 239, 262, 329, 330, 344, 382, 388, 389, 394, 519
봉안전 457
부담금의 징수 272
부락개학(部落皆學) 209, 310, 317, 318
부산고등수산학교 381
부인문제연구회 246
부훈도 100, 263, 266, 538
분교장 62, 63, 81, 277, 300, 312
불온행동 546~548, 636, 637, 640

ㅅ

사도과 223
사립경성고등상업학교 130
사립광성고등보통학교 621
사립동양협회식민전문학교 130
사립동양협회전문학교 130
사립학교교원의 자격 및 정원에 관한 규정 101, 102, 130, 134, 159, 162
사립학교규정 45
사립학교규칙 37, 44, 45, 47, 61, 64, 65, 101, 102, 105, 124, 127, 128, 132, 136, 155, 156, 159~165, 170, 171, 173, 178, 549, 638~640, 643
사무관 16, 32, 38
사범학교 20, 21, 48, 97, 99, 122, 123, 144~147, 149, 150, 153, 156, 158, 175, 180, 183~185, 192, 215, 227, 278, 307, 381, 388, 389, 394, 606, 621
사상관찰소 251
사설학술강습회 48, 168, 172, 173, 333, 334
사회교육 126, 34, 39, 167, 168, 195~197, 207,

208, 219, 236, 238, 274, 275, 279, 280
사회교육과 38, 39, 197, 236
산업학교 54
상선학교규정 126
상업학교규정 126, 128
서당 19, 48, 170, 171, 263, 264, 272, 274, 277, 279, 310, 333, 334, 486, 554, 555
서당규칙 48, 168, 170~172
서정쇄신(庶政刷新) 48, 218
선과생(選科生) 22, 367, 368
선만일여(鮮滿一如) 218, 243, 437
선발시험 113, 154, 350, 365
성균관 48, 554
성서(聖書) 161, 575
성적고사표(成績考査表) 323, 341
성행 88, 115, 116, 117, 124, 154, 340, 344, 351, 358
세브란스연합의학전문학교 228
소년교호법(少年敎護法) 166
소학교 26, 36, 47, 51, 58~64, 73, 76, 79, 80, 83~85, 89, 92, 95~101, 115, 120~122, 144, 147~150, 153~156, 159, 161, 162, 165, 175, 212~214, 241, 251, 262, 281, 286, 287, 289, 426, 461, 470, 597, 598, 635
소학교규정 51, 55~61, 64, 73, 82, 84, 90, 93, 97, 98, 102, 104, 118, 131, 156, 157, 161, 166, 167, 211, 276
속(屬) 38, 39
수공 62, 67, 69~72, 76, 81, 83, 151, 546~578
수련과 223, 529
수료증서 120, 351, 358
수산학교규정 126, 128
수신 65, 66, 68, 72, 76, 81, 83, 98, 106, 108, 124, 133, 150, 152, 161, 166, 200, 248, 249, 276, 310, 319, 325, 340, 341, 348, 349, 412, 462, 471, 600, 605, 609
수업 중지 537
수업료 18, 22, 56, 91~94, 121, 154~157, 267~269, 272, 275, 283, 306, 314, 315, 334, 338, 340, 345, 359, 366, 367

수업연한 21, 22, 23, 49, 50, 53, 59, 62, 65, 66, 72, 73, 76, 79, 82, 91, 106, 109, 120, 126, 128, 129, 131, 132, 135, 136, 141, 142, 145~147, 149, 155, 156, 159, 166, 174~184, 193, 199, 212, 227, 239, 275, 278, 282~284, 288, 291, 292, 313, 317~319, 337, 339, 344, 348, 380~382, 387, 388, 396, 504, 509, 511, 520
수업증서 79, 120
수원고등농림학교 136, 228, 379~381, 619
수의(隨意)과목 67
수의사법 186, 187
수학여행 153, 350, 412, 576
수험준비교육 438
숙명여자전문학교 228, 381
숭실전문학교 37, 643, 644, 646, 647
시국 강연회 243
시국 간담회 245
시세(時勢)와 민도(民度) 49, 197, 211, 479
시학 40, 41, 42, 279, 529, 637
시학관 20, 26, 38~43, 263, 279, 302, 371, 495, 530, 637, 638, 639
시학위원 41, 42
시험검정 99, 123, 154, 175~177, 181, 182, 337, 350, 358
신사 불참배 29, 641, 643~645, 647
신사 참배 13, 28, 29, 37, 230, 247, 290, 413, 434, 452, 458, 641~645, 648, 649
신체검사 88, 114, 115, 117, 124, 188~190, 223, 343, 352, 358, 359, 393
신흥과학연구회 28, 566, 593, 595, 618, 621, 623, 624
실업보습학교 34, 54, 125~127, 131~134, 159~162, 198, 201, 276, 277, 278
실업전문학교 125, 127, 179, 345, 396
실업학교 117, 126, 128, 129, 151, 159~162, 178, 179, 181, 183, 184, 192, 193, 215, 278, 396
실학(實學) 52, 107, 109, 634
심상과 99, 145~150, 152, 154~156, 175, 179, 184, 185, 300, 358, 382, 388, 389

ㅇ

아키바 다카시(秋葉 隆) 26, 460
애국금채회 246
애국일 24, 216, 237~239, 452, 459, 648, 649
애국적성현창일(愛國赤誠顯彰日) 413
약제사법 187
여자고등보통학교규정 51, 212
여자사범학교 21, 179, 310, 379
연습과 99, 145~148, 150~152, 154~156, 185, 227, 278
연희전문학교 130, 228, 385, 400, 533, 534, 549, 651
영조물(營造物) 46, 66, 92, 121
예과부장 351, 357~360, 378
예비교육 16, 34, 47, 54, 55, 139~141, 167, 174
오노 겐이치(大野謙一) 20, 21, 23, 299, 309, 379, 383
오노 로쿠이치로(大野綠一郎) 220
외국어 99, 106, 107, 124, 150, 152, 162, 175, 352, 355
외국어학교 48
우가키 가즈시게(宇垣一成) 17, 19, 281
운동장 25, 188, 264, 456, 529, 567
운동회 24, 412
위생 16, 70, 76, 77, 81, 85, 86, 98, 112, 124, 188~191, 343, 431, 432
유치원규정 48, 64, 65, 157, 168, 169
유학생 23, 397~399, 408, 533, 535, 536, 544, 545, 618, 619
육군지원병제도 210
육군특별지원병제도 17, 208, 230, 231, 233, 436
육군특별지원병령 210, 231~233
육군현역장교학교배속령 192, 214, 215, 217
음악학교 136, 644
의무교육제도 18~20, 56, 64, 282, 288, 297, 299, 300, 302, 303, 485, 490, 492, 493, 504, 508, 513
의사법 186, 187
이과교원양성소 514, 516, 519
이사관 38
이치무라 히데시(市村秀志) 20, 302
이화여자전문학교 228, 381
인고단련(忍苦鍛鍊) 25, 26, 52, 75, 107, 113, 210, 218~220, 239, 248, 285, 286, 423, 425~427, 429, 440, 442, 451, 466, 468~471
일본어 7, 28, 589, 592, 599~602, 605~610
임시 은사금사업 262
입학 19, 22, 23, 49, 50, 59, 89, 91, 112~114, 117, 126, 128, 129, 131, 132, 135, 136, 141, 142, 145~147, 149, 153~156, 159, 166, 174, 177~184, 193, 213, 227, 263, 270, 295, 300, 312, 318, 324, 325, 338, 340, 343~345, 350~352, 357~359, 364, 365, 367, 389, 393, 505, 509, 511, 569, 584, 597, 608
입학 자격 49, 59, 91, 114, 117, 126, 128, 129, 131, 132, 135, 136, 141, 142, 145~147, 149, 154, 155, 159, 174, 177~181, 184, 193, 227, 300, 312, 344, 358, 389, 505, 509, 511
입학 연령 608, 310, 313

ㅈ

작업과(作業科) 106, 526
재단법인 61, 105, 128, 132, 136, 141, 160, 164
저작권 83, 84
전공생 368
전과(專科) 57, 98
전문학교 23, 43, 50, 54, 117, 123, 135~137, 139, 141, 159, 160, 162, 163, 165, 174, 176, 177, 179~184, 186, 187, 192, 215, 217, 300, 339~341, 343, 344, 346, 347, 358, 374, 377, 379, 380, 383~385, 388, 391, 393, 395~397, 505, 507, 515~517, 525, 528, 536, 547, 613
전문학교규칙 21, 22, 339, 345
전학 50, 59, 91, 112, 113, 120, 126, 128, 137, 213, 263, 311, 338, 343, 344, 352
조교수 77, 137~138, 346, 347, 361
조선교육 253
조선교육시보 253
조선교육연구회 잡지 253

조선교육회 197, 219, 220, 253, 440
조선교화단체연합회 238, 245
조선문예회 245
조선선교회 29, 651, 652
조선어 28, 65, 68, 70, 83, 106, 109, 124, 150, 162, 166, 171, 230, 249, 252, 253, 263, 276, 310, 319, 323, 462, 585, 596, 600, 605, 606, 608, 614, 617, 619, 621, 624, 627
조선어 장려 사업 252
조선연합청년단 241, 244
조선유학생학우회 623, 624
조선체육협회 242
조선총독부감화원 166, 167
조선총독부 전문학교 186, 346
조선총독부 제생원 166
조선교육령 13, 16~18, 22, 23, 27, 47~51, 55, 63, 64, 91, 101~103, 114, 125, 126, 130, 135, 139, 144, 145, 154, 156, 159, 166~168, 174, 181, 198, 209, 218, 278, 312, 316, 345, 423, 436, 480, 481
졸업증서 79, 120, 123, 340
종합교육주의 67
주의주의(主意主義) 417
중등교육조사위원회 16, 227
중앙불교전문학교 228, 400
중학교 36, 48, 51, 54, 55, 59, 61, 99, 103~108, 110, 112, 113, 120~124, 128~130, 133, 136, 141, 142, 144~150, 153, 154, 159~162, 164, 174~185, 192, 212, 214, 336, 344, 350, 351, 357, 505, 510, 593
중학교규정 51, 55, 102~105, 107, 108, 113, 120, 129, 131, 161, 178, 211
지나사변(支那事變) 51, 54, 210, 215, 217, 220, 228, 230, 234, 236, 240, 243, 248, 415, 425, 434, 435, 439, 440, 450, 482, 524
지방보조금 269
지원병제도 17, 210, 231, 232
직업 21, 55, 64, 67, 69, 70, 72, 76, 81, 83, 88, 151, 152, 168, 198, 227, 312, 313, 316, 319, 320, 325, 328, 329, 387, 417, 511

직업교육 55, 104, 107, 126, 371, 374, 506
직업학교규정 126, 128
진충보국(盡忠報國) 113, 237, 245, 308, 423, 441, 443, 496
징계 89, 91, 95, 112, 121, 122, 153, 155, 156, 158, 162, 166, 167, 337, 340, 344, 345, 350, 351, 357, 359, 367, 543, 579, 633, 638~640
징집을 연기 183~185

ㅊ

청결검사 430
청년단 197, 202~206, 240, 244, 492, 627
청년훈련소 34, 39, 43, 126, 168, 186, 195~202, 241, 279, 389, 505, 508, 509
청년훈련소 규정 48, 186, 198, 241
체위 향상 59, 426, 427, 429, 470
체조 69, 71, 81, 83, 108, 112, 115, 124, 133, 175, 204, 221, 223, 242, 256, 276, 326, 341, 349, 427, 428, 457, 458, 579
초등교육조사위원회 225, 281
초등학교 18, 78, 91, 114~117, 131, 188, 204, 219, 222, 227, 300, 435, 536, 555, 575, 580, 631, 633, 649
촉탁교원 96, 98, 122, 137, 538, 650
추밀원 46
출석부 163, 323, 341, 343, 352, 359
취학강제(소위 의무교육) 89
취학률 18~20, 64, 90, 281, 282, 297, 300, 306, 307, 509
취학의무연한 90, 297~307
치과의사법 186, 187

ㅌ

퇴학 89, 91, 112, 121, 153, 154, 156, 166, 178, 338, 340, 343~345, 350~352, 357~359, 365, 366, 543, 544, 546, 548, 551, 571, 578, 579, 614, 616, 619, 629, 633, 636, 637
특수교육 16, 34, 48, 159, 166~168

ㅍ

편수관 24, 38, 414
편수서기 38
편지주의(偏知主意) 371, 374, 524
편집과 24, 38, 39
편찬취의서 437
편찬취지서 323, 602
평양의학전문학교 137, 228
풍교덕화(風敎德化) 239
필답시문 113~115, 117, 392~394
필설학과목 67, 72, 106, 109, 133, 256~261

ㅎ

하바 소우지(波場左右司) 26, 466
학교 폐쇄 29, 102, 629, 630, 638, 645
학교 훈육 강령 451
학교비 36, 45, 46, 56, 61, 80, 94, 104, 105, 128, 131, 169, 213, 275, 283, 306, 310, 312, 314, 315, 321, 332
학교위생 16, 34, 188~191
학교의(學校醫) 188, 189
학교일지 323
학교조합 36, 45, 46, 56, 61, 80, 81, 89, 104, 105, 128, 131, 169, 213
학교청결방법 189
학급의 정리 272
학도 전시동원체제 확립 요강 525
학도동원 375, 377, 526
학도동원 실시요강 528
학도전시동원체제 375, 522, 524, 528
학력 25, 41, 59, 79, 82, 91, 100~102, 112, 114, 116, 117, 120, 121, 124, 132, 136, 141, 142, 145~147, 154, 156, 162, 165, 174~178, 181, 182, 186, 200, 226, 333, 336~338, 340, 343, 344, 350~352, 357~359, 367~370, 394, 597, 647
학령 18, 19, 56, 89, 90, 139
학령아동 53, 89, 90, 225, 226, 281, 282, 297, 300, 307
학무과 16, 19~21, 38, 39, 331, 484
학부형회 631
학사시찰 42, 43, 269
학원잠규(學園箴規) 451, 452, 456
학위령 38, 143
학자금 94, 154~156, 370
학적부 20, 87, 89, 105, 112, 116, 150, 157, 163, 164, 295, 323, 338, 341, 343, 352, 359
학제 공포 47
학칙 111, 120, 121, 128, 129, 136, 142, 149, 153, 161, 178, 336~344, 352, 355, 359, 390, 639
합과교수 67
합과주의 67
행학일체(行學一體) 504, 512, 513, 530
향교재산 39, 265, 267~269, 271, 272, 554
향학열 53, 552~555, 564, 565, 599
혼다 다케오(本多武夫) 487
황국신민서사 25, 26, 52, 218~220, 237, 435, 440, 453~457
황국신민서사지주 219, 220
황국신민서사함 457
황운부익(皇運扶翼) 74, 75, 113, 285, 419, 423, 441, 450, 451, 457, 459, 470, 501
획일주의 36
훈도 25, 26, 95~101, 154, 158, 170, 262, 263, 310, 311, 314, 319, 334, 423, 466, 538, 577, 578, 579, 610, 611, 633, 635
휴학 112, 120, 153, 154, 156, 350, 351, 357, 358, 365, 366, 389, 543, 544, 550, 591

동북아역사재단 일제침탈사 자료총서 52
사회·문화편

교육정책(3)
일제강점기 학교 교육

초판 1쇄 발행 2023년 12월 20일

기획 | 동북아역사재단 일제침탈사 편찬위원회
편역 | 강명숙·이명실·이윤미·조문숙
펴낸이 | 이영호
펴낸곳 | 동북아역사재단

등록 | 제312-2004-050호(2004년 10월 18일)
주소 | 서울시 서대문구 통일로 81 NH농협생명빌딩
전화 | 02-2012-6065
홈페이지 | www.nahf.or.kr
제작·인쇄 | 청아출판사

ISBN 979-11-7161-044-0 94910
      978-89-6187-687-2 (세트)

- 이 책은 저작권법으로 보호를 받는 저작물이므로 어떤 형태나 어떤 방법으로도 무단전재와 무단복제를 금합니다.
- 책값은 뒤표지에 있습니다. 잘못된 책은 바꾸어 드립니다.